1 MONTH OF FREE READING

at

www.ForgottenBooks.com

By purchasing this book you are eligible for one month membership to ForgottenBooks.com, giving you unlimited access to our entire collection of over 1,000,000 titles via our web site and mobile apps.

To claim your free month visit:

www.forgottenbooks.com/free1212760

ISBN 978-0-428-40102-3
PIBN 11212760

T'OUNG PAO

通報

OU

ARCHIVES

CONCERNANT L'HISTOIRE, LES LANGUES,
LA GÉOGRAPHIE ET L'ETHNOGRAPHIE
DE
L'ASIE ORIENTALE

———

Revue dirigée par

Henri CORDIER
Professeur à l'Ecole spéciale des Langues orientales vivantes
ET
Edouard CHAVANNES
Membre de l'Institut, Professeur au Collège de France.

SÉRIE II. VOL. VIII.

LIBRAIRIE ET IMPRIMERIE
CI-DEVANT
E. J. BRILL
LEIDE — 1907.

290298

IMPRIMERIE CI-DEVANT E. J. BRILL, LEIDE.

SOMMAIRE.

Articles de Fonds.

Mélanges.

Nécrologie.

Bulletin critique.

Correspondance.

Bibliographie.

Chronique.

EIN ISLAMISCHES TRACTAT AUS TURKISTAN.

CHINESISCH IN ARABISCHER SCHRIFT.

VON

A. FORKE.

———◦◦◦———

Der vorliegende Text ist ein arabisch geschriebenes Manuskript der Königlichen Bibliothek zu Berlin, welches Herr Professor M. Hartmann im Jahre 1902 in Kaschgar erworben hat. In der *Orientalistischen Litteraturzeitung* 6. Jahrg. 1903 S. 283 fg. hat er kurz darüber berichtet und die erste Seite des 22 Seiten umfassenden Textes in lateinischer Umschrift wiedergegeben. Bei näherer Betrachtung war ihm sofort aufgefallen, dass die Handschrift nicht in einer der Sprachen war, welche mit arabischen Schriftzeichen geschrieben zu werden pflegen, und er erkannte einige chinesische Worte. Er versuchte nun eine Entzifferung mit Hülfe eines chinesischen Muslim aus Hunan und später mit einem doppelsprachigen Mirza in Yarkand. Beide behaupteten, den Text nicht zu verstehen und äusserten die Vermuthung, dass er aus Peking stamme. Wesshalb wird nicht gesagt. Herr Professor Hartmann las dann mit mir zusammen die erste Seite durch. Ich konnte eine grössere Anzahl chinesischer Worte erkennen, aber noch keinen zusammenhängenden Sinn herausbekommen. Durch ein eingehenderes Studium ist es mir jetzt gelungen, die chinesischen Äquivalente der arabischen Schriftzeichen zu fixiren und das ganze Schriftstück zu übersetzen. Die

Arbeit war recht schwierig und langwierig, und es bleiben noch manche zweifelhafte Stellen, immerhin hoffe ich, den Sinn im Grossen und Ganzen richtig wiedergegeben zu haben.

Der Text ist in Vulgärchinesisch geschrieben, das mit zahlreichen arabischen Zitaten und persisch-arabischen Worten vermischt ist. Wäre er in Schriftchinesisch, so würde eine Entzifferung wohl unmöglich gewesen sein. Auch so war das Verständniss nicht leicht. Die vielen eingestreuten, arabischen und persischen Worte erschwerten es keineswegs, im Gegentheil, sie waren wie Oasen in der einförmigen Wüste der vielen chinesischen Homophone, welche die verschiedensten Deutungen zuliessen, und dienten mir als sichere Wegweiser, indem sie anzeigten, wo ich mich befand und wovon die Rede war. Die grosse Schwierigkeit, Chinesisch mit einer alphabetischen Schrift zu schreiben, auf welche ich erst vor kurzem hingewiesen habe [1]), wurde mir hierbei ganz besonders klar vor Augen geführt. Allerdings würde durch Hinzufügung der Töne, von welcher der Text absieht, manches gewonnen sein, aber auch sie würden nicht ausreichen, um alle Verwechselungen zu vermeiden.

Die Bedeutung der Handschrift liegt meines Erachtens in Folgendem: Bisher nahm man wohl allgemein an, dass die arabische Schrift von den chinesischen Muslims zur Wiedergabe ihrer Sprache, des Chinesischen, nicht verwandt worden sei. Die Handschrift beweist das Gegentheil. Ein Gegenstück scheint in den Bibliotheken des Westens nicht zu existiren. Hartmann ist der Ansicht, dass ähnliche Handschriften wohl selten sind, dass es sich aber keineswegs nur um eine einzeln dastehende Spielerei handele. (loc. cit.) Interessant ist ferner das Transkriptionssystem. Wir sehen daraus, wie sich chinesische Laute in arabischer Schrift ausdrücken lassen. Dies könnte uns vielleicht für die Identifizirung chinesischer Namen in

---

1) „Neuere Versuche mit chinesischer Buchstabenschrift" in Mittheilg. des Seminars Orient. Sprachen, Jahrg. IX S. 401 fg.

arabischen und persischen Quellen wichtige Fingerzeige geben. Inhaltlich sind die übersetzten Texte ein Beitrag zu der Kenntniss des Islams in China und zwar in seiner volksthümlichen Form. Endlich dient das Schriftstück vielleicht mit zur Lösung der Frage nach der Herkunft der chinesisch sprechenden Muhammedaner, der sogenannten *Dunganen*.

Der Schriftform nach gehört das Manuskript zu den dunganischen Handschriften, von denen die Sammlung Hartmann mehrere in arabischer und persischer Sprache enthält, die an ihrem *ductus* sofort kenntlich sind. Erworben wurde die Handschrift von einem Turkestaner, welcher aber zu Dunganen Kreisen Beziehungen hatte. Die Handschrift stammt also vermuthlich aus dunganischem Kreise und ist für diesen bestimmt. Eine unbefangene Prüfung führt nun zu folgendem Resultate:

Das Chinesische ist sehr plump und ungeschickt, in manchen Wendungen sogar ganz unchinesisch, wie ein wirklicher Chinese sich nie ausdrücken würde, sondern höchstens ein Ausländer, der das Chinesische als fremde Sprache erlernt hat. Es kommt dabei nicht darauf an, dass es Vulgärchinesisch ist. Auch das Chinesische im *Hokienfu Dialekt* der *Rudiments de Parler Chinois* des P. Wieger: *Langue parlée* und *Narrations populaires*, ist ganz miserabel, aber es ist trotz aller Vulgarität doch echt chinesisch. Das aber gerade sind die vorliegenden Texte nicht. Zieht man dazu in Betracht, in wie reichlichem Masse, abgesehen von arabischen Citaten aus religiösen Werken, gerade für die allergewöhnlichsten Begriffe von persischen Ausdrücken oder persischen Lehnworten aus dem Arabischen Gebrauch gemacht worden ist, so kommt man unwillkürlich zu dem Gedanken, dass die Vorfahren des dunganischen Verfassers ursprünglich nicht ein so mangelhaftes Chinesisch, sondern wahrscheinlich Persisch gesprochen haben. Dieses wurde später durch das Chinesische verdrängt, das aber die Dunganen in Folge der

Einwirkung des Persischen sich nicht in reiner Form aueigneten. In diesem Falle würden die zahlreichen eingestreuten persischen Brocken Überbleibsel der alten Muttersprache sein. Diese Hypothese bedarf allerdings noch der Nachprüfung. Es wäre zu wünschen, dass ein des Chinesischen kundiger Forscher in Turkestan feststellte, ob die dortigen Dunganen auch beim Sprechen das Chinesische mit persischen Worten vermengen. Es ist wohl anzunehmen, dass die Dunganen in Shensi und Kansu in rein chinesischer Umgebung auch reines Chinesisch reden.

Die Dunganen selbst sollen behaupten, dass sie Nachkommen der zurückgebliebenen Soldaten Timur's seien (*Réclus*, Géographie Bd. VII S. 169). Diese Behauptung würde sich mit der Annahme, dass ihre Vorfahren persisch sprachen, wohl vereinigen. Zu Timur's Zeit, welcher 1405 starb, stand Persien schon fast 200 Jahre lang unter mongolischer Herrschaft. Die mongolischen Ilkhane hatten persische Sprache und Sitte angenommen, ebenso wie ihre Verwandten in China zu Chinesen und später in Indien zu Indern wurden. Die mongolischen Krieger jener Zeit sprachen jedenfalls zum grossen Theil persisch. Die von den Feldzügen in China, beziehungsweise Turkestan zurückgebliebenen persisch-mongolischen Soldaten heiratheten dann chinesische Frauen, und ihre Nachkommen vermischten sich noch mehr mit den Chinesen. Diese Annahme würde auch den ausgeprägt mongolischen Typus der Dunganen, der vom chinesischen kaum zu unterscheiden ist und mit dem persisch-arischen keine Ahnlichkeit aufweist, am besten erklären [1]). Dass die Dunganen direkte Abkommen von den Persern und Arabern seien, welche zur

---

1) Man vergl. die Beschreibung der Dunganen und die Abbildung einer Dunganen Familie in *F. v. Schwarz, Turkestan*, 1900 S 39 fg.

Mongolenzeit in grossen Schaaren nach China kamen (Siehe *M. Hartmann*, *Der Islamische Orient*, Heft II 1900 S. 49) erscheint mir desshalb weniger wahrscheinlich. Diese Ansicht vertritt *Mayers* (*Chinese Government*, 3^d ed. S. 102).

Gewöhnlich werden die Dunganen für ein Mischvolk aus Uiguren und Chinesen gehalten, jedenfalls sollen sie türkischer Abstammung sein. Die Hauptveranlassung zu dieser Annahme hat wohl der chinesische Name der Dunganen, welche als 囘囘 oder 陝囘 „Hui aus Shensi" bezeichnet werden, gegeben. Ob Hui-hui soviel wie Uiguren bedeutet, was Klaproth und andere angenommen haben, will ich dahingestellt sein lassen — gewöhnlich werden die Uiguren als 囘紇, 囘鶻 oder 黑囘 bezeichnet — jedenfalls aber haben die Chinesen auch die Perser so genannt. Der persische König Mohammed Qotbeddin, der 6te Sultan aus der Dynasty der Khoaresmier, heisst im *T'ung chien kang mu* König des *Hui-hui* Reiches, und *Hui-hui-shu* ist die persische Schrift und Sprache, welche in einer der 8 Klassen der Orientalischen Schule des *Yung-lo*, 四夷館, gelehrt wurde. Für Uigurisch ist eine andere, besondere Klasse vorhanden. (Vergl. *Dabry de Thiersant*, Le Mahométanisme en Chine B. I. S. 5 u. 7 und *Hirth*, The Chinese Oriental College, im Journ. R. Asiat. Soc. of Shanghai Vol. XXII S. 205 fg.).

Aus dem Namen *Dungan*, *Dungen* oder *Tungan* lassen sich sichere Schlüsse auf die Herkunft seiner Träger nicht ziehen. Die verschiedenen Erklärungsversuche sind unbefriedigend. *Vambéry*, (Das Türkvolk 1885 S. 344) behauptet, *Döngen* bedeute „Bekehrte" d. h. Chinesen, die den Islam angenommen haben [1]). Danach müssten die

---

1) Wohl von dem osmanischen *dön-mak* = sich bekehren, was übrigens *Shaw* in seinem Ostturkestanischen Vokabular nicht erwähnt.

Dunganen ihrer Abstammung nach reine Chinesen sein, wofür sie von manchen Reisenden gehalten worden sind. *Shaw* (High Tartary, Yarkand und Kashgar 1871 S. 35 und Vocabulary of the Language of Eastern Turkestau 1878 S. 74) leitet des Wort ab von turun-gan (*tur-maq* = sich niederlassen) das zu trungan uud Tungan zusammengezogen sei. Zugleich erwähnt er auch die Ableitung von dem chinesischen 屯 人 „Ansiedler" Nach *Réclus* (loc. cit. und S. 209) würden die Dunganen mongolischen Ursprungs sein.

Meiner Umschreibung habe ich im Allgemeinen das System von *Johnson's* Persian-English Dictionary zu Grunde gelegt, da sich dies besser als die deutsche Umschreibung der Persischen Grammatik von *Salemann* und *Shukovski* dem *Wade-Giles*'schen Transkriptionssystem, dessen ich mich für das Chinesische zu bedienen pflege, anschliesst und nicht so viele, leicht irreführenden, diakritischen Zeichen aufweist. Nur in Folgendem weiche ich von Johnson ab:

Ich schreibe *au* statt *aw.*

᾽ bedeutet bei mir den Kehlkopfverschluss (Hamza), nicht den Ausfall eines Vokals

ʿ schreibe ich für das arabische ع, lautlich wie Hamza, das Johnson beibehält.

ج = *jh* (das englische *j*) Johnson schreibt *j.*

ژ = *j* (französisch) Johnson: *j.*

ح = *'h* (das chinesische 'h) Johnson: *h.*

ذ = *dh* (weiches engl. *th*) Johnson: *z*, da die Perser den Laut wie franz. *z* sprechen, während die Araber *th* sagen.

Johnson vernachlässigt die emphatischen, dem Arabischen charakteristischen Konsonanten, weil die Perser sie nicht aussprechen können. Ich folge in ihrer Schreibung der Grammatik von Salemann und Shukovski und schreibe demnach:

ك = *k*.

ق = *q*, im Arabischen emphatisches *k*, im Persischen wie *gh*.

ص = *ş*, arabisch: emphatisches *s*, persisch wie *s*.

ض = *ż*, *ḍ*, arab. emphat. *d*, pers. = *z*.

ط = *ţ*, arab. emphat. *t*, pers. einfaches *t*.

ظ = *ẓ*, arab. emphat. *z*, pers. einfaches *z*.

Für die Aussprache der andern Laute, bei denen ich mit Johnson übereinstimme, sei noch bemerkt, dass:

th im Arab. wie hartes engl. *th*, im Pers. wie hartes *s* lautet,
ch wie engl. *ch*,
kh nach härter als chin. '*h*, wenigstens im Arabischen,
z wie franz. *z*,
gh wie die media von *kh* oder ein schwach spirantisch. *g*.

Zu den im Arabischen und Persischen vorkommenden Lauten treten nun in der Handschrift noch zwei neue:

ص = *ş̣* und ض = *ä*.

ş̣ ist der scharfe, gehaltene chin. Zischlaut *ss* in *sse*; *ä* entspricht dem chin. *ts*. z.B. *äi* = tse 這 Seite 1 Reihe 2 und *äun* = ts'ung 從 2, 12.

Höchst merkwürdig ist, dass auch zwei sehr gewöhnliche chinesische Zeichen Eingang in den Text gefunden haben, nämlich 上 z.B. 5,8 und 6,1 und 丁 z.B. 6,2—6,3—6,4. Beide Worte werden aber in der Regel arabisch geschrieben.

Über die Methode, nach welcher die chinesischen Laute durch arabische Buchstaben wiedergegeben sind, möchte ich Folgendes bemerken:

A. Anlaute.

Wie einige europäische Grammatiken und Wörterbücher, uament-
lich russische, nicht zwischen aspirirten und nicht aspirirten
Anfangskonsonanten unterscheiden, sondern stattdessen zwischen
harten und weichen Konsonanten, meiner Ansicht nach mit Unrecht,
so giebt auch unser Text die Aspiraten durch Tenues und die Nicht
Aspiraten durch Mediae wieder. Beide Klassen sind so im Allgemeinen
richtig gegeneinander abgegrenzt, doch kommen Ausnahmen und
Unregelmässigkeiten vor. Wir haben also:

1) *b* und *p* = *p* und *'p* : ba 把, bi 鼻 2,10, bu 不, pā 怕
22,11, pū 鋪 10,2, pin 憋 10,4. Unregelmässig: pun 本 21,5

2) *d, t* = *t*, *'t*: dā 打 1,8, di 的, din-dai 等 待 1,9, dau 到
2,6, diyen-dau 顛 倒 6,4, diy 得 7,6, ta 他, tɪ 替 1,8, tiyen
夫 1,7,

3) *q, k* = *k*, *'k:* qa 個, qa 各 6,8, qan 幹 7,5, qan 干 = 6,9,
qu 骨 6,3, qu 顧 6,6, quwa 過 5,10, quwa 挂 6,4, quwa 果
18,7—8, quwan 觀 7,13, quwan 光 12,6—8,10, quwi 歸 5,7;
kan 看 6,2—7,13, kan 杭 6,8—7,11, kū 窟 6,3, kū 苦 8,2, kiw
口 6,3

4) *jh, ch* = *ch 'ch:* jha 者 2,4, jhi 這, jhun 准 1,12, jhuwan
轉 1,13, jhuwan 莊 2,7; chin 承 1,12, chin 成 1,13. Unregelmässig: chin 眞 2,5.

5) Zwischen anlautendem *h* und *s* wird unterschieden, aber die
Wahl des betreffenden Zeichen ist fast ebenso oft falsch wie richtig,
ein Beweis, dass bei dem Autor der Fusionsprocess beider Anlaute
schon begonnen hat, so dass ihm eine scharfe Scheidung nicht mehr
möglich ist.

Richtig umschrieben sind: hiye 歇 2,4. hiyo 學 21,11, hiyan 鄉 2,6 (aber siyan 鄉 21,5) siyan 像 2,5. Falsch: hiu 心 22,6, siyen 現 2,1, siyau 孝 21,4, siyun 兒 21,9.

Um den *hs* Laut auszudrücken, wird auch bisweilen *th* angewandt z.B. thɪ 西 9,3, thiye 斜 11,2, aber in der nächsten Reihe 11,3 ist dasselbe Worte *hiye* geschrieben. Ebenso *thiyā* 瞎 11,13, dasselbe *khā* 11,11.

Überhaupt wird dasselbe Wort öfter dicht hintereinander in verschiedener Weise transkribirt, was wohl darauf schliessen lässt, dass der Sprecher sich über die Aussprache nicht ganz im Klaren war, oder dass es mehrere Aussprachen gab. So wird auch 下 S. 11,2 mit *hiyā*, aber zwei Reihen weiter 11,4 mit *siyā* wiedergegeben.

6) Der Unterschied zwischen anlautendem *k* und *ts* vor *i* und *ü* ist wie in den meisten nordchinesischen Dialekten verwischt. In beiden Fällen tritt für Aspiraten *k* für Nicht Aspiraten *g* oder *q* ein. Aspirirte und nicht aspirirte Laute werden geschieden, aber nicht immer richtig. Wir erhatten so die Gleichung: *gi*, (*qi*); *ki* = *ki*, *'ki* und *tsi*, *'tsi*.

Z.B. gi 幾 2,4, gi 既 22,2, giyau 叫 1,3, giyen 間 2,4; qi 給, qi 氣 2,10; ferner: ki 去 2,2—21,11, kiyü 求 1,11, Unrichtig: kɪ 幾 15,1—16,2, gi 棄 6,1, kiya 家 14,8. Andererseits: gi 濟 1,11, ki 積 7,1, gin 盡 16,5, kin 情 16,6, kiyen 千 16,2, giyu 就, giyū 酒 20,1, giyun 俊 2,13.

7) *kh* = *'h*. Das *kh* wird im Persischen wie das anlautende gutturale chinesische *'h* gesprochen, im Arabischen rauher: khau 好, khuwa 合 1,10, khɪ 黑 21,8 khuwi 回 2,3,

8) *ts* und *ch* werden besweilen in *z*, *ẓ* *ż* oder *dh* erweicht: ẓi 于 2,13, ẓuwa 作 8,1, żū 做 10,10, dhai 在 1,2, zan 站 11,3 aber: dhan 站 12,9, zan 懺 13,10, dagegen: dhan 懺 13,5—6—8.

9) Für anlautendes *sh* tritt zuweilen *s* ein; sema 甚麼 21,3—12.

10) Anlautendes *w* fällt unter Umständen aus: 'u 無 22,3, 'un 聞 7,10, 'un 問 2,13.

B. Auslaute.

1) *a* vertritt bisweilen die Stelle des auslautenden *o* (e), namentlich in dem häufigen qa 個, auch in jha 者.

2) '*a* = *örh*: '*a* 耳 2,12, '*a* 兒 22,6, '*a* 二 14,9.

3) *i* bisweilen = *ǒ*: ẓi 子 2,13, ṣi 此 17,11, öfter auch *ü*: ki 去, ki 區 6,8.

4) *iw* = *ou*. Der Laut *iw* könnte auch *ew* umschrieben werden, indem das Kesr im Persischen sowohl für *i* als auch für *e* stehen kann. *ew* ist aber fast das franz. *eou*, womit *ou* (Giles) umschrieben wird: kiw 口 6,3, shiw 手 8,8, khiw 候 11,13.

5) *uwa* = *o*. Auslautendes *o* ist im Mandarin fast nie ganz rein, sondern klingt fast wie *ǒ-ě*. Dies ist durch die Transkription zum Ausdruck gebracht. Für *uwa* liesse sich auch *owe* schreiben, denn *u* und *o*, *a* und *e* werden im Persischen durch dasselbe Vokalzeichen ausgedrückt: khuwa 和 21,5, ẓuwa 作 8,1, luwa 樂 22,5, khuwa quwa 火果 18,7, muwa 磨 11,8.

6) *uwi* = *ei*: muwi 美 2,13, luwi 雷 21,10, luwi 淚 22,8, aber khī 黑 21,8. *muwi* und *luwi* gehen jedenfalls auf die alten Formen *mui* und *lui* zurück, die noch im Hakka bewahrt sind.

7) Bei allen mit *i* anlautenden Diphthongen wird hinter dem *i* noch ein *y* eingeschoben: tiyen 天 1,7, giyau 叫 1,3, kiyū 求 1,11, giyen 間 2,4, siyan 像 2,5, siyun 兒 21,9, liyau 了, hiya 下 11,2, thiye 斜 11,2.

8) Analog wird bei den mit *u* anlautenden Diphthongen, nach

dem u ein w eingefügt: jhuwa 抓 1,4, jhuwan 轉 1,13, jhuwan
莊 2,7, khuwi 囘 2,3.

9) Für den š = δ Laut giebt es im Persischen keinen besondern
Buchstaben. Die Silbe in wird meist durch in, seltener durch un
wiedergegeben; hin 狠 1,9, chin 眞 2,5, gin 跟 2,11, kin 根 21,5,
jin 人, ghin oder nin 恩 13,13—14,3 dagegen: pun 本 21,5, 'un
聞 2,13, mun 們 5,10, mun 門 9,3, in ist wahrscheinlich eine
ältere Aussprache als in, vielleicht auch un, die sich auch in süd-
chinesischen Dialekten und im Japanischen findet, und es ist wohl
möglich, dass von den Dunganen wirklich in und un statt in gesprochen wird.

10) Der Auslaut ng scheint nicht mehr gesprochen zu werden
und mit n verschmolzen zu sein, denn sonst hätte er ebenso wie
im Persischen durch n und g ausgedrückt werden können. Nur
zwischen an und ang scheint noch ein gewisser Unterschied beim
Sprechen gemacht zu werden, denn während an einfach durch die
Nunation: ʻ bezeichnet wird, schreibt man ang fast durchweg: اٌن
d.h. Alif, Nūn und Sukun, was ich mit än wiedergebe: min lin 命
令 2,8, pin 憑 10,4, kin 情 16,6; yun 容 2,9, šun 從 2,12,
siyun 兒 21,9; hiyan 鄉 2,6, jhuwan 莊 2,7, quwan 光 12,6, kān
抗 6,8—7,11, tan 堂 15,5.

in = ing steht natürlich auch für ing: shin 聖, chin 成 1,13
shin 盛 8,5, nin 能 8,2.

Nach dem Gesagten haben wir es mit einem ziemlich reinen
nordchinesischen Dialekte zu thun, der weniger korrumpirt ist als die
Mundarten von Shensi und Kansu. Er kommt dem Pekingesischen
näher, deckt sich aber keineswegs damit. Mir ist kein Dialekt bekannt,
dem er vollkommen entspräche. Vielleicht hat er sich selbständig aus
der Sprache der chinesischen Kolonisten in Turkestan entwickelt.

... habe ich

... und falsch

... verstand.

... anderer-

... Erzählung

... bei der

...

...

...

...

...

...

...

...

... Hand ...

... Buch zusammen-

... für die guten Hausherrn,

... Tage ... Hand

... Hand geschriebener.

... Herr Professor Hartmann

... Theil der

... Abschnitte. Sie aber im

... Ein innerer Zusammenhang

der einzelnen Stücke scheint nicht vorhanden zu sein. Der Inhalt der Erzählungen und Ermahnungen ist aber islamisch.

In der Umschreibung sind alle nicht chinesischen Worte durch den Druck hervorgehoben, was natürlich im Original nicht der Fall ist. In diesem erkennt man die chinesischen Worte schon äusserlich meist daran, dass sie mit Vokalen versehen, während die arabischen und persischen Worte nicht vokalisirt sind, doch wird auch diese Regel nicht ganz strikt durchgeführt. In dem auf die Umschreibung folgenden Theile habe ich für die chinesischen Worte die entsprechenden Zeichen eingesetzt. Die nicht chinesischen Worte sind für meine, in der Regel wohl des Arabischen und Persischen nicht kundigen Fachgenossen in den Anmerkungen erklärt, die natürlich nicht für Arabisten berechnet sind.

Das Lesen und die Erklärung verschiedener zweifelhafter Stellen würde mir ohne die fachmännische Unterstützung meines Kollegen, Professor M. Hartmann, nicht möglich gewesen sein. Auch bei den Herren Professor Lippert und Dr. Kern habe ich mir mehrmals Rath geholt und verdanke ihnen mancherlei Belehrung.

Über das Alter der Handschrift lässt sich nur sagen, dass sie modern und auf russischem Papier geschrieben ist. Auf Seite 19 steht unten der Stempel einer russischen Firma, von welcher anscheinend das benutzte Papier stammt. Ein Theil dieser, durch Aufdruck ohne Farbe hergestellten Papiermarke ist abgerissen. Deutlich zu erkennen ist: *No.* 6 (wohl die Papiernummer) und unten: *Fabrik.* In der Mitte scheint der Name der Firma *Otarjew* zu stehen. Der Ortsname ist bis auf eine belanglose Endsilbe abgerissen.

Umschreibung A.

§. 1. 1. *qauluhu ta'ālā waqaḍā rabbuka an lā ta'budū illā* iyyāhu

2. *wabil-wālidaini i'hsānan.* dhai si chū yū 'iqa *'hikāyet*

3. dhai wamun shin jin di quwān 'in libiyen yū 'iqa shau
   niyen tā di nā min giyau

4. 'iqa *muṭi'* ta di fū diyū ta san ṣuwi. ta di mū jhuwa yān ta

5. liyau. *haft* ṣuwi ba ta ṣun dhai *medreset* libiyen. niyen
   kitāb li.

6. dau dhai shi 'u ṣuwi shān. ta di *'ilm* dau dhai *kemāl*
   shān.

7. ta dhai *kitāb* libiyen kan giyen chau *'hajjh* ṣi tiyen min.
   ta dhai ta di mū

8. shān tau 'iqa kiw khuwan. ta tī ta di fū yau chau *'hajjh*
   dā giyū ta di qū

9. nī. ta dhai ta di fū shan hin khauni. ta di mū *kuft* [1])
   ni din dai.

10. khuwa khū nidi *yāri* di *waqt*. nī *'hidhq* [2]) dhai shau
    niyen di. *'alam*

11. *muṭi'* dhai *mesjhid* libiyen kiyū gi ta *kuft yā rabbi yārī*

12. *muwāfiq berānamā'* [3]) *khudāy* jhun chin la. ta di kiyū gī.
    wī jhū di

18. ba *melek el-mauti 'izrā'īl* jhuwan chin liyau. *di'hya kelbī*
    di *ṣūrat*.

---

1) „Sagte" heisst persisch: *guft*. Unsere Handschrift hat stets *kuft* dafür.

2) *'hidhq* ist Verbalnomen. Der Text hat häufig nach chinesischer Art einen Infinitiv
oder ein Verbalnomen, wo nach arabischer Grammatik eine Verbalform stehen müsste.
Hier müsste es heissen: *ta'hdhiqu*.

8) Wir müssen lesen *bi-rahnamā'* „zur Weg-Führung" p. (Hartmann).

Umschreibung B.

S. 1. Qauluhu ta'ala waqaḍa rabbuka an la[1]) ta'budu illa iyyahu wabil-walidaini i'hsanan 在此處有一箇[2]) 'hikayet[3]) 在我們[4]) 聖[5] 人 的 光 陰 裏 邊[6]) 有 一 箇 少 年 他 的 那 名 叫 一 箇 muṭr[7]) 他 的 父 丟 大 三 歲 他 的 母 抓 養[8]) 大 了 haft[9]) 歲 把 他 送 在 medreset[10]) 裏 邊 念 kitab[11]) 哩 到 在 十 五 歲 上 他 的 'ilm[12]) 到 在 kemal[13]) 上 他 在 kitab 裏 邊 看 見 照 'hajjh[14]) 是 天 命 他 在 他 的 母 上（道）一 箇 口 喚[15]) 他 替 他 的 父 要 照 'hajjh 搭 救 他 的 苦 呢 他 在 他 的 父 上 很 好 呢 他 的 母 kuft[16]) 你 等 待 合 乎 你[17]）的 yari[18]) 的 waqt[19]) 你 'hidbq[20]) 在 少 年 的 'alam[21]) muṭr 在 mesjhid[22]) 裏 邊 救 濟 他 kuft ya rabbi yari muwafiq bergnama'[23]) khuday[24]) 准 承 了 他 的

---

1) Im Koran die korrekte Form *'alla* „dass nicht".

2) *'iga* = 一 箇 wird durchweg in einem Worte geschrieben. *a* nach *q* klingt dumpf und an *o* an. Einige Male ist 箇 auch mit *qu* umschrieben, das fast wie *qo* lauten kann.

3) Erzählung.

4) Der *ö* Laut fehlt im Arabischen. Übrigens kommt die Aussprache *mun* für 們 in Dialekten vor. Auch im Türkischen wird *ö* öfter mit *u* umschrieben.

5) Das finale *ng* wird stets nur durch *n* wiedergegeben, daher *shin* = 聖, das auf *shing* zu weisen scheint, eine durch Dialekte gut bezeugte Form.

6) Der Text zeigt eine grosse Vorliebe für 裏 邊, das in der guten Umgangssprache viel seltener gebraucht wird, namentlich nicht temporal.

7) Wörtlich: der *Gehorsame*.   8) Ein Peking Vulgärausdruck für „aufziehen".

9) p. sieben.   10) Hochschule.   11) Buch, Koran.   12) Wissen.

13) Vollendung, Vollkommenheit.

14) Wallfahrt nach Mekka. 照 *'hajjh* muss bedeuten: der Wallfahrt entsprechen d.h. dem Gebote, eine Wallfahrt zu unternehmen, entsprechen, also sie ausführen

15) Wörtlich: „er sprach einen Ruf", eine sehr ungewöhnliche Ausdrucksweise, vielleicht lokal, doch weiss ich keine bessere Lesart.

16) p. *guft* „sagte" 3. pers. imperf.   17) „Für dich passend".

18) *yār* p. Freund. Das *i* in *yāri* sollte als unbestimmter Artikel lang sein.

19) Zeit. Wird im Text gerade so gebraucht wie 時 侯.

20) Wissen.   21) Zeichen.   22) Moschee.

23) „O Herr, einen als Wegweiser geeigneten Freund".   24) p. Gott.

8.2. 1. siyen qi tā shau niyen di 'ālam [1]) muṭī' qi tā di mu

kuft khuwakhū

2. wadi yār yū nɪ. tā di mu qi liyau kiw khuwan. ta chau

'hajjh ki ni. chau liya [2]).

3. 'hajjh khuwi lai. muṭī' kuft ai wadi yār wa mun dau

liya [2]) 'i lu yārān

4. nɪ ṭun jba wa dau dhai wamun di giyen libiyen. hiye

khuwau gi tiyen ni. dhai khuwi ki.

5. di'hya kelbī [3]) kuft wa ši melek el-maut nibā wa bu liyau

chiu sin siyān nɪ

6. di jin. tā kuft wa bu sin juwa bu jan di waqt. nidau

dhai muwi 'iqa hiyān

7. jhuwān libiyen. yū 'iqa bīmār di jin. ni kan wa nā tā

di jhān. wa shun fu liyau.

8. khudā di min liu lai. qi ni dän yār. 'a lai uā hɪ [4]) di

jin di min. muṭī' dau dhai

9. naqa hiyān jhuwan libiyen. yū 'iqa bīmār di jin. tā

di miyen yun ju hiyān

10. ši khuwān di. ta di liyān yen liyū luwi. tā bi [5]) qi fā

liyān di. tā di kiw libiyen niyen

11. di ši kalimat shahādat dhai naqa ši gin melek el-maut

lai liyau. jhuwan chin 'i

12. duwa siyen khuwā. šun lai 'a libiyen muwa yū tin giyen.

quwa naqa di ṣūrat muwa yū

13. giyen quwa naqa khuwā di giyun muwi bi ẓi libiyen

muwa yū 'un giyen quwa naqa khuwā di

---

1) Müsste 'a'lɪm, „die Zeichen" pl., geschrieben sein, oder es soll 'alam sg. sein.

2) Vulgärform für liyau 了.

3) Die Form des Textes sieht wie bakī aus. Es kann nur eine ungenaue Schreibweise für kelbī sein, das ich dafür eingesetzt habe.

4) Die Lesung hī ist zweifelhaft. Es könnte 死 = sī sein.

5) Der Schreiber wusste den Vokal nicht genau, desshalb schrieb er sie alle drei: ba, bi und bu. Wir müssen uns für bi entscheiden.

8. 2. 救濟爲主的把 melek el-mauti [1]) ʾizraʾįl. 轉成了 diʿhya kelbr 的 surat [2]) 現給他少年的 ʾslam [3]) muṭr 給他的母 kuft 夥合我的 yar 有呢他的母給了口喚 [4]) 他照 ʿhajjb 去 [5]) 呢照了 ʿhajjh 回來 muṭr kuft ai 我的 yar 我們到了一路 yaran [6]) 你同着我到在我們的間 [7]) 裏邊歇緩幾天呢再回去 diʿhya kelbr kuft 我是 melek el-maut 你把我不料真信像你的人他 kuft 我不信若不然的 waqt 你到在某一箇鄉莊裏邊有一箇 brmar [8]) 的人你看我拿他的 jban [9]) 我順服了 khuda 的命令來給你當 yar 而來拿（死）的人的命 muṭr 到在那箇鄉莊裏邊有一箇 brmar 的人他的面容如像是黃的他的兩眼流淚他鼻氣發凉的他的口裏邊念的是 kalimat shahadat [10]) 在那箇時跟 melek el-maut 來了轉成一朶鮮花從來耳裏邊沒 [11]) 有聽見過那箇的 surat 沒有見過那箇花的俊美鼻子裏邊沒有聞見過那箇花的香他的口

---

1) Engel des Todes. Das i des Genitivs in *el-mauti* wird für gewöhnlich weggelassen.

2) Gestalt.

3) Cfr. S. 16 Anm. 1.

4) Wörtlich: „gab einen Ruf von sich". Vergl. S 15 Anm. 15.

5) *ki* = 去. Auch im Türkischen wird *ü*, das im Arabischen nicht vorkommt, oft durch i umschrieben.

6) p. Plural von *yār*, Freund.

7) 間 eigentlich: *Zimmer, Gelass* kommt im Text öfter in der Bedeutung: *Haus* vor.

8) p krank.

9) p. Seele.

10) Das Wort des Zeugnisses (Bekenntnisses): „Es giebt keinen Gott ausser Allāh" u.s.w.

11) 沒 = *muss* weist auf die Aussprache *mo* hin, nicht *mei*. *mos* steht in der Transcription öfter für *o*.

S. 21.   1. siyān tā di kiw libiyen niyen di *lā 'ilāha tā'akhir* giyū
            dhai naqa ṣi libiyen wɪ

         2. jhūdi. bā tā di min yau liyau. *mutʔ* jhuwan khuwi qi
            tā di *yār kuft di'hya kelbɪ* ju

         3. ṣi jha giyū *kuft* liyau 'i biyen. dhai tā shān yū ṣi
            semā *'amal*. tā ṣi

         4. jhi yān di quwi khuwi. *melek el-maut kuft* tā ṣi siyau
            dau fū mū di.

         5. khuwa mū siyān lɪ di. tan na kin pun di. khau yū dhai
            faqɪr miskɪn

         6. shān ṣi hin khau di. *di'hya kelbɪ* ¹) *kuft ai mutʔ* ni yū
            dau dhai

         7. mū ²) 'iqa hiyān jhuwān libiyen. khan yū 'iqa *bɪmār*
            di jin. tā di miyen yun ṣi

         8. fā khɪ di. tā di liyān yen ṣi fā qau di. ta di khūdu
            mithl liya chu di sbin 'in.

         9. *melek el-maut* hiyen liyau siyun gha di *ṣūrat* lai liyau.
            tā khan liyau 'i shin

        10. *mithl* dhā ³) luwi 'i ban. giyū dhai uaqa kun zi libiyen.
            tā di *jhān* chū liyau tɪ liya.

        11. *mutʔ* jhuwan khuwi ki liyau. qi tā di *yār di'hya kelbɪ* ⁴)
            ju ṣɪ yū hiyō *kuft*

        12. liyau 'i biyen. dhai tā shān qan liyau semā *kunāh* ⁵) tā
            ṣi jhi yān di quwi khuwi *melek*

---

1) Hier steht *kabalī*.

2) Der i-Strich scheint vergessen, denn 2,6 ist 某 mit *mauoi* umschrieben.

3) Ich möchte für *dhū*, das auf *tsa* weist, *dū* lesen, denn man sagt *ta lei* aber nicht
tsa lei.

4) Hier haben wir zur Abwechselung einmal *kalī* für *kelbī*.

5) Für persisch *gunāh*.

§. 23. 裏邊念的 lɪ 'ilɪhɪ tɪ 'ɪkhir[1]) 就在那箇時裏邊
爲主的把他的命要了 muṭr 轉回給他的
yɪr kuft di'hya kelbɪ 如此者就 kuft 了一遍[2])在他
上又是什麼 'amɪl[3]) 他是這樣的歸回 melek
el-maut kuft 他是孝道[4])父母的和睦鄉里的
貪那根本的好又在 faqɪr[5]) miskɪn[6]) 上是很
好的 di'hya kelbɪ kuft ai[7]) muṭr 你又到在某一箇
鄉莊裏邊還[8])有一箇 bɪmɪr 的人他的面容
是發黑的他的兩眼是發乾的他的糊塗
mithl[9]) 了出的聲音[10]) melek el-maut 現了凶啊
的 surat 來了他喊了一聲 mithl 打雷一般就
在那箇窖子裏邊他的 jhɪn[11]) 出了體了
muṭr 轉回去了給他的 yɪr di'hya kelbɪ 如此又
舉 kuft 了一遍在他上幹了什麼 kunɪh[12]) 他
是這樣的歸回 melek el-maut kuft 他不孝道父
母他不和睦鄉里他不貪愛根本好又他

---

1) „Es giebt keinen Gott...." bis zu Ende.
2) Diese Wendung erinnert etwas an den Stil der Geschichtenerzähler.
3) Handlung.
4) Eine etwas vulgäre Wendung.
5) arm.
6) dumf.
7) oh!
8) Die Aussprache ‘ɪɪn ist jedenfalls dialektisch für ‘Aman.
9) ähnlich.
10) Die Konstruktion ist ungeschickt.
11) Seele, cfr. S. 17 Anm. 9.
12) p. gunɪh „Sünde".

S. 21. 13. *el-maut* *kuft* tā bu[1]) siyau dau fū mū. tā bū[1]) khuwa
mū siyān lị. tā bū tan

S. 22. 1. nai[2]) kin pun khau yū tā dhai *ıfaqīr miskīn* shān. şi
'iqa hin *bakhīl* kū şi dhai

2. *āyet libiyen biyau* kuft. *lā bushrā yauma'idhin lilmujhri-
mīna* gi ni şi *melek*

3. *el-maut* wa di 'uchān dhai gi şi ni. nī *biyau* kuft qi
wa tā *kuft* nidi 'uchān

4. dhai giyen nidi mū zi khuwi[3]) ni. nidi 'uchān dau lai.
tā dau dhai giyen libiyen tā di mu

5. giyen liyau. tā dhiw[4]) khuwan luwa şi na yān di khuwan
luwa. şi shi fun di khuwan luwa *mutī'* dā

6. shān hin di 'i miyen 'a niyen liyau 'i duwan *bait yā
abatā*[5]) *wa*[6]) *yā ummāh*[7]) *tuldani*[8]) *wa*

7. *wa*[9]) *bi-ukhdhumika*[10]) *abadan wa tarḍa*[11]) *'anhu anā
sha'arta fuwāka*[12]) *wa* şi nidi yen quwān

---

1) Bisweilen wird bei 不 ein langes, bisweilen ein kurzes u geschrieben.

2) *nai* muss lokale Aussprache für 愛 sein, ebenso wie 14, 3 *nin* = 恩. So sagt
man auch in *Paotingfu* für 鞍 *nan*.

3) Ich vermuthe, dass *khuwi* eine falsche Schreibung für *khiw* ist. Dann erhielten wir
si khiw = 之後, was einen guten Sinn giebt, während die Ausdrucksweise des Textes
nicht glatt ist.

4) Vielleicht wäre hier besser *dhuwi* ذو = 最 statt *dhiw* ذو im Texte zu lesen.

5) Für *abata*.

6) Im Text sieht das Wort wie *da* aus, das aber keinen Sinn giebt.

7) Sollte *ummah* lauten.

8) Scheint eine Korruption aus der Verbalform *talidūni* von walada (erzeugen) zu sein.

9) Das eine *wa* ist überflüssig

10) *ukhdhumika* scheint *akhdumuka* „ich diene dir" sein zu sollen. Das *bi* zu Anfang
wäre nach *Hartmann*, auf den ich mich bei der Interpretation dieser sehr korrumpirten
Stelle stütze, ein in der Volkssprache üblicher Zusatz.

11) Für *tarḍā*.

12) Scheint für *fu'ādaka* „dein Herz" zu stehen.

S. 22. 在 faqır miskın [1]) 上是一箇很 bakhıl [2]) 故此在 ayet [3]) 裏邊表 kuft. la bushra yauma 'idhin lilmujhri- mına [4]) 既你是 melek el-maut 我的無常在幾時 呢你表 kuft 給我他 kuft 你的無常在見你 的母之後呢你的無常到來他到在閻裏 邊他的·母見了他最歡樂是那懷的歡樂 是十分的歡樂 muṭr 大傷心的一面兒念 了一段 bait [5]) ya abata wa ya umımgh tuldani wa wa bi- ukhdbumika abadan wa tarḍa 'anbu ang sha'artu fuwaka [6]) 我是你的眼光我是你的肝子塊兒 [7]) 他 的母聽見這箇話他啼哭掉淚了 muṭr kuft ai 母我們總在極上不了躭慢我們 waqi' bi majhlis [8]) 散 ṣadaqah [9]) 跟我的 yar 跟闈房的人 (定備) 我的 yar 好叫他們給我們咒一好 du'a' [10]) 縱然我的無常到來了罷只怕爲主 的在 qiyamet [11]) 日子恕饒我們的 kunah 故此 聖人在 'hadıth [12]) kuft al-ṣadaqat taruddu al-bala' wa tazıdu al-'umr [13]) tamam shudam [14]).

---

1) Vergl. S. 19 Anm. 5 und 6.

2) geizig.

3) Koran Vers.

4) „Die frohe Botschaft an jenem Tage ist nicht für die Sünder".

5) Distichon.

6) Vergl. die Übersetzung der Strophe S. 57.

7) Wörtlich: „Ich bin ein Stück deiner Leber". Gewöhnlich gebraucht man den Ausdruck 心肝 „Herz und Leber" in der Bedeutung „ein Theil seines eigenen Selbst" z.B. 比當心肝 „er ist wie ein Theil von mir".

8) Wörtlich: „Wir gelangen in die Sitzung", womit anscheinend das jüngste Gericht gemeint ist. Der Ausdruck bedeutet auch das *Tribunal*.

9) Almosen.

10) Gebet.

11) Auferstehung.

12) Ausspruch (Muhammeds).

13) Siehe Übersetzung S. 57.

14) Wörtlich: „Ich wurde fertig". Wir würden erwarten, dass „Ich bin fertig" geschrieben würde.

S. 22. 8. wa ṣi nidi qan ṣi kuwai 'a tā di mū tin giyen. jhiqa
khuwā. tā ti kū diyau luwi liyau *mutī'*

9. *kuft ai* mū wamun ṣun dhai ki shān bū liyau tan man
wamun *wāqi' bi majhlis*

10. san *ṣadaqah* [1]) kin wa di *yār* kin khuwa fān di jin din
puwi wa di *yār* khau giyau tā mun qi

11. wamun dhiw 'i khau *du'ā'* dhun jan wa di 'uchān dau
lai lā bā. zi pu wī jhūdi dhai

12. *qiyāmet* ji zi shū jau wamun di *kunāh* qu ṣi shin jin
dhai '*hadīth kuft*

13. *al-ṣadaqat taruddu al-balā' wa latīdu al-'umr tamām
shudam.*

S. 5. 6. *qauluhu ta'ālā yā 'ayyuhālladhīna āmanū kutiba 'alaikum
alṣiyām*

7. *kamā kutiba 'alā alladhīna min qīlikum* [2]) ai tā mun
quwi hin di

8. na 'i kiya jin. jin bā *rūz* hiya dhai liyau nimun shang
ṣi *farīż* [3]) giyu jhau yu.

9. hiya dhai nimun zi kiyen di na 'i kiya jin shān di na
yān. jhiqa ṣi *khudāy*

10. *ta'ālā* di shiw din nin di *farīż*. miyen bū quwa. wa
mun dhun jhun tā. 'in ṣi shin jin *kuft*.

11. *man 'oẓẓama shahr ramaḍān fānaṣabtu lahu al-jhannata*
tā dhun jhun *ramaḍān*

12. *māh* di naqajin. [4]) wa bā tiyen tān chin fu qi ta. yau
kuft bu dhun jhun *ramaḍān māh*

---

1) Für *ṣadaqat* „Almosen".
2) Muss heissen: *min qablikum* „vor euch".
3) Für *farīzet* „göttliche Bestimmung".
4) Wird bisweilen in einem, bisweilen in zwei Worten geschrieben.

S. 5.: qauluhu ta'ala ya 'ayyuballadhɪna ᴋmanu kutiba 'alaikum

alṣiyam kama kutiba 'ala alladhɪna min qɪlikom ai ') .....

他們歸信的那一家人人把 ruz ') (戒) 齋 ')

了你們上是 farɪż 就照月戒齋你們自見

的那一家人上的那樣這箇是 khuday ') ta'ala

的首叮嚀的 farɪż 免不過我們尊重他因

此聖人 kuft man 'aẓẓama shahr ramaḍan faᴋnᴋᴋabtu

lahu al-jhaunata 他尊重 ramaḍan mah ') 的那箇

人我把天堂真付給他要 kuft 不尊重

S. 6. ramaḍan mah 的那箇人 'akhiret ') 裏邊在他上

有箇嫌棄呢有三嫌棄呢第是') 聖人 'am

kuft 在 mi'rajh ') 的睌間我看見了那一夥人

把他們的壞骨倒了一箇宜蜜 khuni') 從他

們的口裏邊流着呢'') (顛倒兒人把'') 門

---

1) Das heisst.

2) p. Tag, im Text öfter gebraucht für rūseh, der Fasttag, das Fasten.

3) Ich gebe hiya, was auch hiye gelesen werden könnte, — 戒 in Ermangelung von etwas Besserem. hiye, ḥiye oder ṣiye könnte aus ehieh entstanden sein. Der übliche Ausdruck für Fasten, worum es sich hier nach dem Vorhergehenden handeln muss, ist freilich 齋戒.

4) p. Gott. Bisweilen mit, bisweilen ohne finales y geschrieben.

5) p. Monat.

6) jüngster Tag.

7) Im Text sehr beliebte Adversativ Partikel, in Mandarin ziemlich selten angewandt.

8) Himmelfahrt.

9) khūn p. Blut. Mit dem Artikel würde es khūni sein, wofür hier verkürzt khūni steht.

10) 着呢 ist eine im Text häufig gebrauchte Finale.

11) 把 ist hier in ungewöhnlicher Weise nicht für das nähere Objekt, sondern für das fernere gebraucht: „die Menschen hingen an den Thüren". Ich bin nicht ganz sicher, dass meine Umschreibung richtig ist.

S. 6.   1. di naqajin *akhiret* libiyen. dhai tä shang yū qa hiyen
           gi ni. yū san hiyen gi ni. di shi

        2. shinjin 'ām [1]) *kuft* dhai *mi'rājh* di wan giyen. wa kan
           giyen liyau na 'i khuwa jin ba tä mun

        3. di khuwai qu. tau liyau 'iqa kūlun. *khāni* šun tä mun
           di kiw libiyeu liyū jhani

        4. diyen dau 'a. jin bä mun quwä ki lai liyau. wa 'un
           liyau *jhebra'tl* ši 'i khuwa jin. *jhebra'tl*

        5. *kuft ai khudā* [2]) di kin šai dä shin ni bū jhedau. tä
           dhai *dunyā* libiyeu.

        6. 'u qu jhau. bū fun *rūz* di na 'i khuwa jin. khuwai
           liyau *rūz* di na 'i khuwa jin.

        7. zi yau gin di. shiw din nin di *fartž*. jin bä tä nan
           min liyau *ramaḍān*. tä *ma'nā*

        8. ši liyen hi. wa mun qa qajin dhai ki biyedi *māh* fun
           libiyen. man dai [3]) kān

        9. wɪ. liyau jhū. 'in qan liyau *'harām* di ši gi. jū hiyān.
           'in zi libiyen. yu liyau tun.

        10. yū kiyen liyau. dhai *jhāmeh* libiyen. yū liyau ni qiw wai
            wä. *'ulamā' kuft*

        11. dan si jhɪz shān. yū 'i qa sin fuwän 'a nɪ. 'in zi pinjha
            ātash shau tä

        12. jhuwan di *pāk. jhāmeh* pinjha *āb* si *pāk. ṭā'at* kū siyū
            liyen hi bun shin di

        13. *kunāh* jhuwan di *pāk. kuft* jhiqa khuwä yū semä *daltl*
            khudāy ta'ālā kuft

---

1) Abkürzung für den üblichen Segenspruch: *'aisihi al-salāmu*. (Heil sei über ihm!).
Man schreibt aber gewöhnlich *'am*, nicht *'äm*.

2) *khudā* (Gott). Vergl. S. 23 Anm. 1.

3) Ich vermuthe, dass hier ein diakritischer Punkt ausgefallen ist, und dass wir *dhai*
statt *dai* zu lesen haben, und übersetze dementsprechend.

挂起來）我閼了 jhebra'ɪl 此一夥人 jhebra'ɪl kuft
ai khudᴀ 的欽差大聖你不知道他在 dunyᴀ ¹)
裏邊無顧着不分 ruz 的那一夥人壞了 ruz
的那一夥人自要緊的首叮嚀的 farɪż 人
（把他難）名了 ramaɖan 他的 ma'nᴀ ²) 是練習
我們各各人魏區別的 mᴀh ³) 份裏邊慢再
杭違了主因干了 'haɪᴀm ⁴) 的時期如像銀
子裏邊有了銅有鉛了在 jhᴀmeh ⁵) 裏邊有
了泥垢穢沶 ⁶) 'ʋlamᴀ' ⁷) kuft（但世界于上）
有一箇新方 ⁸) 兒呢銀子憑著 ᴀtash ⁹) 燒他
轉的 pᴀk ¹⁰) jhᴀmeh 憑著 ab ¹¹) 洗 pᴀk ţa'at ¹²) 苦修
連洗本身的 kunah 轉的 pᴀk kuft ¹³) 這箇話有

---

1) Welt.

2) Bedeutung.

3) p. Monat. Cfr. S. 23 Anm. 5.

4) Verbot.

5) p. Kleid.

6) 穢沶 kann dialektisch *wai wa* gesprochen werden.

7) Gelehrte.

8) Dass *fwᴅn = fang*, kann nach 11,5, wo *di fwᴅn* nichts anderes als 地方
sein kann, keinem Zweifel unterliegen. Die Lokalaussprache scheint *fuang* zu sein, wozu
man die *Fuchow* Aussprache 方 = *kwong* vergleiche. Auch dort ist ein *w* Laut eingeschoben.

9) p. Feuer.

10) p. rein.

11) p. Wasser.

12) Gehorsam.

13) Man sagt.

S. 7. 1. *'inna al-'hasanāti yudhhibna 'al-sāti* [1]) di shi̱ 'i kiya khau
　　　　ki kiyū 'i kiya dau ni.

　　2. 'in jhiqa shāu jin ba tā nan miu liyau *ramaḍān.* yū
　　　　min *farīt* san yān. *'awwal .*

　　3. 'in wi sin fuwān 'a. zi chū *kunāh.* 'in wī di shi *kunāh*
　　　　di ki ṣi *nafs dalīl*

　　4. *khudāy ta'ālā kuft 'inna al-nafsa la-'ammāratu bilsū'i*
　　　　di shi *nafs* 'i din miṇ jin.

　　5. qan dai. chū fi ṣi tiyau nidi jhu si min waqt allāh
　　　　ta'ālā āferīd nafs

　　6. sin lin dai dhai *nafs* shaug. ka 'i ni jin diy nidi jhū.
　　　　tā *kuft 'anta 'anta 'anā*

　　7. *'anā* jan khiw wī jhū di. binjha [2]) jhi 'i giyen *kāri*
　　　　min liyau *firīshteh* bā tā diyū dhai liyau.

　　8. *dūzakh* libiyen. shau liyau *yek hazār sāl* jau khiw wī
　　　　jhū di 'un tā ni. tā shi ju si

　　9. yān di khuwi dā. jan khiw wī jhū di yū min liyau
　　　　firīshteh yā tā di yū dhai liyau gi

　　10. wa di giyen libiyen. wa liyau 'i *hazār sāl.* jan khiw wī
　　　　jhū di 'un tā ni. tā *kuft*

　　11. *ai* wa di jhū ā ni si tiyau yān wa di jhū. wa si kān
　　　　wi liyau nidi *band.* [3])

　　12. jhiqa giyū ṣi *'aṣal* di *kār.* di shi buu jhi wī giyen di
　　　　jhū. jhidau jhi 'i

　　13. giyen si kin ni. ni quwan kan jha ṣun gi wa shān khan
　　　　pā ni. 'in wi jhiqa shān

---

1) Im Koran: *al-sayyi'āti.*

2) Hier *binjha* geschrieben, oben 6,11 *pinjha* = 憇著.

3) Sollte *bandeh* p. (Sklave) geschrieben sein.

S. 7. 什麼 dalīl[1]) khudāy ta'ālā kuft 'inna al-'hasanāti yudhhibna al-sīāti 第是一家好積救一家悼呢因這箇 上人把他難名了 ramaḍān 又名 farīż 三樣 'awwal[2]) 因爲新方兒自除 kunāh 因爲的是 kunāh 的起是 nafs[3]) dalīl[4]) khudāy ta'ālā kuft inna al-nafsa la-'ammāratu bilsū'i 第是 nafs 一定命人幹歹 (初非是調你的主子命) waqt allāh ta'ālā āferīd[5]) nafs 神靈帶在 nafs 上(可以)你認得你的主 他 kuft 'anta 'anta 'anā 'anā[6]) 然後爲主的憑著 這一件 kār[7]) 命了 firīshteh[8]) 把他丟在了 dūzakh[9]) 裏邊燒了 yek hazār sāl[10]) 然後爲主 的問他呢他是如此樣的回答然後爲主 的又命了 firīshteh 押他的又再了寄我的 間[11])裏邊我了一 hazār sāl 然後爲主的問 他呢他 kuft ai 我的主啊你是調養我的主 我是杭遵了你的 band[12]) 這箇就是 'aṣal[13]) 的 kār[14]) 第是本知爲間[11])的主知道這一 間是欽你你觀看著總及我上還[15])怕你

----

1) Beweis.
2) erster.
3) Seele.
4) Führer.
5) p. erschuf.
6) Wörtlich: du du, ich ich.
7) p. Handlung.
8) p. Engel.
9) p. Hölle.
10) p. ein tausend Jahre.

11) Hier in der Bedeutung von Raum, *Reich* zu fassen. Man vergleiche dazu 兩間 die beiden Reiche = Himmel und Erde.

12) p. *bandah* = Sklave.
13) Schlange.
14) p. That. Vergl. Anm. 7.
15) Siehe S. 19 Anm. 8.

S. 8.　1. *allāh ta'ālā* bā *rūz* dhai wa muu shān ẓuwa liyau *farīz*
　　　　　'in wī giyau tā chān gi wa di

　　　2. jhiqa kū chū liyen hi tā. 'i jhi 'i jhuwan di luwi juwa
　　　　　liyau 'u nin liyau 'in wī di shi *nafs*.

　　　3. giyu hiyān liyau din. *shehwet* giyū hiyān liyau niyen zi.
　　　　　ta'ām giyu hiyān liyau *rūghan*.

　　　4. gi ju si din si chān jhuwan di. *rūghan* duwa di niyen
　　　　　zi. sū di *waqt*. din quwān si

　　　5. shin di. *yūsuf* [1]) dī liyau *miṣ* [2]) di *pādshāh* tā bū chī 'i
　　　　　jhi 'i chuwan si

　　　6. bau di. yuwi muwa si dau liyau 'i ban di kin wa. 'i
　　　　　ji zi giyen tā di shiw si di 'iqa *ghulām*

　　　7. 'un tā ni. ai *khudā* di kin sai. ni bū chī. 'i jhi 'i chān
　　　　　jhuwan ni si. bau di.

　　　8. chān chuwan ni bā yū su nā dhai shiw jhun. jhan khiw
　　　　　yūsuf khuwi dā liyau. jhi 'i giyen

　　　9. si kin. wa dhun bū *kuft* wa si *faqīr mūsā* dhai *tur* [3])
　　　　　sīnā di san shān

　　　10. liyen *khudā* giyau yen ṣū gi ni. *khudā kuft* wa bā liyān
　　　　　dau quwān qi liyau. *mu'hammed*

　　　11. di *'ummet mūsā kuft yā rabbī* [4]) *nūr al-qorān wa nūr*
　　　　　shahr ramaḍān

　　　12. tā liyan qa khī si shimā. *khudāy ta'ālā kuft* 'i dau fuu
　　　　　'in khī nan *qiyāmet*

　　　13. khī nan *qāla al-nabī 'am man ṣāma yauman min rama-*
　　　　　ḍān ghafara allāh dhunūb

　　　14. *kamā waladathu* [5]) *ummuhu wa al'hamd-ullāh tamām.*

---

1) Gewöhnliche Schreibweise *yūsuf* = Joseph.

2) Soll *miṣr* (Aegypten) sein.

3) Müsste *ṭūr*, aramaeisch für „Berg", geschrieben sein.

4) Der Vokativ pflegt *rabbi* („mein Herr") zu lauten.

5) Das *w* sieht aus wie *d*, das keinen Sinn geben würde.

§. 8. 因為這箇上 allah ta'ala 把 rus 在我們上做了 farīż 因為叫他舊去我的這箇苦處憐惜他（一直一賺的累）若了無能了因為的[1] 是 nafs 就像了燈 shehwet[2] 就像了桧子 ta'am[3] 就像了 rughan[4] 即如此燈是常轉的 rughan 多的桧子粗的 waqt 燈光是盛的 yusuf 替了 miš 的 pᴀdshah[5] 他不（知一直一賺是抱的）有意慕是貪了一般的跟我一日子見他的收拾的一箇 ghulam[6] 問他呢 ai khuda 的欽差你不知一直一常賺是抱的常賺呢把有足拿在手中然後 jusuf 回答了這一間跟我總不 kuft 我是 faqīr[7] musa[8] 在 tur sīna[9] 的山上練 khuda 教嚴肅極呢 khuda kuft 我把兩道光給了 mu'hammed 的 ummet[10] musa kuft ya rabbī nur al-qorᴀn wa nur shahr ramadᴀn 他兩箇黑是什麽 khuday ta'ala kuft 一道坟堃黑難 qiyᴀmet[11] 黑難 qala al-nabī 'am man ṣama yauman min ramadᴀn ghafara allah dhunub kama waladathu ummuhu wa al'hamd-ullah tamam.

---

1) In gutem Chinesisch würde man 為的 nicht 因為的 sagen.
2) Begierde.
3) Speise.
4) p. Öl.
5) p. König.
6) Jüngling, Sklave.
7) arm.
8) Moses.
9) Berg Sinai.
10) Volk.
11) Auferstehung.

S. 9. 1. *mithlhu* dhai *dhikr* [1] *rū'h* ahān *kuft* āsān tā di *jhān* chū
tan di *waqt*

2. *haftād hazār muqarrab melā'iket* dai di ģi *burāqi* di
hiyen *asb* 'i giya tā di *rū'h awwal*

3. *āsmān* di mun kai liyau hiyeu thī miyeu *du'um* [2] *āsman*
jhizi tā di *rū'h* dau dhai *'arsh* zi

4. hiyā luwa khau ki ni. yū san qa *riwāyet* 'iqa ģi dau
dhai *'arsh* zi hiyā luwa khau ni.

5. *du'um* dhai *'arsh* zi hiyā yū 'iqa lū ŝuwi di niyau 'a.
tā di *rū'h* dau dhai luwi ŝuwi

6. di niyau 'a di ŝu zi libiyen. naqa niyau 'a *fī hasht
jhennet* libiyen chī ahi jhani.

7. *se'um* [3] *riwāyet* tā ti *rū'h* dhai *jhennet* libiyen nı. jhuwa
ghasl di *waqt* tā dih

8. *rū'h* lai nı. *mithlhu* ābdast tā bā *masa'h* ţū li [4] di *waqt*
khuwai *masa'h*

9. bū khuwai *ābdast* quwān bi dū pāy. *mithlhu* ābdast khuwai
li bā wā zi ţū liyau.

10. *ābdast* hı kuwan. *mithlhu* namāz *khuftan* di *waqt* ābdast
khuwai liyau tā bā wā

11. zi ţū' [5] di *waqt*. ābdast hı kuwan jhizi min 'i ji di
namāz *khuftan* di *waqt*

12. *mithlhu munāfiq* di *rū'h* quwi dhai *'asfal sāfilīn* di ŝi
zi libiyen luwa

13. khau nı. *mithlhu* lau chū diye dhai yū libiyen di *waqt*
hı yū san biyen. *mithlhu*

---

1) Der diakritische Punkt fehlt über dem *d*. Ich habe trotzdem *dhikr* statt *dikr* umschrieben.

2) Die korrekte Schreibweise wäre *duwum* oder *duwowm* p „der zweite".

3) Der „dritte" ist p. *seyum*, wofür hier *se'um* steht.

4) Vielleicht ist für *li, hi* zu lesen und dann *ţu hi* zu *t'ui* zusammenzuziehen.

5) Im vorhergehenden einfach *ţu* geschrieben.

§. 9. mithlhu.[1]) 在 dhikr[2]) ru'h[3]) 上 kuft asan[4]) 他的 jhan[5])

出 tan[6]) 的 waqt haftad bazar[7]) muqarrab[8]) mela'iket[9])

騎的是 buraqi 的仙 asb[10]) 一駕他的 ru'h[11])

'awwal[12]) asman[13]) 的門開了現西面 du'um[14]) asman

日子他的 ru'h 到在 'arsh[15]) 子下落好極呢

有三箇 riwayet[16]) 一箇是到在 'arsh 子下落

好呢 du'um 在 'arsh 子下有一箇綠嘴的鳥

兒他的 ru'h 到在綠[17]) 嘴的鳥兒的嗉子裏

邊那箇鳥兒 fr[18]) hasht[19]) jhennet[20]) 裏邊吃責

着呢 se'um[21]) riwayet 他的 ru'h 在 jhennet 裏邊呢

刷 ghasl[22]) 的 waqt[23]) 他的 ru'h 來呢 mithlhu[24]) 有

abdast[25]) 他[26]) 把 masn'h[27]) 腿裏的 waqt 踩 masa'h

不踩 abdast 況洗 du[28]) pay[29]) mithlhu abdast 踩裏

把襪子脫了 abdast 洗盤 mithlhu namaz khuftan[30])

的 waqt abdast 踩了他[26]) 把襪子脫的 waqt abdast

洗盤即此明一日的 namaz khuftan 的 waqt mithlhu

munafiq[31]) 的 ru'h 歸在 'asfal safiln[32]) 的池子裏邊

落好呢 mithlhu 露出點在有裏邊的 waqt 洗

---

1) Desgleichen, ferner.　2) Erzählung.　3) p. Seele.

4) p. Plural von ös, „Rest, ausgebrannte Asche".　5) p. Seele.

6) p. Körper.　7) p. 70000.　8) part. sich näheread, von qarabd.

9) Engel.　10) p. Pferd.　11) Siehe N° 3.

12) erster.　13) p. Himmel.　14) p. zweiter.

15) Thron. Dem arabischen Worte ist noch das chinesische Substantivzeichen 子 angefügt = 'arsh tse.

16) Citat, Lesart.

17) Auri ist jedenfalls 綠 wie kurz vorher, wo korrekt lu geschrieben ist.

18) in.　19) p. acht.　20) Garten, Paradies.　21) p. dritter.　22) Waschung.

23) Zeit.　24) Cfr. Anm. N° 1.　25) p. Waschung.

26) Scheint hier in der Bedeutung man gebraucht zu sein.

27) abreiben (trocken).　28) p. zwei.　29) p. Fuss.　30) p. Abend Gebet.

31) Heuchler.　32) der tiefste der tiefen.

S. 10. 1. dhai jhin chān libiyen di ʒuwa *katala musulmān* di *waqt* naqa *musulmān* ēi

2. *shahīd* jan hiw qū liyau *jhān* giyā di *waqt*. *shahīd* [1]) pū dai bū *wājhib*. [2])

3. *mithlhu* tā di jhān fū *maut* liyau di *waqt* fū jin giyā biye 'iqa jhān fū.

4. pinjhā '*imām* '*aʒam qaul* quwi liyau *awwal* jhān fū. pinjha '*imām shāfi*' di *qaul*

5. *rūz qiyāmet* quwi di 'a qa jbān fū. *mithlhu imām* '*aʒam* dhai shi 'a ṣuwi shān

6. kai *medreset* 'i jhi 'i dan dhai 'u shi qi ṣuwi shān. tā man giyen shinjin

7. hī *ābdast khilāl pāy* di 'i kiya zi *ser* 'a di naqa yān fā 'a. tā *kuft* kan

8. liya. jhiqa yān 'a wa di *namāz khudāy ta'ālā* muwa yu chin lin. tā da shi 'a ṣuwi shān

9. khuwan bū *namāz jhihil* [3]) *sāl tamām ṣauma*' di *ma'nā* ēi wi liyau *merjhid* dhai *kitāb*

10. libiyen *kuft*. tun jha *jhamā'ati* żū *namāz* di naqa jin. żun jan tā di *namāz khudāy* bū *qabūl*

11. ya bā pinjha *muta'allim* jhan jhin di *sabab* wan tun di kin fun jhau *khudāy qubūl* dhai giyā ni

12. żū *namāz* tā di *namāz qabūl khudāy* nin jhī. *mithlhu* nan jin qi *zen* wī '*imām*

13. di si ēi dhai zi gi *zen* shān *wājhib*. *mithlhu* [4]) dhai *maiti* di fān 'a libiyen san

---

1) Sieht wie *thahīd* geschrieben aus.

2) Das Wort ist sehr schlecht geschrieben und sieht wie *wā'īds* aus.

3) Für p. *chihil* „vierzig".

4) Ist schlecht geschrieben, so dass es wie *mithālhu* aussieht.

9. 10. 有三遍 mithlhu 在陣塲裏邊的所 katala [1] musulman 的 waqt 那箇 musulman 是 shahid [2] 然後哭了 jhan [3] 家 [4] 的 waqt shahid 鋪蓋不 wajhib [5] mithlhu 德的丈夫 maut [6] 了的 waqt 婦人嫁別一箇丈夫慇著 'imam 'a'zam qaul [7] 歸了 awwal [8] 丈夫慇著 'imam shafi' 的 qaul ruz [9] qiyamet [10] 歸第二箇丈夫 mithlhu 'imam 'a'zam 在十二歲上開 medreset [11] 一直一 [12] 到在五十七歲上他們見聖人洗 abdast kbilal [13] pay [14] 第一甲指 ser [15] 兒那箇樣法兒他 kuft 看了這箇樣兒我的 namaz [16] khuday ta'ala 沒有真領他大十二歲上還不 namaz jhibil [17] sal [18] tamam [19] sauma' [20] 的 ma'na [21] 是爲了 mesjhid [22] 在 kitab [23] 裏邊 kuft 同著 jhama-'ati [24] 作 namaz 的那箇人縱然他的 namaz khuday 不 qabul [25] 也罷慇著 muta'allim [26] 中認的 sabab [27] 萬麼的根牽酬 khuday qabul 在家呢做 namaz 他的 namaz qabul khuday [28] 能知 mithlhu 男人給 zen [29] 爲 'imam 的此事在自已 zen 上 wajhib [30] mithlhu 在

---

1) töten. 2) Zeuge, Märtyrer. 3) Siehe S. 31 Anm. N° 5.
4) 家 ist eigentlich ganz überflüssig hier. Die ganze Stelle ist zweifelhaft.
5) nöthig. 6) Tod. 7) Wort. 8) Siehe S. 31 Anm. 12. 9) Tag.
10) Auferstehung. 11) Hochschule. 12) Gewöhnlich sagt man nur 一直.
13) Zwischenraum. 14) Vergl. S. 31 Anm. 29. 15) p. Kopf. 指 ser = 指頭.
16) Gebet. Siehe S. 31 Anm. 30. 17) p. vierzig. 18) p. Jahr.
19) vollendet. 20) Kloster. 21) Bedeutung. 22) Moschee.
23) Buch, Koran. 24) Menge, Gemeinde.
25) Infinitiv von qabûl = annehmen. Hier als Verbum gebraucht.
26) Gelehrter.
27) Grund.
28) qabûl khuday ist arabische Wortstellung, das Prädikat vor dem Subjekt.
29) p. Frau.
30) Siehe Anm. 5.

S. 11. 1. ji bū chin ṣi *khudāy taʿālā* ṣai *ʿizrāʾīl* giyū tā di nā [1])
min di *waqt*. bā san bū liyau

2. shi gin qiw da ʿa biyā dhai tā di *tan*. libiyen min chū
tan di *waqt*. thiye [2]) di yen ʿa

3. dhan dhai fuwān ʿa di qa chū. san tiyeu di na ʿi ji. *ʿizrāʾīl*
shiw naqa hiye [2]) di yen ʿa

4. jba nɪ. khau min yun di jin. wi shau di san qa kin qiw
da ʿa siyā dhai tā di tī libiyen. *tamām*

5. *āsār* [3]) dhai *khāshi* di fuwān yū ʿiqa wī *ḥaẓrat nām
hidāyet allāh* jan

6. khiw. dau dhai thī nin di fuwān. dhai naqa di fuwān
yū ʿi kiya *ʿālim* ni. ga [4]) ʿa ʿun

7. jhiqa *mathalat* ni. min ʿa ʿun naqa *mathalat* nɪ. ʿi ji zi
giyen tā mun ʿun ni. *ḥaẓrat kuft*

8. wa qi nimun shuwa ʿi qa *ḥikayet* yū ʿiqa quwā fū tā
ṣi ʿiqa ʿaʿmā tā

9. yān jha ʿi qa nai *qāʾu*. [5]) ji muwi gi jha mai nai si jha
nɪ. ʿi ji di khiw shān. tā

10. dhai guwan nɪ gi nai zi ki liyau. guwan nɪ wa jha ʿiqa
lau khū. tā gin dhai lau khū di.

11. ṭuwi ban nɪ. dhau nai *ser* nɪ. dhau ye dhau jhuwa. lau
khū *kuft*. khau khā zi. nidi

12. *qāʾu* wa chī shān liyau nɪ dhai nā ni. dhau uai *ser* ni.
wa ṣi san wān.

13. ni dan ṣi khuwa jin. juwa nɪ bū ṣi thiyā zi di ṣi khiw.
nɪ kan giyen bā nɪ giyū khā

---

1) Der n Punkt fehlt.

2) Man beachte den Wechsel der Schreibweise: *thiye* und in der nächsten Reihe *hiye*.

3) Eine korrumpirte Schreibweise für *āthār* „Spuren, Monumente" (Hartmann).

4) Vielleicht wäre besser *gi ʿa* = 今兒 zu lesen. Die Aussprache *ka-erh* müsste
sonst lokal sein.

5) Dies kann nichts anderes als das persische *gāw* = „Ochse, Kuh" sein.

S. 11. maiti [1] 的房兒裏邊三日不進是 khuday ta'ala
在 'izra'il 求他的那命的 waqt 怕散不 [2] 了便
緊口袋兒 [3] 下在他的 tau [4] 裏邊命出 tan 的
waqt 斜的眼兒貼在房兒的箇處三天的
那一日 'izra'il 授那箇斜的眼兒着呢好命
用的人爲授的三箇緊口袋兒下在他的
體裏邊 [5] tamam [6] zar 在 khushi [7] 地方有一箇
爲 'hazrat [8] nam [9] hidayet allah 然後 [10] 到在西甯
地方在那箇地方有一家 'alim [11] 呢今兒間
這箇 mathalat [12] 呢明兒間那箇 mathalat 呢一
日于間他們間呢 'hazrat kuft 我給你們說一
箇 'hikayet [13] 有一箇寡婦他是一箇 'a'ma [14]
他養着一箇奶 qa'u [15] 日每擠着賣奶子着
呢一日的後晌他在圈呢擠奶子去了圈
呢臥着一箇老虎他緊在老虎腿畔呢找
奶 ser [16] 呢找也找着老虎 kuft 好瞎子你的
qa'u 我吃上了你在那呢找奶 ser 呢我是山
王你但是何人若你不是瞎子的時候 [17]

---

1) Tod.

2) Diese Negation ist nach 怕 pleonastisch.

3) Ich vermuthe dass 袋 hier lokal *ta* statt *tei* gesprochen wird, ebenso wie z.B. auch 歹, 帶 und 壞 dialektisch *ta* oder *da* lauten können.

4) p. Körper.

5) 裏邊 ist schlechtes Chinesisch. Dafür sollte 上 stehen.

6) Vgl. S. 33 Anm. 19.

7) Abgekürzter Name für Kaschgar, chin. 哈實哈兒 oder 迦師 (Playfair, Cities N. 3640).

8) Ehrwürden. 9) p. Name.

10) Die Verwendung von 然後 an dieser und andern Stellen im Text ist unchinesisch.

11) klug, weise. 12) Parabel, Fabel. 13) Erzählung. 14) blind. 15) p. Kuh.

16) Ein chinesisch-persisches Compositum. *ser* = 頭, Kopf. Der ganze Ausdruck wäre chinesisch: 奶頭, Zitze.

17) Hier ist einmal 時候 gebraucht, während sonst immer das arabische *waqt* steht. Es ist nicht recht am Platze. Die Partikel 若 allein genügt vollkommen.

S. 12. 1. ṣi liyau. man shuwa ṣi khu muwa jhuwai. 'i kiya di 'ālim
kuft jhiqa jin. khṣ bṣ ṣi 'iqa auliyṣ. jhan khiw 'haṭrat

2. dhai *mesjhid* libiyen *kuft* *sukhan* qun fu khin dṣ liyau.
yen kan *namāzi pēshīn* di *waqt.* quwa liyau. 'i kiya jin

3. shuwa dhṣ bu ẓu *namāz* 'haṭrat *kuft* shuwa giyu ṣi
farīt. bun di fuwṣn di *qā bābā kuft* ai 'haṭrat ṣ

4. sin pṣ khuwai *jhāhil* di *yaqīn.* tṣ mun niyen gin jin
tṣ bu ẓu *namāz* man shuwa wa mun *jhāhil.* 'haṭrat

5. *kuft belā* liyau. niyen *bānki* [1]) ẓu *namāz.* jan khiw
'haṭrat jṣn *qā bābā* lin lai. bṣ *dastār* hā qi *qā bā*

6. *bā* li. *qā bābā* kan giyen 'haṭrat *ser* shṣn. 'i dau quwṣn.
qā bābā 'un nɪ. ai 'haṭrat jhiqa ṣi nṣ nɪ

7. di 'i dau quwṣn. 'haṭrat *kuft* jhiqa quwṣn tun dhai dɪ
jhahār [2]) *āsmān* shṣn nɪ. jhiqa quwṣn tun dhai

8. quwi shin *muṣṭafā* shṣn jha nɪ. šun naqa jhṣ 'a. 'haṭrat
bṣ. *qā bābā* fuwṣn li *khālīfa* li. 'haṭrat

9. *kuft* bu jhidau yu nɪ. dhau jhidau yu nɪ. wa bu lai
'haṭrat dhai thinin di fuwṣn dhan liyau gīyu

10. qa *māh* khuwi *raft* li 'haṭrat *mazāri* dhai *khāshi* di fuwṣn
nɪ. *wa-l'hamd-ullāh rabbi al-'ālimīn* [3])

11. *mithlhu ẓarūret* [4]) fu jin qi nan jin jhuwa *ghasl* di ši
ṣi dhai zi gi di *shauhar*

12. shṣn bi din. 'in wɪ ši tṣ dhai *shauhar* di 'iddat. zi luwi
ni. *mithlhu* nan jin qi *zen*

13. jhuwa *ghasl* di ši ṣi yu bi din. jin 'un ni 'alī *raḍiya allāh*
'i semṣ qi *fāṭimah raḍiya allāh*

---

1) Für p. *bāngi* „Laut".

2) Für p. *chahār* = vier.

3) Nach '*ālimīn* und über dem folgenden *mithlhu* steht ein Haken mit Strich: ﻭ
vielleicht ein Trennungs- oder Absatzzeichen.

4) Steht für a. *ẓarūret* oder *ẓurūriyyet* (Nothwendigkeit, Dürftigkeit).

§. 12. 你看見把你就嚇死了慢說此虎沒(喝)¹)
一家的 ʻælim ²) kuft 這箇人嚇怕死一箇(偶)
了然後 ḥażrat 在 mesjhid 裏邊 kuft sukhan ³) 工夫
狠大了眼看 namazi pēshɪn ⁴) 的 waqt 過了一家
人說咱不做 namaz ʻhażrat kuft 說就是 farɪż ⁵) 本
地方的 qɐ bɐbɐ kuft ai ʻhażrat 啊心怕懷 jhɐhil ⁶)
的 yaqɪn ⁷) 他們年輕人他不做 namaz 慢說我
們 jbɐhil ʻhażrat kuft belɐ ⁸) 了念 bɐɒki ⁹) 做 namaz 然
後 ʻhażrat 讓 qɐ bɐbɐ 臨來把 dastɐr hɐ ¹⁰) 給 qɐ bɐbɐ
禮 qɐ bɐbɐ 看見 ʻhażrat ser 上一道光 qɐ bɐbɐ 問呢
ai ʻhażrat 這箇是那呢的一道光 ʻhażrat kuft 這
箇光通在第 jhahɐr ¹¹) ɐsmɐn ¹²) 上呢這箇光通
在貫聖 muṣtafɐ ¹³) 上著呢從那箇 jbɐ ¹⁴) 兒
ʻhażrat 把 qɐ bɐbɐ 放立 khalɪfa ¹⁵) 哩 ʻhażrat kuft 不
知道有你早知道有你我不來 ʻhażrat 在西
甯地方跕了九箇 mɐh ¹⁶) 回 raft ¹⁷) 哩 ʻhażrat
mɐsɡri ¹⁸) 在 khɐɒbi 地方呢 wa-l'hamd-ullɐh rabbi al-
ʻælimɪn mithlhu żururet 婦人給男人刷 ghaɒl ¹⁹) 的
此事在自已的 shauhar ²⁰) 上必定因爲此他
在 shauhar 的 ʻiddat ²¹) 之類呢 mithlhu 男人給 zen²²)
刷 ghaɒl 的此事又必定人間呢 ʻalɪ raḍiya allɐh²³)
以什麼給 faṭimah raḍiya allɐh 刷 ghaɒl 哪聖人

---

1) Vielleicht ist hierfür 喊 zu lesen. Dann würde der Sinn des Satzes sein: „Man sage nicht, dass der Tiger keine Einsicht besass". 2) Vergl. S. 35 Anm. 11.

3) p. Rede. 4) p. Mittagsgebet. 5) Vorschrift. 6) unwissend, heidnisch.

7) Kenntnis 8) ja, freilich. 9) p. Laut. 10) p. Turban Muslin pl.

11) p. vier. 12) p. Himmel. 13) Der Erwählte, Muhammed. 14) p. Ort.

15) Nachfolger. 16) p. Monat. 17) p. er ging. 18) Grab. 19) Waschung.

20) p. Ehemann. 21) Tabu (der Ehefrau wegen Todes des Mannes etc.). 22) p. Frau.

23) Gott habe ihn selig (beliebter Zusatz zu dem Namen eines Glaubenshelden).

S. 13. 1. jhuwa *ghasl* na shinjin *kuft* quwa dhai wadi *nisbet* libiyen.
        rawā bāshad [1]) 'i shuwa jhau shinjin *kuft*

2. quwa ai *fāṭimah* dhai wa zi khiw *shasht. māh* ni lai ni.
   fāṭimah raḍiya allāh ṣuwan jha min 'i jhi

3. *shasht māh* man li wan giyen ta hɪ liyau *ghasl* gin shin
   dau dhai *muṣṭafā* di *raużeh*

4. shan niyen *suwar* 'i bi di *waqt*. dau dhai giya libiyen. *wafāt*
   liyau. shinjin *kuft* quwa. yū jin

5. ta qi wadi *fāṭimah* dhan *namāzi jhināz* di *waqt*. dhai ta
   shan muwa yū *kunāh* 'alɪ *raḍiya* [2]) dhai *fāṭimah*

6. *wafāt* zi khiw muwa yū jhuwa *ghasl* ta mun fū zi san
   jin qi *fāṭimah* dhan liyau *namāzi jhināz* yau di

7. si. 'alɪ *raḍiya allāh* 'hathain 'huthain [3]) bin ṣun liyau.
   fāṭimah raḍiya allāh 'i bi zi khiw 'i kiya ṣi'hāb

8. ki liyau khiw shin li. ta mun *kuft* shinjin *kuft* quwa
   yū jin qi *fāṭimah* dhan liyau *namāzi jhināz* di

9. *waqt* dhai tamun shan muwa yū *kunāh* jhan khiw *bilāl*
   qi 'i kiya di ṣi'hāb *kuft* ni. *fāṭimah raḍiya allāh* [4])

10. *'amr kuft* wa 'i shih dau wai nan jin muwa yū giyen
    quwa wa. nimun fū zi san jin qi zan *namāzi jhināz* jhan

11. khiw 'i kiya ṣi'hāb sakt liyau. *tamām 'innā' a'ṭaināka*
    al-kauthar fa-ṣalli li-rabbika

12. *wa-an'har 'innashāni'aka* [5]) *huwa al-'abtar* jhiqa *sūrat* di
    ma'nā ṣi ai *mu-'hammed* z.

13. di shi wa ba *kauthar* di ši tan ghin shan qi liyau. ni
    'in wi tiyau yannidi jhu

---

1) Das Wort ist nicht sehr deutlich geschrieben.
2) Es ist *allāh* zu ergänzen, das versehentlich ausgelassen.
3) Falsche Schreibungen für *'Aasan* und *'husain*, die Namen der beiden Söhne *Alis*.
4) Im Text steht nur *ra-* in der Reihe *-ḍiya* darüber und *allāh* ganz oben.
5) *'inna* sollte vom folgenden Wort getrennt sein. Vergl. Koran, Sure 108.

S. 13. kuft 過在我的 nisbet [1]) 裏邊 rawɜ [2]) baʃhad [3]) 一

說照聖人 kuft 過 ai faṭimah 在我之後 shasht [4])

maɜ 呢來呢 faṭimah raḍiya allɜh 筭著明一日 [5])

shasht maɜ 滿哩晩間他洗了 ghasl 親身到在

muṣṭafɜ [6]) 的 rauẕeh [7]) 上念 suwar [8]) 已畢的 waqt 到

在家裏邊 wafɜt [9]) 了聖人 kuft 過有人他給

我的 faṭimah 懺 namɜzi jhinɜz [10]) 的 waqt 在他上

沒有 kunɜh [11]) 'alɪ raḍiya allɜh 在 faṭimah wafɜt 之後

沒有刷 ghasl 他們爻子三人給 faṭimah 懺了

namɜzi jhinɜz 要的是 'alɪ raḍiya allɜh 'hathan 'huthain

殯送了 faṭimah raḍiya allɜh 已畢之後一家 ṣi'hɜb [12])

繼了後聖哩他們 kuft 聖人 kuft 過有人給

faṭimah 懺了 namɜzi jhinɜz 的 waqt 在他們上沒有

kunɜh 然後 bilɜl 給一家的 ṣi'hɜb kuft 呢 faṭimah

raḍiya allɜh 'amr [13]) kuft 我一世到外男人沒有

見過我爻子三人給懺 namɜzi jhinɜz 然後一

家 ṣi'hɜb sakt [14]) 了 tamɜm.

---

1) Geschlecht, Familie.

2) p. zulässig, passend.

3) p. es würde sein.

4) p. sechs.

5) Der Ausdruck 明一日 = 明日 , der Morgen, i.e. der nächste Morgen, kommt auch in Peking vor, ist aber selten.

6) Vergl. S. 37 Anm. 13.

7) Garten.

8) Plural von sûraï, die Sure, Abschnitt im Koran.

9) Tod. Steht hier wieder für die Verbalform: sie starb.

10) Totengebet.

11) Sünde.

12) Genossen, Plural.

13) Befehl, Weisung.

14) Schweigen, Inf.

1 ... jta ... wundi ... owron. ... dor ... moi ... gin ...
   gen muv d jn 'u e alиū z ūde

2 ... jи.na ... oa jиz ... mm ... juga ...
   myom ye u tz wmm u сtиnjn.

3 ... musn ... iga u alиū z ūde giym wmmn
   d tuyn jn gm z namiz moiш z

4 ... oy un ... mvmi oyo u alиū z ūde ... z chas
   yra wmmn mmsi d jn z u gyr

5 ... ta ju 'u e ... z ūde doi mood 'у duvu
   ... uyen uyen zu ū u knoher. knoher

6 ... uyen ... mvun yr iga dmyi di knoher yu iga
   ... u muvhov mmyi ū knoher mmyu

7 ... uyen ... mmdūn ... I shiшn ka yurin giymn
   yun ... uyen Пyan yurin wmmn

8 ... uyen mvm wmmn tn liyan kmin di moyt. dmn
   ... yun ... wmmn diy. liyan knoher

9 ... uyen ... vtas 'у tn ramaḍān giymn knoher wamun
   ... ramaḍūn mtk libiyen bi liyan raз

10 ... myyi qyomoi v. mtn 'i ji wamun diy knoher di ūb.
   ... mmtyn chai 'ḥadīth

11 ... uyen unvwu mon šoma ft shahr ramaḍān yajīʼu yauma
   uloqyomoi ft ghamāmati min furi. [5])

12 molon yu dtus ramaḍān māh libiyen. bi liyan raз di
   unvyyyn qyomoi di min 'i ji tz dhai jhin

13 jhu di quwan litnyen. na 'i duwa buwi yun tai libiyeu.
   dtui unyu buwi yun tai libiyen. yu jhin jhu

1) Da wilke owroi hmmmn, dmnm omwmr iot Plural.
2) Yasyi k XI, Anm 2
4) Fim myum Yasyi k, XI, Anm 2
4) In olahi uhai dmm omm
6) Fim furi, dmn kmi bmhmn Hinu giobt, mmm fari p. „Glanz" gelesen wesen, wofür
in der Paraphrase 16,14 quwan = 光 steht

§. 13. 'innæ 'a'ṭainæka al-kauthar fa-ṣalli li-rabbika wa-an'har 'inna-
shæni'aka huwa al-'abtar 這箇 surat [1]) 的 ma'na [2]) 是 ai
mu'hammed 啊第是我把 kauthar [3]) 的賞當恩 [4])

§. 14. 賞賚了你因爲調養你的主着做 namaz 做
qurban [5]) 他唱楊你的那箇人他久後的人
因此 allah ta'ælæ 把這箇 suwar 從 ser 起至尾兒三
段 æyet [6]) awwal 一段 æyet 是給我們聖人的恩 [7])
典 du'um [8]) æyet 是 allæh ta'ælæ 叫我們的聖人只
(管) 做 namæz wæqi' [9]) 做 qurbæn sey'um [10]) 段 æyet 是
allæh ta'ælæ kuft 他唱楊我們聖人的人他是久
後的人因此 allæh ta'ælæ 在 awwal 一段 æyet 裏
邊表明的是 kauthar kauthar 兩 kuft 一說有一
箇 dunyæ [11]) 的 kauthar 有一箇 ækhiret [12]) 的 kauthar
dunyæ 的 kauthar 三箇一箇是念 quræni [13]) ramaḍæn
ruz [14]) 以甚麼把 quræn 叫了 kauthar 念了 quræn
我們誦了 quræn 我們聽了 quræn 的 waqt 到家
像我們得了 kauthar 第二箇因什麼把 rama-
ḍæn 叫 kauthar 我們在 ramaḍæn mæh [15]) 裏邊畢了
ruz 的 waqtqiyæmet [16]) 的明一日 [17]) 我們得 kauthar
的 æb [18]) 因此聖人在 'hadrth [19]) 裏邊說 man ṣama
fi' shahr ramaḍæn yajhr'u yauma al-qiyæmet fi ghamæmati min
furi ma'næ [2]) 是在 ramaḍæn mæh 裏邊畢了 ruz 的

---

1) Sure. 2) Bedeutung. 3) Fülle, viel.

4) Man beachte das charakteristische *gh* in *ghin*, den Rest des alten *ng*, welchen man
noch in Peking hört. Der Lautverfall verläuft so: 恩 = *ngên*, *ghên*, *ên*. *ghin* weist vielleicht auch auf eine alte Form *ngiw* hin. Auch das phonetische Element 因 *yin*, lautete
früher jedenfalls *ngin*.

5) Opfer. 6) Strophe.

7) 恩 ist hier mit *nin* umschrieben. Eine ähnliche Aussprache, nämlich *nên* hört man
auch in der Umgegend von Peking und in Paotingfu. æ ist ebenfalls ein Rest des alten *ng*.

8) p. zweiter. 9) nothwendig. 10) p. dritter. 11) Welt.

12) das Jenseits. 13) Koran.

14) Fasten. 15) p. Monat. 16) Auferstehung. 17) Vergl. §. 39 Anm. 5.

18) p. Glanz. 19) Ausspruch (des Propheten).

S. 15.   1. di 'i ɣuwa qan diyen ni. dhai naqa qun diyen. shang
yu ku kiyen qa 'in khan shi di *der* ni. ɣa liyan *rāɛ*
di jin ta

2. nin 'in shiw naqa qun diyen. *khudāy ta'ālā* qiɣa liyan
rāɛ di jin ɣun dau 'i jhuwa hiyen *mejblis* jan khiw
ta mun

3. *kuft ai bār khudāy* ba wamun ai khan. jan khiw *khudā*
kuft kulū wa iskrabū ai ɣuwa liyan *rāɛ* di

4. jin nimun chi nimun 'in. di san qa ɡi 'in sima ba
medreset giyan liyan *kauthar*. dhai *'hadīth* libiyen.

5. biyan *kuft al-medreset riyāɖ al-jhennet*. qun ban huyan
tan ɡi tiyen tan di khuwa yuwan. shuwa 'i hiyan

6. jhu. *'alim* qunban huyan tan hiyan jhu *muta'allim* di
waqt dau kiya hiyan dhai *qiyāmet*

7. ji zi diy liyau *kauthar āb* liyau 'in si shinjin *kuft man*
akrama 'āliman shinjin *kuft*

8. ta dhun jhun liyau *'ālim muta'allim* di naqajin ta dhun
jhun liyau shinjin liyau. ta dhun liyau wa shinjin di
naqajin

9. ta dhun jhun liyau *khudāy* liyau. khuwa khu *'alim* di
quwi jhau dhai *kitāb* libiyen biyau *kuft qiyāmet*

10. di min 'i ji yu 'iqa *'alim* quwa dhai *ɣirāɖ*[1]) kiyan shang
dūzakh libiyen di jin kan giyen *'ālim* di *waqt*

11. ta mun jin diy. jhiqa *'alim* ni. ta mun shuwa ai *'alim*
ni. hiyan jhu wamun jhau. *'alim kuft*

12. wa ju khuwa yan jhau. hiyan jhu nimun ni. jan khiw
shinjin shuwa. ai *'alim* ni. ba nidi 'i

13. gin diyu dhai *dūzakh* libiyen ni kan *khudāy* di *qudret*
jhau. jan khiw *'alim* ba 'i gin diyu

---

1) Das ɣ sicht etwas wie ein 'A geschrieben aus, soll aber jedenfalls ein ɣ sein.

那箇人 qiyamet 的明一日他在金珠的光裏

邊那一朵白雲彩裏邊在那箇白雲彩裏

S. 15. 邊有金珠的一座宮殿呢在那箇宮殿上

有幾千箇銀紅色的 der [1]) 呢齋 [2]) 了 ruz 的

人他能腸受那箇宮殿 khudɤy ta'ala 給齋了

ruz 的人送到一桌仙 majhlis [3]) 然後他們 kuft

ai bar [4]) khudɤy 怕我們希罕然後 khuda kuft kulu

wa ishrabu [5]) ai 作了 ruz 的人你們吃你們飲第

三箇是因什麼把 medreset [6]) 叫了 kauthar 在

ḥadɩth 裏邊表 kuft al-medreset riyaɤ al-jhennet 肯

（帮）學堂是天堂的花園說一相助 ɤlim [7])

肯（帮）學堂相助 muta'allim [8]) 的 waqt 到家像

在 qiyamet [9]) 日子得了 kauthar ab 了因此聖人

kuft man akrama ɤliman [10]) 聖人 kuft 他尊重了 ɤlim

muta'allim 的那箇人他尊重了聖人了他尊

了我聖人的那箇人他尊重了 khudɤy 了合

乎 ɤlim 的貫照在 kitɤb [11]) 裏邊表 kuft qiyamet

的明一日有一箇 ɤlim 過在 sirɤt 橋上 duzakh [12])

裏邊的人看見 ɤlim 的 waqt 他們認得這箇

ɤlim 呢他們說 ai ɤlim 呢相助我們着 ɤlim kuft

我如何樣着相助你們呢然後聖人說 ai

ɤlim 呢把你的衣襟丟在 duzakh 裏邊呢看

khudɤy 的 qudret [13]) 着然後 ɤlim 把衣襟丟在

S. 16.   1. dhai *dūzakh* di *waqt khudā* di *qudret* [2]) hiyen liyau. šun
'ālim di 'iqa hiyen ṭiw 'a shang jhuwi chu

2. lai liyau. *'adhāb* di ki shi kiyen qa jin. ta mun diy
liyau ṭuwa lī liyau. 'in ši shinjin dhai

3. *'hadīth* libiyen. *kuft 'ulamā' ummati kānbiyā' beni israʼīl*
shinjin *kuft* wa di

4. *ummati* di *'ālim muta'allim* quwi quwa liyau. *beni israʼīl* .
di shinjin. dhai shuwa khuwa giyu chan

5. diyau liyau. shuwa 'i *'ālim* di quwi shuwa bu gin giyan
bu wan. nimun tin liyau ẓun liyau di *waqt*

6. dhai *dunyā* libiyen wan yan di ši kin liyau *khudāy ta'ālā*
qiwamun qi 'iqa gi kin. *barakati* [1]) *qiyāmet*

7. ziji wamun hiyuwan dhai di jin šu ṭuwa lī mau yen di
dūzakh di *'adhāb* shan *najhāt* 'in shiw

8. *khudā* di chun nin bu hiyu di *jhennet ra'hmet wal-'hamd*
allāh walaqad zarā'nā [3]) *li-jhehenneme*

9. *kathīran mina al-jhinni wal'insi lahum qulubun* [3]) *lā ya'-*
qilūna [4]) *bihā walahum 'a'yunu* [5]) *lā*

10. *yubṣirūna bihā walahum ādhānun lā yasma'ūna bihā*
'ulā'ika ka-al'an'āmi bal hum

-   11. *aḍallu wa-'ulā'ika humu al-ghāfilūna āyet* ma'nā ai *mu-*
'hammed 'i din di shi. wa ba duwa di.

12. jin diyu gin *jhehennem* di *dūzakh* ni. tamun yu thin bu
thiye din tamun yu yen bu quwan tamun yu 'a bu tin

13. jhi 'i kiya jin. ju siyan ši ṭiw chu bu jen zi mī lu di.
jhi 'i kiya jin giyu ši khun khuwi

---

1) Der Text giebt zur Auswahl *barakati* und *barkati*.

2) Im Koran steht: *zara'nā*.

3) Koran: *qulūbun*.

4) Der Koran hat das im Sinne gleichkommende Verb: *yafqahūna*.

5) Koran: *'a'yunun*.

S. 16. duzakh 的 waqt khuda 的 qudret 現了 從 ʿalim 的 一

箇 緣 頭兒 上 鼢 出 來 了 ʿadhab [1] 的 幾 十 千 [2]

箇 人 他 們 得 了 躲 離 了 因 此 聖 人 在

ʿhadıth 裏 邊 kuft ʿulama ummatı kanbiya benı isra'ıl

聖 人 kuft 我的 ummatı [3] 的 ʿalim mutaʿallim 貫 過

了 benı isra'ıl [4] 的 聖 人 在 說 話 就 常 掉 了 說

一 ʿalim 的 貫 說 不 盡 講 不 完 你 們 聽 了 誦

了 的 waqt 在 dunya 裏 邊 萬 樣 的 事 情 了 khuday

taʿala 給 我 們 給 一 箇 極 精 的 barakati [5] qiyamet

日 子 我 們 選 擇 [6] 的 人 足 脫 離 冒 煙 的

duzakh 的 ʿadhab [1] 上 najhat [7] 因 受 khuda 的 重

恩 不 朽 的 jhennet [8] raʿhmet wal-ʿhamd allah

walaqad zaraʿna li-jhehenneme kathıran mina al-jhinni wal-

ʿinsi lahum qulubun la yaʿqiluna biha walahum ʿaʿyunu la

yubṣiruna biha walahum adhanun la yasmaʿuna biha ʿula'ika

ka-al'anʿami bal hum aḍallu wa-ʿula'ika humu al-ghafiluna

ayet maʿna ai muʿhammed 一 定 的 事 我 把 都 的 人

丟 進 jhehennem [9] 的 duzakh [10] 呢 他 們 有 心 不

解 聽 他 們 有 眼 不 觀 他 們 有 耳 不 聽 這 一

家 人 如 像 似 頭 畜 不 認 字 迷 路 的 一 家 人

---

1) Strafe.

2) 十千 = 一萬 ist ganz ungewöhnlich.

3) Volk.

4) die Söhne Israels.

5) Fülle, Überfluss.

6) 擇 wird sowohl *tsé* als auch *chai* gelesen.

7) Befreiung.

8) Paradies.

9) Gehenna Hölle.

10) p. Hölle.

Ṣ. 17.   1. di jin. jhun wi 'aziz ¹) a nimun *allāh ta'ālā* dhai wamun di
wamun di quwi shin *muṣṭafā* fun jhun hiyn kiynn li

2. jhi 'i duwan *āyet* ṣi giye min di *dnzakh* di 'adhāb di
hiyun gha khau giyau wamun dnn *band* ²) *mu'min*

3. di jin. jhidau jhi 'i dhun ṣi kin wamun 'itin *waqt* bun
mnn quwi dhai jhu di kiyen biyen. ẓu *taub* khau ṣi

4. shnn kiyen dai ṣi ṭun khiw. ni pn *allāh ta'ālā az* jhiqa
hiyun ghadi *dūzakh* di 'adhāb shnn dhai *qiyāmet*

5. jin zi khuwi shan wamun. dhai *riyāḍ al-mudhkarīn* gin
jhun shinjin shuwa *qāla al-nabī 'a lammā rajhautu* ³)

6. *mina al-mi'rājh naẓratu* ⁴) *ilā al-samā'i fa-raaitu* ⁵) *du-
khānan asaudu* ⁶) *lam ara mithlahu qattu 'hadīth*

7. *ma'nā* dhai wa ꜱun *mi'rājh* jhuwan khuwi di na ki giyen.
wa quwan kan lī *dunyā* di *āsmān* jan khiw. wa

8. kan giyen liyau. 'i qu khī yen. ꜱun lai wa muwa yu
giyen hiynn tn di naqa yen. *fa-qultu ya jhebra'īl*

9. *mā hādhah* ⁷) *al-dukhān* jan khiw wa 'un liyau *jhebra'īl*
wadi hiyen hiyun. jhiqa ṣi shimn yen. jhimun khinkhi

10. jhimun hiyun gha. tn *kuft ai mu'hammed* jhiqa ṣi ꜱun
jhehennem di *dūzakh* di yen dun libiyen chu

11. lai di 'i qu yen. shinjin *kuft ai jhebra'īl* ni bn *dūzakh*
hiyen qi wa jha. jhizi wa kan giyen di

12. *waqt*. wa qiwa di kuwen jan di qan *kunāh* di *ummati*
biyau *kuft* jhizi giyau tnmun dhai bu lī.

13. qan *kunāh jhebra'īl kuft ai mu'hammed* ni kan bu diw.
dūzakh wa qi nī bau hi thin. *khudā*

---

1) Steht für 'aziz.
2) Sollte *bandeh* p. „Sklave" geschrieben sein.
3) Die korrekte Form wäre *rajàa'tu*.
4) Müsste *naẓartu* sein.
5) Für *ra'aitu*.
6) Für 'asuadu.
7) Es sollte *hādhā* stehen.

7. 就是昏瞶的人衆位 'aziz [1]) 啊你們 allah ta'glæ
在我們的我們的 [2]) 貴聖 muṣṭafæ [3]) 忿冲下
講哩這一段 æyet [4]) 是解明的 duzakh [5]) 的 'adbæb [6])
的兒啊好叫我們當 band [7]) mu' min [8]) 的人知
道知一宗事情我們一聽 waqt 奔忙跪在
主的薗邊做 taub [9]) 好事上見大是敦厚只
怕 allah ta'giæ az [10]) 這箇兒啊的 duzakh [5]) 的 'adbæb [6])
上在 qiyæmet 日子 [11]) 會閃我們在 riyæd al-mudh-
karro 輕中聖人說 qæla al-nabī 兒 lammæ rajhautu mina
al-mi'ræjh naẓratu ilæ al-sæmæ'i fa-raaitu dukhænau asaudu
lam ara mithlahu qattu 'hadīth ma'næ 在我從 mi'ræjh [12])
轉回的那期間我觀看哩 dunyæ [13]) 的æsmæn [14])
然後我看見了一箇黑煙從來我沒有見
像他的那箇煙 fa-qultu yæ jhebra'ɪl mæ bædhah al-
dukhæn 然後我問了 jhebra'ɪl 我的賢兄這箇是
什麼煙這們 [15]) 狠黑這們兒啊他 kuft ai mu-
'hammed 這箇是從 jhebennem [16]) 的 duzakh [5]) 的煙
筒裏邊出來的一箇煙聖人 kuft ai jhebra'ɪl 你
把 duzakh 現給我着 [17]) 即此我看見的 waqt 我
給我的滾 [18]) 然的干 kunæh [19]) 的 ummati [20] 表 kuft
即此叫他們再不哩干 kunæh jhebra'ɪl kuft ai

---

1) thener, vorzüglich.

2) Die Wiederholung des 我們的 ist jedenfalls ein Schreibfehler.

3) Muhammed. 4) Strophe. 5) Hölle. 6) Strafe.

7) p. *bændeh*, Sklave. 8) gläubig. 9) Bekehrung. 10) p. von, aus.

11) Ich vermuthe, dass *jm si* nur ein Schreibfehler für das in dieser Verbindung sehr
; vorkommende *ji si* = 日子 ist.

12) Himmelfahrt. 13) Erde. 14) p. Himmel.

15) 這們 für 這麼 kommt auch in Peking vor. Es ist etwas alterthümlich
wird daher oft *ehé-mo* gelesen, obwohl es *ehé-mên* geschrieben ist. Vgl. *Wade, Colloquial*
; *II. Exercice* und *XXIII. Lesson*, wo 那們着 vorkommt.

16) 着 hier und an andern Stellen als Imperativ Partikel gebraucht.

17) 滾 — kochen, glühen wird auch in vielen Gegenden Nordchinas *kwen* gesprochen.

18) p. Sünde. 20) Volk.

S. 18.   1. *khudāy ta'alā* bɛ nidi dhun quwi di *tan* dhɛi *dūzakh* khuwɛ
               shɛn. dhu liyɛu *'harām inna .allāh ta'alā khalqat*

          2. *al-nār min ghaḍabet* 'in wi di shi *khudāy ta'alā* ⁵un zi
               gi di nuw nau shɛn dhɛu khuwɛ liyɛu *dūzakh*

          3. bɛ *dūzakh* shɛu 'i 'i kiyen niyen khun lɪ. yu shɛu ɪ. 'i
               kiyen niyen khɪ lɪ. jan khiw *wāqt'* dɛu lai lɪ.

          4. ai *jhebra'ɪl* nibɛ *dūzakh* di mun qiwɛ di *'habɪb* kɛi kai
               giyɛu tɛ quwan kan. wamun di shin

          5. jin. 'i kan di *waqt dūzakh* libiyen ki shi kiyen ʒuwɛ
               khuwɛ khai. ⁵un tɛ zi hiyɛ fan lɛn jhanɪ.

          6. muwi 'iqɛ lɛn di *ka-anna* ju bī bɛ *haft* ⁵in *āsmān zemɪn*
               diyu dhɛi tɛ libiyen. *talbū* [1]

          7. hiyen. jan khiw wa yu kan giyen kuwen jan di khuwɛ
               fu. dhɛi tɛmun shɛn. yu kuwen jan di khuwɛ quwɛ

          8. 'ɛ nɪ. jin bɛ naqɛ giyɛu lɪ. *zaqqūmi* di quwɛ '**ɛ**. wa yu
               kan giyen 'i pan muwɛ. jin bɛ qan *kɛnāh*

          9. di jin diyu dhɛi naqɛ muwɛ shang. ju hiyɛn *dunyā* shɛn
               muwɛ muwi zi miyen di 'i yɛn. kuwen

      10. jan di khuwɛ *sek* [2] khuwɛ *kurkɪ* [3] ju siyɛn *kā'u* [4] dɛ.
               kuwen jan di khuwɛ hiyezi *ushtur* dɛ. wa

      11. kan giyen giyen quwan khu di *melā'ikeh* dhɛi khuwɛ
               liw shɛn yu nu nau jha ʒuwɛ jha nɪ. *ser* di jhɛ.

      12. bu shuwɛ khuwɛ. liyɛn dɛu mɪ mau khɛu siyɛn khuwɛ
               sɛu. liyɛn *jheshm* [5] khɛu siyɛn khuwɛ khai.

      13. liyɛn *dast* nɛ di khuwɛ qulu. qu gin di *khalq* nɛ bu dun.
               tiyen hiyen dhɛn jhu niyen di jhiqɛ

---

1) Für *talb* oder *talbun* „Verderben".

2) Für p. *seg* „Hund". Unter diesem Wort steht noch roth geschrieben *qiw*, der chinesische Ausdruck für der Hund.

3) Unter *khuwɛ kurkɪ* „Feuerkranich" ist noch mit rother Tinte *ka-an* „gleichsam wie"
geschrieben, eine Note, die wohl besagen soll, dass der Kranich nur ein Phantom war.

4) Für p. *gāw* „Ochse", vergl. S. 23, Anm. 5.

5) P. *cheshm* „Auge", vergl. S. 36, Anm. 2.

S. 18. mu'hammed 你看不透 duzakh 我給你報細信 khudz khuday ¹) ta'alz 把你的尊貴的 tan ²) 在 duzakh 火上坐了 'harzm ³) inna allzh ta'alz khalqat al-nzr min ghaḍabet 因爲的是 ⁴) khuday ta'alz 從自已的怒惱上造化了 duzakh 把 duzakh 燒以一千年紅哩又燒以一千年黑哩然後 wzqi' ⁵) 到來哩 ai jhebra'il 你把 duzakh 的門給我的 'habib ⁶) 開開叫他觀看我們的聖人一看的 waqt duzakh 裏邊幾十千坐火海從他之下翻浪着呢每一箇浪的 kz-anna ⁷) 如必把 haft ⁸) 層 zzmzn zemin ⁹) 丟在他裏邊 talbu ¹⁰) 險然後我又看見滾然的火釜在他們上有滾然的火果兒呢人把那箇叫哩 zaqqumi 的果兒我又看見一盤磨人把干 kunzh 的人丟在那箇磨上如像 dunyz 上磨麥子麵的一樣滾然的火 sek ¹¹) 火 kürkz ¹²) 如像 kz'u ¹³) 大滾然的火蝎子 ushtur ¹⁴) 大我看見監管火 ¹⁵) 的 melz 'ikeh ¹⁶) 在火樓上有怒惱着坐着呢 ser ¹⁷) 低着不說話兩道眉毛好像火山兩 jheshm ¹⁸) 好像火海兩 dast ¹⁹) 拿的火葫蘆古今的 khalq ²⁰) 拿不動天仙讚主念的這箇 tasbrh ²¹)

---

1) Das Schlusswort von S. 17 ist auf S. 18 noch einmal wiederholt.

2) p. Körper.   3) Unrecht.

4) In Mandarin sagt man nur 爲的是, das 因 bleibt fort.

5) herabkommend scl. Stimme.   6) geliebt.   7) wie wenn.

8) p. sieben.   9) p. Himmel der Erde.   10) Verderben.

11) p. Hand.   12) p. Kranich.   13) p. Ochse.   14) p. Kamel.

15) Ich halte Äs, das keinen Sinn giebt, für einen Schreibfehler für Auss = 火.

16) Engel pl.   17) p. Kopf.   18) p. Auge.   19) p. Hand.

20) Leute.   21) Lobgebet.

N. 19. 1. *tasbī'h sub'hān alladhī lā yajhŭru wa huwa melik jhebbār*
sub'hān al-mutaqqīmi [1]) *min a'dā'ihi. ma'nā* dhɐn nɐqa

2. jhʊ khɐʊ kin gin. tɐ ᵇʊn lai bʊ kʊwi. tɐ ɐi kiyɐn liyɐn
di nɐqa jhʊ. dhɐʊ nɐqa jhʊ khɐʊ kin gin tɐ ᵇʊn

3. *dushman* shɐn nɐ khuwɐn bɐʊ. *māliki* tiyen hiyen jhɐn
kiw niyen di *waqt*. khuwa ᵇun tɐ di kiw libiyen. chʊ

4. lai nɪ. yen ᵇun tɐ di bɪ zi libiyen chʊ lai nɪ. wa yʊ kɐn
giyen kɪ biyɐdi tiyen hiyen. shiw jhʊn nɐ di khuwa

5. qulu. khuwa bʊ shɐʊ tɐmun. jan khiw wa khai pɐ lɪ.
wa jhɐn kai lɪ. dɐʊ kiyɐ hiyɐn wa di gin ᵇun

6. giu shɐn. *firāq* [2]) liyɐʊ. wɐdi min ᵇun wɐdi *tan* shɐn *firāq*
liyɐʊ. *'aṣmatu allāh wa naṣratuhu* [3])

7. *lamuttŭ sā'atan* jhuwa bʊ ᶢi *khudā* di khʊ shen tɐ di hiyɐn
jhʊ lai 'a. 'i din wa żiw ᶢi *maut* [4])

8. liyɐʊ. jan khiw *jhebra'ɪl* qi *māliki* tiyen hiyen *kuft* lɪ *salām*.
tɐ *kuft*. ai *mālik* jhiqa ᶐi

9. *mu'hammed* liyɐn shidi *khalāṣ* wɐʊ yʊ di giɐ juwa nɪ wi
khuwa bʊ nai *ser* nɪ. bʊ shuwa *salām* jan khiw

10. *mālik kuft* liyɐʊ *salām*. tɐ *kuft* ai *mu'hammed* ɐ wa qi
nɪ. bɐʊ hiɐ Liɐ. *khudāy ta'ālā* bɐnidi dhɐn quwi

11. tɪ dhai *dūzakh* di khuwa shɐʊ żuwa liyɐʊ *'harām*. *sibili* [5])
dhai nɪ ᵇun *mi'rājh* jhuwɐn khuwi di *waqt*.

12. ni qinidi 'i kiyɐ qɐn *kunāh* di *ummati* biyɐʊ *kuft*. giyɐʊ
tɐmun dhai bʊ liyɐʊ qɐn *kunāh*. tɐmun *tan*

13. *ḍa'afa* dɐʊ bʊ ki *dūzakh* di *'adhāb*. jɐʊ khiw shinjin 'ʊn
mālik jhiqa *dūzakh* khuwa jin

---

1) Falsch gebildete Form für **muntaqim**, part. praes. von *naqama* VIII „sich rächen"
(Hartmann).

2) Infinitiv von *faraqa* III nach chinesischer Art statt des Indikativ Perfecti gebraucht.

3) Für *nuṣratuhu* „seine Hülfe".

4) Wieder ein Substantiv an Stelle einer Verbalform.

5) Steht wahrscheinlich für a. *sabīl* „Weg, Art und Weise".

§. 19. sub'hɐn alladhı lɐ yajhuru wa huwa melik jhebbɐr sub'hɐn
al-mutɐqqɪrmi min a'dɐ'ihi ma'nɐ 讚那箇主好欽敬
他從來不麞他是强梁的那箇主讚那箇
主好欽敬他從 (dushman [1]) 上拿還報 [2] mɐliki 天
仙張口念的 waqt 火從他的口裏邊出來
呢煙從他的鼻子裏邊出來呢我又看見
幾別的天仙手中拿的火葫蘆火不燒他
們然後我害怕哩我站開哩到家鄉我的
勁從精上 firɐq [3] 了我的命從我的 tan [4] 上
firɐq 了 'ɐṣmatu allɐh wa naṣratuhu lamuttɐ ɐ̈'atɐn 若不
是 kbudɐ 的護神他的相助來啊一定我
(早) [5] 是 maut [6] 了然後 jhebra'ɪl 給 mɐliki 天仙
kuft 哩 salɐm [7]) 他 kuft ai mɐlik 這箇是 mu'hammed
兩世的 khalɐɐ [8]) 萬有的親熱你爲何不納
ser [9]) 呢不說 salɐm 然後 mɐlik kuft 了 salɐm 他 kuft
ai mu'hammed 啊我給你報信心 khuday ta'ɐlɐ 把
你的尊貴體在 duzakh 的火上坐了 'harɐm [10])
sibili [11]) 在你從 mi'rɐjh 轉回的 waqt 你給你
的一家干 kunɐh 的 ummati 表 kuft 叫他們
再不了干 kunɐh 他們 tau [12]) ḍa'afɐ [13]) 擡不起
duzakh 的 'adhɐb [14]) 然後聖人間 mɐlik 這箇 duzakh

---

1) p. Feind.
2) Ein im Chinesischen sehr ungewöhnlicher Ausdruck für „Vergeltung".
3) Trennung.   4) Körper.
5) *hie* weist auf *tsou*, aber 早 wird dialektisch auch *tsou* gesprochen z.B. in Canton.
6) Tod.
7) Gruss.
8) Rettung.
9) Für 納 頭, das Haupt neigen.
10) Unrecht.   11) Art und Weise.   12) Körper.
13) schwach sein.
14) Strafe.

8. 20. 1. gin tɛ nɪ. *mālik* tiyen hiyen *kuft* nidi *ummati* jhun bu
ʒu *namāz* di jin. chɪ giyu di jin. chɪ *ribā* [1]) di jin.

2. hin giyen di jin. hin kuwi di jin. bu san *zakāt* di jin.
ban ṣuwa s̊i fi di jin. jhu jhi khau di jin. gin tɛ nɪ.

3. 'i din bu nin qiw dɪ ṭuwa lɪ. shin jin tin giyen jhiqa
khuwɛ di *waqt*. tɛ di *nubuwwat shafaqat* aɛ

4. *bāṭini* shɛn shau thin liyau. tɛ di liyɛn *jheshm* tɛn luwi.
wɛn *khudāy* dhu *du'ā'* nai liyen.

5. tɛ dɛ giyu 'i kiya di *ummati* tɛ bɛ hiyen 'i hiyen mau.
nūr dastār qi qi liyau *jhebra'ɪl nauser*

6. chɪ *pāyi*. lai dhai *dūzakh* di mun shiw. tɛ niyen di s̊i.
āllāhumma a'fɪr [2]) *ir'ham ummat āllāhumma ir'ham*

7. *ummati* ai *bāri khudā* nɪ shu jau wadi *ummati*. nɪ s̊i min
wa di *ummat* ʒu jan dhai tɛmun shɛn

8. yu chun man tiyen di di *kunāh* ye bɛ. ṣuwi jan tɛmun
s̊i wadi *ummat* nidi *band* [3]) dhai tɛmun

9. niyen *lā 'ilāha illā allāh mu'hammed rasūl allāh* di *waqt*.
tɛ mun jhau jin nidi *wa'hdāniyyeti* tɛmun

10. *yaqɪn* wadi *risāletɪ*. jan khiw *wāqi'* di shin 'in dau lai
lɪ. *yā mu'hammed* nibɛ nidi *ser*

11. sun *sejhd* shɛn nɛ kɪ jha. min tiyen *qiyāmet* nidi *pidar*
'abd allāh nidi *mādar āminah*

12. sun jhiqa *dūzakh* shɛn. ye bu dɪ *najhāt*. ni giyen ṣuwan.
juwa s̊i wa *khudā* jau lɪ

13. (ni) [4]) di *ummat*. wa bu jau nidi 'i fɛn fu mu. juw s̊i wa
jau liyau nidi 'i fɛn fu. mu di *waqt* . . . . .

---

1) *ribɛn* „Wucher".

2) Soll *ighfɪr* „verzeihe" von *ghafara* sein (Hartmann).

3) Für p. *bandeh*. Vergl. S. 29, Anm. N°. 2.

4) *ni* ist aus dem Zusammenhange ergänzt. Die Ecke des letzten, losen Blattes ist
abgerissen.

S. 20. 何人進他呢 malik 天仙 kuft 你的 ummati 中不散 namaz [1] 的人吃酒的人吃 riba [2] 的人狠賤的人狠貫的人不散 zakat [3] 的人撥詆是非的人除至好的人跟他呢一定不能毁得擧離聖人鵪見這箇話的 waqt 他的 nubuwwat [4] shafaqat [5] az [6] baṭini [7] 上燒心了他的兩 jhashm 泪涙往 khuday 做 duʻa [8] 愛 [9] 憐他搭救一家的 ummati 他（把仙衣仙帽）nur dastar [10] 榴榴了 jhebra'il（開）ser 至 payi [11] 來在 duzakh 的門首他念的是 allahumma a'fir ir'ham ummat allahumma ir'ham ummati ai bari khuda 你恕饒我的 ummati 你自名我的 ummat 雖然在他們上有重滿天地的 kunah 也罷雖然他們是我的 ummat 你的 band 在他們念 la 'ilaha 'illa allah mu-'hammed rasul allah 的 waqt 他們招認你的 wa'hda-niyyati [12] 他們 yaqin [13] 我的 risaletr [14] 然後 waqi' [15] 的聲音到來哩 ya mu'hammed 你把你的 ser 從 sejhd [16] 上拿起着明天 qiyamet [17] 你的 pidar [18] 'abd allah 你的 madar [19] aminah 從這箇 duzakh 上也不得 najhat [19] 你翦翼若是我 khuda 饒哩你的 ummat 我不饒你的一房父母如是我饒了你的一房父母的 waqt.....

---

1) p. Gebet.　　2) Wucher.　　3) Almosen.　　4) Prophetenthum.
5) Erbarmen.　　6) von.　　7) Tiefe, inneres.　　8) Gebet.
9) aei Lokalaussprache für ai. Vergl. S. 20, Anm. 9.
10) Glanz des Turbans.　　11) p. Fuss.
12) Einzigkeit.　　13) Wissen.　　14) Mission.　　15) herabkommen.
16) Anbetung, eigentlich sijâdet, soll hier wohl den Platz der Anbetung bedeuten, wo der Betende am Boden liegt.
17) Auferstehung.　　18) p. Vater.　　19) p. Mutter.　　20) Befreiung.

Uebersetzung.

I. Abschnitt.

S. 1. Das Wort des Erhabenen sagt: „Es befahl dein Herr, dass Ihr niemand ausser ihn verehren und den Eltern Gutes thun sollt" [1]).

An diesen Orte [2]) giebt es eine Erzählung: Zur Zeit unseres Propheten lebte ein junger Mann, der hiess *Muti* mit Namen. Er verlor seinen Vater [3]), als er 3 Jahre alt war, und seine Mutter zog ihn gross. Mit 7 Jahren schickte sie in die Hochschule, wo er im Koran las. Als er 15 Jahre alt war, hatte sein Wissen die Vollendung erreicht.

Im Koran hatte er gelesen, dass eine Wallfahrt (nach Mecca) zu unternehmen, ein himmlisches Gebot sei [4]). Wegen seiner Mutter entfuhr ihm freilich ein Aufschrei (?) Er wollte für seinen Vater die Wallfahrt machen und ihm Rettung aus seinen Mühsalen bringen, wodurch er ihm eine grosse Wohlthat zu erweisen hoffte.

Seine Mutter sagte: „Warte ab, bis du einen passenden Freund findest. Du wirst ihn an den Zeichen der Jugend erkennen".

Muti ging in die Moschee, um Beistand zu erflehen, und sprach: „O Herr! einen als Wegweiser geeigneten Freund!"

Gott gewährte ihm Erfüllung seiner Bitte. Der Herr liess den Engel des Todes, *Izrael* [5]), die Gestalt des *Dichya Kelbi*
S. 2. annehmen und verlieh ihm die Zeichen der Jugend.

---

1) *Koran, Sure* 17, 24.

2) Wo ist nicht gesagt. Die Worte könnten auch bedeuten: An dieser Stelle (in irgend einem Buche) ist die folgende Erzählung eingeflochten.

3) Wörtl. Mein Vater ging verloren d.h. er verschwand und kam nicht wieder.

4) Viele chinesische Moslems führen diese Wallfahrt aus u.z. meist per Dampfer.

5) Dieser führt die Muslun der Verstorbenen vor Gott. Weiteres über ihn S. 64.

Muti sagte zu seiner Mutter: „Ein für mich passender Freund ist vorhanden". Seine Mutter stiess einen Schrei aus (?) Er machte sich auf die Reise und kehrte nach Vollendung derselben wieder heim.

Muti sprach: „O mein Freund, wir sind Reisegefährten gewesen. Komm du mit mir zusammen in unser Haus. Verweile noch einige Tage, und kehre dann heim".

Dichya Kelbi sagte: „Ich bin der Engel des Todes. Du meinst, ich sei es nicht wirklich, sondern Deinesgleichen".

Jener erwiderte: „Ich glaube es nicht".

[1]) „Wenn nicht, nun so wirst du in ein Dorf kommen. Dort befindet sich ein kranker Mann. Du wirst sehen, wie ich ihm die Seele nehme. Dem Befehle Gottes gehorchend bin ich gekommen, dir ein Freund zu sein und jenem Manne die Seele zu rauben".

Als *Muti* nun in jenes Dorf kam, war daselbst ein kranker Mann. Sein Gesicht war fast gelb, aus seinen beiden Augen flossen Thränen, und sein Odem war kalt. Was er mit dem Munde sprach, waren die Worte des Bekenntnisses.

Zu dieser Zeit erschien (*Muti*) in Begleitung des Todesengels. Der verwandelte sich [2]) in eine frische Blume. Mit den Ohren hatte (jener) noch nie von ihrem Aussehn gehört, noch hatte er je die Pracht dieser Blume gesehen, oder ihren Duft mit der Nase gerochen. Mit dem Munde
S. 21. sprach er: „Es giebt keinen Gott" u. s. w. bis zu Ende. In diesem Augenblicke war es, dass Gott sein Leben forderte.

---

1) Der Zusammenhang weist darauf hin, dass wir hier ergänzen müssen: *Dichya Kelbi* sagte darauf.

2) Dies ist die Bedeutung vor 轉成, das schon vorher bei der Verwandelung des Todesengels in *Dichya Kelbi* gebraucht ist. Der Situation nach läge es näher, an ein Hervorzaubern der Blume zu denken, dafür wäre aber 轉成 nicht der richtige Ausdruck.

Muti wandte sich um und sagte zu seinem Freunde:
„*Dichya Kelbi*"; in dieser Weise sprach er zu ihm des
Längeren: „Was für eine That lastet auf ihm, dass er in
dieser Weise verscheiden muss?"

Der Todesengel antwortete [1]): „Er war pietätvoll gegen
Vater und Mutter, friedfertig gegenüber seinen Dorfgenossen,
und pflegte seine guten Gaben. Auch war er gütig gegen
Arme und Elende". —

Dichya Kelbi sagte: „*Muti*, du wirst abermals in ein
Dorf kommen, dort ist ebenfalls ein Kranker".

Sein Gesicht war schwarz, und seine beiden Augen
waren trocken. Er schrie wie ein Verrückter: „Der Engel
des Todes ist erschienen; die Gestalt des Furchtbaren ist
gekommen", und er stiess einen Schrei aus, wie, wenn er
vom Blitze getroffen wäre. In diesem Augenblick fuhr seine
Seele aus dem Körper heraus [2]).

Muti wandte sich um und redete nochmals mit seinem
Freunde *Dichya Kelbi* und sprach zu ihm des Weiteren:
„Was diesen anbetrifft, was für eine Sünde hat er begangen,
dass er so sterben muss?"

Der Engel des Todes antwortete: „Er war nicht pietätvoll gegen Vater und Mutter. Mit seinen Dorfgenossen lebte
er nicht in Frieden. Er pflegte nicht seine guten Anlagen
und gegen Arme und Elende zeigte er sich sehr hartherzig.
Darum heisst es in der Heiligen Schrift: „Die frohe Botschaft an jenem Tage ist nicht für die Sünder" [3]).

S. 22.

---

[1] Inzwischen muss der Todesengel wieder die Gestalt des *Dichya Kelbi* angenommen
[?] —

[2] Hier handelt die verschiedene Todesart der beiden Kranken. Der gute Mensch stirbt
[?] wie einer herrlichen Blume, der schlechte angstgequält und schreiend.

[?] ...

[1] „Da du der Engel des Todes bist, so sage mir, wann meine Sterbestunde ist".

Jener sagte: „Deine Sterbestunde? Wenn du deine Mutter wiedergesehen hast, dann kommt dein Tod".

Als er in das Zimmer getreten war, sah ihn seine Mutter und freute sich sehr. Was war das für eine Freude! Eine vollkommene Freude.

Muti wurde sehr traurig. Zugleich rezitirte er eine Strophe: „O mein Vater und o meine Mutter! Ihr habt mich erzeugt, und ich diene dir ewig. Du bist es zufrieden. Ich kannte dein Herz". — „Ich bin dein Augenlicht, ich bin ein Stück deines Herzens".

Als die Mutter diese Worte hörte, jammerte und weinte sie und vergoss Thränen.

Muti sagte: „Ach Mutter, wir sind am Ende und dürfen nicht zaudern. Wir müssen vor dem Richterstuhl erscheinen. Vertheile Almosen. Mit meinem Freunde und allen Hausgenossen zusammen musst du jedenfalls dafür sorgen, damit mein Freund jene auffordern kann, ein gutes Gebet für uns zu beten, denn, wenn meine Todesstunde auch gekommen sein mag, so denke ich doch, dass der Herr am Tage der Auferstehung uns unsere Sünden verzeihen wird. Desswegen hat der Prophet in einem Ausspruch [2] gesagt: „Almosen wenden die Sorge ab und verlängern das Leben". —

Hiermit bin ich zu Ende.

---

1) Hier muss wieder ergänzt werden: Darauf sagte *Muti*.

2) In einem *Hadîth*. Die Sammlungen dieser Aussprüche des Propheten sind neben dem Koran die wichtigsten Quellen des Islam.

II. Abschnitt.

S. 5. In Gottes des Höchsten Wort heisst es: „O Ihr Gläubigen!
Für Euch besteht die Vorschrift des Fastens, so wie sie
bestand für alle diejenigen, die vor Euch gewesen sind" [1]).

Das bedeutet, dass jeder einzelne jener Klasse der Gläubigen die Fastenzeit gehalten hat. Für Euch gilt diese Bestimmung, nämlich dem Monat [2]) gemäss zu fasten. Ihr seht
natürlich, wie jene Leute es hielten. Dies ist die Pflicht, zu
welcher Gott der Höchste vor allem ermahnt. Sie darf nicht
umgangen werden, und wir wollen sie erfüllen. Deswegen
hat der Prophet gesagt:

„Wer der Monat *Ramadan* ehrt, auf den werde ich das
Paradies herabschicken": Diejenigen, welche den Monat *Ramadan* in Ehren halten, denen werde ich sicherlich das
Himmelreich schenken. Das will sagen, denjenigen Menschen,
welche den Monat *Ramadan* nicht achten, steht im zukünf-

S. 6. tigen Leben die Verdammniss bevor, und zwar eine dreifache Verdammniss, hat doch der Prophet — ihm sei Heil —
gesagt:

„Am Abend · meiner Himmelfahrt [3]) sah ich jene Art
Menschen. Man hatte ihr vermodertes Gebein in einen Schlund
geworfen [4]). Das Blut floss aus ihrem Munde, und die
Übelthäter waren mit dem Kopf nach unten au den Thüren
aufgehängt [5]).

---

1) *Sure* 2, 179.

2) Das heisst im Fastenmonat *Ramadan*, dem 9. Monat

3) Muhammed soll nach der Tradition im 12. Jahre seines Prophetenthums bei Nacht
eine Himmelfahrt unternommen haben. — *Hughes, A Dictionary of Islam*, 1885, S. 351.

4) Die Engel Gabriel, Michael und Israfil sammeln das vermoderte Gebein und bringen
es vor Gericht *Hughes*, S. 541.

5) Dies sind drei Arten der Verdammniss. Nach *Baidhawi* giebt es 10 Klassen von

Ich fragte *Gabriel* wegen dieser Art Menschen. *Gabriel* sagte: „O Gesandter Gottes! Grosser Heiliger! Du weisst nicht. Sie kümmerten sich auf Erden um nichts. Es sind Menschen, die das Fasten nicht hielten und den Fasttag entweihten" ". —

Dies Gebot ist besonders wichtig und wird ganz besonders eingeschärft. Mit Rücksicht auf die Schwierigkeit, welche die Erfüllung macht, schufen die Menschen den Namen *Ramadan* [1]), der gleichbedeutend ist mit Bussübung. Wir wollen ihn, jeder von uns, von den verschiedenen andern Monaten absondern und Gott nicht mehr widerstreben. Wenn man diese Zeit des Verbotes missachtet, so ist das gerade so, als wenn man zwischen Silber Kupfer und Blei findet, oder wenn auf Kleidern Schmutz und Koth ist.

Die Gelehrten sagen, in der Welt giebt es jetzt eine neue Methode: Man schmilzt das Silber in Feuer, so dass es rein wird und das Gewand wäscht man in Wasser rein. Deshalb wenn man ernstlich Gehorsam übt, so wäscht man zugleich seine Sünden ab und wird rein dadurch.

Was für einen Beweis giebt es für die Aufstellung dieser Behauptung:

§. 7. Gott der Erhabene hat gesagt: „Die guten Werke beseitigen die bösen" [2]). Das heisst: Die Fülle des Guten, das jemand gethan hat, hilft ihm aus aller Noth. Die Schwierigkeit haben die Menschen in dem Namen *Ramadan* zum Ausdruck gebracht. Auch haben sie dafür den Namen „Bestimmung"

Verdammten. Die 9te Klasse, falsche Lehrer, nagen ihre Zunge, und das Blut fliesst aus ihrem Munde wie Speichel. Die 8te Klasse bilden die falschen Ankläger. Diese werden an Palmbäume und Pfähle geschlagen

1) *Ramaḍān* hängt mit *ramaḍa* = brennen, glühen zusammen. Das Fasten soll die Sünden verbrennen. *Hughes, Dict.*, S. 533.

2) *Sure* 11, 116.

gebraucht, der drei Bedeutungen hat. Die erste bezieht sich
auf die neue Methode, wodurch man ohne Weiteres seine
Sünden los wird [1]). Es ist nämlich die Seele diejenige, welche
den Weg zur Sünde weist. Gott der Erhabene hat gesagt:
„Die Seele ist die Verführerin zum Bösen" [2]). Jedenfalls
befiehlt die Seele den Menschen, Böses zu thun, und es geschieht
keineswegs auf Befehl deines Herrn, der dich erhält.

Gott der Höchste schuf die Seele, und sie besass geistige
Fähigkeiten. „Kannst du deinen Herren erkennen?" (fragte
er sie). Sie sagte: „Du bist du, und ich bin ich". — Wegen
dieser That befahl darauf der Herr einem Engel, die Seele
in die Hölle zu werfen und dort 1000 Jahre brennen zu
lassen. Darauf fragte sie der Herr, und sie antwortete (wieder) so. Dann befahl der Herr dem Engel: „Bringe die
Seele in mein Reich. Ich habe 1000 Jahre vollendet".

Hierauf fragte sie der Herr. Sie erwiderte: „Oh, mein
Herr, du bist mein Herr, der mich erhält, ich bin dein
Sklave, der dir widerstrebt hat. Das ist das Werk der
Schlange gewesen. Ich wusste stets, dass du der Herr der
Welt seiest, und weiss auch, dass diese Welt dich verehrt.
Dein Blick wird jedenfalls auf mich fallen, deswegen fürchte
ich mich noch". —

S. 8. Allah, der Erhabene, hat uns einen Fasttag vorgeschrieben,
und deswegen verlangen wir von ihm, dass er immer diese
unsere Mühsalo von uns nehmen und Mitleid haben möge.
Wenn wir wegen unseres beständigen Hastens nach Gewinn
nichts vermögen, so ist die Seele schuld daran. Sie gleicht
einer Lampe. Die Begierden gleichen dem Docht, und die
Speise ist das Öl. Wenn demnach die Lampe beständig ge-

---

1) Von den beiden andern Bedeutungen wird nichts weiter gesagt.
2) *Sure* 12, 58.

schroben wird, viel Öl vorhanden und der Docht dick ist, so leuchtet das Licht der Lampe hell. —

Joseph war Stellvertreter des Königs von Ägypten. Er verstand es nicht, dass das beständige Erwerben so geschätzt wurde, und sein Wunsch ging dahin, dass alle ihm nachfolgten. Eines Tages sagte zu ihm einer seiner Diener: „Gesandter Gottes! Du weisst nicht, dass das beständige und dauernde Erwerben so viel Werth hat. Wenn man immer erwirbt, so hat man stets genügend in Händen". Darauf antwortete *Joseph*: „Die Menschen dieser Welt folgen mir nach, und niemand kann sagen, ich sei arm". —

Moses übte auf dem Berge *Sinai* in ernstester Weise die göttliche Lehre. Gott sagte zu ihm: „Ich habe dem Volke *Muhammeds* zwei Leuchten gegeben".

Moses sagte: „O Herr, die Leuchte des Koran und die Leuchte des Monats Ramadan. Was aber sind die beiden Finsternisse?"

Gott der Höchste sagte: „Das Grab ist schwarzes Elend und die Auferstehung ist schwarzes Elend" [1].

Der Prophet — ihm sei Heil — hat gesagt: „Wer nur einen Tag vom *Ramadan* fastet, dem wird Allah seine Vergehen vergeben, wie ihn seine Mutter geboren hat [2]. Ruhm sei Allah".

Schluss.

---

1) Für die Sünder wohlverstanden.

2) Soll wohl bedeuten, dass der Betreffende wieder so unschuldig wird wie ein neu geborenes Kind.

III. Abschnitt [1]).

S. 9.   Ferner wird in den Erzählungen über die Seele von ihrem Verbleib berichtet, dass, wenn die Seele des Menschen den Körper verlässt, 70000 Engel herbeikommen und das heilige Pferd *Burak* [2]) es ist, welches sie trägt. Sobald es seine Seele bringt, öffnet sich die Pforte des ersten Himmels [3]). Am Tage, wenn im Westen der zweite Himmel sichtbar wird, gelangt die Seele zum Fusse des Thrones [4]) und findet dort eine herrliche Stätte.

Darüber giebt es drei Aussprüche. Der eine besagt, dass, sobald die Seele am Fusse des Thrones ankommt, sie sich dort niederlässt [5]). Der zweite erklärt, dass unter dem Throne ein Vogel mit grünem Schnabel ist. Die Seele geht in den Kropf dieses grünschnabeligen Vogels. Der Vogel mit dem grünen Schnabel frisst die Früchte [6]) in den 8 Paradiesen [7]). Nach dem dritten Ausspruch bleibt die Seele im Paradies, und zwar kommt sie zur Zeit der Waschung an.

———

Desgleichen, wenn man bei einer Waschung sich zwischen den Beinen abreibt, so ist das *Abreiben* der Fussknöchel nicht gleichbedeutend mit dem *Waschen* derselben und dem *Waschen* der beiden Füsse. Ferner beim *Waschen* der Fuss-

———

1) Dieser Abschnitt besteht aus einer Reihe unzusammenhängender Stücke.

2) Auf diesem ritt Muhammed zum Himmel. Es war ein weisses Flügelthier. *Hughes*, S. 44.

3) Es giebt 7 Himmel oder Himmelssphären.

4) Des Thrones Gottes natürlich.

5) Es besteht die Anschauung, dass die Seelen der Verstorbenen als weisse Vögel am Fusse von Gottes Thron leben. *Hughes, Dict.*, S. 606.

6) Nach einer Tradition kommen die Seelen der Märtyrer in der Kropf grüner Vögel, welche die Früchte des Paradieses fressen. *Hughes*, Dict. S. 605 und *Dabry de Thiersant*, *Le Mahométanisme en Chine*, Bd II, S. 120, Note 1.

7) Der Koran spricht von 8 Paradiesen.

knöchel, zieht man die Strümpfe aus. *Waschen* bedeutet mit einem Becken waschen. Ferner zur Zeit des Abendgebets wäscht man die Fussknöchel, und zwar, nachdem man die Strümpfe ausgezogen hat, nämlich mit einem Becken. Damit ist natürlich die Zeit des täglichen Abendgebets gemeint [1]).

Ferner, die Seele des Heuchlers geht in einen ganz tief gelegenen See hinein und lässt sich darin nieder. Ferner kommt sie dann wieder etwas zum Vorschein. Während sie darin ist, badet sie dreimal.

S. 10.   Weiter, wenn ein Muselman auf dem Schlachtfelde getötet wird, so ist jener Muselman ein Märtyrer. Wenn später seine Familie um seine Seele weint, so ist die Herrichtung eines Tabernakels [2]) für den Märtyrer nicht nöthig. (?)

     .   Ferner, wenn nach dem Tode ihres Gatten eine Wittwe einen andern Mann heirathet, so gehört sie doch, nach einem Ausspruch des Imam *A'zam*, dem ersten Gatten an. Nach einem Ausspruch des Imam *Schafi'* [3]) dagegen fällt sie bei der Auferstehung der Seele dem zweiten Gatten zu.

Ferner, im Alter von 12 Jahren eröffnete Imam *A'zam*

---

1) In dem Abschnitt soll der Unterschied zwischen dem wirklichen Waschen und dem nur symbolischen trockenen Abreiben, das unter Umständen eine Waschung ersetzen kann, hervorgehoben werden Der Text ist nicht ganz klar. Nach *Hughes* S. 3 reiben die Schiiten die Füsse nur trocken ab, während die Sunniten sie waschen.

2) Bei Begräbnissen nach chinesischem Ritus pflegt in Nord-China ein Tabernakel 行台 beim Trauerhause errichtet zu werden. Vergl. *Grube, Pekinger Todtenbräuche*, Journal of Peking Orient. Soc. Vol. IV, 1898, S. 98.

3) Die Begründer der beiden Hauptsekten der chinesischen Muhammedaner, welche nach *Réclus* (Géogr. Univ, Vol. VII, S. 291) Sunniten sind und in die 2 Sekten der *Asemiten* und *Schafiiten* zerfallen. *Muhammed ibn Idris as-Shafi'i'* wurde 767 p Chr. geboren.

eine Schule und leitete sie bis zu seinem 57ten Jahre. Als
die Leute sahen, wie der Prophet sich zwischen den Füssen
wusch, in der Weise, dass er dabei die Spitze des ersten
Fingernagels benutzte, sagte er: „Wenn ich dieses sehe, so
weiss ich, dass der erhabene Gott meine Gebete sicher nicht
erhören wird".

Als er 12 Jahre alt war, betete er noch nicht und, als
er 40 Jahre vollendet hatte, meinte er noch, dass ein Kloster
dasselbe bedeute wie eine Moschee.

Im Koran wird gesagt, dass, wenn jemand zusammen
mit der Menge das Gebet verrichtet, auch wenn Gott *sein*
Gebet nicht annehmen würde, er es dennoch annimmt, so-
fern jener, gestützt auf die Kenntniss des Gelehrten und
die diesem in allen Einzelheiten bekannten Gründe, Gott
verehrt [1]. Wenn also jemand in seinem Hause ein Gebet
spricht, so kann man wissen, dass Gott es annimmt.

Was nun die Vereinigung von Mann und Frau betrifft,
so muss diese wegen der Erklärung dieses Imam mit der
eigenen Frau [2] erfolgen.

———

Ferner, in das Haus eines Gestorbenen dringt man drei
S. 11. Tage lang nicht ein. Das ist die Zeit, wo Gott der Erhabene
von *Izrael* [3] sein Leben fordert. Damit es nicht verfliegt,
nimmt man enge Säcke und thut sie über seinen Leib. Zur
Zeit, wo das Leben den Körper verlässt, stellen sich Schie-
lende [4] an einem Platze im Hause auf. An jenem Tage

---

1) Beim gemeinsamen Gebet macht das Gebet des gelehrten Vorbeters alle andern
Gebete Gott annehmbar. Es kommt darauf an, dem Vorbeter genau zu folgen.

2) Nach der Ansicht dieses Imam gilt als eigene, richtige Gattin nur die Frau des
ersten Mannes, wie oben gesagt.

3) Der Todesengel, vergl. S. 54.

4) Die Diener des Todesengels.

von den dreien, giebt *Izrael* jenen Schielenden Weisung und ertheilt seinen Dienern die nöthigen Befehle. Die ihnen übergebenen drei engen Säcke werden dann über den Körper des Toten geworfen [1]).

Schluss.

IV. Abschnitt.

S. 11.　Eine Tradition:

Im Orte *Kaschgar* lebte ein ehrwürdiger Mann Namens *Hidayet Allah*. Später begab er sich nach dem Orte *Sining* [2]). An diesem Orte war ein kluger Mann. Heute fragte er ihn nach dieser Geschichte, morgen nach jener. Eines Tages, als er sah, wie jene ihn fragten, sagte Seine Ehrwürden: „Ich werde euch eine Geschichte erzählen:

Es war einmal eine Wittwe, die war eine Blinde. Sie hielt sich eine Milchkuh, und immer täglich melkte sie sie und verkaufte die Milch. Eines Tages am Nachmittag ging sie in den Stall, um zu melken. Im Stalle lag ein Tiger. Sie näherte sich den Flanken des Tigers und suchte das Euter. Während sie so suchte, sagte der Tiger: „Gute Blinde, deine Kuh habe ich soeben aufgefressen. Wo willst du noch nach dem Euter suchen? Ich bin der König der Berge, und wer bist du? Wenn du nicht blind wärest, so
S. 12.　würdest du bei meinem Anblick vor Schreck sterben".

Man braucht nicht hinzuzufügen, dass der Tiger sie nicht frass" [3]). —

––––––––––

[1]) Nach der gewöhnlichen Tradition übergiebt der Todesengel die Seele eines Gläubigen seinen Dienern, die sie in ein Tuch wickeln und zu Gott bringen. Die Seele eines Ungläubigen reisst der Todesengel mit Gewalt aus dem Leibe, und seine Diener hüllen sie in ein grobes Secktuch. *Hughes*, Dict. S. 80.

[2]) Stadt in der chinesischen Provinz *Kansu*.

[3]) Vielleicht ist hier gerade die Pointe weggelassen, dass nämlich die blinde Frau vor Schreck starb, obwohl der Tiger sie gar nicht frass.

Der kluge Mann sagte: „Diese Frau war ein Beispiel dafür, dass man vor Schreck sterben kann".

Später hielt Seine Ehrwürden in der Moschee eine Rede, welche sehr lange dauerte, und im Augenblick war die Zeit des Mittagsgebets vorüber. Jemand sagte: „Wir halten kein Gebet ab". S. Ehrwürden erwiderte: „Es ist aber Vorschrift".

Ka Baba [1]) aus demselben Orte sagte: „Ehrwürden, ich fürchte im Herzen, man hält noch an dem Wissen des Heidenthums fest. Jene jungen Leute, sie beten nicht. Man möge nicht sagen, dass auch wir Heiden wären".

S. Ehrw. sagte: „Freilich", und sprach Worte, die als Gebet dienten.

Hierauf berief S. Ehrwürden *Ka Baba* zu sich und machte ihm Turbane [2]) zum Geschenk. *Ka Baba* bemerkte über dem Haupte Seiner Ehrwürden einen Schein. *Ka Baba* fragte: „Ehrwürden, was ist das für ein Schein?"

S. Ehrwürden antwortete: „Dieser Schein findet sich überall im vierten Himmel. Dieser Schein ruht auf dem zur Heiligkeit erhobenen Auserwählten" [3]).

Von dort aus machte S. Ehrwürden *Ka Baba* zu seinem Nachfolger. Er sagte: „Ich wusste nicht, dass du da warest. Hätte ich vorher gewusst, dass du da wärest, so wäre ich nicht gekommen".

S. Ehrwürden verweilte im Orte *Sining* 9 Monate, dann kehrte er heim. Das Grab S. Ehrwürden befindet sich in dem Orte *Kaschgar*, und gelobt sei Allah, der Herr der Welten.

---

1) *Baba* ist ein Ehrentitel und bedeutet eigentlich Vater.

2) Das Abzeichen der Muslime.

3) Muhammed.

V. Abschnitt.

S. 12.   Desgleichen im Nothfalle [1]) ist es erforderlich, dass die Frau für ihren Mann die Toten Waschung verrichtet. Dies ist sie ihrem eigenen Ehemann schuldig. Deswegen verhält es sich hiermit ähnlich wie mit dem Tabu [2]) der Frau wegen ihres Ehemanns. Ferner besteht auch für den Mann die Verpflichtung für seine Frau die Toten Waschung vorzunehmen.

Jemand fragte, weswegen *Ali* [3]) — Gott hab' ihn selig —
S. 13. für *Fatima* — Gott habe sie selig — die Waschung vornahm.

Der Prophet hat gesagt: „In meinem Geschlecht wäre dies zulässig". Dieser Ausspruch bezieht sich auf die andere Äusserung des Propheten: „*Fatima* wird in 6 Monaten mir nachfolgen".

Fatima berechnete vom nächsten Morgen ab 6 Monate und machte eine Waschung an dem Abend, wo die 6 Monate vollendet waren. Sie begab sich selbst in den Garten des *Mustafa* [4]), las Suren und, als sie damit fertig war, trat sie in das Haus und starb.

Der Prophet hat gesagt: „Wenn es jemand giebt, der für meine *Fatima* Totengebete betet, so wird er frei von Schuld sein".

---

1) Nur im Nothfalle haben die Eheleute für einander die Toten Waschung zu verrichten. Für gewöhnlich bedient man sich männlicher und weiblicher Totenwäscher, welche für ihre Dienste Bezahlung erhalten.

2) Der Zustand der Frau, in welchem sei es wegen des Todes ihres Ehemanns oder wegen Verstossung oder wegen Menstruation niemand mit ihr verkehren darf.

3) Der Schwiegersohn Muhammeds, Mann von Muhammeds Tochter, *Fatima*.

4) Muhammed.

Nach *Fatima's* Tode nahm *Ali* — Gott hab' ihn selig —
keine Waschung an ihr vor. Aber der Vater mit seinen
beiden Söhnen [1]) sprachen für *Fatima* Totengebete, und,
was sehr wichtig ist, *Ali*, *Hassan* und *Hussein* gaben ihr
das letzte Geleite.

Nachdem *Fatima* — G. h. s. s. — gestorben war, wurden
die Mitglieder der einen Familie Nachfolger des Propheten [2]).
Sie sagten, der Profet hat erklärt: „Wenn es jemand giebt,
der für meine *Fatima* Totengebete betet, so wird er frei von
Schuld sein".

Darauf sagte *Bilal* [3]) zu ihnen: „*Fatima* — G. h. s. s. —
hat in einer Weisung erklärt: „Mich haben während meines
ganzen Lebens, wenn ich ausging, Männer nie angesehen" ".

Der Vater und die beiden Söhne beteten die Totengebete,
dann schwieg die ganze Familie.

Schluss.

VI. Abschnitt.

S. 13.   „Wahrlich wir haben dir Überfluss gegeben. Bete daher
zu deinem Herrn und schlachte die Opferthiere. Wer dich
hasst, wird ohne Nachkommen sein" [4]).

Der Sinn dieser Sure ist:

„O *Muhammed*, ich habe dir diese Fülle aus Gnade ge-
S. 14. geben. Bete deswegen zu deinem Herrn, der dich erhält,
und opfere ihm. Derjenige Mensch, welcher dich ehrt, der
wird lange Nachkommenschaft haben".

---

1) Nämlich *Hassan* und *Hussein*.

2) Wörtl.: sie setzten fort die spätere Heiligkeit. Wenn diese Übersetzung richtig ist,
so würde der Verfasser das Khalifat Ali's anerkennen und somit Schiit sein, während sonst
die Dunganen als Sunniten gelten. Die Perser, mit denen ich die Dunganen in Verbindung
bringen möchte, sind Schiiten, die Türken Sunniten.

3) Muhammeds erster Mu'ezzin, ein abessinischer Sklave.

4) *Sure* 108, 1—3.

Deswegen hat der erhabene Herr diese Sure gesprochen, die von Anfang bis zu Ende drei Verse [1]) enthält. Der erste besagt, dass Gott unserem Propheten Gnade erwiesen hat. Der zweite, dass Gott der Höchste unserem Propheten befiehlt, er möge nur beten und müsse Opfer darbringen. Im dritten Verse sagt Allah, jeder, der unseren Propheten gepriesen hat, wird lange Nachkommen haben. Darum hat der Herr in dem ersten Verse von Überfluss gesprochen.

„Überfluss" wird in doppeltem Sinne gebraucht, man spricht von einem Überfluss auf Erden und einem im Jenseits. Der Überfluss auf Erden ist dreierlei Art. Die eine ist das Lesen des Koran und das Fasten im *Ramadan* [2]).

Inwiefern wird der Koran als Überfluss bezeichnet? — Das Lesen des Koran bedeutet das Rezitiren und das Hören desselben. Wenn wir dann nach Hause kommen, so ist es, als ob wir Überfluss erlangt hätten.

Zweitens wesshalb wird der *Ramadan* als Überfluss bezeichnet? — Wenn wir im Monat *Ramadan* den Tag über fasten [3]), so werden wir am Morgen der Auferstehung einen Überfluss von Glanz haben. Daher hat der Prophet in seinen Aussprüchen [4]) gesagt: „Wer im Monat *Ramadan* fastet, der wird am Tage der Auferstehung auf einer weissen Lichtwolke erscheinen".

Das bedeutet: Wer im Monat *Ramadan* den Fasttag hält, wird am Morgen der Auferstehung in jener weissen Wolke im Glanz von Gold und ·Perlen erscheinen. Auf

---

1) Es sind eigentlich nicht Verse, sondern Sätze, ebenso wie die Verse unserer Evangelien.

2) Hier ist jedenfalls eine Lücke wie aus dem nachfolgenden: erstens, zweitens, drittens hervorgeht. Man erwartet, dass gesagt wäre: Die eine (Art) ist das Lesen im Koran, die zweite das Fasten im Ramadan und die dritte die Unterhaltung von Schalen.

3) Das Fasten dauert von Sonnenaufgang bis Sonnenuntergang.

4) Hadîth.

S. 15. jener weissen Wolke steht ein Palast aus Gold und Perlen. An jenem Palaste sind mehrere tausend rosenrothe Thore. Die Menschen, welche den Tag gefastet haben, die können in jenen Palast aufgenommen werden.

Gott der Erhabene wird die Menschen, die den Fasttag gehalten, in die Versammlung der Seligen führen. Darauf werden jene zu ihm sagen: „O Herr und Schöpfer, wir fürchten, unserer sind nur wenig".

Darauf sagt Gott zu ihnen: „Esst und trinkt!", das heisst: Ihr, die den Fasttag gehalten habt, esst und trinkt.

Drittens weswegen wird die Schule Überfluss genannt? — In den Überlieferungen ist gesagt worden: „Die Schule ist wie die Gärten des Paradieses". Die Schule, welche sich jemand zu unterstützen entschliesst, ist wie der Garten im Paradiese. Das will sagen, wenn jemand den Gelehrten hilft, so ist er auch bereit eine Schule zu unterstützen, und, wenn er so den Gelehrten hilft, so ist es, wenn er nach Hause kommt ebenso, wie wenn er bei der Auferstehung eine Menge Glanz erlangte.

Desshalb sagt der Prophet: „Wer den Gelehrten ehrt...." [1]) Der Prophet sagt, wer den Weisen und Gelehrten verehrt, der ehrt auch den Propheten, und wer mich den Propheten ehrt, der verehrt auch Gott.

Das entspricht der Würde des Gelehrten.

Wie im Buch [2]) geschrieben steht, passirte am Morgen der Auferstehung ein Gelehrter die Brücke *Al-sirât* [3]). Als

---

1) Der Satz ist im Arabischen nicht vollendet. Die Folgerung wird in der chinesischen Paraphrase hinzugefügt.

2) Im Koran findet sich eine solche Stelle nicht, es muss also wohl ein anderes Buch gemeint sein.

3) Die Brücke, welche über das Höllenfeuer führt. Die Guten eilen pfeilschnell darüber hin, die Bösen stürzen ab in die Hölle.

die Menschen in der Hölle den Weisen sahen, da erkannten sie ihn und sie sprachen: „O Weiser, hilf uns".

Der Weise sagte: „In welcher Weise soll ich euch helfen?"

Darauf sagte der Prophet: „Weiser, wirf deinen Rock in die Hölle, und du wirst die Macht Gottes sehen".

S. 16.   Als nun der Weise seinen Rock in die Hölle geworfen hatte, wurde Gottes Allmacht offenbar, denn an einem Rocksaum des Weisen wurden mehrere zehntausend Menschen, welche ihre Strafe verbüssten, herausgezogen und erlangten ihre Errettung. Desshalb hat der Prophet in der Überlieferungen gesagt: „Die Weisen meines Volkes sind wie die Propheten der Kinder Israel."

Der Prophet sagt: Die Weisen meines Volkes sind noch edeler als die Propheten der Kinder Israel. Beim Sprechen davon geht immer etwas verloren, denn, wenn man von der Hoheit der Weisen redet, so findet man kein Ende, und es lässt sich nicht alles in Worte fassen [1]).

Wenn Ihr also hört und lest [2]), so giebt uns der Herr der Erhabene von den tausenderlei Dingen auf Erden eine sehr kostbare Fülle. Bei der Auferstehung können wir, die Auserwählten, der Bestrafung in der rauchenden Hölle entgehen. Wir werden gerettet, weil wir die grosse Gnade Gottes und das nie verderbende Paradies erlangt haben. Dies ist das Erbarmen Gottes des gepriesenen.

VII. Abschnitt.

S. 16.   „Wir haben viele von den Geistern und den Menschen für die Hölle geschaffen. Sie haben Herzen und verstehen

---

1) Die Paraphrase geht über den Ausspruch des Propheten hinaus.
2) Scil. im Koran.

nichts, Augen und sehen nichts, Ohren und hören nichts
damit. Wie die Thiere sind sie, ja noch mehr irren sie als
die Thiere. So steht es mit den Sorglosen" [1]).

Dieser Vers bedeutet: „O Muhammed, so ist es sicherlich: Ich habe viele Menschen in die *Gehenna* [2]) Hölle geworfen. Sie haben Herzen, aber verstehen nicht das Ge-
hörte, sie haben Augen, aber sehen nicht, Ohren, aber sie
hören nicht. Diese Klasse von Menschen gleicht den Thieren,
die nicht lesen können und sich verirren. Es sind Menschen,
deren Blick getrübt ist.

Ihr ehrenwerthen Herren, bei der Aussprache Eueres
Allah des Erhabenen mit dem erlauchten Propheten, dem
Auserwählten, hat er im Zorn diesen Vers vorgebracht. Er
setzt auseinander die schrecklichen Höllenstrafen, damit wir,
seine gläubigen Diener, es wissen und alles dieses kennen
lernen. Nachdem wir davon gehört haben, knien wir eiligst
vor den Herrn hin und bekehren uns, damit man bei unseren Thaten sieht, dass wir es durchaus ehrlich meinen.
Dann vermag wohl der Herr am Tage des Gerichts uns von
den schrecklichen Strafe der Hölle zu erretten.

Im Buche *Riyāḍ al-mudhkarīn* [3]) sagt der Prophet: „Der
Prophet hat gesagt, als ich von der Himmelfahrt kam, blickte
ich auf den Himmel und ich sah einen Rauch so schwarz,
wie ich ihn noch niemals ähnlich erblickt hatte".

Der Sinn dieses Ausspruchs ist: Zur Zeit, als ich von
der Himmelfahrt heimkehrte, schaute ich auf den Himmel

---

1) *Sure* 7, 178.

2) Die erste der 7 Höllen.

3) Ein solches Werk ist sonst nicht bekannt. Der Titel bedeutet: „Die Gärten der
Gepriesenen".

der Erde [1]). Darauf sah ich einen schwarzen Rauch. Bisher
hatte ich noch keinen Rauch so wie jenen gesehen.

Und ich sagte: „O *Gabriel*, was ist dies für Rauch?" —
Darauf fragte ich *Gabriel*: Ehrenwerther Bruder, was ist dies
für Rauch, so schwarz und so schrecklich? — Jener antwortete: „O *Muhammed*, dieser Rauch ist einer, der aus dem
Rauchfang der *Gehenna* Hölle kommt."

Der Prophet sagte: „*Gabriel*, lass mich die Hölle sehen.
Sobald ich sie erblicke, will ich meinem darin brennenden,
sündigen Volke sagen, dass sie in Zukunft nicht wieder Unrecht
thun dürfen".

Gabriel antwortete: *Muhammed*, du kannst die Hölle nicht
S. 18. sehen. Ich will dir sorgfältig die Sache erklären. Wenn Gott
der Erhabene deinen edelen Körper dem Höllenfeuer aus-
setzen wollte, wäre es Unrecht. ‚Gott der Höchste hat das
Höllenfeuer im Zorn erschaffen'. Gott der Erhabene hat nämlich im eigenen Zorne die Hölle hervorgebracht. Er hat
die Hölle 1000 Jahre brennen lassen, bis sie roth war, und
dann noch einmal 1000 Jahre, bis sie schwarz wurde [2]).

Darauf kam es von oben herab: „*Gabriel*, öffne meinem
Geliebten das Thor der Hölle und lass ihn schauen!"

Als unser Prophet hinsah, da sassen in der Hölle mehrere
zehntausend in einem Feuermeer. Von unten empor schlu-
gen die Wellen. Jede Welle war so, as ob sie sicherlich
den siebenstöckigen Himmel der Erde in die Hölle herab-
reissen würde, und der Untergang drohte.

„Dann sah ich ferner [3]) noch ein Menge kochender Feuer-

---

1) Der unterste der 7 Himmel, welcher der Erde am nächsten ist.

2) Nach der gewöhnlichen Tradition brannte das Höllenfeuer 1000 Jahre bis es roth,
1000 Jahre, bis es weiss und 1000 Jahre, bis es schwarz war. *Hughes*, Dict. S. 172.

3) Der Verfasser fällt hier aus der Konstruktion. Wir ergänzen am besten: „erzäh
der Prophet".

töpfe und darin kochten Feuerfrüchte. Man nannte sie: Z
qúmi [1]) Früchte. Ich sah auch eine Art Mühle. Die Le
warfen die Sünder auf jene Mühle, so wie man auf Er
Weizenmehl mahlt [2]). Ferner: einen brennenden Feuerhi
und einen Feuerkranich so gross wie einen Ochsen i
einen brennenden Feuerskorpion so gross wie ein Kamel

„Ich sah als Feuerwächter Engel auf einem Feuerthu
mit zornigen Mienen sitzen, den Kopf gesenkt und schwe
sam. Ihre beiden Augenbrauen waren wie Feuerberge, i
ihre beiden Augen wie ein Feuermeer. In beiden Hän
hielten sie einen Feuerkürbiss [3]), den die Menschen in al
und neuer Zeit nicht würden haben regieren können."

„Der himmlische Genius [4]) pries den Herrn und spri
dieses Lobgebet: „Gelobt sei er, der kein Fehl hat. Er
der gewältige König. Gelobt sei er, der sich an sein
Feinden rächt." " —

Das bedeutet: Lob dem Herrn, dem hoch zu verehrend
Er hat noch nie einen Fehltritt gethan. Er ist der gew
tige König. Lob dem Herrn, dem hoch zu verehrenden.
nimmt Rache an seinen Feinden.

„Während der himmlische Genius *Malik* so beim Bei
den Mund öffnete, kam Feuer daraus hervor, und Rai
entströmte seiner Nase." '

„Ich sah auch noch einige andere Genien welche Feu

---

1) *Zaqqúm* ist der Höllenbaum, welcher am Grunde der Hölle wächst. Seine Frü
sind wie Schlangenköpfe. Die Verdammten erhalten sie als Speise.

2) Diese Darstellung scheint der buddhistischen Hölle entlehnt. Man kann sie
plastisch in chinesischen Tempeln sehen.

8) Darunter ist wohl ein grosser Kürbiss mit Brenn- oder Explosivstoffen angefüll
verstehen.

4) *Malik*, der Engel, welcher die obere Leitung in der Hölle ausübt, wie wir aus
Nachfolgenden ersehen.

kürbisse in den Händen hielten, ohne dass das Feuer sie verbrannt hätte. Da ergriff mich Entsetzen. Ich wich zurück und wollte nach Hause gehen. Es war, als ob meine Kraft die Seele verlassen, und mein Leben sich vom Körper getrennt hätte. (Ohne) [1]) den Schutz Gottes und seine Hülfe, wäre ich in dem Augenblick gestorben. Wenn nicht Gottes Schutzengel dagewesen wäre, der mir zur Hilfe kam, so wäre ich sicher sofort gestorben".

Hierauf entbot *Gabriel* dem Genius seinen Gruss und sagte: „*Malik*, dies ist *Muhammed*, das Heil beider Welten und der Freund aller Wesen. Wesshalb neigst du nicht das Haupt und sprichst kein *Salâm*?"

Darauf grüsste *Malik* und sagte: „Muhammed, ich werde getreu und wahrheitsgemäss dir Meldung machen. Dass Gott der Erhabene deinen erlauchten Körper dem Höllenfeuer aussetzte, wäre nicht zulässig. Eine Möglichkeit war, dass du bei deiner Rückkehr von der Himmelfahrt zu deinem sündigen Volke sprächest und sie hiessest, keine Sünden mehr zu begehen. Ihr Leib ist schwach, und sie können die Höllenstrafen nicht ertragen".

S. 20. Darauf fragte der Prophet *Malik*: „Was für Menschen sind es, die in diese Hölle kommen?"

Malik, der himmlische Genius antwortete: „Unter deinem Volke diejenigen, welche nicht beten, welche Wein trinken, welche Wucher treiben, sehr niedrige und sehr vornehme Männer, solche die keine Almosen geben, die Zank und Streit stiften. Nur der beste Mensch kann jenen Erlösung bringen".

Als der Prophet dieses hörte, da durchglühte sein heiliges

---

[1]) Aus dem Zusammenhange geht hervor, dass im arabischen Text das Wort *ohne* = '*illâ* ausgefallen ist (Hartmann).

Mitleid vom Innern aus sein Herz, und seine beiden Augen
vergossen Thränen. Er sprach ein Gebet zu Gott, er möge
sich erbarmen und sein ganzes Volk erretten. Er nahm sein
heiligen Gewand und seine heilige Mütze, und der Glanz seines
Turbans war so ausserordentlich, dass *Gabriel* vom Kopf bis
zu. den Füssen erbebte (?) An dem Thor der Hölle ange-
kommen, betete er:

„Allah, verzeihe und erbarme dich meines Volkes! Allah,
erbarme dich des Volkes! O Gott und Schöpfer, verzeihe
meinem Volke! Du selbst nennst es mein Volk. Obgleich
schwere Sünden auf ihm ruhen, die den ganzen Himmel und
die Erde ausfüllen, so ist es trotz alledem mein Volk, deine
Knechte. Wenn sie beten, es giebt keinen Gott ausser Allah
und Muhammed ist sein Prophet, so erkennen sie doch deine
Einzigkeit an und wissen von meinem Prophetenthum".

Darauf kam eine Stimme herab: „*Muhammed*, hebe dein
Haupt vom Boden. Morgen bei der Auferstehung werden
dein Vater *Abdallah* und deine Mutter *Aminah* keine Rettung
aus dieser Hölle erlangen können. Überlege dir zunächst.
Wenn ich, dein Gott, deinem Volke verzeihe, so kann ich
nicht deinen beiden Eltern verzeihen, und wenn ich deinen
beiden Eltern verzeihe . . . .

(Hier bricht die Erzählung ab. Vermuthlich wird Muhammed
für sein Volk bitten und Gott dann, gerührt durch diesen Edelmuth,
auch den Eltern des Propheten Vergebung ihrer Sünden schenken.)

ETUDE SUR LES TÀỶ DE LA RIVIÈRE CLAIRE, AU TONKIN ET DANS LA CHINE MÉRIDIONALE (YUN NAN ET KOUANG SI)

PAR

le Commandant BONIFACY.

———••◁▣▷••———

La partie du haut Tonkin arrosée par la Rivière Claire et ses affluents est, au point de vue ethnographique, une des plus curieuses de l'Asie, on y trouve les représentants des groupes ethniques suivants: Annamites ou *Kinh* (京); *Thổ* (土) blancs et noirs, *Nổng An* (儂安), *Nồng Quây So'n* (儂歸順), *Nồng Chu'o'ng* ou *Su'ng* (儂張), *Giẩy* (萁), *Trung chả* ou *Tchong kia* (狆家); *La quả* (玀玃); *Laò* (牢); *La ti*; — *Yao* (猺) désignés le plus souvent au Tonkin sous le nom de *Mán* (蠻), et qui se divisent en six tribus principales; — *Pa teng* (八姓) et *Na ê*; *Mèo* ou *Miao tse* (苗 ou 猫), divisés en quatre tribus, et enfin *Lolo* (玀玀), divisés en cinq tribus [1]).

Parmi ces groupes, les Thổ, Nồng, Giẩy, Trung chả parlent des idiomes tày [2]); une des tribus yao, les *Cao lan*, parle également un idiome tày que nous n'étudierons pas ici.

---

1) Pour les noms de groupe et de lieu, nous conservons l'orthographe *quốc* ngữ' traditionnelle, ainsi que pour les mots annamites.

2) Nous écrivons tày, romanisation exacte (quốc ngữ' annamite), du mot prononcé par les Tày de la Rivière Claire. Il nous semble d'ailleurs qu'il est inutile maintenant de se conformer à une orthographe inventée par les Siamois il y a deux siècles. Tous les anciens documents chinois traduisent tày par 犽 qui n'a pas d'aspiration.

Il est assez étonnant de constater qu'au Tonkin, les Thổ se
se donnent la dénomination d'hommes tày, repoussée par les aut
groupes.

Chose plus singulière encore, si l'on accepte la division
Terrien de Lacouperie, les Thổ et les Giầy, qui parlent des idio
bien différents, reçoivent, concurremment avec le nom sous leq
nous les désignons ici, la dénomination de *Pa yi* employée surt
par les Chinois.

Comme on le verra, les Tày du Tonkin, du Yunnan orien
et du Kouangsi occidental, emploient, dans leur vocabulaire, certai
consonnes qui leur sont communes, tantôt avec les Laotiens, tan
avec les Siamois; bien qu'apparentés de très-près aux *T'ou jen*
Kouei-cheou et du Kouang-si occidental, ils appartiendraient au
par leurs dialectes, au groupe sud de Terrien de Lacouperie.

En résumé, il semble que l'on se soit trop hâté de conclure
ce qui concerne la division des Tày en deux branches; les sava
qui ont traité la question n'ont pas tenu compte d'un élém
important de la race, celui qui occupe les deux Kouang, le Ton
septentrional et l'île de Hai-nan.

Nous allons donner d'abord les vocabulaires des différents grou
parlant des idiomes de la langue tày, nous ferons ensuite les
servations suggérées par les différences dialectales. Dans ces vo
bulaires nous ne ferons entrer en général que des mots simp
tels qu'ils existent dans la langue d'un groupe humain peu civil
Il y a beaucoup de raisons, en effet, pour que les mots désign
des idées abstraites, soient empruntés à des voisins plus avancés
civilisation.

Notre système de transcription, est exposé ci-contre:

Consonnes.

	Sourdes			Sonores			Nasales
	occlusives.	aspirées	spirantes	occlusives	aspirées	spirantes	
Labiales	p	ph	f	b		v	m
Dentales	t	th		d		đ	n
Dentales mouillées	t'						
Palatales	č	»					ñ
Gutturales	k	kh	»	g			ṅ

Liquides: y; r (ni fort, ni aspiré, ni roulé = r cochinchinois); l.
Sifflantes: sourde s, sonore z.
Aspirée: h.

Voyelles.

Fermées	Ouvertes
á	à
é	è
ó	ò
ó'	ò'
u	
u'	
i	

Le son ó' tient le milieu entre a et ŏ allemand; ò' = ŏ allemand;
u' = ü allemand.

Ce système de transcription, que nous avons employé dans notre
«Etude sur les langues parlées par les populations de la Haute
Rivière Claire» [1]), a la grave défaut de ne pas tenir compte des

---

1) Bulletin de l'Ecole française d'Extrême-Orient (Juillet-Décembre 1905).

demi-voyelles et des voyelles brèves, nous indiquerons les une

les autres par ⌢ au dessous de la lettre, ainsi nous écrirons

(buffle), mj̬à (lolo).

Les accents toniques seront distingués par des chiffres; ce

les suivants:

1 ton plain ou égal

2 descendant (ann. ' chinois ^)

3 aigu (ann. ' chinois ')

4 interrogatif (ann. ? chinois ')

5 retombant (ann. ⁻ chinois ')

6 haut retombant. Ce ton, employé seulement en fin de ph

n'a pas d'équivalent en chinois et en annamite. On remarquera

l'accent grave (ann. ., chinois '), n'existe pas.

Vocabulaire.

	Thồ blanc	Thồ noir	Nòng chu'o'ng	Nòng an	Giầy	Trung
ciel	bón¹	bón¹	fà¹	fà¹	bón²	bó'n¹
soleil	thà¹ ván¹	thà¹ vàn¹	thà¹ ván¹	thà¹ ván¹	čà¹ ńón¹	thà¹ vi
lune	hài¹	hài¹	hài⁴	hài¹	ruń¹ hài⁴	tó² kac
étoile	dào¹	dào¹	dào¹	dào¹ di¹	yoń² dun	dào¹ di
pluie	fuó'n¹	pu'ò'n¹	fö'n¹ luń¹	pó'n¹	fun¹	tào¹ fà
vent	lóm¹	lóm¹	lòm¹	lóm¹	rum¹	yó'm
tonnerre	fa¹ ròń¹	fa¹ róń²	fà¹ dań¹	fà¹ hóm¹	pià¹ ró'i¹	tu¹ phi
terre	din ¹)	din	tum	nám	nám³	nó'm
montagne	pu	pu³	sà³	pò⁴	pó²	doń
eau	nùm²	nàm	nùm	nàm	ràm	yàm²
pierre	pià	pià	tin	phà	hin	nào sei
or	kim	kim	kim	čim⁴	t'im	t'im ²)
argent	ńán	ńán	ńán	ńám	ńán³	ńó'n
fer	lék³	lék³	lèk³	lék³	lék	va²
cuivre	tóń²	tóń²	tòń	tòń	luó'ń	luń

---

1) En raison de sa fréquence, nous nous abstiendrons désormais d'indiquer le ton ou plain 1.

2) Les noms de métaux, sauf lék (fer), sont chinois.

	Thổ blanc	Thổ noir	Nòng chu'o'ng	Nòng an	Giậy	Trung chả
feu	fó'i²	fó'i¹	fái	fái	fì	vó'i
forêt	dóṅ	dóṅ	duṅ³	dóṅ	dóṅ³	yò'i dóṅ
fleur	bià	biò'k²	yòk²	dò'k mó'i	duk²	dò tà
fruit	mák³	màk²	màk²	màk	màk²	lu'k mà
rizière de plaine	nà	nà	nà³	nà	nà	nà²
rizière de montagne	rái³	ró'i	ró'i	rái	ri	hò'i⁴
feuille	bò³	bu'	báò'	bàò	bó'³	pa suó'ṅ
animal (numéral)	tu¹)	tu	tu	tu	tu	tu
buffle	uài⁴	uài	uài	uài	uài	uó'i
bœuf	mó²	mó²	mò²	mó²	sié	či²
chèvre	bé²	bè	bè²	bé	bè²	yuṅ²)
chat	mèò²	mèò²	mèò	mèò³	mèò	mó'i³
chien	mà	mà⁴	mà	mà³	mà³	mà³
cochon	mu	mu²	mu	mu	mu	mó'u³
singe	liṅ	liṅ	liṅ	liṅ	liṅ	liṅ
tigre	su'à²)	su'	su'	su'à	kuk³	kók³
cheval	má²²)	má⁶	má⁶	má²	mà	má
corne	kók³²)	kók	kók³	khó'u	kó'k	kó'u³
griffe	lèp²	lèk²	lép³	lèp	rip	zip²
éléphant	čàṅ²)	čàṅ	sàṅ	čàṅ	sàṅ	čàṅ
mâle	pó	pó²	tu'k³³)	pó	ták	ták²
femelle	mé	mé	mé	mé	mè	mè
oiseau	nuk²	nók²	nòk	nók³	rók	yók³
coq	kó'i²) séng	kái séng	séng⁶	čái pó	kái pó	pó³ kái
poule	kó'i mé	kái mé	kài mé	čái mé	kái mè	mè kái
corbeau	tu kà	tu kà	tu kà	tu hà⁴	tu há⁶	hà
bec	pàk nuk²	pàk nók²	pàk nòk	pàk nók³	pàk² rók	tung pá³

---

1) On ne peut s'empêcher de rapprocher cette particule du caractère 獸 (Sino-ann. thú) qui signifie animal. Cette même particule existe en yao sous la forme tháu, dáu et du, et en mèo sous la forme tó.

2) Chinois 羊, 獅 (子), 馬, 角, 象, 鷄.

3) Annamite đú'c.

	Thổ blanc	Thổ noir	Nòng chu'o'ng	Nòng an	Giầy	Trung chǎ
poisson	pìà	pìà	čà	pbà	pìà	phá
serpent	ńu'⁴	ńu'	ńu	ńu'	ńu'	ńu'
grenouille	kóp²	kóp²	kóp²	káp²	kóp²	pao
fourmi	mót²	mát²	mát²	méń¹ mán⁴ mót	mát²
homme (homo)	kàn	kó'n	kó'n	hun	hun	vó'n
homme (vir)	pó čai	pó² čai	pó⁴	pó čài	pu sái	čà pó'u
femme	mé niń	mé niń	mé²	mé niń	sáu yá⁸	čà yà⁴
enfant	luk² dèk²	luk² éń	luk éń	luk éń	luk ńé	luk nái⁴
garçon	luk² čai ¹)	luk² čai ¹)	luk sài	luk čai	luk sái⁴	luk sè
fille	luk² niń	luk² niń	luk niń	luk niń	luk bu'k²	luk bu'k²
père	pó²	pó	té	té⁴	pó²	puó
mère	mé	mé	mé²	mé⁴	mé	mé
frère ainé	pi ²)	pi	pi	dé	pi	pao pó'i
frère cadet	nòń	nòń	nòń¹	nòń	nuóń	nuó'ń
sœur ainée	à ³)	à²	čé	čé	kók² čé	mé čé
sœur cadette	nòń niń	nòń niń	nòń² niń	nòń nin	nuóń niń	nu'ó'ń
grand père	pu	pu	kuń ⁴)	yè⁴	pó'u²	puó kuń⁴)
grand mère	yà⁴	yà⁴	yà	nài⁴	yá⁸	yà tài
corps	dàń	dàń	dàń⁶	kòn	dàń hun	dáń
cheveux	pióm	pióm	sóm	phóm⁶	piém	pó'n kó'u
visage	ná³	ná	ná⁴	bén ná⁴	ná²	pién nà
œil	thà	thà	thà²	thà⁸	thà	dò' thà
nez	dáń	dáń	dáń	dáń⁴	dàń	mùk dàń
oreille	su	su	ru	ču⁴	ru'á	tháu zi²
bouche	pàk	pàk	pàk³	pàk³	suń pak²	tuń pá²
dent	khéò⁴	kéò⁴	kéò	fan	hiéu⁸	sàń só'u
barbe	nuót³	móm	mum	nóm	mum	mó'm⁴
cou	khó⁴	kó⁴	hò⁴	hò	hó²	kàń hu⁴
épaule	bù³	tóń bù	bà⁴	ruń bà³	ruń ba	khòń bà
bras	khèn	kèń⁴	kèn⁴	sèn	tién⁴	ké čén
doigt	niéu mu'ń	niéu mu'ń	niéu mu'⁶	niéu moń	tién fu'ń	làk vòń

---

1) Luk čai, niń = petit garçon, petite fille, pour les jeunes gens on dit luk sàò, luk bàò.

2) On emploie par politesse le terme chinois ká et kó (哥).

3) On emploie le terme chinois čé (姉).   4) Terme chinois .

	Thổ blanc	Thổ noir	Nồng chu'o'ng	Nồng an	Giẩy	Trung chẩ
mari	khu'ò'i ¹)	fu²	ku'é	khói⁴	làò kuán⁴²)	pào
femme (uxor)	mié	ɲié	mé lu	mé˙ mié	mé pɐ	čă yà⁴
mamelle	nóm	nóm	num	u	ém⁴	dàn čố'i
sang	lu'ò't	lu'ò't²	lu'ò't	lu't	lu'ò't³	lu'ố't
larmes	nàm² thà	nàm thà	nàm thà⁴	nàm thà⁵	ràmthà⁴	yàm² thà
sueur	nàm³thu'à	nàm thu'à	thu'⁴	thói⁵	hàn³ ³)	rán ³)
lait	nàm³ nóm	nàm nóm	n. num	n. u⁴	ràm ém⁴	yàm² čố'i
urine	nàm³nièò⁴)	nàm nièò	n. néò	n. niéu	niu³	niéu
manger						
(le riz)	kin (kháu)⁴	kin (khò'u)⁴	kin⁶	sin	kò'n	kố'n
boire	kin nàm²	kin nàm	kin nàm	sin nàm	kò'n ràm	kố'n yàm²
sel	ku'à	ku'à	ču'³	ku'	čuà³	ku³
huile	yố'u	yóu²		yéu	yu	yo'u
graisse						
(de cochon)	pi mu	pi mu	làò	yéu mu	làò mu⁴	yố'u mố'u
viande	nu'à⁴	nu'	nu'	nu'⁵	nó³	nu'à
habit	bò'i su'à	su'⁶	su'	kuɳ su'⁴	pu'à³	koɳ pu⁴
pantalon	bò'i khoà⁵)	rài²	kuà⁴	kuɳ khà⁴	và	koɳ fá³
jupe	sin	sin	»	»	tin⁴ hin⁴	sin³
turban	khán⁴ ⁶)	khán³	kố'n	bo' phà⁴	ré	bà khán³
coton	phài⁴	pài⁴	fố'i⁴ mu'n	kố pài	fài² mun	fé
coudre	ɲố'p²	ɲố'p	ɲố'p²	ɲàp	ɲip²	nip
tisser	tám thu'k³	tám thu'k³	tàm tu'k³	tố'm thók³	tố'm rók	tàm tuà
numéral des						
choses	àn	àn	àn	àn	àn	dàn
village	bán⁴	bán²	bàn⁴	làɳ ¹)	bàn³	bố'n⁶

---

1) Le terme fu² (夫) chinois, est aussi employé partout.

2) Chinois 老官.

3) Chinois 汗.

4) Chinois 尿, ce mot a sans doute remplacé, par décence, vài², ou nàm vài², verge ou eau de la verge, que l'on retrouve en yao sous la forme vié, vié vuố'm.

5) Chinois 袴, ceinture, langouti.

6) Chinois 巾.

7) Ce mot, pour village, se retrouve en annamite et en yao.

	Thổ blanc	Thổ noir	Nồng chu'o'ng	Nồng an	Giậy	Trung chẳ
maison	ru'ò'n	ru'ò'n	rố'n	yàn	ràn	yàñ²
porte	pàk³ tu	pàk tu	tu	tu⁵	tu	pà tố'u
table	čoñ	tàñ	sòñ	čòñ	sòñ	čuố'ñ
lampe	dèn ¹)	dèn⁴	táñ⁵	tán⁵	táñ⁴	táñ
papier	čià	či	sa	sa⁴	sa	ba sa
pinceau	màk² but	màk but³	tu pit⁵	mố'k pit³	pit³ mố'k	pi mók³
écrire	viét³ su'	lài su'⁶	lài su'	lài su'	lài su'⁶	yé³ sàn
lire	dòk² sàč	dòk su'⁶	tòk su	tòk² su'	tốk² su'⁶	tu³ sàn
arc	kuñ ²)	kuñ	kuñ	kóñ	koñ	dòñ kuñ
arbalète	nà⁴ ²)	nà⁴	kuñ na	nà⁵	nu'à³	nàm nà³
couteau	màk² pià	màk pià	màk pià⁵	mố'k phà	sà né⁴	và tố³
charrue	làñ thố'i ³)	thố'i	màk to'i	tàñ thái	suố'i	và čo'i
jour	run	vàn	vố'n	ron	ñón	kàñ vố'n
nuit	dám	dố'm	hò'n	dám⁴	hố'm	kàñ ố'm⁴
mois	bu'ò'n	bu'ò'n	bu'o'n	dố'n	du'ò'n	dò'n
an	pi	pi	pố'i	pi⁴	pi	pố'i
aller	pái	pố'i	pái	pói⁴	pố'i	pố'i
venir	mà	mà	mà	mà³	má	mà
dormir	nón dàk³	nón dàk³	nòn dàk	nòn láp	nin	nố'ñ dák
voir	yòm kòi	hàn⁴	hố'n⁴	ñàn	dàñ	yé³
entendre	ñin	nuói	niéñ	ru⁵ nin	dái nge	yò ni
parler	kàñ⁴ ⁴)	kàñ⁴	kàñ⁴	hà khàn⁴	kàñ	ni kàñ²
rire	khua	khu²	rù	khu	riéu	ziéu
pleurer	hài⁴	hài⁴	hài	hài	tái	thài³
bailler	hàò	hàò	àu⁵ lòm	hàò	rố'u³ ñàp⁵	số' yố'm
aveugle	thà bòt³	thà bòt	thà bòt³	thà bòt³	thà bốt²	thà vàñ

---

1) Dèn vient du chinois par l'annamite, tán du chinois directement. Il en est de même des mots pour papier, pinceau, écrit, (su') écrire, lire, le mot lai, seul est tày, les autres viennent du sino-annamite ou du cantonnais, sauf pi, yé, tu (trung chẳ). Dans le mot double pour pinceau, màk, placé devant, est un numéral, placé derrière est le caractère 墨 (encre) prononcé en cantonnais.

2) Chinois 弓 et 弩.

3) Ce mot se trouve, sous diverses formes, dans nombre d'autres langues, il est sans doute apparenté à cày annamite, chinois 耒犁, cantonnais lậi.

4) Chinois 講.

	Thổ blanc	Thổ noir	Nồng chu'o'ng	Nồng an	Giậy	Trung chắ
mourir	tài [1])	thài⁴	tài⁴	tài⁴	tài	té
blanc	khào	khào	khào⁵	khào	hào²	ho
noir	dắm	dố'm	dố'm	dắm	fốn	vàṅ
jaune	lu'ò'ṅ	lu'ò'ṅ	hèn⁴	hèn	hén⁴	sién
vert	luk³ [2])	luk³	kiéo	lók	lók²	duố'ṅ
rouge	dèṅ	déṅ'⁴	déṅ	déṅ	diṅ	diṅ
bleu	kiéu	kiéu	siñ [3])	t'iéu	sip³	duố'ṅ
1	nu'ṅ [4])	dèò	dèò	dèò	dèò	ét³
2	sòṅ	sòṅ	sòṅ	sòn	sòṅ⁴	soṅ
3	sàm	sàm	sàm	sàm	sàm⁴	sàm
4	si³	si	si²	si³	si	séi
5	hà²	hà⁴	hà²	hà⁴	hà⁴	hà
6	sòk³	sòk	sòk³	sòt³	rók³	sók³
7	t'ét³	t'ét³	t'ét	t'ét	sét³	t'át
8	pét³	pét	pét	pét³	pit³	pét
9	kố'u³	kố'u⁴	kố'u³	kố'u	ku⁴	kố'u²
10	sip²	t'ip	sip	sip	sip	siép
11	sip ét³	t'ip yét³	sip ét³	sip yắt³	sip it³	siép yét³
20	sòṅ sip²	soṅ t'ip	ñi sip	ñi sip	ñi sip	ṅài siép
100	pắk³ nu'ṅ	pắk³ nu'ṅ	pàk³	pàk³	pàk nu'ṅ	pà nu'ṅ
101	pắk³ nu'ṅ ét³	pắk³ nu'ṅ yét³	pàk³ liṅ dèò	pàk' liṅ yắt³	pàk³ nu'ṅ liṅ it³	pà yét³ dàn
110	pắk³ ét³	pắk³ yét³	pàk³ ét³	pàk³ yắt³	pàk³ it³	pà yét³
1000	et³ t'ién	yét³ t'ién	sin⁴	t'ién	sién² nu'ṅ	t'ién
10000	uắn⁴ nu'ṅ	uố'n nu'ṅ	fắn	fắn	fố'n	vố'n

---

1) Chinois 死, sino-annamite tử', ce changement de u' en ai est fréquent.

2) Chinois 綠, forme cantonnaise.

3) Chinois 青.

4) La numération des divers dialectes tày est chinoise cantonnaise, sauf nu'ṅ, dèò, un, hà, cinq, sòk, six; uắn (10000) est cependant kouan hoa, comme le sino-annamite van, alors que l'annamite vulgaire muôn est cantonnais. Le laotien emploie également cette forme cantonnaise, mu'n, nous ne savons s'il en est de même dans les autres dialectes, siamois, chan, etc.

Observations.

En examinant ces vocabulaires, il nous sera facile de noter des permutations de consonnes qu'on retrouve d'ailleurs dans les différents dialectes tày.

Les labiales permutent entr'elles. Bó'í n^{al} des habits = pu, pu'a. Bè (chèvre), en pa yi, pū (Muller) [1]. Tuó'n (pluie), pu'o'n, pó'n, pon (laotien). Fó'i (feu) vó'i. Pià (poisson) phà, pla (siamois), pa (laotien), pla (pa yi).

La labiale B permute avec la dentale D. Bia, bió'k (fleur), dò'k, duk, dò', dok (laotien). Bu'ò'n (lune, mois), du'ò'n, dò'n, dó'n (yang, Pierre Lefèvre-Pontalis) [2]), do'n (laotien).

La dentale D permute avec la liquide L. Dén, diń (rouge), lén, liń. Tón (cuivre), luó'ń, luń. Do'n (lune) pa yi, len, liń (Muller écrit nïn). Dàk (dormis) làp, lap (laotien).

La liquide R se change fréquemment en h. Rài (rizière), ho'i, hai (laotien). Ru'ò'n (maison), hu'ho'n (laotien). Ròń (gronder) hoń (laotien).

La liquide L se change en R. Fa lang (pa yi, chan), tonnerre, fa ròng. Lèp (griffe), rip. Elle se change également en z, zip (griffe).

N, en chinois et en annamite, est fréquemment confondu avec L. Dans les idiomes tày, outre ce changement, peu fréquent d'ailleurs, nous la voyons permuter avec les liquides y et r. Nàm (eau) ràm, yàm[3]. Nók[3] (oiseau) rók, yók[3].

Les gutturales permutent entr'elles et se changent fréquemment en aspirées: Khon (laotien, homme) kán, kó'n, hun, huu (yang). Khàu[1] (dent), kéo, hiéu, heo (yang). Khó (cou), kó, hò, hu, kho

[1] F. W. K. Muller, doct. en philologie, Vocabulaire des langages Pa-yi et Pah-poh, Inprim. b. Hua ι yi yu, T'oung pao, Vol. III, page 1. Les mots pa-yi, pah-poh, chan, siamois et nous donnons sont empruntés à cet auteur.

[2] ... sur quelques populations du Nord de l'Indo-Chine. (Extrait du Journal ... l'Imp. Nationale, 1892. Les mots yang sont empruntés à cet auteur.

(laotien). En trung chấ, ces gutturales ou aspirées peuvent se trans-
former en v, vố'n (homme). D'autre part les gutturales pouvant
devenir des aspirées subissent les transformations que nous avons
données pour celles-ci. Khru (pa yi, rire) khua, khu², ru², riéu, ziéu,
hua (laotien).

La sifflante sourde S, dont nous reparlerons, permute avec z et
avec h. Su (oreille), ru, ru'á, hu (laotien). Sók (six), rók, hók (laotien),
ruk (yang).

La dentale aspirée th disparait souvent et fait place à la seule
aspiration qui, à son tour, suit la règle que nous avons donnée
pour h. Tám thu'k³ (tisser), tố'm rók, tàm hu'c (laotien). Thu'a
(sueur), hu'a (laotien). Khi muk (laotien, se moucher), hi muk (thổ).
La dentale occlusive t, se transforme en th, et suit, sous cette forme,
les mêmes transformations. Tha (oeil), ta (laotien). Tin (Nồ'ng
chu'o'ng, pierre), hin (giấy), hin (laotien).

Dans le bassin de la Rivière Claire, les tribus parlant le tày
prononcent S à peu près comme đ, entre s et th dur anglais.
Cette consonne remplace pour elles le t et le th de l'annamite et
du siao-annamite. Beaucoup de tribus yao prononcent de même.
Du côté de Cao bang, cette S devient sl ¹), et même dans le bassin
de la Rivière Claire, les Mán Cao lan, (tribu yao qui parle un dialecte
tày), ont cette prononciation. Ce zézaiement varie également suivant
les individus.

Cette série de transformations qui peuvent s'enchaîner, bien
entendu, existe non seulement entre les idiomes tày, mais entre les
idiomes tày et les langues voisines, si elles ont des mots communs:
ainsi suối (annamite) source, thổ khuói, laotien: huei. Đất (annamite) cher, thổ, bét. Lu'on (annamite) pirogue, thổ, lu', laotien
hua. On pourrait multiplier les exemples, surtout avec la langue

---

1) Renseignement donné par le colonel Diguet, auteur d'ouvrages fort connus sur les
langues annamite et tày.

annamite, qui a quantité de racines communes avec la langue t

En ce qui concerne les voyelles et diphthongues, les permu
tion sont également fréquentes.

ai devient o'i, é, i.

u devient au, ua, ò, ó', u', a, ai.

u' devient u'a, ai, éi.

ò devient aò', a; et réciproquement.

En fin de syllabe la nasale ñ peut tomber ou se chan
en n, m.

Les explosives, k, p, t, permutent fréquemment; k remplace
plus souvent l'explosive č annamite, que les Tày prononcent di
cilement. Enfin les Trung chǎ, en contact depuis longtemps a
des Chinois parlant le kouan hoa, laissent tomber quelques explosiv

Certains mots ne sont pas portés dans les vocabulaires, pa
qu'ils sont peu usités dans la tribu, mais il ne s'en suit pas qu
soient inconnus de cette tribu. D'autres mots, employés par u
seule tribu, se retrouvent au loin. Ainsi nuôt (barbe) thô bla
se retrouve en laotien, luk, fruit (laotien), se retrouve en tru
chǎ sans la forme lu'k. En réalité, si les Siamois, Yung, Cha
etc. etc. n'avaient pas ajouté à leur vocabulaire tày primitif, au
menté de quelques mots chinois, un fort appoint de sanscrit ou
pali, ils pourraient comprendre facilement ceux de leurs frères
meurés dans leur pays d'origine ou à proximité de ce pays.

Pour en revenir à ce que nous disions plus haut, nous somu
persuadé que le lecteur qui voudra bien comparer nos vocabulai
avec les vocabulaires, laotien, siamois, chan, tày de la Rivi
Noire, etc. etc. sera bien embarassé pour classer les Tày de la l
vière Claire dans le tableau de Terrien de Lacouperie. T'ou j
et pa yi sont, comme nous l'avons dit, des noms donnés par
Chinois à beaucoup de tribus de race tày, et n'ont aucune vale
au point de vue linguistique et ethnographique.

Syntaxe des idiomes tày.

La phrase tày suit l'ordre logique. Ses membres se placent de la façon suivante: Sujet ou substantif, qualificatifs, compléments du sujet, verbe, complément indirect, complément direct, ou complément direct, préposition, complément indirect. Ex. *Tu* (numéral) *bè² nói⁴ khói⁴ kin ñà.* Chèvre petite (de) moi manger herbe. *Yà son⁴ khói⁴ kan⁴ tài².* Vous (grandmère, madame) apprendre (à) moi langage tày. *Màò' àu⁴ taṅ i³ àò'⁴ khói.* Toi, prends chaise petite pour moi. Ces phrases sont construites absolument comme les phrases annamites: *Con dé con tôi ăn cỏ. Bà, dậy tôi tiếng thổ. Mày lấy ghế con cho tôi.* On trouve cependant en tày quelques tournures ignorées de l'annamite. Ainsi dans la phrase suivante: *kô'n nu'ṅ mi sòṅ thà, mi pàk nu'ṅ*; littéralement: homme un avoir deux yeux, avoir bouche une. De plus la langue tày est plus pauvre et plus analytique. Le lait, en annamite *sữ'a*, se dit en tày *nàm nóm* (eau sein). Le tonnerre, en annamite *sấm*, se dit en tày: *fà ròng²* (ciel gronder). L'éclair, annamite *chóp*, tày: *fà lu'o'n* (ciel briller). On pourrait multiplier les exemples. — Régulièrement l'adjectif renferme le verbe être: Mié khói bèò ¹), femme moi grasse. Cependant les Tày du Tonkin ont emprunté à l'annamite le verbe là (être). Ex. *Kô'n nái là* (ou lé) *kô'n mé niṅ*; Homme (homo) ci, être homme femme. En général, les Tày ont obvié à la pauvreté de leur langue par de larges emprunts aux langues voisines, annamite, pour les Tày du Tonkin, chinoise, pour ceux de Chine. La plupart des termes abstrait viennent du chinois, soit directement et le plus souvent avec la forme cantonnaise pour les Tày de Chine,

---

1) Paraît venir de l'annamite qui l'a emprunté lui-même au chinois 肥 k. h. pi, cantonnais phi, sino-annamite phi, annamite vulgaire béo. En thổ, comme en annamite, on dit souvent bèò phi.

soit par l'intermédiaire du sino-annamite pour les Tày du Tonki

Il serait trop long de faire ressortir ici le grand nombre
mots communs entre les langue tày, annamite, yao, la quǎ, la
etc. Cette question pourrait être l'objet d'une étude particulière q
démontrerait la parente linguistique étroite qui existe entre les d
verses peuplades préchinoises qui ont dû, en outre passer beaucou
de mots au chinois, moins qu'elles n'en ont reçu cependant [1]).

Ecriture.

Les recherches les plus suivies pour découvrir des traces d'écri
ture en caractères syllabiques d'origine hindoue ont été infructueus
dans le bassin de la Rivière Claire. Toutes les tribus tày emploiei
des caractères chinois, ou dérivés du chinois comparables au ch
nôm annamites. Ainsi nàm (eau) s'écrit 淦; nà (rizière) 𪽷 c
那; bàn (village) 本. Cette écriture est moins fixée encore qu
les chû' nôm annamites, car elle n'est jamais imprimée, et chacu
l'écrit à sa manière. Nous allons donner un exemple de cette écri
ture pris chez les Giây, tribu du Tonkin septentrional, du Yun na

會	麻	紐	恩	難
Hói	*mà*	*nɗu*	*àn*	*nàn*
Moi	venir	dire	le	malheur

地	姚	紗	傍	根
Ti	*rɗu*	*yu²*	*pu'ɗ'n*	*kɗ'n*
Terre	nous	être	endroit	dessus

谷	姚	傀	傍	赫
kɗ'k²	*rɗu*	*hun*	*pu'ɗ'n*	*Hàk² [2])*
Origine	nous	hommes	endroit	Chine

---

1) En affirmant cette parenté, nous sommes cependant loin de regarder ces langu
comme dérivées d'une même source. Elles paraissent bien plus éloignées l'une de l'aut
que ne le sont les langues romanes, et même les langues indo-européennes.

2) Hàk est la prononciation cantonnaise de 客, sino-annamite khách, tày č̆ćk, étrang
chinois. Les Thổ du Tonkin appellent din hàk les deux Kouang.

昔 傁 洞 淨 傍
Pu²   *sấi*   *tòn²*   *siñ*   *pu'ò'n*

Hommes chefs disputer — pays

叐 皇 洞 星 林
Pố²   *vu'ò'n*   *tòn²*   *tiñ*   *rum*

Père Empereur disputer ordonner corvées

貧 里 郝 帽 令 [1])
Pố'n   *li⁴*   *Hàk*   *midò*   *diñ*

Tourner raison Chinois chapeaux rouges

旺 喭 傍 普 土
Ñố'm   *kò'n*   *pu'ò'n*   *pu²*   *thố⁴*

Piller manger pays hommes thố

普 貧 虎 造 班
Pu²   *pố'n*   *hố⁴*   *sao*   *pặn*

Hommes tourner malheureux chercher fuir

刖 俾 儂 厶 羅
Pìàk   *pi²*   *nuốn*   *báu*   *ra* [2])

Abandonner aînés cadets ne plus retrouver

Il n'est pas nécessaire de faire une traduction littéraire de ce fragment qui a trait à l'exode des Giậy, forcés par les vexations chinoises à quitter leur pays d'origine (dans une partie des deux Kouang) pour leur habitat actuel.

On nous permettra à ce propos de faire remarquer que les traditions, la langue, la façon de prononcer les caractères chinois passés dans la langue, font supposer que les Tày sont originaires des Kouang, ou qu'ils ont fait un très-long séjour dans ce pays. A tous les points de vue, ils sont apparentés de très-près aux Yao, aux La quả, aux Lào, aux Annamites, et ressemblent tout particu-

---

1) Remarquer que le caractère se prononce lín.

2) Ra en giậy, les Thố prononcent sà.

lièrement à ces derniers, si l'on se place au point de vue anthro-
pologique, il en résulte que si on fait venir les Tày du Thibet, ou
d'un pays plus au Nord, il faut en faire venir aussi ces différentes
tribus.

Données ethnographiques.

Nous avons vainement cherché dans les traductions d'auteurs
chinois, quelques détails ethnographiques précis, nous les avons
toujours trouvés absolument faux, sauf lorsqu'ils relatent quelques
faits d'ordre général. Les Annamites sont bien connus, or un détail
précis que donne l'ethnographe chinois traduit par Mr. Camille
Sainson[1]) est que les femmes ont un turban rouge, que tous portent les cheveux flottants et des souliers. Tout cela est faux, et
chaque fois que nous avons voulu comparer les renseignements que
nous avons recueilli nous-même chez les *Barbares* avec ceux donnés par les auteurs chinois, nous nous sommes heurtés aux mêmes
inexactitudes. Nous croyons donc qu'il faut laisser de côté ces auteurs quand on veut faire de l'ethnographie, sauf pour l'identification
de quelques noms de tribus.

Thô. Les habitants tày du Tonkin, possesseurs du sol de la
partie montagneuse au même titre que les Annamites du Delta le
sont des plaines, reçoivent et se donnent le nom de thô (土).
Ils ont le costume et une grande partie des coutumes annamites,
ne se croient pas d'une nationalité différente, et sont depuis fort
longtemps les loyaux sujets des rois d'Annam. Presque tous leurs
mots abstraits viennent de l'annamite, ou du chinois par l'intermédiaire du sino-annamite, et ils se distinguent nettement à ce

1) Nan tchao ye che. Ernest Leroux, éditeur Paris 1904. Nous pouvons affirmer en
traducteur que les Annamites n'ont jamais porté les cheveux flottants, sauf lorsqu'ils sont
en deuil, et jamais de souliers. Jusqu'au 15e siècle, ils portaient les cheveux en brosse
comme les Cambodgiens, et jusqu'au 14e, ils étaient tatoués sur les cuisses. (Voir l'histoire
de Tru'o'ng vinh ky)

point de vue, de leurs congénères habitant l'autre côté de la frontière. Ce sont eux qui remplissent les emplois administratifs dans la région montagneuse, et leurs noms de famille (姓), sont les mêmes que ceux des Annamites. Sur les points où ils sont en contact avec ces derniers, ils s'unissent facilement à eux par les liens du mariage et tendent à se fondre avec eux. Ils croient avoir les mêmes obligations et les mêmes droits que les Kèo [1]), paient les mêmes impôts, fournissent, ou fournissaient le même service militaire dans les troupes provinciales.

Ils ont aussi, semble-t-il, la même organisation communale, mais cette institution est tellement flexible, qu'ils ont pu concilier leur système aristocratique avec cette organisation. Le maire, les notables, portent bien le même nom que chez les Annamites, mais le lý tru'o'ng (里長) est, en fait, le chef des notables au lieu d'être leur mandataire, et, bien qu'il y ait un semblant d'élection, il est choisi dans une famille seigneuriale, et représente bien l'ancien *Chau mu'o'ng*. On donne d'ailleurs en tày le nom de mu'o'ng au xã actuel.

Les chefs de canton sont également thổ, mais les mandarins étaient généralement des Annamites, qui souvent faisaient souche dans le pays. Par contre, les emplois militaires, úy phủ, úy huyện (尉府, 尉縣) étaient dévolus aux Thổ. Les chefs de la grande famille *Nồng* (儂), portaient même le titre de *Ông phòng* (翁防), Seigneur protecteur, et le *tri phủ* (知府) annamite qui commandait nominativement tout le haut bassin de la Rivière Claire, résidait à Tuyên Quang, laissant toute l'autorité entre les mains du Protecteur, qui résidait à Bảo lạc (保樂).

---

1) Ils donnent ce nom aux Annamites; on a voulu y voir une déformation de kiao 交 (趾), nom chinois des Annamites. Ceux-ci se donnent le nom de kinh (京), hommes de la capitale. Remarquons que certains barbares du midi portaient ce nom de kinh, mais le caractère était 荆, broussailles, barbares des broussailles; ce caractère 荆 désignait autrefois le pays de *Tch'ou* 楚 dont la capitale était à 10 *li* au nord de la ville actuelle de *King-tcheou fou* 荆州府, dans le *Hou-pei*.

Il est difficile de dire pourquoi certains Thổ se disent *Thổ noirs*
(Tày dám), tandis que d'autres sont les *Thổ blancs* (Tày khầo). Il
existe bien une légère différence dans le costume et dans le dialecte,
qui chez les Blancs, se mélange un peu d'annamite, mais c'est tout
actuellement. Les Blancs sont cependant établis le long des grands
cours d'eau, et sont venus peut être avant les Noirs. Sur la Rivière
Noire, il y a par contre une distinction bien marquée entre Blancs
et Noirs [1]).

Les Thổ sont établis depuis longtemps dans le pays, tandis que
les autres tribus de langue tày ont franchi la frontière depuis deux
ou trois cents ans au plus; les hommes de ces tribus se rasant la
tête suivant le mode prescrit par la dynastie actuellement régnante
en Chine [2]).

Nồ'ng Chu'o'ng. Dans leur idiome, ils s'appellent *Nồng su'ng*,
mais les Chinois les appellent *Hồ' i*, ou *Hàk i* (黑衣) habits
noirs. On en trouve au Tonkin au point où la frontière du Kouang
si et du Yun nan rejoint la frontière du royaume d'Annam. En
Chine ils habitent l'Est du Yun nan et l'Ouest du Kouang si.

Nồ'ng an [3]). Ceux-ci sont les plus nombreux. Sur la frontière
du Kouang si, leurs femmes portent le costume chinois, mais de
couleur sombre. Sur la frontière du Yun nan, elles portent le costume
traditionnel, le seul d'ailleurs qui soit décrit d'une façon exacte par
les auteurs chinois: caraco boutonné par devant avec des petits boutons
d'argent, jupe à pli, ouverte sur un côté et se relevant par derrière

---

1) Voir à ce sujet l'Etude de la langue taï, capitaine Diguet, Hanoi 1895.

2) Nous ne parlons pas des *Thổ ti* (土司 K. h. t'òu sse); on a voulu au Tonkin
en faire des métis annamite-tày, mais nous avons connu des Thổ ti de pure race tày. Ce
terme a, au Tonkin, la même signification qu'en Chine, c'est un titre de distinction donné
aux chefs indigènes, quelle que soit leur race. Il y a même au Tonkin, des Thổ ti mèo.

3) Les Nồ'ng an précisent leur lieu d'origine, c'est, disent-ils Thổ kit (土結),
fou de Nan ning (南寧) au Kouang si.

Les auteurs chinois disent que les Nỏ`ng sont les restes dispersés de la tribu de Nỏ`ng tri Cao. On peut faire observer que Nỏ`ng tri Cao était tonkinois, et que parmi les Thỏ du Tonkin, particulièrement dans le phủ de *Tu'o'ng Yên* (攘安), plus connu sous le nom de *Bảo lạc*, de nombreuses familles aristocratiques, dont celle du grand chef de la région, portent ce nom de Nỏ`ng (僮)¹).

Giậy. Les Giậy écrivent leur nom, 寨, qui signifie, campement, ferme fortifiée, et qui fait partie de nombreux noms de lieu dans le Nord Tonkin et le Yun nan, sous les formes tchai, kai, etc. Les Chinois les appellent fréquemment Pa yi, comme les Thỏ. Leurs femmes portent un caraco croisé, bordé de blanc, sans bouton, et une jupe avec bordure rouge. Dans l'intérieur, au Sud de Hà giang, les Giậy, qui prennent le nom de Giậy quê, s'habillent comme les Thỏ, mais sans collet à leur habit.

Au Tonkin, les Giậy sont des immigrants, mais d'après eux, tous les T'ou jen ou Pa yi du Yun nan seraient des Giậy. Les mœurs et coutumes sont fort semblables à celles des Thỏ du Tonkin. On trouve chez eux le nom de famille *Món* (蒙), célèbre dans les fastes du royaume de Nan-tchao. C'est même un Món qui nous a donné la poésie transcrite plus haut, et il savait lire les caractères en cantonnais, ce qui est d'ailleurs absolument nécessaire pour écrire le tày ²).

Les Trung chả ³) (prononciation exacte transcrite en quố'c ngũ'

---

1) On prononce Nỏ'ng, et non Nung, comme on l'écrit souvent au Tonkin, où on confond avec Nhung (戎). Voir ces deux mots dans le dictionnaire de Génibrel. Il serait assez naturel de traduire par frère cadet, qu'on écrit 僮 en chữ' nôm tày; on a traduit aussi par agriculteurs, mais alors il faudrait écrire 農, sans le signe 人 (亻). A ce mot le dictionnaire de Kang Hi donne entre autres définitions que les Nỏ'ng sont un genre de Miao, de Cha jen. Kang Hi, comme Génibrel donne la prononciation Nỏ'ng (奴冬).

2) Le commandant de Lajonquière, dans son Ethnographie du Tonkin Septentrional, assimile les Giậy aux Nhang, et dit que leur nom vient de Cai, grand en Siamois. Les Giậy eux-mêmes démentent ces assertions.

3) L'ouvrage cité confond les Tchong kia et les Heu i, ces deux groupes sont au contraire bien distincts.

annamite.) Sont peu nombreux au Tonkin; ils y vinrent du Kouei
tchéou, mais un assez grand nombre de famille n'a pu s'acclimater.
Ils ne sont pas du tout une branche de la famille des Miao tse,
et ne ressemblent en rien à la description donnée dans le Nan-tchao
ye-che. Leur maisons ne sont pas sur pilotis, cependant ils ont
conservé beaucoup d'anciennes coutumes tày, ce qui les fait taxer
d'immoralité par les Chinois. Ils sont répandus dans l'Est du Yun
nan, au Kouei tchéou, dans le Kouang si, et jusque dans les Cent
mille monts au Kouang tong. Outre leur nom de Trung chǎ, que
les Sinologues orthographient Tchong kia (狆家), ils disent s'appeler aussi Chǎ jen (家人).

Avant de terminer cette étude, nous devons prévenir le lecteur
que les idiomes tày que nous donnons sont ceux d'une *tribu donnée
à un point donné.* Au Tonkin et en Chine, la langue tày n'a pas
de culture littéraire, il en résulte que ses idiomes se subdivisent
eux-mêmes en une multitude de patois locaux. Deux Thổ habitant
des pays éloignés l'un de l'autre préfèrent parler l'annamite que
leur propre langue, j'en ai fait maintes fois l'expérience. Et cependant on peut s'étonner à bon droit du peu de changement qu'ont
subi les mots essentiels de cette langue, étant donné la dispersion
de ceux qui la parlent et les différentes civilisations qu'ils ont
adoptées. Une phénomène analogue s'est d'ailleurs produit pour les
Annamites qui, soumis aux Chinois pendant mille ans, n'ayant jamais étudié que la littérature de leurs civilisateurs, ont pourtant
conservé leur ancien vocabulaire et leur propre syntaxe. J'y vois
une confirmation de l'opinion que j'ai souvent soutenue et qui
est celle-ci: Le tay, le yao, l'annamite, etc. etc., sont des langues
indépendantes, quoique ayant des mots et des formes communes.
Elles sont également indépendantes du chinois; si, en effet, ces langues avaient été aussi rapprochées du chinois que les langues indo-

européennes le sont entr'elles, elles auraient disparu devant lui
comme disparurent devant le latin les idiomes des différents peuples
italiens, des Gaulois, des Daces, des Espagnols. La domination des
Romains sur ces peuples eût cependant une moins longue durée,
et au moment de leur soumission, ces vaincus avaient une civilisation beaucoup plus élevée que celle des Yao, Tày, Annamites etc.,
lorsqu'ils commencèrent à être influencés par les Chinois.

A PROPOSED CHANGE IN THE SIAMESE ERA CHULASAKARAJ 1000 (A.D. 1638)

BY

O. FRANKFURTER.

The first year of the Chulasakaraj (638 A.D.) and the 1181st year of the Buddha era in the cycle of the twelve animals was the the year Kun (pig) and consequently the year 1000 of the Chula era, completing the millenium was the year Khan (tiger).

From the mistaken notion that the year 1000 was the first of the new millenium (instead of being the last of the old one) and that as such the name of the year as that of the "tiger" was inauspicious, the King reigning at that time in Siam Phra Prasad Theng (1631—1656 A.D.) intended to change the name of the year into that of Pi Kun the same with which the Chulasakaraj had commenced. — He informed of his intention the Sovereign of Burma who however would not follow this suggestion, and a letter was sent in reply by a special ambassador which being translated and read in public audience elicited according to the Siamese Annals the remark of the King: "If this vile Burman will not follow us, never mind".

The result of this letter however was that the change was not made, and happily for the future historian another pitfall in chronology was avoided. Perhaps that the evil omen had been averted

and the necessity for a change had then ceased. Whatever it may
have been, we owe to this whim of the King the description of a
very elaborate festival which was held at Ayuddhya and of which
the Annals give a very full description. — In translating it, we may
be allowed to point out that there is no reason to doubt the cor-
rectness of the description, and it may serve as another proof of
the great influence of Indian Brahmanic culture on Siam. The Annals with regard to the dates of the years require strict revision. —
The facts recorded, based on tradition, may be relied upon as
tradition is very active. — It is also well known that great value
is placed in the countries affected by Indian civilization on auspicious days, that very elaborate calculations are made to find out
the propitious moment even with regard to minutes and seconds
and consequently the days on which a thing occurred may be considered correct. The great difficulty in chronology therefore is to
find out the year in which a certain event took place and nothing
remains but to reconstruct the whole calendar. Happily the Monarchs
of Siam have not as those of Burma interfered unduly with the
era with a view to avoid unauspicious days. — The Burmese Annals relate even with regard to the Chulasakaraj that as under the
King who reigned in the year 637 something unlucky was appre-
hended the prince of Nat struck out of the era 642 years and ordered
that the 644th year should now be called the second. — Ever
since this time, it has been the custom of the Burmese Monarchs
to order similar corrections whenever according to the prejudices
of their judicial astrology any year was considered ominous of mis-
fortune. (Sangermano, *Burmese Empire* ed. Jardine, page 50). The
initiation of the Chulasakaraj is accounted for in the Siamese Annals
by Phra Ruang the half mythical liberator of Siam from Cambodian
joke instituting the new era 1000 years after the Buddhist era.
This of course does not agree with the date of the commencement

of the Buddhist era, as accepted in Siam and other Buddhist countries but in it perhaps another clue may be found according to which the definite date of the Nirvana may be fixed.

In Siam from ancient times by a method which has been fully described by Cassini in La Loubère, *Description du Royaume de Siam*, Règles de l'Astronomic Siamoise, vol. II, page 242, ed. Paris 1691, the astrologers have calculated the eclipses of the sun and moon the intercalary months and days, further the time at which the sun is in a zodiac. songkranand have noted them down in the socalled Pŭm. These Pŭm have unfortunately owing to the destruction of Ayuddhya not been preserved intact but enough of the fragments remain to reconstruct the calendar from them. This is now done and it is intended to publish the whole series showing the initial day of the year, the commencement of the solar year, intercalary months and days, the Buddhist year, the name of the animal and the eclipses of the sun and the moon i. e. the solar lunar calendar. We shall then have in hand a very precious aid in finding the date of the events as recorded in the annals and in the laws.

In the year 1000 of the Chulasakaraj the year of the tiger the last of the decade His Majesty consulted with the Ministers, the High Councillors and the Royal Astrologers saying: "Now the Chulasakaraj has completed 1000 years and the Kaliyuga will in future extend to all states great and small. We think it will be of good augury for the Realm to strike out the era. Now is the last of the decade the year of the tiger, and we think to make the year of the pig the last of the decade, the new year to commence on a Monday, so that all countries may enjoy happiness, prosperity and plenty more than formerly in this second age, and we wish your opinion on this point".

The Ministers and Councillors then submitted: "Your Majesty's opinion based on pity for the world may be considered as excellent in thought based on knowledge of future ages. Further Your Majesty is intent on meritorious works as supporter of the faith, and you have shown purity and thus everything inaugurated by you will bear good fruit. We think therefore that Your Majesty's desire to change the era will be for the benefit of the people, and will be favoured by the gods so that Your Majesty may carry out your design according to your wish".

Having heard the opinion of the Councillors thus expressed, His Majesty was highly gladdened, and he ordered the Councillors versed in and acquainted with the matters of ceremonies to prepare everything.

In obedience with these commands the Councillors issued orders to all Government servants to build the mount Sineruraj (Meru) in front of the grand palace Chakravat Baijayant. They had the Krailas Mountain and the Sattaband (the seven surrounding mountains) build to surround Mount Meru. They ordered the artificers to make the figures of Asuras Kumbhandas Gandarvas Danavas, the Rishi Siddhividhadyara, the Kinara Naga and Supanna. They placed them round the mountains and they placed on the summit of the Mount Meru the statue of the Amarindradhiraj (the highest god Indra). They then ordered the twice born to dress figures of Çiva Vishnu Vayu Virunha Plöng (Agni) Yama Baisetbha Chandra and Aditya, the twelve gods of the Zodiac to surround the highest god Indra according to their rank.

Then then took a gold tablet and wrote on it with vermillion the new era on one line and the old era on another line and they placed the whole on a gold enamelled vessel before the god Indra under the great umbrella on the summit of Mount Meru and at the seven surrounding mountains. At the eight points of the compass they first placed the eight kinds of elephants viz: On the east the excellent Svetrakunjor (the white elephant), to the south-east

the Romahastindra the five coloured one, on the south Ratnanaga-
kunjor the pearl coloured one, to the south-west to the Añjaña the
blue black lotus coloured one, the west Komuda-Kunjor the cat
eye coloured, on the North west the Saranita-Gojaresr the sapphire
coloured, to the North and to the north-east the Svetragajadhar the
pale coloured one. Between the elephants they placed the horses
and furthermore Royal standards and umbrellas also plantains sugar
canes, sweet fragrant flowers of all description so that the whole
presented a most excellent appearance. They also had brahmanical
ceremonies (sayasatra) at the foot of the mountains on the four
points of the compass. Conch shells were blown and musical instruments played, bells and drums sounded and struck so that the
sounds were widely heard. To guard the place soldiers with bow
and arrows were placed (Kalāpād). Near the grand palace Baijayant
there were splendid decorations at the throne hall, and in it were
placed the five attributes of Royalty. Under ceremonies a statue of
the Buddha a copy of the Tipiṭaka were placed at the summit, and
the high priest of Realm both within and without the capital were
asked to intone the Parittam and the Mahamangalasutta.

After all preparations had been made the twice born informed
His Majesty thereof. At the auspicious moment His Majesty dressed in ceremonial white dress mounted on the brilliantly harnessed
elephant accompanied by the Councillors, stopped at the corner of
the seven joined mountains and then they ascended Mount Meru.
He there paid obeisance to the three jewels in the five customary
ways imploring that his request might be granted. He then raised
his hands and erased the writing of the old era. At that moment
the Brahmanas who presented Çiva Narayana and the other deities
offered prayers in accordance with the Brahmanical rite. The twice
born on Conch and drums raised a mighty sound that was heard
throughout the city, and then His Majesty retired to the Palace.

The next morning His Majesty bethought himself of bestowing alms on the poor throughout the capital and Royal orders were issued to the high officials to be ready with the preparations within three days. In accordance with His Majesty commands the roads were levelled, Royal flags were erected, plaintain and sugar cane placed in the ground and at a distance of ten va (20 metres) around the city the celestial trees (Kalvrksha) were placed from which to bestow alms.

At the most auspicious moment at 9 oclock 36 minutes A. M. His Majesty arrayed in splendid attire mounted on the excellent white elephant, on which golden vessels on silver supports with alms were placed to be bestowed on the people appeared amongst an innumerable array of people attendants. His Majesty having left the palace doors distributed alms to the poor and needy throughout the capital. He then stopped at each of the celestial trees and commanded the officials who had mounted them to throw the alms amongst the people. Having completed the circuit, His Majesty returned to the Palace. In this month His Majesty expended from the Royal treasury in making the seven fold great gifts (Sattamahadana) on the Brahmans the twice born, the poor, 100 elephants, 100 horses, 100 male slaves, 100 female slaves, 100 catties in silver, 100 catties in gold and 100 Royal carriages, whilst in the public places and roads the theatrical were performed for three days and nights.

LES ÉLÉMENTS DE FORMATION
DU DIVYĀVADĀNA

SYLVAIN LÉVI.

Le Divyāvadāna est une collection de légendes édifiantes, le plus souvent destinées à illustrer un point de la doctrine bouddhique. Burnouf, avec sa merveilleuse sagacité, en avait reconnu l'importance; dans son *Introduction à l'Histoire du Buddhisme indien*, il n'a pas traduit moins de dix récits empruntés à ce recueil, et l'ensemble de ces traductions réparties dans son ouvrage en constitue presque le tiers. C'est seulement en 1886 que le texte du Divyāvadāna a été édité par Cowell et Neil; les trente-huit récits qui le composent, transcrits en caractères latins, forment une masse compacte de 655 pages in-8°. Dans une courte introduction de cinq pages, les savants éditeurs signalent avec une brièveté regrettable l'intérêt de l'ouvrage au point de vue de la langue, du lexique, de la grammaire et du style, et l'évidente variété d'origine des parties qui le composent, mais ils esquivent le problème de la date. En dépit de son importance, le Divyāvadāna a continué à souffrir de l'obscurité qui l'enveloppait; les historiens et les philologues ont négligé de parti-pris un document trop énigmatique.

Burnouf, cependant, avait déjà indiqué que plusieurs des récits

se retrouvaient dans le Canon tibétain, deux (Purṇa et Saṅgharakṣita)
dans le Dulva, un (Kanakavarṇa) dans le Mdo. Mais cette constatation
dont la portée pouvait lui échapper, est restée stérile après lui.
Même en 1881, M. Feer, publiant en version française (dans les
Annales du Musée Guimet, Vol. II) l'Analyse du Kandjour et du
Tandjour donnée en 1836 par Csoma de Körös (dans les *Asiatic
Researches*, Vol. XX), se contentait de reproduire en note les
correspondances découvertes par Burnouf, sans arrêter son attention
sur les autres correspondances qui semblaient s'offrir d'elles-mêmes.
C'est seulement en 1904 que M. Ed. Huber posait enfin le problème
des origines du Divyāvadāna (*Bulletin de l'Ecole Française d'Extrême-
Orient*, t. IV, p. 709—726). Occupé alors à traduire en français,
sur la version chinoise, le Sutrālamkāra d'Açvaghoṣa dont l'original
sanscrit est perdu, M. Huber y avait retrouvé trois contes insérés
dans le Divyāvadāna (Māra et Upagupta, 357—363; Yaças, 382—384;
la Demi-mangue, 430—432), tous les trois faisant au reste partie
du cycle d'Açoka. Si Açvaghoṣa est véritablement l'auteur du Sutra-
lamkāra, et si la tradition qui le rattache à Kaniṣka est exacte,
nous aurions ici des fragments sanscrits qui se dateraient avec
assurance des premiers temps de l'ère chrétienne; en tout cas, ils
sont antérieurs au Vᵉ siècle, puisque Kumārajıva traduit en chinois
le Sutrālamkāra dès 405, antérieurs même à la fin du IIIᵉ siècle,
puisque deux au moins des trois contes sont incorporés dans l'*A-yu
wang tch'ouan*, traduit entre 281 et 306 par An Fa-k'in. Une
recherche heureuse m'a permis de retrouver en grande partie dans
le Canon chinois les éléments qui ont formé le Divyāvadāna. J'en
dresserai d'abord le tableau, pour reprendre ensuite la question avec
plus de détails.

I. Koṭikarṇa = Mūla-Sarvāstivāda-vinaya, XVII, 4, p. 104[b]—
    p. 108[b] [1]).

II. Pūrṇa = Mūla°, XVII, 4, p. 6[b] col. 5—p. 14[a] col. 18.

III. Maitreya = Mūla°, XVII, 4, p. 19[b] col. 16—p. 21[b] col. 18.

IV. Brāhmaṇadārikā = Mūla°, ·XVII, 4, p. 30[a] col. 7—p. 31[a]
    col. 4.

V. Stutibrāhmaṇa = Mūla°, XVII, 4, p. 31[b] [chap. 9, in°]—
    p. 32[a] col. 9.

VI. Indrabrāhmaṇa = Mūla°, XVII, 4, p. 32[a]—32[b] et p. 44[b]—45[a].

VII. Nāgarāvalambikā = Mūla°, XVII, 4, p. 45[a]—47[a].

VIII. Supriya (32 pages).

IX.⎫ Meṇḍhaka. Manque au Mūla°, traduction chinoise; mais se
X. ⎭   retrouve dans le Vinaya tibétain correspondant. Cf. inf.

XI. Açokavarṇa. (7 pages).

XII. Prātihāryasūtra = Mūla°, XVII, 2, p. 24[a] [chap. 26, in°]—
    p. 28 [chap. 26, fin].

XIII. Svāgata = Mūla°, XVI, 9, p. 78[a] col. 15—p. 80[b] col. 15.

XIV. Sūkārikā = XIV, 7, 2; Nj. 806.

XV. Anyatamabhikṣu (2 pages).

XXII. **Candraprabha** = XIV, 8, p. 51^a—p. 52^b; Nj. 852 (rédaction abrégée).

XXIII. **Samgharakṣita** ⎫ Mula° XVII, 4, p. 93^a—95^b.

XXIV. **Nāgakumāra** ⎬ Et cf. une autre rédaction XIV, 8, 31^a=

XXV. **Samgharakṣita (fin)** ⎭ · Nj. 781.]

XXVI. **Pāṃçupradāna** = *A-yu-wang king* XXIV, 10. P. 348 inf. (yada Bhagavan...) à 350 (....janahitaṃ kariṣyati) = p. 46^a [ch. 6, in°] à p. 46^b (et cf. Mula° XVII, 4, p. 35^a col. 12 à p. 35^b fin). — P. 350 (yada sthavireṇa Çanakavasina...) à 364 = chap. 8 entier. (P. 357 med. | ato Mareṇopaguptasya parṣad.... | à 363, l. 4 = Sutralaṃkara, conte 54). — P. 364 (Bhagavan Rajagṛhe viharati...) à p. 382 = chap. 1 entier.

= *A-yu-wang tch'oan* XXIV, 10. P. 348 (yada Bhagavan...) à 350 (....janahitaṃ kariṣyati) = fin du chap. 3, p. 12^b—13^a. — P. 350—364 = chap. 5, p. 17^a col. 16 à p. 19^b col. 6. — P. 364—382 = chap. 1, in° à p. 4^a col. 15.

= *Tsa A-han king* XIII, 3. P. 348, inf. (yada Bhagavan) à p. 349 med. (etad agram me...) = chap. 25, p. 44^b col. 16—18. — P. 364 inf. (Bhagavān Rājagṛhe...) à p. 382 = chap. 23, in°, p. 31^a à p. 34^b col. 2.

XXVII. **Kuṇāla.** P. 382 à 384 (...prajñaiḥ samutthāpyate) = Sutralaṃkara, conte 16.

de la page 384 (ity Açoko rājā..) = *A-yu-wang-king.* P. 384 à p. 305 med. | ...pratiṣṭhāpitam iti | = chap. 2, p. 32^b à chap. 3, p. 38^b col. 1. — P. 405 (yasminn eva divase...) à p. 419 = chap. 4 entier, p. 40^b à 44^a.

= *A-yu-wang-tch'oan.* P. 384 à p. 405 (ut sup.) = p. 4^a col. 17 [fin du chap. 1] à chap. 2, p. 7^b col. 8. — P. 405 à p. 419 = chap. 3 in°, p. 9^a à p. 11^a col. 11.

= *Tsa A-han-king*. P. 385, l. 2 à p. 405 (ut sup.) =
p. 34^b col. 2 à p. 39^a [fin du chap. 23].

XXVIII. **Vītāçoka** = *A-yu-wang king*, chap. 3, 2e partie, p. 38^b à
p. 40^b.

= *A-yu-wang tch'oan*, chap. 2, p. 7^b col. 10 à p. 9^a
col. 8.

XXIX. **Açoka** = *A-yu-wang king*, chap. 5 entier.

= *A-yu-wang tch'oan*, chap. 3, p. 11^a col. 13 à p. 12^a
col. 11.

= *Tsa A-han king*, chap. 25, p. 46^b col. 15 à p. 48^a
[fin du chap.].

(Et p. 430, antépénult. l. | atha rājāçokaḥ... | à p.
432 inf. | ...prakṣipya saṃghe caritam | = Sutralaṃkāra,
conte 27.

XXX. **Sudhana** = Mūla° XVII, 4, p. 50^a col. 3 — p. 54^a col. 20.

XXXI. **Sudhanakumāra** = Mūla° XVII, 4, p. 43^b col. 14 — p. 45^a
col. 7.

XXXII. **Rūpāvatī.** Rédaction abrégée VI, 6, p. 9; Nj. 271.

XXXIII. **Çārdūlakarṇa** = XIV, 6, p. 39; Nj. 646 (saute tous les
chapitres énoncés à la suite du vyakaraṇasthānanirdeça,
p. 649 inf. à p. 650 inf., et reprend à p. 650, dernière
ligne: api ca mahābrahmaṇa... jusqu'à la fin).

= XIV, 6, p. 30; Nj. 645 (saute les mêmes chapitres
et écourte la fin).

XXXIV. **Dānādhikāra** = XIV, 8, p. 3^a (jusqu'à col. 14); Nj. 810.

XXXV. **Cūḍāpakṣa** = Mūla°, XVI, 9, p. 25^b col. 5 — p. 33^a [fin du
chap. 32].

XXXVI. **Mākandikā** = Mūla°, XVI, 9, p. 103^a col. 13 — p. 109^b
[fin du chap. 48].

XXXVII. **Rudrāyaṇa** = Mūla°, XVI, 9, p. 92^a col. 16 — p. 99^b col. 5.

XXXVIII. **Maitrakanyaka.**

Ainsi sur un total de 38 récits, représentant 655 pages d'impression, il n'en reste actuellement que 6, formant exactement 100 pages d'impression, dont je n'ai pu retrouver le correspondant chinois, savoir VIII, XI, XV, XVI, XVIII, XXXVIII. Trois d'entre eux sont d'une étendue insignifiante: l'Açokavarṇa (XI) a 7 pages; l'Anyatamabhikṣu (XV) en a 2; le Çukapotakau (XVI) en a 2 également; mais le Supriya (VIII), le Dharmaruci (XVIII) et le Maitrakanyaka (XXXVIII) sont des récits développés, comptant respectivement 32, 34, et 23 pages.

Des trente-deux autres récits, les deux tiers sont empruntés au Mūla Sarvāstivāda Vinaya: I, II, III, IV, V, VI, VII, IX, X, XII, XIII, XIX, XXI, XXIII, XXIV, XXV, XXX, XXXI, XXXV, XXXVI, XXXVII, au total 21 récits. Le Mūla Sarvāstivāda Vinaya est un énorme recueil qui ne remplit pas moins de huit volumes dans l'édition de Tōkyō. La traduction chinoise est due à Yi-tsing, ou plutôt à un comité de moines et de fonctionnaires présidé par le glorieux pèlerin. Un tableau annexé au premier chapitre du Nidāna (XVII, 5, p. 4) indique la composition de ce comité pour l'an 710 il comprenait à ce moment cinquante-quatre personnes (et cf. XVII, 5 p. 96[a] et p. 99[b]). La traduction de ce volumineux ensemble s'échelonne sur un espace d'environ sept ans: 703 à 710 J.-C. Le Vinaya consiste dans une série de traités qui ont été traduits chacun à part:

1° Mūla Sarvāstivāda Vinaya 根本說一切有部毗奈耶 *Ken-pen-chouo-yi-ts'ie-yeou-pou-p'i-nai-ya*, en cinquante chapitres. XVI 8 et 9; Nj. 1118.

2° Mūla° bhikṣuṇī vinaya | 苾蒭尼 | .....*pi-k'ou-ni...*, en vingt chapitres. XVI, 10; Nj. 1124.

3° Mūla° vinaya samyuktavastu (?) | | 雜事 ....*tsa-che*, en quarante chapitres. XVII, 1 et 2; Nj. 1121.

4° Mūla° vinaya saṅghabhedaka vastu | | 破僧事 .....*p'o seng-che*, en vingt chapitres. XVII, 3; Nj. 1123.

5° Mūla° vinaya oṣadhi vastu (?) | | 藥事 ....*yo-che*, en dix-huit chapitres. XVII, 4, p. 1 à p. 79.

Cette section et les cinq suivantes n'ont été conservées que dans l'édition coréenne; elles manquent aux éditions chinoises, et par suite au Catalogue de Nanjio, qui suit l'édition des Ming.

6° Mūla° vinaya pravrajyā vastu (?) | | 出家事 ....*tch'ou-kia-che*, en quatre chapitres. XVII, 4, p. 80 à p. 97.

7° Mūla° vinaya varṣāvāsa (?) | | 安居事 ....*ngan-kiu-che*, en un chapitre. XVII, 8, p. 98 à p. 101.

8° Mūla° vinaya pravāraṇa vastu (?) | | 隨意事 ....*souci-yi-che*, en un chapitre. XVII, 4, p. 101 à p. 104.

9° Mūla° vinaya carma vastu (?) | | 皮革事 ...*p'i-ko-che*, en deux chapitres. XVII, 4, p. 104 à p. 111.

10° Mūla° vinaya kaṭhina vastu (?) | | 羯耻那衣 ....*kia-tch'e-na-yi-che*, en un chapitre. XVII, 4, p. 112 à p. 118.

11° Mūla° nidāna | 尼陀那 ...*ni-t'o-na*, en cinq chapitres. XVII, 5, p. 1 à p. 20; Nj. 1133.

12° Mūla° mātṛkā | 目得迦 ....*mou-tŏ-kia*, en cinq chapitres. XVII, 5, p. 20 à p. 38; Nj. 1134.

18° Mūla° ekaçatakarman | 百一羯磨 ...*pei yi kie-mo,* en dix chapitres. XVII, 5, p. 38 à p. 77; Nj. 1181.

14° Mūla° prātimokṣa sūtra | 戒經 ....*kie-king*, en un chapitre. XVII, 5, p. 77 à p. 84; Nj. 1110.

15° Mūla° bhikṣuṇī prātimokṣa sūtra | 苾蒭尼戒經 ...*pi-k'ou-ni-kie-king*, en un chapitre. XVII, 5, p. 84 à p. 93; Nj. 1149.

16° Mūla° nidāna mātṛkā gāthāsaṃgraha | | | 攝頌 ....*chŏ-soung*, en un chapitre. XVII, 5, p. 93 à p. 96; Nj. 1140.

17° Mūla° vinayasaṃyukta vastu gāthāsaṃgraha | | | 攝頌 .....*chŏ-soung*, en un chapitre. XVII, 5, p. 97 à p. 99; Nj. 1141.

Il faut encore mentionner, comme des annexes à cette compilation, deux autres traités également traduits par Yi-tsing: le Mūla Sarvāstivada Vinaya saṃgraha 根本薩婆多部律攝 *Ken-pen-sa-p'o-to-liu-chö*, de Jinamitra, en quatorze chapitres XVII, 6, p. 1 à p. 81; Nj. 1127, — et le Mūla Sarvāstivāda nikāya vinaya-gāthāḥ 根本説一切有部毗奈耶頌 *Ken-pen-chouo-yi-ts'ie-yeou-pou-p'i-nai-ye-soung*, de Vaiçākhya, en trois chapitres, XVII, 6, p. 82 à p. 111; Nj. 1143. Ce dernier ouvrage, qui est un sommaire en vers du Vinaya, avait été traduit par Yi-tsing pendant son séjour dans l'Inde, au couvent de Nālanda, comme le traducteur lui-même l'indique dans le dernier vers.

Enfin, pour achever le bilan de la littérature du Vinaya des Mulasarvastivādius dans le canon chinois, je citerai encore trois dissertations originales de Yi-tsing: le *Chouo-tsoei-yao-hing-fa* 説罪要行法, XVII, 6, p. 113 à p. 114; Nj. 1506; le *Cheou-young-san-chouei-yao-hing-fa* 受用三水要行法, ib. p. 112 à p. 113; Nj. 1507; et le *Hou-ming-fang-cheng-koei-yi-fa* 護命放生帆儀法, ib. p. 112; Nj. 1508. Enfin le célèbre Pa-sse-pa a compilé en 1271 deux traités relatifs au même Vinaya: le *Ken-pen-chouo-yi-ts'ie-yeou-pou tch'ou-kia cheou-kin-yuen-kie-mo-yi-fan* | | | 川家授近圓羯磨儀範 XVII, 6, p. 114 à p. 121; Nj. 1137 et le *Ken-pen . . . . pi-k'ou-ni-si-hio-leao-fa* | | | 習學界法, ib. p. 121 à p. 124; Nj. ib.

Le Vinaya des Mūla Sarvāstivādins est aussi celui que les Tibetains ont admis dans leur canon; il constitue à lui seul la section 'Dul-va du Kandjour. Csoma de Körös en a donné une analyse fort inégalement développée dans le volume XX des *Asiatic Researches*, on la retrouvera, traduite en français par M. Feer, dans le volume II des *Annales du Musée Guimet*, p. 146—198. Le Vinaya occupe treize volumes du Kandjour; Csoma en indique deux classifications: l'une en sept divisions: Vinaya-vastu, Prātimokṣa sūtra, Vinaya-vibhanga, Bhikṣuṇī prutimokṣa sūtra, Bhikṣuṇī vinaya vibhāga, Vinaya-kṣudraka vastu, Vinaya Uttaragrantha; l'autre, en quatre divisions seulement. L'ordre des matières n'est pas, dans la compilation tibétaine, le même que dans la compilation chinoise. Le Dul-va commence par le Pravrajyā vastu (= XVII, 4, p. 80), continue par le Pravāraṇa (= XVII, 4, p. 101), le Varṣāvāsa (= XVII, 4, p. 98), le Carma (= XVII, 4, p. 104); puis vient (vol. II, p. 10) l'Oṣadhivastu (= XVII, 4, p. 1). Le Saṅghabhedaka vastu (XVII, p. 3) ne commence que vers la fin du volume III. Il est suivi par le Prātimokṣa (= XVI, p. 8 et p. 9). Le Bhikṣuṇī vinaya vibhāga (vol. IX) correspond au Bhikṣuṇī vinaya chinois (= XVI, p. 10). Le Kṣudraka vastu, contenu dans les volumes X et XI, correspond au Saṃyukta vastu chinois (= XVII, p. 1) [1]).

---

1) Le compilateur du Divyāvadāna ne paraît pas s'être préoccupé de classer ses extraits dans un ordre méthodique. La série II—VII forme bien, il est vrai, un groupe coordonné, emprunté tout entier à la section des médicaments (Oṣadhi vastu), et qui se poursuit dans l'ordre même de l'original (II=[XVII, 4] p. 14—p. 18; III=p. 19—p. 21; IV=p. 30—p. 31; V=p. 31—p. 32; VI=p. 32; VII=p. 45—47). Il faut encore ajouter à ce groupe le IX et le X, qui sont l'avadāna de Meṇḍhaka, quoique le chinois ne fournisse pas le récit correspondant; mais le témoignage de Csoma prouve que la version tibétaine a bien incorporé cette histoire, à la suite des précédentes, à la fin de l'Oṣadhivastu. Analysant le volume III du Dulva qui contient dans ses 78 premières pages la fin de l'Oṣadhivastu, Csoma résume ainsi les feuilles 42 à 45. «Histoire de Lug et de Bzang-byed; leur bonheur; leur famille; leurs grandes qualités; Çākya se met en marche pour leur rendre visite; malice de la secte Mu-stegs-can (Tīrthika), ennemie de Çākya, qui cherche à l'empêcher d'entrer; par quel moyen il s'introduit chez ceux qu'il veut voir». Le sommaire s'applique exactement à l'avadāna de Meṇḍhaka. *Lug*, en tibétain, signifié «bélier»; c'est le sens du nom Meṇḍhaka en sanscrit (Les traducteurs du Mahāvagga pali disent: «Meṇḍaka (the Goat)», Mahāvagga VI, 34, 1). *Bzang-byed* est la traduction tibétaine de Bhadraṃkara (bzang = bhadra; byed = kara), nom de la ville où réside Meṇḍhaka; dans la précipitation de son travail, Csoma a pris ce nom pour un nom d'homme. En fait l'histoire de Meṇḍhaka est insérée dans l'Oṣadhivastu du Sarvāstivāda vinaya (chap. 26; jap. XV, 4, p. 67ᵃ) comme elle l'est dans le Vinaya pali. La version chinoise du Mūla Sarvāstivāda Vinaya a omis ou perdu la fin de l'Oṣadhivastu; elle s'arrête avec le récit qui correspond à la feuille 20 du volume III du Dulva.

L'histoire de Koṭikarṇa qui ouvre le recueil est empruntée au Carmavastu, qui suit l'Oṣadhi° dans la collection chinoise, mais qui le précède dans la recension tibétaine. Sa place pourrait donc se justifier ainsi; mais nous retrouvons vers la fin de la collection deux avadānas, le XXX et le XXXI, qui sont tirés de l'Oṣadhi° et se trouvent séparés sans raison apparente du reste du groupe. Les avadānas XXIII—XXV sont tirés du Pravrajyā vastu, qui ouvre le Vinaya dans la recension tibétaine, mais qui fait, dans le chinois, suite à l'Oṣadhi° et précède immédiatement le Carma°. Le Vinaya proprement dit a fourni le XIII,

Les diverses parties du Dulva ont, d'après les indications de
Csoma, été toutes traduites du sanscrit en tibétain au cours du
IXᵉ siècle. La traduction chinoise de Yi-tsing est du VIIIᵉ siècle.
Il apparait donc qu'à cette époque tardive, le Vinaya des Mûla
Sarvāstivādius jouissait d'une autorité spéciale, au moins dans les
régions septentrionales de l'Inde. Pourtant nous n'avons guère sur
cette école d'informations en dehors de Yi-tsing; l'énorme travail
de traduction qu'il a poursuivi avec opiniâtreté pour faire passer
en chinois les livres de l'école suffirait à prouver le cas qu'il en
faisait; mais il s'en réclame expressément dans son Mémoire envoyé
des Mers du sud (*Nan-hai-ki-koei-nei-fa-tch'oan*, traduit par M. Takakusu: *A Record of the Buddhist religion....* Oxford, 1896) ouvrage
consacré tout entier à l'étude de certains points de discipline.
«Tout ce qui est énoncé dans cet ouvrage, déclare-t-il en termes
exprès (p. 20), est d'accord avec l'école Mûla Sarvāstivāda et ne
doit pas être confondu avec l'enseignement des autres écoles».
Son Mémoire lui-même est à peu près exclusivement un manuel
pratique des leçons de l'école. Les traits distinctifs des Mûla Sar-
vastivādins, tels que les indique Yi-tsing, se réduisent à des minuties
presque insignifiantes (v. Takakusu, p. XXIII); sur le fond de la
doctrine, nous ne savons encore rien de précis. Mais il importe de
bien distinguer les Mûla Sarvāstivādins des Sarvāstivādins simples,
dont le Vinaya avait été traduit en chinois dès l'an 404 par
Kumarajıva et Puṇyatara sous le titre de *Chi-song-liu* 十誦律,
équivalant à Daçādhyāya vinaya, par opposition au Dharmagupta-
Vinaya, désigné couramment comme le Vinaya en quatre sections,
Sse-fen-liu 四分律, et au Vinaya des Mahıçāsakas désigné comme

---

le XXI, le XXXV, le XXXVI, le XXXVII distribués ainsi sans respect de leur disposition
primitive (XIII = p 78 — p. 80. XXI = p. 39 — p 42. XXXV = p. 25 — 33. XXXVI = p. 103 — 109.
XXXVII p. 92 — p. 99). Le Samyukta (ou Kṣudraka) vastu a fourni le XIX (= vol. I,
p. 4 — p. 10) et le XII (= vol II, p. 24 — p. 28).

le Vinaya en cinq sections, *Ou-fen-liu* 五分律. C'est avec le Vinaya des Sarvāstivādins que le Mūla Sarvāstivāda vinaya présente le plus de ressemblances jusque dans la rédaction; je me propose de reprendre ultérieurement en détail, à ce point de vue, plusieurs des récits incorporés dans le Divyāvadāna. Yi-tsing considère le Mūla Sarvāstivāda nikāya comme une des quatre écoles fondamentales du bouddhisme, de pair avec les Sthaviras, les Mahāsāṃghikas et les Saṃmitīyas; l'école elle-même se subdivise en quatre branches: les Sarvāstivādins, les Dharmaguptas, les Mahīçāsakas et les Kāçyapīyas. Le fait fût-il exact, il ne conviendrait pas d'en conclure comme une nécessité que le Vinaya des Mūla Sarvāstivādins soit antérieur en date aux Vinayas des quatre subdivisions. La date tardive de la traduction chinoise (et subséquemment de la traduction tibétaine) ne doit pas non plus nous entraîner trop vite à tenir l'ouvrage pour récent. Quelques indices recueillis rapidement paraissent contenir la solution du problème: le Vinaya prédit le règne de Kaniṣka et la construction du fameux caitya élevé par Kaniṣka; je publierai prochainement cette prophétie avec d'autres documents qui intéressent les Indo-Scythes. Il mentionne, concurremment avec le Gandhāra et Ceylan, les royaumes de Cīna et de Yavana (XVII, 2, 16ᵃ col. 4). Il nomme, à propos de Çāriputra, la grammaire Aindra (pravrajyā vastu, chap. 1) dans un passage correspondant à l'Avadānaçataka, n° 99. Le Népal est même nommé dans un récit du Carmavastu (XVII, 4, 111ᵇ); mais ce récit, qui termine le Carmavastu, a l'air d'une addition intéressée en faveur des moines du Népal. La méthode de comput employée consamment dans le récit aussi bien que dans l'exposé théorique fournit de plus un autre élément de solution qui s'applique encore à d'autres Vinayas, peut être même à tous les Vinayas; le temps y est régulièrement compté en semaines, *saptaka*; c'est là un procédé pour ainsi dire étranger aux usages hindous; le Dictionnaire de Böhtlingk et Roth, fondé

sur le dépouillement de la littérature classique, ne connaît pas
même le mot *saptaka* dans ce sens, et l'abrégé de Böhtlingk, qui
l'enregistre avec cette valeur, renvoie seulement au Divyāvadāna et
à un passage de Caraka, 6, 1. Le nom de Caraka nous ramène au
cycle de Kaniṣka, puisque Caraka passe, au moins dans les contes,
pour le médecin de ce prince. Et la semaine, qui ne s'est jamais
naturalisée dans l'Inde, semble aussi nous reporter aux temps les
plus bas de l'influence hellénique, contaminée sans doute par le
judaïsme alexandrin. Je rappellerai ici un article de Wassilieff sur
le Bouddhisme d'après les Vinayas, publié en 1896 dans les *Notes
Orientales de la Faculté des Lettres de Pétersbourg*, et dont j'ai
imprimé une traduction française dans la *Revue de l'Histoire des
Religions*, 1896; le célèbre sinologue russe concluait en ces termes:
« Par une certaine superstition, il nous plaît que le bouddhisme ait
commencé le plus tôt possible, que son développement se trouve
achevé bien avant le commencement de notre ère, et l'on dirait que
le monde savant doit être mécontent si nous exprimons, même sous
forme d'hypothèse, l'opinion que le bouddhisme réel, tel que nous le
connaissons par ses livres, ne les possède — et encore pas tous —
pas plus tôt que le IIIᵉ ou le IVᵉ siècle de notre ère. Vraiment
y a-t-il là rien d'attentatoire? ». A mon tour, je me pose la même
question: quel que soit l'âge des matériaux qui ont concouru à
former nos Vinayas, leur rédaction d'ensemble doit-elle s'écarter
considérablement du temps où Buddhaghosa passe pour avoir écrit
ses commentaires? Comment peut-on s'expliquer que Fa-hien, au
début du Vᵉ siècle, ait encore tant de mal à se procurer un exemplaire du Vinaya et ne réussisse à s'en procurer une copie qu'à
Pāṭaliputra? et qu'un peu après lui, Tche-mong vers 420 signale
encore comme une rareté précieuse le même manuscrit (avec celui
du Nirvāṇa sūtra, copié aussi par Fa-hien) dans la maison du même
brahmane de Pāṭaliputra? Et comment s'expliquer que les traducteurs

chinois, originaires du monde hindou, aient tardé si longtemps à traduire ces recueils qui apparaissent à l'Eglise une fois constituée comme la condition nécessaire et indispensable de son existence, si ces recueils existaient déjà? et que d'autre part les traductions des Vinayas se multiplient au Ve siècle: le Sarvāstivāda vinaya est traduit en 404 par Kumārajīva et Puṇyatara; le Dharmagupta vinaya en 405, par Buddhayaças, le Mahāsaṅghika vinaya en 416 par Buddhabhadra et Fa-hien, le Mahīçāsaka vinaya en 424 par Buddhajīva, le Vinaya des Sthaviras est traduit par Mahāyāna (*Mo-ho-chang*) entre 483 et 493 (traduction perdue) et une partie de la Sāmantapasādikā de Buddhaghoṣa est traduite en 489 par Saṅghabhadra [1]).

Quoi qu'il en soit, c'est encore vers la même période que nous reportent, au moins par leurs versions, les autres éléments anciens du Divyāvadāna: le cycle d'Açoka et l'avadāna de Çārdūla karṇa.

---

1) On pourrait être tenté de croire que, si les Vinayas n'ont pas été traduits plus tôt, c'est que le besoin ne s'en faisait pas sentir, faute de communautés régulières ou même organisées. Mais la vie du Bouddhisme suppose comme une condition indispensable une organisation monastique. Dès l'an 67 J.-C. l'empereur Ming-ti fait construire pour la première mission hindoue le couvent du Cheval Blanc, et le mouvement se continue ensuite avec des alternatives de succès et d'échec, suivant les dispositions variables des souverains. Le moine Ngan Chi-kao, venu de la Perse (*Ngan-si*) traduit entre autres deux traités touchant le Vinaya entre 148 et 170; le *Fan kiai tsai k'ing tchoung king* 犯戒罪輕重經 Nj. 1112; jap. XVII, 10 p. 27ᵃ. — et le *Ta pi k'iu san ts'ien wei yi* 大比丘三千威儀 Nj. 1126, jap. XVII, 10, p. 28ᵃ à p. 38ᵃ, qui forme un véritable catéchisme en abrégé de la vie sainte. Vers la même époque se place la traduction anonyme du Çrāmaṇerī prātimokṣa sūtra (*Cha mi ni kiai king*) 沙彌尼戒經 Nj. 1151, jap. XVII, 10 p. 47ᵃ à p. 48ᵃ. En 222 le moine Dharma kāla, originaire de l'Inde Centrale, vient en Chine, et observe que les moines du pays ignorent complètement les règles du Vinaya; il traduit à leur usage, en 250, le Prātimokṣa des Mahāsāṅghikas; cette version s'est perdue. Mais aussitôt après, en 252 K'ang Seng-k'ai traduit la Karmavācā du Dharmagupta Vinaya (*T'an ou-tô-liu-pou-tsa kie-mo*) 曇無德律部雜羯磨 Nj. 1163, jap. XV, 7, p. 20ᵃ à p. 31ᵃ, et en 254 *T'an-ti* donne une autre version de ce texte sous le titre de *Kie-mo* 羯磨 Nj. 1146, jap. XV, 7, p. 31ᵃ à p. 45ᵃ. D'autre part il n'a pas manqué, avant Kumārajīva, de traducteurs capables de mettre en chinois le Vinaya; il suffit de jeter les yeux sur la liste de Nanjio pour voir où pouvaient atteindre le zèle et la science d'un Ngan Chi-kao, d'un Tche-k'ien, d'un Fa-hou etc.

Le Puṃçupradāna (XXVI), le Kuṇāla (XXVII), le Vītaçoka (XXVIII),
l'Açoka (XXIX) se retrouvent à peu près intégralement dans un
ouvrage qui n'existe plus en original, mais dont nous possédons
deux versions chinoises: l'*A-yu wang tch'oan*, traduit par Ngan Fa-
k'in entre 281 et 306 (Nj. 1459; jap. XXIV, 10) — et l'*A-yu
wang king* traduit par Saṅghapāla en 512 (Nj. 1343; jap. XXIV, 10).
Les quatre avadanas s'y retrouvent dans un ordre légèrement différent; le Vītaçoka, en effet, y est inséré entre les deux parties du
Kuṇāla (P. 405 du texte sanscrit, med. entre «...pratiṣṭhāpitam iti»
et ‹yasminn eva divase›. De plus, le compilateur du Divyāvadāna
a placé en tête de ce groupe, comme un récit d'introduction, deux
morceaux distincts que l'original sanscrit avait placés, l'un immédiatement à la suite du quatrième avadāna, et l'autre plus loin encore.

En outre, trois de ces avadānas se trouvent incorporés dans la
vaste collection du *Tsa A-han king*, le Saṃyuktāgama (Nj. 544;
jap. XIII, 2—4), qui répond en gros au Saṃyutta nikāya pali; ils
ne forment pas, dans l'intérieur de cette collection, une suite continue; le Puṃçupradāna et le Kuṇāla, groupés dans le chapitre 23,
sont séparés, par une section complétement étrangère au sujet, de
l'Açoka qui termine le chapitre 25. La version correspond avec une
remarquable exactitude à notre original sanscrit; le traducteur
Guṇabhadra, originaire de l'Inde Centrale, l'a exécutée entre 435
et 443.

Les deux traductions du Çārdūlakarṇa remontent au IIIe siècle;
la première en date, le Mātaṅgī sūtra (*Mo-tang-kia king* 摩登伽
維, Nj. 645; jap. XIV, 6) est l'œuvre du moine hindou Tchou
Liu-yen qui arriva en Chine en 224 et traduisit ce sūtra en 230;
la seconde, le *Chö-t'eou-kien king* 舍頭諫經, Nj. 646; jap. XIV, 6,
plus littérale et fidèle dans l'ensemble, est due au grand traducteur
Dharmarakṣa, en chinois Fa-hou, qui avait peut-être rapporté l'original
des pays occidentaux qu'il avait visités en compagnie de son maître

et où il avait étudié. Dans sa longue carrière de traducteur, qui s'étend de 266 à 313 (ou 317) il ne traduisit pas moins de 175 ouvrages.

Pour me conformer à l'ordre chronologique, je dois signaler ici une version du Saṅgharakṣita (XXIII, XXIV, XXV), apparentée de très près à la rédaction du Mūla Sarvāstivāda Vinaya, mais sans lui être toutefois identique, le *Yin-yuen Seng-hou king* 因緣僧護經, Nj. 781; jap. XIV, 8. La traduction est anonyme, mais elle remonte à la dynastie des Tsin orientaux, entre 317 et 420.

Le *Yin-se-niu king* 金色女經 (Nj. 271; jap. VI, 6) traduit par le moine hindou Buddhaçānta en 539, représente une recension abrégée du Rūpāvatī (XXXII), mais les deux textes sont étroitement voisins. La traduction du Kanaka varṇa (XX), le *Kin-se-wang king* [1]) 金色王經 (Nj. 390; jap. VI, 5) due à un brahmane de Bénarès, Gautama Prajñāruci, date du même temps: 542. Ici le chinois et le sanscrit se correspondent parfaitement.

Les autres avadānas du recueil ont été traduits en chinois à une époque tardive, dans le courant du Xe siècle, peut-être après la constitution du Divyāvadāna. En effet le Jyotiṣka (XIX), qui fait partie du Mūla Sarvāstivāda Vinaya et qui avait été déjà traduit dans l'ensemble de cet énorme ouvrage, et traduit sous la responsabilité d'un savant aussi éminent que Yi-tsing, est alors traduit à nouveau par le moine hindou Che-hou, entre 980 et 1000, comme un texte à part sous le titre de *Kouang-ming-t'oung-tzeu yin-yuen king* 光明童子因緣經, Nj. 939; jap. XIV, 6. Le même Che-hou traduit encore un autre récit du Divyāvadāna, le Mandhāta

---

1) Il faut se garder de confondre ce sūtra avec un texte de titre analogue, le *Kin-se-t'oung-tseu-yin-yuen king* 金色童子因緣經, ouvrage conservé seulement dans l'édition coréenne, et qui par suite manque à Nanjio (jap. XIV, 7, 40—65). La traduction est due au Chinois Wei-tsing et date des environs de 1010. L'original en est le Savarṇavarṇāvadāna (Raj. Mitra, Sanscrit Nepal. Lit. p. 275—280) qui fait partie de la Vratāvadānamālā.

(XVII) sous le titre de *Ting cheng wang yin-yuen king* 頂生王
因緣經 (Nj. 1011; jap. VI, 6). Toutefois le chinois représente
une recension légèrement différente, généralement délayée à la
manière Vaipulya; l'introduction, qui constitue un récit particulier
dans le sanscrit, est réduite en chinois à trois colonnes, sans rapport avec ce récit.

Les trois autres avadānas représentés en chinois ont été traduits par le moine hindou Fa-t'ien, venu du monastère de Nālanda,
et qui présida à un énorme travail de traduction entre 973 et 1001.
Le *Tsie-wa-nang-ja-t'ien-tzeu-cheou-san-koei-yi-kouo-mien-ngo-tao-king*
嗟韈曩法天子受三歸依獲免惡道經 (Nj. 806,
jap. XIV, 7) est la traduction du Sukārikā (XIV). Le *Yue-kouang-
p'ou-sa-king* 月光菩薩經 (Nj. 852; jap. XIV, 8) est une recension abrégée du Candraprabha (XXII). Enfin le Dānādhikāra (XXXIV)
forme la première partie (treize colonnes) du *Pou-tche-king* 布施經
(Nj. 810; jap. XIV, 8).

Les résultats de ces constatations me paraissent intéresser à titre
égal l'histoire religieuse et l'histoire littéraire de l'Inde.

1° A une époque où les efforts de la recherche savante tendent
à analyser, dans l'unité nominale du bouddhisme, les courants d'idées,
de doctrines, d'écoles, le Divyāvadāna nous rend des fragments
considérables d'un texte fondamental, d'un Vinaya, appartenant à
une école parfaitement déterminée; nous pouvons désormais, sur un
certain nombre de points, comparer le Vinaya pali des Sthaviras,
trop longtemps accepté comme le Vinaya par excellence, avec le
texte sanscrit des Mula Sarvāstivādins.

2° Nous nous trouvons en présence de textes qui n'ont point
encore de date absolue, mais qui peuvent, les uns avec vraisemblance,

les autres avec une entière certitude, être ramenés soit au IIIe—IVe siècle, soit au IIe—IIIe siècle de l'ère chrétienne. On contestera la date que j'assigne à la rédaction des Vinayas, spécialement du Mūla Sarvāstivāda Vinaya; mais il est acquis désormais que le texte de l'Açokāvadāna ne peut pas être plus récent que le milieu du IIIe siècle, et que le texte du Çārdūlakarṇa date au moins du début même du IIIe siècle. De ces deux textes, l'Açokāvadāna [1]) se signale à la fois par ses mérites littéraires et par son intérêt historique; le Çārdūlakarṇa, à des titres différents, n'a pas moins d'importance, car il donne comme un raccourci de la science brahmanique surprenant de richesse et de variété. L'histoire positive du sanscrit littéraire s'ouvrait jusqu'ici avec l'inscription de Rudradāman à Girnar, et se continuait seulement avec la praçasti de Samudragupta, œuvre de la fin du IVe siècle. Nous avons maintenant a notre disposition des œuvres littéraires contemporaines, ou peu s'en faut, de Rudradāman

---

1) Je ne crois pas inutile de signaler ici que dans la généalogie d'Açoka (p. 869) l'*A-yu wang tch'oan* seul donne une lignée correspondante au sanscrit: Bimbasāra, Ajātaçatru, Udānabhadra, Maṇḍa, Kākakarṇa, Saphala, Tulakuci, Sahamaṇḍala, Prasenajit, Nanda, Bindusāra (p. 2ª, col. 11 à 13). L'*A-yu wang king* (p. 30ª, col. 12 à 13) et aussi le Saṃyuktāgama (p. 31ᵇ, col. 13) donnent Candragupta (*Tchan-na-lo-k'ie-to*) 旃 那 羅 笈 多 traduit par *Yue-hou* 月 護 « protégé par la lune », dans l'A-yu wang king; *Yue-hou* sans transcription, dans l'Āgama) et Bindusāra.

L'examen de l'Açokāvadāna semble démontrer jusqu'à l'évidence que l'ouvrage est en réalité une espèce de Māhātmya du couvent du Naṭabhaṭa vihāra à Mathurā, sanctifié par la présence et les miracles d'Upagupta. Les derniers chapitres (5 et 6 du *tch'oan*; 6, 7, 8, 9, 10 du *king* sont consacrés tout entier au souvenir et aux actes miraculeux de ce « Bouddha sans les marques».

Le ..*tch'oan* contient (chap. 6, p. 25ª, col. 1) une prophétie du Bouddha relative à trois méchants rois de l'avenir: le Çaka (釋 拘, *Chi-keou*) le Yavana (閻 無 那, *Yen-ou-na*), le Pahlava (鉢 羅 擾, *Po-lo-yeou*). Le Saṃyuktāgama répéte cette prophétie (XIII, 3, 45ª); il assigne le Sud au Çaka (釋 迦, *Chi-kia*), le Nord au Yavana (耶 槃 那, *Ye-p'an-na*), l'Ouest au Pahlava (鉢 羅 婆, *Po-lo-p'o*), eti 1 ajoute un quatrième personnage, à l'Est le Tukhāra (兜 沙 羅, *Teou-cha-lo*).

et qui attestent le haut degré de culture et de raffinement qu'avait atteint dès cette époque la littérature sanscrite. De ce point de vue, la langue du Mūla Sarvāstivāda Vinaya prend, par ses étrangetés même, une importance exceptionnelle; elle montre le sanscrit de Pāṇini entraiué par la circulation de la vie réelle, en voie d'altération normale, sur les confins des pracrits et tout prêt à s'y verser, si la vigilance des grammairiens n'avait par un effort énergique et par l'élaboration de systèmes nouveaux (Kātantra d'abord, Cāndra plus tard) ramené la langue savante à son niveau consacré.

NÉCROLOGIE.

Sir Thomas HANBURY.

Avec Sir Thomas Hanbury, mort le 9 mars à sa résidence de La Mortola, disparait en même temps qu'un grand philanthrope, une des physionomies les plus caractéristiques de la vieille Chine. Aucun Européen, missionnaires exceptés, à son époque, ne pénétra d'une façon plus intime dans la vie chinoise; il a laissé en Chine le plus durable des souvenirs par la création, lors du jubilé de Chang-haï, de l'école qui porte son nom, 15 Boone Road, Hongkew, et connue sous la désignation de 英書阮 *Ying chou-yuan*. D'ailleurs Hanbury avait toujours la bourse ouverte pour toute œuvre de science ou de bienfaisance. Lorsque fut créé par la «China Branch of the Royal Asiatic Society» un musée d'histoire naturelle, les ouvrages techniques faisaient totalement défaut; je m'adressai à Hanbury qui, le 17 janvier 1877, m'adressait de Menton un chèque de £ 50 dans une lettre qui renferme le passage suivant:

«I enclose cheque for £ 50. I intended my gift to be *books* to the value of £ 50 «not a donation of money to that amount. The difference is this that I do not care for «any name to appear in the accounts of the institution as giving money but would request «you kindly to write as the beginning of each book purchased with this money as follows.—

The Shanghai Museum
Presented by Thomas Hanbury
January 1877».

Grâce à la générosité de Hanbury, je me procurai par l'intermédiaire de J. B. Baillière & fils, les ouvrages de Candolle, Kunth, Walpez, Maximowicz, Regel, Ledebour, Siebold, Thunberg, Miquel, Bentham, Hooker, etc.; avec la reliure, je payai fr. 1526.05 à Baillière.

En novembre 1902, Hanbury avait fait cadeau à la Pharmaceutical Society of Great Britain de la précieuse collection de son frère Daniel, l'auteur bien connu de *Notes on Chinese Materia Medica* (1862) et de *Science Papers* (1876). Il fit également don en 1903 à la Royal Horticultural Society du jardin de 60 acres d'étendue qui avait appartenu à G. F. Wilson, à Wisley, Surrey.

Thomas Hanbury, troisième fils de Daniel Bell et de Rachel Hanbury, est né dans la maison de son père, Bedford Road, Clapham, le 21 juin 1832;

elevé à Croydon, puis à Epping, au milieu d'enfants quakers, à dix-sept ans Hanbury fut placé dans la maison de William James Thompson and Sons, de 38 Mincing Lane, marchands de thé. En 1853, il créa à Chang-hai la maison Hanbury & Co, devenue Bower, Hanbury & Co. C'est en mai 1867 que Hanbury acheta au promontoire de La Mortola, Vintimille, près de Menton, à deux kilomètres de la frontière française, le Palazzo Orengo qu'il releva de ses ruines et entoura d'un parc célèbre par la richesse de sa flore qui ne comprenait pas moins de 5000 espèces poussées en plein air.

Hanbury qui avait gagné une fortune considérable par l'achat de terrains à Hongkew, concession américaine de Chang-hai, fut le bienfaiteur de sa patrie d'adoption: en 1880, il construisit une école pour les enfants de La Mortola, Ciotti et Grimaldi; lors du centenaire de la découverte de l'Amérique en 1892, il créa un Institut botanique pour l'Université de Gênes; à l'occasion du jubilé de diamant de la reine Victoria, il éleva une fontaine d'eau potable à Menton; il a construit à Vintimille une bibliothèque pour contenir les livres de la bibliothèque Approsienne et à Alassio une salle de réunion pour les Anglais qui y passent l'hiver. Tout récemment, il donnait £ 2.000 pour un jardin public à Vintimille.

Hanbury, qui avait été comblé d'honneurs par l'Italie et l'Angleterre, a succombé à une pneumonie consécutive à une attaque d'influenza.

Henri CORDIER.

Josef LANGSCHWERT.

Nous avons le très vif regret d'apprendre la mort à Vienne (Autriche) le 12 Mars 1907, de M. Josef LANGSCHWERT, qui, depuis 42 ans, dirigeait les travaux typographiques de la grande imprimerie orientale de M. Adolf Holzhausen. C'est M. L. qui a surveillé l'impression du second volume de la première édition de la *Bibliotheca Sinica* et du Supplément; c'est lui encore qui s'est occupé de la seconde édition de cet ouvrage jusqu'à sa mort. Le soin qu'il apportait dans sa surveillance à l'impression d'un livre qui comporte tant de langues et d'ouvrages différents, ne laissait que peu de fautes à corriger à l'auteur, dont il était devenu pour ainsi dire le collaborateur.

H. C.

Gabriel LEMAIRE.

M. LEMAIRE, ancien ministre de France en Chine vient de mourir dans sa soixante huitième année; il avait fait presque toute sa carrière en Chine; il avait été mis à la retraite après avoir occupé le poste de Pe-King.

Victor Gabriel LEMAIRE, né le 3 janvier 1839; chargé des fonctions d'interprète à Chang-Hai, 1er janvier 1855; nommé interprète à cette résidence le 4 novembre 1857, interprète à Canton, 2 février 1859, a rempli les fonctions d'interprète auprès du général commandant en chef de l'expédition française en Chine, 1860; premier interprète à Pe-King, le 8 mars 1865; consul de seconde classe à Fou-tcheou, 30 août 1872; à Canton, 19 février 1878; chargé de la gestion intérimaire du consulat général à Chang-Haï, 25 janvier 1878; consul de première classe, 11 février 1879; à Hong-Kong, 1er avril 1881; consul-général à Calcutta, 16 mars 1882; à Chang-Haï, 6 novembre 1883; ministre plénipotentiaire de seconde classe, résident général à Hué, 1er septembre 1884; chargé de travaux particuliers, 13 février 1886; délégué du gouvernement français à la commission de délimitation des Etats du Sultan de Zanzibar, 1er avril 1886; en disponibilité, 1er janvier 1887; envoyé extraordinaire et ministre plénipotentiaire à Pe-King, 10 juillet 1887.

M. Lemaire a publié en collaboration avec Prosper GIQUEL: 漢法語彙便覽 — *Dictionnaire de poche français-chinois suivi d'un Dictionnaire technique des mots usités à l'arsenal de Fou-tcheou.* — Shanghae: American Presbyterian Mission Press, 1874, in-32, pp. xv—421. H. C.

Paul PERNY 童 *Tong.*

M. PERNY est mort à 89 ans, 15 rue de Suresnes, à Garches-lès-Saint-Cloud, le 2 mars 1907. *Paul Hubert* PERNY, fils de Joseph et de Judith ORDINAIRE, né le 21 avril 1818, à Pontarlier (Doubs), appartenait au diocèse de Besançon; entré au Séminaire des Missions étrangères de Paris, il s'embarqua pour la Chine le 5 juillet 1847; arrivé à Macao, il se rendit en jonque au Tong-king, puis par le Kouang-si, au Kouei-tcheou, la province à laquelle il était destiné; provicaire du Kouei-tcheou, il fut transféré à Tch'oung-k'ing (Se-tch'ouan) en 1862; en 1868, il se rendait à Chang-haï et rentrait définitivement en France en 1869; en 1872, il quittait la Société des Missions étrangères.

M. Perny, qui jouissait d'une mauvaise réputation, ayant fait paraître sous le pseudonyme de «Léon Bertin» [1]) une brochure diffamatoire dirigée contre M. Abel DES MICHELS et M. le Mis d'HERVEY de SAINT-DENYS, fut condamné par le tribunal correctionnel de Versailles le 30 septembre 1874 à 500 francs d'amende et six mois de prison, réduits en appel à deux mois.

---

1) Le Charlatanisme littéraire dévoilé ou la vérité sur quelques professeurs de langues étrangères à Paris. Dédiée à MM. les Professeurs du Collège de France... — Versailles, G. Beaugrand et Dax, 1874, in-8, pp. 23.

Le Mis d'Hervey de Saint Denys répondit par la brochure suivante.

— Examen des faits mensongers contenus dans un libelle publié sous le faux nom de Léon Bertin avec le jugement du tribunal correctionnel de Versailles du 30 sept. 1874, confirmé par Arrêts de la Cour de Paris des 16 déc. 1874 et 29 janvier suivant. Note adressée à MM. les Professeurs du Collège de France. Saint-Germain, Heutte, 1875, in-8, pp. 48.

Pendant son séjour en Chine, M. Perny s'est occupé de recherches relatives à l'histoire naturelle et il fit graver sur bois en 1861 à Kouei-yang un Vocabulaire latin-chinois ¹) qui, au retour en France de son auteur, est devenu un Dictionnaire français-latin-chinois (1869) ²) suivi d'un Appendice ³) renfermant diverses tables historiques, géographiques, etc. M. Perny a complété ses recherches philologiques sur la langue chinoise en publiant des Proverbes ⁴), des Dialogues ⁵) et une Grammaire ⁶).

Collaborateur actif de M. A. BONNETTY dans la rédaction des *Annales de Philosophie chrétienne*, M. Perny a exhumé un long manuscrit inédit du Père de PRÉMARE ⁷) qui aurait gagné à être oublié dans les catacombes de la Bibliothèque nationale.

---

1) VOCABULARIUM ‖ LATINO-SINICUM ‖ ad usum ‖ studiosae juventutis sinicae. ‖ Auctore ‖ Paulo Perny ‖ fleuron ‖ Anno post partam Virginis ‖ 1861. ‖ gr. in-8, pp. 730.

2) Dictionnaire français-latin-chinois de la Langue mandarine parlée par Paul Perny, M. A. de la Congrégation des Missions-étrangères. Ouvrage dédié à Sa Majesté l'Empereur des Français. Paris, Firmin Didot, 1869, in-4 à 2 col, pp. 8—459.

> On lit, p. 459: «L'impression de ce Dictionnaire a été commencée en mai 1868, et terminée en avril 1869».

3) Appendice du Dictionnaire Français-Latin-Chinois de la Langue mandarine parlée contenant: Une notice sur l'Académie impériale de Pékin; Une notice sur la Botanique des Chinois; Une Description générale de la Chine; La Liste des Empereurs de la Chine avec la Date et les divers noms des années de Règne; Le Tableau des Principales Constellations; La Hiérarchie complète des Mandarins civils et militaires; La Nomenclature des Villes de la Chine avec leur latitude, Le Livre dit des *Cent Familles* avec leurs origines; Une Notice sur la Musique chinoise et sur le Système monétaire; la Synonymie la plus complète qui ait été donnée jusqu'ici sur toutes les branches de l'histoire naturelle de Chine, etc., etc., par Paul Perny, M A. de la Congrégation des Missions étrangères. Paris, Maisonneuve et Cⁱᵉ — Ernest Leroux, 1872, in-4, pp. IV—270—II—173.

> L'histoire naturelle occupe les dernières pages II—173.

4) 中國俗語 Proverbes Chinois, recueillis et mis en ordre par Paul Perny, M. A. de la Congrégation des Missions étrangères. Paris, Firmin Didot frères, fils & Cie. 1869, pet. in-12, pp. 135 ＋ 1. préf et la table.

5) Dialogues Chinois-Latins, traduits mot à mot avec la prononciation accentuée, publiés par Mgr. Paul Perny, M. A. de la Congrégation des Missions étrangères. Paris, 1872, in-8, pp. 232. Prix: 1 franc.

> «Le manuscrit publié par Mgr. Perny n'est pas, du reste, nouveau. Il fut composé par un auteur dont le nom est resté inconnu, vers l'an 1722, dans la ville de Canton». (H. de Charencey, dans le *Polybiblion*, Nov. 1872).

6) Grammaire de la Langue chinoise orale et écrite par Paul Perny, Auteur du Dictionnaire français-chinois. Paris, Maisonneuve [et] Ernest Leroux, 2 vol. gr. in-8.

> Tome premier. Langue orale, 1873, pp. VII—248.
> Tome second. Langue écrite, 1876, pp. XVI—547.

7) Vestiges de Dogmes chrétiens retrouvés dans les anciens livres chinois ou analysé

Peu de temps avant la mort de M. Perny, il a paru un volume intitulé *La Chine supérieure à la France* signé TONG OUEN HIEN, 童文獻 *Lettré chinois*; c'est, croyons-nous, le nom chinois de M. Perny.   H. C.

Paul NEÏSS.

Nous avons le regret d'annoncer la mort, dans la province où il s'était retiré il y a une vingtaine d'années, de l'explorateur bien connu en Indo-Chine, le Dr. Paul NEïss, médecin de la marine, qui a laissé le récit de ses excursions scientifiques dans divers recueils [1]).

d'un ouvrage inédit du P. Prémare, par l'abbé A. Sionnet, de la Société Asiatique, de Paris. Paris, Gaume, 1839, in-8, pp. 54.

Cet opuscule a été inséré en partie dans les *Annales de Philosophie Chrétienne* (1837—9).

Le titre de cet ouvrage du P. Prémare qui existe à la Bibliothèque Nationale est : «Selecta quaedam Vestigia praecipuorum Christianae Religionis dogmatum ex antiquis Sinarum libris eruta». Il a été traduit en entier et publié par MM. Bonnetty et Perny d'abord dans les *Annales de Philosophie chrétienne*, puis ensuite séparément avec le titre suivant:

— Vestiges des principaux dogmes chrétiens tirés des anciens livres chinois avec reproduction des Textes chinois par le P. de Prémare, Jésuite Ancien Missionnaire en Chine. Traduits du latin, accompagnés de différents compléments et remarques par MM. A. Bonnetty, Directeur des *Annales de Philosophie chrétienne*, [et] Paul Perny, Ancien Pro-Vicaire apostolique en Chine. Paris, Bureau des *Annales de Philosophie chrétienne*, 1878, in-8, pp. xv—511.

«Le manuscrit du P. Prémare écrit sur papier de Chine compte 329 pages doubles et est daté de Canton, 21 mai 1724. Il porte pour désignation, dans le catalogue de la Bibliothèque [nationale], les signes N. F., 2230», p. xiv.

1) Rapport sur une excursion scientifique faite chez les Mois de l'arrondissement de Baria. Du 15 Mai au 15 Juin 1880. Par le Dr Paul Neïss. (*Excursions et Reconnaissances*, N° 6, 1880, pp. 405—435).

Daté de Saigon, le 27 Juillet 1880.

— Voyages du Dr. P. Neïs en Indo-Chine, par le docteur Harmand. (*Bull. Soc. Géog.*, VIIe Série, II, Juillet 1881, pp. 72—74).

— Explorations chez les sauvages de l'Indo-Chine à l'Est du Mékong. Par le docteur Paul Neis, Médecin de 1e classe de la marine. (*Bull. Soc. Géog.*, VIIe Série, IV, 1883, pp. 481—504).

— En Indo-Chine — Siam et Tonkin. — Par M. le Dr. Neis. (Avec carte). (*Bull. Soc. Géog. com.*, VII, 1814—5, pp. 5—17).

— Sur le Laos; par M. Paul Néis. (*Bul. Soc. Anthrop.*, Paris, 1885, pp. 41—58).

— Voyage dans le Haut-Laos, par M. le docteur P. Neis, 1880. — Texte et dessins inédits. (*Tour du Monde*, 1885, II, pp. 1—80).

Dessins de Eugène Burnand, d'après les croquis et les indications de l'auteur et des photog.

— Voyage au Laos (1883—1884) par le Dr. Paul Neis, Médecin de la marine. (*Bull. Soc. Géog. Paris*, VIIe Série, VI, 1885, pp. 872—893).

Mgr. FENOUIL 古分類·

Le vicaire apostolique du Yun-nan est mort à Yun-nan fou le 10 janvier
1907. *Jean Joseph* FENOUIL, né à Rudelle (Lot) 18 nov. 1821, entra le 7 août
1844, au séminaire des Missions étrangères et fut ordonné prêtre le 29 mai 1847,
il s'embarqua le 16 sept. 1847 à destination du Yun-nan; il fut nommé évêque
de Ténédos et vicaire apostolique le 29 juillet 1881. Le prélat âgé et fatigué
par un séjour non interrompu de soixante années en Chine avait pour coadju-
teur Mgr. Joseph Claude EXCOFFIER, évêque de Métropolis depuis 1895.

H. C.

BULLETIN CRITIQUE.

Western Tibet and the British Borderland the Sacred Country of Hindus and Buddhists with an Account of the Government, Religion and Customs of its Peoples by Charles A. Shering, M.A., F.R.G.S., Indian Civil Service, Deputy Commissioner of Almora With a Chapter by T. G. Longstaff .... *describing an Attempt to climb Gurla Mandhata.* With Illustrations and Maps. London, Edward Arnold, 1906, in-8, pp. xv — 376, 21/ —

Il y a peu d'années encore, presque une *terra incognita*, le Tibet devient le but des explorations d'un nombre relativement considérable de voyageurs et de sportsmen — et le mystère qui jadis l'enveloppait est à peu près percé; la mission de Younghusband nous a conduit à Lhasa; Ryder a relevé la route de Gyan-tse à Gartok; aujourd'hui M. Shering nous fait connaître la partie occidentale du Tibet, c'est-à-dire la plus rapprochée du lieu de sa résidence, Almora, dans un volume illustré avec luxe.

Comme le fait remarquer l'auteur, le territoire anglais de l'Inde est en contact direct avec le Tibet en trois endroits seulement: à Spiti, dans le district de Kangra au Punjab, au Garhwal anglais et Almora, deux districts appartenant à la division de Kumaon des provinces unies d'Agra et d'Oude, et enfin par l'Assam.

Ainsi qu'il convient à un ouvrage écrit par un fonctionnaire du gouvernement, ce livre n'offre aucun caractère politique.

Le Tibet occidental limitrophe du district anglais de Kumaon séparé du Nepal par la rivière Kali est coupé des possessions russes par des montagnes énormes. Il renferme des chaines élevées comme le Nanda Devi, 25689 pieds, le plus haut sommet en territoire anglais du monde entier, et le Kamet, 25373 pieds, comme le Gurla Man- dhata, 25350 pieds, en territoire tibétain, au sud des deux lacs célèbres Mansarowar et Rakas; ce pays est sacré également aux Hindous et aux Bouddhistes. Le Tibet occidental possède le mont Kailas, le ciel de Çiva, l'axe de l'univers.

Le plateau tibétain qui touche au territoire britannique s'élève de 13000 à 15000 pieds au dessus de la mer. Les Tibétains croient que les Titans chassés du Ciel occupent un emplacement à la base du Mont Meru ou Mont Kailas, entre le Ciel et la Terre, et que dans la guerre que les Dieux leur font sans relâche, ceux-ci sont commandés par le dieu tibétain de la guerre, Gralha; au sommet du Meru est placée la cité de Brahma; le Gange, né du pied de Vichnou et lavant la Lune, tombe ici du Ciel et, entourant la ville de Brahma, donne naissance à quatre grandes rivières: au nord, l'Indus, à l'est, le Brahmapoutra, à l'ouest, la Sutlej, et au sud, le Karnali, l'une des sources du Gange; bouches du lion, du cheval, du taureau et du paou.

Les montages qui séparent les possessions anglaises du Tibet sont habitées par les Bhotias, peuple commerçant aux mœurs origi- nales; ils se disent hindous, mais sont en réalité d'origine tibétaine; les Bhotias sont divisés en deux classes, l'une supérieure comprend les Rajputs, l'autre inférieure renferme les Dumras; leur langue est parente du tibétain, mais s'hindouise chaque jour davantage; les Bhotias sont très travailleurs, mais fort superstitieux, et ils attri- buent tous leurs maux à des esprits malfaisants; généralement les mariages sont arrangés au Rambang, club du village, fort souven assez mal fréquenté; la liberté est extrêmement grande entr hommes et femmes; aucune modestie; ou évite le lundi pour la célébration du mariage qui est précédé d'un simulacre d'enlèvement: quand le fiancé (*Byolishya*) quitte sa maison pour aller chercher sa fiancée (*Byolo*), le père invite les amis de son fils (appelés *Dhami*) à une fête de nuit, puis il les envoie secrètement avant le jour en compagnie de son fils au village de la fiancée; arrivés au village, ils se rendent au Rambang, où ils trouvent la fiancée et ses demoiselles d'honneur (*shyasya*), et après un conciliabule, ils emportent la jeune fille dans leurs bras; mais à une petite distance, ils déposent leur fardeau, attendent les demoiselles d'honneur, et tous ensemble se rendent à la maison du fiancé; les fêtes du mariage sont de véritables scènes d'ivrognerie; enfin le jour de la délivrance de le jeune fille de sa maison, le jour *Patham*, le mariage a lieu, et le forgeron local reçoit un présent d'argent ou une couverture. Les cérémonies funéraires des Bothias et des Tibétains ont la plus grande similitude. Les chapitres que M. Sherring consacré aux Bothias sont parmi les plus intéressants de son volume.

Le Tibet occidental ou Nari est administré par deux *Garphans*, ou vice-rois, désignés par les titres d'*Urgu Gong* et d'*Urgu Hog*, dont la capitale est à Gartok, et par des *Jongpens* et des *Tarjums* placés à la tête des districts extérieurs et subordonnés aux Garphans; ils sont tous nommés de Lhasa et sortent de l'école des fonctionnaires de cette ville; depuis le traité de Lhasa, un indigène de bonne famille, Thakur Jai Chand est chargé des intérêts anglais à Gartok. Gartok, appelé aussi Garyersa, abrégé Grersa, est situé, au milieu d'une vaste plaine, à 15100 pieds; il y fait très-froid pendant l'hiver et ce plateau est balayé par le vent, aussi les Garphans vivent-ils la plus grande partie de l'année à Gargunsa, à quatre jours de marche à l'ouest; les Garphans ou vice-rois sont suprêmes dans l'administration civile, mais le Khanpo, de Totling, au S.O. de Gartok, est le chef spirituel de toute la province, l'égal de l'Urgu

Gong; comme les fonctionnaires civils, le **Khanpo** est nommé pour trois ans et doit être originaire de Lhasa ou des environs. Il y a cinq fonctionnaires civils provinciaux placés à la tête des cinq districts: les Jongpens de **Rudok**, **Chaprang**, **Daba**, **Taklakot**, et le **Tarjum** de **Barkha**.

Il n'y a pas moins de douze passes pour se rendre de l'Inde au Tibet occidental. M. Sherring a franchi les passes de Balchh et de Kungr, faisant halte dans les vallées à Sangcha, Chhidamoo et Topidunga. Aussi bien, voici les étapes de l'itinéraire du voyage: Almora, Askot, Balwakot, Darchula, Khela, Tithila, Passe, Galagar, Nirpani Road, Malpa, Budhi, Garbyang, Kalapani, **Sangcham**, **Lipu Lekh Passe**, Pala, Taklakot, Baldak, Gurla Passe, **Lac Mansorowar**, Jiu, Barkha, Darchan, Missar, Nigri, Jerkola Passe, Indus (rive de l'), Nakiu, Gartok, Tirthapuri, Chitumb **Passe**, **Passe**, Gyanema, **Plaine** de Gyanema, Balchh Passe, Sangcha, Lapthal, **Kungr Passe**, Topidunga, Untadhura Passe, Milam, Rilkot, Bagodiar, **Mansiari** et Almora. L'altitude la plus élevée a été la passe de Balchh, 18000 pieds, la plus basse celle de Balwakot, un peu moins de 3000 pieds. **Askot**, à proximité du Népal, qui commande les principales **passes** du Tibet est habité par les «hommes sauvages» (*Ban Manus*) **connus sous** le nom de *Raji* ou *Rawats*, peut-être d'origine tibéto-birmane; Taklakot est la première grande ville qu'on rencontre en **pénétrant** au Tibet.

Deux cartes en couleurs facilitent la lecture de ce **beau livre** qui m'a fait parcourir d'une façon aussi instructive **qu'agréable en** compagnie de M. Sherring une partie des plus intéressantes du Tibet.

Henri CORDIER.

SCHMIDT (P. W.) — *Slapat rājawaṅ datow smim roi.*
Buch des Rajawaṅ, der Königsgeschichte. — Wien,
1906. (*Sitzungsberichte der K. Akad. d. Wissensch,
Phil.-hist. Kl.*, Bd. 151.)

Le Pégou a joué dans l'histoire de l'Indochine un rôle important.
Le premier, il a reçu la culture indienne et il l'a communiquée aux
Thaï et aux Birmans. Sa langue, apparentée au Khmèr, est un élément essentiel de le linguistique de l'Extrême-Orient. Il a une
abondante littérature et des inscriptions fort anciennes. Tout cela
est à peu près ignoré. Pour l'étude de la langue, ou en est réduit
au très médiocre manuel de Haswell, réédité par Stevens [1]). Les
seuls textes imprimés — et ils ne se trouvent pas en Europe —
sont une traduction du *Dhammapada* (1902) et quelques livres de
religion publiés par l'American Mission Press de Maulmein [2]).

Le P. SCHMIDT a donc fait une œuvre excellente en publiant le
texte du *Rājawaṅ* (Chronique royale) d'après un manuscrit appartenant à M. Blagden, et qui est une copie exécutée en 1845 d'un
original écrit en 1766. L'ouvrage comprend deux parties: la première
donne la vie du Buddha et l'histoire de ses reliques, la seconde
l'histoire des rois de Haṃsāvatī (Pégou), depuis la fondation du
royaume en 1116 de l'ère bouddhique (573 A.D.) jusqu'à 1764.
Le texte, publié en caractères môn et en transcription, est accompagné d'une traduction et suivi d'un vocabulaire. Malheureusement
ce vocabulaire ne comprend pas tous les mots du texte, mais seulement
ceux qui ne se trouvent pas dans Haswell. Cette malencontreuse limitation ôte beaucoup de son utilité au travail de M. Schmidt, qui n'eu
reste pas moins une très précieuse et très méritoire contribution aux
études indochinoises.   L. FINOT.

---

1) J. M. Haswell *Grammatical Notes and Vocabulary of the Peguan language*, 2ᵈ ed
by E. O. Stevens. Rangoon, 1901.

2) *The New Testament...* Maulmain, 1847; *A Digest of Scripture.* Ibid, 1855.

P. W. Schmidt. — *Die Mon-Khmer-Völker, ein Bindeglied
zwischen Völkern Zentralasiens und Austronesiens.* —
Braunschweig, 1906, in-8, pp. 157.

L'attention des ethnographes et des linguistes s'est depuis longtemps portée sur les rapports qui unissent entre elles les races et
les langues de l'Asie Orientale et de l'Océanie. Parmi les théories
que la bouillonnante imagination de Logan a déversées dans le
Journal of the Indian Archipelago, il en est deux qui ont fait fortune: l'une est celle d'une «formation mon-annamite»; l'autre, celle
d'une «formation» plus large, englobant avec le groupe mon-annamite
la grande famille malayo-polynésienne. «La plus ancienne formation
post-dravidienne de l'Inde ultérieure était monosyllabique et prépo-
sitionnelle... Cette formation qui peut être dénommée *Mon-Annam*
était une extension de la formation de la Chine méridionale et est
par conséquent alliée de très près au laotien ou siamois, qui prit
naissance dans le Yunnan. Les principaux restes de cette formation
sont l'annamite, le cambodgien avec les idiomes adjacents (Kha,
Chong, etc.)... le pégouan, anciennement limitrophe et proche parent
du cambodgien, le khassia. Cette formation était distinguée par les
préfixes déterminatifs *ka, ta, pa,* etc. ... Ses vocables ne se trouvent
pas seulement dans tous ces langages, mais aussi, et largement,
dans les dialectes kol (preuve que la formation pégouane embrassait
le Bas-Bengale) et dans une partie des dialectes du Vindhya...
Elle embrassait les langages des îles Nicobar et de la péninsule
malaise (Sīmang, Bīnua); et à une époque ancienne, elle s'étendit
sur les îles orientales, de Sumatra à la Polynésie»[1]).

Cette grandiose hypothèse attendait toujours une vérification.
Le P. Schmidt a entrepris cette tâche selon toutes les règles de la
méthode scientifique. Il est parti de ce principe que les comparaisons

---

[1] *Journal of the Indian Archipelago,* VI (1852), p. 658: Logan, *Ethnology of the
Indo-Pacific Islands.*

de mots sont futiles si elles ne sont précédées d'un examen serré de la phonétique et de la morphologie des langues à comparer. C'est ainsi qu'il a fixé dans deux savantes monographies les caractères des idiomes Senoi-Semang (péninsule malaise) et Khasi (Chittagong Hills) [1]) et défini leur position à l'égard du groupe *Môn-Khmer* proprement dit: car tel est le nom qu'il a proposé de substituer à celui de *môn-annamite*, non qu'il croie l'annamite étranger à cette famille, mais parceque ce dernier idiome, que différencie des autres le manque de préfixes et d'infixes ainsi que la pluralité des tons «pose à la recherche un problème très difficile, dont la solution sera plus aisée quand on aura élucidé d'abord la phonétique des autres langues môn-khmèr». Le même esprit de prudence a déterminé le P. Schmidt à exclure provisoirement de ses conclusions le *cham*, qu'il croit de souche môn-khmère, tandis que Kern, Niemann et Cabaton le rattachent au groupe malayo-polynésien. Se limitant donc sagement à quatre représentants bien authentiques de la famille: môn, khmèr, bahnar, stieng, M. S. en a fixé les lois phonétiques dans une magistrale étude [2]). Enfin il vient d'élargir et de compléter les résultats de ses recherches dans un opuscule qui traite en 150 pages d'un sujet extrêmement vaste: car il embrasse non seulement les langues, mais les races, non seulement les môn-khmèrs, mais cette immense traînée de peuples qui du Bengale aux îles Hawaï, et de Madagascar à la dernière île du Pacifique avant les côtes américaines, occupe plus de la moitié du cercle intertropical.

M. S. donne à cet ensemble le nom de langues *austriennes* (austrisch); à la branche malayo-polynésienne celui de langues *austronésiennes*, et à la branche continentale, celui de langues *austro-asiatiques*. Le

1) *Die Sprachen der Sakei und Semang auf Malakka*... (Bijdragen tot de Taal-, Land- en Volkenkunde van Ned-Indië, série 6, vol. 8. — *Grundzüge einer Lautlehre der Khasi-Sprache*... (Abhandl. der k. bayer. Akademie der Wiss. I Kl. 22 Bd. 3 Abt. Munich, 1904).

2) *Grundzüge einer Lautlehre der Mon-Khmer-Sprachen*. (Denkschriften der k. Ak. d. Wiss. in Wien, Phil.-hist. Kl. Bd. 51. Wien, 1905.)

groupe austro-asiatique renferme les sous-groupes suivants: Môn-khmèr (môn, khmèr, bahnar, stieng et autres idiomes moï, beraisi et jakun de Malacca); Senoi et Semang (Malacca); Palong, Wa, Riang (Birmanie, bassin de la Salwen); Khasi (Chittagong Hills); Nicobar, Muṇḍâ (Chota Nagpur).

Un groupe mixte (Mischgruppe) se compose de quelques idiomes (cham, radé, jarai, sedang), môn-khmèr par la construction et la morphologie, mais avec un élément considérable emprunté au malais.

Il semble que le groupe Nicobar-Khasi-Semang forme une couche plus ancienne que le groupe Mon-Khmèr-Muṇḍâ, car il possède certains mots primitifs qui, dans ce dernier, ont été remplacés par des mots ariens: là, par exemple, nous trouvons le mot «eau» exprimé par des dérivés (*teau*, *teu*, *teo*, *tü*) du radical *tu*, *tau*, «couler», ici par le skr. *udaka* plus ou moins altéré (*dak*, *dik*, *dok*, etc.). Cette différence indique un contact plus prolongé du second groupe avec les populations ariennes.

Si les conclusions linguistiques paraissent assez sûres, les faits anthropologiques le sont beaucoup moins: aussi M. S. se borne-t-il à affirmer que jusqu'ici aucune objection décisive ne s'oppose à la thèse de l'unité ethnique des groupes austro-asiatiques entre eux et avec le groupe austronésien.

Les nouvelles dénominations adoptées par M. S. pour désigner cette grande famille humaine et ses subdivisions méritent d'être adoptées. Il a été moins heureux dans ses innovations orthographiques. On ne voit pas l'intérêt qu'il peut y avoir à noter la palatale sonore par *ǵ* au lieu de *j*, ou la nasale palatale par *ń* au lieu de *ñ*, ou l'anusvâra par une tilde au lieu de *ṃ*. Les transcriptions tradition-nelles, qui ont suffi aux meilleurs linguistes de ce temps, pouvaient être conservées; et la phonétique moderne n'est point une science si facile que chaque écrivain puisse prétendre à la compliquer en-core en se créant un système particulier de transcription sans tenir

compte de l'usage général, surtout quand ces changements, arbitrairement adoptés, ne réalisent aucun progrès sensible.   L. FINOT.

E. AYMONIER et A. CABATON. — *Dictionnaire cham-français.* —
Paris, 1906, in-8°, pp. XLVIII—587 (Publications de
l'Ecole française d'Extrême-Orient, vol. VII.)

L'étude de la langue chame, si importante pour l'histoire et la
linguistique extrême-orientales, était jusqu'ici à peu près impraticable,
faute de dictionnaire: on ne disposait guère que du vocabulaire très
réduit qui fait suite aux *Contes chams* de LANDES. L'Ecole française
d'Extrême-Orient vient de rendre à la philologie indochinoise un
nouveau et important service en publiant le lexique où MM. AYMONIER
et CABATON ont mis en commun les matériaux que chacun d'eux
avait rassemblés. M. Cabaton en particulier s'est chargé de donner
à l'ouvrage sa forme définitive et de collectionner les répliques de
chaque mot dans les idiomes apparentés: travail méritoire et dont
les linguistes apprécieront les avantages. Une excellente introduction
fournit les renseignements nécessaires sur la langue, sa grammaire,
ses variétés dialectales — y compris le curieux argot des chercheurs
de bois d'aigle, — sur les termes employés pour les divisions du
temps, les poids et mesures, etc. Deux index terminent l'ouvrage:
l'un présente les mots chams dans l'ordre de l'alphabet latin, l'autre
les principaux mots français avec renvoi à la page où se trouve leur
équivalent cham, faisant ainsi office de lexique français-cham. Rien
donc n'a été négligé — par même la gravure de caractères indigènes —
pour faire de ce dictionnaire un livre commode à consulter et utile
à toutes les classes de lecteurs.

C'est d'ailleurs le premier travail de ce genre, et il serait in-
juste d'en exiger une perfection qui ne se peut atteindre qu'à la
longue. Il appartiendra dorénavant aux travailleurs d'en combler
progressivement les lacunes par leurs propres observations. Ces la-

cunes sont probables pour la langue vulgaire, elles sont évidentes
pour la langue des inscriptions: les mots qui proviennent de cette
source forment un groupe si incomplet qu'il eût peut-être mieux
valu les supprimer en les réservant pour un travail spécial. La
langue littéraire n'a pas non plus été traitée avec tout le soin
nécessaire: on s'étonne de ne trouver en tête de l'ouvrage aucune
liste des textes dépouillés, et dans chaque article aucun renvoi aux
sources. Cette omission est d'autant plus regrettable que certains
mots sont de nature à piquer la curiosité, par exemple (p. 320)
«Pō Batanjali, une divinité»: il serait assurément intéressant de
savoir dans quelle sorte de livre figure Patañjali et par quel avatar
il est devenu dieu au Champa: mais on ne nous donne là-dessus
aucun éclaircissement. M. Cabaton a fait preuve dans ses précédents
travaux d'un sens philologique trop averti pour n'être pas le premier
à regretter une indigence d'information dont il n'est sans doute pas
responsable. Aussi bien cette remarque est-elle moins un reproche
qu'un vœu. Au point où en sont aujourd'hui les études chames, le
premier travail qui s'impose est l'inventaire et le dépouillement des
manuscrits (malheureusement peu nombreux) qui nous restent. M.
Cabaton, mieux préparé que tout autre à cette tâche par ses études
antérieures, voudra, espérons-le, l'entreprendre, et trouvera pour
l'achever, espérons-le aussi, le concours de ceux qui ont le moyen
et le devoir de l'y aider.   L. FINOT.

BIBLIOGRAPHIE.

LIVRES NOUVEAUX.

Nous avons reçu le *Calendrier-Annuaire pour 1907* (5e année) publié par l'Observatoire de Zi-ka-wei; nous en tirons les renseignements suivants: l'année 1907 comprend la 44e année du 76e cycle chinois et les 32e et 33e années de l'Empereur Kouang-siu; la 44e année du 76e cycle comprend 354 jours; elle a pour signes cycliques 丁未 *ting-wei*, correspond à la *brebis* 羊 *yang*, l'élément est l'eau 水 *chouei*. Voici les dates de quelques fêtes: Nouvel an, 1er jour, 1e lune = 13 février, 元旦 *Yuan-tan*; Fêtes des Lanternes, 1e lune, 15e jour = 27 février, 上元節 *Chang-yuan tsie*; Bateaux-dragons, 5e lune, 5e jour = 15 juin, 天中節 *T'ien-tchong tsie*. — La Compagnie impériale des Télégraphes avait au milieu de 1905, 379 stations, soit 28 de plus qu'en 1904.

L'Observatoire de Zi-ka-wei vient de faire paraître le deuxième fascicule de la 1e année, 1905, des *Annales de l'Observatoire astronomique de Zô-sè (Chine)* fondé et dirigé par les missionnaires de la Compagnie de Jésus, longitude: 7h. 55^m 23^s, 78 E. de Paris, latitude: 31° 5′ 47″, 7 N., altitude, environ 100^m. Ce fascicule contient les observations solaires par le R. P. S. CHÅVALIER; il est accompagné d'un atlas de 16 planches. Le premier fascicule qui est en préparation renfermera la description détaillée de l'Observatoire et des Instruments.

Dans le numéro de décembre 1906 du *Bulletin de la Société Franco-Japonaise*, M. le Dr. Edouard MÈNE a donné un *Aperçu sommaire sur les laques du Japon* et il étudie plus particulièrement le célèbre laqueur RITSOUO ou Ogowa Haritsou, artiste de l'époque des Empereurs Higashiyama tennô (1689—1709) et Naka mikado tennô (1710—1735); natif d'Icé, il alla se fixer à Yedo; il mourut le 3 juin de la 4ᵉ année de En Kiô, en 1747, à l'âge de 85 ans.

Notre collaborateur, M. A. CABATON, a fait tirer à part, in-8, pp. 28, son travail RADEN PAKU, *Sunan de Giri* (légende musulmane javanaise), texte malais, traduction française et notes, publié dans la *Revue de l'Histoire des Religions*; ce texte est celui du ms. no. 792 de la Bibliothèque de l'Université de Leyde de la main de Hermanus Neubronner van der TUUK.

Notre collaborateur, M. Berthold LAUFER, vient de donner d'après les sources chinoises, des *Historical Jottings on Amber in Asia* dans le Vol. I, Part 3 des *Memoirs of the American Anthropological Association*, Lancaster, Pa. Ce mémoire offre le plus vif intérêt.

Dans la *Revue générale des Sciences pures et appliquées*, 28 février 1907, M. Léopold de SAUSSURE, sous le titre de *l'Astronomie chinoise dans l'Antiquité*, étudie le texte du premier chapitre *Yao-tien* 堯典 du *Chou-king* 書經 et il en conclut: «Ce texte démontre que les Chinois, antérieurement à l'an 2000, possédaient les instruments et la théorie complète de leur astronomie équatoriale; et qu'au delà encore doit se trouver un long passé de tâtonnements et de progrès. Il faut donc reculer de dix siècles au moins les premières étapes de leur civilisation, telles qu'on les conçoit actuellement; cela suffit à rendre vraisemblable la réalité des souverains légendaires qui précèdent les grandes dynasties».

Le fascicule II du Vol. III (Fascicule 6 de l'ouvrage entier) de la *Bibliotheca Sinica*, de M. Henri CORDIER, Prix 25 fr., a paru à la librairie E. Guilmoto, successeur de J. Maisonneuve, Paris. Il comprend les colonnes 1993—2380, c'est-à-dire: Deuxième Partie: **Les Étrangers en Chine.** — I. *Connaissances des Peuples étrangers sur la Chine.* — II. *Commerce.* — III. *Ports ouverts au Commerce étranger.* — Troisième Partie: **Relations des Étrangers avec les Chinois.** — I. *Ouvrages divers.* — II. *Portugal.* — III. *Espagne.* — IV. *Hollande.* — V. *Grande-Bretagne.*

M. le Dr. J. D. E. SCHMELTZ, directeur du «Rijks Ethnographisch Museum» à Leyde, a publié son rapport pour l'année 1 oct. 1905 — 30 sept. 1906. Il est suivi de deux appendices, l'un de Mr. E. M. P. van OORDT sur les jeux d'enfants japonais, l'autre sur des *Dessins sur peaux d'opossum australiennes*, avec 14 planches, par M. Arnold van GENNEP.

Nous avons reçu le 35ᵉ tirage de la *List of the Lighthouses, Light-vessels, Buoys, and Beacons on the Coast and Rivers of China for* 1907.

La Quinzaine coloniale du 10 décembre 1906 et du 25 janvier 1907 renferme les conférences que M. Jules HARMAND, ancien ministre de France au Japon a faites aux diners de l'Union Coloniale Française du 28 novembre 1906 et du 9 janvier 1907 sur *Les Grandes Puissances en Extrême-Orient et l'Indo-Chine* et sur la *Conquête et domination de l'Indo-Chine. — Le but et les moyens.*

PUBLICATIONS PÉRIODIQUES.

Anthropos Bd. II, Heft 1, 1907.... herausgegeben.... von P.W. Schmidt, S.V.D., Salzburg. [Cf. *T'oung pao*, déc. 1906, p. 726]. — *Los habitantes de la Prefectura de Chiang-chiu, Fu-kien, Sud-China.* Por el Fr. Gregorio Arnáiz, O. Pr., Emuy China. (Cont.) (pages 59—67). — *Philosophie populaire annamite.* Par L. Cadière (pages 116—127).

CHRONIQUE.

―◄○○○►―

ASIE CENTRALE.

STEIN, écrivant de Keriya, dans le Turkestan chinois, à la date du
donne l'information suivante, concernant ses travaux archéologiques
iques. Pendant que lui-même était occupé à Kachgar, Rai Ram Singh,
instructions, exécutait un relevé systématique à la planchette et au
à travers une portion encore inexplorée de la vallée de la rivière
n et de là, le long du versant oriental du Mustagh-ata, à la latitude
sar. Après qu'il eut rejoint le Dr. Stein à Yarkand, ils marchèrent
te jusqu'à présent non relevée à l'est de la rivière Tiznaf jusqu'aux
rieures autour de Kokyar. Là, le Dr. Stein put recueillir une quan-
able de mesures anthropologiques et de renseignements sur les ha-
'akhpo, petite tribu intéressante, conservant dans son isolement alpin
actères principaux de cette race, alliée très proche des Galchas actuels
et de langue iranienne, qui dans les temps anciens, a dû s'étendre
us à l'est aussi loin que Khotan. De Kokyar, le Dr. Stein traversa
extérieures jusqu'à Khotan, relevant en détail la route peu connue
les débouchés des vallées de Kilian, Sanju et Duwa. Pendant qu'il
me occupé autour de Kokyar, il expédia le topographe Ram Singh
e de la chaine neigeuse autour du Larlik Dawan, qui n'avait jamais
ait relevée et ensuite pousser jusqu'au haut Kara Kach, auquel on
r par le dernier petit morceau de terre inconnue restant dans la
agneuse et difficile entre les rivières Kara Kach et Youroung Kach.
tte tâche avec un plein succès. Il fut prouvé que la grande vallée
ssédait des pâturages très étendus avec une abondance de végétation
exceptionnelle dans ces montagnes arides. En dépit des difficultés,
urs réussirent à pousser leurs relevés jusqu'aux glaciers imposants
à de la Nissa et ceux également très considérables couronnant le
ssus de Karanghu tagh. Ils prirent de nombreuses photographies
au point beaucoup de détails dans les panoramas nécessairement
au photo-théodolite que des conditions de temps plus favorables
lis au Dr. Stein de prendre dans l'automne de 1900.

Moins d'une semaine après le retour du Dr. Stein à Khotan, il partit pour sa campagne archéologique dans le désert, à l'est. Ses premiers relevés furent dirigés vers des restes anciens, divers, mentionnés entre le grand Stupa de Rawak, en partie fouillé par lui en 1900, et les espaces largement couverts de débris, connus sous le nom collectif de Tati de Hanguya. Il trouva la cour du Stupa de Rawak ensevelie encore plus profondément sous les dunes qu'auparavant, mais réussit à relever dans son entourage d'autres indications d'une occupation plus ancienne. Les fouilles d'un temple en ruines dans le Tati de Hanguya ont fourni plusieurs petits reliefs en terre-cuite intéressants, qui autrefois décoraient ses murs. Le style de ces sculptures est manifestement dérivé des modèles de l'art gréco-bouddhiste et se rapproche très étroitement des reliefs du Stupa de Rawak datant approximativement du 5—6ᵉ siècle de notre ère. Les ruines se trouvent à environ deux milles du bord actuel de la surface irriguée et la culture dans la partie fertile de Hanguya gagne sûrement sur les espaces primitivement abandonnés au désert. Son premier objectif fut un groupe de petits sites ruinés dans le désert couvert de brousse non loin du village de Domoko, à l'est de l'oasis de Khotan. La ruine principale s'est trouvée être un autel bouddhiste qui avait été diminué par les opérations des «chercheurs» de trésors, etc., et réduit déjà aux époques anciennes à l'état de monceaux de débris. Heureusement les sillons récents n'ont fait qu'effleurer le monticule et en débarrassant systématiquement les restes de la structure originale, le Dr. Stein fut à même de retrouver un grand nombre de manuscrits sur papier en sanscrit, en chinois, et dans la langue «inconnue» du vieux Khotan, à côté de plusieurs tablettes de bois, avec des inscriptions en même langue et quelques-unes en tibétain. Le même temple, outre d'autres reliques intéressantes, fournit aussi des parties d'un bien plus ancien manuscrit sanscrit sur écorce de bouleau, sans doute importé de l'Inde. Quelques grands rouleaux excessivement bien conservés d'un texte bouddhique en Chinois, ayant au revers ce qui est évidemment une traduction dans cette langue «inconnue» du vieux Khotan, pourront fournir la clef si longtemps désirée pour le déchiffrement de cette dernière.

Les résultats obtenus par l'excavation d'un ancien monticule de débris situé au sud de l'oasis de Domoko, du côté opposé au désert, offrent également un intérêt spécial. Ces excavations fournirent, à côté de documents en écriture brahmi du vieux Khotan, une grande collection de pièces chinoises sur bois d'un caractère administratif. Les dépôts de détritus de cette localité remontent approximativement à la fin du huitième siècle et c'est précisément à cette période que la domination chinoise dans le Turkestan Oriental et avec elle une ère de prospérité, prit fin par l'invasion tibétaine. Pendant ces travaux archéologiques, le topographe Ram Singh faisait des travaux de triangulation sur la haute chaîne neigeuse autour des sources des rivières Keriya et Kiya. Après avoir complété ses excavations de Domoko, le Dr. Stein se rendit à Keriya d'où il devait repartir pour son but le plus proche à l'est, l'ancien site au-delà du désert au-delà de Niya.

Le Dr. von LECOCQ, qui a voyagé dans les parties reculées de l'Asie Centrale comme envoyé scientifique du gouvernement prussien, et dont l'arrivée sain et sauf au Cachemire a été annoncée dans le *Times* du 30 novembre 1906, a donné au Correspondant à Srinagar du *Times of India* quelques détails sur les résultats de son expédition.

Le Dr. von Lecocq, qui est un assistant du Museum Royal d'Ethnographie de Berlin, accompagné par un sous-ordre du Museum, quitta Berlin en Septembre 1904, et se rendit à Ouroumtsi, capitale du Turkestan chinois, et de là à Tourfan, distant de cinq jours de marche, par 42° environ de latitude. Après trois mois de fouilles stériles, il y découvrit une grande quantité de peintures murales et de manuscrits. Les dix langues principales de ces documents étaient le Nagari, le Brahmi de l'Asie Centrale, le chinois, le tibétain, le Tangout, le Syriaque, le Manichéen, l'Ouïgour, le Kok-turc (la langue mère des Turcs), et une langue inconnue décrite comme «une variété curieuse et indéchiffrée du Syriaque. Le Tangout est une sorte de langue tibétaine, connue jusqu'à présent seulement par quelques inscriptions lapidaires. Les écrits manichéens sont dans l'alphabet inventé par Mani (déchiffré dans ces deux ou trois dernières années par le Dr. F. W. K. MULLER, du Museum d'Ethnographie de Berlin), mais la langue employée est du Persan moyen. On espère que ces manuscrits jetteront la lumière sur la langue persane primitive à peine connue, si importante pour l'histoire des Parsis. La plupart des manuscrits trouvés sont sur papier, jamais sur papyrus, mais quelques-uns sont sur cuir blanc soigneusement preparé et d'autres sur bois. Les peintures murales sur plâtre sont pour la plupart bouddhistes, et on suppose qu'elles forment le lien qui a permis à l'art indien de traverser l'Asie jusqu'au Japon. Le zèle ardent des conquérants chinois du Turkestan contre le bouddhisme est démontré par la découverte de momies, encore vêtues et odoriférantes, d'une foule de moines bouddhistes repoussés dans un temple et desséchés là depuis plus d'un millier d'années.

A la fin de 1905, le Professeur Albert GRÜNWEDEL rejoignit le Dr. von Lecocq à Kachgar et ils firent ensemble des fouilles à Koutcha et Kourla. Ils y découvrirent un grand nombre de manuscrits nagaris et brahmis, de tablettes avec des inscriptions Brahmi et Kharoshṭi et de peintures à l'huile extraordinaires. Le professeur Grünwedel et un sous-ordre travaillent encore au Turkestan, mais le Dr. von Lecocq dut les quitter à cause de sa mauvaise santé et atteignit Srinagar après un voyage périlleux, effectué avec le capitaine Sherer, de l'Artillerie Royale. Le Dr. von Lecocq dit au Correspondant du *Times of India* que l'expédition n'avait en rien empiété sur le terrain réservé au Dr. M. Aurel STEIN, se trouvant par le fait, à plusieurs centaines de milles de l'endroit de ses travaux dans le Turkestan méridional. Ses manuscrits remplissent 15 boites et en tout, plus de 200 caisses de trouvailles ont été dirigées sur Berlin. Jusqu'alors, l'expédition du Dr. von Lecocq avait coûté au Gouvernement Allemand £ 10,000, somme qui contraste avec les £ 800, dépensées par le Gouvernement Indien pour l'expédition faisant époque du Dr. Stein en 1900—01. Le Dr. von Lecocq estime que la publication des résultats de cette expédition, avec les planches, sur le plan de *Ancient Khotan* du Dr. Stein, comprendra 25 volumes gr. in-4.

M. le professeur VAILLANT communique à la Société de Géographie sur son fils et sur la mission PELLIOT les nouvelles suivantes:

Le 17 octobre la mission quittait Kachgar. Elle se rendait à Ordeklick, vieille ville musulmane où l'on s'arrêtait quatre jours, ce qui a permis au Dr Louis Vaillant d'observer une occultation d'étoile dans de bonnes conditions. Elle arrivait le 28 à Maral-Baschi à Thoumschouk où l'on ne comptait séjourner qu'un ou deux jours; mais la découverte des ruines d'un temple bouddhique a engagé d'y rester plus longtemps. La mission ne partit que le 17 novembre après avoir exécuté des fouilles qui ont été très fructueuses. Pendant ce laps de temps cinq occultations et deux observations d'éclipse des satellites de Jupiter ont été relevées. Les voyageurs n'ont qu'à se louer de l'accueil que leur font les autorités chinoises et de l'aide qui leur est donnée pour leurs recherches.

CHINE.

On ignorait que l'Empereur Kouang-siu fut poète à ses heures. Au moment du départ du prince Fushimi pour le Japon, l'Empereur chinois lui a présenté en souvenir une pièce composée par lui-même. Voici cette poésie, composée de quatre vers de sept pieds dont les *Relations de Chine*, Janvier 1907, donnent la traduction:

«Au cœur de l'automne, votre âme vaillante arriva en Chine, après avoir vogué sur les mers japonaises;

«Une lumière émane de vous, qui éclaire et resplendit au Japon et ici aussi: et vous êtes pareil à un bel arbre en pleine floraison;

«C'est avec grand plaisir et grand enthousiasme que nous vous voyons à notre côté, en ce matin de calme;

«Tandis que lents et paisibles et purs, les flots lèchent les côtes orientales et occidentales, c'est-à-dire que règne la paix au Japon et en Chine».

FRANCE.

M. Edouard CHAVANNES, notre co-directeur, quittera Paris, le mercredi 27 mars, pour se rendre, par la voie sibérienne, dans le nord de la Chine pour y faire des recherches archéologiques.

Dans sa séance du 7 décembre 1906 la Société de Géographie annonce que, s'appuyant sur de précieux concours, elle a pu mener à bien l'organisation d'une mission française dans les provinces occidentales de la Chine. La direction en est confiée à M. le capitaine Henri D'OLLONE, connu par ses précédentes explorations, celle du Cavally (Côte d'Ivoire) notamment qu'il entreprit avec M. l'administrateur Hostain et qui lui valut une de ses médailles d'or. Cet officier qui avait fait auparavant l'expédition de Madagascar et, depuis, un intéressant voyage dans l'empire du Milieu, était particulièrement indiqué pour cette désignation. Son ouvrage, paru ces jours derniers, *La Chine novatrice et guerrière*, est un nouveau titre à la confiance de la Société, en même temps que le gage du sérieux avec lequel seront conduits les travaux.

La mission, dont le départ est fixé au 21 de Paris et au 23 de Marseille, comprend outre son chef, le lieutenant d'artillerie de FLEURELLE chargé spécialement des études topographiques et géologiques, le lieutenant LEPAGE, breveté de l'École des Langues orientales et du maréchal des logis de BOYVE.

Dans la séance de l'Académie de Médecine du Mardi 12 Mars 1907, M. KERMORGANT présente un rapport du docteur Rouffiandis, médecin-major de 2e classe des troupes coloniales, sur la variole et la vaccine au Laos de 1895 à 1906.

Le Laos fait partie des pays composant notre empire indo-chinois; d'une superficie de 267,000 kil. carrés, il ne compte que 500,000 habitants, ce qui fait environ 2 habitants par kilomètre carré. Les villages très distants les uns des autres sont plus ou moins accessibles, suivant qu'ils sont situés sur les cours d'eau, dans leur voisinage immédiat ou dans la montagne. Les médecins vaccinateurs, pour accomplir leur tâche, doivent recourir aux pirogues ou aux radeaux pour les villages du fleuve; pour atteindre les villages situés dans la montagne, ils vont à pied, à cheval ou à dos d'éléphant.

Après bien des dangers courus et une somme d'efforts considérables, les médecins sont arrivés à pratiquer dans l'espace de onze années un total de 196,830 vaccinations. Ce chiffre ne pourra que s'accroître désormais, un centre vaccinogène qui est en plein fonctionnement, ayant été créé en 1904 sur le plateau du Tranninh par 1,200 mètres d'altitude.

TIBET.

Je note dans l'édition hebdomadaire du *Times*, du 8 Février 1907 :

Le message suivant a été reçu à Calcutta, *via* Gyangtse (Tibet), du Dr Sven HEDIN, qui est entré au Tibet par l'Aksai tchin (Désert Blanc). L'explorateur, qui avait atteint Ngangon Tso le 21 janvier dernier, et espérait arriver à Shigatse à la fin de ce mois, écrit : —

«Huit cent quarante milles de pays inconnu ont été explorés. Nous avons eu un voyage splendide à travers la partie la plus inconnue du Tibet. Nous avons perdu toute la caravane, mais pas un seul homme. Nous avons rencontré les premiers Tibétains après 84 jours de solitude. Il y eut là un hiver arctique de cinq mois et maintenant il y a 31° au dessous de zéro (Fahrenheit), et chaque jour il y a tempête ou demi-tempête.

«J'ai découvert beaucoup de nouveaux lacs, de nouvelles rivières, chaînes de montagnes et mines d'or, et les résultats géographiques sont extraordinairement riches. Une carte a été faite en 184 feuilles. J'ai 634 panoramas, 230 spécimens de roches et de profils géologiques, beaucoup de douzaines de photographies, vingt points astronomiques et un millier de pages d'annotations. Quatre lacs ont été sondés, soit en bateau, soit sur la glace.

«Nous avons échappé de très près à des tempêtes sur les lacs et avons été attaqués une fois par un yak sauvage — une aventure pittoresque. Tous les Ladakis et mes aides furent au-dessus de tout éloge. Ce sont les meilleurs hommes que j'aie jamais eus.

«Le 11 Janvier, nous fûmes arrêtés par les Tibétains à Ngangtso; le 13, pour une raison inconnue, ils changèrent d'opinion et me laissèrent continuer. J'ai reçu une chaude bienvenue postale de Gyangtse.

«Ceci est le voyage le plus merveilleux que j'aie fait en Asie en 22 ans».

Le Correspondant de Reuter à Calcutta télégraphie à la date du 10 Mars:

«J'ai reçu une lettre personnelle du Dr. Sven HEDIN datée de Shigatse, du 22 Février, dans laquelle il dit:

«Le pays entre le Ngangtse-tso et le Brahmapoutre est une des parties les plus intéressantes du Tibet. Le plateau s'étendant vers le Sud, jusqu'ici inconnu, est un des plus élevés du monde. La ligne de partage des eaux entre le Ngangtse-tso et le Brahmapoutre est située plus au nord qu'on ne l'avait cru, et le pays consiste en un labyrinthe des plus compliqués d'étendues et de ramifications de rivières. De grands fleuves coulent de ce district du Brahmapoutre. A Shigatse, il y a de grands villages avec des temples et des jardins tout au bord du côté nord du fleuve.

«De Stanagbo, l'explorateur voyageait par bateau. Le fleuve était plein de glaces flottantes et il y avait un courant constant de bateaux avec des pèlerins en route pour les fêtes du Nouvel An à Teshi Lumbo. Le Dr. Sven Hedin reçut un chaleureux accueil. Le Teshou Lama qui était là le combla de bontés, lui faisant des présents de caravanes et de provisions et l'autorisant à dessiner et à prendre partout des photographies. Il dépeint le Teshou Lama comme un homme très sympathique et étonnant. Le Dr. Sven Hedin eut avec lui à Labrang, la partie la plus sacrée du Jampa, une longue entrevue qui dura plusieurs heures. L'explorateur était au moment de partir pour des régions inconnues lorsqu'il nous a écrit».

ERRATUM.

Dans le Numéro de Décembre 1906, les dernières lignes de l'article intitulé *Trois inscriptions relevées par M. Charria* ont été ajoutées au dernier moment sur épreuves; il est résulté de cette précipitation deux fautes d'impression que nous corrigeons ici:

p. 701, ligne 1: au lieu de 革, lisez 靳.

p. 701, ligne 7: au lieu de 桼, lisez 泰.

LES PAYS D'OCCIDENT D'APRÉS LE
Heou Han chou

PAR

EDOUARD CHAVANNES.

AVANT-PROPOS.

L'histoire des Han orientaux qui figure dans la liste des histoires canoniques de la Chine fut écrite par *Fan Ye* 范曄, mort en 445 p.C. Mais cette œuvre n'est que l'aboutissement de toute une série de travaux antérieurs qui, commencés dès l'époque des *Han* orientaux, se poursuivirent jusqu'au temps de *Fan Ye* lui-même; il est certain que celui-ci a dû, dans la plupart de ses chapitres, reproduire des récits qui furent rédigés longtemps avant lui [1]).

Bien plus, il arrive parfois que *Fan Ye* nous ait conservé, non plus même les pages qui furent élaborées par les historiens ses prédécesseurs, mais quelques uns de ces documents officiels qui sont la source dernière de l'histoire, puisqu'ils représentent les renseignements que le gouvernement Chinois se procurait par l'intermédiaire de ses agents les plus compétents. Tel est le cas pour le chapitre du *Heou Han chou* qui traite des pays d'Occident; en effet, après un préambule où *Fan Ye* retrace rapidement les vicissitudes de la domination chinoise dans le Turkestan sous la dynastie des *Han* orientaux, il ajoute qu'il va s'inspirer du rapport adressé à l'empereur par le général *Pan Yong* en l'an 125 de notre ère ou peu avant; ce général, fils du célèbre *Pan Tch°ao*, et neveu de l'historien *Pan Kou*, joua un rôle important dans la conquête et l'administration des pays d'Occident pendant les premières années du deuxième siècle [2]);

---

1) Sur les travaux historiques dont la dynastie des *Han* orientaux fut l'objet avant le *Heou Han chou*, voyez la notice de *Yu Tsing* et *Wang Chou* traduite dans le *T'oung pao* de Mai 1906, p 211—215.

2) La biographie de *Pan Yong* a été traduite dans le *T'oung pao* de Mai 1906, p. 245—255.

nul n'était mieux placé que lui pour parler d'une politique à laquelle il avait directement collaboré. A la fin du même chapitre, *Fan Ye* ajoute une sorte de dissertation au cours de laquelle il indique incidemment qu'il a suivi jusque dans le détail des phrases le rapport de *Pan Yong*.

Il est vrai que, lorsqu'il est question des royaumes du Turkestan oriental tels que Khoten, Kachgar ou Tourfan, *Fan Ye* mentionne des évènements qui se passèrent de 150 à 170 de notre ère. Cette particularité cependant n'infirme en rien l'importance qu'il faut attribuer au texte de *Pan Yong* dans ce chapitre; c'est bien en effet ce texte lui-même qui constitue le tableau d'ensemble des pays d'Occident; seulement, en ce qui concerne ceux de ces pays qui, plus voisins de la Chine, restèrent plus longtemps en relations avec elle, l'historien ajoute quelques faits postérieurs au rapport de *Pan Yong*.

En résumé, le chapitre CXVIII du *Heou Han chou* traite des pays d'Occident tels qu'ils apparaissaient à un témoin oculaire écrivant peu avant l'année 125 de notre ère; quant aux additions faites par *Fan Ye*, elles ne dépassent guère l'année 170 de notre ère. Ainsi, quoique la dynastie des *Han* orientaux ait duré près de deux siècles, de 25 à 220 p.C., le chapitre sur les pays d'Occident ne parle que des cent années qui s'écoulèrent de l'année 25 à l'année 125, en faisant quelques adjonctions relatives aux évènements qui eurent lieu dans le Turkestan oriental de 125 à 170.

La période couverte par ce chapitre est d'une importance capitale dans l'histoire des relations entre l'Orient et l'Occident. C'est vers l'an 100 de notre ère que devait vivre ce commerçant macédonien Maès Titianus dont les itinéraires ont permis à Marin de Tyr, puis au géographe alexandrin Ptolémée, de nous fournir des indications sur les voies de communication à travers l'Asie Centrale. D'autre part, c'est en l'an 97 de notre ère que *Kan Ying*, lieutenant de *Pan Tch'ao*, fut envoyé en mission de reconnaissance jusque sur les bords du golfe Persique; il aurait pu croiser sur les routes des Pamirs une des caravanes à la solde de Maès Titianus. Une même impulsion poussait donc simultanément la Chine et l'Orient romain à tenter alors de se frayer un passage qui leur permît de faire des échanges sans avoir recours à l'entremise onéreuse de courtiers trop intéressés à empêcher toute relation entre les deux plus riches civilisations de ce temps.

Au même moment, la navigation ouvrait au commerce des débouchés imprévus jusqu'ici. Sous le règne de l'empereur Claude (41—54), un pilote grec d'Egypte, Hippalos, avait eu l'idée de profiter de la régularité des vents de la mousson pour passer directement du golfe d'Aden dans l'Inde; cette découverte de génie permit d'établir un va et vient régulier entre les ports de l'Inde et ceux de la Mer Rouge; et, comme les bateaux de l'Inde se rendaient en Indo-Chine, il fut dès lors possible à des hommes ou à des marchandises venues de l'Egypte et de la Syrie, d'être transportés par mer jusqu'en Chine. C'est ainsi que, en l'année 120, des jongleurs du *Ta Ts'in*, c'est-à-dire de l'Orient romain débarquèrent en Birmanie d'où ils furent envoyés à l'empereur de Chine; de même, en 166, un marchand se disant ambassadeur de Marc-Aurèle arriva au Tonkin tout comme y étaient arrivés avant lui, en 159 et 161, des trafiquants hindous. Ces faits suffisent à prouver que la navigation entre l'Egypte et l'Inde et entre l'Inde et le Tonkin avait rendu praticables par la voie de mer des relations entre la Chine et l'empire romain.

Les deux puissances qui, en Asie, s'interposaient entre Rome et la Chine étaient celle des Parthes, maîtres de la Perse, et celle des Kouchans, maîtres de l'Inde. Sur les Parthes, l'histoire chinoise ne nous renseigne guère; les Romains, grâce aux guerres continuelles qu'ils leur firent, furent mieux informés à leur sujet. Mais, en ce qui concerne les Kouchans, les textes chinois, bien qu'encore insuffisants, ont une importance capitale; ce sont eux qui nous permettent de suivre dans les étapes successives de leur migration à travers l'Asie les *Ta Yue-tche* depuis leur départ du *Kan-sou* jusqu'à leur arrivée dans le Badhakhschân; puis ils nous montrent les emplacements des cinq principautés qui leur furent soumises et qui s'étendaient du Wakhân jusqu'au Gandhâra; c'est la plus méridionale d'entre elles, celle des Kouchans qui, entre l'an 25 et l'an 50 de notre ère, s'annexa les quatre autres et se substitua aux princes du Badhakhschân; ce furent ces mêmes Kouchans qui, quelque temps plus tard, conquirent l'Inde; les textes Chinois nous apprennent encore l'influence considérable qu'eurent les *Ta Yue-tche* à partir de l'an 2 avant notre ère dans la propagation du Bouddhisme en Asie. Assurément bien des questions continuent à rester en suspens, mais on peut espérer que le jour où des fouilles auront été entreprises à Balkh et dans le Badhakhschân, les historiens Chinois permettront une fois de plus la coordination et la systématisation des résultats mis en lumière par les archéologues et les numismates; alors la chronologie et la géographie de l'empire improprement appelé Indo-scythe pourront être définitivement fixées.

Si tel est l'intérêt que présente le chapitre CXVIII du *Heou Han chou* pour l'histoire des relations commerciales entre la Chine et l'Orient romain et pour l'histoire des Indo-scythes, il est évident que ce chapitre a dû déjà attirer l'attention du monde savant. En effet, les pages qui sont relatives au *Ta Ts'in* (Orient romain) et aux *Ta Yue-tche* (Indo-scythes) ont fait l'objet d'études si nombreuses qu'il serait difficile de les rappeler toutes [1]). Cependant, tandis qu'on

---

1) Parmi ces travaux, je mentionnerai seulement:

I. En ce qui concerne l'Orient romain:

Reinaud: *Relations politiques et commerciales de l'empire romain avec l'Asie Orientale* (1863; 339 p.).

Hirth: *China and the Roman Orient* (1885; xvi et 330 p.).

Hirth: *Syrisch-chinesische Beziehungen im Anfange unserer Zeitrechnung* (Sonderabdruck aus Roman Oberhummer und Dr. H. Zimmerer: *Durch Syrien und Kleinasien*; 1899, p. 436—449).

s'ingéniait à expliquer et à commenter toujours les mêmes passages, il ne se
trouvait personne pour donner une traduction du chapitre dans son entier: il
m'a semblé que l'entreprise devait être tentée puisqu'elle permettrait au lecteur
de saisir d'un seul coup d'oeil quelle était la situation politique de l'Asie Centrale au premier siècle de notre ère; j'ai cru d'ailleurs qu'il serait bon d'éclairer
le texte du chapitre consacré aux contrées d'Occident en y joignant les biographies des généraux qui furent les instruments de la politique chinoise dans ces
régions; c'est pour cette raison que j'ai déjà publié les biographies des généraux
Pan Tch'ao, Pan Yong et *Leang K'in* [1]) et que j'annexe au présent travail
les biographies des généraux *King Ping* et *Keng Kong*. Enfin j'ai reproduit le
texte chinois du chapitre CXVIII du *Heou Han chou*, d'après l'édition publiée
à Chang-hai en 1888 pour que le lecteur ait le moyen de contrôler constamment ma traduction.

II. En ce qui concerne les Indo-scythes:

Specht: *Etudes sur l'Asie Centrale d'après les historiens Chinois (Journal Asiatique*,
Oct.-Déc. 1883, p. 317—350; Fév.-Mars 1890, p. 180—185; Juillet-Août 1897,
p. 152—193).

Sylvain Lévi: *Notes sur les Indo-scythes (Journal Asiatique*, Nov.-Déc. 1896, p. 444—
484; Janv.-Fév. 1897, p. 5—42).

Marquart: *Erânsahr* (1901; notamment p. 199—219 et 242—248).

O. Franke: *Beiträge aus Chinesischen Quellen zur Kenntniss der Türkvölker und
Skythen Zentralasiens* (1904).

III. Sur le commerce entre la Chine et l'Orient romain dans les deux premiers siècles de
notre ère:

Richthofen: *Ueber die Centralasiatischen Seidenstrassen bis zum zweiten Jahrhundert
n. Chr. (Verhandlungen der Gesellschaft für Erdkunde zu Berlin*, vol. IV, 1877,
p. 96—122).

Richthofen: *Ueber den Seeverkehr nach und von China im Alterthum und Mittelalter*
(dans *Verhandlungen der Gesellschaft für Erdkunde zu Berlin*, vol. III, p. 86—97).

F. Hirth: *Zur Geschichte des antiken Orienthandels* (dans *Verhandlungen der Gesellschaft für Erdkunde zu Berlin*, vol. XVI, 1889, p. 46—64).

F. Hirth: *Ueber den Seeverkehr Chinas im Altertum nach Chinesischen Quellen* (dans
Geographische Zeitschrift, Leipzig, 1896, t. II, pp. 444—9).

Vidal de la Blache: *Les voies de commerce dans la Géographie de Ptolémée (Comptes-
rendus des séances de l'Académie des Inscriptions*, 1896, p. 456—483).

Vidal de la Blache: *Note sur l'origine du commerce de la soie par voie de mer*
(*Comptes-rendus des séances de l'Académie des Inscriptions*, 1897, p. 520—527).

1) Voyez dans le *T'oung pao* de mai 1906, p. 210—269, l'article intitulé *Trois généraux chinois de la dynastie des Han orientaux.*

Les pays d'Occident.

(*Heou Han chou*, chap. CXVIII).

Au temps de l'empereur *Wou* 武 (140—87 av. J.-C.), les contrées d'Occident étaient sous la dépendance de l'empire; elles comptaient trente-six royaumes [1]). Le gouvernement impérial y avait établi un Commissaire militaire des ambassadeurs, 使者校尉, pour diriger et protéger ces contrées [2]). L'empereur *Siuan* 宣 (73—49 av. J.-C.) changea ce titre en celui de Protecteur général

---

1) Ce nombre de trente six est en effet indiqué dans le *Ts'ien Han chou* (chap. XCVI, a, p. 1 r°).

2) Le *Ts'ien Han chou* (chap. XCVI, a, p. 1 v°) nous apprend que, après que le général *Li Kouang-li* 李廣利 eut triomphé en l'an 101 av J.-C. du royaume de *Ta-yuan* 大宛 dont la capitale était la ville de *Eul-che* 貳師 (Teratépé), la Chine et les pays d'Occident échangèrent des ambassades très fréquentes; le gouvernement impérial fit alors établir de distance en distance des bâtiments de halte 亭 depuis *Touen-houang* 敦煌 (*Cha tcheou*) jusqu'au lac Salé 鹽澤 (le Lop-nor); en outre dans la région de *Louen-t'ai* 輪臺 et de *K'iu-li* 渠犁 (au S.O. de Karach'ar) il y avait plusieurs centaines de colons militaires 田卒; on établit (là) un Commissaire impérial des ambassadeurs pour diriger (ces gens) et protéger (leurs cultures) afin de subvenir aux besoins des ambassadeurs envoyés dans les pays étrangers 置使者校尉領護以給使外國者. — Comme on le voit par ce texte du *Ts'ien Han chou*, confirmant celui du *Heou Han chou*, le titre du fonctionnaire institué peu après l'année 101 av. J.-C. est bien celui de: Commissaire militaire des ambassadeurs; c'est par erreur, semble-t-il, que les deux mots 校尉 sont omis dans le texte de *Sseu-ma Ts'ien* (chap. CXXIII, p 8 v°) qui est ainsi conçu: «Or, à *Louen-t'eou* (= *Louen-t'ai*), il y avait plusieurs centaines de colons militaires; on institua donc un [commissaire impérial des] ambassadeurs pour protéger ces champs et recueillir ce grain afin de subvenir aux besoins des ambassadeurs envoyés dans les pays étrangers» 而輪頭有田卒數百人。因置使者。護田積粟。以給使外國者。— La même omission de deux caractères se remarque dans le commentaire de 676 du *Heou Han chou* (sous la phrase que nous venons de traduire); ce commentaire paraît donc ici s'être inspiré de *Sseu-ma Ts'ien*, bien qu'il prétende faire une citation du *Ts'ien Han chou*.

都護 [1]). L'empereur *Yuan* (48—33 av. J.-C.) institua encore les deux Commandants militaires *wou* et *ki* [2]) pour diriger la colonie agricole établie à la cour du roi antérieur de *Kiu-che* 車師前

---

1) Ce titre fut créé en l'année 60 av. J.-C. en faveur de *Tcheng Ki* 鄭吉 (voyez *Ts'ien Han chou*, chap. LXX, p. 2 r° et v°). *Tcheng Ki* avait commencé par diriger en qualité de *che-lang* 侍郎 la colonie militaire de *K'iu-li* 渠黎 (au S.O. de Karchar); il avait accumulé beaucoup de grains et en avait profité pour gagner à sa cause les princi- pautés voisines dont les soldats l'aidèrent à attaquer le roi de *Kiu-che* 車師 (Tourfan); ensuite, il reçut le titre de *Wei seou ma* 衛司馬 et fut chargé de protéger la Route du Sud à l'Ouest de *Chan-chan* 鄯善; en l'an 60 av. J.-C., le roi *jo-tchou* 日逐王 s'adressa à lui pour faire sa soumission à la Chine; *jo-tchou* est le titre que doit avoir porté chez les *Hiong-nou* le chef du clan *Hou-yen* 呼延, lequel était établi dans les environs du lac Barkoul comme le prouve l'inscription érigée en 137 ap. J.-C. pour commé- morer la victoire de *P'ei Tch'en* (cf. *Dix Inscriptions chinoises de l'Asie Centrale*, p. 17; l'identité du roi *jo-tchou* et du roi *Hou-yen* nous est attesté par le *Yuan king* 元經, chap. I, p. 9 r° de la réimpression de 1791 du *Han Wei ts'ong chou*, qui dit: 呼延 號日逐). Pour reconnaître les mérites de *Tcheng Ki*, le gouvernement Chinois le chargea de protéger, non plus seulement la route du Sud, à l'Ouest de *Chan-chan* (au Sud du Lop nor), mais encore la route du Nord à l'Ouest de *Kiu-che* (Tourfan); il eut donc à protéger simultanément les deux routes et c'est pourquoi on l'appela (le Protecteur) *général* 並護南北二道故謂之都。 (*Yen Che-kou*, dans *Ts'ien Han chou*, chap. LXX, p. 2 v°). Telle est l'origine de ce titre de Protecteur général 都護 qui apparaît dès lors si souvent dans l'histoire des relations de la Chine avec les pays d'Occident.

2) C'est en l'an 48 av. J.-C. que furent institués les *wou ki hiao wei*; il y avait un *wou hiao wei* 戊校尉 et un *ki hiao wei* 已校尉. L'origine du nom de cette fonction n'est pas connue exactement et a donné lieu à plusieurs explications plus subtiles les unes que les autres: 1° la plus simple consiste à dire que les caractères *wou* et *ki* occupant la place du centre dans le cycle dénaire ont été appliqués à deux fonctionnaires qui résidaient en effet au centre des contrées d'occident; — 2° tandis que, comme on peut le voir dans le chapitre *Yue ling* du *Li ki*, les caractères *kia* et *yi* correspondent au prin- temps, les caractères *ping* et *ting* à l'été, les caractères *keng* et *sin* à l'automne et les ca- ractères *jen* et *kouei* à l'hiver, les caractères *wou* et *ki* n'ont pas de saison qui leur soit approprié et sont nomades; les *ou ki hiao wei* auraient donc été ainsi nommés parce qu'ils n'avaient pas de résidence fixe (*Yen Che-kou*); — 3° les caractères *wou* et *ki* symbolisent l'élément terre; on les a donc choisis, soit parce qu'il s'agissait de colonies agricoles culti- vant la terre, soit parceque l'élément terre triomphe de l'élément eau lequel doit être en effet dompté pour servir aux irrigations, soit enfin parceque l'élément terre représentant la Chine au *centre* triomphe de l'élément eau représentant les barbares du *nord* et produit l'élément métal représentant les contrées d'*Occident*.

王庭[1]). Au temps des empereurs *Ngai* 哀 (6—1 av. J.-C.) et
P'ing 平 (1—5 ap. J.-C.), les principautés des contrées d'Occident
se morcelèrent et formèrent cinquante-cinq royaumes.

Wang Mang 王莽 ayant usurpé le trône (9—22 p. C.), il
abaissa en dignité (le *chan-yu* des *Hiong-nou*) en changeant son
titre contre celui de «roi-vassal»[2]); à la suite de cela, les pays
d'Occident conçurent du ressentiment et se révoltèrent; ils rompirent donc toutes relations avec le Royaume du Milieu et tous ensemble firent de nouveau leur soumission aux *Hiong-nou* 匈奴.

Cependant les *Hiong-nou* accablant de lourds impôts les divers
pays (d'Occident), ceux-ci ne purent plus supporter leur domination,
et, pendant la période *kien-wou* (25—55 p.C.), ils envoyèrent tous
des ambassades pour demander à faire leur soumission à l'empire
et pour exprimer leur désir d'avoir un Protecteur général 都護.
L'empereur *Kouang-wou* 光武 (25—57 p.O.), considérant qu'il venait
à peine de s'assurer l'empire et qu'il n'avait point encore le temps de
s'occuper des affaires du dehors, refusa en définitive son consentement.

---

1) Le prince de la cour antérieure de *Kiu-che* avait sa résidence à *Kiao-ho tch'ang*
交河城 (Yar khoto, à 20 *li* à l'Ouest de Tourfan); mais les *wou ki kiao wei* (ou
tout au moins l'un d'eux) avaient leur résidence au camp fortifié de *Kao-tch'ang* 高昌
壁 (Karakhodjo, à 70 *li* à l'Est de Tourfan).

2) En l'an 9 p.C., *Wang Mang* envoya une ambassade au *chan-yu* pour lui notifier
son avènement et pour lui remettre un nouveau sceau d'investiture; mais, tandis que le
sceau conféré au *chan-yu* par les *Han* portait la suscription 匈奴單于璽
«Sceau du *chan-yu* des *Hiong-nou*», le sceau que donna *Wang Mang* présentait les mots
新匈奴單于章 «Cachet du *chan-yu* des *Hiong-nou*, (dépendant) de *Sin*», —
Sin étant le nom que *Wang Mang* avait attribué à la dynastie nouvelle qu'il prétendait
fonder. — Le *chan-yu* protesta aussitôt contre ces modifications; il fit remarquer que, sous
la dynastie *Han*, les sceaux qui étaient appelés 章 «cachets» et qui commençaient par
le mot 漢 «(dépendant des) *Han*», étaient réservés aux rois-vassaux ou aux autres
fonctionnaires de l'empire; en changeant le terme 璽 contre le terme 章 et en faisant
débuter la suscription du sceau par le mot 新 «(dépendant de) *Sin*», *Wang Mang* trai-
tait donc le *chan-yu*, non plus comme un souverain indépendant, mais comme un simple
sujet de l'empire (*Ts'ien Han chou*, chap. XCIV, b, p. 8 v°—9 r°). Ce fut la cause qui
provoqua la rupture entre les *Hiong-nou* et l'empire.

Sur ces entrefaites, les *Hiong-nou* s'affaiblirent; le roi de *So-kiu* 莎車 (Yarkand), nommé *Hien* 賢, extermina et détruisit les divers royaumes; mais, après la mort de *Hien*, ceux-ci recommencèrent à s'attaquer et à se combattre les uns les autres. Alors les pays de *Siao-yuan* 小宛, *Tsing-tsiue* 精絶, *Jong-lou* 戎盧 et *Tsiu-mo* 且末 [1]) furent annexés par *Chan-chan* 鄯善 (au Sud du Lop-nor); *K'iu-le* 渠勒 et *P'i-chan* 皮山 [2]) furent conquis par *Yu-t'ien* 于闐 (Khoten) qui posséda tout leur territoire; *Yeou-li* 郁立, *Tan-houan* 單桓, *Kou-hou* 孤胡 et *Wou-t'an-tseu-li* 烏貪訾離 [3]) furent anéantis par *Kiu-che* 車師 (Tourfan-Dsimsa). Mais ensuite ces royaumes se reconstituèrent tous.

Pendant la période *yong-p'ing* (58—75 p.C.), les Barbares du Nord (c'est-à-dire les *Hiong-nou*) contraignirent les divers pays (d'Occident) à ravager avec eux les commanderies et les préfectures du *Ho-si* 河西; les portes des villes restèrent fermées en plein jour [4]). La seizième année (73 p.C.), l'empereur *Ming* 明 ordonna à ses généraux d'aller au Nord châtier les *Hiong-nou*; on prit le territoire de *Yi-wou-lou* 伊吾盧 (Hami) et on y établit le *yi-ho tou-wei* 宜禾都尉 («Commandant militaire favorisant les céréales») pour y faire une colonie militaire. A la suite de ces événements, on entra en communication avec les pays d'Occident. (Les rois de) *Yu-t'ien* 于闐 et des autres royaumes envoyèrent de leurs fils pour qu'ils entrassent au service de l'empereur. Depuis l'époque où

---

1) Ces pays s'échelonnent à l'Ouest du Lop nor dans un ordre que permet de déterminer le chapitre XCVI du *Ts'ien Han chou* (cf. *Toung pao*, 1905, p. 536).

2) Cf. *Toung pao*, 1905, p. 536. *P'i-chan* était certainement à l'Ouest de Khoten; mais, pour *K'iu-le*, il est difficile de dire s'il se trouvait à l'Est ou à l'Ouest de cette même ville.

3) Ces royaumes s'étendaient au Nord des *T'ien chan*, entre le lac Barkoul et l'Ebi-nor. Sur *Tan-houan* et *Wou-t'an-tseu-li*, voyez *Toung pao*, 1905, p. 557, n. 4.

4) Cf. *Toung pao*, 1906, p. 247, ligne 13—16. On sait que les quatre commanderies du *Ho-si* correspondant aux villes de *Leang-tcheou*, *Sou-tcheou*, *Kan-tcheou* et *Touen-houang*, dans la province de *Kan-sou*.

les pays d'Occident avaient rompu (avec la Chine), il s'était écoulé soixante cinq ans (9—73 p.C.) lorsqu'ils reprirent les relations.

L'année suivante (74 p.C.), on établit pour la première fois un Protecteur général 都護 et des Commandants militaires *wou* et *ki* 戊已校尉. Puis, quand l'empereur *Ming* 明 mourut [1]), *Yen-k'i* 焉耆 (Karachar) et *K'ieou-tseu* 龜玆 (Koutcha) attaquèrent et firent périr le Protecteur général *Tch'en Mou* 陳睦 (75 p.C.) [2]) et bouleversèrent [3]) entièrement tous ceux qui étaient avec lui.

Les *Hiong-nou* 匈奴 et *Kiu-che* 車師 (Tourfan-Dsimsa) cernèrent le Commandant militaire *Wou-ki* 戊已校尉 [4]). La première année *kien-tch'ou* (76 p.C.), le Gouverneur de (la commanderie de) *Tsieou-ts'iuan* 酒泉 (Sou-tcheou), *Touan P'ong* 段彭, fit essuyer une grande défaite à (l'armée de) *Kiu-che* 車師 auprès de *Kiao-ho tch'eng* 交河城 (Yar-khoto, à 20 *li* à l'Ouest de Tourfan) [5]). (Cependant,) l'empereur *Tchang* 章 (76—88 p.C.), ne désirant pas épuiser le Royaume du Milieu au service des barbares envoya cher-

---

1) Le 8ᵉ mois de la 18ᵉ année *yong-p'ing* qui est l'année 75 p.C.

2) La rédaction du texte semblerait donner à entendre que l'attaque contre *Tch'en Mou*, eut lieu immédiatement après la mort de l'empereur *Ming*; en réalité cependant cet événement fut antérieur de près de deux mois au décès de l'empereur, car il eut lieu au 6ᵉ mois de la 18ᵉ année *yong-p'ing* (*Heou Han chou*, chap. II, p. 9 r°).

3) Au lieu de 覆, le chap. II (p. 9 r°) du *Heou Han chou* écrit 没 anéantirent.

4) Cet officier s'appelait *Keng Kong* 耿恭 (*Heou Han chou*, chap. II, p. 9 r°); comme l'indique l'annotateur *Lieou Pan* (sur lequel, cf. *T'oung pao*, 1906, p. 215, l. 23—25), le texte est ici, de même qu'en plusieurs autres endroits, vicié par la présence du caractère *ki*; *Keng Kong* avait en réalité le titre de *wou hiao-wei* 戊校尉. La biographie de *Keng Kong* se trouve dans le chap. XLIX du *Heou Han chou*; nous l'avons traduite et annexée ci-après.

5) Dans le chap. III, p. 1 v°, du *Heou Han chou*, on lit que, sous le règne de l'empereur *Tchang*, le 11ᵉ mois de la 18ᵉ année *yong-p'ing* (fin de l'année 75 p.C.), un décret impérial ordonna au général vainqueur de l'Ouest *Keng Ping* 征西將軍 耿秉 d'établir une colonie militaire à *Tsieou-ts'iuan* 酒泉 (Sou-tcheou), puis on envoya le gouverneur de *Tsieou-ts'iuan* (Sou-tcheou) *Touan P'ong* 段彭 secourir le *wou-ki hiao-wei* *Keng Kong* 耿恭. *Touan P'ong* fut vainqueur dans le 1ᵉʳ mois de la 1ᵉ année *kien-tch'ou* (76 p.-C.), mais aussitôt après l'empereur supprima les postes de *wou-ki hiao-wei* (*ibid*, chap. III, p. 2 r°).

cher le commandant militaire *Wou-ki* pour qu'il revînt et n'expédia plus aucun Protecteur général. En outre, la deuxième année (77 p.C.), il supprima les colonies militaires à *Yi-wou* 伊吾 (Hami) [1]; les *Hiong-nou* en profitèrent pour envoyer des soldats occuper le territoire de *Yi-wou* (Hami). En ce temps, le *Kiun Sseu-ma* 軍司馬 *Pan Tch'ao* 班超 resta à *Yu-t'ien* (Khoten); il tranquillisa et réunit les divers royaumes [2]).

Sous le règne de l'empereur *Ho* 和, la première année *yong-yuan* (89 p.C.), le général en chef *Teou Hien* 竇憲 remporta une grande victoire sur les *Hiong-nou* [3]). La deuxième année (90 p.C.), (*Teou*) *Hien* profita (de ses succès) pour envoyer le *fou hiao-wei* 副校尉 (commandant militaire en second) *Yen P'an* 閻槃, à la tête de plus de deux mille cavaliers, attaquer par surprise le pays de *Yi-wou* 伊吾 (Hami) qui fut vaincu [4]).

La troisième année (91 p.C.), *Pan Tch'ao* s'assura la soumission des pays d'Occident; on lui conféra alors le titre de Protecteur général (*tou hou*) [5]); il eut sa résidence à *K'ieou-tseu* (Koutcha); on rétablit le *wou-ki hiao-wei* qui, à la tête de cinq cents soldats, résida dans le camp de *Kao-tch'ang* 高昌壁 (Tourfan) sur le territoire de la tribu antérieure de *Kiu-che*; en outre, on institua le surveillant de la tribu *wou* 戊部侯 qui résida (sur le territoire de) la tribu

---

1) Cette suppression fut décrétée antérieurement au 4e mois de la 2e année *kien-tch'ou* (77); on a vu plus haut (p. 156, ligne 20) que les colonies militaires de Hami avaient été établies en l'année 73 p.C.

2) Cf *T'oung pao*, 1906, p. 228 et suiv.

3) La biographie de *Teou Hien* se trouve dans le chap. LIII du *Heou Han chou*.

4) Ailleurs (chap IV, p. 2 v°), le *Heou Han chou* appelle cet officier *Yen Long* 閻磐 et place sa victoire dans le 5e mois de la 2e année *yong-yuan*. Dans le courant de ce même mois, *Pan Tch'ao* triomphait de l'armée que les *Yue-tche* (Indoscythes) avaient envoyée contre lui (cf. *T'oung pao*, 1906, p 232—233).

5) Cf *T'oung pao*, 1906, p. 233.

postérieure de *Kiu-che* (Dsimsa); le surveillant et la ville se trouvaient à 500 *li* de distance l'un de l'autre [1]).

La sixième année (94 p.C.), *Pan Tch'ao* attaqua de nouveau et détruisit *Yen-k'i* (Karachar) [2]); à la suite de cela, plus de cinquante royaumes livrèrent tous des otages et se soumirent à l'empire. Quant aux royaumes tels que *T'iao-tche* 條支, *Ngan-si* 安息 (Parthie) et jusqu'à ceux qui atteignent aux rivages de la mer, de plus de quarante mille *li* de distance tous apportèrent leurs tributs et leurs offrandes en se servant de plusieurs interprètes successifs.

La neuvième année (97 p.C.), *Pan Tch'ao* chargea d'une mission son lieutenant *Kan Ying* [3]) 甘英 qui alla aussi loin que possible jusque sur les bords de la mer occidentale puis revint. Les générations antérieures n'étaient point parvenues dans ces régions sur lesquelles le *Chan king* [4]) ne donne encore aucun détail; mais alors on connut complètement la géographie de tous ces pays et on transporta (jusqu'en Chine) leurs objets précieux ou merveilleux. Puis les royaumes lointains tels que *Mong-k'i* 蒙奇 et *Teou-le* 兜勒 [5]) vinrent tous faire leur soumission et envoyèrent des ambassadeurs apporter leurs tributs et leurs offrandes.

---

1) C'est-à-dire que la ville de Tourfan où résidait le *hiao-wei* et la localité des environs de Dsimsa où résidait le surveillant étaient à 500 *li* de distance l'une de l'autre. D'après un itinéraire du *T'ang chou*, la distance entre *Kiao-ho* (Yar khoto, près de Tourfan) et *Pei-t'ing* (près de Dsimsa) était de 80 + 130 + 160 = 370 *li* (cf. mes *Documents sur les Tou-kiue occidentaux*, p. 11).

2) Cf. *T'oung pao*, 1906, p. 234—236.

3) D'après le commentaire de 676, le *Siu Han chou* (de *Sseu-ma Piao*, 240—305 p C.; cf. *T'oung pao*, 1906, p. 214, lignes 1—7) donne la leçon 甘菟 «*Kan Tou*. — Sur la mission de *Kan Ying*, voyez plus loin, p. 177—8.

4) Le *Chan king* 山經 n'est autre que le *Chan hai king* 山海經; on sait que déjà *Sseu-ma Ts'ien* mentionne cet ouvrage (*Mém. hist.*, chap. CXXIII, à la fin). Les prolégomènes des éditeurs chinois du *Chan hai king* ont été traduits par Eitel (*China Review*, vol. XVII, p 330—348).

5) Je n'ai pas réussi à trouver ailleurs mention de ces royaumes.

Quand l'empereur *Hiao-ho* 孝和 mourut [1]) (105 p.C.), les pays d'Occident se révoltèrent. Sous le règne de l'empereur *Ngan* 安, la première année *yong-tch'ou* (107 p.C.), comme ils avaient attaqué à plusieurs reprises et cerné les Protecteurs généraux *Jen Chang* 任尚 [2]), *Touan Hi* 段禧 [3]) et d'autres, le gouvernement impérial, considérant que ces régions étaient difficiles d'accès et lointaines et qu'il était difficile de se tenir en communication avec elles et de s'y rendre, ordonna la suppression du poste de Protecteur général. A partir de ce moment donc on abandonna les pays d'Occident; les *Hiong-nou* septentrionaux reprirent alors et remirent sous leur dépendance ces divers royaumes; avec leur concours ils exercèrent des déprédations sur la frontière pendant plus de dix années.

Le gouverneur du *Touen-houang*, *Ts'ao Tsong* 曹宗, se plaignit de leurs violence et de leurs méchanceté; c'est pourquoi, la sixième

---

1) L'expression employée ici est 晏駕 «fit reposer son équipage». Nous avons là un exemple de ce tabou qui interdit de parler en termes exprès de la mort d'un souverain.

2) On a vu, dans la biographie de *Pan Tch'ao* (*T'oung pao*, 1906, p. 243—244) que, lorsque ce général revint des pays d'Occident en l'année 102 p.C., le *wou ki hiao wei Jen Chang* avait été nommé Protecteur général à sa place. Le 10ᵉ mois de la 1ʳᵉ année *yen-p'ing* (106 p.C.), «les divers royaumes des contrées d'Occident se révoltèrent et attaquèrent le Gouverneur général *Jen Chang*; (l'empereur) envoya le *hiao wei* en second *Leang K'in* 梁慬 au secours de *Jen Chang*; (*Leang K'in*) attaqua et vainquit l'ennemi» (*Heou Han chou*, chap. V, p. 1 v°). — Le 6ᵉ mois de l'année suivante (107 p.C.), on supprima la poste de Protecteur général des pays d'Occident 西域都護 (*ibid.*, p. 2 r°). — Un peu plus tard dans le même mois, le *hiao-wei* vainqueur de l'Ouest 征西校尉 *Jen Chang* fit une expédition contre des Tibétains qui ravageaient le territoire de l'empire (*ibid.*, p. 2 r°). — Dans le 10ᵉ mois de la 2ᵉ année *yong-tch'ou* (108 p.C.), le *hiao-wei* vainqueur de l'Ouest, *Jen Chang*, combattit contre les Tibétains, et fut battu (*ibid.*, p. 3 r°). — La 3ᵉ année *yuan-tch'ou* (116 p.C.), le 6ᵉ mois, le *tchong-lang-tsiang* 中郎將 *Jen Chang* envoya des soldats qui attaquèrent et vainquirent la même tribu tibétaine que précédemment (*ibid*, p. 6 r°). — L'année suivante (117 p.C.), le 12ᵉ mois, *Jen Chang* attaqua derechef cette même tribu et lui fit essuyer une grande défaite (*ibid*, p. 6 v°). — Le 12ᵉ mois de l'année suivante (118 p.C.), le *tchong-lang-tsiang Jen Chang* fut reconnu coupable et fut mis à mort sur la place publique (*ibid.*, p. 7 r°).

3) Ce *Touan Hi* est mentionné dans la biographie de *Leang K'in*; cf *T'oung pao*, 1906, p. 256.

année (119 p.C.) *yuan-tch'ou*, l'empereur chargea le *tchang-che* par interim *Souo Pan* 索班 de prendre avec lui plus de mille hommes et d'aller tenir garnison à *Yi-wou* 伊吾 (Hami) pour attirer à lui et pour calmer (les pays d'Occident). Alors le roi de la tribu antérieure de *Kiu-che* (Tourfan) ainsi que le roi de *Chan-chan* (au Sud du Lop-nor) vinrent faire leur soumission. Au bout de quelques mois cependant, les *Hiong-nou* du Nord entraînèrent de nouveau à leur suite le roi de la tribu postérieure de *Kiu-che* (Dsimsa); en sa compagnie ils attaquèrent et firent périr (*Souo*) *Pan* et les siens; puis ils attaquèrent et mirent en fuite le roi de la tribu antérieure (Dsimsa). (Le roi de) *Chan-chan*, se sentant dans un péril urgent, implora le secours de *Ts'ao Tsong*; celui-ci en profita pour demander qu'on fît sortir des troupes qui attaqueraient les *Hiong-nou* et qui vengeraient l'affront fait à *Souo Pan*; de nouveau il désirait qu'on allât de l'avant et qu'on s'emparât des pays d'Occident. L'impératrice-douairière *Teng* 鄧 ¹) ne donna pas son consentement; elle se borna à ordonner d'établir un commandant en second, protecteur des pays d'Occident 護西域副校尉 qui résiderait à *Touen-houang*; on lui attribua derechef une garnison de trois cents hommes; ainsi on établit une suprématie nominale et ce fut tout ²).

Par la suite, les barbares du Nord vinrent constamment en compagnie du *Kiu-che* ravager le *Ho-si*. Le gouvernement impérial ne pouvait l'empêcher; aussi, dans une délibération, émit-on le désir de fermer les passes de *Yu-men* 玉門 et de *Yang* 陽 pour couper court à ces souffrances.

La deuxième année (123 p.C.) *yen-kouang*, le gouverneur du

---

1) On trouvera la biographie de cette impératrice dans le chap. X, a, p. 8 r°—11 v°, du *Heou Han chou*; elle fut la femme de l'empereur *Ho* 和, qui régna de 89 à 105 p.C.; elle eut le nom posthume de *Hi* 熹; son nom de famille était *Teng* 鄧. Elle mourut en 121 p.C. à l'âge de quarante et un ans.

2) Ces mesures furent prises sur les conseils de *Pan Yong*; cf. *T'oung-pao*, 1906, p. 246—251.

Touen-houang, Tchang Tang 張瑞 adressa un rapport au trône
pour exposer trois plans de conduite: «Considérant que, parmi les
barbares du Nord, le roi *Hou-yen* 呼衍 ¹) se déplace incessamment
de çà et de là entre le lac *P'ou-lei* 蒲類 (lac Barkoul) et le lac
de *Ts'in* 秦 ²), qu'il impose sa loi aux pays d'Occident et s'unit à
eux pour ravager et piller, il faut maintenant rassembler à la barrière
Kouen-louen 昆侖塞 ³) plus de deux mille officiers et soldats tirés
de *Tsieou-ts'iuan* (*Sou-tcheou*) et des royaumes qui sont sous la
dépendance (de cette commanderie); on attaquera d'abord le roi
Hou-yen (au Nord du lac Barkoul) et on l'isolera de ce qui pour
lui est le tronc principal; puis on enverra cinq mille soldats de
Chan-chan (au Sud du Lop nor) pour user de contrainte envers la
tribu postérieure de *Kiu-che* (Dsimsa, près de Goutchen). Tel est
le plan du premier rang. Si on ne peut faire sortir une armée, il
faut établir un *sseu-ma* 司馬 qui, à la tête de cinq cents hommes,
et approvisionné par les quatre commanderies de charrues, de bœufs,
de céréales et de vivres, sortira (du territoire de l'empire) pour aller
s'établir à *Lieou-tchong* 柳中 (Louktchoun). Tel est le plan du second

---

1) Cf. p. 154, n. 1.

2) Ce nom de «lac de *Ts'in*» 秦海 est intéressant puisqu'il pourrait se rattacher
à celui de *Ta Ts'in* 大秦 désignant l'Orient romain, et à celui de *Ts'in* 秦 désignant
l'ancien état féodal du *Chàn-si*; mais nous ne pouvons rien dire de précis sur l'emplacement
de ce lac et c'est d'une manière toute hypothétique que nous proposerons de l'identifier
avec le lac Balkach.

3) Dans le *Ts'ien Han chou* (chap. XXVIII, b, p. 2 v°), au dessous du nom de la
sous-préfecture de *Kouang-tche* 廣至, qui dépend de la commanderie de *Touen-houang*
敦煌, on lit ces mots: «Le *yi-ho tou-wei* a le siège de son administration dans la
forteresse de *Kouen-louen*» 宜禾都尉治昆侖障. Le dictionnaire de *Li
Tchao-lo* place l'ancienne sous-préfecture de *Kouang-tche* à l'Ouest de l'actuel *Ngan-si tcheou*
安西州 du *Kan-sou*; c'est donc là que se seraient trouvées la barrière et la forteresse
de *Kouen-louen*. — On remarquera que, d'après le texte du *Ts'ien Han chou* que nous
venons de citer, la résidence du *yi-ho tou-wei* aurait été, sous les *Han* antérieurs, la forteresse de *Kouen-louen*; nous avons vu d'autre part (p. 156, ligne 18) que, sous les *Han*
postérieurs, le fonctionnaire appelé *yi-ho tou-wei* fut établi en 73 p C. à Hami.

rang. Si même cela ne peut être exécuté, alors il est nécessaire qu'on abandonne la ville de *Kiao-ho* 交河 (Yar-khoto, à l'Ouest de Tourfan), qu'on rassemble (la population de) *Chan-chan* 鄯善 et autres lieux et qu'on la fasse rentrer à l'intérieur de la Barrière. Tel est le plan du dernier rang». Le gouvernement impérial mit ce projet en délibération.

Le *chang-chou Tch'en Tchong* 陳忠 adressa un rapport à l'empereur; il lui disait: «Votre sujet a entendu dire que, de tous les ravages commis par les barbares, il n'y en a pas de plus terribles que ceux des barbares du Nord. Quand les *Han* 漢 eurent pris le pouvoir, *Kao-tsou* 高祖 (206—195 av. J.-C.) fut en un danger extrême, étant cerné à *P'ing-tch'eng* 平城 [1]); *T'ai-tsong* 太宗 (179—157 av. J.-C.) dut se plier à l'humiliation d'offrir des présents [2]). C'est pourquoi l'empereur *Hiao-wou* 孝武 (140—87 av. J.-C.) conçut une généreuse indignation; il combina profondément des plans à longue portée; il ordonna d'envoyer des soldats vaillants comme des tigres [3]) naviguer sur le *Ho* et traverser les déserts pour aller aussi loin que possible détruire la Cour royale des barbares; lors de ces expéditions, les Têtes-noires [4]) tombèrent au Nord de *Lang-wang* 狼望; les objets précieux et les étoffes de soie furent détruits dans les précipices de la montagne *Lou* 盧山 [5]); les magasins et les arsenaux furent épuisés; les navettes et les ensouples

---

1) En 200 av. J.-C., l'empereur *Wou* fut cerné par les *Hiong-nou* à *Ping-tch'eng*, près de *Ta-t'ong fou*, dans le Nord du *Chan-si*; cf. *Sseu-ma Ts'ien*, trad. fr., t. II, p. 390.

2) L'empereur *Wen*, dont le nom posthume est *T'ai-tsong*, dut se soumettre à l'humiliation de payer un véritable tribut aux *Hiong-nou*; cf. *Sseu-ma Ts'ien*, trad. fr., t. II, p. 468, ligne 13

3) L'expression 虎臣 est tirée du *Che-king*, section *ta ya*, III, ode 9.

4) 黔首. L'usage de cette expression pour désigner le peuple remonte à *Ts'in Che-hoang-ti*; cf *Sseu-ma Ts'ien*, trad. fr., t. II, p 183

5) La localité de *Lang-wang* et la montagne *Lou* ne me sont pas autrement connues.

restèrent vides¹); les impôts²) s'étendirent jusqu'aux bateaux et aux chars; les taxes de rachat atteignirent jusqu'aux animaux domestiques des six sortes. Serait-ce que l'empereur n'avait cure de ces maux? (Non, mais il agissait ainsi) parce qu'il projetait des choses de longue durée. Il ouvrit alors les quatre commanderies de l'Ouest du Fleuve pour isoler par cet obstacle les K'iang 羌 méridionaux; il recueillit les trente-six royaumes et coupa le bras droit des Hiong-nou 匈奴; de la sorte, le chan-yu se trouva abandonné et solitaire; comme un rat qui se réfugie dans son trou, il alla se cacher au loin. Puis, au temps des empereurs Siuan 宣 (73—49 av. J.-C.) et Yuan 元 (48—33 av. J.-C.) on se procura des sujets tenant lieu de barrière protectrice; alors les clôtures des passes ne furent plus fermées; les ordres militaires ailés ne circulèrent plus³). Si on considère ces faits, on constate que les barbares

---

1) C'est-à-dire qu'il n'y eut plus de toile sur les métiers à tisser. Dans le *Che king* (section *siao ya*, V, ode 9, str. 2: 杼柚其空.

2) L'impôt appelé 算 était du 20 pour mille.

3) 羽檄. On appelait ainsi des fiches de bois sur le côté desquelles étaient enfoncées des plumes d'oiseau pour indiquer l'urgence du message. Dans le *Kin che lou pou* 金石錄補 publié vers 1680 par *Ye Yi-pao* 葉奕苞 (chap. II, p. 10 v°—11 r° de la réimpression du *Houai lou ts'ong chou*), on trouve une note intéressante sur un de ces ordres militaires 檄 qui se rapporte précisément à l'époque que nous étudions puisqu'elle est datée de l'an 108 p.C. Pendant la période *siuan-ho* (1119—1125 p.C.), des gens du *Chan-si* trouvèrent, en creusant la terre, une jarre qui était remplie de fiches en bois 木簡; ces fiches portaient des caractères d'écriture tracés en cursive régulière 章州; elles étaient fort endommagées, et les seules qui fussent complètes étaient celles qui contenaient un ordre militaire; un parent de la famille impériale, nommé *Leang Sseu-tch'eng* 梁思成 recueillit précieusement ce document et le fit graver sur pierre; il compte 65 mots et est ainsi conçu:

永初二年丁未朔廿日丙寅得車騎將軍莫府
文書。上郡屬國都尉二千石守丞廷義縣令
三水。十月丁未到府受印綬。發夫討畔羌。
急急如律令。馬卅疋驢二百頭日給。

«La deuxième année (108 p.C.) *yong-tch'ou*, le premier du mois étant le jour *ting-wei*, le vingtième jour qui est le jour *ping-yin*, nous avons reçu une lettre du secrétariat attaché

peuvent être soumis par la crainte, mais qu'il est difficile de se les concilier par l'action transformatrice de la vertu. Les pays d'Occident sont attachés à l'empire depuis déjà longtemps; humblement ils tournent leurs regards avec espérance du côté de l'Est; ceux d'entre eux qui sont venus heurter à nos passes sont nombreux. C'est là la preuve manifeste qu'ils ne se plaisent pas avec les *Hiong-nou* et qu'ils admirent les *Han*. Maintenant, les barbares du Nord ont déjà triomphé du *Kiu-che* (Tourfan-Dsimsa); dans ces conditions, ils iront certainement au Sud attaquer le *Chan-chan* (au Sud du Lop-nor); si nous abandonnons ce dernier sans le secourir, tous les royaumes suivront (les *Hiong-nou*). Quand il en aura été ainsi, les ressources matérielles des *Hiong-nou* se trouveront augmentées; leur audace et

----

au général des chars et des cavaliers, disant: *San-chouei*, qui a les titres de commandant militaire des royaumes dépendant de la commanderie de *Chang*, *cheou-tch'eng* aux appointements de deux mille *che*, préfet de la préfecture de *T'ing-yi*, le dixième mois, le jour *ting-wei*, devra venir à nos bureaux pour y recevoir un sceau et un cordon, afin qu'il mette en campagne des hommes pour punir les *K'iang* (Tibétains) révoltés; que promptement il se conforme à cet ordre. Que chaque jour il fournisse quarante chevaux et deux cents ânes».

Le nom de *T'ing-yi* 廷義, qui apparaît dans ce document, comme 'e nom d'une préfecture, ne se retrouve pas dans le dictionnaire de *Li Tchao-lo*; en revanche, ce dictionnaire indique que *San-chouei* 三水 était, à l'époque des *Han*, une préfecture qui se trouvait au Nord de l'actuelle préfecture secondaire de *Kou-yuan* 固原州, dépendant de la préfecture de *P'ing-leang* 平涼 (prov. de *Kan-sou*) Il semble donc que dans notre document, ou du moins dans la copie qui nous l'a transmis, il y ait eu une interversion de caractères; il faudrait lire: «*T'ing-yi*, préfet de *San-chouei*», au lieu de «*San-chouei*, préfet de *T'ing-yi*».

Cette inexactitude n'est d'ailleurs pas la seule, et il est évident que, dans la pièce originale, après la mention de l'année devait venir celle du mois dont le premier jour était le jour *ting-wei*. Nous pouvons suppléer à cette omission, car, puisque le 10e mois contenant un jour *ting-wei* est mentionné plus bas, le mois qui remplira la double condition d'être postérieur au 10e mois et d'avoir pour premier jour le jour *ting-wei*, ne peut être que le 12e mois; cette missive est donc datée du 20e jour du 12e mois de la 2e année *yong-tch'ou*.

A la fin de cet ordre militaire on remarquera la formule 急急如律令 «que très promptement on se conforme à cet ordre». Cette formule de l'époque des *Han* a été adoptée par les Taoïstes dans les charmes qu'ils font pour soumettre les mauvais démons; on la retrouve donc fréquemment sur les amulettes.

leur force seront redoublées; leur prestige redoutable s'imposera aux *K'iang* du Sud 南羌 qui feront alliance avec eux. Alors les quatre commanderies du *Ho-si* 河西 seront en péril; or, quand elles seront en péril, nous ne pourrons pas ne pas les secourir; ainsi des expéditions cent fois plus considérables (que celle qu'on vous propose aujourd'hui) seront entreprises; des dépenses incalculables seront engagées. Ceux qui ont pris part à la discussion ont seulement tenu compte de l'éloignement extrême des pays d'occident; ils ont pris à cœur les fatigues et les frais (que comporterait une campagne dans ces régions); ils n'ont pas vu à quelle idée obéissaient nos pères quand ils s'appliquaient péniblement à faire de grands efforts. En ce moment même, les dispositions prises pour défendre le territoire de la frontière ne sont pas parfaites; les préparatifs militaires ne sont pas bien organisés dans les commanderies de l'intérieur. Le *Touen-houang* est isolé et se trouve en péril; il est venu de loin pour nous informer de la situation critique où il est. Si on continue à ne pas lui porter secours, à l'intérieur nous n'aurons plus aucun moyen de consoler et de réconforter les officiers et le peuple; à l'extérieur, nous ne saurons comment faire étalage de prestige aux yeux des diverses tribus barbares. Pour nous garder de diminuer l'empire et de restreindre son territoire, le livre classique nous donne un avertissement clair [1]). Moi, votre sujet, j'estime qu'il faut établir à *Touen-houang* un commandant militaire, puis, conformément à ce qu'on faisait autrefois, renforcer les soldats des colonies militaires dans les quatre commanderies, et par ce moyen gouverner à l'Ouest les divers royaumes. Peut-être cela suffira-t-il à briser les attaques qui s'élancent contre nous de dix mille *li* de distance, et à frapper de crainte les *Hiong-nou*».

---

1) Allusion à des vers du *Che King* (*Ta ya*, 3e décade, ode 11, strophe 7): «Autrefois, quand les anciens rois recevaient le mandat de régner, — ils avaient des ministres tels que le duc de *Chao* — qui chaque jour élargissait le royaume de cent *li*; — mais maintenant chaque jour on rétrécit le royaume de cent *li*».

L'empereur approuva cet avis. Il donna alors (123 p.C.) à *Pan Yong* 班勇 le titre de *tchang-che* des pays d'Occident 西域長史 pour que, à la tête de cinq cents condamnés grâciés, il allât du côté de l'Ouest, tenir garnison à *Lieou-tchong* 柳中 (Louktchoun). (*Pan*) *Yong* alors vainquit et pacifia le *Kiu-che* (Tourfan-Dsimsa).

Depuis la période *kien-wou* (25—55 p.C.) jusqu'à la période *yen-kouang* 122—125 p.C.), les pays d'Occident s'étaient à trois reprises détachés de l'empire et s'étaient à trois reprises mis en communication avec lui.

Sous le règne de l'empereur *Chouen* 順, la deuxième année (127 p.C.) *yong-kien*, (*Pan*) *Yong* attaqua derechef et soumit *Yen-k'i* (Karachar). Alors *K'ieou-tseu* (Koutcha), *Sou-le* (Kachgar), *Yu-t'ien* (Khoten), *Souo-kiu* (Yarkand) et d'autres royaumes, au nombre total de dix-sept, vinrent se soumettre et se rattacher à l'empire. Cependant les *Wou-souen* 烏孫 (vallée d'Ili) et les pays occupant les *Ts'ong-ling* 葱嶺 et les régions plus à l'Ouest, rompirent (toutes relations avec la Chine).

La sixième année (131 p.C.), l'empereur, considérant que *Yi-wou* 伊吾 (Hami) était de longue date un territoire fertile, qu'il était voisin des pays d'Occident et que les *Hiong-nou* le mettaient à profit pour faire leurs déprédations, l'empereur donc ordonna d'y instituer de nouveau une colonie militaire comme cela s'était fait pendant la période *yong-yuan* (89—104 p.C.); on établit un fonctionnaire ayant le titre de *sseu-ma* de *Yi-wou* 伊吾司馬.

A partir de la période *yang-kia* (132—134 p.C.), le prestige impérial tomba graduellement; les divers royaumes (d'Occident) devinrent arrogants et négligents; ils s'opprimèrent et s'attaquèrent tour à tour les uns les autres.

La deuxième année (152 p.C.) *yuan-kia*, le *tchang-che* 長史 *Wang King* 王敬 fut mis à mort par *Yu-t'ien* 于寘 (Khoten).

La première année (153 p.C.) *yong-hing*, le roi de la tribu

postérieure de *Kiu-che* (Dsimsa) se révolta de nouveau et attaqua
la garnison de la colonie militaire.

Ainsi, quoique il y eût eu soumission (de la part de ces peuples),
aucun d'eux cependant ne s'était corrigé et amendé. A partir de ce
moment, ils se laissèrent de plus en plus gagner par la négligence
et l'insolence.

Les notices que *Pan Kou* 班固 a écrites sur la configuration
et les mœurs des divers royaumes (d'Occident) se trouvent détaillées et complètes dans le Livre (des *Han*) antérieurs; maintenant
j'ai choisi ce qui, dans les évènements de la période *kien-wou*
(25—55 p.C.) ou postérieurs à cette période, était différent de ce qui
a été déjà dit auparavant et j'en ai composé le chapitre sur les pays
d'Occident 西域傳; tous ces faits ont été relatés par *Pan Yong*
班勇 à la fin du règne de l'empereur *Ngan* 安 (107—125 p.C.) [1].

Les divers royaumes des pays d'Occident soumis à l'empire
s'étendent sur plus de six mille *li* de l'Est à l'Ouest et sur plus
de mille *li* du Sud au Nord. A l'Est, ils ont leur point extrême
aux passes de *Yu-men* 玉門 [2] et de *Yang* 陽 [3]); à l'Ouest, ils
arrivent jusqu'aux *Ts'ong-ling* 葱嶺 (Pamirs); au Nord-Est, ils
sont limitrophes des *Hiong-nou* et des *Wou-souen* (vallée d'Ili).

Au Nord et au Sud sont de grandes montagnes; au centre est
le Fleuve [4]. Pour ce qui est des montagnes du Sud, elles débou-

---

1) Dans la dissertation qui termine ce chapitre, *Fan Ye* indique formellement que
certaines phrases de sa notice sur l'Inde sont empruntées à *Pan Yong*; il est donc bien
certain que c'est le rapport de *Pan Yong* qui fait le fond de ce chapitre; cependant *Fan
Ye* y a introduit des modifications et des additions; on trouvera donc dans ce chapitre
l'indication de plusieurs faits qui sont postérieurs à *Pan Yong*. Je rappelle que la biographie de *Pan Yong* et celle de son père *Pan Tch'ao*, ont été déjà traduites dans le
T'oung pao, 1906, p. 216—245 et p 245—255.

2) Au N.O. de *Touen-houang* (*Cha-tcheou*).

3) A l'O. de *Touen-houang*.

4) La rivière Tarim, qui est au centre du Turkestan oriental, était autrefois considérée
par les Chinois comme constituant le haut cours du *Houang ho*.

chent à *Kin-tch'eng* 金城 (*Lan-tcheou fou*) et se raccordent aux montagnes du Sud (*Nan chan* 南山) chinoises. Pour ce qui est du Fleuve 河, il a deux sources; l'une d'elles sort des *Ts'ong-ling* (Pamirs) et coule vers l'Est [1]; l'autre sort au pied des montagnes qui sont au Sud de *Yu-t'ien* (Khoten) et coule vers le Nord [2]); elle opère sa jonction avec la rivière venue des *Ts'ong-ling* (Pamirs), et coulant ensemble vers l'Est, elles se jettent dans le lac *P'ou-tch'ang* 蒲昌海 (Lop nor) qu'on appelle aussi le marais salé 鹽澤 et qui est à plus de trois cents *li* de la passe *Yu-men*.

A partir de *Touen-houang* 敦煌, en se dirigeant vers l'Ouest, on sort par les passes *Yu-men* 玉門 et *Yang* 陽, on passe par *Chan-chan* et, allant vers le Nord, on atteint *Yi-wou* 伊吾 (Hami) au bout de plus de mille *li*; à partir de *Yi-wou* (Hami), allant vers le Nord, on atteint, au bout de douze cents *li*, le camp retranché de *Kao-tch'ang* 高昌壁 (Tourfan) sur le territoire de la tribu antérieure de *Kiu-che* 車師; à partir du camp retranché de *Kao-tch'ang*, allant vers le Nord, on atteint au bout de cinq cents *li* la ville de *Kin-man* 金滿城 (près de Dsimsa) de la tribu postérieure. Ces localités (de *Kao-tch'ang* et de *Kin-man*) sont les portes des pays d'Occident; c'est pourquoi les *hiao-wei wou* et *ki* y ont successivement tenu garnison. Le sol de *Yi-wou* 伊吾 (Hami) est favorable aux cinq sortes de céréales, au mûrier, au chanvre et au raisin. Plus au Nord, il y a encore *Lieou-tchong* 柳中 (Louktchoun). Tous ces endroits sont fertiles. Voilà pourquoi les *Han* ont constamment disputé aux *Hiong-nou*, *Kiu-che* (Tourfan-Dsimsa) et *Yi-wou* (Hami) afin de dominer les pays d'Occident.

A partir de *Chan-chan* (au Sud du Lop-nor), pour franchir les *Ts'ong-ling* (Pamirs) et pour sortir dans les divers royaumes d'Occident, il y a deux routes: celle qui va parallèlement aux

---

1) C'est la rivière de Kachgar.
2) C'est la rivière de Khoten.

montagnes du Sud en passant au Nord de ces montagnes et qui suit le Fleuve pour se diriger vers l'Ouest et arriver à *So-kiu* 莎 車 (Yarkand), est la route du Sud; cette route du Sud franchit à l'Ouest les *Ts'ong-ling* (Pamirs) et débouche dans les royaumes des *Ta Yue-tche* 大月氏 (Indo-scythes) et de *Ngan-si* 安息 (Parthes). La route du Nord est celle qui, partant de la cour royale antérieure de *Kiu-che* (Tourfan), longe les montagnes du Nord, suit le Fleuve et, allant vers l'Ouest, débouche à *Sou-le* 琉勒 (Kachgar); plus à l'Ouest, la route du Nord franchit les *Ts'ong-ling* (Pamirs) et débouche à *Ta-yuan* 大宛 (Ura-tepe), dans le *K'ang-kiu* 康居 (Samarkand) et chez les *Yen-ts'ai* 奄蔡 (Alains) [1]).

Quand on sort par la passe *Yu-men*, on traverse *Chan-chan* 鄯 善, *Tsiu-mo* 且末, *Tsing-tsiue* 精絶, et, au bout de plus de trois mille *li*, on arrive à *Kiu-mi* 拘彌.

Le royaume de *Kiu-mi* 拘彌 [2]) (près d'Uzun-tati) a pour capitale la ville de *Ning-mi* 寧彌. Il est à 4900 *li* de *Lieou-tchong* (Louk-tchoun), résidence du *Tchang-che* et à 12800 *li* de *Lo-yang* 洛陽 (*Ho-nan fou*); il commande à 2173 foyers, 7251 individus, 1760 soldats d'élite. — Sous le règne de l'empereur *Chouen*, la quatrième année (129 p.C.) *yong-kien*, le roi de *Yu-t'ien* (Khoten) nommé *Fang-ts'ien* 放前, tua *Hing* 興, roi de *Kiu-mi*, et nomma son propre fils roi de *Kiu-mi*; puis il envoya un ambassadeur apporter un tribut et des offrandes aux *Han*; mais le gouverneur de *Touen-houang*, *Siu Yeou* 徐由, adressa un rapport au trône pour demander qu'on le punît. L'empereur pardonna son crime au roi de *Yu-t'ien* (Khoten) en lui ordonnant de restituer le royaume de *Kiu-mi*. *Fang-ts'ien* s'y refusa. La première année (132 p.C.) *yang-kia*, *Siu*

---

1) Cf. *T'oung pao*, 1905, p. 558, n. 5.

2) Le royaume de *Kiu-mi* est identique au royaume appelé ailleurs *Han-mi*; cf. *T'oung pao*, 1905, p 538, n. 1, et *Documents sur les T'ou kiue occidentaux*, p 128, l. 2.

Yeou chargea *Tch'en P'an* 臣磐, roi de *Sou-le* 疏勒 (Kachgar), de mettre en campagne vingt mille hommes et d'attaquer *Yu-t'ien* (Khoten); (*Tch'en P'an*) vainquit (*Fang-ts'ien*); il coupa plusieurs centaines de têtes et lâcha ses soldats pour qu'ils fissent un grand pillage; il nomma roi de *Kiu-mi* un certain *Tch'eng-kouo* 成國 qui était de la famille de (l'ancien roi) *Hing*, puis il s'en retourna. Plus tard, sous le règne de l'empereur *Ling* 靈, la quatrième année (175 p.C.) *hi-p'ing*, le roi de *Yu-t'ien* (Khoten), nommé *Ngan-kouo* 安國, attaqua le *Kiu-mi* et lui fit essuyer une grande défaite; il tua son roi: ceux qui périrent furent extrêmement nombreux; le *wou-ki hiao-wei* [1]) et le *tchang-che* des pays d'Occident envoyèrent chacun des soldats pour appuyer et mettre sur le trône royal un certain *Ting-hing* 定興 qui était fils (du roi de *Kiu-mi*) et qui avait été en otage auprès de l'empereur. La population de ce pays n'était plus alors que de mille personnes. Ce royaume touche à l'Ouest à *Yu-t'ien* (Khoten) dont il est distant de 390 *li*.

Le royaume de *Yu-t'ien* (Khoteu) a sa capitale dans la ville de *Si* 西 [2]). Il est à 5300 *li* de la résidence du *tchang-che*, et à 11700 *li* de *Lo-yang* (*Ho-nan fou*); il commande à 32000 foyers, 83000 individus, plus de 30000 soldats d'élite.

A la fin de la période *kien-wou* (25—55 p.C.), *Hien* 賢, roi de *So-kiu* (Yarkand) devint fort puissant; il attaqua *Yu-t'ien* (Khoten) et se l'annexa; il transféra son roi nommé *Yu-lin* 俞林 au poste de roi de *Li-kouei* 驪歸. Sous le règne de l'empereur *Ming* 明, pendant la période *yong-p'ing* (58—75 p.C.), *Hieou-mo-pa* 休莫霸,

---

1) Il y avait en réalité deux fonctionnaires distincts compris sous cette désignation, l'un étant le *wou hiao-wei*, l'autre le *ki hiao-wei*. Mais, par erreur, *Fan Ye* applique constamment l'expression *wou-ki hiao-wei* à un seul et même personnage. Un texte de la fin de ce chapitre prouve cependant nettement que les deux titres ne doivent pas se confondre en un seul.

2) Le *T'ang chou* (chap. CCXXI, a, p. 10 r°) appelle cette ville *Si-chan* 西山城. Cf. *Documents sur les T'ou-kiue occidentaux*, p. 125.

général de *Yu-t'ien* (Khoten), se révolta contre le *So-kiu* (Yarkand) et se nomma lui-même roi de *Yu-t'ien* (Khoten). A la mort de *Hieou-mo-pa*, *Kouang-tŏ* 廣德, fils de son frère aîné, prit le pouvoir et, par la suite même, il détruisit le *So-kiu* (Yarkand); son royaume à son tour devint fort puissant. A partir de *Tsing-tsiue*, dans la direction du Nord-Ouest, jusqu'à *Sou-le* (Kachgar), treize royaumes lui étaient tous soumis. Cependant le roi de *Chan-chan* (au Sud du Lop nor) lui aussi commençait à être puissant. A partir de ce moment, sur la route du Sud, dans toute la région à l'Est des *Ts'ong-ling* (Pamirs), ces deux royaumes seuls furent grands.

Sous le règne de l'empereur *Chouen*, la sixième année (131 p.C.) *yong-kien*, *Fang-ts'ien*, roi de *Yu-t'ien* (Khoten), envoya un de ses fils au service de l'empereur; ce fils vint au palais et apporta un tribut et des offrandes.

La première année (151 p.C.) *yuan-kia*, le *tchang-che Tchao P'ing* 趙評, se trouvant à *Yu-t'ien* (Khoten), y mourut d'un furoncle: son fils partit pour aller chercher son corps; en route, il passa par *Kiu-mi* (près d'Uzun-tati); or *Tch'eng-kouo* 成國, roi de *Kiu-mi*, avait une vieille inimitié contre *Kien* 建, roi de *Yu-t'ien* (Khoten); il dit donc au fils de (*Tchao*) *P'ing*: «Le roi de *Yu-t'ien* (Khoten) a ordonné à un médecin *Hou* 胡 ¹) de prendre une drogue vénéneuse et de la mettre dans la blessure (de votre père); c'est ce qui a provoqué sa mort». Le fils de (*Tchao*) *P'ing* ajouta foi à ces paroles; à son retour, quand il fut entré à l'intérieur de la Barrière, il informa de cela le gouverneur de *Touen-houang*, *Ma-ta* 馬達. L'année suivante (152 p.C.), *Wang King* 王敬 fut nommé *tchang-che* à la place (du défunt *Tchao P'ing*). (*Ma*) *Ta* l'engagea à faire une enquête secrète sur cette affaire. (*Wang*) *King* commença par passer par *Kiu-mi* (près d'Uzun-tati); *Tch'eng-kouo* lui dit encore: «La population de *Yu-t'ien* (Khoten) voudrait m'avoir pour roi.

---

1) On sait que ce terme désignait les indigènes du Turkestan oriental.

Maintenant vous devriez, à cause du crime dont il s'est rendu coupable, faire périr *Kien*. *Yu-t'ien* (Khoten) certainement se soumettrait». (*Wang*) *King* était avide de se couvrir de gloire et d'ailleurs il avait cru ce que lui disait *Tch'eng-kouo*; poursuivant sa route, il arriva à *Yu-t'ien* (Khoten) et y disposa tous les préparatifs d'un banquet; il y invita *Kien* tout en faisant une machination secrète contre lui; quelqu'un ayant averti *Kien* des projets de (*Wang*) *King*, il n'y ajouta pas foi et dit: «Je suis innocent. Pourquoi le *tchang-che Wang* (*King*) voudrait-il me tuer?» Le lendemain matin, *Kien*, avec une escorte de quelques dizaines d'officiers, vint rendre visite à (*Wang*) *King*; quand on eut pris place, *Kien* se leva pour faire circuler le vin; (*Wang*) *King* ordonna alors à ceux qui étaient à ses côtés de se saisir de lui, mais comme personne des officiers et des soldats ne voulait tuer *Kien*, les officiers de l'escorte purent tous s'enfuir en tumulte; en ce moment, un certain *Ts'in Mou* 蔡牧, qui avait les fonctions de *tchou-pouo* 主薄 auprès de *Tch'eng-kouo*, et qui était venu à la réunion à la suite de (*Wang*) *King*, prit en main une épée et sortit en criant: «L'affaire importante a été décidée; pourquoi hésiterait-on encore?» Aussitôt il s'avança et décapita *Kien*.

Un *heou-tsiang* 侯將 de *Yu-t'ien* (Khoten) nommé *Chou-p'o* 輪燦 avec quelques autres personnes réunit alors des soldats et attaqua (*Wang*) *King*; celui-ci, tenant à la main la tête de *Kien* monta sur une tour et fit cette proclamation: «Le Fils du Ciel m'avait donné mission de faire périr *Kien*!» Le *heou-tsiang* de *Yu-t'ien* (Khoten) incendia aussitôt les baraquements du camp et fit périr dans le feu les officiers et les soldats, il monta sur la tour et décapita (*Wang*) *King*; il suspendit sa tête sur la place publique. *Chou-p'o* aurait désiré se faire roi, mais les gens du pays le tuèrent et mirent sur le trône *Ngan-kouo* 安國, fils de *Kien*.

Quand *Ma Ta* fut informé de ce qui s'était passé, il aurait

voulu se mettre à la tête des troupes des diverses commanderies et
sortir de la Barrière pour attaquer *Yu-t'ien* (Khoten); mais l'empereur *Houan* 桓 (147—167 p.C.) n'y consentit pas; il rappela (*Ma*)
Ta et lui substitua *Song Leang* 宋亮 en qualité de gouverneur de
Touen-houang. Quand (*Song*) *Leang* fut arrivé (à son poste), il
adressa un appel aux gens de *Yu-t'ien* (Khoten) pour les inviter à
tuer eux-mêmes *Chou-p'o*; en ce temps, *Chou-p'o* était déjà mort
depuis plus d'un mois; on coupa donc la tête d'un homme mort
et on l'envoya à *Touen-houang* sans dire comment les choses s'étaient
passées en réalité. Par la suite (*Song*) *Leang* fut informé de cette
tromperie; mais en définitive il ne put pas faire sortir des troupes.
Encouragé par cela, *Yu-t'ien* (Khoten) devint alors arrogant.

En portant de *Yu-t'ien* (Khoten), on traverse *P'i-chan* 皮山 [1])
et on arrive à *Si-ye* 西夜, à *Tseu-ho* 子合 et à *Tö-jo* 德若.

Le royaume de *Si-ye* 西夜 [2]) porte aussi le nom de *Lou-cha*
虜沙. Il est à 14400 *li* de *Lo-yang* (*Ho-nan fou*); il compte
2500 foyers, plus de 10000 individus et 3000 soldats d'élite. Le sol
produit des herbes blanches qui sont vénéneuses; les gens du pays
les font cuire dans l'eau et en fabriquent une drogue dont ils en-
duisent la pointe de leurs flèches: tous ceux qu'atteignent ces flèches
meurent aussitôt. Dans le Livre des *Han* 漢書, il est dit par erreur que *Si-ye* 西夜 et *Tseu-ho* 子合 sont un seul royaume [3]).
Maintenant chacun d'eux a un roi particulier.

---

1) Ce royaume est appelé *P'i-k'ang* 皮亢 dans le *Wei lio* (*T'oung pao*, 1905, p 538);
la légitimité de la leçon *P'i-chan* nous est attestée par le *T'ang chou* (ch. CXXI, a, p 10 r°;
Documents sur les T'ou-kiue occidentaux, p. 125).

2) Aujourd'hui Yul-arik, au Sud de Yarkand; cf. BEFEO, t. III, p. 397, n. 4; voyez
aussi *T'oung pao*, 1905, p. 554.

3) Cf. *Ts'ien Han chou*, chap XCVI, a, p 4 v°: 西夜國王號子合王
«Le titre du roi du royaume de *Si-ye* est roi *Tseu-ho*»

Le roi de *Tseu-ho* 子合 [1]) a sa résidence dans la gorge *Hou-kien* 呼犍, à 1000 *li* de distance de *Sou-le* (Kachgar); il commande à 350 foyers, à 4000 individus, à 1000 soldats d'élite.

Le royaume de *Tö-jo* 德若 [2]) commande à plus de 100 foyers, à 670 individus, à 350 soldats d'élite. Du côté de l'Est, il est à 3530 *li* de la résidence du *tchang-che*; il est à 12150 *li* de *Lo-yang* (*Ho-nan fou*). Il est limitrophe de *Tseu-ho* et ses mœurs sont les mêmes que celles de ce royaume. — A partir de *P'i-chan* 皮山, quand on se dirige vers le Sud-Ouest, on passe par *Wou-hao* 烏秅 [3]) (Tach-kourgane), on franchit les Passages suspendus 懸度, on traverse le *Ki-pin* 罽賓 (Cachemire), et, au bout de plus de soixante jours de marche, on arrive au royaume de *Wou-yi-chan-li* 烏弋山離 (Alexandrie d'Asie = Hérat) [4]); ce pays a un territoire de plusieurs milliers de *li* de superficie; en ce temps, on avait changé

---

1) Identifié par le *T'ang chou* (chap. CCXXI, a, p 9 v°) avec le *Tchou-kiu-po* 朱俱波 ou *Tchou-kiu-p'an* 朱俱槃 qui paraît devoir être situé à Karghalik (BEFEO, t. III, p. 397, n. 4).

2) Le nom de ce royaume est écrit *Tö-jo* 得若 dans le *T'ang chou* (ch. CCXXI, a, p. 9 v°) et *Yi-jo* 億若 dans le *Wei lio* (*T'oung pao*, 1905, p. 555).

3) Le commentaire de 676 indique que, d'après le *Ts'ien chou yin yi*, ce nom devrait être prononcé *Yen-na* 鷃拏, mais que, d'après une autre glose, le mot 烏 se prononcerait comme la combinaison de *yi* 一 et de *kia* 加 (donc *ya*), tandis que le mot 秅 se prononcerait comme la combinaison de *tche* 直 et de *kia* 加 (donc *tcha*); le commentateur concilie d'ailleurs ces deux explications différentes en disant que si on prononce rapidement les sons indiqués par la seconde glose, on finira par obtenir les sons indiqués par la première. — Nous remarquerons que, dans le *Ts'ien Han chou* (chap XCVI, a, p. 4 r°), le nom de ce royaume est orthographié *Wou-tch'a* 烏秅, graphie qui se retrouve dans le *Pei che* (chap. XCVII, p 3 v°) et qui d'ailleurs est à peu près d'accord avec la seconde glose précitée qui indiquait le son *tcha*. Nous pouvons donc admettre que la leçon *Wou-tch'a* est plus près de la vraie prononciation de ce nom de localité que la leçon *Wou-hao*. — Enfin c'est bien, semble-t-il, le même nom qui est écrit *Wou-cha* 烏鎩 par *Hiuan-tsang*. — On trouvera exposées ailleurs (BEFEO, t. III, p. 398, n. 3) les raisons qui nous font identifier ce royaume avec Tach-kourgane.

4) Sur cette identification encore hypothétique, voyez *T'oung pao*, 1905, p. 555, n. 6.

son nom contre celui de *P'ai-tch'e* 排持 [1]). En allant encore plus loin vers le Sud-Ouest et en chevauchant pendant plus de cent jours, on arrive au *T'iao-tche* 絛支.

La capitale [2]) du royaume de *T'iao-tche* 絛支 [3]) se trouve au sommet d'une hauteur; elle a plus de quarante *li* de circonférence; elle est voisine de la mer d'Occident et l'eau de la mer l'entoure de ses sinuosités au Sud, de même qu'à l'Est et au Nord; ainsi l'accès en est intercepté sur trois côtés; ce n'est qu'à l'angle Nord-Ouest qu'on est en communication avec un chemin sur terre ferme. Ce pays est chaud et humide; il produit des lions, des rhinocéros, des bœufs à bosse (zébus), des paons, des oiseaux géants. Les oiseaux géants ont des œufs gros comme des jarres.

Quand on oblique vers le Nord, puis vers l'Est, en marchant encore à cheval pendant plus de soixante jours, on arrive au *Ngan-si* (Parthie). Par la suite, (ce dernier pays) s'est asservi le *T'iao-tche*; il y a établi un général en chef pour surveiller les diverses petites villes.

---

1) Cf. *T'oung pao*, 1905, p. 555, n. 7. — Le *Wei lio* (ap. *Wei tche*, chap. XXX, p. 13 r°) cite, au nombre des marchandises du pays de *Ta Ts'in*, la toile de *Fei-tch'e* 緋持布; peut-être 緋持 n'est-il qu'une variante de 排持 et, s'il en est ainsi, cette étoffe aurait été fabriquée dans le pays de *Wou-yi-chan-li*, appelé aussi *P'ai-tch'e* ou *Fei-tch'e*.

2) A partir d'ici et jusqu'à la fin de la notice sur le pays de *Ta Ts'in*, ce texte a été traduit et annoté par Fried. Hirth dans un travail intitulé «*Syrisch-chinesische Beziehungen im Anfang unserer Zeitrechnung*» (Berlin, 1899; tirage à part d'un chapitre du livre de Roman Oberhummer et du Dr H. Zimmerer intitulé *Durch Syrien und Kleinasien*).

3) Le *T'iao-tche* me paraît correspondre au royaume arabe de Characène qui fut fondé entre 130 et 127 av. J.-C. dans la Mésène, aux bouches du Tigre. La Mésène est appelée Dest Misan dans un fragment d'Ibn Kotaïboa, et Amrou, cité par Assemani, appelle simplement Desht le pays de Desht Misan; ce nom de «Desht» n'est autre que le mot persan desht qui signifie «la plaine»; peut-être est-ce ce mot qui se cache sous la transcription chinoise *T'iao-tche* 絛支. Les Characéniens devaient être soumis aux Parthes sous le règne de Trajan (98—117 p C), car nous voyons cet empereur guerroyer à la fois contre les Parthes et contre les Arabes. L'historien Chinois nous dit en effet quelques lignes plus bas que le *T'iao-tche* (Desht Misan) fut soumis par le *Ngan-si* (Parthie).

Le royaume de *Ngan-si* 安息 (Parthie) [1]) a pour capitale la ville de *Ho-tou* 和櫝 [2]). Il est à 25000 *li* de *Lo-yang* (*Ho-nan fou*); du côté du Nord, il est limitrophe du *K'ang-kiu* (Sogdiane); du côté du Sud, il est limitrophe de *Wou-yi-chan-li* (Hérat). Son territoire a une superficie de plusieurs milliers de *li*; il s'y trouve plusieurs centaines de petites villes; les foyers, les individus et les soldats d'élite y sont extrêmement nombreux. Sur sa frontière orientale se trouve la ville de *Mou-lou* 木鹿 (Mûru, Merw) [3]) qu'on surnomme le petit *Ngan-si* et qui est à 20000 *li* de *Lo-yang* (*Ho-nan fou*). Sous le règne de l'empereur *Tchang* 章, la première année (87 p.C.) *tchang-ho*, ce royaume envoya un ambassadeur offrir des lions et des *fou-pa* 符拔 [4]); le *fou-pa* ressemble à (l'animal fantastique appelé) *lin* 麟, mais il n'a pas de cornes [5]).

Sous le règne de l'empereur *Ho* 和, la neuvième année (97 p.C.)

---

1) Kingsmill (*Journ. R. Asiatic Soc.*, vol. XIV, 1882, p. 81) paraît être le premier à avoir proposé de voir dans les mots chinois *ngan-si* la transcription du terme *Arsak* désignant les souverains parthes appelés Arsacides. Hirth a confirmé et rendu scientifique cette identification en montrant que la consonne *n* pouvait correspondre à un *r*, et que, d'autre part, le mot *si* se prononçait autrefois *sak*; ainsi *ngan-si* est l'équivalent rigoureux de Ar-sak (cf. Hirth, *Syriech-chinesische Beziehungen*, p. 438, n. 2).

2) L'assimilation de *Ho-tou* avec une ville mentionnée par les auteurs classiques n'a pas encore été établie d'une manière satisfaisante; Hirth (*op. cit.*, p. 438) suppose que *Ho-tou* doit correspondre à un nom local d'Hekatompylos et il suggère hypothétiquement une dénomination telle que Volog (Vologesia). D'autre part, A. von Gutschmid (*Geschichte Irans...*, 1888, p. 140) propose de voir dans *Ho-tou* la ville de Karta qui est mentionnée par Strabon (XI, 7, § 2) et qui doit correspondre à la Zadrakarta qu'Arrien (*Exp. Alex.*, ch. 23 et 25) indique comme étant la capitale de l'Hyrcanie.

3) L'identification *Mou-lou* = Mûru, c'est-à-dire Merw, a été soutenue par von Gutschmid et par Hirth; elle est en effet très vraisemblable.

4) Le *fou-pa*, comme l'indique von Gutschmid (*op. cit.*, p. 140), est le βούβαλος, l'antilope babal.

5) Comme le fait remarquer Hirth (*op. cit.*, p. 439), ce témoignage est bizarre puisque l'antilope babal se fait au contraire remarquer par la longueur de ses cornes. — Il semble que cette ambassade des Parthes ait coïncidé avec une ambassade des *Ta Yue-tche* ou Indo-scythes qui passe pour avoir apporté elle aussi des lions et des *fou-pa* (cf. *T'oung pao*, 1906, p. 232, lignes 12—13, où il faut lire 87 p.C., au lieu de 88 p.C., de même qu'à la p. 231, ligne 10; à la p. 230, ligne 24, il faut lire 86 p.C., au lieu de 87).

yong-yuan, le Protecteur général *Pan Tch'ao* 班超 envoya *Kan Ying* 甘英 en mission dans le pays de *Ta Ts'in* 大秦; arrivé au *T'iao-tche* (Mésène), (*Kan Ying*) se trouva sur le bord d'une grande mer ¹) et voulut la traverser; mais les matelots de la frontière occidentale du *Ngan-si* lui dirent: «L'onde marine est fort vaste; ceux qui font le voyage d'aller et retour peuvent opérer la traversée en trois mois s'ils trouvent un vent favorable; mais si vous rencontrez ²) des vents qui vous retardent, vous pouvez aussi mettre deux ans (à faire ce trajet). C'est pourquoi les gens qui s'embarquent sur la mer emportent tous des vivres pour trois ans. (En outre,) la pleine mer incite fort les hommes à penser à leur pays et à y attacher leurs désirs; aussi plusieurs en sont-ils morts». Quand (*Kan*) *Ying* eut entendu ces discours, il renonça à son projet.

La treizième année (101 p.C.), le roi de *Ngan-si* (Parthie) nommé *Man-k'iu* 滿屈 ⁴), offrit encore des lions ainsi que de grands oiseaux du *T'iao-tche* 條支 (Mésène) que les gens d'alors appelèrent des oiseaux du *Ngan-si* ⁵).

Depuis le *Ngan-si*, si on marche vers l'Ouest pendant 3400 *li*,

---

1) Les premiers traducteurs ont cru les uns que cette mer était la mer Caspienne, les autres qu'elle était la mer Méditerranée; mais Hirth (*op. cit.*, p. 439, n. 2 et *China and the Roman Orient*) a soutenu par de très fortes raisons que ce devait être le Golfe Persique et cette opinion paraît être maintenant généralement adoptée en sinologie.

2) Je comprends la phrase comme signifiant qu'il faut trois mois pour faire la traversée *aller et retour* 往來; la traduction de Hirth paraît impliquer que le traversée *simple* dure trois mois: «with favourable winds it is possible to cross within three months» (*China and the Roman Orient*, p. 39).

3) L'édition de *Chang-hai* donne ici la leçon fautive 還 au lieu de 遇.

4) *Man-k'iu* a été identifié avec Pakor II par Justi (*Berliner Philolog. Wochenschrift*, 1889, p. 1025) et Hirth a montré que cette identification se justifiait fort bien phonétiquement (*Syrisch-chinesische Beziehungen*, p. 440, n. 1).

5) Ainsi, une ambassade des Parthes ayant été la première à apporter en Chine des autruches, les Chinois appelèrent fautivement des autruches des oiseaux du *Ngan-si* (Arsak, Parthie); mais, en réalité, ces oiseaux provenaient du *T'iao-tche*, c'est-à-dire du Desht Misan ou Mésène; là en effet régnaient des princes arabes qui pouvaient avoir toutes facilités pour faire venir d'Arabie des autruches.

on arrive au royaume de *A-man* 阿蠻 (Akbatana, Ekbatane, auj. Hamadan) [1]). A partir de *A-man*, en marchant vers l'Ouest pendant 3600 *li*, on arrive au royaume de *Sseu-pin* 斯賓 (Ktésiphon?) [2]). A partir de *Sseu-pin*, en marchant vers le Sud, on traverse un fleuve, puis, allant vers le Sud-Ouest on arrive au royaume de *Yu-lo* 于羅 [3]) au bout de 960 *li*. C'est là le point extrême de territoire occidental du *Ngan-si*.

A partir de là, se dirigeant vers le Sud, on s'embarque sur la mer et alors ou parvient au *Ta-ts'in* 大秦; dans ce dernier pays il y a beaucoup de joyaux du *Hai-si* 海西 [4]) et d'objets merveilleux et rares.

Le royaume de *Ta-ts'in* 大秦 [5]) est aussi appelé *Li-kien* 犂鞬 [6]); comme il se trouve à l'Ouest de la mer, on le nomme aussi royaume de *Hai-si* 海西國 (c'est-à-dire royaume de l'Ouest de la mer). Son territoire a plusieurs milliers de *li*; il a plus de quatre cents villes murées; les petits royaumes qui en dépendent sont au nombre de quelques dizaines. Les murs des villes et des faubourgs sont faits en pierre. On a établi de distance en distance des maisons de relais postaux qui sont toutes crépies à la chaux. On trouve dans ce pays des pins, des cyprès, ainsi que des arbres et des herbes de toutes

---

1) Cf. Hirth, *China and the Roman Orient*, p. 154.

2) *Ibid.*, p. 155.

3) Hirth (*ibid.*, p. 147 et 155) identifie cette ville avec Hira sur une péninsule du Lac chaldéen et la considère comme la capitale du *T'iao-tche*. Je conserve encore quelques doutes à ce sujet.

4) Comme on va le voir deux lignes plus bas, *Hai-si* (l'Ouest de la mer) est un des noms par lesquels on désigne le *Ta Ts'in*.

5) La Syrie, province romaine.

6) Aux yeux de Hirth (*China and the Roman Orient*, p. 160 et suiv., p. 170, n. 1, p. 171), *Li-kien* représente Rekem, nom local de la ville de Petra, à 60 milles au Nord de la ville d'Akabah qui est au fond du golfe d'Akabah, au Nord de la mer Rouge; cet emporium aurait donné son nom à toute la région connue dans le pays de *Ta Ts'in* parce qu'il était le dépôt où arrivaient d'abord les marchandises orientales destinées aux marchés syriens.

sortes. Les mœurs des habitants sont les suivantes. ils s'appliquent aux travaux agricoles; ils plantent en grande quantité le mûrier du ver à soie [1]); ils se rasent tous la tête, mais leurs vêtements sont ornés et brodés. (Le roi) monte sur un petit char qui a une caisse de couleur noire et qui est surmonté d'un dais blanc [2]); quand il sort et qu'il rentre, on frappe le tambour et on dresse des bannières et des étendards. La ville où il réside a plus de cent *li* de tour; dans cette ville il y a cinq palais qui sont distants respectivement les uns des autres de dix *li*; dans les salles de ces palais, toutes les colonnes sont faites en cristal de roche; il en est de même des ustensiles de table. Le roi se transporte chaque jour dans un de ces palais pour y entendre les affaires (dont on a à l'entretenir); au bout de cinq jours il a donc fait la tournée complète (de ces palais). Un homme porteur d'un sac est constamment

---

1) 人俗力田作多種樹薔桑。 Hirth (*China and the Roman Orient*, p. 40) avait d'abord traduit: «The people are much bent on agriculture, and practice the planting of trees and the rearing of silk-worms». Mais, plus tard (*Syrisch-chinesische Beziehungen*, p. 441), il a expliqué ces mots comme signifiant simplement: «la population est adonnée à l'agriculture et plante beaucoup de mûriers». La raison de cette modification dans l'interprétation du passage se laisse apercevoir; les Romains du deuxième siècle de notre ère ignoraient l'art d'élever les vers à soie et faisaient venir de Chine à grand prix les tissus de soie; la remarque de l'historien doit donc simplement signifier que les gens du pays de *Ta Ts'in* plantent en grande quantité des mûriers qui ne sont autre que le mûrier du ver à soie, c'est-à-dire le mûrier qui, en Chine, sert à élever les vers à soie. Il est vrai que cette explication ne peut plus se concilier avec le passage du *Wei lio* correspondant à celui-ci: 民俗田種五穀。畜有馬驢騾駝。桑蠶。 Ce passage ne me paraît guère pouvoir être traduit autrement que comme suit: «Les mœurs des habitants sont les suivantes: ils font de l'agriculture et plantent les cinq sortes de céréales; comme animaux domestiques ils ont des chevaux, des ânes, des chameaux; ils cultivent le mûrier et élèvent le ver à soie». Mais il est évident que ce témoignage vraisemblablement erroné peut s'expliquer par une modification que *Yu Houan*, auteur du *Wei lio*, aura fait subir, inconsciemment peut-être, aux textes plus anciens qu'il compilait.

2) Le mot 輼 ne paraît être ici l'équivalent du mot 緇. Quant au mot 軿, il doit désigner le char lui-même ou la caisse du char par opposition au mot 蓋 qui désigne le dais placé au-dessus du char.

chargé de suivre la voiture royale; quand quelqu'un veut parler
d'une affaire au roi, il jette un écrit dans le sac; arrivé au palais,
le roi ouvre ce sac, en examine le contenu et juge si le plaignant
a tort ou raison. Pour chaque (département de l'administration), il
y a des corps de fonctionnaires et des archives écrites. On a établi
trente-six chefs qui se réunissent tous pour délibérer sur les affaires
de l'État. Quant au roi, il n'est pas à perpétuité le même; il est
nommé à l'élection comme étant le plus sage; mais si, dans le
royaume, surviennent des calamités et des prodiges ainsi que des
vents ou des pluies en temps inopportun, on le renvoie aussitôt
pour mettre un autre à sa place; celui qui a été ainsi chassé sup-
porte doucement sa destitution et ne s'en irrite point. Les gens de
ce pays sont tous de haute taille et ont des traits réguliers; ils sont
analogues aux habitants du Royaume du Milieu et c'est pourquoi
on appelle ce pays *Ta-Ts'in* 大秦 ¹). Le sol renferme beaucoup d'or,
d'argent et de joyaux précieux; on y trouve l'anneau qui brille
pendant la nuit ²), la perle claire comme la lune, (la corne de)

---

1) Ce texte prouve que, au second siècle de notre ère, le nom de *Ts'in* 秦 était
encore employé à désigner la Chine. Peut-on aller plus loin et chercher à déterminer pour
quelle raison le mot *Ts'in* s'est trouvé appliqué à la foi, à la Chine et à l'Orient romain?
C'est ce qu'a essayé de faire Hirth dans une longue et savante note à laquelle je renvoie
le lecteur (*Syrisch-chinesische Beziehungen*, p. 442, n. 8); la thèse de Hirth est que le
même caractère chinois 秦 aurait servi à transcrire, d'une part, à l'Orient, le nom du
peuple que les auteurs classiques appellent *Ser* ou *Seres*, d'autre part, à l'occident, le nom
de la ville de Tyr sous sa forme hébraïque *Tsur* ou *Sur*.

2) 夜光璧. Le mot 璧 désigne proprement un petit disque plat percé au
milieu; le disque qui éclaire pendant la nuit rappelle la tradition si répandue dans l'antiquité classique au sujet des pierres précieuses, et notamment des escarboucles, qui luisaient
dans les ténèbres; aux textes cités à ce sujet par Hirth (*China and the Roman Orient*,
p. 242—244), j'ajouterai les suivantes: d'après Lucien (*sur la déesse syrienne*, ch. 32), la
statue de la déesse qu'on adorait à Hiérapolis portait sur sa tête une pierre appelée *lychnis*
(semblable à une lampe) qui était ainsi nommée à cause des effets qu'elle produisait: elle
émettait en effet pendant la nuit une lueur si intense que tout le temple en était éclairé
comme par des lampes; dans le jour, son éclat s'atténuait. — D'après le pseudo-Callisthène
(liv. II, § 42), Alexandre trouva dans le ventre d'un poisson une pierre qu'on lui dit être
le petit flambeau (*lampadion*); il la fit enchâsser dans de l'or et s'en servit dans la nuit

rhinocéros qui effraie les poulets [1]), le corail, l'ambre [2]), le *lieou-li* (vaiḍūrya) [3]), le *lang-kan* [4]), le cinabre rouge, le *pi* verdâtre [5]), les

---

comme d'un flambeau. — Dans les *Gesta Romanorum*, ce fameux recueil de légendes qui paraît avoir été compilé en Angleterre vers la fin du treizième siècle, il est question d'une escarboucle qui illuminait toute une demeure souterraine (éd. Oesterley, ch. 107, p. 438).

1) A propos de l'expression 駭雞犀 *hiai ki si*, le commentaire du *Heou Han chou* cite un passage du *Pao p'o tseu* de *Ko Hong* (IV⁰ s. p. C.) où il est dit que: «(La corne de) rhinocéros communiquant avec le ciel 通天犀 a des veines blanches semblables aux cordons servant à attacher les perles; si on la place en la couvrant de riz au milieu d'une bande de poulets, les poulets viennent dans le désir de picorer le riz; mais, dès qu'ils sont arrivés, ils reculent aussitôt avec terreur et c'est pourquoi les gens du Sud appellent (le rhinocéros) *hiai-ki* (c'est-à-dire qui effraie les poulets)». Comme l'a fait remarquer Hirth, cette légende doit avoir pris naissance par suite d'une fausse étymologie fondée sur les caractères chinois dont on se servit pour transcrire un mot étranger; cependant on n'a point encore retrouvé le mot étranger qui se cacherait sous la transcription *hiai-ki* du terme *hiai-ki si*. On sait que les voyageurs arabes du neuvième siècle indiquent le nom de *kerkeddan* comme une autre appellation du *boshan* marqué ou rhinocéros de l'Inde; d'autre part, le mot sanscrit qui désigne le rhinocéros est *khadgin*. Cf. Reinaud, *Relation des voyages faits par les Arabes et les Persans*, t. I, p. 28—30, et, dans le tome II, p. 65—70, les remarques du naturaliste Roulin.

2) La plus ancienne mention qui soit faite du corail et de l'ambre 琥珀 en Chinois se trouve dans le chapitre du *Ts'ien Han chou* sur les contrées d'Occident (chap. XCVI, a, p. 5 r⁰) où il est dit que le royaume de *Ki-pin* 罽賓 (Cachemire?) produit «des perles 珠璣, du corail 珊瑚, de l'ambre 虎魄 et du vaiḍūrya 璧流離». Je ne sache pas qu'on ait retrouvé le mot étranger qui se cache sous la transcription *chan-hou* (= *san-gou*). Quant au terme *hou-p'o*, Klaproth l'a rapproché du mot ouïgour *chubich*, et Hirth propose de remonter à travers le chinois *hou-p'o* et le ouïgour *chubich*, au mot syriaque d'origine grecque *harpax* qui est cité dans Pline l'Ancien (XXXVII, 11, trad. Littré, t. II, p. 542), comme désignant l'ambre dont les femmes de la Syrie se servent pour faire des bouts de fuseaux (*China and the Roman Orient*, p. 245, n. 1). — Cf. B. Laufer, *Historical Jottings on Amber in Asia* (*Mem. Amer. Anth. Ass.*, Feb. 1907).

3) Le terme vaiḍūrya désigne proprement l'œil-de-chat (et non le béryl; cf. L. Finot, *Les lapidaires indiens*, p. XLVI); mais en passant en Chinois sous la forme *pi-lieou-li*, il en est venu à désigner simplement le verre coloré que les Chinois prirent jusqu'au V⁰ siècle de notre ère pour un minéral naturel.

4) Le terme *lang-kan* 琅玕 est fort ancien, car il figure déjà dans le chapitre du *Chou king* intitulé le Tribut de *Yu*; il y désigne une pierre de prix sur les caractères spécifiques de laquelle on n'est pas bien fixé; quand on appliqua ce mot à un des produits des pays d'Occident, il semble qu'on ait voulu désigner une sorte de corail (cf. Hirth, *Syrisch-chinesische Beziehungen*, p. 444, n. 4).

5) 青碧. Sorte de jaspe bleu-verdâtre (Geerts, *Les produits de la nature japonaise et chinoise*, p. 261).

tissus brodés avec fil d'or à jour, les tissus de poil avec fil d'or continu, les soies légères ¹) de différentes couleurs, l'enduit qui fait de l'or jaune ²), la toile qui se lave au feu ³); ils ont en outre une toile légère que quelques uns disent être du duvet de mouton aquatique ⁴), mais qui est fabriqué en réalité avec des cocons de vers à

---

1) Comme l'a fait remarquer Hirth (*China and the Roman Orient*, p. 257) le mot 綾 ne désigne pas nécessairement de la soie; il peut s'appliquer à un tissu souple et fin, quelle qu'en soit la composition.

2) Il doit s'agir ici d'un procédé de dorure.

3) L'asbeste ou amiante. Sur les traditions relatives aux tissus d'asbeste, voyez Hirth, *China and the Roman Orient*, p. 249—251.

4) C'est tout à fait arbitrairement, me semble-t-il, qu'on a rapproché le *choui yang* 水羊 ou mouton aquatique du fameux *agnus scythicus* qui joue un si grand rôle dans les récits des voyageurs depuis le moyen-âge jusqu'au dix-septième siècle. Les deux légendes n'ont rien de commun, car il n'est jamais question d'eau à propos de l'*agnus scythicus*; comme l'a fait remarquer Bretschneider (*On the knowledge...*, p. 24) le tissu fait avec les poils du mouton aquatique pourrait être le Byssus qui est fabriqué avec les excroissances de certaines coquilles de mer, notamment la *Pinna squamosa*; cette opinion me paraît confirmée par le passage suivant d'Alestakhry (Xᵉ siècle): «A une certaine époque de l'année, on voit accourir de la mer une bête qui se frotte contre certaines pierres sur la côte, et qui dépose une espèce de laine de la couleur de la soie, c'est-à-dire de la couleur de l'or. Cette laine est très rare, très estimée, et on n'en laisse rien perdre. On la recueille et elle sert à tisser des étoffes, qu'on teint maintenant de différentes couleurs. Les princes Ommyades (qui régnaient alors à Cordoue) se réservèrent l'usage de cette laine; ce n'est qu'en secret qu'on parvient à en distraire quelques portions. Une robe faite avec cette laine coûte plus de mille pièces d'or». Reinaud, à qui nous empruntons cette traduction (*Géographie d'Aboulféda*, II, ii, p. 242, n. 1), indique que la bête qui accourt de la mer pour venir se frotter contre certaines pierres est la pinne marine, coquille qui s'attache aux pierres; mais, s'il est vrai que le Byssus était en effet fabriqué avec les filaments de la *Pinna squamosa*, il est clair, d'autre part, que, cette fabrication étant tenue secrète, une légende s'était formée qui attribuait l'origine des flocons recueillis sur les rochers du bord de la mer à une sorte de mouton marin qui était venu se frotter contre ces rochers; la tradition rapportée par Alestakhry me paraît donc fort bien rendre compte de l'expression «mouton aquatique» 水羊 qu'on trouve pour la première fois dans ce texte du *Heou Han chou*. — En dissociant le mouton aquatique de l'*agnus scythicus*, nous ne voulons point dire par là que la légende de l'*agnus scythicus* soit inconnue des Chinois; c'est au contraire la littérature chinoise qui nous fournit le plus ancien témoignage relatif à cet animal fantastique; en effet *Tchang Cheou-tsie* 張守節, qui publia en 737 son commentaire sur les Mémoires historiques de *Sseu-ma Ts'ien*, cite (*Mém. hist.*, chap. CXXIII, p. 3 rᵒ) un passage du *Yi wou tche* de *Song Ying* 宋膺異物志 où nous lisons ceci: «Au Nord de Ts'in, dans un petit pays qui en dépend, il y a des agneaux qui naissent spontanément

soie sauvages [1]); ils mélangent toutes sortes de parfum et en cuisent le jus pour en faire du *sou-ho* 蘇合 (storax). C'est de ce pays que viennent d'une manière générale tous les objets merveilleux et rares des royaumes étrangers.

Avec de l'or et de l'argent on fabrique des monnaies; dix pièces d'argent valent une pièce d'or.

(Le *Ta Ts'in*) trafique avec le *Ngan-si* (Parthie) et le *T'ien-tchou* 天竺 (Inde) par la voie de mer; (dans ce commerce) le gain est de dix pour un. Les gens de ce pays sont honnêtes et francs; en affaires, ils n'ont pas deux prix. Les céréales et les aliments sont toujours à bon marché; les ressources de l'Etat sont abondantes.

Quand un ambassadeur des royaumes voisins arrive au bord de leur territoire, on le fait profiter des relais postaux pour aller à la capitale royale, et, quand il y est arrivé, on lui donne des pièces d'or.

---

dans le sol; en attendant le moment où ils seront sur le point d'éclore, on construit un petit mur tout autour d'eux de peur qu'ils ne soient dévorés par les bêtes féroces. Leur cordon ombilical est rattaché au sol, et, si on le coupe, ils meurent; on frappe donc sur des instruments pour les effrayer; ils crient de peur et leur cordon ombilical se rompt; alors ils se mettent à la recherche de l'eau et des pâturage et se forment en troupeaux.

宋膺異物志云。秦之北附庸小邑有羊羔自然生於土中。候其欲萌築墻繞之。恐爲獸所食。其臍與地連。割絕則死。擊物驚之。乃驚鳴。臍遂絕則逐水草爲羣。

Si les caractères 宋膺 doivent être lus 朱應, ce texte serait donc extrait du *Fou-nan yi wou tche* 扶南異物志 que *Tchou Ying* 朱應 composa au troisième siècle de notre ère; mais cette correction de texte n'est pas hors de conteste, comme l'a montré Pelliot (BEFEO, t. III, p. 276—277). — Comparez les textes dérivés de celui-ci dans les deux histoires des *T'ang* et dans le *Wen hien t'ong k'ao* (Hirth, op cit., K 26, L 40, Q 23). — Sur l'*agnus scythicus* voyez les textes réunis par Cordier (*Odoric*, p. 426 et suiv.) et Schlegel (*The Shui yang and the Agnus Scythicus*, dans Actes du 8e Congrès int. des Orientalistes à Stockholm et Christiania).

1) On sait qu'Aristote mentionne dans l'île de Kos des tissus faits avec les cocons d'un ver à soie sauvage.

Le roi de ce pays désirait constamment entrer en relations diplomatiques avec les *Han* 漢; mais le *Ngan-si* (Parthie), voulant faire avec lui le commerce des soies chinoises, lui opposait des obstacles en sorte qu'il ne pouvait pas avoir des communications personnelles (avec la Chine). Enfin, sous le règne de l'empereur *Houan* 桓, la neuvième année (166 p.C.) *yen-hi*, *Ngan-touen* 安敦 (Marcus Aurelius *Antoninus*) envoya un ambassadeur qui vint d'au-delà du *Je-nan* 日南 (Tonkin) pour offrir des dents d'éléphant, des cornes de rhinocéros, de l'écaille de tortue [1]); c'est alors que pour la première fois une communication (entre les deux pays) fut établie. Ce que cet homme apporta en tribut n'avait rien de précieux ni de rare [2]); aussi soupçonna-t-on que ceux qui avaient écrit des notices (sur le *Ta-ts'in*) avaient exagéré.

Certaines personnes disent: A l'Ouest de ce royaume, il y a la Rivière faible et les sables mouvants qui sont proches du lieu où réside la Mère reine d'Occident et qui atteignent presque l'endroit où se couche le soleil [3]). Le livre des *Han* dit: «A partir du *T'iao-tche* quand on a marché vers l'Ouest pendant plus de deux cents jours, on approche de l'endroit où le soleil se couche» [4]).

---

1) On a voulu voir dans cette fameuse ambassade, la preuve que Marc-Aurèle avait tenté d'entrer en communication par mer avec la Chine parce que le commerce de la soie par voie de terre se trouvait interrompu à cause des campagnes d'Avidius Cassius contre les Parthes et de la peste qui s'ensuivit. Mais, d'une part, il semble bien que le personnage qui se donna pour un ambassadeur de Marc-Aurèle était un simple marchand sans caractère officiel; d'autre part, on verra plus loin que, dès l'année 120 p.C., des musiciens et des jongleurs originaires du *Ta Ts'in* étaient arrivés en Birmanie, ce qui prouve que les relations par mer entre l'Orient romain et l'Extrême Orient n'attendirent pas le règne de Marc-Aurèle pour s'établir. — Le *Je-nan* était la plus méridionale des trois commanderies correspondant au *Tonkin* actuel.

2) Par l'énumération des objets qu'il apportait, on voit en effet qu'il avait dû reconstituer sa pacotille en Inde; ses marchandises ne provenaient point du pays du *Ta Ts'in*.

3) Voyez le passage parallèle dans le *Wei lio* (*T'oung pao*, 1905, p. 546).

4) La rédaction actuelle du *Ts'ien Han chou* (chap. XCVI, a, p. 6 r°) est un peu différente: «A partir du *T'iao-tche*, quand on a marché par eau vers l'Ouest pendant environ cent jours, on approche de l'endroit où, dit-on, le soleil se couche».

Cela ne concorde pas avec les livres d'aujourd'hui. (La raison en est que) les envoyés des *Han* sous la première dynastie revenaient tous à partir de *Wou-yi* 烏弋 (Hérat) et qu'aucun d'eux ne put parvenir jusqu'au *T'iao-tche* (Mésène).

On dit encore que, lorsqu'on vient du *Ngan-si* (Parthie), on contourne la mer par voie de terre en marchant vers le Nord [1]); on débouche à l'Ouest de la mer et on arrive dans le *Ta-ts'in*. La population y est dense; chaque dix *li* il y a un relais (*t'ing* 亭), et chaque trente *li* une maison de poste (*tche* 置) [2]); en définitive il n'y a jamais d'alerte produite par des attaques de brigands, mais il y a sur le chemin beaucoup de tigres féroces et de lions qui arrêtent et assaillent les voyageurs; si les caravanes ne comptent pas plus de cent hommes munis d'armes, elles sont infailliblement dévorées.

On dit encore qu'il y a un pont suspendu, long de plusieurs centaines de *li*, sur lequel on peut passer au Nord de la mer [3]).

Ce que produisent ces divers royaumes consiste en toutes sortes d'objets tels que objets merveilleux et pierres précieuses. Quant aux

---

1) A mes yeux, il s'agit ici de la voie de terre allant de la Parthie dans l'Orient romain; la mer qu'on contournerait serait donc la mer Caspienne. Hirth cependant traduit (*China and the Roman Orient*, p. 43): «It is further said that, coming from the land-road of An-hsi (Parthia), you make a round at sea, and, taking a northern turn, come out from the western part of the sea, whence you proceed to Ta-ts'in». Voyez aussi *Syrisch-chinesi-sche Beziehungen*, p. 448, n. 2. Mais il me semble que la suite du paragraphe prouve nettement qu'il s'agit ici d'une route où les caravanes vont par terre.

2) Le mot 置 apparaît déjà dans Mencius (II, a, 1, § 11) avec ce sens.

3) Ce pont est sans doute celui dont il est parlé dans le *Wei lio* (*San koue tche*, section *Wei tche*, chap. XXX, p. 13 v°) en ces termes: «Le roi de *Lu-fen* 驢分 dépend du *Ta Ts'in*; sa résidence est à 2000 *li* de la capitale du *Ta Ts'in*. Quand, partant de *Lu-fen*, on se dirige vers l'Ouest pour aller à *Ta Ts'in*, on traverse un pont volant sur la mer, long de 230 *li*». — Mais on n'a pas encore pu déterminer ce que les auteurs Chinois entendaient par ce pont.

tours de prestidigitation (que font les gens du *Ta Ts'in*), ils sont pour la plupart incorrects et c'est pourquoi je ne les mentionnerai pas [1]).

Le royaume des *Ta Yue-tche* 大月氏 a pour capitale la ville de *Lan-che* 藍氏城 [2]). Du côté de l'Ouest, il est limitrophe du

---

1) En d'autres termes, les jongleurs du *Ta Ts'in* se livrent à des exercices que la rigide morale condamne comme des amusements indignes d'un homme dont la vie est bien réglée; aussi l'auteur refuse-t-il d'en faire mention. Le commentaire de 676 justifie cette interprétation. Cf. cependant la traduction de Hirth: «The articles made of rare precious stones produced in this country are sham curiosities and mostly not genuine, whence they are not (here) mentioned».

2) Le nom de cette ville apparaît sous diverses formes: *Seou-ma Ts'ien* (chap. CXXIII, p. 3 v°) nous apprend que la capitale du *Ta-hia* (= Tokharestan) est la ville de *Lan-che* 藍市城; le *Ts'ien Han chou* (chap. XCVI, a, p. 6 v°) écrit que le roi des *Ta Yue-tche* a sa capitale dans la ville de *Kien-che* 監氏城, tandis que le *Heou Han chou*, dans le passage même que nous traduisons, appelle ville de *Lan-che* 藍氏城 la capitale des *Ta Yue-tche*; cette dernière leçon se retrouve d'ailleurs dans le *T'ang chou* (chap. CCXXI, b, p. 5 r°); le *Pei che* (chap. XCVII, p. 9 r°) nous dit que la capitale des *Ta Yue-tche* était d'abord la ville de *Ying-kien-che* 贍監氏 (l'édition de *Chang-hai* écrit fautivement 贍 le premier caractère), à l'Ouest de *Fou-ti-cha* 弗敵沙 et qu'ensuite, refoulés par les *Jouan-jouan*, les *Ta Yue-tche* prirent pour capitale la ville de *Po-lo* 薄羅城, à 2100 *li* à l'Ouest de *Fou-ti-cha*; le *Wei chou* (chap. CII, p. 7 r°), qui ne fait que reproduire le texte du *Pei-che*, présente la variante «ville de *Lou-kien-chen* 盧監氏, au lieu de «ville de *Ying-kien-chen*». Enfin le *Tcheou chou* (chap. L, p. 5 r°), parlant des Hephthalites qui sont de la race des *Yue-tche*, dit que leur capitale est la ville de *Pa-ti-yen* 拔底延.

Je crois que, du témoignage de *Song Yun* qui rencontra le roi des Hephthalites au sortir du Wakhân (BEFEO, t. III, p. 402—404), il résulte que le territoire propre des Hephthalites devait être le Badhakhschân. C'est donc le nom de la ville de Badhakhschân (à l'Est de l'actuel Faizâbâd) que couvrirait la transcription *Pa-ti-yen* 拔底延; je renonce à l'identification *Pa-ti-yen* = Bâdhâghis, que j'avais adoptée dans mes *Documents sur les Tou-kiue occidentaux* (p. 224, n. 9).

Le nom de la ville de *Fou-ti-cha* 弗敵沙 à l'Ouest et dans le voisinage immédiat de laquelle se trouvait la première capitale des *Ta Yue-tche*, doit être également la transcription du nom «Badhakhschân».

Quant à la ville de *Lan-che* 藍氏, quel qu'ait été son véritable nom, c'est aussi dans le Badhakhschân qu'il faut la chercher puisqu'elle était voisine de la ville de *Fou-ti-cha* que nous identifions avec Badhakhschân. Cette localisation est très satisfaisante car elle explique fort bien que la ville de *Lan-che* ait été la capitale des habitants du *Ta-hia* qui ne sont autres que les Tokhares comme l'a établi Marquart (*Erânšahr*, p. 204): le Badhakh-

No-pei-... (Parthe) qui est à 49 jours de marche: du côté de l'Est,
... est ... de 6537 li ... la résidence du tchang-che 長史

... étant la partie supérieure du Tokharestan, il est tout naturel que la capitale des
Tokhares s'y soit trouvée.

5. ... identifications sont ... le rôle historique du Tokharestan devient clair.
En 124 av. J.-C. lorsque l'ambassadeur chinois Tchang K'ien arriva chez les Ta Yue-tche,
... les trouva établis au Nord de l'Oxus, mais ayant déjà suivi les Ta-hia ou Tokhares
qui étaient au Sud de l'Oxus et qui avaient leur capitale à Lan-che 藍市, dans le
Badakhchan. — Après le départ de Tchang K'ien, les Ta Yue-tche franchirent définitivement l'Oxus et s'approprièrent la ville de Lan-che dont ils firent leur capitale; ce sont
eux qui sont dits dans les Ta-hia, les Tokhares des livres sanscrits; ils tenaient sous leur
dépendance les cinq royaumes qui s'étendaient depuis le Wakhâb à l'Est jusqu'au Gandhâra
à l'Ouest; dans chacun de ces royaumes ils avaient établi un chef qui portait le titre turc
de jabgou. Entre l'année 25 et l'année 92 de notre ère, le jabgou du Kouei-chouang,
c'est-à-dire du Gandhâra, nommé Kieou-tsieou-k'io, s'asservit les quatre autres jabgou et
prit le titre de roi; il fonda ainsi la dynastie des rois Kouchans. Ces rois Kouchans, tout
en gardant Purusapura Peshawer comme l'une de leurs villes principales, paraissent
cependant avoir conservé à la ville de Badakhchan, résidence de leurs anciens suzerains,
le titre de capitale; ils ne l'abandonnèrent qu'au cinquième siècle de notre ère sous la
pression des Jouan-jouan et vinrent alors s'établir à 2100 li plus à l'Ouest dans la ville
de Po-lo 薄羅 qui pourrait être Balkh. C'est de Po-lo que partit vers l'an 450 le
Kouchan Kidâra (Ki-to-lo 寄多羅) pour franchir l'Hindoukouch et aller reconquérir
les cinq royaumes dont le Gandhâra était le plus méridional, c'est-à-dire les cinq royaumes
autrefois gouvernés par des jabgou 自乾陁羅以北五國盡役
屬之 (Pei che, chap. XCVII, p. 9 r°). Pendant ce temps le Tokharestan, qui avait
été soumis par les Jouan-jouan, restait occupé par un rameau des Ta Yue-tche, la tribu
des Houa 滑. Vers la fin du cinquième siècle, les Houa devinrent célèbres sous le nom
d'Hephthalites qui était proprement le nom de leur roi; sous ce chef, ils avaient vaincu
le roi de Perse Pîrouz, secoué le joug des Jouan-jouan et conquis le Gandhâra où ils
établirent un prince ayant le titre de tegin (cf. Documents sur les Tou-kiue occidentaux,
p 223 et BEFEO, t. III, p. 410—417); quant à eux, leur capitale était la ville de
Badhakhchân (Pa-ti-yen), l'antique métropole du Tokharestan. Quand le Tokharestan eut
été conquis par les Tou-kiue (Turcs) Occidentaux, ceux-ci ne manquèrent pas d'y établir
un de leurs plus hauts dignitaires; en effet, c'est le fils aîné, puis le petit-fils du Kagan
que le pèlerin Hiuan-tsang trouve à Koundouz, au Sud de l'Oxus, lors de ses deux passages
dans cette ville en 630 et 643 ou 644 (Documents..., p. 196). En 661, quand les Chinois,
vainqueurs des Turcs occidentaux, imposèrent leur organisation civile aux pays d'Occident,
ils ne firent que confirmer l'état de choses préexistant; aussi le fait que le Tokharestan
fut considéré par eux comme le centre administratif des seize gouvernements d'Occident
prouve-t-il le rôle politique prédominant que ce pays jouait dans toute la région située
entre l'Oxus et l'Indus (Documents..., p. 274). Enfin, après la destruction de l'empire
Sassanide par les Arabes, c'est encore le Tokharestan qui fut seul capable de tenir tête

(Louktchoun), et de 16370 *li* de *Lo-yang* 洛陽 (*Ho-nan fou*); il compte 100000 foyers, 400000 individus, plus de 100000 soldats d'élite. Autrefois, les *Yue-tche* furent vaincus par les *Hiong-nou* [1]); ils se transportèrent alors dans le *Ta-hia* 大夏 [2]) et partagèrent ce royaume entre cinq *hi-heou* 翖侯 (Jabgous) [3]) qui étaient ceux

---

pendant quelque temps aux envahisseurs; le jabgou roi de ce pays se vantait en 718 p.C. d'être le suzerain de deux cent douze rois de divers royaumes, gouverneurs et préfets (*Documents...*, p. 200).

C'ette rapide revue des destinées du Tokharestan pendant 800 ans, nous permet de mieux comprendre, je crois, la légitimité de l'hypothèse qui place dans le Badhakhshân la capitale des *Ta-hia*, puis des *Ta Yue-tche*; ce sont en effet principalement des raisons historiques qui nous ont amenés à adopter cette hypothèse, car nous avons admis que le Tokharestan avait dû occuper dans l'histoire, au temps des *Ta-hia* et des *Ta Yue-tche*, une place analogue à celle qu'il occupa au temps des Hephthalites et des *T'ou-kiue* occidentaux.

L'objection principale qu'on pourra me faire, c'est que le royaume de *Fou-ti-cha* 弗敵沙, si l'on s'en tient au texte du *Pei che* (chap. XCVI, p. 9 r°) doit être à l'Ouest du Gandhâra et ne peut donc être le Badhakhshân. A cela je répondrai que le nom de *Fou-ti-cha*, qui est la transcription régulière du nom Badhakhshân, a dû s'appliquer originairement à la ville même de Badhakhshân, près de Faizabad; plus tard, on en a fait le nom d'un petit royaume au Sud de l'Hindoukouch, peut-être parce que ce royaume était gouverné par un prince originaire du Badhakhshân; mais les identifications géographiques deviendraient peu vraisemblables si on voulait considérer le royaume de *Fou-ti-cha* au Sud de l'Hindoukouch comme le terme fixe dans le voisinage duquel il faut situer la ville de *Ying-kien-che* ou *Lan-che*, capitale des *Ta-hia* puis des *Ta Yue-tche*, et à 2100 *li* à l'Ouest duquel il faut placer la ville de *Po-lo* 薄羅 ce qui nous obligerait à reporter avec Marquart (*Erânšahr*, p. 55) cette ville jusque sur le bord de la mer Caspienne. Si au contraire, nous admettons que *Fou-ti-cha* désigne la ville de Badhakhshân, la situation de *Lan-che* dans le voisinage de Faizabad et celle de *Po-lo* à Balkh sont très admissibles.

1) C'est en 165 av. J.-C. que les *Ta Yue-tche*, vaincus par les *Hiong-nou*, commencèrent vers l'Occident le grand exode qui devait les amener du *Kan-sou* dans la vallée de l'Ili, et, de là, jusque sur les bords de l'Oxus. Par suite d'une inadvertance que je déplore, j'ai indiqué l'année 140 av. J.-C., au lieu de l'année 165, dans une note de mes *Documents sur les Tou-kiue occidentaux* (p. 134, n. 1).

2) En 128 av. J.-C. l'ambassadeur Chinois *Tchang K'ien* trouva les *Ta Yue-tche* encore au Nord de l'Oxus; ils avaient déjà soumis le *Ta-hia*, mais ils n'occupaient pas encore son territoire; c'est donc postérieurement à cette date qu'ils envahirent le *Ta-hia*.

3) Le titre de *hi-heou* (*yap-heou*) est un ancien titre turc qui était déjà en usage chez les *Hiong-nou* au deuxième siècle avant notre ère; Hirth y a reconnu le mot turc jabgou qui est transcrit *ye-hou* 葉護 à l'époque des *T'ang* (cf. *Nachworte zur Inschrift des Tonjukuk*, p. 47—60). — Le témoignage du *Heou Han chou* qui nous affirme que les

de *Hieou-mi* 休密, de *Chouang-mi* 雙靡, de *Kouei-chouang* 貴霜, de *Hi-touen* 肸頓 et de *Tou-mi* 都密[1]). Plus de cent ans après

---

Ta Yue-tche divisèrent entre cinq yabgous le territoire du *Ta-hia* (Tokharestan) est un témoignage erroné; en effet, les royaumes des cinq yabgous dépendaient du Tokharestan, mais n'en faisaient pas partie à proprement parler.

1) D'après les indications fournies par le *Ts'ien Han chou* (chap. XCVI, a, p. 7 r°), les cinq jabgous étaient:

1° le *Hieou-mi* 休密, capitale *Ho-mo* 和墨, à 2841 *li* de Koutcha, à 7802 *li* de la passe *Yang*;

2° le *Chouang-mi* 雙靡, capitale *Chouang-mi* 雙靡, à 3741 *li* de Koutcha, à 7782 *li* de la passe *Yang*;

3° le *Kouei-chouang* 貴霜, capitale *Hou-tsao* 護澡, à 5940 *li* de Koutcha, à 7982 *li* de la passe *Yang*;

4° le *Hi-touen* 肸頓, capitale *Po-mao* 薄茅, à 5962 *li* de Koutcha, à 8202 *li* de la passe *Yang*;

5° le *Kao-fou* 高附, capitale *Kao-fou* 高附, à 6041 *li* de Koutcha, à 9283 *li* de la passe *Yang*.

Le *Heou Han chou*, dans le texte que nous traduisons, fait remarquer que le *Kao-fou* n'était pas un des cinq jabgous et il lui substitue le *Tou-mi* 都密.

Le *Pei che* (chap. XCVI, p. 9 r°) nous donne les renseignements complémentaires suivants qui se rapportent au commencement du septième siècle de notre ère:

1° le royaume de *K'ia-pei* 伽倍 correspond à l'ancien jabgou de *Hieou-mi* 休密; il a pour capitale la ville de *Ho-mo* 和墨; il est à l'Ouest de *So-kia* 莎車 (Yarkand); et à 13000 *li* de *Tai* 代 (Ta-t'ong fou).

2° le royaume de *Tche-sie-mo-souen* 折薛莫孫 correspond à l'ancien jabgou de *Chouang-mi* 雙靡; il a pour capitale la ville de *Chouang-mi* 雙靡; il est à l'Ouest du royaume de *K'ia-pei*, et à 13300 *li* de *Tai* (Ta-t'ong fou).

3° le royaume de *K'ien-touen* 鉗敦 correspond à l'ancien jabgou de *Kouei-chouang* 貴霜; il a pour capitale la ville de *Hou-tsao* 護澡; il est à l'Ouest du royaume de *Tche-sie-mo-souen* et à 13560 *li* de *Tai* (Ta-t'ong fou).

4° le royaume de *Fou-ti-cha* 弗敵沙 est l'ancien jabgou de *Hi-touen* 肸頓; il a pour capitale la ville de *Po-mao* 薄茄 (le *Wei chou*, ch. CII, p. 7 r°, écrit 薄茅); il est à l'Ouest du royaume de *K'ien-touen* et à 13600 *li* de Ta-t'ong fou.

5° le royaume de *Yen-fou-yo* 閻浮謁 est l'ancien jabgou de *Kao-fou* 高附; il a pour capitale la ville de *Kao-fou* 高附; il est au Sud du royaume de *Fou-ti-cha* et à 13760 *li* de *Tai* (Ta-t'ong fou).

Marquart (*Eranšahr*, p. 242—243) a institué sur ces données une discussion lumineuse qui a fixé d'une manière définitive la situation de ces cinq royaumes.

1° le *Hieou-mi* est le *Ho-mi* de l'histoire des T'ang, c'est-à-dire le Wakhân;

cela [1]), le *hi-heou* (yabgou) de *Kouei-chouang* (Kouchan) nommé
K'ieou-tsieou-k'io 丘就郤 (Kozoulokadphisès) [2]) attaqua et vainquit les quatre autres *hi-heou* (yabgou); il se nomma lui-même roi;
le nom de son royaume fut *Kouei-chouang* (Kouchan). Il envahit le
Ngan-si (Parthie) et s'empara du territoire de *Kao-fou* 高附 (Kaboul);
en outre il triompha du *P'ou-ta* 濮達 [3]) et de *Ki-pin* 罽賓

2° le *Chouang-mi* est le *Che-mi* 賒彌 de *Song Yun*, la *Chang-mi* 商彌 de *Hiuan-tsang*, c'est-à-dire le Tchitrâl;

3° Le *Kouei-chouang* serait immédiatement au Nord du Gandhâra; d'après O. Franke (*Beiträge aus chinesischen Quellen sur Kenntniss der Türkvölker und Skythen Zentralasiens*, p. 95), ce serait le Gandhâra lui-même.

4° le *Hi-touen* devrait être placé à Parwân, sur la rivière Pandjshir, affluent du Kaboul-rud.

5° le *Tou-mi* doit être voisin, mais distinct, de Kaboul.

1) Cette indication ne peut nous mener à rien de précis; en effet, tout ce que nous savons de l'occupation du *Ta-hia* par les *Yue-tche*, c'est qu'elle fut postérieure à l'an 128 av. J.-C.; l'expression «plus de cent ans après cet événement» nous amène donc à une date qui est postérieure à l'an 28 av. J.-C. — Mais nous pouvons préciser davantage en nous fondant sur une remarque que fait plus loin l'auteur du *Heou Han chou*; il remarque en effet que *Pan Kou* a eu tort de compter le *Kao-fou* au nombre des cinq yabgous, car ce royaume n'avait jamais dépendu des *Ta Yue-tche* à l'époque des *Han* antérieurs; en d'autres termes, *Pan Kou*, mort en 92 p.C. savait que le *Kao-fou* dépendait des *Ta Yue-tche*, mais il a tort d'indiquer ce fait dans une histoire des *Han* antérieurs, car c'est après la fin de cette dynastie que les *Ta Yue-tche* conquirent le *Kao-fou*. Ainsi les victoires de *K'ieou-tsieou-kio* (Kozoulokadphisès) doivent nécessairement être placées après la fin des premiers *Han* (9 p.C.) et avant la mort de *Pan Kou* (92 p C). — Enfin un argument qu'a fait valoir O. Franke (*op. cit*, p. 71—72) est le suivant: dans son introduction *Pan Ye* dit qu'il raconte les faits postérieurs au commencement de la période *Kien-wou* (25—55 p.C.) et qu'il emprunte ses renseignements au rapport officiel présenté par *Pan Yong* dans les dernières années du règne de l'empereur *Ngan* (107—125 p.C.); ainsi *K'ieou-tsieou-k'io* et *Yen-kao-tchen* ont dû régner entre 25 et 125 p.C., et, comme *K'ieou-tsieou-k'io* mourut âgé de quatre-vingts ans, il est vraisemblable qu'il resta sur le trône pendant près de cinquante années; ses conquêtes pourraient donc être reportées entre l'an 25 et l'an 50 de notre ère.

2) L'identité de *K'ieou-tsieou-k'io* et de Kozoulokadphisès, proposée d'abord par Cunningham, me paraît avoir été mise hors de doute par les recherches du P. Boyer (*L'époque de Kanişka*, *Journ. As*, Mai-Juin 1900) et de Marquart (*Eranšahr*, p. 208 et suiv.).

3) Marquart (*Untersuchungen zur Geschichte von Eran*, 2e fascicule, p. 175—176) et O. Franke (*Beiträge...*, p. 99, n. 1) identifient le *P'ou-ta* avec les Paktues d'Hérodote dans la partie septentrionale de l'Arachosie; mais cette hypothèse me paraît encore sujette à caution (cf. *T'oung pao*, 1905, p. 513—514).

(Cachemire?) et posséda entièrement ces royaumes. *K'ieou-tsieou-k'io*
mourut âgé de plus de quatre-vingt ans. Son fils *Yen-kao-tchen*
閻膏珍 (Oêmokadphisês) [1]) devint roi à sa place; à son tour,
il conquit le *T'ien-tchou* 天竺 (Inde) et y établit un chef pour
l'administrer. A partir de ce moment, les *Yue-tche* devinrent extrêmement puissants. Tous les divers royaumes les désignent en appelant
(leur roi) le roi *Kouei-chouang* (Kouchan), mais les *Han* les nomment *Ta Yue-tche* en conservant leur ancienne appellation.

Le royaume de *Kao-fou* 高附 (Kaboul) est au Sud-Ouest des
Ta Yue-tche; c'est aussi un grand royaume. Les habitants ressemblent pour leurs mœurs à ceux du *T'ien-tchou*, mais ils sont faibles
et aisés à asservir; ils sont bons marchands et ont des richesses
privées considérables. Ils n'étaient pas toujours dominés par les
mêmes maîtres: quand l'un des trois royaumes qui sont le *T'ien-
tchou* (Inde), le *Ki-pin* (Cachemire) et le *Ngan-si* (Parthie) devenait
puissant, il s'emparait d'eux; quand il s'affaiblissait, il les perdait;
jamais cependant le *Kao-fou* n'avait dépendu des *Yue-tche* et c'est
pourquoi le livre des *Han* est dans l'erreur quand il le met au
nombre des cinq *hi-heou*. Plus tard, il tomba sous la dépendance du
Ngan-si (Parthie), et c'est quand les *Yue-tche* eurent triomphé du
Ngan-si qu'ils prirent pour la première fois le *Kao-fou*.

Le royaume de *T'ien-tchou* 天竺 (Inde) s'appelle aussi *Chen-tou*
身毒; il est à plusieurs milliers de *li* au Sud-Est des *Hiong-nou*.
Ses mœurs sont semblables à celles des *Hiong-nou*, mais le pays est
bas, humide et chaud. Ce royaume est sur les bords d'un grand
fleuve. Les habitants montent sur des éléphants pour combattre; ils
sont plus faibles que les *Yue-tche*; ils pratiquent la religion du

---

1) Cf. Marquart (*Erânsahr*, p. 209, n. 4).

Buddha 浮圖道; aussi est-ce devenu chez eux une habitude de ne pas tuer et de ne pas batailler.

Quand on part du royaume de *Kao-fou* (Kaboul) qui appartient aux *Yue-tche* et qu'on se dirige vers le Sud-Ouest on arrive à la mer occidentale; à l'Est, on parvient au royaume de *P'an-k'i* 磐起 [1]); tous ces pays font partie du *Chen-tou* 身毒. Le *Chen-tou* a plusieurs centaines de villes autres (que la capitale); dans chaque ville on a mis un gouverneur; il a plusieurs dizaines de royaumes autres (que le royaume principal); dans chaque royaume il y a un roi. Quoiqu'on remarque dans chacun de ces royaumes quelques petites différences, tous cependant se nomment le *Chen-tou*. A cette époque [2]), ils dépendaient tous des *Yue-tche*; les *Yue-tche* avaient tué le roi et avaient installé un chef pour gouverner cette population.

Ce pays produit des éléphants, des rhinocéros, de l'écaille de tortue, de l'or, de l'argent, du cuivre, du fer, du plomb, de l'étain. Du côté de l'Ouest, il est en communication avec le *Ta Ts'in*; aussi y trouve-t-on les objets précieux de *Ta Ts'in*. On y trouve aussi des toiles fines, des tapis de laine [3]) de bonne qualité, des parfums de toutes sortes, du sucre candi, du poivre, du gingembre, du sel noir.

A l'époque de l'empereur *Ho* (89—105 p.C.), ils envoyèrent à

---

1) C'est le royaume que nous avons vu mentionné sous le nom de *P'an-yue* 盤越 ou de *Han-yue wang* 漢越王 (roi de *Han-yue*) dans le *Wei-lio*; cf. *T'oung-pao*, 1905, p. 551. Il semble avoir été situé en Annam ou en Birmanie (*Ibid.*, p. 553, n. 3).

2) Vraisemblablement à l'époque ou écrivait *Pan Yong*, vers 125 p.C.

3) Je traduis les caractères 氍毹 d'après l'explication que donne *Tchang Yi* 張揖 dans le dictionnaire *P'i-ts'ang* 埤蒼 publié vers le milieu du troisième siècle de notre ère. Le dictionnaire *Che-ming* 釋名 (époque des *Han* orientaux) dit qu'on étend ces tissus pour recevoir devant le grand lit le petit banc 榻 sur lequel on monte 登 pour s'élever jusqu'au grand lit; mais il est évident que nous avons là affaire à une de ses explications par jeux de mots dont le *Che ming* est coutumier; 氍 est expliqué par 榻 et 毹 par 登, d'où l'histoire de la descente de lit recevant le petit banc sur lequel on monte.

plusieurs reprises des ambassadeurs apporter le tribut et des offrandes.
Plus tard, les pays d'Occident s'étant révoltés, ces relations s'inter-
rompirent. Puis, sous le règne de l'empereur *Houan*, la deuxième
(159 p.C.) et la quatrième années (161 p.C.) *yen-hi*, ils vinrent à
deux reprises différentes d'au-delà du *Je-nan* 日南, apporter des
offrandes [1]).

C'est une tradition courante que l'empereur *Ming* (58—75 p.C.)
vit en rêve un homme d'or de haute taille qui avait une lueur
brillante au sommet du crâne; il interrogea ses ministres et quelqu'un d'entre eux lui dit: «Dans la région d'Occident il y a un
dieu appelé *Fo* 佛 (Buddha); sa taille est haute de seize pieds [2])
et il a la couleur de l'or jaune». L'empereur envoya donc une
ambassade dans le *T'ien-tchou* pour s'y informer de la doctrine du
Buddha [3]). C'est alors que dans le Royaume du Milieu on se mit
à figurer des images. *Ying* 英, roi de *Tch'ou* 楚, fut le premier
à ajouter foi à cette doctrine et c'est ainsi que dans le Royaume
du Milieu il se trouve quelques personnes pour pratiquer cette
religion [4]). Plus tard, l'empereur *Houan* (147—167 p.C.) fut adonné
aux choses divines et sacrifia plusieurs fois au Buddha 浮圖 et à
Lao-tseu 老子; le peuple se mit graduellement à pratiquer cette
religion qui, par la suite, devint très florissante.

Le royaume de *Tong-li* 東離 [5]) a pour capitale la ville de
Cha-k'i 沙奇城; il est à plus de 3000 au Sud-Est du *T'ien-tchou*;

---

1) Ces envoyés hindous de 159 et 161 suivirent donc la même route que prit en 166
le soi-disant ambassadeur de Marc-Aurèle. Cf. p. 185, n. 1.

2) C'est la valeur traditionnelle de la stature du Buddha qui passait pour avoir été
deux fois plus grand que les hommes de son temps (cf BEFEO, t. III, p 392, n. 5).

3) Cf. *T'oung pao*, 1905, p. 546, n. 3.

4) Cf. *T'oung pao*, 1905, p. 550, n. 1.

5) Dans le *Wei lio* (*T'oung pao*, 1905, p. 551), ce royaume est appelé *Kiu-li* 車里
ou *Li-wei-t'o* 禮惟特 ou *P'ei-li-wang* 沛隸王.

c'est un grand royaume. Le climat et les productions du pays sont analogues à ceux du *T'ien-tchou*. Il a plusieurs dizaines de villes de premier rang dont les chefs se donnent le titre de roi. Les *Ta Yue-tche* attaquèrent ce royaume et se l'asservirent. Les hommes et les femmes y sont tous hauts de huit pieds; mais ils sont pusillanimes et faibles. Montés sur des éléphants ou sur des chameaux, ils vont et viennent dans les royaumes voisins; quand ils sont attaqués, ils montent sur des éléphants pour combattre.

Le royaume de *Li-yi* 栗弋 [1]) dépend du *K'ang-kiu* 康居 (Samarkand). Il produit des chevaux renommés, des bœufs, des moutons, du raisin, toutes sortes de fruits. L'eau de ce pays est excellente et c'est pourquoi le vin de raisin y a une réputation toute particulière.

Le royaume de *Yen* 嚴 est au Nord du *Yen-ts'ai* 奄蔡; il dépend du *K'ang-kiu* (Samarkand); il produit des peaux de mustelidés dont il se sert pour payer son tribut à ce pays.

Le royaume de *Yen-ts'ai* 奄蔡 a changé son nom contre celui de *A-lan-leao* 阿蘭聊[2]); il a pour capitale la ville de *Ti* 地城; il dépend du *K'ang-kiu* (Samarkand); le climat y est tempéré; il

---

1) Ce nom se retrouve à l'époque des *T'ang* comme celui d'un des arrondissements établis dans les pays d'Occident; mais on ne peut en tirer aucune conclusion quant à l'emplacement de l'ancien royaume de *Li-yi*, car la nomenclature des *T'ang* paraît avoir été distribuée d'une manière très fantaisiste (cf. *Documents sur les T'ou-kiue occid.*, p. 71, l. 18 de la n. où le nom 栗弋 a été fautivement transcrit *Sou-yi*, au lieu de *Li-yi*).

2) Le texte du *Wei lio* nous a permis d'établir que la leçon du *Heou Han chou* est ici fautive. Le mot 聊 doit correspondre au caractère 柳 que nous trouvons dans le *Wei lio* comme désignant un royaume distinct de celui de *Yen-ts'ai* (cf. *T'oung pao*, 1905, p. 559, n. 1). Il reste donc simplement ceci dans le texte du *Heou Han chou*: «Le royaume de *Yen-ts'ai* (Aorsi) a changé son nom contre celui de *A-lan* (Alani)». Cf. *T'oung pao*, 1905, p. 558, n. 5.

s'y trouve beaucoup d'arbres *tcheng*, de pins et d'herbes blanches. Pour ce qui est des mœurs des habitants, leur costume est le même que celui des gens du *K'ang-kiu* (Samarkand).

Du royaume de *So-kiu* 莎車 (Yarkand) si on va vers l'Ouest en traversant les pays de *P'ou-li* 蒲犂 et de *Wou-lei* 無雷, on arrive chez les *Ta Yue-tche*. Du côté de l'Est, le *So-kiu* (Yarkand) est à 10950 *li* de *Lo-yang* (*Ho-nan fou*). Lors des troubles causés par *Wang Mang* 王莽 (9—24 p.C.), le *chan-yu* du Nord en profita pour conquérir les pays d'Occident; seul, le roi de *So-kiu* (Yarkand), nommé *Yen* 延, qui était plus puissant que les autres, refusa de se soumettre. A l'époque de l'empereur *Yuan* 元 (48—33 av. J.C.), ce roi avait été un des jeunes princes mis au service de l'empereur; il avait grandi à la capitale; il admirait et aimait le Royaume du Milieu; d'ailleurs il avait même étendu à son propre pays les règles de l'administration chinoise; il enjoignait constamment à ses enfants de servir la dynastie *Han* leur vie durant et de ne point se révolter contre elle. La cinquième année (18 p.C.) *t'ien-fong*, *Yen* mourut: on lui décerna le nom posthume de «roi fidèle et guerrier» (*tchong tou toang* 忠武王).

Le fils de *Yen*, nommé *K'ang* 康, lui succéda sur le trône. Au début du règne de l'empereur *Kouang-ou* 光武 (25—57 p.C.), *K'ang* se mit à la tête des royaumes ses voisins pour tenir tête aux *Hiong-nou*; il escorta et protégea plus de mille personnes comprenant les officiers, les soldats, la femme et les enfants du défunt Protecteur général. Il envoya une missive dans le *Ho-si* pour s'informer des mesures que prendrait le Royaume du Milieu et pour exposer lui-même son attachement et son admiration pour la dynastie *Han*. La cinquième année (29 p.C.) *kien-ou*, le général en chef du

Ho-si 河西, *Teou Yong* 竇融 [1]), en conformité avec les in-structions impériales, conféra à *K'ang* les titres de «roi du *So-kiu* (Yarkand), dépendant des *Han*, qui a accompli des exploits et qui chérit la vertu, commandant en chef des pays d'Occident» 漢莎 車建功懷德王西域大都尉. Les cinquante-cinq royau-mes [2]) furent tous placés sous son autorité. La neuvième année (33 p.C.), *K'ang* mourut; on lui décerna le nom posthume de «roi qui étend son influence et qui est parfait» (*Siuan tch'eng wang* 宣成王).

Son frère cadet, *Hien* 賢 lui succéda sur le trône; il attaqua et vainquit les royaumes de *Kiu-mi* 拘彌 (Uzun tati, près de Kériya) et de *Si-ye* 西夜 (Yul-arik); il tua leurs deux rois et mit à leurs place comme rois de *Kiu-mi* et de *Si-ye* les deux fils de son propre frère aîné *K'ang* 康. La quatorzième année (38 p.C.), *Hien*, de concert avec le roi de *Chan-chan* nommé *Ngan* 安, envoya des ambassadeurs au palais pour apporter le tribut et les offrandes. Ce fut alors que pour la première fois les pays d'Occident intrèrent en communication avec la Chine. Tous les royaumes à l'Est des *Ts'ong-ling* (Pamirs) furent sous la dépendance de *Hien*.

La dix-septième année (41 p.C.), *Hien* envoya de. nouveau un ambassadeur présenter des offrandes (à l'empereur), et demander qu'on instituât un Protecteur général. Le Fils du Ciel interrogea à ce sujet le *ta-sseu-k'ong* 大司空 *Teou Yong* 竇融; celui-ci fut d'avis que *Hien*, ses fils et ses frères étaient d'accord entre eux pour servir les *Han* et que leur sincérité était d'ailleurs parfaite; il faillait donc augmenter ses titres et dignités pour l'affermir dans ses sentiments. L'empereur alors, par l'entremise de l'ambassadeur même que lui avait envoyé *Hien*, fit présent à ce dernier du sceau et du cordon de «Protecteur général des pays d'Occident» 西域

---

1) La biographie de *Teou Yong* se trouve dans le chapitre LIII du *Heou Han chou*.
2) Cf. p. 155.

13

都護 et lui donna des chars, des étendards, de l'or, des tissus à fleurs et des tissus brodés. Cependant le gouverneur de *Touen-houang*, nommé *P'ei Tsouen* 裴遵 [1]), adressa une requête à l'empereur pour lui dire: « Il ne faut pas déléguer une grande autorité à un barbare; cela ferait d'ailleurs que les divers royaumes perdraient tout espoir en nous ». Un décret impérial prescrivit alors de reprendre le sceau et le cordon de « Protecteur général », et de donner en échange à *Hien* le sceau et le cordon de « général en chef dépendant des *Han* » 漢大將軍 [2]). Mais, comme l'ambassadeur de *Hien* se refusait à faire l'échange, (*P'ei*) *Tsouen* lui enleva de force le sceau. A partir de ce moment, *Hien* commença à avoir du ressentiment; d'ailleurs, il s'arrogea faussement le titre de grand Protecteur général et envoya des missives dans les divers royaumes; ceux-ci se soumirent tous à lui et décernèrent à *Hien* le titre de *chan-yu* 單于 [3]); *Hien* devint peu à peu arrogant et violent. A plusieurs reprises il attaqua les divers royaumes tels que *K'ieou-tseu* 龜茲 (Koutcha); les divers royaumes furent saisi d'inquiétude et de crainte.

La vingt et unième année (45 p.C.), en hiver, dix-huit rois,

---

1) On remarquera que le gouverneur de *Touen-houang* en l'an 41 p.C. s'appelait *P'ei Tsouen* 裴遵 et que, d'après l'inscription du lac Barkoul, le gouverneur de *Touen-houang* qui, en 137 p.C., vainquit le roi *Hou-yen* des *Hiong-nou*, se nommait *P'ei Tch'en* 裴岑 (cf. *Dix inscriptions chinoises de l'Asie Centrale*, p. 17). Peut-être ces deux hommes appartenaient-ils à la même famille qui donnait des gouverneurs à *Touen-houang*. L'objection qu'on pourrait faire à cette hypothèse est que, dans l'inscription de 137 p.C., *P'ei Tch'en* est indiqué comme étant originaire du *Yun-tchong*; mais peut-être le *Yun-tchong* n'était-il que le berceau d'une famille établie depuis déjà plusieurs générations à *Touen-houang*.

2) Ainsi le sceau de protecteur général avait été remis par l'empereur à l'ambassadeur du roi de Yarkand pour qu'il le rapportât à son maître. Quand le gouverneur de *Touen-houang* en fut informé, il adressa des remontrances à la cour pour signaler la faute qu'on allait commettre en déléguant une trop haute autorité à un barbare. L'empereur répondit en envoyant au gouverneur de *Touen-houang* l'ordre d'arrêter au passage l'ambassadeur du roi de Yarkand et de lui enlever le sceau de protecteur général qu'on remplacerait par un sceau de général en chef.

3) On sait que ce titre était celui du chef suprême des *Hiong-nou*.

parmi lesquels le roi antérieur de *Kiu-che* (Tourfan), celui de *Chan-chan* (au Sud du Lop-nor), celui de *Yen-k'i* (Karachar) et d'autres, envoyèrent de leurs fils pour qu'ils entrassent au service de l'empereur. Le Fils du Ciel, considérant que le Royaume du Milieu venait d'être pacifié et que la frontière du Nord n'était point encore soumise, renvoya tous ces otages en leur faisant des présents considérables. En ce temps, *Hien*, se fiant sur sa puissance militaire, voulut s'annexer tous les pays d'Occident et redoubla ses attaques. Les divers royaumes, apprenant qu'aucun Protecteur général ne serait envoyé et que les princes otages revenaient tous, furent saisis d'une grande crainte; ils expédièrent donc une lettre au gouverneur de *Touen-houang* pour lui exprimer leur désir qu'il retînt auprès de lui les princes otages afin qu'on pût montrer cela au (roi de) *So-kiu* et lui dire que si les princes otages étaient retenus, c'était parce qu'un Protecteur général allait être envoyé à leur suite; il était à espérer qu'alors (le roi de *So-kiu*) suspendrait provisoirement les hostilités. *P'ei Tsouen* informa de cette proposition le Fils du Ciel qui y consentit.

La vingt-deuxième année (46 p.C.), *Hien*, sachant qu'aucun Protecteur général ne viendrait, envoya une lettre à *Ngan* 安, roi de *Chan-chan* (au Sud du Lop-nor), pour lui ordonner de couper le chemin qui le mettait en communication avec les *Han*. *Ngan* n'accepta pas cette injonction et tua l'ambassadeur qui l'avait apportée. Très irrité, *Hien* envoya des soldats attaquer le *Chan-chan*; *Ngan* marcha au-devant d'eux pour leur livrer bataille; ses soldats furent battus et il alla se réfugier au milieu des montagnes. *Hien* tua ou captura plus de mille hommes, puis il se retira.

L'hiver de la même année (46 p.C.), *Hien* dirigea une nouvelle attaque contre le roi de *K'ieou-tseu* (Koutcha) et le tua; il s'annexa aussitôt ce royaume. Les princes otages des divers royaumes tels que *Chan-chan* et *Yen-k'i* (Karachar), étant depuis longtemps retenus à

Touen-houang, furent inquiets et désirèrent revenir chez eux; ils s'enfuirent donc tous pour s'en retourner (dans leurs patries respectives).

Le roi de *Chan-chan* écrivit une lettre à l'empereur pour exprimer son désir d'envoyer derechef un de ses fils qui entrerait au service de l'empereur et pour demander à nouveau un Protecteur géuéral, disant que si un Protecteur général n'était pas envoyé, il se trouverait véritablement contraint d'obéir aux *Hiong-nou*. Le Fils du Ciel répondit: «Maintenant il est impossible de faire sortir des commissaires et de grandes armées; si vous, les divers royaumes, vous avez une puissance qui ne vous satisfait pas, allez où il vous plaira, que ce soit à l'Est ou à l'Ouest, au Sud ou au Nord». A la suite de cela, *Chan-chan* (au Sud du Lop-nor) et *Kiu-che* (Tourfan-Dsimsa) se soumirent aux *Hiong-nou*.

Cependant *Hien* redoublait ses violences. Le roi de *Kouei-sai* 嫣塞王 [1]), considérant que son royaume était éloigné, tua l'envoyé de *Hien*; *Hien* alors l'attaqua et triompha de lui; il nomma roi de *Kouei-sai* un homme de ce pays nommé *Sseu-kien* 騆鞬. En outre *Hien* nomma roi de *K'ieou-tseu* (Koutcha) son propre fils nommé *Tso-lo* 則羅. *Hien*, tenant compte de la jeunesse de *Tso-lo*, détacha du *K'ieou-tseu* (Koutcha) une partie de territoire dont il fit le royaume de *Wou-lei* 烏壘 (Bougour); il transféra *Sseu-kien* au poste de roi de *Wou-lei* et nomma un autre noble au poste de roi de *Kouei-sai*. Au bout d'un certain nombre d'années, les gens du royaume de *K'ieou-tseu* (Koutcha) s'entendirent pour tuer *Tso-lo*

_____

1) On sait que le caractère 嫣 est la transcription du mot *Wéh* qui est la forme pehlvie du nom iranien de l'Oxus; d'autre part, le caractère 塞 est la transcription du nom des Sakas; on peut donc se demander si le pays de 嫣塞 n'aurait pas été une principauté du haut Oxus gouvernée par un prince de race Saka et soumise au roi de Yarkand. Mais je ne trouve aucun moyen de confirmer ou d'infirmer cette hypothèse qui reste d'une valeur fort douteuse.

et *Sseu-kien* et pour envoyer aux *Hiong-nou* des émissaires leur demandant de nommer un autre roi. Les *Hiong-nou* nommèrent roi de *K'ieou-tseu* (Koutcha) un certain *Chen-tou* 身毒 qui était un noble du *K'ieou-tseu*. A partir de ce moment le *K'ieou-tseu* (Koutcha) dépendit des *Hiong-nou*.

Hien, considérant que le *Ta-yuan* 大宛 (Ouratépé) avait diminué le tribut et les impôts qu'il lui payait, prit en personne le commaude-ment de plusieurs myriades d'hommes tirés des divers royaumes et attaqua le *Ta-yuan*. *Yen-lieou* 延留, roi de *Ta-yuan*, vint au-devant de lui pour faire sa soumission; *Hien* en profita pour l'emmener et s'en retourner avec lui dans son royaume; puis il transféra au poste de roi de *Ta-yuan* le roi de *Kiu-mi* 枸彌 (Uzun-tati, près de Kériya) nommé *K'iao-sai-t'i* 橋塞提. Cependant, le *K'ang-kiu* 康居 (Samarkand) l'ayant attaqué à plusieurs reprises, *K'iao-sai-t'i*, après être resté dans sou (nouveau) royaume pendant plus d'un an, s'en-fuit et revint. *Hien* le renomma roi de *Kiu-mi* et renvoya *Yen-lieou* dans le *Ta-yuan* en le chargeant d'apporter le tribut et les offrandes comme cela s'était fait habituellement. En outre, *Hien* transféra au poste de roi de *Li-kouei* 驪歸 [1]) le roi de *Yu-t'ien* (Khoten) nommé *Yu-lin* 兪林, et nomma le frère cadet de ce dernier, nommé *Wei-che* 位侍, roi de *Yu-t'ien* (Khoten). Au bout de plus d'un an, *Hien* soupçonna que les divers royaumes voulaient se révolter contre lui; il manda donc *Wei-che*, ainsi que les rois de *Kiu-mi*, de *Kou-mo* 姑墨 (Aksou) et de *Tseu-ho* 子合, et les tua tous; il n'établit pas d'autres rois et se borna à envoyer des chefs pour maintenir dans l'ordre et garder ces royaumes. *Jong-wang* 戎亡, fils de *Wei-che*, fit sa soumission aux *Han* qui le nommèrent «marquis observateur de son devoir» 守節侯.

Un des généraux du *So-kiu* (Yarkand), nommé *Kiun-tô* 君得, avait été placé à *Yu-t'ien* (Khoten) et y exerçait des cruautés; aussi

---

1) Localité indéterminée.

la population était-elle tourmentée par lui. Sous le règne de l'empereur *Ming* 明, la troisième année *yong-p'ing* (60 p.C.), un grand personnage de ce pays, nommé *Tou-mo* 都末, était sorti de la ville lorsqu'il aperçut un sanglier; il voulut le tuer à coups de flèches, mais le sanglier lui dit: «Ne tirez pas sur moi; je me charge de tuer pour vous *Kiun-tŏ*». A la suite de cela, *Tou-mo* s'entendit avec ses frères pour tuer *Kiun-tŏ*. Mais un autre grand personnage nommé *Hieou-mo-pa* 休莫霸, s'entendit à son tour avec le Chinois *Han Yong* 韓融 et avec d'autres pour tuer *Tou-mo* et ses frères, puis il se nomma lui-même roi de *Yu-t'ien* (Khoten).

Ensuite, avec le concours des gens du royaume de *Kiu-mi* 拘彌, il attaqua et tua le général du *So-kiu* 莎車 (Yarkand) qui se trouvait à *P'i-chan* 皮山, après quoi il ramena ses soldats et se retira. Alors *Hien* envoya son héritier présomptif et son conseiller d'état, à la tête de vingt mille soldats des divers royaumes, attaquer *Hieou-mo-pa*; celui-ci vint à leur rencontre pour leur livrer bataille; les soldats du *So-kiu* s'enfuirent en déroute; on leur tua plus de dix mille hommes. *Hien* mit de nouveau en campagne plusieurs myriades d'hommes des divers royaumes et se mit en personne à leur tête pour attaquer *Hieou-mo-pa*. Celui-ci fut de nouveau vainqueur et décapita plus de la moitié d'entre eux. *Hien* sauva sa personne et revint en fugitif dans son royaume. Alors *Hieou-mo-pa* s'avança et assiégea (la capitale du) *So-kiu* (Yarkand); mais, atteint par une flèche perdue, il mourut et ses soldats se retirèrent.

Sou Yu-le 蘇榆勒, qui était conseiller du royaume de *Yu-t'ien* (Khoten) et ses collègues s'entendirent pour nommer roi un certain *Kouang-tŏ* 廣德, qui était le fils du frère aîné de *Hieou-mo-pa*. Cependant les *Hiong-nou*, avec l'appui des divers royaumes tels que *K'ieou-tseu* (Koutcha), avaient attaqué le *So-kiu* (Yarkand), mais sans pouvoir le réduire. *Kouang-tŏ* profita de l'épuisement du *So-kiu* (Yarkand) et chargea son frère cadet, le «marquis soutien

de l'état» *Jen* 輔國侯仁, d'aller à la tête d'une armée, attaquer *Hien*. Celui-ci, qui avait souffert de la guerre d'une manière
continue, envoya un ambassadeur pour faire la paix avec *Kouang-tŏ*;
comme le père de *Kouang-tŏ* avait été auparavant fait prisonnier
et était interné à *So-kiu* (Yarkand) depuis plusieurs années, *Hien*
renvoya alors à *Kouang-tŏ* son père et lui donna en outre une de
ses filles en mariage; ils s'engagèrent à être l'un envers l'autre
comme des frères. Puis *Kouang-tŏ* retira ses soldats et partit.

L'année suivante (61 p.C.), le conseiller des *So-kiu* (Yarkand),
nommé *Tsiu-yun* 且運 et d'autres, excédés de l'arrogance et de la
cruauté de *Hien*, projetèrent secrètement de soulever la ville et de
faire leur soumission à *Yu-t'ien* (Khoten). Dans cette occurence,
Kouang-tŏ, roi de *Yu-t'ien* (Khoten), se mit à la tête de trois cent
mille hommes et vint attaquer le *So-kiu* (Yarkand). *Hien* se défendit
derrière ses remparts; il envoya un messager dire à *Kouang-tŏ*:
«Je vous ai rendu votre père et je vous ai donné une épouse.
Pourquoi venir m'attaquer?» *Kouang-tŏ* lui fit répondre: «O roi,
vous êtes le père de ma femme; il y a longtemps que nous ne nous
sommes rencontrés. Je voudrais que nous nous rencontrions, escorté
chacun de deux hommes seulement, au pied de la muraille pour y
conclure une convention jurée». *Hien* consulta *Tsiu-yun* au sujet
de cette proposition; *Tsiu-yun* lui dit: «*Kouang-tŏ* est votre gendre
et vous est étroitement apparenté; il vous faut sortir pour vous
rencontrer avec lui». *Hien* sortit alors sans escorte; *Kouang-tŏ* le
fit aussitôt prisonnier; puis *Tsiu-yun* et ses collègues accueillirent
dans la ville les soldats de *Yu-t'ien* (Khoten); (*Kouang-tŏ*) fit prisonnier la femme et les enfants de *Hien* et s'annexa son royaume;
il chargea de chaînes *Hien* et s'en retourna en l'emmenant avec
lui; au bout de plus d'un an il le tua.

Les *Hiong-nou*, ayant appris que *Kouang-tŏ* avait triomphé du
So-kiu (Yarkand), envoyèrent cinq généraux mettre en campagne

plus de trois cent mille hommes tirés de quinze royaumes tels que *Yen-k'i* (Karachar), *Wei-li* (près de Kourla) et *K'ieou-tseu* (Koutcha) pour assiéger *Yu-t'ien* (Khoten). *Kouang-tö* demanda à se soumettre; il livra son héritier présomptif en otage; il s'engagea à donner chaque année des tapis et des tissus de soie. En hiver, les *Hiong-nou* chargèrent encore des soldats d'emmener avec eux pour le nommer roi de *So-kiu* (Yarkand) le fils de *Hien* qui était en otage auprès d'eux et qui s'appelait *Pou-kiu-tcheng* 不居徵. *Kouang-tö* attaqua derechef (ce nouveau roi), le tua et mit sur le trône son propre frère *Ts'i-li* 齊黎 en qualité de roi de *So-kiu* (Yarkand). C'était alors la troisième aunée (86 p.C.) *yuan-ho* de l'empereur *Tchang* 章. Sur les entrefaites, le *tchang-che Pan Tch'ao* 班超 mit en campagne les soldats des divers royaumes pour attaquer le *So-kiu* (Yarkand); il lui fit subir une grande défaite. A partir de ce moment, (le *so-kiu*) fut soumis aux *Han*. Ces choses ont déjà été exposées au complet dans la biographie de *Pan Tch'ao* [1]).

Partant de *So-kiu* (Yarkaud), si on se dirige vers le Nord-Est, on arrive à *Sou-le* 疏勒 (Kachgar).

Le royaume de *Sou-le* 疏勒 (Kachgar) est à 5000 *li* de la résidence du *Tchang-che* (Louktchoun), et à 10300 *li* de *Lo-yang* (*Ho-nan fou*). Il commande à 21000 foyers et à plus de 30000 soldats d'élite.

La seizième année (73 p.C.) de l'empereur *Ming*, le roi de *K'ieou-tseu* (Koutcha) nommé *Kien* 建 attaqua et tua *Tch'eng* 成, roi de *Sou-le* (Kachgar), puis il nomma lui-même roi de *Sou-le* (Kachgar) un certain *Teou-t'i* 兜題 qui était marquis de gauche 左侯 à *K'ieou-tseu* (Koutcha). En hiver (73 p.C.), les *Han* envoyèrent le *kiun sseu-ma P'an Tch'ao* qui saisit et chargea de liens

----

1) Cf. *Toung pao*, 1906, p. 221 et suiv.

Teou-t'i et qui nomma roi de *Sou-le* (Kachgar) le fils du frère aîné de *Tch'eng*, nommé *Tchong* 忠. Plus tard, *Tchong* se révolta; (*Pan*) *Tch'ao* l'attaqua et le décapita; ces choses ont déjà été exposées au complet dans la biographie de (*Pan*) *Tch'ao* [1]).

Sous le règne de l'empereur *Ngan* 安, pendant la période *yuan-tch'ou* (114—116 p.C.), *Ngan-kouo* 安國, roi de *Sou-le* (Kachgar), exila chez les *Yue-tche* 月氏 (Indo-scythes) son oncle maternel *Tch'en-p'an* 臣磐 pour quelque faute; le roi des *Yue-tche* (Indo-scythes) prit ce dernier en affection. Plus tard, *Ngan-kouo* mourut sans laisser de fils; sa mère dirigea le gouvernement du royaume; elle s'entendit avec les gens du pays pour mettre sur le trône, comme roi de *Sou-le* (Kachgar), *Yi-fou* 遺腹 [2]), qui était le fils d'un frère cadet de *Tch'en-p'an* né de la même mère que lui. *Tch'en-p'an* en fut informé et adressa une requête au roi des *Yue-tche* (Indo-scythes) pour lui dire: «*Ngan-kouo* n'avait pas de fils; ceux qui sont ses parents par agnation sont en bas âge; si on veut mettre sur le trône un membre de la famille de la mère (de *Ngan-kouo*), je suis l'oncle de *Yi-fou* et c'est moi qui dois être roi». Les *Yue-tche* (Indo-scythes) envoyèrent alors des soldats pour l'escorter et le ramener à *Sou-le* (Kachgar). Les gens de ce dernier royaume avaient depuis longtemps du respect et de l'affection pour *Tch'en-p'an*; en outre, ils redoutaient les *Yue-tche* (Indo-scythes); ils s'entendirent donc pour dépouiller *Yi-fou* de son sceau et de son cordon et pour aller au-devant de *Tch'en-p'an* qu'ils nommèrent roi. Puis on donna à *Yi-fou* le titre de marquis de la ville de *P'an-kao* 磐槀城侯 [3]). Dans la suite, *So-kiu* (Yarkand) se révolta plusieurs fois de suite contre *Yu-t'ien* (Khoten) et se mit sous la dépendance de *Sou-le* (Kachgar). *Sou-le* (Kachgar) put donc, grâce à sa puis-

---

1) Cf. *T'oung pao*, 1906, p. 232.

2) Ce nom doit faire allusion au fait que ce personnage était un enfant posthume.

3) Sur le nom de cette ville, voyez *T'oung pao*, 1906, p. 232, n. 1.

sance, devenir un royaume rival de *K'ieou-tseu* (Koutcha) et de *Yu-t'ien* (Khoten).

Sous le règne de l'empereur *Chouen*, la deuxième année (127 p.C.) *yong-kien*, *Tch'en-p'an* envoya un ambassadeur présenter des offrandes; l'empereur conféra à *Tch'en-p'an* le titre de commandant militaire en chef dépendant des *Han* 漢大都尉. *Tch'en-hiun* 臣動, qui était le fils de son frère aîné, fut nommé *Ssea-ma* gardien du royaume 守國司馬.

La cinquième année (130 p.C.), *Tch'en-p'an* envoya un de ses fils pour entrer au service de l'empereur; (ce jeune prince) arriva en compagnie des ambassadeurs du *Ta-yuan* (Ouratépé) et du *So-kiu* (Yarkand) et se rendit au palais pour y apporter le tribut et des offrandes. — La deuxième année (133 p.C.) *yang-kia*, *Tch'en-p'an* offrit encore des lions et des bœufs zébus.

Puis, en la première année (168 p.C.) *kien-ning*, sous le règne de l'empereur *Ling*, le roi de *Sou-le* (Kachgar) se trouvant à la chasse avec le commandant militaire en chef dépendant des *Han*, fut tué d'un coup de flèche par son oncle paternel *Ho-tŏ* 和得. *Ho-tŏ* se nomma lui-même roi.

La troisième année (170 p.C.), *Mong T'o* 孟佗, préfet de *Leang tcheou* 涼州, envoya le *ts'ong-che* 從事 *Jen Chŏ* 任涉, à la tête de cinq cents soldats de *Touen-houang*, s'unir à *Ts'ao K'ouan* 曹寬¹), qui avait le titre de *wou-ki sseu-ma* 戊己司馬, et à

---

1) L'inscription funéraire de ce personnage nous a été conservée; elle fait l'objet d'une notice dans le *Kin che lou pou* 金石錄補 (chap. IV, p. 4 rº—5 rº de la réimpression du *Houai lou ts'ong chou*). Cette notice est ainsi conçue: «Stèle de *Ts'ao Ts'iuan* de l'époque des *Han* 漢曹全碑. La stèle précitée de *Ts'ao Ts'iuan* a été érigée sous le règne de l'empereur *Ling*, de la dynastie *Han*, la deuxième année *tchong-p'ing* (185 p.C.); on y lit ceci: «L'honorable défunt avait pour nom personnel *Ts'iuan* 全 et pour appellation *King-wan* 景完; il était originaire de *Hiao-kou* 效穀 (dans la commanderie) de *Touen-houang* 敦煌; il était le petit-fils de (*Tsao*) *Fong* 鳳

Tchang Yen 張晏, qui avait le titre de *tchang-che* des pays d'Occident 西域長史, tous deux ayant sous leurs ordres plus de trente mille hommes tirés de *Yen-k'i* (Karachar), de *K'ieou-tseu* (Koutcha) et des tribus antérieure et postérieure de *Kiu-che* (Tourfan-Dsimsa); (ces généraux furent chargés de) châtier *Sou-le* (Kachgar); ils attaquèrent la ville de *Tcheng-tchong* 楨中城[1]); mais, étant restés plus de quarante jours sans pouvoir la soumettre, ils se retirèrent. Par la suite, des rois de *Sou-le* (Kachgar) s'entretuèrent constamment sans que le gouvernement impérial pût l'empêcher.

(Partant de *Sou-le*,) si on va vers le Nord-Est, on passe par *Wei-t'eou* 尉頭 (Safyr bay), *Wen-sou* 温宿 (Ouch-Tourfan),

---

qui fut conseiller du marquis de *Yu-mi* 隃糜; (*Ts'ao*) *Fong* avait souvent adressé des rapports au trône pour discuter l'affaire de *Chao-tang* 燒當; c'est pourquoi on le nomma commandant militaire de la section occidentale de *Kin-tch'eng* 金城 (*Lan-tcheou fou*). La deuxième année *kien-ning* (169 p.C.), (*Ts'ao*) *Ts'iuan* fut proposé (au choix de l'empereur) pour sa piété filiale et son intégrité. Le troisième mois de la septième année *bouang-ho* (184 p.C.) il fut nommé *lang-tchong* 郎中 et reçut la charge de *sseu-ma* de la section *wou* dans les pays d'Occident 西域戊部司馬. En ce temps, le roi de *Sou-le* 疏勒 (Kachgar), nommé *Ho-tô* 和德, tua son père et se mit sur le trône. L'honorable défunt leva des troupes pour aller le punir; il donna l'assaut aux remparts et livra bataille en rase campagne; ses plans furent abondants comme une source jaillissante; *Ho-tô* 和德, les mains liées derrière le dos, vint se livrer à la mort. Les présents que les divers royaumes envoyèrent alors (à *Ts'ao Ts'iuan*) s'élevèrent à près de deux millions de pièces de monnaie; il remit tout cela au trésorier officiel. Il fut nommé préfet de *Ho-yang* 郃陽; il faucha tout ce qui restait des barbares révoltés et coupa le mal dans sa racine; etc., etc.» — On remarquera que le *Heou Han chou* considère *Ho-tô* comme l'oncle paternel de *Tch'en P'an*, tandis que, d'après l'inscription, il doit être son fils; en outre, le *Heou Han chou* donne par erreur à *Ts'ao Ts'iuan* 曹全 le nom de *Ts'ao K'ouan* 曹寬, ce qui ne peut guère s'expliquer que par une altération du caractère 完 qui figure dans l'appellation 景完 de *Ts'ao Ts'iuan*; enfin le *Heou Han chou* attribue à *Ts'ao Ts'iuan* le titre de *Wou ki sseu-ma* 戊己司馬 qui n'a jamais existé, tandis que l'inscription lui assigne le titre correct de *sseu-ma* de la section *wou* 戊部司馬. — On voit ainsi l'utilité des corrections que l'épigraphie permet d'apporter aux textes historiques.

1) Cf. *Toung pao*, 1905, p. 554, n. 3 et 1906, p. 230, n. 3.

Kou-mo 姑墨 (Aksou), *K'ieou-tseu* (Koutcha) [1]) et on arrive à *Yen-k'i* 焉耆 (Karachar).

Le roi du royaume de *Yen-k'i* 焉耆 (Karachar) réside dans la ville de *Nan-ho* 南河, qui est à 800 *li* de la résidence du *Tchang-che* (Louktchoun), et qui, du côté de l'Est, est à 8200 *li* de distance de *Lo-yang* (*Ho-nan fou*). (Ce royaume) a 15000 foyers, 52000 individus, plus de 20000 soldats d'élite. Sur ses quatre faces, il a de hautes montagnes qui se rattachent à celles de *K'ieou-tseu* (Koutcha). Les chemins (pour y parvenir) sont semés d'obstacles et il est facile de les défendre. L'eau d'un lac entre en sinuosités à l'intérieur des quatre montagnes et environne cette ville sur une distance de plus de trente *li*.

A la fin de la période *yong-p'ing* (58—75 p.C.), (les rois de) *Yen-k'i* (Karachar) et de *K'ieou-tseu* (Koutcha) s'unirent pour attaquer et faire périr le Protecteur général *Tch'en Mou* 陳睦[2]) ainsi que le *hiao-wei* eu second 副校尉 *Kouo Siun* 郭恂[3]); ils tuèrent plus de deux mille officiers et soldats.

Quand arriva la sixième année (94 p.C.) *yong-yuan*, le Protecteur général *Pan Tch'ao* mit en campagne les soldats des divers royaumes pour punir les royaumes de *Yen-k'i* 焉耆 (Karachar), *Wei-siu* 危須 (dans le voisinage de Karachar), *Wei-li* 尉黎 (près de Kourla) et *Chan-kouo* 山國 (Kyzyl-Sanghyr?)[4]); il coupa alors la tête aux deux rois de *Yen-k'i* (Karachar) et de *Wei-li* (près de Kourla) et les envoya

---

1) On remarquera que ce chapitre du *Heou Han chou* ne consacre aucune notice particulière à Koutcha; seule une petite inscription qui se trouve à Bai nous apprend que, en l'année 158 de notre ère, un certain *Lieou P'ing-kouo* 劉平國 avait le titre de général de gauche de Koutcha 龜茲左將軍 (cf. *Dix inscriptions chinoises de l'Asie Centrale*, p. 87 et suiv.).

2) Cf. *T'oung pao*, 1906, p. 223.

3) Cf. *T'oung pao*, 1906, p. 219—220.

4) Cf. *T'oung pao*, 1905, p. 552, n. 7.

à la capitale où on les suspendit dans la résidence réservée aux barbares. *Pan Tch'ao* nomma alors roi un certain *Yuan-mong* 元孟 qui était marquis de gauche 左侯 de *Yen-k'i* (Karachar). En outre, il nomma de nouveaux rois dans les royaumes de *Wei-li* (près de Kourla), *Wei-siu* (près de Karachar) et *Chan-kouo* (Kyzyl-sanghyr?).

Puis, à l'époque de l'empereur *Ngan* 安 (107—125 p.C.), les pays d'Occident se révoltèrent tous. Pendant la période *yen-kouang* (122—125 p.C.), (*Pan*) *Yong* 班勇, fils de (*Pan*) *Tch'ao*, fut nommé *tchang-che* des pays d'Occident; il punit de nouveau et soumit les divers royaumes. *Yuan-mong*, ainsi que (les rois de) *Wei-li* et *Wei-siu* refusèrent de se soumettre. La deuxième année (127 p.C.) *yong-kien*, (*Pan*) *Yong*, en compagnie du préfet de *Touen-houang* nommé *Tchang Lang* 張朗, les attaqua et les vainquit [1]). *Yuan-mong* envoya alors son fils qui vint au palais apporter des offrandes.

Le royaume de *P'ou-lei* 蒲類 [2]) se trouve à l'Ouest des *T'ien-chan* 天山 dans la vallée de *Sou-yu* 疏榆; du côté du Sud-Est, il est à 1290 *li* de la résidence du *tchang-che*; il est à 10490 *li* de *Lo-yang* (*Ho-nan fou*); il a plus de 800 foyers, plus de 2000 individus et plus de 700 soldats d'élite. Les gens de ce pays demeurent dans des huttes et des tentes; ils se déplacent à la recherche des eaux et des pâturages; ils connaissent quelque peu l'agriculture; ils ont des bœufs, des chevaux, des chameaux, des moutons et d'autres animaux domestiques; ils savent fabriquer des arcs et des flèches.

Ce pays produit de bons chevaux. Le *P'ou-lei* était à l'origine un grand royaume; mais, à l'époque antérieure où les pays d'Occident

---

[1]) Cf. *T'oung pao*, 1906, p. 254.

[2]) J'ai indiqué précédemment (*T'oung pao*, 1905, p. 557, n 3) les raisons pour lesquelles le royaume décrit par le *Heou Han chou* sous le nom de *P'ou-lei*, doit être considéré comme se trouvant, non sur les rives du lac Barkoul, mais beaucoup plus à l'Ouest, au Sud même d'Ouroumtsi.

dépendaient des *Hiong-nou*, le roi du *P'ou-lei* avait fait une offense au *chan-yu*; le *chan-yu* irrité avait déporté plus de six mille personnes du *P'ou-lei* et les avait internées dans l'endroit appelé *A-ngo* 阿惡 de la section de droite des *Hiong-nou*; c'est pourquoi ce royaume fut appelé royaume de *A-ngo*; il est à plus de quatre-vingt dix jours de marche à cheval de la tribu postérieure de *Kiu-che* (Dsimsa).

Parmi les habitants de ce pays, quelques uns, qui étaient pauvres et misérables, s'enfuirent dans cette gorge de la montagne; ils s'y établirent et formèrent un royaume.

Le royaume de *Yi-tche* 移支 occupe le territoire du *P'ou-lei* [1]); il a plus de 1000 foyers, plus de 3000 individus, plus de 1000 soldats d'élite. Ces gens sont braves et hardis au combat. Le vol et le pillage sont leurs occupations habituelles. Tous portent les cheveux épars. Ils suivent leurs troupeaux à la recherche des eaux et des pâturages; ils ne connaissent pas l'agriculture; leurs productions sont les mêmes que celles du *P'ou-lei*.

Le royaume du *Tsiu-mi* oriental 東且彌 [2]) est, du côté de l'Est, à 800 *li* de la résidence du *Tchang-che* (Louktchoun); il est à 9250 *li* de *Lo-yang* (*Ho-nan fou*); il a plus de 3000 foyers, plus de 5000 individus, plus de 2000 soldats d'élite. Les habitants demeurent dans des huttes et des tentes; ils vont à la recherche des eaux et des pâturages; ils sont quelque peu agriculteurs; ce qu'ils produisent et possèdent est aussi semblable à ce que produit et possède le *P'ou-lei*; ils sont nomades.

Le roi antérieur de *Kiu-che* 車師 réside dans la ville de *Kiao-ho* 交河 (Yar-Khoten, à 20 *li* à l'Ouest de Tourfan); le cours d'une

---

1) C'est donc ce royaume de *Yi-tche* qui occupait la région du lac Barkoul.

2) Ce royaume paraît avoir été placé entre le lac Barkoul à l'Est et Goutchen à l'Ouest.

rivière se divise en deux et entoure la ville [1]); c'est pourquoi celle-ci est appelée *Kiao-ho* (rivières entrecroisées). Ce royaume est à 80 *li* de *Lieou-tchong* 柳中 (Louktchoun), résidence du *Tchang-che*; du côté de l'Est, il est à 9120 *li* de *Lo-yang* (Ho-nan fou). Il commande à plus de 1500 foyers, à plus de 4000 individus, à 2000 soldats d'élite.

Le roi postérieur (Dsimsa, près de Goutchen) demeure dans la vallée de *Wou-t'ou* 務塗谷. (Ce royaume) est à 500 *li* de la résidence du *Tchang-che*, et à 9620 *li* de *Lo-yang* (*Ho-nan fou*); il commande à plus de 4000 foyers, plus de 15000 individus, plus de 3000 soldats d'élite.

La tribu antérieure (Tourfan) et la tribu postérieure (Dsimsa), avec le *Tsin-mi* oriental 東且彌, le *Pei-lou* 卑陸, le *P'ou-lei* 蒲類 et le *Yi-tche* 移支 constituent (ce qu'on appelle) les six royaumes de *Kiu-che* 車師六國; ils sont, du côté du Nord, limitrophes des *Hiong-nou*.

La tribu antérieure (Tourfan), du côté de l'Ouest, communique avec *Yen-k'i* (Karachar). La tribu postérieure (Dsimsa), qui est sur la route septentrionale, du côté de l'Ouest communique avec les *Wou-souen* 烏孫 (vallée d'Ili).

La vingt et unième année (45 p.C.) *kien-wou*, (le roi postérieur de *Kiu-che*), ainsi que (les rois de) *Chan-chan* (au Sud du Lop-nor) et *Yen-k'i* (Karachar), envoyèrent de leurs fils pour entrer au service de l'empereur; l'empereur *Kouang-wou* 光武 les renvoya, et alors (ces rois) se rattachèrent et se soumirent aux *Hiong-nou*.

Sous le règne de l'empereur *Ming*, la seizième année (73 p.C.) *yong-p'ing*, les *Han* prirent *Yi-wou-lou* 伊吾盧 (Hami) et entrèrent

---

1) La rivière Yar, qui donne son nom à Yar-khoto, embrasse en effet cette bourgade entre deux de ses bras comme on peut le voir sur la carte de la région de Tourfan dressée par la mission Klements (*Nachrichten über die... Exp. nach Turfan*; 1899).

en communication avec les pays d'Occident. Le *Kiu-che* recommença alors à être dépendant de l'empire; mais, les *Hiong-nou* ayant envoyé des soldats pour l'attaquer, il fit de nouveau sa soumission aux barbares du Nord.

Sous le règne de l'empereur *Ho* 和, la deuxième année (90 p.C.) *yong-yuan*, le général en chef *Teou Hien* 竇憲, vainquit les *Hiong-nou* septentrionaux. Le *Kiu-che* fut saisi d'effroi; le roi antérieur et le roi postérieur envoyèrent chacun un de leurs fils pour offrir un tribut et pour entrer au service de l'empereur. On conféra à ces deux rois un sceau et un cordon, de l'or et des pièces de soie.

La huitième année (96 p.C.), le *wou-ki hiao-wei Souo Kiun* 索頵 voulut déposer *Tcho-ti* 涿鞮, qui était le roi de la tribu postérieure, et mettre sur le trône un certain *Si-tche* 細致 qui avait le titre de Marquis triomphateur des barbares 破虜侯. *Tcho-ti*, irrité de ce que *Wei-pei-ta* 尉卑大, roi de la tribu antérieure, l'avait trahi, profita de l'occasion pour prendre au contraire l'offensive contre *Wei-pei-ta*; il fit prisonniers sa femme et ses enfants.

L'année suivante (97 p.C.), les *Han* chargèrent le *tchang-che* commandant des troupes 將兵長史 *Wang Lin* 王林 de mettre en campagne les soldats des six commanderies dépendant de *Leang-tcheou* 涼州六郡, ainsi que plus de vingt mille hommes recrutés parmi les *K'iang* 羌, les barbares 虜 et les *Hou* 胡, afin de punir *Tcho-ti*; (cette expédition) fit plus de mille prisonniers parmi les barbares; *Tcho-ti* se réfugia sur le territoire des *Hiong-nou* septentrionaux, mais l'armée des *Han* le poursuivit, l'attaqua et le décapita. On nomma roi le frère cadet de *Tcho-ti*, nommé *Nong-k'i* 農奇.

La première année (120 p.C.) *yong-ning*, le roi de la tribu postérieure, nommé *Kiun-tsieou* 軍就, ainsi que sa mère *Cha-ma* 沙麻 se révoltèrent; ils tuèrent le *sseu-ma* préposé à leur tribu, et le chargé d'affaires à *Touen-houang*.

Quand arriva la quatrième année (125 p.C.) *yen-kouang*, sous le règne de l'empereur *Ngan* 安, le *tchang-chè* 長史 *Pan Yong* 班勇 attaqua *Kiun-tsieou*, lui fit essuyer une grande défaite et le décapita [1]).

Sous le règne de l'empereur *Chouen* 順, la première année *yong-kien* (126 p.C.), (*Pan*) *Yong*, entraînant avec lui *Kia-t'o-nou* 加特奴 et *Pa-houa* 八滑, qui étaient les fils de *Nong-k'i* 農奇, roi de la tribu postérieure, mit en campagne des troupes d'élite et attaqua parmi les barbares du Nord le roi *Hou-yen* 呼衍 auquel il fit subir une défaite [2]). (*Pan*) *Yong* proposa alors à l'empereur de nommer *Kia-t'o-nou* roi de la tribu postérieure; *Pa-houa* fut nommé marquis allié aux *Han* de la tribu postérieure 後部親漢侯.

La troisième année (134 p.C.) *yang-kia*, en été, le *sseu-ma* de la tribu postérieure de *Kiu-che* (Dsimsa), entraînant avec lui *Kia-t'o-nou* et quinze cents hommes, attaqua à l'improviste les *Hiong-nou* septentrionaux dans la vallée de *Tch'ang-wou-lou* 閭吾陸; il détruisit son ordo et coupa plusieurs centaines de têtes; il fit prisonnières la mère du *chan-yu*, sa tante, ses femmes et ses filles au nombre de plusieurs centaines; ils s'emparèrent de plus de cent mille bœufs ou moutons, de plus de mille chars, d'une grande multitude d'armes et d'objets divers.

La quatrième année (135 p.C.), au printemps, le roi *Hou-yen* 呼衍, qui faisait partie des *Hiong-nou* septentrionaux, envahit avec ses troupes la tribu postérieure (Dsimsa). Considérant que les six royaumes de *Kiu-che* étaient limitrophes des barbares du Nord et qu'ils étaient la protection des pays d'Occident, l'empereur ordonna au gouverneur de *Touen-houang* 敦煌 de mettre en campagne les soldats des divers royaumes et d'aller, en même temps que le

---

1) Cf. *T'oung pao*, 1906, p. 252.
1) Cf. *T'oung pao*, 1906, p. 253.

surveillant de la passe *Yu-men* 玉門關候 et le *sseu-ma* de *Yi-wou* (Hami) 伊吾司馬, au secours (de la tribu postérieure de *Kiu-che*); cette armée, qui comprenait en tout six mille trois cents cavaliers, attaqua à l'improviste les barbares du Nord auprès de la montagne *Le* 勒山; l'armée Chinoise n'eut pas l'avantage. En l'automne de cette même année (135 p.C.), le roi *Hou-yen*, se mettant de nouveau à la tête de 2000 hommes, attaqua la tribu postérieure et la vainquit [1]).

Sous le règne de l'empereur *Houan* 桓, la première année (151p.C.) *yuan-kia*, le roi *Hou-yen*, à la tête de plus de trois mille cavaliers, ravagea *Yi-wou* 伊吾 (Hami). Le *sseu-ma* de *Yi-wou*, nommé *Mao K'ai* 毛愷, envoya cinq cents soldats réguliers à l'Est du lac *P'ou-lei* 蒲類 (lac Barkoul); ils livrèrent bataille au roi *Hou-yen* et furent entièrement détruits par lui. Aussitôt après, le roi *Hou-yen* attaqua la ville de la colonie militaire de *Yi-wou* 伊吾屯城. En été (151 p.C.), *Sseu-ma Ta* 司馬達, gouverneur de *Touen-houang*, à la tête de plus de quatre mille soldats réguliers recrutés à *Touen-houang*, à *Tsieou-ts'iuan* (Sou-tcheou), à *Tchang-ye* (*Kan-tcheou*) et dans les divers royaumes, fut chargé d'aller au secours de (*Yi-wou*), il sortit de la Barrière et arriva au lac *P'ou-lei* (lac Barkoul); mais le roi *Hou-yen*, informé de sa venue, avait opéré sa retraite. L'armée Chinoise s'en retourna sans avoir remporté aucun succès.

La première année (153 p.C.) *yong-hing*, *A-lo-to* 阿羅多, roi de la tribu postérieure de *Kiu-che*, et *Yen Hao* 嚴皓, surveillant de la tribu *wou* 戊部候, ne se convenaient pas mutuellement; irrité et devenu méchant, le roi se révolta et assiégea la ville de *Tsiu-kou* 且固 qui était celle où les Chinois avaient établi leur

---

1) Le *Heou Han chou* omet ici de mentionner la victoire remportée en l'année 137 p C. sur le roi *Hou-yen* par le préfet de *Touen-houang*, nommé *P'ei Tch'en*; une inscription trouvée près du lac Barkoul est seule à nous avoir conservé le souvenir de ce haut fait (cf. *Dix inscriptions chinoises de l'Asie Centrale*, p. 17 et suiv).

colonie militaire; il tua ou blessa des soldats réguliers. Le surveillant de la tribu postérieure 後部候, nommé *T'an Tchö* 炭遮
ordonna aux gens de la tribu postérieure qui étaient restée en arrière,
de se révolter contre *A-lo-to* et de se rendre auprès des fonctionnaires
chinois pour se soumettre. *A-lo-to*, se trouvant dans une situation
fort critique, emmena avec lui sa mère, sa femme et ses enfants,
et, avec une escorte d'une centaine de cavaliers, s'enfuit chez les
Hiong-nou septentrionaux. *Song Leang* 宋亮, gouverneur de *Touen-*
houang, proposa alors à l'empereur de donner le titre de roi de la
tribu postérieure à *Pei-kiun* 卑君, qui était fils de l'ancien roi
Kiun-tsieou 軍就 et qui avait été en otage à la cour de Chine.
Mais, plus tard, *A-lo-to* revint de nouveau de chez les *Hiong-nou*
et contesta à *Pei-kiun* son royaume; il rassembla autour de lui une
assez grande partie de la population du pays. Le *wou hiao-wei* 戊
校尉 *Yen Siang* 閻詳, préoccupé de voir que, en attirant les
barbares du Nord, *A-lo-to* pourrait troubler les pays d'Occident, lui
fit alors des ouvertures et lui annonça qu'il l'autoriserait à être de
nouveau roi. *A-lo-to* se rendit donc auprès de (*Yen*) *Siang* et fit sa
soumission; aussitôt on dépouilla *Pei-kiun* du sceau et du cordon
qui lui avaient été conférés et on nomma *A-lo-to* roi à sa place;
d'autre part, on ramena *Pei-kiun* à *Touen-houang* et on lui attribua
trois cents tentes de la tribu postérieure qu'on mit spécialement sous
ses ordres pour qu'il jouit des revenus d'icelles. La numération par
tentes correspond à la numération chinoise par foyers.

Dissertation: Ce qu'on rapporte sur les mœurs et la géographie
des pays d'Occident, on n'en avait point entendu parler dans les
temps plus anciens. A l'époque des *Han* 漢, *Tchang K'ien* 張騫
conçut des plans propres à attirer les contrées lointaines; *Pan*
Tch'ao 班超 déploya sa résolution qui devait le rendre marquis

apanagé [1]). En définitive ils purent accomplir des exploits glorieux dans les contrées lointaines d'Occident, soumettre par un lien d'allégeance les pays étrangers. Soit que les uns eussent été soumis avec sévérité par le prestige des armes, soit que les autres eussent été gagnés par de riches présents, tous ces royaumes sans exception vinrent offrir des produits merveilleux de leurs pays et livrer des otages qui leur étaient chers. La tête nue et marchant sur les coudes, ils se tournaient vers l'orient pour rendre hommage au Fils du Ciel; c'est pourquoi on institua les fonctionnaires *wou* et *ki* 戊已之官 [2]) pour qu'ils se partageassent la responsabilité de ces affaires; on établit la direction du Protecteur général pour exercer une autorité d'ensemble sur ces pays. Ceux qui se montrèrent dociles les premiers, on les récompensa avec de l'or par paniers et on leur donna des sceaux à bouton en forme de tortue [3]) et des cordons de sceau; ceux qui se soumirent les derniers, on les attacha par le cou et on frotta de leur sang la porte du Nord [4]). On créa des colonies agricoles dans les régions fertiles; on échelonna des relais et des maisons de poste le long des routes les plus importantes. Les porteurs de messages urgents et les interprètes qui couraient ne cessèrent (d'aller et de venir) en aucune saison. Les *Hou* qui faisaient le commerce et les étrangers qui se livraient au

---

1) En 95 p.C., *Pan Tch'ao* fut nommé marquis de *Ting-yuan* 定遠 (cf. *T'oung pao*, 1906, p. 238).

2) Ce passage où le mot 分 «partager» s'oppose au mot 總 de la phrase parallèle suivante, montre à l'évidence que les fonctionnaires *wou* et *ki* étaient deux fonctionnaires distincts.

3) Le mot 龜 suffit ici à désigner les sceau d'argent à bouton en forme de tortue 龜紐 qui portaient l'inscription: «Cachet de tel fonctionnaire» 某官之章.

4) Selon un usage qui remontait à une haute antiquité, on frottait avec le sang des prisonniers de guerre les tambours, les cloches et divers autres objets; c'est ainsi que, dans le *Tso tchouan*, à la date de 627 av. J.-C. (33ᵉ année du duc *Hi*), nous voyons un général déclarer qu'il n'oubliera jamais la bonté d'un prince qui n'a pas pris son sang, à lui prisonnier, pour en frotter ses tambours 不以纍臣釁鼓.

négoce, chaque jour frappaient au bas de la Barrière (pour qu'on la leur ouvrît).

Plus tard, *Kan Ying* 甘英 parvint jusqu'au *T'iao-tche* 係支 et traversa le *Ngan-si* 安息 (Parthie); il vint jusqu'au bord de la mer occidentale de manière à voir de loin le *Ta Ts'in* 大秦 [1]). Au-delà des passes de *Yu-men* et de *Yang* 玉門陽關, sur un parcours de plus de quarante mille *li*, il n'y eut aucun pays dont on ne fît entièrement le tour. Le plus ou moins d'importance du territoire de ces pays, de leurs moeurs, de leur caractère, de leur intelligence, les diverses sortes de leurs productions et de leurs denrées, les bases de leurs chaînes de montagnes [2]) et les sources de leurs cours d'eau, le plus ou moins d'analogie de leurs climats et de leurs températures, les chemins qui sont des échelles dans la montagne, des passerelles de bois sur les gouffres [3]), des marches à la corde [4]), ou des traversées du désert de sable, les localités qui donnent la fièvre ou le mal de tête, celles où il y a le fléau du vent et celles où il y a le danger des démons [5]), pour tout cela on en décrivit minutieusement les particularités et on en rechercha attentivement le véritable principe.

---

1) Cf. p. 179.

2) 領 est pour 嶺.

3) Voyez les récits des anciens pèlerins bouddhiques décrivant les passages suspendus qui menaient dans le pays de *Ki-pin* (Cachemire).

4) Les voyageurs marchaient à la corde, comme disent les alpinistes qui s'attachent les uns aux autres quand ils traversent un glacier dangereux. Le commentaire de 676 cite ici un passage de *Tou K'in* 杜欽 qui ne se retrouve pas dans les pages du *Ts'ien Han chou* (chap. LX, p. 3 r°—7 v°) consacrées à ce personnage: «Le (roi de) *Ki-pin* (Cachemire) a été à l'origine mis sur le trône par les *Han*. Si il a tué un ambassadeur des *Han*, maintenant cependant il se repend de sa faute et vient promettre obéissance; nos envoyés l'ont accompagné jusqu'aux passages suspendus; ils ont traversé la grande montagne du mal de tête et la petite montagne du mal de tête, les versants où le sol est rouge et où le corps est brûlant; ils se sont approchés des montagnes escarpées et des gouffres sans fond; les voyageurs, les uns montés à cheval, les autres allant à pied, se tenaient les uns les autres, car une corde les reliait entre eux».

5) *Fa-hien* (chap. I) mentionne dans la traversée du désert les méchants démons et les vents brûlants.

Pour ce qui est de la doctrine bouddhique et de sa divine influence transformatrice, elle est originaire du *Chen-tou* 身 毒 (Inde). Cependant les traités géographiques datant des deux dynasties *Han* n'en disent rien. *Tchang K'ien* 張 騫 s'est borné à écrire: «Ce pays est le plus souvent chaud et humide; les habitants montent sur des éléphants pour combattre» [1]. Quant à *Pan Yong* 班 勇, quoiqu'il ait exposé que ces gens adorent le Buddha 浮 圖 et qu'ils ne tuent ni n'attaquent [2], cependant il ne nous a rien transmis sur le style parfait et sur la doctrine excellente (des livres saints), sur le mérite qu'ont ceux-ci de guider les hommes et de leur faire comprendre (la vérité).

Pour moi, voici ce que j'ai entendu dire à ceux qui, plus tard, ont parlé de ce sujet: Ce royaume est plus florissant encore que le Royaume du Milieu; la torche de jade y tient en harmonie les influences des saisons [3]; c'est là que les saints surnaturels sont descendus et se sont rassemblés [4]; c'est là que des gens sages ont dressé haut leur vie [5]; les prodiges des vestiges divins (qui s'y trouvent) ne peuvent s'expliquer que d'une manière surhumaine; l'évidence des exaucements (qu'on y a vus s'accomplir) est une chose qui est supérieure au ciel même.

Si cependant (*Tchang*) *K'ien* et (*Pan*) *Yong* n'ont rien entendu

---

1) Ces deux phrases se retrouvent presque textuellement dans le chap. CXXIII (p. 4 r°) de *Sseu-ma Ts'ien* qui est fondé sur le rapport de *Tchang K'ien*.

2) Voyez plus haut, p. 192, lignes 26. Ce texte confirme l'assertion de *Pan Ye* qui, au commencement de ce chapitre, annonçait qu'il se fondait sur le rapport officiel de *Pan Yong*; cf. p. 149.

3) Dans l'inscription de *Kiang Hing-peu* 姜 行 本, qui est de l'année 640 p.C., on lit la phrase: 調 玉 燭 以 馭 兆 民 «(La dynastie *T'ang* régularise la torche de jade pour diriger les millions d'hommes du peuple». D'après le dictionnaire *Eul ya*, l'expression «torche de jade» symbolise l'harmonie des quatre saisons.

4) Allusion aux divers Buddhas; d'après le commentaire, il ne s'agirait ici que du seul Çâkyamuni; il faudrait alors traduire le mot 集 comme ayant le sens de «s'établir» et non celui de «se rassembler».

5) Les disciples du Buddha sont ici désignés.

dire de tout cela, serait-ce parce que cette doctrine fut lettre close pour les temps passés, tandisque les nombres se sont expliqués pour les générations cadettes? Et s'il n'en est pas ainsi, combien extrême est la duperie! [1])

Sous les *Han*, ce fut à partir de *Ying*, (roi) de *Tch'ou* 楚英 [2]), que pour la première fois on fit fleurir le culte qui comporte l'observation des abstinences et des défenses; l'empereur *Houan* 桓 (147—167 p.C.) mit en outre en honneur la pompe des dais ornés. Serait-ce que les raisonnements subtils n'avaient point encore été traduits et qu'on se bornait à comprendre la doctrine d'une manière surnaturelle? [3])

Quant aux enseignements qui exposent eu détail comment il faut purifier son cour et se délivrer des liens du désir, et quant aux principes du vide de l'être et de leur non-existence simultanée [4]), tout cela dérive des livres taoïstes [5]).

---

1) Pour expliquer le silence de *Tchang K'ien* et de *Pan Yong* sur une religion que les Bouddhistes prétendent être merveilleuse, il faut faire l'hypothèse que cette religion était incomprise à leur époque et qu'elle ne se révéla qu'à des générations plus tardives. Si cette hypothèse est rejetée comme absurde, qui ne voit que tout ce qu'on dit sur l'invincible supériorité du Bouddhisme n'est que duperie puisque des hommes tels que *Tchang K'ien* et *Pan Yong* ont été insensibles à cette supériorité.

2) Dans le *T'oung pao* de 1905 (p. 550, n. 1), on trouvera traduits les textes relatifs à ce *Ying*, roi de *Tch'ou* qui, vers l'an 65 de notre ère, avait implanté profondément le Bouddhisme dans la Chine centrale.

3) L'argument me paraît être celui-ci: nous savons par les historiens que, au milieu du premier siècle de notre ère, le roi de *Tch'ou*, et, au milieu du second siècle, l'empereur *Houan* favorisèrent le Bouddhisme. Cette religion était donc bien connue; dès lors, comment expliquera-t-on que les auteurs qui écrivaient à l'époque des *Han* orientaux ne l'aient pas mentionnée? faut-il faire l'hypothèse invraisemblable que, en ce temps, les textes des livres saints du Bouddhisme n'avaient pas encore été traduits et qu'on comprenait cette religion par quelque intuition surnaturelle? Evidemment non; les textes sacrés étaient familiers aux adeptes du Bouddhisme; mais, en-dehors de ceux-ci, nul ne les admirait et c'est pourquoi les écrivains profanes de l'époque des *Han* orientaux n'ont pas fait l'éloge du Bouddhisme.

4) On sait que la métaphysique Bouddhique se plaît à disserter à perte de vue sur l'être, le non-être et un troisième terme qui n'est ni l'être ni le non-être.

5) Le Bouddhisme n'a aucune originalité; il a emprunté ses théories au Taoïsme.

D'ailleurs, se plaire à être bienfaisant, haïr le meurtre, se purifier du mal et chérir le bien, c'est pour (ces préceptes) que les hommes sages et intelligents apprécient cette doctrine. Mais (les Bouddhistes) aiment l'exagération et sont déréglés; ils content indéfiniment des merveilles et des mensonges[1]). Même *Tseou Yen* 鄒衍 dans sa discussion sur les transformations du ciel[2]) et même *Tchouang Tcheou* 莊周 dans sa dissertation sur les cornes de l'escargot[3]) n'arrivent pas à égaler la dix-millième partie (de leurs extravagances).

D'autre part, leurs théories sur l'apparition et l'extinction des âmes et sur la séquence des actes et de leur rétribution sont parfois claires mais ont aussi des parties obscures et c'est pourquoi même les hommes intelligents sont souvent ébranlés par elles.

Sans doute, pour guider le vulgaire il n'y a pas de règle absolue; pour imprimer une tendance aux êtres, les circonstances sont variables. Il faut prendre ce en quoi toutes les doctrines sont d'accord et renoncer à tous les propos douteux; alors la grande doctrine pénétrera tout[4]).

Eloge[5]): Lointains sont les *Hou* occidentaux; — ils occupent une région extérieure de l'univers.

Les productions de leurs pays sont précieuses et belles; — mais le caractère des hommes y est débauché et frivole;

---

1) La morale bouddhique est digne d'être approuvée, mais elle est étouffée sous le foisonnement d'extravagances que le goût du surnaturel a fait imaginer aux zélateurs de cette religion.

2) Sur *Tseou Yen*, qui vécut au quatrième siècle avant notre ère et qui est l'auteur de théories cosmogoniques où on retrouve d'ailleurs peut-être l'influence indoue, voyez le chap. LXXIV de *Sseu-ma Ts'ien*.

3) *Tchouang-tseu* raconte les luttes homériques de deux royaumes dont l'un se trouvait situé sur la corne gauche d'un escargot, et l'autre sur la corne droite. Voyez la trad. de Legge, SBE, vol. XL, p. 119.

4) L'auteur finit ainsi par adopter une sorte de philosophie moyenne fondée sur le consentement universel.

5) Cet éloge est écrit en vers.

Ils ne suivent pas les rites de la Chine; — aucun d'eux ne possède les livres qui servent de règle;

Si on leur retirait leur religion, — de quoi prendraient-ils souci et par quoi seraient-ils retenus? [1])

Appendice.

Biographie de *Keng Ping* 耿秉 († 91 p.C.).

(*Heou Han chou*, chap. XLIX, p. 5 v°—6 r°).

(*Keng*) *Ping* 秉 avait pour appellation *Po-tch'ou* 伯初; il avait une stature extraordinaire et la ceinture qui entourait ses reins mesurait huit *wei* 圍. Il avait compris un grand nombre d'écrits et pouvait discuter sur les lois de la guerre de *Sseu-ma* [2]); il aimait davantage encore les plans stratégiques des généraux. Grâce à son père, on lui donna la charge de *lang* 郎.

Il discourut plusieurs fois devant l'empereur sur les affaires militaires, disant constamment: «Si le Royaume du Milieu fait des dépenses inutiles et si le territoire près de la frontière n'est pas calme, la faute en est uniquement aux *Hiong-nou*; supprimer la guerre grâce à la guerre a été la conduite suivie par les souverains les plus glorieux». *Hien-tsong* 顯宗 (58—75 p.C.), qui avait déjà l'intention d'aller combattre dans le Nord, approuvait secrètement ces discours. Pendant la période *yong-p'ing* (58—75 p.C.), l'empereur le manda à la porte du grand conseil et l'interrogea sur les plans avantageux qu'il avait proposés à l'empereur en diverses occasions. Il fut alors nommé *ye-tchö p'ou-ye* 謁者僕射 et devint fort en faveur auprès

---

1) Ce jugement de *Fan Ye* sur les peuples occidentaux est fort intéressant, car il est analogue à celui que, de nos jours, la plupart des Chinois portent sur les Européens.

2) Cet ouvrage sur l'art militaire était attribué à *Sseu-ma Jang-tsiu* 司馬穰苴 (cf. *Sseu-ma Ts'ien*, chap. LXIV).

du souverain. Toutes les fois que les ducs du palais et les hauts dignitaires se rassemblaient pour délibérer, on introduisait toujours (*Keng*) *Ping* au haut de la salle; on l'interrogeait sur les affaires de la frontière et le plus souvent il se trouvait d'accord avec les sentiments de l'empereur.

La quinzième année (72 p.C.), il fut nommé *fou-ma tou-wei* 駙馬都尉. La seizième année (73 p.C.), ayant pour lieutenant le commandant de cavalerie (*ki-tou-wei* 騎都尉) *Ts'in P'ong* 秦彭, il partit en compagnie du commandant préposé aux chars (*fong kiu tou-wei* 奉車都尉) *Teou Kou* 竇固 et d'autres pour combattre les *Hiong-nou* du Nord. Les barbares s'enfuirent tous et on revint sans avoir combattu.

La dix-septième année (74 p.C.), en été, sur un ordre impérial (*Keng*) *Ping* et (*Teou*) *Kou* réunirent leurs troupes qui comptaient quatorze mille cavaliers et sortirent par les Montagnes blanches (*pe chan* 白山) pour attaquer le *Kiu-che* 車師 (Tourfan-Dsimsa). Dans le *Kiu-che* il y avait un roi postérieur (à Dsimsa) et un roi antérieur (à Tourfan); le roi antérieur était le fils du roi postérieur [1]); leurs cours respectives étaient distantes l'une de l'autre de plus de cinq cents *li*. (*Teou*) *Kou*, considérant que le chemin pour aller chez le roi postérieur était plus long, que les gorges des montagnes étaient profondes et que les soldats souffriraient du froid, voulait attaquer le roi antérieur. (*Keng*) *Ping* au contraire était d'avis de marcher d'abord contre le roi postérieur, estimant qu'il fallait masser toutes les forces contre l'ennemi principal et qu'ensuite le roi antérieur se soumettrait de lui-même. Comme (*Teou*) *Kou* ne se décidait pas, (*Teou*) *Ping* se leva avec un élan de tout son corps et dit: «Je demande à partir en avant». Alors donc il monta à cheval et emmena ses soldats en s'enfonçant dans le Nord; le gros de l'armée,

---

1) Ce renseignement mérite d'être remarqué, car on ne le trouve pas ailleurs.

ne pouvant faire autrement, marcha alors en avant. Les deux généraux réunis lancèrent leurs troupes au pillage; on coupa plusieurs milliers de têtes; on captura plus de cent mille chevaux ou bœufs.

Saisi de crainte, le roi postérieur nommé *Ngan-tŏ* 安得 sortit, escorté de quelques centaines de cavaliers, pour aller à la rencontre de (*Keng*) *Ping*. Cependant un certain *Sou Ngan* 蘇安, qui était *Sseu-ma* 司馬 de (*Teou*) *Kou*, désirant que toute la gloire revint à son chef, alla au galop dire à *Ngan-tŏ*: «Le seul général Chinois qui soit élevé en dignité, c'est le commandant préposé au char; il est le mari de la sœur ainée du Fils du Ciel et son titre nobiliaire est celui de marquis apanagé; il faut que vous alliez d'abord vous soumettre à lui». Aussitôt *Ngan-tŏ* fit volte-face et ordonna en échange à un de ses généraux d'aller au-devant de (*Keng*) *Ping*. (*Keng*) *Ping* entra alors dans une violente colère; il se revêtit de son armure, sauta à cheval, et, donnant un signal à ses cavaliers d'élite, il se rendit tout droit dans le camp de (*Teou*) *Kou* et dit: «Le roi de *Kiu-che* s'est soumis; mais jusqu'à maintenant il n'est point venu; je demande à aller prendre sa tête pour l'exposer publiquement». Fort effrayé, (*Teou*) *Kou* répliqua: «Attendez un moment; vous allez tout gâter». Mais (*Keng*) *Ping* s'écria avec violence: «Quand on reçoit quelqu'un qui se soumet on doit agir comme quand on reçoit un ennemi». Il partit alors au galop (dans la direction du roi); *Ngan-tŏ*, épouvanté, sortit hors de la porte, enleva son bonnet et, tenant embrassés les pieds du cheval (de *Keng Ping*), fit sa soumission. (*Keng*) *Ping* l'emmena pour qu'il allât voir (*Teou*) *Kou*. Quant au roi antérieur, il fit lui aussi acte d'obéissance. Le *Kiu-che* étant ainsi pacifié, (les armées chinoises) s'en retournèrent.

L'année suivante (75 p.C.), en automne, *Sou tsong* 肅宗 monta sur le trône. Il conféra à (*Keng*) *Ping* le titre de général vainqueur de l'Ouest 征西將軍 et l'envoya faire une tournée d'inspection dans le territoire-frontière de *Leang tcheou* 涼州 pour réconforter et récompenser les *K'iang* 羌 et les *Hou* 胡 gardiens de la Barrière, pour pousser en avant une colonie militaire à *Tsieou-ts'iuan* 酒泉 (*Sou-tcheou*) et pour secourir les *wou-ki hiao-wei*.

La première année (76 p.C.) *kien-tch'ou*, (*Keng Ping*) fut nommé général au-delà du *Leao* 度遼將軍 ; il exerça sa surveillance pendant sept années. Les *Hiong-nou* apprécièrent sa bonté et sa bonne foi. Il fut ensuite rappelé pour être *tche-kin-wou* 執金吾 et fut fort en faveur auprès du souverain ; chaque fois que l'empereur faisait une tournée en province ou se rendait à quelqu'un de ses palais, (*Keng*) *Ping* commandait toujours l'escorte des soldats du palais et des gardes du corps. Ses trois fils furent nommés *lang* 郎.

La deuxième année (88 p.C.) *tchang-ho*, il fut de nouveau nommé général vainqueur de l'Ouest pour seconder le général des chars et des cavaliers *Teou Hien* 竇憲 ; il attaqua les *Hiong-nou* et leur fit subir une grande défaite ; on peut voir le récit de ces événements dans la biographie de (*Teou*) *Hien*.

L'empereur donna alors à (*Keng*) *Ping* le titre nobiliaire de marquis de *Mei-yang* 美陽, avec un apanage de trois mille foyers. (*Keng*) *Ping* avait un caractère audacieux et énergique et ne compliquait pas les affaires. Quand son armée était en marche, il allait toujours en avant revêtu de sa cuirasse ; quand on faisait halte, il ne formait pas un campement serré, mais il envoyait au loin des sentinelles et expliquait bien la consigne : en cas d'alerte, l'armée était aussitôt formée en rangs ; tous ses soldats se seraient exposés à la mort avec joie.

La deuxième année (90 p.C.) *yong-yuan*, il remplaça *Houan Yu* 桓虞 dans le poste de *kouang-lou hiun* 光祿勳.

L'année suivante (91 p.C.), en été, il mourut ; il était âgé de plus de cinquante ans. L'empereur lui fit don d'un cercueil rouge et d'un vêtement orné de jade ; les officiers des travaux publics 將作

大匠 creusèrent sa tombe; on prêta pour lui des tambours et des instruments à vent; plus de trois cents cavaliers des cinq camps accompagnèrent son convoi funèbre. Son nom posthume fut: le marquis *Houan* 桓侯. Quand les *Hiong-nou* apprirent que (*Keng*) *Ping* était mort, tous les gens du royaume poussèrent des lamentations; quelques uns même se lacérèrent le visage jusqu'à en faire couler le sang [1]).

Biographie de *Keng Kong* 耿恭.

(*Heou Han chou*, chap. XLIX, p. 6 v°—8 r°).

(*Keng*) *Kong* portait l'appellation de *Po-tsong* 伯宗; il était le frère cadet de (*Keng*) *Kouo* 國 et le fils de (*Keng*) *Kouang* 廣; il fut orphelin de bonne heure; il était ambitieux et formait beaucoup de vastes projets; il avait les capacités qui font un chef.

La dix-septième année (74 p.C.) *yong-p'ing*, le commandant de cavalerie (*ki-tou-wei*) *Lieou Tchang* 劉張 sortit pour attaquer *Kiu-che* 車師; il demanda à (*Keng*) *Kong* d'être son *kiun sseu-ma*; alors (*Keng Kong*), avec le commandant qui avait à s'occuper des chars (*fong kiu tou-wei*) *Teou Kou* 竇固, et son cousin le commandant des chevaux rapides (*Keng*) *Ping* 秉, vainquirent et soumirent (le pays de *Kiu-che*). On établit alors (74 p.C.) pour la première fois un Protecteur général des pays d'Occident (*si yu tou hou*) ainsi que des *hiao-wei wou* et *ki*. On nomma alors (*Keng*) *Kong wou* [*ki*] *hiao-wei* [2]) pour qu'il tînt garnison dans la ville de *Kin-p'ou* 金蒲 [3]) (près de Dsimsa) sur le territoire de la tribu du roi

---

1) Cette coutume se retrouve chez les Turcs de l'époque des *T'ang*. Cf. *Documents sur les Tou-kiue occidentaux*, p. 240, n. 6.

2) Le mot *ki* doit être une superfétation.

3) Quoique cette même leçon se retrouve plus bas, il est infiniment probable qu'il faut lire *Kin-man* 金滿; c'est en effet *Kin-man* qui était le nom de la localité où résidait le chef de la tribu postérieure de *Kiu-che* (cf. *Documents sur les Tou-kiue occidentaux*, p. 11).

postérieur (de *Kiu-che*); le *ye-tchŏ Kouan Tch'ong* 關寵 fut nommé [*wou*] *ki hiao-wei* [1]) pour qu'il tînt garnison dans la ville de *Lieou-tchong* 柳中 (Louktchoun), dépendant du roi antérieur (de *Kiu-che*). Dans chaque garnison, on plaça quelques centaines d'hommes.

Quand (*Keng*) *Kong* fut arrivé dans sa circonscription, il envoya une lettre aux *Wou-souen* 烏孫 pour leur montrer que les *Han* 漢 étaient redoutables et bienfaisants; le grand *Kouen-mi* 昆彌, de même que tous ses subordonnés, fut joyeux; il envoya des émissaires offrir des chevaux renommés et en même temps apporter les jeux qui avaient été donnés à la princesse à l'époque de l'empereur *Siuan* 宣 (73—49 av. J.-C.) [2]); il exprima le désir d'envoyer un de ses fils pour qu'il entrât au service de l'empereur. (*Keng*) *Kong* chargea un messager de lui apporter de l'or et des pièces de soie et d'aller à la rencontre du fils qui devait être au service de l'empereur.

L'année suivante (75 p.C.), le troisième mois, le *chan-yu* du Nord 北單于 envoya le roi *lou-li* 鹿蠡 de gauche, avec vingt mille cavaliers attaquer *Kiu-che* (Tourfan-Dsimsa). (*Keng*) *Kong* dépêcha au secours de ce dernier un *sseu-ma* à la tête de trois cents hommes; ceux-ci rencontrèrent sur la route un fort parti de cavaliers *Hiong-nou* par qui ils furent exterminés. Les *Hiong-nou* vainquirent alors et tuèrent le roi de la tribu postérieure, *Ngan-tŏ* 安得, puis ils attaquèrent la ville de *Kin-p'ou* [3]) (près de Dsimsa); (*Keng*) *Kong* monta sur les remparts et mena ses soldats au combat. Il enduisit ses flèches d'une substance vénéneuse et répandit parmi les *Hiong-nou* le bruit que la dynastie *Han* avait des flèches divines et que les blessures de ceux qui en seraient atteints seraient certainement

---

1) Ici, c'est le mot *wou* qui est de trop.

2) Il s'agit ici de la princesse chinoise *Kiai-yeou* 解憂 qui vécut plus de quarante ans chez les *Wou-souen* et rentra en Chine en l'année 51 av. J.-C. pour y mourir deux ans plus tard (cf. *Ts'ien Han chou*, chap. XCVI, 6, p. 2 r°—v°).

3) Cf. p. 157, n. 4.

extraordinaires; puis il tira avec de puissantes arbalètes pour lancer ces flèches; ceux des barbares qui furent atteints remarquèrent que leurs blessures bouillonnaient toutes; ils eurent alors fort peur. Sur ces entrefaites, un ouragan de vent et de pluie se déchaîna; (*Keng Kong* et les siens) profitèrent de la pluie pour attaquer les ennemis; ils en tuèrent et blessèrent un très grand nombre. Les *Hiong-nou* terrifiés se dirent les uns aux autres: «Les soldats des *Han* sont surnaturels; véritablement ils sont à craindre». Ils se débandèrent alors et se retirèrent.

(*Keng*) *Kong*, considérant que, à côté de la ville de *Sou-le* 疏勒 [1]), il y avait un cours d'eau encaissé qui faisait de cette ville une forte position, emmena, le cinquième mois (75 p.C.), ses soldats pour s'y établir. Le septième mois, les *Hiong-nou* revinrent l'attaquer; (*Keng*) *Kong* fit appel à quelques milliers d'hommes prêts à monter les premiers à l'assaut et les lança au galop contre eux; les cavaliers *Hou* 胡 se dispersèrent. Alors les *Hiong-nou* interceptèrent au pied de la ville la rivière encaissée; (*Keng*) *Kong* fit creuser un puits à l'intérieur de la ville; mais on alla jusqu'à une profondeur de cent cinquante pieds sans trouver de l'eau; les officiers et les soldats étaient altérés et épuisés; ils exprimaient le jus du crottin de cheval pour le boire. (*Keng*) *Kong* leva les yeux au ciel et s'écria en soupirant: «J'ai entendu dire qu'autrefois le général de *Eul-che* tira son épée et en perça le rocher; aussitôt une source jaillissante sortit; maintenant la vertu des *Han* est divine et brillante; comment serions-nous à bout de ressources?» Alors donc, il

---

1) Il semble qu'il y ait ici quelque faute de texte; en tout cas, la ville dont il est question ne peut être Kachgar, comme le prouve la suite du récit où l'on voit *Keng Kong*, établi dans cette localité, être en rapports constants avec la reine de la tribu postérieure résidant près de Dsimsa, et, en outre, une armée Chinoise ayant pris Yar-khoto près de Tourfan, passer au Nord des montagnes pour aller délivrer *Keng Kong*. Je suppose que, au lieu de 疏勒, il faut lire 即勒, nom d'une ville à 140 *li* environ à l'Ouest de la capitale du Kiu-che postérieure et à environ 180 *li* à l'Est d'Ouroumtsi (cf. *Documents sur les Tou-kiue occidentaux*, p. 12).

se rendit en vêtements de cérémonie auprès du puits, se prosterna par deux fois et adressa une prière au nom de ses officiers et de ses soldats; au bout d'un instant une source d'eau sortit en boudissant. Tous les assistants poussèrent des vivats. (*Keng Kong*) ordonna à ses officiers et à ses soldats de montrer l'eau au grand jour pour la faire voir aux barbares; ceux-ci, pris au dépourvu, pensèrent qu'il y avait là une manifestation surnaturelle et se retirèrent.

En ce temps (75 p.C.), *Yen-k'i* 焉耆 (Karachar) et *K'ieou-tseu* 龜茲 (Koutcha) avaient attaqué et fait périr le Protecteur général *Tch'en Mou* 陳睦. Les barbares septentrionaux de leur côté tenaient *Kouan Tch'ong* 關寵 assiégé à *Lieou-tchong* 柳中 (Louktchoou). Sur ces entrefaites, l'empereur *Hien-tsong* 顯宗 mourut; aussi les soldats de renfort n'arrivèrent-ils point. *Kiu-che* 車師 (Koutcha-Dsimsa) se révolta de nouveau et s'allia aux *Hiong-nou* pour attaquer (*Keng*) *Kong*. Celui-ci excita ses troupes, attaqua ses ennemis et les mit en fuite. La femme du roi de la tribu postérieure (près de Dsimsa) était chinoise par ses ancêtres; constamment elle informait (*Keng*) *Kong* des dispositions des barbares et lui fournissait du grain et des aliments. Au bout de quelques mois cependant (*Keng Kong* et les siens) se trouvèrent à bout de vivres et furent dans une extrême détresse; ils firent bouillir des cuirasses et des arbalètes pour manger ce qui s'y trouvait de tendons et de cuir; (*Keng*) *Kong* s'était montré d'une absolue franchise avec ses soldats et s'était lié avec eux à la vie et à la mort; aussi étaient-ils tous animés des mêmes sentiments; mais il mouraient les uns après les autres en sorte qu'il finit par ne rester plus que quelques dizaines d'hommes. Le *chan-yu*, sachant que (*Keng*) *Kong* était dans une situation désespérée et désirant le forcer à se soumettre, lui envoya de nouveau un messager pour l'engager à venir auprès de lui: «Si vous vous soumettez, lui faisait-il dire, je vous conférerai le titre de roi de *Po-wou* 白屋 et je vous donnerai une de mes filles en mariage». (*Keng*) *Kong* attira alors fallacieusement ce messager au sommet du rempart; là, il le frappa de sa propre main et le tua, puis il le fit rôtir sur le mur; l'escorte officielle des barbares vit de loin ce spectacle et se retira en poussant des cris de désolation; le *chan-yu*, très irrité, augmenta encore le nombre des soldats qui tenaient (*Keng*) *Kong* assiégé, mais il ne parvint pas à le soumettre.

Auparavant, *Kouan Tch'ong* avait adressé une lettre à l'empereur pour demander du secours; en ce temps, l'empereur *Sou tsong* 肅宗 (76—88 p.C.) venait de monter sur le trône; il ordonna aux ducs du palais et aux hauts dignitaires de se réunir pour délibérer à ce sujet. Le *sseu-k'ong Ti-wou Louen* 第五倫 estima qu'il ne fallait pas envoyer de renforts. Le *sseu-t'ou Pao Yu* 鮑昱 exprima son avis en ces termes: «Maintenant nous avons envoyé des gens dans un poste périlleux; si, quand ils sont en détresse, nous les abandonnons, au-dehors ce sera laisser libre carrière aux violences des barbares, à l'intérieur ce sera blesser les sujets de l'empereur qui seraient prêts à braver la mort. Si en vérité on pouvait faire ainsi que pour quelque temps après cela il n'y ait plus aucune affaire sur la frontière, ce parti serait encore admissible. Mais si les *Hiong-nou* violent de nouveau la barrière pour faire des déprédations, comment Votre Majesté trouvera-t-elle des généraux à envoyer contre eux? En outre, les soldats qui étaient sous les ordres de ces deux officiers n'étaient pour chacun d'eux qu'au nombre de quelques dizaines; or les *Hiong-nou* les tiennent assiégés depuis plusieurs dizaines de jours sans parvenir à les réduire; par là on voit que, malgré leur isolement et leur faiblesse, ils déploient une suprême énergie. Il faut ordonner aux gouverneurs de *Touen-houang* 敦煌 et de *Tsieou-ts'iuan* 酒泉 (*Sou-tcheou*) de prendre chacun deux mille cavaliers d'élite en multipliant le nombre des fanions et des étendards, et de marcher simultanément en doublant les étapes au

16

secours de ceux qui sont en péril. Les soldats des *Hiong-nou* qui sont extrêmement fatigués n'oseront certainement pas leur tenir tête. En quarante jours ils peuvent être de retour à l'intérieur de la frontière». L'empereur approuva ces propositions.

Alors donc on envoya le général vainqueur de l'Ouest (*tcheng si tsiang kiun*) *Keng Ping* 耿秉 tenir garnison à *Tsieou-ts'iuan* (*Sou tcheou*) et exercer par intérim les fonctions de gouverneur. On chargea *Ts'in P'ong* 秦彭 d'aller, avec les *ye-tchŏ Wang Mong* 王蒙 et *Houang-fou Yuan* 皇甫援, mettre en campagne plus de sept mille soldats tirés des trois commanderies de *Tchang-ye* 張掖 (*Kan tcheou*), *Tsieou-ts'iuan* 泉酒 (*Sou-tcheou*) et *Touen-houang* 敦煌 ainsi que de *Chan-chan* 鄯善.

Le premier mois de la première année (76 p.C.) *kien-tch'ou*, les soldats se réunirent à *Lieou-tchong* 柳中 (Louktchoun); ils attaquèrent *Kiu-che* 車師 et assaillirent sa ville de *Kiao-ho* 交河城 (Yarkhoto près de Tourfan); ils coupèrent 3800 têtes, firent plus de trois mille prisonniers, s'emparèrent de trente-sept mille têtes de bétail, chameaux, ânes, chevaux, bœufs et moutons. Les barbares du Nord s'enfuirent terrifiés. Le *Kiu-che* 車師 se soumit de nouveau.

Cependant, comme *Kouan Tch'ong* était déjà mort, (*Wang*) *Mong* et ses collègues, qui en avaient été informés, désirèrent aussitôt ramener leurs troupes et s'en retourner. Avant cela, (*Keng*) *Kong* avait chargé un officier militaire nommé *Fan K'iang* 范羌 de se rendre à *Touen-houang* afin d'y chercher des vêtements d'hiver pour ses soldats; or (*Fan*) *K'iang* était ressorti de la Barrière à la suite de l'armée de *Wang Mong*; il demanda avec instances qu'on allât chercher (*Keng*) *Kong*; comme les généraux n'osaient pas aller plus avant, on détacha deux mille soldats et on les donna à (*Fan*) *K'iang* pour que, passant par le Nord des montagnes, il allât à la rencontre de (*Keng*) *Kong*. Survint une neige abondante qui s'entassa sur une épaisseur de plus de dix pieds; c'est à grand peine si l'armée put parvenir (à son but); ceux qui étaient dans la ville, entendant au milieu de la nuit le bruit des armes et des chevaux, pensèrent que c'étaient les barbares qui venaient et furent fort effrayés; mais *Fan K'iang* leur cria de loin: «Les *Han* envoient une armée à la rencontre du commandant!» Ceux qui étaient dans la ville poussèrent tous des vivats; ils ouvrirent la porte, et, se tenant embrassés les uns les autres, ils versaient des larmes. Le lendemain, ils prirent tous ensemble le chemin du retour; les soldats des barbares les poursuivant, tantôt ils combattaient et tantôt ils marchaient; officiers et soldats souffrirent constamment de la faim et de la fatigue; au moment où les assiégés quittèrent *Sou-le* [1]), ils étaient encore au nombre de vingt-six; mais plusieurs d'entre eux moururent en route, et quand, le troisième mois (76 p.C.), ils arrivèrent à (la passe de) *Yu-men* 玉門, ils n'étaient plus que treize; leur habits et leurs chaussures étaient troués et déchirés; leurs corps et leurs visages étaient décharnés et desséchés; le *tchong-lang-tsiung Tcheng Tchong* 鄭衆 donna un bain à (*Keng*) *Kong* et à ses subordonnés et changea leurs vêtements et leurs bonnets; il adressa à l'empereur un rapport en ces termes:

«*Keng Kong*, avec une troupe isolée, a fermement défendu une ville abandonnée; il a barré un carrefour aux *Hiong-nou*; il a tenu tête à une multitude de plusieurs myriades d'hommes; pendant une succession de mois qui dura plus d'une année, son cœur et ses forces s'épuisèrent entièrement; il creusa une montagne pour y faire un puits; il bouillit ses arbalètes pour y trouver de la nourriture; il s'est exposé à dix mille morts sans avoir l'espérance de sauver une seule fois sa vie; les affreux barbares qu'il tua ou blessa en diverses occasions se comptent par centaines et par milliers; en définitive, il conserva intacts son loyalisme et sa bravoure et ne fut point un

---

1) Cf. p. 227.

sujet de déshonneur pour la grande dynastie *Han*. La manière dont *Keng Kong* observa son devoir et ses obligations n'a rien qui puisse lui être comparé, ni dans l'antiquité, ni dans les temps modernes. Il convient qu'il reçoive une dignité éclatante afin que son exemple encourage les autres généraux».

Puis, quand (*Keng*) *Kong* fut arrivé à *Lo-yang* 雒陽, *Pao Yu* 鮑昱 exposa, dans une requête à l'empereur, que (*Keng*) *Kong* avait observé son devoir mieux encore que *Sou Wou* 蘇武 et qu'il fallait lui donner des dignités et des récompenses. Alors donc on conféra à *Keng Kong* le titre de Commandant de cavalerie (*Ki-tou-wei*); *Che Sieou* 石脩, qui était le *Sseu-ma* de (*Keng*) *Kong*, fut nommé sous-directeur de la place du marché à *Lo-yang* 雒陽; *Tchang Fong* 張封 fut nommé *Sseu-ma* du camp de *Yong* 雍; l'officier *Fan K'iang* 范羌 fut nommé assistant du préfet de *Kong* 共; les neuf autres hommes furent tous enrôlés dans le corps des *yu-lin* 羽林.

La mère de (*Keng*) *Kong* était morte avant son retour; quand il fut revenu, il se conforma rétrospectivement aux règles du deuil; mais un *wou-kouan tchong-lang-tsiang* 五官中郎將, délégué par ordre impérial, vint lui apporter un bœuf et du vin et lui fit quitter ses vêtements de deuil.

L'année suivante (77 p.C.), (*Keng Kong*) fut promu au rang de commandant militaire de *Tch'ang-chouei* 長水校尉. L'automne de cette même année, les *K'iang* 羌 se révoltèrent à *Kin-tch'eng* 金城 (*Lan-tcheou fou*) et dans le *Long-si* 隴西; (*Keng*) *Kong* adressa un rapport au trône pour exposer un plan de campagne; un décret impérial le manda pour qu'il vînt et fût interrogé sur cette affaire. A la suite de cela, (*Keng*) *Kong*, à la tête des trois mille hommes des cinq *hiao-wei*, et le général en second des chars et des cavaliers *Ma Fang* 馬防 furent chargés d'aller réprimer les

K'iang de l'Ouest; (*Keng*) *Kong* établit son camp à *Feou-han* 枹罕 et engagea plusieurs fois le combat avec les *K'iang*.

L'année suivante (78 p.C.), les *K'iang* de la tribu *Chao-tang* 燒當 se soumirent; (*Ma*) *Fang* revint alors à la capitale. (*Keng*) *Kong* resta pour combattre ceux qui ne s'étaient pas encore rendus; il fit prisonniers plus de mille hommes et captura plus de quarante mille bœufs ou moutons. Plus de treize tribus, parmi lesquelles les *K'iang* des tribus *Le-tseu* 勒姐 et *Chao-ho* 燒何, vinrent toutes, au nombre de plusieurs myriades d'hommes faire leur soumission à (*Keng*) *Kong*.

Auparavant, lorsque (*Keng*) *Kong* était parti pour le *Long-si*, il avait dit à l'empereur: «Le défunt marquis de *Ngan-fong* 安豐, *Teou Yong* 竇融, se trouvant autrefois dans l'arrondissement de *Si* 西, sut fort bien gagner l'amitié sincère des *K'iang* 羌 et des *Hou* 胡; maintenant, le *ta-hong-lou* (*Teou*) *Kou* 固 est son descendant; précédemment déjà il a combattu le *Po-chan* 白山 et son mérite l'a emporté sur tous ceux qui faisaient partie des trois armées; il faut le nommer grand commissaire pour qu'il maintienne le bon ordre dans la circonscription de *Leang* 涼; il faut ordonner au général des chars et des cavaliers (*Ma*) *Fang* d'établir son camp à *Han-yang* 漢陽 pour redoubler notre prestige». A la suite de cette requête, il y avait eu une grande opposition entre (*Keng Kong* et *Ma*) *Fang*. Quand (*Ma*) *Fang* fut de retour (à la capitale), le *ye-tchŏ* surveillant des camps *Li T'an* 李譚 rédigea sur ses indications une requête où il disait que (*Keng*) *Kong* ne s'inquiétait pas de ce qui concernait son armée, et que, lorsqu'il avait reçu un décret impérial, il avait témoigné de l'irritation. Sous ces inculpations, (*Keng Kong*) fut rappelé et jeté en prison; on le dégrada et ou le renvoya dans son pays; il mourut dans sa famille.

Son fils (*Keng*) *P'ou* 耿溥 fut nommé commandant militaire des dents de tigre à la capitale. La deuxième année (115 p.C.), il attaqua les *K'iang* révoltés dans la ville de *Ting-hi* 丁奚; son armée fut battue et lui-même périt.

Un décret impérial conféra simultanément à ses fils *Keng Hiong* 宏 et *Keng Ye* 曄 le titre de *lang*. *Keng Ye* portait l'appellation de *Ki-yu* 季遇; au début du règne de l'empereur *Chouen* 順 (126—144 p.C.), il fut commandant militaire des *Wou-houan* 烏桓 校尉. En ce temps, les *Sien-pi* 鮮卑 avaient ravagé la frontière et avaient tué le gouverneur de la commanderie de *Tai* 代. (*Keng*) *Ye* sortit de la barrière à la tête de soldats recrutés chez les *Wou-houan* et dans les diverses commanderies; il attaqua l'ennemi et lui fit subir une grande défaite; les *Sien-pi*, frappés de terreur, vinrent au nombre de plusieurs myriades dans le *Leao-tong* 遼東 pour se soumettre. Après ces événements, (*Keng*) *Ye* sortit encore à plusieurs reprises; chaque fois il eut l'avantage et rapporta du butin; son prestige faisait trembler la région du Nord; il fut promu à la dignité de général au-delà du *Leao* 度遼將軍.

宋	王	謝	大	守	先	讓
庫	華	書	大	子	無	書

西域傳第七十八

西域

前漢書卷九十六上

國王居河南，有大山，西有水相連近，至共城國，在山之內，匝其城三餘里，水本在城下流。

其國王居河河，水分流，城故改名，至其所居八里，馬四百匹，勝兵二千人。

王治師庶都尉馬行九十餘里，口三千餘，勝兵千餘人。

[illegible]感驗明顯則事出天外[illegible]

[illegible]

超無聞者豈其道閉往運數開叔葉乎不然何誣異之甚也漢自楚英始盛齋戒之祀桓帝又修華蓋之

飾將微義未譯而但神明之邪詳其清心釋累之訓空有兼遣之宗道書之流也[illegible]

[illegible]且好仁惡殺蠲敝崇善所以賢達君

子多愛其法焉然好大不經奇譎無已[illegible]

[illegible]

[illegible]雖鄒衍談天之辯莊周蝸角之論[illegible]

[illegible]尚未足以概其萬一又精靈起滅因報

相尋若曉而昧者故通人多惑焉[illegible]蓋導俗無方適物異會取諸同歸措

夫疑說則大道通矣

贊曰逖矣西胡天之外區[illegible]土物琛麗人性淫虛不率華禮莫有典書若微神道何恢

何拘[illegible]

A PAINTING BY LI LUNG-MIEN

1100—1106 A.D.

(Li Kung-lin; *jap.* Ri-riu-min)

BY

Prof. Dr. Karl BONE.

———◆———

The "Kokka" remarks on a reproduction of a painting, attributed to the celebrated Chinese painter Li Kung-lin (Lung-mien cü shi; jap. Ri-riu-min): "In such periods (as the age of Phidias, Raphael, Li Lung-mien) the energy and force of a previous age have attained balance and harmony, which in their turn have not yet given way to insipid grace and mannered style" [1]). According to these words, all Chinese books, old and new, are full of praise of those times — 11th and 12th century, Sung dynasty — and of the artists, who, combining politics, letters and art — just as in the times of Pericles and the Medici —, excelled in every thing, they undertook in any way. The first in many regards of all those great men was certainly Li Kung-lin [2]), who in his quality of painter was not only superior to the greatest artists of his time, but also at least equal to the

---

1) Mr. Lawrence Binyon (L. B.).

2) On his life, style and paintings cf. H. E. Giles, An Introduction to the history of Chinese pictorial Art (1905) p. 108 f.; Mr. G. quotes a Chinese critic: "the first among all the painters of the Sung dynasty, equal in brilliancy to the masters of olden times".

most celebrated masters of all previous centuries. Master in composition and imitation of nature, he conceived and represented nature with delicacy and sureness, and copied the older masters every one in his truest and most individual manner. Of course, reading the most enthusiastic praises of precious works is a poor and insufficient substitute for examining and admiring the works themselves, and just this seems to be hitherto Li Kung-lin's case. Many paintings, better ones and worse, are attributed to him, but the cruelty of sincere and subtle criticism, intolerant of deception, calls one after the other "copy" or "not even copy". Till now no collection either in the West or in Japan has possessed an undoubted original painting by Li Kung-lin, and whatever the splendid Periodicals of Japan or Expositions have shown as his works, is open to doubt, and even if they were works of Li Kung-lin, Li Kunglin would not have been that great master, every one calls him.

Knowing that, I should not find the courage to present to the reader of T'oung Pao the illustrations of this article as works of the master, if there not were important reasons for believing in the authenticity of that painting, which by a singular chance came into my possession. I begin with the description of it.

The painting has the form of a long horizontal roll (jap. Makimono), 7,82 metres long and about 32 centimetres deep (wide), formed by a strip of thick white paper of best quality; if you burn little pieces of it, they leave scarcely any remnants of snowwhite ashes. Upon this paper is pasted another strip of white silk [1]) with interwoven conventionalized birds and clouds or shoots of vine. And upon this white silk is pasted the original painting, painted upon well-woven silk, formerly probably white or light-coloured, but now browned in the course of eighthundred years. This old silk with

---

1) This strip is bordered with a very narrow strip of brown silk.

Li Kung-lin's or better Li Lung-mien's painting is 5,80 metres long
and about 25 centimetres deep (wide); originally it has been somewhat wider and probably somewhat longer. One easily finds out,
that the upper and the inferior margin [1] of the old silk is cut,
and in one place the old strip is pasted together (you will recognize
on Tab. II the line just before the first goddess); but the two parts
do not correspond well, and there is reason to believe, that some
scene has been cut away, perhaps a too much damaged one. The
remaining twenty Buddhist scenes with the surrounding landscapes
are painted with Chinese ink [2], the landscapes in the powerful
and free — one would say "impressionist modern" manner of the
20th century — Hsieh-i style, the rest in the fine and beautiful calligraphic Kung-pi style.

Byond the picture there are on the roll 9 red and reddish seals,
eight of them on the old painting, the ninth on the white silk close
to the left end of the painting (cf. Tab. I, 1.— 9.) [3]. This ninth
seal is the most recent and gives the words: "Fang-Shao-Tsun
shou tsang tu shu tchi"; it is that seal, which *Fang-Shao-Tsun*
"used to put on all his books and paintings". Four of the other

---

1) The margins of the old silk, as they are now, are covered with a very narrow strip
of white silk.

2) It is related, that Li Lung-mien's pictures were mostly monochromes.

3) Dr. phil. Yao Pao ming (Berlin) decipheres seven seals as follows:

3) 楊維禎印: Yang-Wéi-Cen yin.

3) 元綱: Yüan-Kang.

5) 御畫之寶 :… yü-hua ci' pao.

6) 忠節 … cung cie…

7) 李公麟印: Li Kung-Lin yin.

8) 龍眠居士: Lung-mien cü shi.

9) 方名村收藏圖書記 Fang-Shao-Tsun shou tsang tu shu tchi.

No. 1. and 4. are too much damaged; 5. and 6. are not complete.

seals are impressed at the beginning of the painting upon the old
silk along its margin. The first is too much damaged to be
deciphered. The second is of great importance; it is the seal of the
celebrated musician and poet *Yang Wei-chêng* [1]), who lived in the
14th century and was once possessor of this painting. The third
seal gives the name of another possessor of the roll, *Yüan-Kang*.
The fourth seal, just on the corner below, can not be deciphered.
The fifth seal, that of an Emperor, is impressed on the upper
margin of the painting above the fifth Buddhist scene [2]). Unfortunately the damage, which occurred to the painting, has destroyed
just the name of the Emperor and has left only the signes:
"....yu-hua ci' pao = ... seal for paintings of the Emperor". A
Chinese savant at Berlin, Dr. phil. Yao Pao ming, the same, who
had the kindness to decipher the seals, believes it to be the seal
of the Emperor *Hsüan-ho* [3]) (*Hui Tsung*), and nothing is more
probable. The sixth seal near to the upper end-corner of the old
silk is much damaged; it gives, as it seems, no name. Further
below are impressed *the original seals of the master himself*, and the
above-mentioned Chinese savant assures us, that they are without
any doubt the old and original seals of the painter, impressed just
at that spot of the painting, where he used to put them. The first
of them (the seventh seal) is deciphered "*Li Kung-lin yin = the seal
(of) Li Kung-lin*", the next (the eighth seal) [4]) a little further below

---

1) Cf. H. A. Giles, A Chinese biographical Dictionary (1898), p. 917, No 2415: "Yang
Wei-chêng graduated as *chin shih* in 1327 and served for a short time as magistrate;
later on he retired to Shanghai and amused himself by entertaining friends and playing
up on an iron flute. His poetry was much esteemed. In 1369 he was summoned to court
and after 120 days allowed to return home." Notice, kindly given by Mr. Giles

2) Cf. p. 250.

3) Hsüan-ho is the Miao Hao of the Emperor Hui Tsung, who reigned 1101—1125,
Mr H. W. Bushell (Chinese Art I, 137) believes it to be the name of a palace in K'ai-
fêng-fu in Honan.

4) Firstly recognized by Mr. F. W. K. Müller (Berlin)

"*Lung-mien cü shi = the hermit of Lung-mien (Dragon-face)*". This
last seal defines the time, when the painter painted the work: *in
1100 he retired on the Lung-mien hill, where he had a villa, and
called himself "the hermit of Lung-mien", and he died in 1106;
consequently he painted the work within those six years 1100—1106.*
It is quite probable, that the great amateur and connoisseur, a
great painter himself, the Emperor Hui Tsung (Hsüan-ho), was the
first possessor of our roll, and that he impressed his imperial seal
upon the work of his master-friend. In 1125 the Emperor's collections
were dispersed by the Tartars, and the greater number of the
objects disappeared. There can not be any doubt, that many of them
were torn, burnt or damaged in some other way. I should think,
that the painting, I am speaking of, was torn at that time in two
pieces and damaged on the upper and the lower margin, and that
in that condition it found later its way to the poet and musician
Yang Wei-chêng, who as an earnest and pious collector kept and
preserved the two damaged pieces, without mending or cutting
anything. The next possessors, Yüan-Kang and others, kept them
in the same way. Finally, I suppose, in the times of decadence
and ignorance, of brutality towards antiquities and ruins of old
master-works, Fang-Shao-Tsun — just as many have done and do
now in our Western countries — cut away all parts of the painting,
which did not bow to his ruler, and cut the two parts in such a
way, that by pasting them together he attained a "beautiful" perpendicular line across the composition [1]); at last, just as elsewhere
idle and proud restorers are wont to do, in memory of this brutality
he put his seal beside the old silk upon the new white silk; and
this is the ninth seal of the roll.

If one unrolls the painting and reaches the beginning of the old

---

1) Cf. that perpendicular line on Tab. II.

brown silk, one is struck by the rich and powerful brushwork of the landscape, its rocks, stones and trees and the Lianas (?), hanging down from their branches. Having unrolled three or four inches more, one is once more struck by the extreme subtlety and elegance, with which the artist — one believes him to be an other one, and not the same, who painted the landscape — drew the divine, human and elemental beings (spirits, hungry ghosts), which form a kind of long procession, moving through that wide world, now resting, now proceeding. We recognize him as a master, who cannot be surpassed, in two quite different styles and manners of brushwork, Kung-pi and Hsieh-i.

The historical or Buddhist parts are painted in the traditional calligraphic style (Kung-pi) and in that manner of it, in which long beautiful lines are generally used, waning, swelling, even vanishing in elegant curves and loops. Li Lung-mien executed them in this composition with unsurpassed perfection and needs not fear comparison with the very best artists in that style of any other time or people. And with the same brush, by means of which he excelled in those glorious traces and flourishes, and with no less subtlety and accuracy he executed and delineated the wonderful ornaments and works of the skillful artisans, who had wrought such armour, helmets, shoes, swords, head-dress, vessels and everything belonging to the historical or religious part of the painting. If the reader of this article take the magnifying glass and examine in Tab. II the shape and the vesture of the Goddesses or in Tab. IV the abundance of rich and subtle details, he will concede, that no praise can do justice to the cunning and the skill of the master. And he has given life to his figures, and, just as is needful, expressions of such wildness and clemency, agitation and calmness, sweetness and austerity, that the very variety brings movement into the whole procession. What energy do you remark in the two first Gods (Kings), what religious enthusiasm in the next, who follow with the sword and the lute, what divine exaltation in the five Goddesses, what loveliness in the first of them, equal to those charming holy virgins, formed by the artists of European Renaissance, what iron hardness of principles, depicted on the faces of several Lohans, mixed sometimes with that bit of humor, which signifies a slight contempt of human weakness and solicitude! Further we should not overlook the sharpness and distinctness, by which are characterised the different types of peoples, making part of the whole. Everywhere Li Lung-mien respects tradition. Nevertheless it is evident, that this historical or mythological part is not anxiously or slavishly prepared, studied, detailed, but the conceptions of the master's genius at once found their way through his arm and brush to the well-chosen silk. One willingly believes the story, which an artist of that time relates [1]): "I once watched Li Lung-mien painting a Boddhisatva: for this he drew entirely upon his imagination, yet none of the Buddhist characteristics was wanting". One understands by this remark, how much other artists were obliged to copy every detail, working like artisans, not like free artists. Lastly we remark with astonishment, how well he gave bones and muscles to the human body, how mighty he formed the shaved heads of several Lohans (Tab. III) [2]), how ossified the poor hungry souls; we remark the elegant way of holding the hands, of touching something with the fine long fingers, and we remember the times of Master Stephan Lochner or Fra Angelico; even the devils and spirits, painted so much later in Italy or Germany, are veritable brothers of the elemental beings, introduced by Li Lung-mien into the company of Gods and Saints.

---

1) Cf. Giles, Introduction to the history of Chinese pictorial Art, p. 113.

2) In Tab. III you see only a little part of the skull of that Lohan, who is sitting opposite to the coming tiger, but yet you imagine you see his face and its expression (cf. p. 258).

Indeed, he overthrows several ideas, which most of us have about
Chinese pictorial Art even in those classical and universal times,
true and undoubted specimens of which most rarely are to be seen
and examined. Of course, in vain we look for projected shadows
between or behind the persons and trees; the proscenium, upon
which the whole composition is displayd, is very narrow; there is
scarcely any transition from the persons in the foreground to the
landscape, which forms the background, as to the size of persons;
some of them appear too tall in comparison of the nearest parts of
the landscape. Notwithstanding the artist has attained more, than
one would expect. The Westerner needs not "forget his own mental
preconceptions and throw over his artistic education, every critical
tradition and all the aesthetic baggage, that has accumulated from
the Renaissance to our own days" [1]). The freer Li Lung-mien is
from any necessity of tradition or religious canon, the more his
painting approaches to modern European paintings and even reaches
or surpasses them; his painting confutes several reproaches, which
Anderson [2]) and so many others make generally and without limit
against Chinese pictorial Art, and which increase in passing over
from book to book. If you look at Tab. III, you recognize well
the broad and deep rocky platform, upon which the tiger is coming
forth against the 4 Lohans, who are sitting on the ground, not in
one row, but skillfully and tastefully disposed from the foreground
towards the background; you will notice, how well the painter
expressed the foreshortening of the leg of that Lohan, who is sitting
at the foot of the ceder, just as designers of maps do with mountains,
seen from a bird's eye view, and with what power the three paws
of the tiger — the fourth leg being covered by the body — mark

1) Cf. Bushell, Chinese Art, II, p. 106

2) Cf. Bushell, l. c. p. 113; Giles, An Introduction to the hist. of Chin. pict. Art,
Preface p. V.

the perspective of that exciting scene. On Tab. I you will see, how well, parallel with the trees on the right, the first God (King) precedes the second, and how well the God with the lute stands *behind* the other, who is bearing the sword. Even the five Goddesses on Tab. II are not walking in one row, but form a walking group, naturally and solemnly arranged. Last not least, how well rounded and crowded together is the group of persons on Tab. IV. Of course, in all those parts, which belong to the Buddhist scenes, there is something, what reminds the works of Giotto and other "primitives"; the painter was bound by tradition as much, as a free artist can be bound: tradition bound him, but did not shackle and manacle him.

Bound in the religious part of the painting by that remnant of religious scruples we have to attribute to those times of the Sung dynasty, Li Lung-mien was absolutely free in the other parts of it: landscape and nature. There he was quite himself, admirer, lover, connoisseur of nature, master of brush and ink. No wonder, that in these parts of the picture his mastery, his skill, his grandeur are most conspicuous. In conformity with this freedom he used for these parts the free and unbound Hsieh-i manner of managing the brush. One would call this landscape, fixed by the flying brush on the silk, a long ode, beginning with the full accord of two mighty cembras with rocks and Lianas and, after having run through a long and varied scala of impressions and feelings, swells out into a powerful finale of complicated branches, hanging Lianas, knotted trunks, broken rocks, scattered stones and roaring waterfalls. And this ode, not being just interwoven with the legend, every now and than touches it, approaching, retiring, enclosing, dividing, supporting, adumbrating. And, as is fitting in a true and estimable work of Art, the *single* parts of it are not inferior to the *whole*, every detail being done with such accuracy and finish, as if it were a main-point, but in such a way, that it does not interrupt or disturb the enjoyment of the composition or any scene, which is rounded off to a whole. As a master of his art Li Lung-mien, whose genius possessed and embraced all styles and principles of previous classical periods, did not overlook those six sacred laws or canons of Chinese pictorial Art, established five or six hundred years before him by the portrait-painter Hsieh Ho, viz. *rhythmic vitality — anatomical structure — conformity with nature — harmonious colouring — artistic composition — finish* [1]). Rhythmic vitality and anatomical structure here percede conformity with nature, because the latter is supported by them and dependant upon them; these three laws can be distinguished and separated in science, but pratically they are only one and the same law. The masters genius, as another creative mind, conforming his work to nature, does not copy nature, like a photographer does, but out of his own spirit he fills it with *rhythmic vitality*, not dissolutely and licentiously, but the genius descends into bones and stones and trees and everything, which has *anatomical structure*. Such is the manner, in which this new-created nature conforms to itself and to that *nature*, which is created rhythmically and faultlessly by the universal mind. You will recognize this nature on our painting, if you examine f. i. the growing of branches, needles, leaves, how well all of them soar aloft and how, wherever some of them are hanging down by their own gravity, the thicker branches endeavour to lift them up, and with what freshness and energy of life, rhythmically and conformably to their anatomical structure, just the extreme prominences of the branches try to rise. This *vitality*, whose rhythm fills and assimilates all vegetation, would become a confusion, if the master had not studied and penetrated the anatomical

---

1) Cf. Giles, An Introduction etc., p. 28.

structure of natural beings, not only of the trees, but of the animals too; for you will remark the same vitality, founded upon the same study of nature, if you observe, how cat-like the tiger in Tab. III puts its paws on the ground, how its tail is squirming in the air, how softly by moving the chine or any bone the hairs rise on its back and on the knee of its hind-leg. In such a manner the artist attained conformity with nature. And even for those beings, which lived only in his imagination, hungry ghosts and elemental attendants, his creative genius invented such a nature, that one would say: if there be such beings, they must be of this nature, of this anatomical structure, and this kind of vitality is rhythmical for them. In this way the artist united the three first laws. The fourth law, that of *harmonious colouring*, was that law, in which Chinese painters excelled the most, and which even in the times of decadence has been followed by them with taste and success. And when Wang-Wei founded or invented the art of limning in black and white with ink upon silk or paper, he certainly did not put aside this law, and Li Lung-mien, the lover of nature in its true and natural colour, never would have employed that manner, if he had not been able to attain an exquisite harmony of colour, as you will notice even on the reproductions of his painting, though our paper's tone of colour assuredly not be that of the old silk. I have already shown, how well Li Lung-mien disposed the single groups of Goddesses, Lohans cet., following the fifth law, that of *artistic composition*. though he were much bound by tradition. Freer and stronger yet he followed that law in the landscape. Look at the beginning of the painting and remark, how well the first mighty tree (Tab. I), rising like a rock and monster combined, bends to the left with its leafy branches and, opening a view in the deep valley behind, overshades the ground, upon which the two Gods (Kings) are walking forward. How beautifully corresponds with the group of Goddesses

16

a main-point, but in such a way, that it does no
disturb the enjoyment of the composition or
rounded off to a whole. As a mast
whose genius possessed and emb
previous classical periods, did r
canons of Chinese pictoria
years before him by the
vitality — anatomical :
monious colouring —
vitality and anatom
ture, because the
them; these th
science, but ..
masters gen..
nature, do
his own
licentio..
trees
man..
tha
u..
..

...v-
..runks
..ushes out
...proves, that
...And, nothing
.. crinkled waves,
... scarcely to be seen.
...ous scenery far off in
...woods of San Terenzo or
...think, Böcklin painted this
...sixth law, that of *finish*, by
...to his painting, Li Lung-mien
...follows and observes it directly
...veil of last accomplishment grows
...more and more by every touch and
...obsequious brush, which, incorporating
...artist's skill and genius, almost becomes
...most precious even after the master's
...appreciated by posterity more than gold
...not only observed those six laws, but
...the highest perfection. Not acquiescing
...which gives the true dimensions of the
...master too of aërial perspective; sea and
...and the diminishing promontories, rocks
...mist-like remoteness '). If you look at the
...and examine f. i. Tab. III, you will find
...Greek and no Renaissance artist has sur-

...Wei 6th and 7th century, writes in his notes, which
...have no rocks, but ... indistinct like eyebrows; and
...up and ... (cf Giles, An Intro-
...Tab II. how well ... observed these and similar

(Tab. II) the somewhat gloomy and haunted scenery with its prominences, with the castle-like rock faroff, with the knotted trunks
and — lovely contrast — with the litte rivulet, which rushes out
and, by the rocks and stones lying before its mouth, proves, that
now and then it comes forth as a prodigious torrent! And, nothing
forgetting, how nicely the painter marked the crinkled waves,
turning round the little rock, by slender lines, scarcely to be seen.
Of course, Li Lung-mien loved this harmonious scenery far off in
China, but if you know the hoary olive-woods of San Terenzo or
Lerici in the golf of Spezia, you might think, Böcklin painted this
part of the picture. Concerning the sixth law, that of *finish*, by
which the painter gives the epidermis to his painting, Li Lung-mien
as a master in black and white follows and observes it directly
from the beginning. That slender veil of last accomplishment grows
and spreads over the painting more and more by every touch and
bend of the obedient and obsequious brush, which, incorporating
into itself somewhat of the artist's skill and genius, almost becomes
a self-acting miraculous being, most precious even after the master's
dead and sought for and appreciated by posterity more than gold
and diamonds. Li Lung-mien not only observed those six laws, but
he brought several of them to the highest perfection. Not acquiescing
in that linear perspective, which gives the true dimensions of the
objects, he shows himself master too of aërial perspective; sea and
sky melt one into another and the diminishing promontories, rocks
and trees vanish in a mist-like remotness [1]). If you look at the
harmony of composition and examine f. i. Tab. III, you will find
proportions, which no Greek and no Renaissance artist has sur-

---

1) The celebrated painter Wang Wei (6th and 7th century) writes in his notes, which
he left for painting: "Distant hills have no rocks, but are indistinct like eyebrows; and
distant water has no waves, but reaches up and touches the clouds". (cf. Giles, An Introduction, p. 51); you can see in Tab. II, how well Li Lung-mien observed these and similar
precepts.

½ nat.

9.

8.

6.

7.

nat

5.

3.

1.

4.

2.

passed; they do not obtrude nor betray calculation; the whole arrangement appears free and natural; but measuring distances, joining important and prominent points (heads, shoulders, knees and even inferior parts), you will find, the more you examine, the more wonders of harmony, of skill; even the "sectio aurea" contributes to the perfection of harmonious composition, as it does in European classical works; but there is no space here for entering into such particulars; the reader will find them out easily himself.

I pass over to the description of the Buddhist scenes, which fill almost the whole foreground of the painting. These twenty scenes are composed of 46 divine and human beings, 9 hungry souls (elemental attendants), 1 Dragon, 2 tigers, 2 ogres, 1 snake and 1 other dragronlike animal or skeleton.

Tab. I, II, III and IV give several scenes of the twenty, reproduced by photography and phototypy; the details below on each Table are reproduced from hand-copies (the reproductions are made by Wilhelm Otto, Kunstanstalt, Düsseldorf).

Scene I (Tab. I).

Behind the first big tree you see another one, curved and hollow, with hanging branches and plants (Lianas?); the first tree resembles a chestnut, the second is perhaps one of those famous fig-trees (Ficus religiosa), the holy tree of Buddhists, whose branches descend and become a kind of supports for the thicker branches. Behind those hanging shoots opens the entrance into a deep valley. Out of this valley have proceeded and are walking two warriors (Gods, Kings) [1]), richly armed, helmets or similar head-pieces [2]) on their loose flying hair, long black strings with flying ends round their neck, mantles with long loops thrown back over their shoulders, a

---

1) Kings of the Devas.
2) These head-pieces repeat much on the painting, four times on Tab. IV.

repulsive T'ao-t'ié-head forming the beltbuckle. The first King (1.) [1] lifts up his left hand, holding the sacred pearl with the tips of the thumb and fore-finger; in his right hand he bears a fruit (?) like a pear; in each eye-brow he seems to have another eye. The other King (2.) bears in his left hand a similar object (fruit?), in the right hand a kind of flag (or umbrella!) upon a long black staff. The second frowns sternly upon the first, the expression of whom is benign and rather smiling.

Scene II (Tab. I).

Looking back with a grave mien on the first scene, the first warrior (3.) of the second scene, armed like the former, bears an unsheathed sword in both hands. Behind him, looking back too, is walking another taller man (4.), playing on the four-stringed lute [2]). Both of them wear round their neck the black strings with the flying ends and have loose hair and oblique eyes like the two Kings of the first scene. — These seem to be the other two of the four Kings of the Devas (Si-Ta-Tien-wang).

Scene III.

By the left side of the lute-player there are three mighty knotted trees between rugged rocks, — in the background we have high mountains —; the last tree spreads its branches wide on the left. Below these branches is sitting a *Lohan* (Ananda?) (5.) with shaved head and mild face. He stretches out to the left both hands, the thumbs and forefingers of which are touching each other with their tips. He is looking at the next man (6.), who is Sâkyamuni. Sâkyamuni is sitting upon his staff with semi-lunar handle,

---

1) To every human and divine person I have added a No. (1., 2., 3., cet.) according to the series.

2) Remark the series of holes along the chords of the lute.

which is lying upon a carpet (prayer-mat) [1]), interwoven with stars (flowers?) and the Buddhist symbol "wan" (swastica). Both wear wide talars with hanging loops and symbolic knots; the border of Sâkyamuni's talar is embroidered with leaves and flowers. His mien is stern and meditative, his knobby skull shows a few curly hairs [2]); he has a short curly beard and moustaches. In his long ear-lobe is hanging a peculiar ear-ring [3]). He lifts up the fore-finger of his right hand, the left hand being covered, and from the tip of the fore-finger rises a precisely circumscribed cloud, which pierces the branches of the above-mentioned tree and then extends on both sides; within the cloud are hovering many Saints [4]), each one sitting in a kind of mandorla surrounded by haloes. Behind Sâkyamuni on the side of the before-mentioned Lohan is lying a peculiar musical instrument, pearshaped, with three chords and a screw (winch) on its top [5]). Behind the right shoulder of Sâkyamuni is standing an elemental attendant or hungry spirit, bearing the alms-bowl. Near to the corner of the carpet and the semi-lunar handle of the stick, upon which Sâkyamuni is sitting, is standing another attendant (spirit), bearing in his left hand a dragon-like animal [6]), in his right hand a serpent, which rears up against him its open mouth with the long cloven tongue.

Scene IV.

This scene consists of two Gods (?) and two spirit-attendants. The first God (7.), richly armed like the warriors of the first scene, a kind of skull-cap covering his head, has a broad beardless face,

1) A corner of that carpet you will find on Tab. III, Fig. 6.
2) cf. Edkins, Chinese Buddhism, p. 243.
3) cf. Tab. IV, Fig. 1.
4) A part of that cloud with Saints you will find on Tab. III, Fig. 3.
5) It resembles the beggars-rote, formerly much known in Europe.
6) cf. Tab. III, Fig. 6.

the black strings round his neck, a kind of Gorgon's head [1]) on his breast, rich jade-pendants to his girdle; his folded hands press a long black stick (arrow, halberd?) against his breast. Behind him looks forth a spirit-attendant [2]). He bears a black flag with long loops on a black staff. Close to the first God is standing another celestial being (a Goddess?) (8.), also folded hands; the womanlike vesture is very rich, furred and embroidered, hanging laces with bows, beautiful ear-ornaments, a folded collar round the neck, exceedingly rich head-dress. From behind comes forth an etherial attendant, wild-looking, bearing in his right hand a brass collar with hooks, in his left hand a vessel [3]) containing several tools.

Behind the attendant begins a hedge, formed of stakes and three long rods fastened horizontally to the stakes; the hedge encloses the two next scenes (V and VI).

Scene V.

We have here two Lohans and an elemental attendant. The first *Lohan* (9.) is sitting upon a big lion-like ogre and holds with both hands his crooked bamboo-staff. His face is wrinkled and almost gloomy, his skull very knobby, head and beard well-shaved. Near to him is sitting the other *Lohan* (10.) with short curly hair and beard; he is somewhat stern-looking, but not narrow-(oblique-)eyed, nor is his companion [4]); he holds with both hands a little ogre, similar to the other, its head joined to the Lohan's beard. At the side of the Lohan stands the attendant, bearing a rolled-up rosary on a long black stick.

---

1) Very interesting! cf. Fr. Hirth, Fremde Einflüsse in der Chin. Kunst, p 25 f.

2) All of them perhaps souls, hungry for "Dharma" or spiritual food.

3) cf. Tab. II, Fig. 2.

4) The obliquity of the eyes was even in the 10th century of comparatively recent growth among the Chinese people; cf. Giles, An Introduction to the History of Chinese pictorial Art, p. 92.

In the background of this scene the sea is visible behind ranges of low hills; here and there you see the hedge behind the Lohans.

Scene VI.

Touching the right leg of the attendant of the last scene is a Lohan (11.) idly leaning on his left elbow, who resembles a Greek or Roman stream-god [1]). He has a grinning countenance and with his right hand he holds a full sack (?); it seems to be Mi-li-Fo (the japanese Hotei). Behind his legs is standing a short man (12.) with curly beard and moustaches, long loose hair; instead of a hat he wears a leaf [2]); his hands are folded. Looking back at him, but walking on and seemingly inviting the others to follow him, comes a tall man (or Deva) (13.), richly armed like those of the first scene, the black strings round his neck, upon his head a rich diadem with flying loops. He bears with both hands a kind of ostensorium [3]) in the form of a pagoda with a Buddha in its lower part; the ostensorium is surrounded by a halo.

Near to this man's knee ends the hedge. Above we have high mountains, extending to the right and sending promontories into the sea.

Scene VII.

In the nearest mountain of the background is a deep cavern, before the entrance of which an enormous waterfall is coming down, covering a part of the entrance; big rocks are lying on the ground and smaller stones are cast upwards. Before the waterfall and a big rock is standing a hungry spirit (?), looking up to the top of the waterfall (skillful fore-shortening of the head!) [4]). Next to him comes a richly armed man (14.) — not oblique-eyed — with long

---

1) cf. Tab. III, Fig. 4.   2) cf. Tab. IV, Fig. 4.
3) cf. Tab. III, Fig. 1.   4) cf. Tab. II, Fig. 3.

flying hair, a broad gorget round his neck; long loops are hanging
and flying from his shoulders; he bears horizontally a very long
unsheathed sword with a peculiar blade [1]), but his mien is rather
mild and smiling. Behind him is standing another man (15.), who
bears the precious sheath of the sword; he is simply dressed, but
he has a broad collar round his neck, and instead of a hat he
wears a flower (it resembles a bell-flower), the long curly locks
falling down upon his shoulders [2]); to his girdle is hanging a box
with a document (?). Near to his feet is standing a vessel of bronze [3])
with several tools.

The mountains recede, and before them is standing a mighty tree,
partly separating this scene from the next.

Scene VIII.

This scene is composed of two *Lohans*, both sitting on the ground;
the first of them (16.), more in the fore ground, is spinning a thread,
which goes from his mouth down to the big toe of his foot and
then up again to his hands, with which he is rolling the thread;
he is poorly dressed and bald-pated. The other (17.) is sitting farther
back; his vesture is richer, than that of the other, his skull exceedingly
knobby; in his long ear-lobes hang immense ear-rings. In his right
hand you see his writing-brush, in his left hand a big leaf, upon
which he seems to write.

Behind his head we have an open landscape with hills, framed
on one side by the branches of the above-mentioned tree and on the
other side by another mighty knotted pine-tree. This wondrous tree
separates this scene from the ninth scene.

---

1) cf. Tab. IV, Fig. 10.

2) cf. Tab. II, Fig. 4 In this scene we have the *warrior* with the flying loose hair
and the long locks lying upon his shoulders, cf. Fr. Hirth, Fremde Einflüsse, p 62 f.

3) cf. Tab. II, Fig. 2.

1.

ize.

3.

2.

4.

Scene IX.

On the ground is sitting another *Lohan* (18.), looking back to the former scene; he is dressed like the Lohan, who is writing (or painting?), and studies a book, which is lying upon the back of a cowering hungry attendant [1]); from his right hand is hanging down a long rosary; his face is wrinkled, his knobby head shaved. From his side goes off to the left another attendant, bearing with both hands a tray, upon which is standing a kind of temple with a big square tower [2]); this attendant is of a curiously distorted stature: head and upper part are turned backwards, but he is walking towards the next scene and holding the tray in the same direction.

Here the landscape with the pine-tree extends to the following scene, forming that splendid scenery with beautiful trees, rivulets and little cataracts and the numerous promontories along the sea-coast. The retiring promontories give space for the next scene.

Scene X (Tab. II).

Between the before-mentioned attendant and the first person of this scene one sees one leg and the head of another elemental being; upon its head there are two horns, and round the head is bound a ribbon, which forms a little bow upon the fore-head; he bears in his right hand a jade Ju-i sceptre. — This scene with the magnificent landscape is a peerless miracle of art and composition. The five Goddesses or Saints are standing or walking upon a large rocky platform, which descends sharply to the sea, the promontories and islands of which are dissolving into the

---

1) It seems to be a hungry soul, serving the holy man and hoping to merit spiritual food.

2) cf. Tab. IV, Fig. 8.

misty distance. The first Goddess or Saint (19.), from the right to the left, is rather short, richly dressed, with a furred mantle, hanging jade-ornaments, ear-rings with long symbolic knots, the head partly covered with a folded veil; in her fore-head there is set a third eye vertically, the eye of transcendent intelligence; she bears in her right hand a large ring and holds the sacred pearl with the tips of the thumb and the index of her left hand. The next Goddess (20.) is very tall; she is similarly clad, the hair elaborately dressed with a phenix, the hands folded. The next (21.), a neat little figure, is the Goddess of the Moon; her vesture is not furred, but laced with many elegant little bows, the hair dressed like that of the former; she bears upon a round dish with both hands the full moon (with the pounding hare). The next (22.) is the tallest and most elegantly dressed of the five Goddesses; look at the fine folds (plissé) of the underdress, the cords with bows, the chains of jade-ornaments, the pendants of the ears, the head-dress with the fine hair-pin and the hanging strings of (jade-)beads; her hands are covered by her dress. The fifth (23.), an exceedingly neat and lovely young Goddess, is simply dressed, except for some elegance of head-dress; she holds with both hands the Chu-sceptre[2]) of jade, partly muffled in a veil.

Here, as I mentioned above, the old silk is cut and pasted together; a small part of the Goddess's dress, which was cut away, has been remedied by a restorer (perhaps by Fang-Shao-Tsun), the awkward hand of whom you will recognize on Table II.

Scene XI.

We have here a God (24.) (Vēi-tho?)[1]), richly dressed in effeminate fashion and having eight arms; two hands are folded

---

1) If it not be a Goddess, cf. p. 263.

2) cf. Paléologue, Art Chinois p. 162 f.

upon his breast, and between the thumbs and forefingers are lying horizontally two long *arrows*, the long *bow* hanging over his right arm; with the three other hands of his left side he holds a *sword*, the blade of which is partly muffled in a cloth, a wound-up *lacet* (lasso) [1]) and a *bare sword*, on the right side a *prayer-disk* [3]), a *halberd* and a *long staff*, the top of which extends beyond the margin of the old silk. Coming from behind a tiger is joined to the right leg of the God and puts one paw upon the wondrous symbolic knot, which lies on the ground, hanging down from the shoulder of the next Lohan's vesture.

The promontories and mountains approach again, and mighty knotted trees between rocks enclose the next scene.

Scene XII.

Before the rich landscape is sitting a *Lohan* (25.) [3]), his head covered with a hood, a long cord with several symbolic knots hanging down from the shoulder of his dress and partly lying on the ground; upon one of them the above-mentioned tiger puts one paw. On his left side is standing an attendant-spirit, who is sounding a straight musical instrument [4]) into the Lohan's ear. On the other side of this Lohan is sitting another *Lohan* (26.) with an enormous head and neck (like a frog) and with a big wart on his fore-head; he offers threateningly to the other Lohan a censer, which he holds with a peculiar handle [5]) (like a fruit).

The rocks and the trunk of a big pine-tree, reaching down near to the under margin of the old silk, separate the next scene from this scene.

1) cf. Tab. IV, Fig. 2; with the tips of the thumb and the index of this same hand he holds the sacred pearl.
2) cf. Tab. IV, Fig. 8. 3) cf. Tab. II, Fig. 1.
4) cf. Tab. II, Fig. 1. . 5) cf. Tab. IV, Fig. 9.

Scene XIII.

Here we have an important scene, composed of two men and
two hungry souls, upon which a dragon descends out of the clouds.
The first man (27.) is richly armed; he holds in his right hand a
globe (jewel?), in his left hand the sacred pearl with the tips of
the thumb and the fore-finger. Near to him is sitting, frightened
and terrified by the dragon, a *Lohan* (28.), whose head and neck
are enormous (frog-like), the hair short and curly, hands and toes
contracted in terror. Behind the Lohan is standing a hungry
attendant; he holds a halberd with hanging rings [1]) below the top
with his left hand and, shading his eyes with his right hand, he
looks up to the dragon. Further on stands another attendant,
offering the alms-bowl to the terrified Lohan; he does not look at
the Lohan, but turning his face backwards and upwards, he looks
with frightened mien at the dragon. The dragon with five-clawed
feet is hovering on the clouds over a peninsula with many promontories on both sides.

Scene XIV.

This scene is scarcely separated from the former. Beneath the
clouds is standing an armed man (29.); he is richly armed and has the
black strings round his neck; his hair forms a thick waving tuft above
his helmet; long cords with richly elaborate symbolic knots are hanging
down from his girdle; with his left hand he holds a bow, with his
right hand the arrow; from his girdle is hanging a dragon-shaped
quiver [2]) with several arrows. At his side there is an attendant-spirit,
bearing an enormous and splendid sword, the hilt of which is bound
to the sheath with an elaborate symbolic knot.

Here the rocky mountains recede and give place to the next scene.

---

1) like a "sistrum"; cf. Tab IV, Fig 5.   2) cf. Tab. III, Fig. 2.

1.

½ nat. gr.

2.

nat.

Scene XV.

Here we have two armed men. The first of them (30.) presses a halberd (spontoon) horizontally with his folded hands against his breast; he is armed almost like the man of the former scene, the same head-dress and hanging knots. The other (31.) (a God?), though similarly — but more richly — armed, a quite different type with a mighty pronged collar round his neck, wears a rich series of most elaborate knots on his girdle; he plunges his long sword into the body of the other man. The latter looks stern, but not frightened or aggrieved, the God rather clement.

There are here two high splendid cembras growing, separating this scene from the next; the first cembra stands upon a low rock just in the fore-ground on the margin of the old silk, the other somewhat further back; their trunks and tops form a kind of doorway from this scene to the next. — Behind the second cembra there is a precipice, beyond which begins the wide and desert rocky platform, on which we have the next scene.

Scene XVI (Tab. III).

Overshaded by the magnificent cedars two Lohans are sitting on the ground. The first *Lohan* (32.), somewhat smiling, with shaved head and uncovered shoulders, the chin supported by the right hand, the right elbow reposing on the knee and the left hand passing negligently between his upper- and fore-arm, an elaborate knot hanging down and lying on the ground. The next *Lohan* (33.) with shaved and very knobby skull, big warts growing on his forehead, temple and chin, the right arm, breast, abdomen and left shoulder uncovered, looks much frightened at the approaching tiger, and his hands are convulsively distorted; from his girdle are hanging several cords with rich knots. Further on on the under margin of

the old silk is sitting a third *Lohan* (34.) opposite to the tiger;
he is turned away from the spectator, who sees only his back,
his mantle with its many folds, the hanging cords with the elaborate
knots, the fine right hand hanging over his knee, and the upper
part of his skull, so skillfully and expressively delineated by two
lines, that one could imagine one sees the whole face and its expression, as I have already mentioned before [1]). The fourth *Lohan* (35.)
is the one with the long eye-brows and wrinkled face, shaved and
knobby head, a big wart growing on his fore-head, hanging cords
with the symbolic knots and a long bamboo-stick with a zigzag-
top. — With regard to the naturally and skillfully limned tiger
cf. p. 242.

Behind the rocky platform, on which the tiger is approaching,
you see, as it were, the ocean with several misty islands. Below
and near to the last Lohan is a deep narrow precipice, forming a
narrow channel and separating this platform from that platform,
upon which those are standing, who compose the next scene.

Scene XVII.

The first (36.) is a rather fat short man with very long loose
and flying hair, a pronged collar round his neck; he is richly armed,

---

1) This Lohan is the only one, who has long fine fingers and nails; there must be a
reason fore it. In the book Wan hsio t'ang chu-chuang (or Hua-tchuan) is given the copy
of an old portrait of the celebrated painter Wang-Wěi (7th and 8th century); there is —
except for the bonnet of Wang-Wěi — a striking resemblance between this Lohan and the
portrait of that great painter; as especially the left hands of both, supported near to the
wrist, are hanging down exactly in the same way, showing the long fine fingers and nails.
Could it be possible, that here Li Lung-mien wished to show his deference to his great
predecessor by making him a Lohan? Just as about thousand years before the painter Wu
Tao-yüan, painting the thirty-six Taoist gods, secretly introduced the likeness of the
Emperor T'ai Tsung; only the next Emperor, visiting once that temple, discovered it (cf.
Hirth, An Introduction cet., p. 97; Paléologue, Art Chinois, p. 263). — One of Li Lung-
mien's paintings was entitled "Wang-Wěi gazing at the clouds"; perhaps the before-mentioned
portrait was painted also by him.

and his hands are folded, from his girdle are hanging down cords with elaborate symbolic knots; in his fore-head is set the vertical eye of transcendent intelligence. At his side is standing another man (37.), short, old, quite another type; the wings of the nose are much protracted like dragon-beards; he is wearing a long talar with a hanging string of jade-ornaments, and holding in his hands a scripture-scroll(?). Both men are looking back at the former scene with a gesture of astonishment and admiration: at the side of the last man — turned away from him — is standing a lovely youthful figure (38.), rather simply dressed (rich head-dress), cords with rich symbolic knots hanging from her arms, and strings of jade-ornaments from her girdle; she strews coins of fortune [1]) with her left hand; in her right hand she bears a globe (jewel?).

Behind the rocky platform, on which these three persons are standing, you see the sea with a long hilly island; the landscape is enhanced by promontories, hills, rocks, straits and trees. In the foreground follows the next scene.

Scene XVIII.

Near to the coin-strewing maid of the former scene are sitting side by side two Lohans. The *first* of them (39.) with shaved head and pensive mien, an elaborate knot on his girdle, holds with both hands the alms-bowl upon his knees. The *other* (40.) with a black hood surrounding his wrinkled face, sits before a jade-vessel [2]) with flowers (lotos?), holding in his right hand a long rosary. — Immediately behind him begins the next scene.

---

1) cf. Tab. IV, Fig. 6.
2) cf. Tab. IV, Fig 7.

Scene XIX (Tab. IV).

Here the artistically composed group of five persons is standing before a flat rock. The first of these men (41.) is richly armed; on his flying hair he wears a little helmet (diadem); from his girdle and shoulder are hanging down cords with symbolic knots; his left arm and hand are strangely twisted; with his right hand he bears an unsheathed sword, the blade of which stretches beyond the head of the second man; the hilt of the sword is partly visible. The second (42.), a short and rather fat man, wears a long rich talar; hair and face are similar to those of the first man; upon his head he wears a kind of bonnet [1]); his hands are folded upon his breast below his vesture. The next (43.), similarly dressed, looks wilder; he has large moustaches; his eyes are not oblique; he wears the Chu-sceptre of the imperial courtiers. The fourth (44.), similarly clad, has short hair, very small moustaches, on his chin the "fly"; with his left hand he holds by a dragonshaped handle a censer, and with his right hand (thumb and index) he seems to be putting something into the censer. The three last-mentioned men have rich strings of jade-ornaments (Pei) hanging down from their girdles. The group of these four priests (?) forms a semi-circle, in which behind the central figure is standing a tall warrior (45.) with large moustaches and beard; his eyes are not oblique; his helmet is shaped like an open serpent's mouth, the teeth of which menace on both sides of his face, the tongue vibrating above the forehead; he has a pronged collar round his neck; he bears in his right hand a halberd with a full tassel below the point. Four of the group are looking backwards at the two Lohans of the former scene; only the first

---

1) The shape is similar to the helmets of the first and second scene.

$\frac{1}{2}$?

except the one, who is frightened by the descending dragon. Nevertheless there is a moving of the whole from the right to the left: at the beginning of the painting the deep valley and the four Kings of the Devas, at the other end the guide, who invites the others to follow. Further, the whole is framed in a landscape, which changes from scene to scene; but it is no composition of single and isolated scenes; on the contrary, looking at it from beginning to end, you enjoy the panorama of a long continuous and varied journey, passing by mountains, rocks, waterfalls, lakes, a desert, the sea, islands, promontories and a rock-bridge, which leads into a rich wild and beautiful country. The salient points of the whole are *Sâkyamuni* with the cloud of Saints and the *sixteen Lohans*; (perhaps there were formerly eighteen Lohans in the picture, if on the spot, I have mentioned above [1]), two Lohans have been cut out). Therefore one may entitle the painting "*The sixteen (eighteen) Lohans*", and it is known, that Li Lung-mien painted several pictures of that kind! But here we have *Sâkyamuni*, and the *Lohans* are not grouped together before any Buddha or altar, but they are intermixed with gods, priests, hungry souls, spirits and animals. As in the landscape, we have here in the Buddhist scenes no single or isolated scenes before us, but an uninterrupted composition of a legend. Which legend? I do not know, and hitherto, being myself very little acquainted with those complicate legends and not having the leisure to study them exactly, my questions and inquiries have been in vain. But as T'oung Pao comes into the hands of most of those, who have studied the Lohan legends universally and carefully, I dare hope, that one day some one will have the kindness to give me an explanation by letter [2]), and I shall be very grateful for any informa-

---

1) p. 287 and 289.

2) For those, who would have that kindness, I give here my full address: Prof. Dr. *Karl Bone, Düsseldorf*, Taubenstrasse 10.

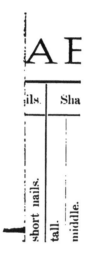

A E

| ils. | Sha |

short nails. | tall. | middle.

tion about the legend of the painting and about the endless details, to which the learned and ingenious master joined his feelings and his ideas. Notwithstanding I find it useful to point out here several details and to offer some conjectures, which cannot claim to be conclusive.

With respect to the human figures [1]) it will be rather difficult to decide, wether each is a God (Deva), or a Saint, or if any one of them be an ordinary man, aiming at perfection and transcendent intelligence. In scenes I and II we have, as I suppose, the four Kings (Dêvârâdja, chin. T'ien-wang) [2]), the attributes of whose are the *umbrella* (Nro. 2.), the *sword* (Nro. 3.), the *lute* (Nro. 4.) and some *hostile animal*; here Nro. 1 bears a fruit (?) and the *sacred pearl*. — In scene IV we may have some warlike God (Nro. 7.) and Kwan-gin, the God (Goddess) of Mercy (Nro. 8.). — In scene VI the armed man with the pagoda may be a God too. — In scene VII there seem to be represented also two Gods. — Scene X brings the five female figures, several of which — if not all — are Goddesses, f. i. the Goddess of the moon. — In scene XI we have a God with eight arms; it may be Vêi-tho, the mighty protector of Buddhism; if it be a Goddess, one could think her to be Benzai-ten or Maritchi, the queen of heaven. — In scene XIII the descending Dragon seems to be the God of thunder. — Scene XIV brings another God with bow and arrow, and scene XV two others. — In scene XVII the coin-strewing youthful figure may be a Goddess. If I am right, we have twelve Gods and five or six Goddesses. — The rest, except the Lohans, may be Saints or students of the holy Law; the first of all is Sâkyamuni

---

1) The reader will get an idea of the different types of persons, armour, dress, jewels and other finery from the Synoptic Table, joined to this article. He may compare Tab. I—IV and the portraits in Wan hsio t'ang Chu-chuang (or Hua-tchuan), especially Vol. I: the 7th, 39th, 49th, Vol. II: the 25th, 26th, 39th, 30th, 59th, 60th portr. of that illustrous work.

2) cf. Fr. Hirth, Fremde Einflüsse, p. 38.

(Scene III). Whether Li Lung-mien painted in this painting sixteen or eighteen Lohans. cannot be decided. if the Hsüan-Ho Hua
Pu, the catalogue of the collection of the Emperor Hui-Tsung
(Hsüan-Ho), which gives the titles and descriptions of 107 paintings
by Li Lung-mien. does not decide this question. — Besides these
divine and human figures we have nine of those lean. hungry,
distorted beings. (ghosts. spirits, "hungry" souls. elemental attendants)
with ugly, even bestial faces. more mild- than wild-looking, servi-
ceable (cf. the cowering one in Scene IX). imploring pity and spiritual food. It is a very interesting series of starving and ossified
bodies and of careworn aged faces [1]); but there is no space here
to attempt any description: one of them you will find on Tab. II [2]),
the head of another on the same Table [3]).

Generally speaking, one sees. that Li Lung-mien in this painting
gives no true and exact copy of any picture by one of the old and
faithful masters. Such a master surely would have represented any
transformation of Saints, or scenes. proving their spiritual power
and ascendancy over nature and the elements. Nothing of the kind!
Philosophers, like Li Lung-mien himself. in Li Lung-mien's painting
they do not superate human cunning and self-restraint in any way.
Knowing, that man can ascend to an inconceivable degree of profun-
dity of thought and to an incredible strength of will, the painter
accepted readily those exterior signs and marks. with which tradition
and legend and — last not least — the art and style of the old
Buddhist painters endowed their Buddhas, Boddhisatwas. Gods. Lohans,
Spirits and Demons. Embracing those significant and well-chosen
notes and forms, he exchanged philosophy and poetry for faith. The
openness and naïvity of that ancient faith could not incur mockery

--- --- --

1) cf. p. 245.
2) Tab. II, Fig. 1.
3) Tab. II, Fig 3.

and contempt at the hands of a man like Li Lung-mien, whose heart was penetrated by the love of nature, but who nevertheless could not quite suppress here and there slight flashes of wit and humor, mitigated by so much delicacy and restraint, that one can scarcely distinguish, whether it be the representer's humor or that of the represented, whether Li Lung-mien smiles, contemplating the olden devout times, or the Lohan smiles, contemplating human weakness and the fruitless attempts of nature and the elements, to overcome the human mind and will, fruitless, whenever man is determined on obtaining intelligence and freedom.

The richness and the charm of the landscape and the power and boldness of the religious-philosophic scenes so completely captivate the spectator's eye and mind, that he might take no notice of the immense abundance of details, each one of which is worth examining and admiring [1]). I expressely recommend the reader to examine them. Look at the armours, and note, how differently, but everywhere artistically, they are composed and ornamented: helmets, collars, coats of mail, taslets, shoes, halberds, swords with hilt and sheath, girdles and quivers! Look at the vessels, and admire their shape and ornamentation! Look at the ear-ornaments, the neck-laces, the strings with jade-ornaments, bows and those wondrous elaborate knots! Admire the variety and elegance of head-dress, fancy-work, arrangement of draperies! What an inexhaustible source and store of beauty, grace and taste, how many. proofs of the skill and cunning of smith and armourer, goldsmith and embroiderer, in short of every kind of craftsman!

One marvels, as the painting unrolls from the right to the left, to see first the end and last the beginning of the "procession", and there cannot be any doubt, that the movement proceeds from

---

1) Examples are given in Tab. I—IV and the Fig. below the scenes of Tab. II—IV.

right to left. The roll is too long to be viewed, when it is entirely
unrolled. Perhaps it was the painter's intention, that the spectator
should unroll it first quickly from right to left and then consider
and enjoy it by rolling it again from left to right; in this way
the spectator gets an idea of the whole picture first before contemplating and examining each scene in detail. It may be too, that
the painter did not compose quite by himself this representation of
a legend [1]), but copied — of course drawing freely upon his own
imagination and perception — the frieze of any temple-wall; if on
the temple-wall the composition was displayd from left to right, it
would have been exceedingly difficult to invert the whole composition.
But no difficulty existed for Li Lung-mien, as he was a master of
his fancy and of his brush, but his conscience like that of a true
and tasteful artist forbade him such violence.

As the work is that of an artist and learned man, who excelled
among all those, whose merits made the eleventh and twelfth century
the classical and golden age of Chinese Letters and Art, it is
boundless and inexhaustible. And even if the legend, which is
represented, be found out and the evolution of it correspond with
the succession of the single scenes of the painting, this elucidation
would be very important indeed, but it would serve only to arouse
further discussion and explanation and to lead to the discovery of
highest accomplishments and, above all, of copious and abundant
ideas. Artists of classical and prominent periods, whenever they move
and bend their brush, always give form and expression to any idea:
Phidias and Raphael did so, and still more those celebrated old
Chinese painters, to which painting and meditating and composing

---

1) It is related, that Li Lung-mien only in the case of copies of old pictures would
use silk, but it is related too, that he painted Buddhist objects upon his imagination, and
that even in the copies he always introduced something of his own, — certainly especially
his own ideas.

poems and melodies and writing, all those Arts, being united by the
same brush, were one and the same Art [1]), and whose genius pre-
ferred the expressiveness of the brush, its flourishing lines and flashing
strokes, to words and even to the modulation and intonation of voice;
— and such a poet-painter was Li Lung-mien.

[1] "Writing and drawing are in reality one". "A poem is a picture without form, a
picture is a poem with form (10th century)", cf. Giles, An Introduction, p. 1 and 102.

SUR LA TRANSCRIPTION DES NOMS ÉTRANGEF
AVEC LES SIGNES DE L'イロハ JAPONAIS

PAR

P. S. RIVETTA.

C'est tout à fait naturel que l'écriture d'un peuple, lorsqu

dans la transcription de mots étrangers, elle doit exprimer des so

qui n'existent pas dans sa langue — elle introduise des signes

nouveaux ou dérivés de ceux qui existent déjà.

Même chez nous (du moins chez les savants) il a été nécessa

l'introduction dans l'alphabet latin de caractères tels que

$$\text{ć, ç̇, ę, hṣ, ǵ, ṅ, ŗ, r̄, etc.}$$

et aussi l'*esprit rude* grec.

Bien plus naturel que cela ait lieu dans l'écriture japonai

propriétaire de 67 sons seulement [1]).

Par exemple l'イ ロ ハ *iroha* ne possède pas, ni peut forț

le son de notre *v* (*w* allemand: в en russe et β en grec modern

la consonne comprise dans les syllabes ワ et ヲ a le son du

anglais (*wa*, *wo* pr. *oua*, *ouo*). Alors on a recours à des détou

---

1) Car on ne peut pas considérer comme sons différents ceux des syllabes ズ et

エ et ヱ, ヂ et ジ, ヰ et イ. Du moins dans la prononciation de 東京 Tokyc

on a pris le signe de l'*u* (*ou*) ウ, on l'a *nigorisé* (ウ゛) et on a dit:
«Voilà la transcription du *v* latin et du *w* allemand».

ウ゛　ウ
井　　井
ル　　レ
ヘ　　ル　　Guillaume (*Wilhelm*)
ル　　ム
ム

Hé bien, tout ça peut être commode, mais je soutiens qu'il n'est
ni scientifique ni glottologiquement exact. De cette façon *on altère
le Syllabisme caractéristique de l'écriture japonaise.*

C'est vrai que les savants ont introduit dans notre alphabet de
nouveaux signes, pour exprimer conventionnellement des sons étrangers ou des langues mortes. Mais, en faisant cela, ils ont respecté
nos lois d'abécédaire: ce sont des signes de nouvelles voyelles ou de
nouvelles consonnes qu'on a forgés, mais on n'a pu jamais, ni
jamais on pourra introduire, par exemple, un signe qui exprime
une intière syllabe, composée, bien entendu, des deux éléments de
consonne et de voyelle. Ça serait absolument contraire à notre *alpha-bet.*

Erreur réciproque est vouloir introduire dans le *syllabaire* japonais un nouveau signe (ウ゛) qui répresente une *consonne*. L'idée
même de consonne est entièrement étrangère à l'ecriture japonaise [1]).

Et patience si cette infraction aux lois fondamentales de la graphie
japonaise était nécessaire. Mais je n'y vois pas du tout cette nécessité.
Pourquoi ne pourrait-on pas forger des nouveaux signes pour le *v,
sans altérer d'aucune façon ce syllabisme caractéristique?*

On observe que ワ et ヲ n'expriment pas exactennent les
sons de *va* et de *vo.* Hé bien *nigorisez* ces signes (ワ゛ et ヲ゛), si

---

1) On ne peut même appeler exception le signe ン de la nasalité.

vous le voulez, pour indiquer leur prononciation, pour ainsi dire, latine, et la question est résolue.

Un savant japonais auquel j'exposais la rationalité de ce système, me répondit qu'au Japon il y avait déjà quelques uns des plus puritains qui adoptaient précisément cette méthode: et ça peut servir comme preuve de sa déduction logique.

Si l'on observe avec combien de soin les Japonais se préoccupent d'exprimer exactement, dans la transcription, la nuance de différence qu'il y a entre le *v* latin et le *w* anglais, on ne peut se tenir de s'émerveiller comme ils ne se sont jamais souciés de relever une différence bien plus importante.

J'entends parler des syllabes *la, li, lu, le, lo* qui, en japonais, viennent transcriptes comme *ra, ri, ru, re, ro* (ラ , リ , ル, レ, ロ).

Pour eux les villes principales de l'Angleterre, d'Allemagne et de l'Italie pourraient même s'appeler *Belrin, Rondon* et *Loma*, que ça serait tout à fait la même chose [1]).

Et alors un pauvre étudiant risque de ne reconnaître plus les noms étrangers qu'il lit écrits avec les caractères de l' イ ロ ハ *iroha.*

Je ne dis pas qu'il faudrait *créer* des nouveaux signes, mais, du moins, indiquer de quelque façon si

$$\text{ラ} \quad \text{リ} \quad \text{ル} \quad \text{レ} \quad \text{ロ}$$

ont leur valeur originale ou celle de *la, li, lu, le, lo.*

---

[1]) 伯林 倫敦 羅馬

Même pour ça on peut faire usage d'un procédé identique à celui dont j'ai parlé à propos du *v*.

Les syllabes en question ne sont pas *nigori*sables en japonais: on pourrait donc les nigoriser lorsqu'elles, dans les mots étrangers, acquièrent cette nouvelle pronouciation de *la, li* etc.

Ça ne serait pas contraire aux lois de l'écriture japonaise parce que le 濁 *nigori* conserverait son rôle habituel, qui est de «*déterminer le passage d'une syllabe d'un son à un autre de la même classe*»[1]), (*r* et *l* sont tous les deux liquides). En résumant on pourrait compléter le sillabaire japonais de la façon suivante:

八 十 六 音

		Japonaises	ア	イ	ウ	ヱ	オ
Voyelles			a	i	u [2])	e	o
		Etrangères			ꙋ᛫ [3])		
					ü (u frauç.)		
喉音	Gutturales	清音:	カ	キ	ク	ケ	コ
			ka	ki	ku	ke	ko
		濁音:	ガ	ギ	グ	ゲ	ゴ
			ga	gi	gu	ge	go
	Semivocalisées:		ヤ	(イ, 井	ユ	(エ	ヨ
			ya	yi	yu	ye	yo

---

1) On ne peut pas donner au *nigori* une loi moins générale si l'on considère le rôle qu'il joue en union avec les syllabes ハ, ヒ, フ, ヘ, も.

2) J'adopte la transcription de la 羅馬字繪 *Rōma-ji-kwai*: u a donc toujours le son allemand ou italien, du *ou* français, et du *oe* hollandais.

3) *nigorisé* pour le distinguer du ユ. qui exprime le *you* français, *u* angl., *ju* allem., ю russe et *iù* italien.

		清音:	ハ	ヒ	フ	ヘ	ホ
唇音			ha, fa* [1]	hi, fi*	fu (hu)	he, fe*	ho, fo*
		濁音:	バ	ビ	ブ	ベ	ボ
			ba	bi	bu	be	bo
			パ	ピ	プ	ペ	ポ
			pa	pi	pu	pe	po
唇音	Semi vocalisées	清音:	ワ	ヰ	ウ	ヱ	ヲ
			wa	wi, I*	u, wu* [2]	e, we*	wo
		濁音 [3]):	ワ゜	ヰ゜	ウ゜	ヱ゜	ヲ゜
			va	vi	vu	ve	vo
舌音	Sibilantes	清音:	サ	シ	ス	セ	ソ
			sa	shi (si)	su	se	so
		濁音:	ザ	ジ	ズ	ゼ	ゾ
			za	ji (zi)	zu	ze	zo
	Dentales	清音:	タ	チ	ツ	テ	ト
			ta	chi (ti*, tsi*)	tsu (tu)	te	to
		濁音:	ダ	ヂ	ヅ	デ	ド
			da	ji (di*, dzi*)	zu (du, dzu*)	de	do
	Liquides	清音 [3]):	ラ	リ	ル	レ	ロ
			ra	ri	ru	re	ro
		濁音:	ラ゜	リ゜	ル゜	レ゜	ロ゜
			la	li	lu	le	lo
Nasales		唇音:	マ	ミ	ム	メ	モ
			ma	mi	mu	me	mo
		舌音:	ナ	ニ	ヌ	子	ノ
			na	ni	nu	ne	no

----

1) Les transcriptions marquées avec * sont celles de la grammaire de Hoffmann (J. J. Hoffmann, A Japanese Grammar, Leiden 1876).

2) «At the beginning of a word it is frequently pronounced with a soft labial aspiration as *wu*» (Hoffm.).

3) Bien entendu il s'agit d'une simple *impureté graphique* causée par la nigorisation.

Ce tableau est bien loin d'exprimer la totalité des sons des langues étrangères, mais je crois que ce sera bien difficile pour les Japonais de pouvoir exprimer avec exactitude des sons si différents de ceux de la belle langue de Yamato, tels que, par exemple, l'*l mouillée* ou des sons intermédiaires tels que l'*oe, eu* franç. (*ŏ* allem.). — Je ne parle pas du ы russe.

Mais c'est le cas de répeter:

千里ノ道モ一歩ヨリ如マル

MÉLANGES.

TEXTE DU TRAITÉ FRANCO-SIAMOIS
DU 23 MARS 1907.

Le PRÉSIDENT de la RÉPUBLIQUE FRANÇAISE et SA MAJESTÉ LE ROI DE SIAM, à la suite des opérations de délimitation entreprises en exécution de la Convention du 13 février 1904, désireux, d'une part, d'assurer le règlement final de toutes les questions relatives aux frontières communes de l'Indo-Chine et du Siam, par un système réciproque et rationnel d'échanges, désireux, d'autre part, de faciliter les relations entre les deux pays par l'introduction progressive d'un système uniforme de juridiction et par l'extension des droits des ressortissants français établis au Siam,

Ont décidé de conclure un nouveau traité et ont nommé à cet effet pour leurs plénipotentiaires, savoir:

Monsieur le Président de la République française, M. Victor-Émile-Marie-Joseph COLLIN de PLANCY, Envoyé Extraordinaire et ministre plénipotentiaire de la République française au Siam, officier de la Légion d'honneur et de l'Instruction publique,

Sa Majesté le Roi de Siam, S. A. R. le Prince DEVAWONGSE VAROPRAKAR, Chevalier de l'Ordre de Maha Chakri, grand officier de la Légion d'honneur, etc., Ministre des Affaires étrangères,

Lesquels, munis de pleins pouvoirs, qui ont été trouvés en bonne et due forme, sont convenus des dispositions suivantes:

Article premier.

Le Gouvernement Siamois cède à la France les territoires de Battambang, Siem-reap et Sisophon dont les frontières sont définies par la clause I du protocole de délimitation ci annexé.

Art. II.

Le Gouvernement Français cède au Siam les territoires de Dansaï et de Kratt dont les frontières sont définies par les clauses I et II du dit protocole, ainsi que toutes les îles situées au Sud du Cap Lemling, jusques et y compris Koh-Kut.

Art. III.

La remise de ces territoires aura lieu de part et d'autre dans un délai de vingt jours après la date à laquelle le présent traité aura été ratifié.

Art. IV.

Une commission mixte, composée d'officiers et de fonctionnaires français et siamois, sera nommée par les deux pays contractants, dans un délai de quatre mois après la ratification du présent traité et chargée de délimiter les nouvelles frontières. Elle commencera ses travaux dès que la saison le permettra et les poursuivra en se conformant au protocole de délimitation annexé au présent traité.

Art. V.

Tous les Asiatiques, sujets et protégés français, qui se feront inscrire dans les Consulats de France au Siam après la signature du présent traité, par application de l'article XI de la Convention du 13 février 1904, seront justiciables des tribunaux siamois ordinaires.

La juridiction des cours internationales siamoises, dont l'institution est prévue par l'article XII de la Convention du 13 février 1904, sera, dans les conditions énoncées au protocole de juridiction ci-annexé, étendue, dans tout le royaume de Siam, aux Asiatiques sujets et protégés français, visés par les articles X et XI de la même Convention et actuellement inscrits dans les Consulats de France au Siam.

Ce régime prendra fin et la compétence des cours internationales sera transférée aux tribunaux siamois ordinaires après la promulgation et la mise en vigueur des Codes siamois (Code pénal, Codes civil et commercial, Codes de procédure, loi d'organisation judiciaire).

Art. VI.

Les Asiatiques sujets et protégés français jouiront, dans toute l'étendue du royaume de Siam, des droits et prérogatives dont bénéficient les nationaux du pays, notamment des droits de propriété, de libre résidence et de libre circulation.

Ils seront soumis aux impôts et prestations ordinaires.

Ils seront exempts du service militaire et ne seront pas assujettis aux réquisitions et taxes extraordinaires.

Art. VII.

Les dispositions des anciens traités, accords et conventions entre la France et le Siam, non modifiés par le présent traité, restent en pleine vigueur.

Art. VIII.

En cas de difficulté d'interprétation du présent traité rédigé en français et en siamois, le texte français fera seul foi.

Art. IX.

Le présent traité sera ratifié dans un délai de quatre mois, à partir du jour de la signature ou plus tôt si faire se peut.

En foi de quoi les plénipotentiaires respectifs ont signé le présent traité et y ont apposé leurs cachets.

Fait à Bangkok, en double exemplaire, le 23 mars mil neuf cent sept.

Signé : V. COLLIN DE PLANCY.

DEVAWONGSE VAROPRAKAR.

Protocole concernant la délimitation des frontières.

Annexé au traité du 23 mars 1907.

En vue de faciliter les travaux de la Commission prévue à l'article IV du traité en date de ce jour, et en vue d'éviter toute possibilité de difficulté dans la délimitation, le Gouvernement de la République française et le Gouvernement de Sa Majesté le Roi de Siam sont convenus de ce qui suit:

Clause I.

La frontière entre l'Indo-Chine Française et le Siam part de la mer en un point situé en face du plus haut sommet de l'Île de Koh-Kut. Elle suit à partir de ce point une direction Nord-Est jusqu'à la crête des Pnom-krevanh. Il est formellement convenu que, dans tous les cas, les versants Est de ces montagnes, y compris la totalité du bassin du Klong-kopo, doivent rester à l'Indo-Chine Française.

La frontière suit la crête des Pnom-krevanh dans la direction du Nord jusqu'au Pnom-thom qui se trouve sur la ligne principale de partage des eaux entre les rivières qui coulent vers le golfe de Siam et celles qui coulent vers le Grand Lac. Du Pnom-thom, la frontière suit, d'abord, dans la direction du Nord-Ouest; puis dans la direction du Nord, la limite actuelle entre la province de Battambang d'une part, et celles de Chantaboun et de Kratt d'autre part, jusqu'au point où cette frontière coupe la rivière appelée Nam-sai. Elle suit alors le cours de cette rivière jusqu'à son confluent avec la rivière de Sisophon et cette dernière jusqu'à un point situé à 10 kilomètres en aval de la ville d'Aranh. De ce dernier point, enfin, elle se continue en droite ligne jusqu'à un point situé sur les Dang-rek, à mi-chemin entre les passes appelées Chong-ta-koh et Chong-sa-met. Il est entendu que cette dernière ligne doit laisser en territoire siamois la route directe entre Aranh et Chong-ta-koh.

A partir du point ci-dessus mentionné, situé sur la crête des Dang-rek, la frontière suit la ligne de partage des eaux entre le bassin du Grand Lac et du Mékong d'une part et du bassin du Nam-moun d'autre part, et aboutit au

Mékong en aval de Pak-moun, à l'embouchure du Huei-done, conformément au tracé adopté par la précédente commission de délimitation, le 18 janvier 1907.

Un croquis schématique de la frontière décrite ci-dessus est annexé au présent protocole.

Clause II.

Du côté de Luang-prabang, la frontière se détache du Mékong, au Sud, à l'embouchure du Nam-huong, et suit le thalweg de cette rivière jusqu'à sa source qui se trouve située au Phu-khao-mieng. De là, la frontière suit la ligne de partage des eaux entre le Mékong et le Ménam et aboutit au Mékong, au point appelé Keng-pha-dai, conformément au tracé adopté par la précédente Commission de délimitation, le 16 janvier 1906.

Clause III.

La Commission de délimitation prévue à l'article IV du traité en date de ce jour aura à déterminer et à tracer au besoin, sur le terrain, la partie de la frontière décrite dans la clause I du présent protocole. Si, au cours des opérations de délimitation, le Gouvernement français désirait obtenir une rectification de frontière dans le but de substituer des lignes naturelles à des lignes conventionnelles, cette rectification ne pourrait être faite dans aucun cas au détriment du Gouvernement siamois.

En foi de quoi, les Plénipotentiaires respectifs ont signé le présent protocole et y ont apposé leurs cachets.

Fait à Bangkok, en double exemplaire, le 23 mars mil neuf cent sept.

Signé: V. COLLIN DE PLANCY.
DEVAWONGSE VAROPRAKAR.

Protocole concernant la juridiction applicable dans le Royaume de Siam aux Asiatiques sujets et protégés français.

Annexé au traité du 23 mars 1907.

En exécution de l'article V du traité en date de ce jour, le Gouvernement de la République française et le Gouvernement de Sa Majesté le Roi de Siam, désireux de régler l'organisation et le fonctionnement des cours internationales sont convenus de ce qui suit:

Clause I.

Des cours internationales seront créées, partout où le bon fonctionnement de la justice l'exigera, après entente entre le Ministre de la République française à Bangkok et le Ministre des Affaires étrangères du Siam.

Clause II.

La compétence des cours internationales s'étend:

1° En matière civile: à toutes matières civiles ou commerciales dans lesquelles des Asiatiques sujets ou protégés français seront en cause;

2° En matière pénale: aux infractions de toute nature commises soit par des Asiatiques sujets ou protégés français, soit à leur préjudice.

Clause III.

Dans les provinces d'Udone et d'Isarn, la juridiction des cours internationales s'étendra provisoirement à tous les Asiatiques sujets ou protégés français, quelle que soit la date de leur inscription sur les registres des Consulats de France.

Clause IV.

Le droit d'évocation s'exercera conformément aux dispositions de l'article XII de la Convention du 13 février 1904.

Toutefois ce droit cessera de s'exercer pour toutes matières qui feront l'objet de codes ou de lois régulièrement promulgués, dès que ces codes ou ces lois auront été communiqués à la Légation de France et qu'ils auront été mis en vigueur.

Une entente interviendra entre le Ministère des Affaires étrangères et la Légation de France pour le règlement des affaires pendantes au moment où lesdits codes ou lois entreront en vigueur.

Clause V.

Toutes requêtes à fin d'appel contre les jugements des cours internationales de première instance seront communiquées au Consul de France, qui aura le droit de donner sur l'affaire un avis écrit pour être joint au dossier.

L'arrêt d'appel devra porter la signature de deux juges européens.

Clause VI.

Un recours de cassation sera ouvert contre les arrêts des cours d'appel. Ce recours pourra s'exercer pour incompétence, abus de pouvoir, et, généralement, pour toutes violations de la loi.

Il sera jugé par la Cour suprême ou San-Dika.

Clause VII.

Quelle que soit la juridiction saisie d'une affaire civile ou pénale, l'exception d'incompétence, déduite des règles posées par le traité en date de ce jour, devra être proposée avant toute défense au fond.

En foi de quoi, les Plénipotentiaires respectifs ont signé le présent protocole et y ont apposé leurs cachets.

Fait à Bangkok, en double exemplaire, le 23 mars mil neuf cent sept.

Signé: V. COLLIN DE PLANCY.
DEVAWONGSE VAROPRAKAR.

Accord

réglant le régime des concessions attribuées au Gouvernement de la République française sur la rive droite du Mékong, en exécution de l'article 8 de la convention du 13 février 1904.

Clause I.

En exécution de l'article 8 de la convention du 13 février 1904, le Gouvernement siamois cède à bail au Gouvernement général de l'Indo-Chine, qui y consent, des terrains libres de toute servitude, active ou passive, situés à Xieng-Khan, Nong-Khay, Muong-Saniabouri, embouchure du Nam-Khan, Ban-Mouk-Dahan, Kemmarat et Pak-Mam, et dont les plans et descriptions sont annexés au présent accord.

Clause II.

Les baux sont consentis pour une période de cinquante ans, renouvelable pour une période égale au gré du Gouvernement général de l'Indo-Chine.

Clause III.

Le Gouvernement général de l'Indo-Chine paiera annuellement au Gouvernement siamois, à partir du 1er janvier 1908, un loyer nominal de un tical par hectare et par fraction d'hectare.

Clause IV.

Conformément à l'article 6 du traité du 3 octobre 1893 et à l'article 8 de la convention du 13 février 1904, les concessions sont destinées exclusivement à faciliter la navigation commerciale.

Les établissements suivants pourront y être créés:

Dépôts de bois de chauffage et de charbon;

Dépôts de matériel, tels que bois de charpente, fers, bambous, dynamite, etc.

Magasins pour les marchandises en transit;

Logements pour les passagers et pour les équipages des pirogues et des chaloupes;

Logements et bureaux pour le personnel des Compagnies de navigation et des travaux publics;

Etablissements commerciaux, à la condition expresse qu'il ne s'y fasse aucun commerce de spiritueux, d'opium, d'armes et de munitions.

Les terrains des concessions sont soumis à la juridiction siamoise, telle qu'elle s'exerce dans le reste du royaume conformément aux traités conclus entre la France et le Siam.

Fait à Bangkok, en double exemplaire, le 23 mars mil neuf cent sept.

Signé: CHATIDEJ.

BERNARD.

V. COLLIN (de Plancy).

DEVAWONGSE.

NÉCROLOGIE.

Félix RÉGAMEY.

Élie-Félix RÉGAMEY, né à Paris le 7 août 1844, est mort à Juan-les-Pins, près Antibes (*Alpes-Maritimes*), le 5 mai 1907. Nous donnons d'après *le Temps* du 7 mai 1907, quelques renseignements biographiques sur cet artiste distingué dont j'aurai l'honneur de retracer ailleurs la carrière :

«Félix RÉGAMEY appartenait à une famille d'artistes dont aucun ne fut négligeable. Son père avait acquis dans le dessin d'ornement une réputation méritée; son frère Frédéric a fourni dans l'illustration une carrière brillante, et son frère Guillaume, qu'une mort prématurée enleva vers 1870, s'était, dès son entrée dans la vie artistique, signalé par des toiles du plus haut mérite.

«Très jeune encore, Félix Régamey s'était pris de passion pour l'art et les mœurs du Japon, et il avait passé de longues années dans l'empire du Soleil-Levant. L'orientaliste Guimet, dont il fut le compagnon de voyage en Extrême-Orient, trouva en lui le plus utile et le plus ingénieux des collaborateurs. Les relevés, les croquis, les notations sans nombre, scènes de la vie courante, des types et des paysages japonais exécutés au cours de ces promenades en commun par l'artiste, fournirent au savant une illustration aussi abondante que variée, une documentation aussi précieuse qu'inédite pour le récit qu'il publia ultérieurement de son voyage, et le jour où il fonda son musée des religions, ce fut encore Régamey qui contribua, par ses représentations peintes des cérémonies religieuses auxquelles il avait assisté, à initier le public aux usages et aux rites qui se pratiquent dans les temples shintoistes et bouddhiques du Japon.

«Chargé en Amérique d'une mission, il en revint avec un ensemble d'observations très nourri et dont l'intérêt parut d'autant plus piquant que les conférences où il fit connaître les résultats de son voyage s'accompagnaient de dessins explicatifs retracés sur le tableau noir par l'artiste, et enlevés au fur et à mesure des développements oraux, avec une dextérité qui tenait du prodige.

«Nommé en 1885 inspecteur du dessin dans les écoles de la ville de Paris, Régamey se donna tout entier, dès lors, aux questions d'enseignement. Les travaux qu'il fit paraître à ce sujet méritent d'être cités pour l'indépendance et la netteté de leurs vues. On lui doit également deux opuscules tout récents et curieux, l'un sur *Verlaine dessinateur*, l'autre sur la *Statue de Washington par Houdon*.

«Atteint de la grippe cet hiver, Félix Régamey ne s'en était guéri qu'à moitié. La maladie avait déterminé en lui des troubles cardiaques auxquels il vient de succomber».   H. C.

BULLETIN CRITIQUE.

———◆◆◆◆◆———

WERNER VON HOERSCHELMANN: *Die Entwicklung der alt
chinesischen Ornamentik* (4e cahier des Beiträge zur Kultur- un
Universalgeschichte; — Leipzig, 1907, Voigtländer's Verlag; in-8° d
48 p. et XXXII planches hors texte).

L'auteur de cette brochure s'est proposé de montrer par quelle
étapes successives a passé l'art chinois tel qu'il se manifeste dan
l'ornementation des bronzes antiques; cette tentative est doublemen
intéressante: d'une part, en effet, elle nous permet de suivre le
développement du génie artistique des Chinois pendant les long
siècles qui ont précédé l'apparition des œuvres de la peinture et de
la sculpture; d'autre part, elle nous fournit un moyen d'établir une
chronologie relative fondée sur la seule considération du décor.
M. von HOERSCHELMANN a étudié minutieusement les planches des
deux grands recueils archéologiques Chinois, le *Po kou t'ou lou* et
le *Si ts'ing kou kien*; il a pu ainsi analyser les procédés de l'ornementation qui, d'abord réduite à de simples combinaisons géométriques, a recours ensuite à des représentations conventionnelles de
quadrupèdes et d'oiseaux, pour finir par demander ses inspirations
au monde végétal. La stylisation des animaux et des plantes fait
place graduellement à l'imitation fidèle des formes naturelles et c'est
ainsi que l'art se dégage peu à peu de sa gangue archaïque.

L'auteur n'est pas un sinologue et peut-être est-ce pour cette
raison même qu'il a pu, au cours de ses recherches, faire plusieurs

remarques fort originales; moins asservi que nous ne le sommes à la tradition indigène et mieux informé des travaux qui ont déjà été faits sur le développement du décor dans les arts primitifs autres que l'art Chinois, il a proposé des explications nouvelles de faits jusqu'ici mal interprétés; pour n'en citer qu'un exemple, la figuration du *t'ao-t'ie* sur les vases antiques est, disent les archéologues chinois, l'image d'un glouton destinée à rappeler aux convives qu'il ne faut pas manger avec excès; mais c'est là une théorie imaginée après coup; la présence de cette face horrible sur les vases destinés aux sacrifices doit avoir une autre origine; elle est un moyen d'effrayer et d'écarter les mauvaises influences qui pourraient troubler la célébration du culte. Le *t'ao-t'ie* chinois n'est qu'un cas particulier d'une coutume qui est répandue chez les peuples les plus divers.

Sur les époques où le décor chinois a été modifié par l'influx de formes étrangères, je ne suis pas toujours de l'avis de M. von Hoerschelmann; il est évident que ce dernier est un partisan déterminé des idées qui ont été soutenues par M. Conrady et qui ont été signalées ici même (*T'oung-pao*, 1906, p. 401—403). J'ajouterai, en terminant, que l'auteur ne paraît pas avoir connu les ingénieuses observations faites par M. Salomon Reinach au sujet du galop volant [1]).

Il est à souhaiter maintenant que la voie ouverte par M. Hoerschelmann ne se referme pas de si tôt; l'archéologie chinoise est un champ immense et à peine exploré; il faut qu'on se décide à le défricher en suivant les méthodes qui ont été si fructueuses entre les mains des savants adonnés à d'autres disciplines.

E. C.

---

1) S. Reinach, *La représentation du galop dans l'art ancien et moderne* (Extrait de la *Revue archéologique*, 1900 et 1901).

M. WINTERNITZ. — *Geschichte der indischen Litteratur.*
1. Halbband. — Leipzig, 1905, in-8, pp. 258. (Die
Litteraturen des Ostens in Einzeldarstellungen. Bd. IX).

Pour apprécier un livre, il faut savoir à qui il s'adresse. Celui
de M. WINTERNITZ est «ein für Laien bestimmtes Handbuch». Si
donc il ne renouvelle ni n'épuise le sujet, il n'y a pas lieu de lui
en faire grief. Le lecteur y trouvera une information sûre sous une
forme attrayante; il y trouvera de plus un grand nombre de textes
excellemment traduits, et il acquerra ainsi sans peine une idée juste
et précise de la littérature védique, à laquelle est consacré le premier
fascicule. Ce fascicule est un «Halbband» de 258 pages. Le nombre
de pages n'a rien d'excessif; on aurait même pu l'augmenter. Ce
qui est inquiétant, c'est la place disproportionnée que le Veda
menace de prendre dans l'ensemble de l'ouvrage. Toute la littérature
classique devra tenir dans le second fascicule: il est à craindre
qu'elle n'y soit terriblement comprimée. Les deux prédécesseurs de
M. Winternitz, MM. L. von Schrœder et A. Macdonell, ont commis
la même faute, l'un dans son *Indiens Litteratur und Kultur*, l'autre
dans son *History of Sanskrit Literature*: tous deux védistes, ils ont
fait au Veda la part du lion. M. Winternitz est, lui aussi, un
traividya, et il le fait bien voir. N'aura-t-il pas à regretter plus tard
tant de pages superflues consacrées à Indra, Varuṇa, Soma, à tout
ce panthéon védique banal et rebattu *ad nauseam*, alors que l'immense littérature postvédique, encore si mal connue, exigerait des
volumes?

Mais laissons l'avenir et bornons-nous au demi-volume qui nous
est offert. Pris en lui-même il ne laisse guère à désirer. On sou-
haiterait cependant une bibliographie plus abondante. Pour ne parler
que des textes, les plus importantes éditions sont parfois omises:
par exemple, l'*Atharvaveda* de Shankar Pandit et le *Sámaveda* de

Satyavratasâmâçramî. En outre, si la mythologie surabonde, il y a au contraire une certaine indigence de renseignements sur la constitution des Saṃhitâs, la langue, la métrique. Sans doute ce sont des sujets un peu techniques pour les *Laien*: je pense néanmoins qu'ils auraient été mieux à leur place que tel parallèle entre les Allemands et les Hindous qui est tout au moins parfaitement inutile.

Notons en terminant la conclusion de M. W. sur la question si controversée de l'«âge du Veda». La période de formation a pour limites x et 500 avant J.-C. Le terminus ad quem 500 doit sans doute être reculé jusqu'à 800. Le terminus a quo x tombe dans le 3e plutôt que dans le 2e millénaire avant l'ère chrétienne. Malheureusement ces dates ne se fondent que sur des vraisemblances que chacun apprécie à sa manière: la preuve n'en est pas faite et la solution du problème est sans doute encore fort éloignée [1]).

L. F.

---

1) Je relève parmi les règles de prononciation celle-ci qui est curieuse: «j palatal se prononce comme le $ĵ$ slave ou comme le français *j* dans *jeux*. Comme le français *j* prononcé par un *Allemand*, il est utile de le spécifier.

BIBLIOGRAPHIE.

LIVRES NOUVEAUX.

Dans le no. précédent du *T'oung pao*, p. 146, nous avions donné la traduction d'un quatrain écrit par l'empereur Kouang-siu en l'honneur du prince japonais Fushimi. M. A. VISSIÈRE a donné une traduction plus littérale avec le texte de ce quatrain dans le no. de Mars 1907 du *Bulletin de la Société Franco-japonaise*.

Notre collaborateur, M. le Dr. O. FRANKFURTER, a fait tirer à part deux articles qu'il a insérés dans le Vol. III du *Journal of the Siam Society: Some Suggestions for Romanizing Siamese* et *Secret Writing in Siamese*.

M. le Dr. Berthold LAUFER a donné dans le *Boas Anniversary Volume* un article intéressant sur *The Bird-Chariot in China and Europe* avec des illustrations à propos d'un mémoire de Mr. Edward S. MORSE intitulé *A Curious Aino Toy* inséré dans le *Bulletin of the Essex Institute*, Salem, Mass., XXV, pp. 1—7.

M. le Général L. de BEYLIÉ a donné dans un beau volume *L'Architecture hindoue en Extrême-Orient* (Paris, Ernest Leroux) le résultat de ses recherches archéologiques dans l'Asie Orientale pendant les années 1903—1906. Dans un Appendice, M. DUROISELLE, Professeur de pâli au Collége de Rangoon, donne un *Précis de l'Histoire de Pagan*.

CHRONIQUE.

ASIE CENTRALE.

Nous tirons du *Times* les renseignements suivants sur l'expédition du Dr. STEIN dans l'Asie Centrale:

«De nouvelles communications, datées de Lob-nor, 18 février, ont été reçues du Dr. STEIN, relatives aux progrès de sa mission officielle pour l'exploration archéologique et géographique en Asie Centrale. Depuis qu'il a écrit pour la dernière fois, en Octobre 1904, de Keriya, il a parcouru une grande partie de terrain dans son voyage vers l'est, près de 1200 milles de marche.

Le premier objectif du Dr. Stein était l'ancien site du désert au Nord de Nita, où, en 1901, il avait découvert les ruines d'une colonie abandonnée dans la seconde moitié du troisième siècle de notre ère. Travaillant avec un groupe de manoeuvres aussi considérable qu'il était à même de pouvoir approvisionner d'eau à une distance de quelques vingt milles, il a déblayé plus de trente habitations de plus. Elles ont livré un ample butin d'antiquités comprenant plusieurs objets et instruments de ménage expliquant la vie journalière d'il y a 17 siècles· Les nombreux restes de l'art industriel et de la sculpture sur bois architecturale reflètent clairement l'influence prédominante de l'art gréco-bouddhiste, tel qu'il était développé sur l'Indus. Les trouvailles d'archives écrites sur des tablettes de bois, en écriture Kharoshthi, spéciale à l'extrême nord-ouest de l'Inde et dans un dialecte indien ancien, mélangé avec une grande partie de sanscrit, ont été abondantes. Parmi ces archives généralement en excellent état de conservation, toute espèce de correspondance, officielle et privée, actes, comptes, etc., semble être représentée. Une trouvaille d'une importance spéciale fut faite dans la résidence confortable d'un fonctionnaire local, qui, outre des liasses de papiers, c'est-à-dire de tablettes répandues sur le plancher de son bureau, avait eu le soin de cacher en dessous des murs une toute petite archive sans aucun doute des documents de valeur. Parmi les douzaines de sceaux intacts d'argile, affixés à ces documents, les impressions des intailles gréco-romaines prédominent. Leur apparence, côte à côte avec des sceaux chinois, semble symboliser, pour ainsi dire, le rôle joué par *Scythia extra Imaon* dans l'échange ancien de la culture entre l'Ouest classique, et l'Extrême Orient.

La marche à travers le désert entre la rivière de Niya et Tcharchan a permis au Dr. Stein, parmi d'autres travaux, de résoudre un problème archéologique de la plus haute portée. Hiouen-tsang, le grand pèlerin chinois, en passant par cette route vers 645 après J. C., ne rencontra aucune place habitée pendant dix jours de marche, mais il vit à moitié chemin environ des ruines d'anciens établissements abandonnés dans le désert. Ses indications marquent clairement le site près de la rivière Endere où en 1901, le Dr. Stein avait fouillé les ruines d'un fort enfoui dans le sable. Des trouvailles épigraphiques ont prouvé que ce dernier avait été occupé au début du huitième siècle environ et abandonné peu après pendant l'invasion tibétaine. La question qui s'est posée alors était de savoir si nous avions là une preuve historique définie d'un ancien site abandonné au désert après avoir été réoccupé après un intervalle de siècles. Des découvertes faites dans la nouvelle visite du Dr. Stein ont fourni des conclusions évidentes. Les dunes basses autour du vieux fort s'étaient déplacées depuis sa visite précédente et avaient mis à jour de nombreux restes érodés d'anciennes habitations. Un déblaiement soigneux de monceaux consolidés de rebuts qui les avaient sauvés d'une destruction complète, avait mis en lumière des rapports Kharoshthi en bois qui appartiennent clairement à la fin du troisième siècle de notre ère. Il est significatif, que la seconde moitié du septième siècle qui doit avoir vu le site ruiné de Hiouen-tsang rendu à la vie, est justement la période où le rétablissement de la puissance chinoise dans le Turkestan oriental assura pour un temps la paix et la prospérité.

Quant à Tcharchan, où le voyage du Dr. Stein le conduisit à la fin de Novembre, son cas explique bien les péripéties auxquelles ces établissements isolés le long de la limite Sud du désert du Turkestan, ont été exposés particulièrement à certaines périodes. Un pèlerin bouddhiste chinois découvrit en 519 de l'ère chrétienne l'oasis occupée seulement par une centaine de familles, Hiouen-tsang, un peu plus d'un siècle plus tard, vit là les murailles d'une ville ancienne encore debout, mais il n'y avait plus d'habitants. Cependant quand la domination chinoise eût été rétablie peu après son passage, Tcharchan figure une fois de plus comme un endroit important. La description de la province de Tcharchan par Marco Polo confirmée pleinement sur d'autres points, mentionne de nombreuses villes et villages. Mais la culture avait disparu complètement à la fin du XVIIIᵉ siècle et probablement bien longtemps avant. Etabli une fois de plus par les Chinois comme petite station pénitentiaire, il y a 70 ou 80 ans, Tcharchan s'est développé maintenant en une oasis qui augmente d'une façon régulière.

Au 6 Décembre, le Dr. Stein était en état de partir pour le Lob-nor avec une grande équipe de travailleurs et des provisions d'un mois pour le camp entier. La route suivie pendant sept jours de marche vers le Lob-nor se trouve nécessairement tout près de celle prise par le Dr. Sven Hedin en sens contraire dans son voyage mémorable de 1900. Mais dans la première partie, les aspects physiques du pays traversé étaient notablement changés. Les grandes lagunes nouvellement formées dans lesquelles les eaux du Tarim s'étaient répandues vers le Nord, étaient presque entièrement dessechées. Les eaux des rares mares qui avaient subsisté dans les dépressions incrustées de sel, étaient si salées, que malgré le grand froid, elles n'avaient pas encore gelé.

Dans le désert, au-delà de trouvailles de silex taillés et autres instruments de l'âge de pierre, comme aussi de fragments d'une poterie très primitive, il se rencontrait fréquemment des étendues de terrains érodés par le vent. Dans la soirée du 17 Décembre, le Dr. Stein put planter son camp au pied de la . Stupa ruinée qui s'élève dans ce paysage fatal et désolé comme le point caractéristique du groupe principal de ruines.

Les fouilles poursuivies, sans relâche pendant onze jours dans plusieurs de ces groupes de ruines ont produit des résultats abondants. Il est certain que l'érosion par le vent a causé de terribles dégâts parmi les habitations construites en charpentes de bois et en murs de plâtre, exactement comme celles de de l'emplacement de Niya; mais d'autres avaient conservé un toit suffisant de sable amassé ou de détritus consolidé pour abriter maintes reliques intéressantes. Dans un immense monceau de débris, d'au moins cent pieds de large, le Dr. Stein rencontra une mine particulièrement riche. Les trouvailles de documents écrits, sur bois et sur papier, se sont montrées tout le temps remarquablement nombreuses, étant donné la dimension limitée des établissements et le nombre des constructions existantes. La majorité des documents sont chinois et attendent encore un examen détaillé, mais le nombre des documents Kharoshthi est aussi considérable. Leur nature et les observations faites quant au lieu et les conditions de leur découverte, indiquent clairement que le même langage indien primitif tel qu'il est trouvé dans les rapports du site de Niya, était employé aussi localement dans la région du Lob-nor dans un but administratif et pour affaires privées. Considérant la grande distance qui sépare Lob-nor de Khotan, cette extension uniforme d'une langue indienne à l'extrême Est du bassin du Tarim, a une signification historique spéciale. Non moins frappante est la concordance que présentent les détails de la construction de maisons et de temples, des sculptures architecturales sur bois, des objets d'art industriel, etc, découverts là, avec ceux du site de Niya. Même sans la preuve du document chinois daté, et de nombreuses trouvailles de monnaies, cela serait suffisant à prouver que les ruines du Lob-nor furent abandonnées à peu près à la même époque: c'est à-dire à la fin du 3ᵉ siècle après J. C.

La preuve a été faite que le principal groupe de ruines représente les les vestiges d'une petite station fortifiée occupée par des troupes chinoises. Leur but était manifestement de contrôler la route conduisant de Tcha tcheou à l'extrême ouest du Kan sou, aux oasis le long et au nord du Tarim. D'une foule d'indications, on peut conclure que l'établissement autour de cette station tirait beaucoup plus son importance du trafic avec la Chine qui le traverse que par les ressources de la culture locale. Cette source de richesse doit expliquer le nombre relativement considérable des constructions religieuses bouddhiques.

Le 29 Décembre, l'exploration de toutes les ruines dont on peut suivre les traces était complétée. Renvoyant le camp principal avec les produits archéologiques à Abdal, le Dr. Stein partit lui-même avec quelques hommes dans la partie inexplorée au sud-ouest du désert. Ils atteignirent sains et saufs le Tarim après sept jours de marche, mais à cause de la hauteur toujours croissante des dunes de sable soulevé en tourbillons qu'ils rencontraient, les progrès obtenus étaient plus difficiles que pendant le voyage du Lob-nor. Dans les aspects physiques cette partie du désert montrait certaines différences très marquées. Le terrain, quand il n'était pas recouvert de dunes, portait ici, aussi des indications d'avoir fait partie d'un ancien lac. Mais les rangées' d'arbres morts si souvent rencontrées sur la route précédente, marquant les bords des anciennes lagunes ou le cours des rivières, furent bientôt laissées en arrière. Des restes de l'âge de pierre furent trouvés de temps à autre.

Après avoir inspecté quelques localités d'un intérêt archéologique sur le bas Tarim et la rivière de Tcharchan, le Dr. Stein reprit ses fouilles à Miran. Un déblaiement complet du fort ruiné porta le nombre des documents tibétains enfouis dans les amas de décombres à plus d'un millier. Il ne peut y avoir de doute que cette forteresse était destinée à garder la route directe de Tchatcheou, qui, même encore aujourd'hui passe au pied des murailles fortifiées. Mais ce qui est et d'une importance d'un intérêt plus grands, ce sont les restes d'art qui émergent des monticules de débris d'autels bouddhiques déjà mentionnés. Ce derniers ont dû être en ruines quatre ou cinq siècles avant l'occupation tibétaine. Dans l'un d'eux, on mit à jour des reliefs colossaux en stuc montrant la plus grande parenté avec la sculpture gréco-bouddhiste des premiers siècles de notre ère. L'influence de l'art classique se reflète d'une façon surprenante sur les jolies fresques qui ornent ce qui reste des murs des deux temples circulaires contenant les Stupas. Les peintures principales qui représentent des scènes de la légende ou du culte bouddhique, sont remarquables par l'adaptation habile des formes classiques aux idées et aux sujets indiens. Mais encore plus curieuses sont les figures représentées dans les dés couverts de fresques. Elles sont tellement occidentales dans leur conception et la manière dont elles ont été traitées, qu'on s'attendrait plutôt à les trouver sur les murs de quelque villa romaine que sur des sanctuaires bouddhiques aux extrêmes confins de la Chine. Un cercle de figures pleines de jeunesse, disposées d'une façon décorative gracieusement dessinée représente les joies diverses de la vie — un contraste étrange avec la désolation qui règne maintenant dans le désert autour de ces ruines, et de fait, presque partout dans la région entière. Des inscriptions Kharoshthi peintes sur le côté des fresques et des pièces de soie portant des légendes dans la même écriture indiquent le troisième siècle de notre ère comme étant la période approximative à laquelle ces autels auraient été abandonnés.

Dans la séance du 1er février 1907 de la Société de Géographie.

M. le professeur VAILLANT communique sur son fils et sur la mission PELLIOT les nouvelles suivantes:

Le 17 octobre la mission quittait Kachgar. Elle se rendait à Ordeklick, vieille ville musulmane où l'on s'arrêtait quatre jours, ce qui a permis au Dr. Louis Vaillant d'observer une occultation d'étoile dans de bonnes conditions. Elle arrivait le 28 à Maral-Bachi à Thomchouk où l'on ne comptait séjourner qu'un ou deux jours; mais la découverte des ruines d'un temple bouddhique a engagé d'y rester plus longtemps. La mission ne partit que le 17 novembre après avoir exécuté des fouilles qui ont été très fructueuses. Pendant ce laps de temps, cinq occultations et deux observations d'éclipse des satellites de Jupiter ont été relevées. Les voyageurs n'ont qu'à se louer de l'accueil que leur font les autorités chinoises et de l'aide qui leur est donnée pour leurs recherches.

M. Paul PELLIOT adresse de Koutcha le 23 mars 1907, la lettre suivante à M. Henri Cordier:

«Sur notre voyage jusqu'à Ördeklik, j'ai écrit assez longuement au baron Hulot. Vous avez su qu'ensuite nous avions déblayé un temple important au N.-E. de Maralbachi, je n'y reviens pas. De notre passage à Aqsou, à Baï, je ne retiendrai que l'excellente réception que nous avons rencontrée auprès des autorités chinoises. Ici même, j'ai vu le préfet assez souvent et nous sommes les meilleurs amis du monde. A vrai dire, je conçois quelles difficultés considérables les voyageurs d'il y a dix et vingt ans ont dû rencontrer dans ce pays quand les fonctionnaires dissimulaient à peine leur mauvais vouloir. Mais ces temps sont passés. Les égards que les chefs nous témoignent nous valent naturellement l'empressement des subalternes, et où que nous allions, quoi que nous demandions, chacun se met en quatre pour qu'il soit fait selon nos désirs.

«Autant vous dire tout de suite que nous n'avons fait ici aucune découverte sensationnelle. Trop de gens avaient passé avant nous, les Japonais, les Allemands, les Russes, qui avaient fait main basse sur ce qui était de découverte facile et de bonne prise. Mais la France étant entrée en ligne avec sept ou huit ans de retard, il faut bien se résigner à ne plus trouver un champ vierge; du moins nous efforçons-nous, derrière les autres, de trouver mieux qu'à glaner. J'ai découvert beaucoup d'emplacements nouveaux, dont quelques-uns considérables, mais partout ruinés par l'incendie, envahis et rongés par le sel, et promettant somme toute, peu de fouilles fructueuses. Des tablettes inscrites, de nombreux fragments de manuscrits dans un état lamentable, quelques têtes peintes, des monnaies, il n'y a rien là qui sorte de l'ordinaire. La piste la plus nouvelle peut-être sur laquelle je me sois engagé est la recherche des vestiges préhistoriques.

Dès ma première excursion, j'avais eu l'heureuse chance de me procurer quelques haches de jade; depuis lors, j'ai reconnu dans la montagne plusieurs dessins rupestres, représentant surtout des chasses au *teké* (sorte de bouquetin) dont je crois personne n'avait jusqu'ici soupçonné l'existence. Mes itinéraires serviront aussi pour notre carte, mais là seulement où le Dr. Vaillant n'aura pas fait de levers réguliers à la planchette. A ce point de vue, il y aura lieu non seulement de compléter, mais aussi de rectifier fortement les cartes existantes; le cours du Mouzart-Daria entre autres est indiqué de la façon la plus fantaisiste. Ma dernière excursion m'a emmené assez loin vers l'est jusqu'au de là de Yangisar (correctement Yangi Hiçar), sur la route de Bougour à Kourla, et dans la montagne au nord de Yangisar. Il s'agissait de relever un groupe de grottes nouveau, qu'on m'affirmait exister près d'un «mazar» musulman. En réalité j'en ai été pour mes huit jours de cheval; les prétendues grottes sont des excavations naturelles creusées par les pluies et où personne n'a jamais habité. Un de mes Cosaques a actuellement une blessure à la jambe en voie de cicatrisation, mais qui nous interdit encore pour quelques jours de nous déplacer tous. Sitôt que cet empêchement ne nous retiendra plus, nous irons travailler au «mingoe» de Com tourâ, où il reste encore un peu à faire même après tous nos prédécesseurs. Je profiterai de ce crochet vers l'ouest pour passer le Mouzart et aller visiter les vieilles «villes» qui se trouvent plus à l'ouest, Outchgât, Topa chahr, Qyzil chahr, Yantâq chahr, Tongous bach, Tadjik. Une fois cette besogne finie, je compte tenter quelques fouilles dans les ruines considérables qui représentent le temple de Tsio-li de Hiuan-tsang et avant lui. M. SENART m'écrit que vous m'engagez à étudier l'ancienne route plus méridionale que la route actuelle; je pense que vous voulez parler de celle qu'auraient reconnue à ses deux bouts Sven Hedin et Bonin. C'est bien en effet mon intention, car je tiens à voir si les tours qu'ils ont trouvées sont bien décidément analogues aux *potni* (che-p'ao-t'ai) de la grand'route actuelle ou si ce ne sont pas d'anciens stupas.

P. S. — Je m'aperçois que j'ai oublié de vous conter une histoire qui est peut-être amusante. Il y une quinzaine de jours, un indigène est venu me trouver, désirant saluer les Français de passage, et m'a dit avoir été jadis au service de Sven HEDIN. En l'interrogeant, je reconnus vite qu'il était un survivant de cette expédition partie de Merket et qui périt presque tout entière dans le Takla makan. Sur ma demande, Ibrahim Akhoun, natif de Khotan, jadis cuisinier d'occasion et médecin à Koutchar depuis qu'il a hérité des livres de son frère, me fit le récit suivant.

«Les voyageurs étaient onze, y compris Sven HEDIN, au départ du Yarkand, et emmenaient huit chameaux. Ils passent par Merket et Qourghatchyq, puis

coupent à l'est pour atteindre le Mazartagh sur la route d'Aqsou à Khotan.'
Il y avait trois chameaux d'eau chargés à Qourghatchyq, un chameau avec du
lait(?) apporté de Merket, le tout dans des *tins*. La route n'est que de quelques
jours, mais les voyageurs se perdirent absolument. Sept chameaux moururent
peu à peu, un survécut beaucoup plus longtemps. Des hommes, un qui s'était
écarté et égaré fut sauvé, un autre meurt le neuvième jour, un autre le douzième, un homme se sauve et on ignore son sort, quatre meurent encore
peu à peu. Le quatorzième jour de route, il ne restait que Sven Hedin, Islam
Baï et Ibrahim Akhoun. Ils vont ensemble cinq jours, n'ayant pour se désaltérer
à eux trois qu'une bouteille d'eau. Enfin le dix-neuvième jour, ils se séparent ;
ils se croient près de l'eau et décident que celui qui la trouvera tirera un coup
de fusil pour avertir les autres. Islam Baï arrive sur la route de Khotan, mais
tombe épuisé, évanoui. De son côté, Ibrahim Akhoun trouve l'eau, tire un coup
de fusil et Sven Hedin le rejoint. Heureusement des marchands passant sur la
route avaient aperçu Islam Baï évanoui et l'avaient remis sur pied en le faisant
boire. Sven Hedin et Ibrahim Akhoun furent à ce moment rejoints par quatre
chasseurs, Ahmet, Yagoub Châh, Paz'llah Gadan, Gourban Bheikh, à qui ils
demandèrent de se mettre en quête d'Islam Baï; c'est grâce à ces chasseurs
que les trois survivants furent réunis, Ibrahim Akhoun fut alors envoyé à Khotan
pendant que Sven Hedin et Islam Baï se reposaient un peu dans un enclos de
bergers, et l'aqsaqal de Khotan vint lui-même chercher les voyageurs.»

En même temps qu'il écrivait à M. Cordier, M. PELLIOT adressait directement au secrétaire-général une longue lettre, qu'il nous paraît utile de publier
presque textuellement, encore que certains passages fassent double emploi avec
la correspondance adressée à M. Cordier.

«Depuis les premiers jours de janvier nous opérons dans le district de
Koutchar (telle est la prononciation locale moderne). En dehors de quelques
stupas considérables, énormes tours pleines de briques crues qui étaient élevées
jadis sur des reliques, les principales antiquités bouddhiques de la région sont
les *ming-ôï*, mot à mot les mille maisons ou comme les Chinois les appellent,
les Ts'ien-fô-tong ou «grottes des mille bouddhas». Ce sont des groupes de grottes artificielles, taillées dans la montagne, et qui, jusqu'à ces derniers temps,
étaient ornées de fresques et de statues. Mais les Japonais d'abord, puis il y a
un an et demi, les Allemands, et aussitôt après eux, les Russes ont emporté
tout ce qui valait le transport.

«Par définition, les *Ming-ôï* supposent des montagnes, mais-vous chercheriez
vainement sur les cartes existantes les montagnes où sont creusées les grottes
de Gyzyl et de Goumtourâ. En réalité, le Mouzart Daria coule à l'est de Baï
beaucoup plus longtemps vers l'est que nos cartes ne l'indiquent, et il est constamment fermé au sud par une série de chaînons montagneux qui partent
de Garayoulghoun à l'ouest pour aboutir en arc de cercle au nord de Koutchar.

Les *ming-in* de Gyzyl et de Goum-tourà sont placés respectivement à l'entrée et à la sortie du défilé par lequel le Mouzart Daria sort de ce plateau de Baç à travers le Tchöl-tâgh pour être capté en une foule de canaux et s'étaler sur la partie méridionale de Koutchar et sur tout le district de Chahyâr. L'eau de Koutchar même, venant en partie des sources toutes proches de la ville et en partie du Garu-nor qui sort de la montagne à Soubachi, n'a jamais suffi à irriguer la région. Ce Garn-nor est le Kongel Koksou de la carte russe, un nom qui, comme tant d'autres de cette carte, paraît ici totalement inconnu.

«Le Mouzart Daria, quand il débouche à Goum-tourà, se trouve environ à 25 kilomètres franc ouest de Koutchar. La double inclinaison du bassin de Tarim, d'une part d'ouest en est, de l'autre du sud au nord, fait que les points les plus bas sont vers le nord-est. Il résulte de là qu'il est possible, si on endigue assez haut les eaux occidentales, de leur faire ensuite décrire un arc de cercle qui les ramène vers le nord-est; c'est ce qui a été fait dès les premiers siècles de notre ère pour les eaux du Mouzart Daria: elles irriguent non seulement la plaine vers le sud et le sud-est, mais, après être passées au sud du bassin propre de Koutchar, elles remontent sensiblement vers le nord-est avant qu'on les laisse rejoindre les nombreuses branches du Tarim. Il serait compliqué, et encore prématuré, de faire la théorie de cette hydographie, je vous signale du moins que s'il est presque impossible de rien tirer de raisonnable des anciennes données chinoises en les comparant à nos cartes de la région, c'est uniquement parce que nos cartes sont lamentables.

«Trente ans de paix et un commerce plus actif avec la Russie et même avec l'Inde ont beaucoup enrichi le Turkestan chinois. La population s'est accrue considérablement, et quand je vois les statistiques, forcément très approximatives, publiées hier encore par nos prédécesseurs, je me demande s'il ne leur est pas arrivé parfois de prendre le nombre des *hou*, des «feux» pour celui des habitants, au lieu que chaque *hou* doit compter en moyenne de quatre à cinq personnes. N'oublions pas que si le pays ne verse pas une bien grosse redevance à la métropole provinciale, il n'en est pas moins vrai qu'un préfet de seconde classe comme celui de Koutchar se fait une moyenne de 80000 francs de revenus par an, et que non seulement il faut, au-dessous de lui, que le suo-t'ai trouve aussi sa part, mais qu'il y a encore tout un monde de begs, d'interprètes, de subalternes chinois ou musulmans qui s'engraissent aux frais de la population. D'ailleurs l'accroissement de la population se manifeste par la mise en culture de terres nouvelles. Comme je l'avais déjà vu à Kachgar, j'ai trouvé ici, et relativement en plus grand nombre, des villages qui datent à peine de vingt ans Cette année encore, on commence un canal qui amènera directement de Goum-tourà l'eau du Mouzart Daria à des terres certainement fertiles, mais jusque-là incultes par manque d'eau, qui se trouvent à l'est-sud-est de Koutchar. Les Chinois ont certainement fait là un effort, qui est de leur intérêt sagement entendu, puisqu'une population plus nombreuse signifie pour eux un accroissement de revenus. Cet effort s'est traduit administrativement par une réorganisation qui ne remonte qu'à deux ou trois ans: Garachahr a été érigé en préfecture avec deux sous-préfectures du Lob à Garagoum et Tcharkalyq: Koutchar est devenu préfecture de seconde classe et on a créé la sous-préfecture de Chabyar, une sous-préfecture a été établie à Kohne-chahr sur la route de Mouzart-Davan, et une autre au sud-ouest d'Aqsou à Galpyn; toutes deux dépendent du préfet nouveau d'Aqsou. Kachgar a été érigé en préfecture et on a créé la nouvelle sous-préfecture de Faïzabad; du côté de Yarkand et de Khotan, on a créé les deux sous-préfectures de Gouma et de Lob. La Chine se préoccupe d'ailleurs d'attirer au Sin-Kiang le trop plein de sa population. Vous savez que la colonisation directe fut pratiquée dans l'Ili par les premiers empereurs de la dynastie mandchoue, et peut-être, à un jour assez proche, la langue mandchou, qui est déjà morte parmi les Mandchoux de Pékin, ayant achevé de s'éteindre en Mandchourie, on ne pourra plus l'entendre que chez les colons Si-po et So-Touen transférés dans l'Ili sous K'ang-hi et K'ien-long. Eh bien, c'est à cette méthode que la Chine voudrait recourir à nouveau, mais en s'adressant cette fois aux réserves d'hommes du Sseu-tch'ouan. Jusqu'ici, et tout au moins en Kachgarie, les Chinois pur-sang ne s'occupent guère comme agriculteurs que de l'élevage du pavot. Peut-être la nouvelle réglementation sur l'opium va-t elle les forcer à chercher autre chose, et en tout cas c'est vers la culture des céréales que la Chine voudrait diriger de nouveaux colons. C'est en partie pour favoriser cette émigration qu'il serait question de construire, avec l'appui russe, un chemin de de fer de l'Ili au Kan-sou. Si la réorganisation des ministères chinois ne reste pas longtemps une simple affaire de noms, il se pourrait que la transformation du «Bureau» des territoires-frontières (c'est-à-dire de la Mongolie, de la Kachgarie et du Thibet) en un ministère indépendant valût aux pays d'Asie centrale une sollicitude plus grande du gouvernement métropolitain.

»En tout cas, il faut reconnaître expressément que l'administration chinoise malgré son orgueil et sa rapacité, a amélioré les conditions économiques de la Kachgarie, et que jamais les Turcs indolents que s'y laissent vivre sans rien savoir et sans penser à rien n'y auraient rien pu faire par eux-mêmes».

CAMBODGE.

La nouvelle frontière du Cambodge.

Nous avons annoncé que le ministre des affaires étrangères avait reçu la visite du lieutenant-colonel Bernard qui vient d'arriver de Bangkok, apportant avec lui le texte du traité signé avec le Siam le 23 mars dernier, texte que le *Bulletin du Comité de l'Asie française* vient de publier. Cf. *T'oung Pao*, p. 274.

On se demandera peut-être pourquoi le traité de 1904 a été suivi, à deux ans de distance, d'un nouvel acte qui le modifie très profondément. C'est que ce traité de 1904 laissait subsister entre les contractants deux causes de conflit: le Siam conservait les provinces jadis cambodgiennes d'Angkor, de Battambang et de Sisophon; d'autre part la France gardait au Siam des protégés annamites, cambodgiens et chinois qui échappaient complètement à la juridiction siamoise. Disons en passant que le nombre de ces protégés, qui s'élevait à 11,000 en 1900 pour la région de Bangkok avait baissé de plus de moitié quatre années plus tard. Si donc l'on voulait faire de cette question de la protection un sujet de négociation et d'échange, il fallait peut-être se hâter. En attendant, le Siam considérait avec une profonde méfiance notre politique. Cet État qui, cherchant à s'organiser sur le modèle des États civilisés, utilise les services d'un grand nombre d'Européens, n'employait en 1904 que 3 Français contre 80 Anglais, 40 Allemands, des Belges, des Suisses et des Suédois. Le chiffre de nos nationaux fonctionnaires siamois n'est encore que de huit actuellement. Nous n'avons jamais pu obtenir une seule concession de forêts ou de travaux publics importante.

Cependant le traité de 1904 eut du moins l'avantage de rendre aux Siamois quelque confiance dans notre bonne foi. La rapide évacuation de Chantaboun produisit sur eux un excellent effet. D'autre part, la parfaite entente, la cordialité qui régna entre les officiers siamois et la mission française de délimitation les surprit agréablement.

Toutefois, on considérait comme presque impossible la rétrocession par le Siam des provinces de la région du Grand-Lac, dont le Cambodge regrettait amèrement la perte, et notre diplomatie ne pensait guère à céder quoi que ce fût sur la question de nos protégés, qui était pour elle d'un intérêt d'ordre traditionnel. Nos agents, retenus par leurs fonctions dans la capitale du Siam, ne s'inquiétaient pas beaucoup de savoir dans quelles conditions ce droit de protection s'exerçait dans l'intérieur du pays. Au contraire, la mission de délimitation, parcourant celui-ci en tous sens, put se rendre compte que trop fréquemment nos protégés, ailleurs que dans la région de Bangkok, ne retiraient pas de notre privilège de grands avantages effectifs.

Heureusement, au cours des débats sur la délimitation, une occasion se présenta. Les Siamois réclamèrent le territoire de Dan-Saï, se déclarant prêts à donner en échange la province d'Angkor avec Siem-Reap. Mais ne pouvait-on aller plus loin, obtenir la restitution de la totalité des provinces perdues par le Cambodge? Cela paraissait au premier abord bien difficile. Comme territoires, nous n'avions à céder que Dan-Saï avec 5,000 habitants, Kratt avec 9,000 habitants, soit 3,000 kilomètres carrés, tandis que les anciennes provinces cambodgiennes représentaient 40,000 kilomètres carrés et 250,000 habitants. Il fallait donner autre chose. Le lieutenant-colonel Bernard, revenu en France, proposa au ministre des colonies, M. Leygues, de céder sur la question de la protection. Celui-ci accepta ce plan le 9 juin 1906. Le ministère des affaires étrangères hésita plus longtemps: il fallait détruire le traité de 1904 et abandonner le principe traditionnel de la protection. M. Pichon agréa cependant ce programme au mois d'octobre, et M. Collin (de Plancy) envoyé comme ministre plénipotentiaire au Siam, fut chargé de l'exécuter.

M. Strœbel *general adviser* du royaume de Siam, passa au mois de janvier à Paris et eut à ce sujet, dans nos milieux diplomatiques, des conversations générales, dont M. Collin (de Plancy) ne fut pas d'ailleurs informé. M. Strœbel, arrivé à Bangkok le 28 février, y trouva la commission de délimitation qui venait de revenir de l'intérieur. Mais aux premières ouvertures, faites assez vaguement, M. Strœbel répondit par une fin de non-recevoir absolue. Il estimait que pour aboutir à une solution, il fallait un délai de dix-huit mois, d'autant plus que le roi de Siam devait partir pour l'Europe le 18 mars et qu'on ne pouvait discuter en son absence.

Or, en dix-huit mois, la situation pouvait être changée en Europe et en Asie. Il était indispensable de brûler les étapes. Dans ce but, le lieutenant-colonel Bernard réclama Angkor en échange de Dan-Saï, convaincu que les Siamois préféreraient régler la question dans son ensemble plutôt que de conclure seulement sur un détail, et qu'alors on pourrait terminer avant le départ du roi de Siam.

M. Strœbel et le roi hésitèrent d'abord beaucoup à entrer dans cette voie; mais lorsque l'offre de céder sur la question de la protection fut présentée non plus en termes vagues, mais précis, M. Strœbel se montra disposé à aller vite. Des propositions furent faites le 7 mars par M. Bernard, dans une lettre qui servit de base aux négociations. Dès lors, celles-ci se poursuivirent rapidement au palais dans une série d'entrevues. Le 13 mars, le roi approuvait l'ensemble des propositions. Le 18, le texte du traité était arrêté, et le 19, on pouvait télégraphier ce texte à Paris. Les négociations proprement dites avaien' duré douze jours.

Reste à déterminer maintenant ce que nous obtenons, et ce que nous avons donné en échange.

Nous avons cédé: 1° le district de Dan-Saï, 1,200 kilomètres carrés et 5,000 habitants; (il n'avait de valeur, par les lignes de communication qui le traversent, que pour les seuls Siamois); 2° le district de Kratt, avec 8,000 habitants, tous Siamois, répartis sur 2,000 kilomètres carrés.§

Nous gagnons la province de Battambang, celle d'Angkor avec Siem-Reap, celle de Sisophon, et en outre la province de Panomsok, et celle de Tchon-Kan, qui, bien que se trouvant au sud de Deng-Reck, est séparée d'Oubon. Il aurait été très intéressant d'obtenir la totalité du bassin du Grand-Lac, mais le Siam a refusé de céder le district de Watana, situé à l'ouest. Jamais d'ailleurs il n'a fait partie en réalité des provinces cambodgiennes, car les frontières n'en ont pu être tracées en tenant compte de la ligne de partage des eaux, qui n'est constituée que par une plaine. De plus, les Siamois ne voulaient pas nous amener à quatre jours de marche de Bangkok.

Les districts cédés ont 40,000 kilomètres carrés et une population de

250,000 habitants. La province de Battambang produit près de 150,000 tonnes de riz, dont elle exporte la moitié. Dans le Grand-Lac, nous bénéficions de toute la pêche, qui a une valeur annuelle de près de 16 millions de francs. Il y a quelques gisements minéraux: les mines de cuivre de Paï-Linh et quelques points aurifères dans la région de Sisophon. Le rendement annuel de l'impôt est de 2,500,000 francs, et une administration intelligente peut l'accroître.

Que perdons-nous sur la protection? Nos protégés étaient divisés en trois groupes: l'un au sud du Siam, avec Bangkok, Chantaboun et Kratt, comprenant 5,300 inscrits; celui du sud était constitué par 8,000 Khâs, employés dans les forêts de teck; du troisième, celui de Battambang, composé de 5,500 Cambodgiens, il ne faut point parler, puisque cette région nous revient.

Le traité de 1904 soumettait déjà les 8,000 Khâs du nord à la juridiction siamoise. Il n'y aura donc rien de changé dans leur situation. La réforme n'intéresse par suite que nos 5,300 protégés du sud. Mais il est permis d'affirmer que la situation juridique sera meilleure qu'auparavant.

En effet, ces protégés, répartis sur un territoire de 300,000 kilomètres carrés, relevaient d'un tribunal unique à Bangkok; il en résultait que pratiquement ils ne pouvaient se faire rendre justice. Or, le nouveau traité prévoit qu'il sera institué pour eux des cours internationales, partout où cela sera nécessaire, sous le contrôle de nos consuls ou des délégués de nos consuls. Ceux-ci auront le droit d'assister aux débats, et en cas de besoin, d'évoquer l'affaire devant leur propre tribunal.

Au point de vue de l'appel, les garanties sont plus grandes que jamais, toute requête d'appel devant être soumise au consul. Le jugement d'appel de la cour de Bangkok doit porter la signature de deux juges européens, dont un Français.

Enfin, ce qui n'existait pas dans l'ancien régime, le nouveau traité prévoit un recours en cassation devant la cour du roi, dont le jugement devra porter la signature de deux magistrats européens.

Ajoutons que ce régime est transitoire. Il doit cesser dans une dizaine d'années avec la promulgation des codes siamois dont la rédaction est confiée à M. Padoux, consul général de France. Celui-ci a déjà terminé la rédaction du code pénal, et pourra s'entourer du personnel nécessaire pour la rédaction des autres codes.

Enfin nos protégés bénéficient de tous les privilèges dont jouissent les Siamois, en particulier du droit de propriété, du droit de résidence et de libre circulation. Ils sont de plus exempts du service militaire et des taxes extraordinaires. On n'a pas cru devoir aller plus loin et les dispenser de tout impôt ordinaire: c'eût été favoriser l'émigration d'un grand nombre de Cambodgiens et d'Annamites, qui seraient venus s'établir au Siam, profitant d'une situation trop exceptionnellement avantageuse.

Le moins grand avantage du traité ne sera pas d'avoir rétabli, avant l'arrivée du roi de Siam à Paris des rapports cordiaux entre la France et un Etat d'Extrême-Orient en voie de transformation. (*Le Temps*, 10 Mai 1907.)

CHINE.

La Société de Géographie vient de recevoir des nouvelles du capitaine D'OLLONE, chargé d'une mission dans la Chine occidentale. Son télégramme, daté de Sui-Fou, est ainsi libellé: «Complète réussite de première traversée du pays des Lolos indépendants».

Le capitaine d'Ollone est accompagné par MM. les lieutenants d'artillerie de FLEURELLE et LEPAGE et le maréchal des logis de BOYVE.

JAPON.

Au Japon, comme en Chine, l'éducation morale du peuple est une des des principales attributions du gouvernement. L'empereur actuel du Japon a promulgué en l'année 1890 un ensemble de maximes qui n'est pas sans quelque analogie avec les sages instructions que publièrent les empereurs de Chine tels que *Hong-wou* et *K'anghi*; ce saint édit japonais (Voir la planche ci-contre) se distingue cependant par le sentiment de patriotisme ardent qui l'anime; tous les enfants du Dai Nihon l'apprennent comme un catéchisme et c'est ainsi que sont implantées dans leurs coeurs les semences de vertus civiques dont l'éclosion se manifeste, avec l'intensité que l'on sait, dans les moments de péril national. Ce texte important pour l'étude des idées morales au Japon vient d'être traduit en anglais par M. KIKUCHI dont le travail a été revisé par une commission que présidait le ministre de l'Instruction publique en personne; cette traduction officielle a été publiée dans le *Yomiuri shimbun* du 13 Février 1907; en voici la teneur:

Know ye, Our subjects:

Our Imperial Ancestors have founded Our Empire on a basis broad and everlasting and have deeply and firmly implanted virtue; Our subjects ever united in loyalty and filial piety have from generation to generation illustrated the beauty thereof. This is the glory of the fundamental character of Our Empire, and herein also lies the source of Our education. Ye, Our subjects, be filial to your parents, affectionate to your brothers and sisters; as husbands and wives be harmonious, as friends true; bear yourselves in modesty and moderation; extend your benevolence to all; pursue learning and cultivate arts, and thereby develop intellectual faculties and perfect moral powers; furthermore advance public good and promote common interests; always respect the Constitution and observe the laws; should emergency arise, offer yourselves courageously to the State; and thus guard and maintain the prosperity of Our Imperial Throne coeval with heaven and earth. So shall ye not only be Our good and faithful subjects, but render illustrious the best traditions of your forefathers.

The Way here set forth is indeed the teaching bequeathed by Our Imperial Ancestors, to be observed alike by Their Descendants and the subjects, infallible for all ages and true in all places. It is Our wish to lay it to heart in all reverence, in common with you, Our subjects, that we may all thus attain to the same virtue.

The 30th day of the 10th month of the 23rd year of Meiji.

(Imperial Sign Manual. Imperial Seal.)

RUSSIE.

M. Sergius N. Syriomiatnikoff envoie de St. Pétersbourg, avril 1907 une circulaire pour proposer la formation d'une Commission internationale pour la traduction des histoires dynastiques de la Chine:

«What I would propose, is to organize an International Fund for the purpose of preparing a set of translations from the Chinese, under the patronage of their Majesties the King of Great Britain and Ireland, the Emperors of Germany, of Russia, of China, of Japan, and of the Presidents of France and of the United States. The Fund should be formed of yearly sums, contributed by the respective Governments of the above named countries and by private members?»

LE TEXTE ASTRONOMIQUE DU YAO-TIEN

PAR

Léopold de SAUSSURE.

———•◦❦◦•———

AVANT-PROPOS.

Un vent de folie semble avoir soufflé sur la discussion des fameuses «Instructions de *Yao*». Les Français seuls (Gaubil et Biot) sortent indemnes, étant morts avant le début de l'épidémie [1]).

Je dis: «*semble* avoir soufflé» car il n'y a là, naturellement, qu'une apparence; et mon intention n'est certes pas de porter atteinte à la réputation universelle et justement méritée d'un Legge ou d'un Whitney [2]). Les lois de la logique ne gouvernent pas le monde, pas même le monde scientifique. Nombreux sont les facteurs qui limitent l'indépendance de la pensée; aussi le plus grand savant peut-il perdre pied lorsqu'il s'aventure au dehors du cadre habituel de sa maîtrise.

Les coq-à-l'âne que nous allons relever ne peuvent cependant s'expliquer par un défaut de compétence astronomique. Le sujet ne

---

1) On en trouve cependant le germe chez eux, car ils admettent, sans y insister, l'interprétation qui jettera leurs successeurs en pleine incohérence. J'ai constaté en outre, après la rédaction de cet article, qu'une bonne part des erreurs revient à l'orientaliste Sédillot.

2) Le cas de Whitney est, on le verra, bien distinct. Il n'a pris qu'une part indirecte à la discussion, mais a exercé néanmoins sur elle une grande influence par la confusion qu'il y a portée.

BIBLIOGRAPHIE ET ABRÉVIATIONS.

Sacred Books of the East. Vol. III. Introduction du Dr. J. Legge, pages 24—29, avec un graphique du Rev. C. Pritchard, prof. d'astr. à l'Université d'Oxford. — Oxford 1879.

C. Dissertation sur l'ancienne astronomie chinoise, par le Rév. John Chalmers, dans les *Prolégomènes* de la première traduction du *Chou-king* par le Dr. Legge. 1869.

S. *Uranographie chinoise*, par le Dr. G. Schlegel. Leyde. 1875.

R. Discussion of astronomical records in ancient Chinese books in the *Journal of the Peking Oriental Society* Vol. II. N° 3, par S. M. Russell, prof. d'astronomie au *Tong Wen Koan* à Pékin.

W. XII. *On the Lunar Zodiac of India, Arabia and China*, dans: *Oriental and Linguistic Studies*, second series. Par W. D. Whitney, professor at Yale College. New York. 1874.

M. H. *Les Mémoires Historiques* de *Se-Ma Ts'ien* par E. Chavannes. Paris, Leroux. 1895...

R. G. S. L'astronomie chinoise dans l'antiquité, par L. de S. *Revue Générale des Sciences*, 28 février. Paris 1907.

A. P. Prolégomènes d'astronomie primitive comparée, par L. de S. *Archives des Sciences Physiques et Naturelles*. Genève, 15 juin 1907. — Note sur les étoiles fondamentales des Chinois. *Ibid*, 15 juillet 1907. (En vente à Paris chez Le Soudier).

J. des S. Articles de J. B. Biot dans le *Journal des Savants*. 1839—1840.

Etudes. *Etudes sur l'astronomie indienne et sur l'astronomie chinoise* par J. B. Biot. Paris, 1862.

Obs. *Observations Mathématiques*, etc. publiées par le P. Souciet, S J. Paris 1732. Tomes II (Histoire) et III (Traité) de l'*Astronomie chinoise* par le P. Gaubil.

Ginzel. Handbuch des *Mathematischen und Technischen Chronologie*, par F. K. Ginzel, prof. d'astronomie. 1er vol. Leipzig, 1906.

Ideler. *Ueber die Zeitrechnung der Chinesen*, par L. Ideler. Berlin 1839.

Epping. *Astronomisches aus Babylon*. 1889.

Hoefer. Histoire de l'Astronomie. Paris 1874.

Sédillot. *Matériaux pour servir à l'histoire des mathématiques*. — Paris, 1845—1849. 2 vol.

Williams. Memoir on Chinese Comets. (*épuisé*).

F. Kühnert. *Der chinesische Kalender* nach *Yao's* Grundlagen... (*T'oung Pao*. 1891, n° 1).

I. L'œuvre du P. Gaubil et de J.-B. Biot.

Les éléments de la question m'étaient inconnus lorsque je fus amené incidemment à m'en occuper. En lisant l'an dernier les M. H., mon attention fut attirée par cette annotation de M. Chavannes: «D'après les commentateurs chinois, les observations étaient faites à 6 heures du soir». Je n'avais jamais eu l'occasion de réfléchir sur les origines de l'astronomie, mais j'étais familiarisé, comme marin, avec la théorie et la pratique des mouvements célestes [1]). Je fus très surpris d'apprendre ainsi que la mesure des intervalles méridiens remontait à une antiquité si reculée; et plus encore de constater que la critique ne paraissait envisager l'intérêt du document qu'au seul point de vue de son utilisation chronologique; il est cependant plus important de connaître un état de civilisation que sa date; or la mesure du temps, appliquée aux phénomènes célestes, dénote un degré de développement très remarquable. Pour tirer l'affaire au clair, je me procurai les deux études les plus récentes indiquées à la même page [2]) par Chavannes: celles MM. Legge et Russell. Quelle ne fut pas ma surprise en constatant qu'elles ne supportent pas un instant la discussion astronomique [3]). Frappé du fait que les méprises de ces deux auteurs avaient pu rester tant d'années sans être relevées, j'ai tenu à publier mes premières rectifications dans une Revue générale, afin d'«aérer la question» en la soumettant à la fois au contrôle des astronomes et des sinologues.

Depuis lors, M. Chavannes a bien voulu me signaler d'autres

---

1) J'ai pu constater, depuis lors, de grandes analogies entre l'astronomie chinoise et la nautique. Toutes deux sont apparentes, équatoriales, horaires et utilitaires. Le *Tcheou li* dit que l'astronome officiel doit emporter avec lui (dans les déplacements de l'empereur) les *Temps du Ciel*; nos tables s'appellent également *La Connaissance des Temps*. On n'y trouve les positions écliptiques pas plus que dans celles des Chinois.

2) M. H. t. I, p. 48.

3) Voy. R. G. S., p. 136.

travaux relatifs au même sujet [1]). En en prenant connaissance, je
vis que les erreurs de MM. Legge et Russell ne sont pas des cas
isolés et que toute la critique avait fait fausse route en ce qui
concerne l'astronomie antique de la Chine.

Un état de choses aussi général doit avoir des causes d'ordre
général. Elles ne sont pas difficiles à discerner; mais je ne puis les
indiquer ici que très sommairement, les limites de cette étude ne
me permettant pas d'analyser, comme il conviendrait de le faire,
les qualités et les défauts des deux auteurs qui ont fondé nos
connaissances sur l'astronomie chinoise: le P. Gaubil et J. B. Biot.

Lorsque j'exposerai, dans un volume, tout l'ensemble de la question,
je pourrai à loisir exprimer et justifier mon admiration pour ces
deux hommes, dont l'un a donné l'*analyse* et l'autre la *synthèse* des
notions chinoises. Mais je dois me borner ici à rechercher comment
il se fait que, en dépit de leurs travaux, la critique ait pu si
complètement dérailler. C'est donc leurs insuffisances et leurs lacunes
que nous avons à mettre en évidence; et cette enquête, loin de
rabaisser leur oeuvre, en rehaussera plutôt la valeur en expliquant
comment ses mérites ont pu rester inefficaces.

*

Les caractéristiques de l'astronomie chinoise sont: 1° Sa très
haute antiquité. 2° l'originalité de sa méthode foncièrement équatoriale et horaire. 3° son identité à travers tous les âges, depuis
Yao jusqu'à l'avènement de la dynastie actuelle.

Le P. Gaubil écrivait à une époque où l'on ne concevait guère
la question des origines; il était imbu, comme ses collègues, de la
méthode grecque essentiellement écliptique. Il a compulsé tous les
documents chinois, en a retiré les renseignements intéressants par
extraits abrégés; puis les envoyait à ses correspondants d'Europe,
au fur et à mesure, sans chercher à les coordonner, à les mettre

1) C. S. et W. Voy. Bibliographie.

d'accord, à en tirer des vues générales. Par suite de cette manière de procéder, ses ouvrages sont quelque peu chaotiques. «C'est une mine — a dit Biot — mais une mine qu'il faut savoir exploiter». Un astronome étranger aux choses de la Chine, un sinologue peu familiarisé avec celles du ciel, risqueront d'y puiser des idées fort erronées. Le P. Gaubil s'étant mis au travail sans posséder d'abord aucune compétence en astronomie chinoise, se méprend fréquemment, et donne, par exemple, jusqu'à quatre définitions contradictoires des *Tchong-ki*. Mais ces défauts apparents sont des gages précieux de l'ingénuité de sa documentation; et il est fort heureux qu'il n'ait pas cherché à disserter sur les généralités. Nous lui demandons avant tout des documents originaux et sur ce point, le seul qui importe, il nous satisfait presque entièrement.

L'esprit lucide de Biot a mis en ordre ce trésor et en a tiré une théorie générale que Gaubil avait déjà indiquée sans avoir su toutefois la formuler nettement.

Inconsciemment persuadé que l'écliptique est la base nécessaire de l'astronomie et du calendrier, le P. Gaubil constate pas à pas qu'il en est autrement à la Chine. Mais il doute longtemps de la généralité du fait: «Il est certain, dit-il, que sous les Han on rapportait les lieux des astres à l'équateur; mais est-on bien sûr qu'il en fût ainsi dans l'antiquité?» — Puis enfin, arrivant à l'éclipse du *Chou-king*, il proclame que la présence du soleil dans *Fang* doit s'entendre de la position du *soleil moyen* dans cette division et que dès l'antiquité «on rapportait les lieux à l'équateur».

Biot dira plus simplement: «*L'astronomie chinoise est équatoriale*». On voit la nuance: il n'a pas modifié les opinions de Gaubil, il les a condensées sous une forme plus claire.

A mon tour je dis: *L'astronomie chinoise est équatoriale et horaire*. En cela je ne modifie pas les idées de Biot, ni par conséquent celles de Gaubil, j'en complète seulement la formule dont l'insuffisance didactique est démontrée par le fait qu'elle n'a pas réussi, depuis un demi-siècle, à retenir l'attention des auteurs. Et comme cette incompréhension ne s'est pas manifestée seulement chez ceux qui ont écrit sur l'astronomie chinoise, mais tout aussi bien chez les historiens de l'astronomie en général, j'ajoute: A l'inverse de la méthode chaldéo-grecque qui est *écliptique, angulaire, vraie et annuaire*, celle de la Chine est *équatoriale, horaire, moyenne et diurne*.

Comment les particularités caractéristiques de l'astronomie chinoise ont-elles pu échapper à la critique postérieure à Biot? Il est indéniable, nous allons le constater, que ces auteurs ont fort peu approfondi les sujets sur lesquels ils prononcent avec tant de désinvolture. Mais leur légèreté ne suffit pas à expliquer une méprise aussi unanime, et il faut reconnaître que Biot, en dépit de l'élégance et de la clarté de son style, n'a pas bien présenté la dialectique de la question.

D'abord, il n'a pas assez tenu compte du public auquel il s'adressait, composé surtout d'historiens, de sinologues, aussi d'astronomes mais qui n'étaient pas familiarisés comme lui avec l'historique de la science [1]). Il a omis de résumer ses conclusions dans un chapitre final. D'autre part, la discussion se présentait, de son vivant, sous un jour très différent. Biot n'a pas eu l'occasion d'écrire, à tête reposée, quelque Traité d'astronomie chinoise. Ses articles de 1840 ne portent même pas un nom, si ce n'est celui de l'ouvrage d'Ideler dont ils constituent un compte rendu et une réfutation; ses *Etudes* (1862), entreprises à l'âge de 87 ans, sont également une oeuvre de polémique contre la théorie du zodiaque lunaire des indianistes.

Enfin, il n'a jamais discuté à fond le texte du *Yao-Tien*, probablement parce que les mots 以 定, dont les sinologues lui im-

---

1) Biot était membre de l'Académie française, de celle des Sciences et de celle des Inscriptions. Il a beaucoup étudié l'astronomie des Grecs, des Egyptiens et des Arabes.

posaient une traduction littérale, l'embarrassaient comme contraires aux principes du calendrier et à sa théorie. Aussi dans ses articles de 1840 laisse-t-il de côté la teneur de ce texte, n'en retenant qu'une conséquence indirecte [1]). A la veille de sa mort, conduit par le programme de ses *Etudes* à s'expliquer sur l'interprétation de ce texte, il semble en aborder pour la première fois les difficultés; et dans des pages fort embrouillées il accumule contradictions et invraisemblances [2]).

Son hypothèse sur l'origine stellaire et solaire des divers *sieou*, qu'il croyait avoir été créés simultanément au 24e siècle, impliquait à la fois la négation et l'affirmation de l'emploi de la clepsydre. Il a donc éludé, plus ou moins consciemment, la question du *garde-temps* et l'a présentée sous une forme préalable, accessoire et que le lecteur peut considérer comme hypothétique [3]).

De ces diverses circonstances résulte que la dialectique de Biot et de Gaubil, laisse beaucoup à désirer. On doit y suppléer par une étude attentive et remanier par un travail personnel l'enchaînement des démonstrations historiques et mathématiques qui assurent notre connaissance de l'astronomie chinoise.

Mais les auteurs qui leur ont succédé n'ont pas pris cette peine. Ils se sont laissé influencer par une prétendue réfutation des théories de Biot et, sans tenir autrement compte de ses travaux, ils ont échafaudé des interprétations fantaisistes qui depuis 1862 ont étrangement altéré la question. Nous allons montrer qu'elles sont contraires aux faits et aux documents; contraires aux caractères de l'astronomie chinoise; contraires enfin aux lois du ciel et à tout ce que l'on peut induire sur les premières étapes de la science.

---

1) Voy. ci-dessous p 319 et 348.

2) J'en ai dit quelques mots (R. G. S p. 138) et j'aurai l'occasion d'y revenir.

3) J des S p 29 — Etudes p 369 — *Post-Scriptum*. Je viens de constater, en effet, que Sédillot l'a considérée non-seulement comme hypothétique, mais comme arbitraire

II. Genèse de l'astronomie.

Pour constater à quel point la critique a méconnu la question, il faut lire le premier volume de l'ouvrage tout récent de Ginzel [1]). Ni dans l'exposé des procédés généraux de l'astronomie primitive, ni dans la description de l'astronomie chinoise, l'auteur ne parait soupçonner la distinction que nous allons établir. Son incompétence en sinologie est — il est vrai — manifeste; mais le caractère impersonnel de sa compilation n'en démontre que mieux l'absence complète de cette distinction dans les nombreux ouvrages qu'il a compulsés.

L'écliptique et l'équateur. Ce ne sont pas des bergers, mais bien des sociétés sédentaires, agricoles et hiérarchisées qui ont fondé l'astronomie. Les mobiles en ont été utilitaires (calendériques) puis religieux; la curiosité scientifique n'est intervenue que beaucoup plus tard.

Le mouvement des astres se manifeste sous deux formes: la révolution diurne et la révolution annuelle [2]). Le point de vue utilitaire peut s'emparer de la première pour fixer les heures de la nuit: tel a été en Chine le point de départ de l'astronomie. Mais ailleurs, c'est le besoin de fixer les dates *annuelles* qui a servi de cadre à l'évolution.

Si l'axe de la Terre était normal à son plan de translation, les deux méthodes se seraient confondues; mais comme il n'en est pas ainsi, les mouvements annuels se produisent dans un plan *oblique* par rapport aux trajectoires diurnes. Il en est résulté que les deux méthodes, zodiacale et équatoriale, sont restées profondément distinctes.

---

1) Voy. à la Bibliographie.
2) Les historiens de l'astronomie, Bailly, Delambre, Hoefer (1874), Wolf (1877), Ginzel (1906) ont, naturellement, fait cette distinction qui est élémentaire au point de vue technique. Mais ils n'en ont pas vu les conséquences au point de vue phylogénique.

Origines de l'astronomie zodiacale.

Dans la phase primitive, les peuples ont en général évalué la période qui ramène les saisons à 12 lunaisons. Les déboires causés par cette supputation erronée de l'année solaire (improprement nommée *année lunaire*) les a conduits à chercher des repères sidéraux.

La position sidérale de la lune s'observe directement, *de visu*, parceque son éclat n'est pas assez fort pour effacer celui des principales étoiles. Il en est de même des planètes. Or, il importe de le remarquer puisque ce fait a échappé aux auteurs [1]) dont nous allons examiner les idées, pour observer ces positions sidérales il est absolument inutile de compliquer cette constatation *de visu* en faisant intervenir la révolution diurne. Les primitifs suivent du regard la course des astres mobiles comme nous suivons une course de chevaux sur un hippodrome dont une partie nous est masquée par des bouquets d'arbres. Le fait que ces astres mobiles diparaissent derrière des nuages, ou sous l'horizon, est tout-à-fait secondaire. Il interrompt momentanément l'observation, mais n'en modifie pas le procédé *direct*.

Le problème sidéro-solaire. Toutefois, la lune et les planètes ne peuvent servir de repères annuels [2]); le problème qui se pose aux primitifs est donc sidéro-solaire. Si la position sidérale du soleil pouvait être constatée directement, comme pour la lune, ce problème se résoudrait simplement en observant le retour de l'astre au milieu d'une même constellation. Mais cela est impossible parce que le soleil et les étoiles ne sont jamais visibles simultanément.

Toutes les tendances de l'astronomie zodiacale ont inconsciemment

---

1) Whitney excepté.

2) Sauf Jupiter. Une tradition chinoise nous a conservé le souvenir de son emploi, sans doute fort antérieur à *Yao*, puis maintenu sous une forme religieuse jusqu'aux *Tcheou*.

pour but de tourner cette difficulté. Et tous les peuples (sauf les Chinois) l'ont résolue de la même manière, par le procédé des *couchers* (et levers) *héliaques* qui présente l'avantage d'être évident, simple, exact et de fournir une réponse à toutes les questions du problème que j'ai appelé «sidéro-solaire».

Les couchers héliaques. La course annuelle du soleil parmi les étoiles a pour conséquence de faire varier, suivant la saison, l'aspect du ciel à une heure donnée, par exemple à la tombée de la nuit. De telle sorte que les constellations qui, à une certaine date de l'année, apparaissent au crépuscule dans la partie méridionale du ciel, s'avancent progressivement (d'1° = 4^m, par jour) vers l'ouest. La durée de leur visibilité diminue donc incessamment et il arrive (trois mois après) qu'elles sont, à la tombée de la nuit, si voisines de l'horizon qu'elles se couchent immédiatement après leur apparition. Les étoiles dont elles se composent cessent successivement d'être visibles: elles se couchent *héliaquement.* Le soleil dans sa marche rétrograde tend à les rejoindre; elle restent quelque temps [1]) noyées dans ses feux. Puis elles font leur réapparition ... mais à l'opposé, à l'Orient, où leur lever précède l'aurore; elles ne sont donc alors visibles qu'un instant; puis à mesure que le soleil s'éloigne d'elles, la durée de leur apparition se prolonge.

L'emploi du coucher héliaque est indépendant de toute notation horaire. Comment les primitifs noteront-ils donc la variation progressive de la position du firmament? Chercheront-ils à la repérer dans la partie méridionale du ciel? — Il leur faudrait pour cela: 1° Concevoir le plan méridien, notion à laquelle les Grecs ne sont pas parvenus d'eux-mêmes et qu'ils ont empruntée tardivement à l'étranger (Hérodote). 2° Objectiver ce plan dans un signal matériel. 3° Orienter ce signal par un procédé géométrique. 4° Noter l'heure à laquelle

---

1) Variable selon la latitude du lieu et de l'astre. En général un mois. — Pour plus de détails, voy. A. P.

se produit cette situation méridienne. En d'autres termes, ces «primitifs» devraient faire intervenir gratuitement la révolution diurne par un procédé complexe et savant, et créer des repères artificiels pour suppléer à *l'absence de tout repère naturel dans la partie méridionale du ciel* [1]).

Il est logiquement évident — et les documents historiques confirment cette induction — qu'aucun peuple primitif n'a songé à cette solution qui n'est qu'un fantastique anachronisme doublé d'une contradiction. La situation sidéro-solaire se trouve, en effet, toute indiquée, par contigüité [2]), à l'horizon, repère naturel servant à la fois: à masquer la lumière du soleil, à faire apparaitre les étoiles et à fixer leur position par cette simple considération qu'elles se trouvent visibles au dessus de lui et invisibles au dessous. Et notons ceci: bien que le coucher des astres soit mêlé à la révolution diurne [3]), cette révolution *n'intervient pas* dans l'observation. Peu importe l'heure et l'endroit (variables) où se produit le coucher du soleil. Il suffit de constater, au crépuscule, si telle étoile est encore visible ou déjà invisible *indépendamment de toute considération horaire.*

Le lever (ou le coucher) héliaque d'une étoile indique ainsi, à 4 ou 5 jours près, une date annuelle. Le lever héliaque de Sirius, par exemple, prévenait les anciens Egyptiens de l'imminence de l'inondation du Nil.

L'emploi de ce procédé élémentaire suscite automatiquement les progrès de l'astronomie zodiacale. Le pratique des couchers héliaques

---

1) Telle est, nous le verrons, l'hypothèse admise par tous les auteurs, qui voient néanmoins dans le *Yao-Tien* un procédé «rudimentaire» pour déterminer les saisons; alors que ce texte indique en réalité *un principe savant ne servant pas à déterminer les saisons.*

2) Si le soleil se trouve par exemple dans la constellation zodiacale n° 5, la constellation n° 6 parait au crépuscule au couchant et la constellation n° 4 précède l'aurore.

3) Si la révolution diurne n'existait pas, le coucher héliaque se produirait tout aussi bien et indiquerait alors en outre la longitude géographique, car la disparition des astres se produirait *successivement* aux divers points du globe. Cette disparition se prolongerait pendant tout un semestre comme celle du soleil aux pôles.

conduit en effet à constater que chaque étoile se couche perpétuellement au même point de l'horizon, tandis que le soleil se couche à l'O S O en hiver et à l'O N O en été. Les observateurs sont donc ainsi amenés à dresser la liste des constellations du *futur zodiaque*, qui sont précisément celles dont le coucher héliaque se produit au même endroit que le coucher du soleil. Ils constatent que le soleil se meut dans différents orbes et que sa route annuelle est *immuable* et *oblique*. Ils dressent la liste des constellations zodiacales, ils évaluent leur amplitude d'après le nombre de jours séparant leurs couchers, ils établissent en outre, approximativement, la durée de l'année d'après l'intervalle des couchers héliaques d'une même étoile. Ils comprennent, enfin, (ce qui n'était nullement indispensable au début) que la disparition successive de chaque constellation est dûe à sa conjonction solaire; et que la date de cette conjonction est exactement indiquée, pour une étoile, par la moyenne entre ses coucher et lever héliaques. Bien plus tard, ils égalisent les 12 Signes par une fiction et sont amenés à inventer des instruments de mesure *angulaire* (armilles). Même dans cette phase scientifique, les couchers héliaques rendent encore des services pour fixer (à 5° près) la longitude des planètes (Cf. Epping *op. cit.*).

L'évolution de l'astronomie zodiacale chaldéo-grecque [1]) est ainsi clairement expliquée: elle est homogène et naturelle, depuis l'origine anté-historique jusqu'à Hipparque et au XVII⁰ siècle de notre ère.

Origines de l'astronomie chinoise.

A l'opposé de la méthode chaldéo-grecque qui est écliptique, annuaire, vraie et angulaire, la méthode chinoise est équatoriale diurne, moyenne et horaire. D'où provient cette antithèse? — Du mobile originel.

---

1) Et égyptienne pour autant que nous la connaissons.

Tandis que la première est née des préoccupations agricoles qui exigent des repères *annuels*, la deuxième doit son point de départ au désir de mesurer les heures de la nuit; ce qui l'a portée à considérer d'abord exclusivement la révolution diurne, à une époque très reculée où l'année était encore règlée par le nombre des lunaisons ou par la planète Jupiter.

J.-B. Biot a découvert et démontré que les divisions équatoriales (*sieou*) sont en corrélation avec les circompolaires [1]).

Mais il croyait que ce système avait été imaginé à l'époque de *Yao* et que les *sieou* stellaires avaient été créés en même temps que l'emploi solaire des *sieou* mentionnés par le *Yao-Tien*. Il a rappelé très succinctement que des documents historiques montrent le grand intérêt que les Chinois portaient aux circompolaires. Mais il n'a guère expliqué leur utilisation; il semble qu'il ait senti et éludé l'objection suivante: «Vous dites que les heures étaient déterminées par la position des astres (*sieou* stellaires); dès lors, comment la position des astres pouvait-elle être définie par l'heure (*sieou* solaires)?» — Mais l'argument n'est pas valable, car la première opération remonte à une phase primitive antérieure à l'invention de la clepsydre, et c'est elle qui a conduit à la seconde et à l'emploi du garde-temps [2]).

La méthode diurne. «La Grande Ourse, dit Homère, est la seule constellation qui ne se baigne pas dans les flots de l'Océan». D'autre part Bailly nous apprend que les Grecs attribuaient à un des héros du siège de Troie, l'idée de fixer la durée de faction des sentinelles au moyen de la rotation des circompolaires qui, de 6^h

---

1) (V. ci-dessous p. 349) On appelle *circompolaires* les étoiles qui sont assez voisines du pôle pour ne jamais disparaître sous l'horizon. La hauteur du pôle étant égale à la latitude, les circompolaires de la Chine primitive (36°) sont les étoiles qui restent franchement au dessus de l'horizon, à une trentaine de degrés du pôle au maximum.

2) Sur ce dernier point, voy. R G. S Mais cet article est antérieur à ma conception des origines et je retire ce que j'y ai dit sur la priorité des *sieou* solaires

en 6^h se trouvent: verticalement au dessus du pôle, horizontalement à gauche, verticalement au dessous, horizontalement à droite.

Mais tandis que ce procédé est resté secondaire en Grèce, il a été développé en Chine au point de devenir la base de l'astronomie et surtout de la métaphysique [1]) du ciel. Aussi en trouvons-nous l'écho, sous une forme religieuse, chez le duc grand astrologue, *Se-Ma Ts'ien* [2]).

L'étoile polaire base concrète de l'astronomie chinoise. Il serait un peu candide de supposer, comme le fait Hoefer [3]), que l'astronomie est née de la curiosité et du raisonnement géométrique. Il faut aux primitifs un objet concret. L'horizon, puis la route oblique parcourue par les astres mobiles, ont servi de repère sensible à la méthode écliptique. Mais l'équateur est une notion purement idéale et il semble incroyable au premier abord qu'une astronomie équatoriale ait pu se constituer *directement* sans passer par la forme zodiacale. Les concordances géométriques découvertes par Biot rendent cependant fort bien compte de la chose, si on l'éclaire par la tradition analogue des Grecs, comparée aux vieux textes chinois, notamment aux 天官.

De même en effet que l'astronomie zodiacale a pour élément primordial l'*horizon*, repère naturel qui l'a menée à la notion raisonnée de l'*écliptique*; de même l'astronomie diurne a pour élément primordial le *méridien*, *conçu comme la verticale de l'étoile polaire*, repère naturel qui l'a menée à la notion raisonnée de l'*équateur* (Contour du Ciel).

Si, comme nous l'avons dit, il n'existe aucun repère naturel dans la partie *méridionale* [4]) du ciel, il n'en est pas de même dans

---

1) Il serait impropre de l'appeler «astrologie». J'en montrerai ailleurs l'importance sociale et l'élévation philosophique.

2) Voy. ci-dessous, p. 354. Les Aztèques, lors de la conquête du Mexique, se trouvaient engagés dans la même voie que les Chinois. Les heures de la nuit étaient annoncées au son des conques, d'après le passage méridien des étoiles. (Voy. A. P).

3) Voy. Bibliographie.

4) Remarquez l'étymologie de ce mot qui lie chez nous l'idée du méridien à celle du Midi.

la partie septentrionale, où l'étoile polaire objective le centre de
révolution diurne et où la Grande Ourse lui sert d'aiguille indicatri

Genèse de la notion du méridien. Pour apprécier l'instant où u
circompolaire passe au dessus ou au dessous du pôle, il a suffi
dresser un piquet vertical 臬 et de se placer derrière lui de manièr
masquer la polaire. Mais si celle-ci est voilée par les nuages, renoncea
t-on pour cela à l'observation? — Non. car il suffit d'avoir indiqu
sa direction par un deuxième signal, ou par une corde fixée
sommet du premier et tendue dans la direction de la polaire, comi
l'indique le 周髀. Et si les circompolaires elles-mêmes sont i
visibles, renoncera-t-on pour cela à l'observation? — Non. car
firmament est un bloc solidaire; et les Chinois, ont remarqué q
telle et telle étoile éloignée du pôle correspond à telle ou telle ci
compolaire et passe en même temps au méridien. Ainsi s'explique
les deux corrélations découvertes par Biot. Ainsi s'explique qu'apr
avoir conçu le méridien face au Nord, les Chinois l'aient emplo
face au Sud en prolongeant jusqu'à l'équateur la direction P.
(P étant le pôle et A une circompolaire. Voy. p. 349.)

Erreur. ... profils accessoires. Le fa
saillant qui a attiré l'attention des Chinois dans la rotation diurne d
circompolaires, notamment de la Grande Ourse, c'est d'abord leurs pos
tions cardinales de 6ʰ en 6ʰ, en croix, autour du pôle, puis la modifica
tion progressive et trimestrielle de ces positions qui avancent insensib
ment de 4ᵐ par jour; par suite de laquelle si la Grande Ourse, p
exemple, se trouve à une date donnée à droite du pôle à 6 heures du soi
au dessus du pôle à minuit, etc. elle se trouvera trois mois plus tar
au dessus du pôle à 6ʰ du soir, à gauche du pôle à minuit etc. I
telle sorte qu'on peut dresser le tableau de roulement suivant:

printemps ... ...
été ... ...
automne ... ...
hiver ... ...

En d'autres termes, une des remarques fondamentales de l'astronomie chinoise est que *les quartiers de la révolution diurne* concordent tous les trois mois avec *les quartiers de la révolution annuelle*. Quoique axiomatique, cette constatation, bientôt formulée sous une forme métaphysique, offre une très grande utilité au point de vue didactique; on devrait même l'enseigner aux élèves de l'Ecole Navale; car, au moyen de 4 jalons équatoriaux, elle permet de se rendre compte, à toute époque, d'une manière très simple, de la position annuaire du firmament par rapport à la révolution diurne. C'est dans ce but de simplification et de vulgarisation, que l'antique almanach dont le *Yao-tien* nous a miraculeusement conservé les débris, rappelle le nom des 4 étoiles qui passent au méridien à 6 heures du soir aux dates cardinales. Pourquoi 6 heures plutôt que 8 heures ou toute autre heure? — Parce que $4 \times 6 = 24$. — 6 heures représentent le quart de la révolution diurne, comme un trimestre représente le quart de la révolution annuelle. Tous les trois mois, les quartiers de la première concordent donc avec ceux de la seconde. Le texte du *Yao-Tien* équivaut ainsi en quelque sorte au tableau suivant, dont on remarquera l'analogie avec le précédent qui représente la *phase primitive* de l'*astronomie équatoriale* et montre l'origine circompolaire de la méthode.

	鳥	火	虛	昴
printemps	* 6^h	12^h	18^h	0^h
été	0^h	* 6^h	12^h	18^h
automne	18^h	0^h	* 6^h	12^h
hiver	12^h	18^h	0^h	* 6^h

Voilà ce que les interprètes des Han ont expliqué très clairement [1]) et ce que les auteurs modernes se sont obstinés à ne pas comprendre.

---

1) Voy. ci-dessous, p. 336, et ce que dit *Se-Ma*, p. 354.

III. Examen du texte.

Les méprises des auteurs dont nous allons discuter l'interprétation ont toutes un point de départ commun: une·erreur de critique philologique à laquelle Chavannes a mis fin en montrant [1]), indépendamment de toute induction astronomique, que la partie authentique du texte provenait d'un ancien almanach et qu'il fallait la séparer du contexte, très postérieur, dans lequel elle a été enchassée.

«La critique la plus délicate est indispensable pour reconnaître dans certains chapitres du *Chou-King* les éléments d'âges divers qui les composent pour ne prendre qu'un exemple, la rédaction du *Yao-Tien* ne doit pas être reportée à l'empereur *Yao* qui est un souverain mythique; elle est vraisemblablement de l'époque des *Tcheou*; dans ce chapitre, cependant, se trouve incorporée une observation astronomique qui ne peut avoir été faite que vers l'an 2200 avant notre ère et qui nous indique ainsi la date la plus ancienne à laquelle on puisse remonter dans l'histoire chinoise» [2]).

Sans avoir sû faire cette distinction philologique, le P. Gaubil avec son bon sens habituel, a laissé le contexte dans l'ombre et n'a retenu qu'un fait: c'est que le document indique indirectement que les positions cardinales du soleil se trouvaient alors dans les 4 *sieou* mentionnés (mais dans un ordre différent) [3]). Il ne s'est pas demandé toutefois, pourquoi, au lieu d'indiquer simplement les conjonctions le texte rapportait la situation sidéro-solaire à 6^h du soir; quels instruments il impliquait, quelles inductions on en pouvait tirer sur l'origine des *sieou*, etc,

---

1) M. H. p. 48.

2) E. Chavannes *in* Revue de Synthèse historique, décembre 1900, p 280. — Dans la R. G. S j'ai critiqué l'opinion exprimée quelques années auparavant par l'éminent sinologue (M. H p. 48); je n'avais pas connaissance alors de cet article.

3) Si *Hiu*, par exemple, passe au méridien à 6^h du soir à l'équinoxe automnal, il en résulte qu'il est en conjonction avec le soleil au solstice d'hiver et passe alors au méridien à midi (0^h). (Voy. le tableau p. 317).

Dans ses articles de 1840, Biot a éludé la discussion du texte en déduisant, comme Gaubil, l'indication des conjonctions; et dans ses *Etudes*, il insiste sur l'obligation de prendre à la lettre les voyages des *Hi* et des *Ho*.

Quant aux critiques postérieurs, ils ont poussé le respect du contexte jusqu'à contredire les lois les plus élémentaires de l'astronomie. Et plutôt que de récuser ce contexte, ils ont préféré supprimer (comme nous le verrons) une partie du texte authentique.

Rappelons que le document consiste essentiellement dans les propositions suivantes [1]):

以閏月正四時　歲三百六十六日　夜永星昴以定中冬　夜中星虛以正中秋　日永星火以正中夏　日中星鳥以殷中春

Je ne referai pas ici l'exposé de l'interprétation que j'en ai donnée (R. G. S.) et me bornerai aux explications indispensables à la réfutation que nous allons entreprendre.

L'authenticité de ce document est garantie par la loi de précession. Son sens est certain; on peut l'établir par diverses voies convergentes: 1° par la simple discussion astronomique résultant de la position des étoiles dont les noms sont restés les mêmes (*Hiu* et *Mao*) et par l'identification par symétrie des noms archaïques *Niao* et *Ho* [2]).

---

[1]) Suivant les passages, les versions et les éditions, on trouve les succédanés: 定殷正王. 中仲. Et: 300 + 60 + 6 jours.

[2]) Ces 4 étoiles divisent en effet les *sieou* en 4 groupes de 7; voy. p. 348 et 365 ce que l'on en peut inférer.

2° par les commentaires antérieurs à la découverte de la précession
3° par l'analogie des autres documents anciens (M. H., Tcheou-li,
Hia-Siao-Cheng) [1]). 4° par la répartition des 28 étoiles déterminatrices, dans la haute antiquité [2]). 5° par les inductions tirées de
l'astronomie primitive comparée. (Voy. A. P.).

Les points suivants sont définitivement acquis: le texte ne peut
se rapporter aux couchers héliaques; ni même aux sieou qui passent
au méridien à l'heure du coucher du soleil. Il indique exactement,
par leurs étoiles déterminatrices, les divisions équatoriales qui contiennent les positions cardinales du soleil et qui passent par conséquent à 6 heures du soir aux dates cardinales.

Au lieu d'associer chacune des étoiles cardinales à la date où
elle se trouve en conjonction solaire (Mao printemps, Niao été, etc.),
pourquoi donc le texte indique-t-il celle qui passe à 6 heures du soir
(Niao pr., Ho été, etc.)? Nous avons vu que les origines polaires
de l'astronomie chinoise rendent fort bien compte de cette méthode
conventionnelle, dont aucun auteur ne semble avoir remarqué
l'existence, et qui présentait l'avantage de tourner la difficulté
provenant de la non-visibilité simultanée des étoiles et du soleil.
En reportant la situation sidéro-solaire à 6 heures du soir, les
Chinois pouvaient, en effet, «voir» la position du soleil parmi les
étoiles... mais par une anticipation d'un trimestre. En regardant,
par exemple, les Pléïades (Mao) passer au méridien à 6 heures au
solstice d'hiver, ils avaient sous les yeux la situation telle qu'elle
devait se produire trois mois plus tard, à midi.

A plus de quarante siècles de distance, l'Almanach Hachette a
repris l'idée de vulgarisation qui inspira celui de Yao. En tête de
chaque trimestre, il a coutume de publier une vignette représentant

---

1) On pourrait supprimer le Yao-Tien sans modifier nos certitudes sur le caractère de
l'astronomie antique.

2) Cet argument a été particulièrement mis en valeur par Biot.

l'état du ciel. Mais à quelle heure convenait-il de rapporter ce
spectacle? S'il avait choisi la tombée de la nuit, les 4 quartiers du
ciel se seraient présentés d'une manière dissymétrique, par suite de
la variabilité de cette heure; certaines parties n'y eussent pas figuré
et d'autres eussent fait double emploi. L'Almanach Hachette a donc
choisi 9 heures du soir; mais il ne mentionne pas les positions
cardinales du soleil, ce qui eût été cependant intéressant. L'almanach
de *Yao* résoud le problème d'une autre manière, qui présente un
inconvénient [1]): il rapporte la situation du firmament à un moment
(6^h) où les étoiles sont encore invisibles (sauf en hiver); mais qui
présente, par contre, un grand avantage: celui de rapporter le
centre du spectacle aux positions cardinales du soleil.

Lorsque j'ai indiqué cette nouvelle interprétation du texte (qui
confirme astronomiquement celle que Chavannes a révélée d'après
la seule critique philologique), je n'avais pas encore remarqué que
Se-Ma Ts'ien fait allusion, à diverses reprises, à cette méthode
conventionnelle, encore usitée de son temps, qui consiste à mettre
en évidence les positions trimestrielles de la révolution annuelle en
les rapportant aux quartiers de la révolution diurne:

Quand on fait usage [de la méthode] de 6 heures du soir, ce qui indique
c'est l'étoile *Piao*... etc. (M. H. III. 341).

IV. La détermination des saisons.

(Suite du chapitre III.)

Le lettré qui, à une époque très postérieure, a enchassé les
débris de l'Almanach de *Yao* dans un contexte symétrique énumé-
rant les *«Instructions de l'Empereur»* n'était sans doute pas grand

---

1) Cet inconvénient est un effet de l'incompatibilité de l'obliquité du zodiaque avec la
méthode équatoriale. Mais la quantité dont les étoiles cardinales se trouvaient éloignées du
méridien à l'heure de leur apparition indiquait la dissymétrie tropique.

clerc en astronomie. Paraphrasant les mots 以定, il semble avoir imaginé que les relations indiquées par les 4 propositions sidérales du texte constituaient le procédé par lequel les anciens avaient pu *découvrir* les dates tropiques.

Or — c'est là un des phénomènes les plus curieux de cette discussion fertile en surprises — cette explication fantaisiste a tellement impressionné les critiques européens, *même astronomes*, qu'ils ont aveuglément admis cette *hérésie astronomique*, et longuement disserté sur l'ingénieux moyen de *déterminer les saisons par les étoiles culminantes*. C'est là cependant un simple non-sens, comme nous allons le voir.

Le problème tropique.

Les questions qui se posent inconsciemment aux primitifs et dont la solution marque les premières étapes de l'astronomie, se résument en deux catégories que j'appelle: le problème *sidéro-solaire* et le problème *tropique* [1]).

Une astronomie purement écliptique et une astronomie purement équatoriale pourraient fort bien parvenir par leurs procédés purement *sidéro-solaires* à déterminer la durée exacte de l'année et à la diviser en quartiers. Mais ces quartiers seraient alors arbitrairement définis et ne correspondraient pas aux saisons; car il n'existe *aucune relation* de causalité entre les positions sidérales du soleil et les phases tropiques.

La distance des étoiles est, en effet, tellement immense que l'aspect du ciel n'est modifié en rien par le déplacement de la Terre sur son orbite.

Les phénomènes tropiques sont causés par l'inclinaison de l'axe

---

1) Il eût été plus logique de réunir l'exposé de ces deux problèmes fondamentaux dans le chapitre III. Je n'ai pas voulu le faire, afin de les mieux distinguer et de ne pas rompre la relation qui rattache le texte à la solution polaire du problème sidéro-solaire.

de la Terre sur le plan de cet orbite, d'où résulte l'obliquité de l'écliptique. Il est par conséquent impossible d'obtenir aucune donnée tropique en considérant l'écliptique seul, ou l'équateur seul. La méthode chaldéo-grecque des couchers héliaques permet bien de dresser la liste des constellations zodiacales, mais elle n'indiquera jamais que le *solstice* correspond à tel coucher héliaque. La méthode chinoise des passages méridiens permet bien de constater l'heure à laquelle telle étoile passe au méridien, mais elle n'indiquera jamais que cette heure (ou cette étoile) correspond au *solstice*.

Puisque le problème tropique résulte de l'intersection de l'écliptique par l'équateur (méthode zodiacale) ou de l'équateur par l'écliptique (méthode horaire) il ne peut être résolu que par l'observation des phénomènes tropiques causés par cette intersection.

Les procédés qu'on en peut tirer donnent des résultats plus ou moins précis suivant la relation plus ou moins directe existant entre ces phénomènes et l'inclinaison des deux grands cercles.

Les variations météorologiques et physiologiques, rappelées à juste titre par le *Yao-Tien*, sont bien d'ordre tropique mais ne fournissent pas d'indications précises.

Par contre, l'obliquité de la route solaire se manifeste dans la variation de 3 éléments susceptibles d'être mesurés:

1°. La durée relative du jour et de la nuit.

2°. Le déplacement du lever du soleil sur l'horizon.

3°. La hauteur du soleil (ou sa longueur d'ombre).

La première de ces variations, mentionnée par le texte, ne peut servir à une détermination exacte sans un garde-temps très précis; elle ne constitue donc pas un procédé réellement employé par les primitifs.

La seconde a été remarquée dès les temps préhistoriques [1]). Elle

---

1) Les alignements de Carnac (Morbihan) et les galeries du tumulus sont orientés vers le lever du soleil printanier.

devait attirer l'attention des peuples qui pratiquaient l'observation
des levers héliaques, surtout dans les pays où l'atmosphère est pure,
l'horizon rectiligne, et dont les monuments sont exactement orientés
(Égypte). Mais ce procédé n'est indiqué nulle part dans les documents chinois.

La troisième variation, au contraire, devait attirer l'attention
d'un peuple dont l'astronomie fut basée, dès l'origine, sur un signal
vertical et sur l'observation des passages méridiens. Aussi le calendrier chinois, si haut qu'on puisse remonter, est-il toujours fondé
sur la date du solstice d'hiver, déterminée par l'ombre méridienne
maxima, observation qui devait conduire, en second lieu, à l'évaluation
de l'année tropique. Mais, il importe de le remarquer, l'exactitude
d'une telle évaluation est très secondaire et son insuffisance ne pouvait
entraîner aucune erreur sensible dans un calendrier basé sur le
contrôle expérimental du contact tropique. Pendant plus de vingt
siècles nous voyons le calendrier chinois admettre l'approximation
julienne (365^j ¹/₄) sans qu'il en soit résulté, comme en Russie, une
erreur accumulée; car le calendrier chinois n'a jamais été perpétuel.
Dans la haute antiquité, sa situation à l'égard de l'approximation
366^j (indiquée par le texte) se trouvait identique à la situation
postérieure à l'égard de l'approximation julienne [1]).

Le repérage sidéro-tropique. Après avoir déterminé les dates tropiques par un procédé tropique, alors on peut les associer à un
repère sidéral qui permettra, au besoin, de les retrouver. Après
avoir déterminé, au moyen du gnomon, la date du solstice d'hiver,
les Chinois ont constaté qu'à cette date l'étoile *Mao* passait au méridien
à 6 heures du soir.

---

1) On peut en outre expliquer de plusieurs manières l'utilité qui a pu faire admettre
le nombre pair 366. Je l'exposerai ailleurs. Le P. Gaubil estime, avec les astronomes chinois,
que le texte fait allusion à l'année pleine (366^j) qui se produisait tous les 4 ans. Cela est
très plausible. Peu importe, d'ailleurs. Le fait capital est que la précision sidéro-tropique
du texte certifie l'emploi du gnomon.

Mais cette corrélation est seulement *conservatoire* et ne peut en aucune façon avoir servi à une détermination *originelle*. De même, lorsque nous avons fixé, au préalable, l'heure de nos repas, nos montres nous servent ensuite à la déterminer; mais il serait absurde de penser que nos montres indiquent l'heure de nos repas « parce qu'elles ont faim». De même encore, les Egyptiens ayant constaté que la crue du Nil se produisait peu après le lever héliaque de Sirius, utilisaient cette corrélation pour prévoir l'imminence de l'inondation; mais il serait absurde de supposer que les Egyptiens ont connu *originellement* la crue du Nil par le moyen de Sirius, alors que c'est au contraire la constatation de ce phénomène tropique qui a attiré leur attention sur le fait sidéral. Les Egyptiens ont admis, néanmoins, que l'inondation tropique était *régie* par la déesse sidérale. C'est là un lien fictif qu'expliquent les tendances religieuses et l'ignorance des lois astronomiques; mais il est singulier de trouver l'expression d'une idée analogue sous la plume d'un professeur d'astronomie qui attribue la détermination des dates tropiques, en Chine, à l'observation des «étoiles culminantes».

Le texte du *Yao-tien* dit — il est vrai — que les 4 étoiles «servent à déterminer» les dates cardinales. Mais il serait déplacé, d'abord, de reprocher aux astronomes antiques une erreur que certains astronomes modernes ont aggravée en l'adoptant. Il est manifeste, en outre, que cette formule n'avait pas le sens, qu'on lui attribue, d'un procédé usité en *pratique*. Car le texte dit: *Le jour moyen* (et l'étoile Niao) *servent à déterminer*... etc. Pourquoi donc les critiques ont-ils voulu voir dans le second terme, plutôt que dans le premier, un procédé réellement employé? Le texte dit en outre que «le mois intercalaire sert à déterminer les 4 saisons». Et *Se-Ma T'sien* dira encore, 20 siècles plus tard, que «la Grande Ourse détermine les 4 saisons». On ne supposera pas, je pense, que le calendrier des Han fut établi sur la Grande Ourse. Le texte du

savante qui contraste avec leur hypothèse d'une astronomie rudimentaire, ils se trouvent inconsciemment embarrassés d'avoir à parler de
«passages au méridien». A cette expression ils subtituent alors celle
de *culmination* qui présente l'avantage de déplacer la question.

Lorsqu'un astre passe au méridien, il culmine. Mais ce dernier
terme fait allusion à sa hauteur (maxima) tandis que la premier se
rapporte à son angle horaire (nul). Aucun de ces auteurs n'entend
soutenir que les Chinois observaient le maximum de la hauteur.
Mais en faisant usage du mot *culmination* ils sont bien aises de
n'avoir pas à expliquer comment le plan méridien avait été conçu
et repéré.

2°. Ils imaginent que le texte indique le moyen de «déterminer
les saisons», au fur et à mesure, à une époque où l'on ne savait
pas encore en fixer les limites à l'avance, c'est-à-dire à une époque
où l'astronomie était très rudimentaire. Et aucun d'eux ne se demande
pourquoi les Chinois n'observaient pas tout simplement les couchers
(ou levers) héliaques, qui fixent à 5 jours près le retour des dates
annuelles, procédé élémentaire qui s'est imposé à tous les primitifs.

3°. Sans formuler la moindre surprise, ils admettent qu'un peuple
encore réduit à ne pouvoir prévoir la durée des trimestres, cher-
chait la solution du problème sidéro-solaire en faisant intervenir
gratuitement la révolution diurne dans la considération de la révolution annuelle; et qu'il tentait cette détermination complexe dans
la partie méridionale du ciel où ne se trouve aucun repère naturel!
(v. p. 312).

4°. Ils admettent ainsi qu'avant d'exister l'astronomie chinoise
était déjà *équatoriale*. Mais ils n'admettent pas cependant qu'elle
fut *horaire*, ce qui est le complément indispensable de toute astronomie
équatoriale, et ce qui résoudrait immédiatement le problème en le
ramenant dans le droit chemin.

Aucun d'eux n'exprime les motifs de son hypothèse; ils marchent

à l'aveugle. Mais on peut suppléer à leur silence en reconstituant
ainsi le fil inconscient de leurs idées: «Nous admettons — se disent-
ils à leur insu — les passages méridiens, parcequ'il n'y a pas moyen
de les éluder; mais nous nous refusons à attribuer l'invention de la
clepsydre à une antiquité si reculée. Or comme la révolution diurne
(que nous avons dû faire intervenir) implique nécessairement une
considération horaire, il faut que les Chinois aient observé les passages à une *heure naturelle*».

Le coucher du soleil fournit une *heure naturelle* mais inutilisable ici;
car, si l'on rejette l'idée d'un garde-temps, il faut que le phénomène employé comme repère indique *à la fois* la position du soleil,
et celle du firmament. Au coucher du soleil, les étoiles sont invisibles; il n'y a donc pas de détermination sidéro-solaire. Une seule
solution se présente: il faut que le texte se rapporte à l'instant de
l'apparition des étoiles; car, à ce moment, la position du firmament
est indiquée *de visu* par le plan méridien, et la position du soleil
est indiquée par l'affaiblissement de son éclat [1]). Cette solution
alambiquée parait tellement certaine à ces auteurs qu'ils l'admettent
sans la moindre discussion critique.

5°. Aucun d'eux ne s'étonne que les Chinois aient choisi des
étoiles de 3e et de 4e grandeur pour l'application d'un procédé déjà
inadmissible même avec des astres de 1e grandeur.

6°. Aucun d'eux ne remarque que la diversité d'éclat des étoiles
du texte (2e, 3e, 4e et 4e gr.) donnerait des délais de visibilité
différents [2]). R. fixe uniformément ces délais à 40^m. Comme cette
limite, absolument insuffisante, recule déjà de 8 siècles l'époque (2300)
de *Yao*, il se trouve embarrassé pour lui donner une valeur plus

---

1) En supposant constante la relation entre la situation du soleil et sa puissance lumineuse, relation troublée par les variations atmosphériques.

2) D'ailleurs l'état variable de la lune modifie tellement l'heure des apparitions que
ce procédé imaginaire est inapplicable et inéxistant.

raisonnable et se borne à dire que le texte parait se rapporter à une époque postérieure de «plusieurs» siècles. Quand à L., il élimine la difficulté en considérant comme négligeable l'intervalle qui sépare le coucher du soleil de la visibilité des étoiles [1])!

7°. Nous arrivons maintenant à une énormité, incroyable surtout de la part d'un professeur d'astronomie. La rotation de la Terre sur elle-même étant perpétuellement uniforme, il s'en suit que, dans la révolution diurne, les intervalles équatoriaux égaux passent au méridien à des intervalles horaires égaux. Les étoiles du texte divisant l'équateur en 4 quadrants sensiblement équivalents, il est manifeste qu'*elles ne peuvent passer au méridien à des intervalles inégaux*. A moins de faire régner le bon roi *Yao* sur une contrée équatoriale (où le soleil se couche à 6^h en toute saison) il est donc impossible de rapporter le texte aux heures du coucher du soleil, lesquelles à la latitude de la Chine primitive (36°) sont: 6^h, $7^h 15$, 6^h, $4^h 45$ [2]). Il est déjà surprenant de voir ces auteurs chercher à concilier l'inconciliable; mais ce qui est plus surprenant encore, c'est que deux d'entre eux (L. R.) croient y avoir réussi! J'ai montré (R. G. S. p. 136) par quels moyens: R. en éliminant un des résultats et en commettant une grosse faute de calcul sur l'autre; L. en se déclarant satisfait des indications de son graphique, sans indiquer les chiffres (cependant directement lisibles sur sa graduation) qui dénotent trente siècles d'écart! Quant à C. et S. ils s'aperçoivent que les étoiles

---

1) Il dit en effet que le texte se rapporte *at dusk*, puis établit son graphique pour le *sunset*.

2) Le lecteur peut apprécier très facilement la force de cette incompatibilité. Il n'a qu'à porter sur un cercle les positions cardinales du soleil (0^h, 6^h, 12^h, 18^h); puis, à partir de ces 4 points, marquer la position de chaque étoile respectivement à 6^h, $7^h 15$, 6^h, $4^h 45$ en sens inverse des aiguilles d'une montre. Il constatera alors que les intervalles interstellaires seront: $7^h 15$, $7^h 15$, $4^h 45$, $4^h 45$. L'intervalle entre les deux étoiles solsticiales *devrait* donc être $7^h 15 + 7^h 15 = 14^h 30$ alors qu'il *est* en réalité de $11^h 52^m$ (R. G. S. p. 141). Ce qui (à raison de 5^m par siècle) donne trente siècles d'écart dans l'évaluation chronologique basée sur la précession.

passent au méridien à 6^h et non pas au crépuscule; mais au
d'ouvrir les yeux sur leur erreur, ils ne comprennent pas ce
y a d'intentionnel dans cette concordance. Ils ne soupçonnent i
pas que les positions de ces étoiles sont celles du soleil équa
aux dates cardinales! C., avec une gravité vraiment comiqu
déclare «à même de démontrer» que ces étoiles n'étaient pas vi
(ce qui est évident à première vue) et que, par conséquent,
a voulu nous mystifier en affirmant des choses «qu'il ne po
pas connaître», à moins toutefois — ajoute-t-il — qu'il n'ait
ces renseignements «de Noé lui-même»! — Quand à S. il exp
qu'en théorie les étoiles passaient bien à 6 heures du soir,
qu'en pratique on observait ce passage à la tombée de la nuit.
renoncé à saisir le sens de cette distinction.

8°. Après cette hérésie astronomique en voici une autre ei
plus forte: ces 4 auteurs, dont deux au moins [1]) sont spécial
imaginent que les saisons tropiques ont été *déterminées*, origin
ment au moyen d'étoiles. Ce prétendu procédé n'est qu'un pur non·
comme je l'ai montré plus haut (p. 325).

9°. Aucun d'eux n'est surpris du fait qu'il y eût déjà, dans
phase aussi primitive, des astronomes officiels occupant de h·
charges; ni que le souverain leur ordonne de calculer les conj
tions. Aucun d'eux ne signale l'analogie du texte avec celu
Hia-Siao-Cheng [2]) et de l'éclipse du *Chou-King*.

10°. Voici maintenant le bouquet. Tout ce bel échafau
d'incompatibilités historiques et astronomiques repose en der·
analyse sur un aveugle respect de la traduction littérale des carac
以 定. Il est assurément fort louable de ne pas s'écarter (

1) R. et C. Quoiqu'on ne connaisse pas au juste le rôle joué par le Rév. Prit
professeur d'astronomie à Oxford, il paraît inadmissible qu'il ait établi le graphiq
Dr Legge, sans avoir collaboré à son interprétation astronomique

2) Sauf R, mais il n'en voit que le côté chronologique. Aucun de ces aute
mentionne l'interprétation de Biot ou de Gaubil (Sauf S., très partiellement).

teneur d'un texte, à condition toutefois de ne pas aller jusqu'à violenter les lois du ciel et de la logique. Dans l'idée préconçue que les «Instructions de l'Empereur» indiquent un procédé pratique pour déterminer, au fur et à mesure, les saisons, nos 4 auteurs sont obligés d'admettre que les Chinois ne savaient pas en prédire la date et que, par conséquent, *ils ne connaissaient pas la durée de l'année!* Or le texte même dont on tient tant à respecter la teneur indique cette durée avec une exactitude qui fixe immédiatement à 5 *heures près* la limite des saisons! Il mentionne en outre l'usage du mois intercalaire qui suppose un calendrier régulier.

Comment donc ces auteurs ont-ils concilié leur théorie avec cette partie décisive du texte? — De la manière la plus simple: ils ont éliminé la phrase qui indique la durée de l'année et le mois intercalaire. Nous avons là un très curieux et quadruple exemple de la facilité avec laquelle l'esprit dominé par une croyance peut écarter, paisiblement, une objection qui le gêne.

Ni C, ni L, ni S, ni R [1]), ne font la moindre allusion à cette partie du texte, ni au problème général de la durée de l'année dont la solution est cependant capitale dans l'évolution d'une astronomie: car elle en clôt la phase primitive et ouvre celle que l'on peut nommer *scientifique*.

Je laisse au lecteur le soin de grouper, s'il le peut, dans une formule, les contradictions et les anachronismes dont la combinaison représente l'interprétation actuellement admise de ce précieux document ainsi que les idées régnantes sur les origines de l'astronomie en général. Il est singulier de constater combien peu les astronomes ont réfléchi sur les premières étapes de leur science. On peut dire, sans exagération, que les techniciens chinois, depuis les *Han*, se

─────────

1) R. y fait allusion dans son exorde, mais n'en parle plus dans la discussion, ni dans ses conclusions sur «la grossière détermination des saisons».

sont montrés supérieurs en cela à leurs confrères européens
XIXe siècle. Si le spectre de l'empereur Yao s'intéresse encore a
choses du ciel et rôde parfois aux alentours du T'ong Wen Ko
il a dû s'égayer des commentaires dont les Barbares de l'Ouest
agrémenté ses fameuses «Instructions».

Relevons maintenant les particularités de ces diverses études:

L.

En ce qui concerne le Dr. Legge, je n'ai rien à ajouter à
que j'ai dit R. G. S. p. 136, sauf la rectification suivante:

Il m'a échappé que le célèbre sinologue n'admettait pas la définiti
des sieou posée par Gaubil, Ideler et Biot, et qu'il s'est rallié à
théorie des astérismes que nous réfuterons plus loin. Cela expliq
pourquoi il traduit: «L'étoile est dans Hiu» au lieu de «l'étoile Hiu

Par ailleurs, ce fait ne modifie guère les incompatibilités hora
de son interprétation. Toutefois l'écart de 30 siècles que j'av
relevé se réduit à 25 siècles. Dont acte.

C.

Le Rév. J. Chalmers, astronome et missionnaire, n'a pas seuleme
traité de la question du Chou-King, dans les Prolégomènes de
traduction du Dr. Legge (1869) mais aussi de toute l'ancien
astronomie chinoise qu'il présente sous le jour le plus faux. J'ex
minerai en détail son étude dans mon prochain ouvrage; je
puis envisager ici que la partie relative à notre texte.

Cet auteur n'a pas le moindre soupçon du caractère équator
de l'astronomie chinoise qu'il assimile à celle des anciens Grecs
isolant des citations purement démotiques [1]). Il semble igno

---

1) On ne trouve dans Gaubil aucune allusion aux couchers héliaques; et en e
ce procédé écliptique est inutilisable dans une astronomie équatoriale. Mais Confuc
remarquant «qu'à telle époque Fang était encore visible à l'horizon», C. part de là p

totalement les travaux de Gaubil et des techniciens chinois. Il commente le *Yao-Tien* dans des termes empruntés au langage de Ptolémée: «D'après ce document, dit-il, qui indique les étoiles employées pour marquer les *signes cardinaux du zodiaque*, les équinoxes étaient dans *Taurus* et *Scorpio* et les solstices dans *Leo* et *Aquarius*... *Yao* en quelques phrases pompeuses (?) donne à entendre qu'il est d'avance parfaitement renseigné sur les résultats des observations qu'il ordonne à ses astronomes de faire. Mais ceux-ci trouvèrent-ils ces étoiles comme *Yao* leur avait dit qu'ils les trouveraient? *We are supposed to believe that they did, of course.* Mais comme on ne nous le dit pas, nous réclamons la liberté d'en douter». — Puisque C. estime qu'à cette époque et pendant vingt siècles encore, les Chinois en étaient réduits à la méthode grossière des levers héliaques et de la succession zodiacale, comment s'explique-t-il que le texte indique non pas la constellation en conjonction ou en contiguïté, mais celle qui passe au méridien? Il reste muet sur ce point; mais il admet que les *Hi* et les *Ho* ont fait réellement le voyage au Tonkin et autres lieux cardinaux du futur empire et qu'arrivés là.... ils n'ont pu constater la «culmination» des étoiles parce qu'elle se produisait à 0 heures, heure à laquelle, sauf en hiver, elles sont invisibles. En tout ceci, on le voit, il ne précise pas la méthode employée pour l'observation méridienne. C. imagine, semble-t-il, que ces astronomes ont fait ce long voyage pour assister simplement au spectacle d'une «culmination»; et il ne se demande pas quel parti ils en auraient pu tirer, alors même qu'elle eût été visible? Se figure-t-il qu'on peut déduire une date, même approximative, en

---

dire que *postérieurement à Méton et à Calippe* (!) (c'est-à-dire au IVᵉ siècle) les Chinois en étaient encore réduits à établir leurs calendriers sur de grossières observations de levers héliaques; ce qui implique qu'ils ne connaissaient pas encore la durée de l'année (bien que cette expression «durée de l'année» soit absente de toute l'étude de C). Cette dissertation est un des meilleurs exemples qu'on puisse citer de l'absence complète de méthode, qui règne encore, dans la critique de l'évolution de l'astronomie

contemplant une culmination? Et pourquoi donc ces astronomes n'observaient-ils pas tout bonnement les couchers héliaques, qui n'exigent ni plan méridien, ni notation horaire?

Mais voilà qui est plus fort. La seule excuse qui puisse atténuer l'inanité de cette dissertation, est que l'auteur se refuse implicitement à admettre l'emploi de la clepsydre. S'il l'admettait, la question qu'il pose: «Comment *Yao* pouvait-il savoir cela?» recevrait immédiatement une réponse [1]) sans aucune intervention de Noé. Or, le voilà maintenant qui examine l'hypothèse suivant laquelle *Ho* aurait emporté une clepsydre dans ses bagages pour aller assister au spectacle de la culmination de *Mao* (hiver):

Il a pu voir l'étoile longtemps avant sa culmination; mais à moins d'avoir une bonne montre, il n'a pu constater qu'elle culminait à 6 heures; et sa clepsydre, à supposer qu'il en eût une, aurait été gelée!

Outre qu'il semble difficile de refuser aux Chinois de cette époque l'usage du feu et des maisons d'habitation dans lesquelles on peut empêcher l'eau de geler, si *Ho* avait une clepsydre, *Yao* en possédait une également, et dès lors le texte est expliqué. En vérité, une telle argumentation semble relever plutôt de la bouffonnerie que d'une critique sérieuse. [2]).

S.

Avec Schlegel, maintenant, nous arrivons à l'extrême limite où un esprit, sain par ailleurs, peut se laisser aller en tirant, sans aucun frein, des déductions imaginaires de notions astronomiques

---

1) Je n'entends pas par là adopter la théorie de la détermination des saisons par les étoiles; je me place au point de vue de l'auteur, qui se demande seulement comment *Yao* avait pu déterminer l'heure.

2) Néanmoins Schlegel a trouvé ce raisonnement si admirable qu'il le reproduit avec approbation (*Ur.* p 6). Par ailleurs, il va sans dire que l'intervention personnelle de *Yao* et les prétendus voyages des astronomes n'ont rien à démêler avec la partie authentique du texte.

purement livresques, acquises en dehors de toute pratique instru-
mentale. De telles aberrations, je le répète, eussent été impossibles si
les historiens de l'astronomie avaient établi les étapes successives
et l'enchaînement nécessaire des besoins et des procédés qui expliquent les premiers pas de la science.

La distinction entre l'astronomie annuaire et écliptique chaldéo-
grecque basée originellement sur l'horizon, et l'astronomie diurne,
équatoriale, des Chinois basée sur l'étoile polaire, montre immédiatement que le texte du *Yao-Tien* implique la clepsydre.
L'interprétation de L. C. et R. consiste à méconnaître cette
distinction, à prendre l'expression 以定 au pied de la lettre et à
concilier le texte, par une accumulation d'incompatibilités, avec
l'idée qu'ils se font d'un procédé primitif d'ailleurs inéxistant. Toutefois, grâce au silence qu'ils gardent sur le moyen pratique d'observer
une «*culmination*», ils arrivent à se maintenir tant bien que mal
dans le cadre de l'histoire. Tel n'est pas le cas de S. Ayant compris
de travers un passage parfaitement clair de Gaubil, il en déduit
que le texte du *Chou-King* ne se rapporte pas au règne de *Yao*
mais à une époque antérieure.... de 18000 ans! Puis, enchanté
de cette découverte, il en fait la clef de voûte d'un gros ouvrage
sur l'Uranographie chinoise. Il est arrivé à cette belle déduction
de la manière suivante:

J'ai cité (R. G. S. p. 139), un passage capital du P. Gaubil [1])
que personne n'a remarqué (sauf S. et moi), et qui a échappé à
Biot lui-même [2]). Dans cette page décisive, Gaubil montre que,

---

1) Obs. t. III, p. 8.

2) Biot dit en effet (*Etudes* p. 367): «Selon Gaubil l'observation se faisait le soir au
coucher du soleil, et le lieu actuel de cet astre dans les divisions équatoriales se concluait
de celle qui se voyait dans le méridien au même instant. Mais cette explication n'est valable
que pour les deux équinoxes...» J'ai déjà fait remarquer que Biot avait éludé, dans ses
articles, la question de la méthode indiquée par le texte de *Yao* et qu'ayant à en parler
dans les dernières pages de ses *Etudes*, il est tombé dans des contradictions. L'explication
n'est pas plus valable pour les équinoxes que pour les solstices, puisque les étoiles sont invisibles au coucher du soleil. Biot a mal lu le passage. (*Lettres édif.*, XIV, p. 311)

ce livre diffèrent-ils immensément entre eux sur l'heure de l'observation [1]). *Ngan-Kouo*, entre autres, supposait qu'au soir de l'équinoxe vernal les sept constellations de *Niao* étaient visibles. Les interprètes du temps des *Han*, comme nous le dit le P. Gaubil, assuraient que dans le *Yao-Tien* il s'agit des étoiles qui passent au méridien à midi, à minuit, à 6 heures du matin et à 6 heures du soir. Mais ceci est impossible à l'égard des étoiles nommées dans le *Yao-Tien*, car, selon ce livre, *Sing* répondait au printemps et devait donc culminer le matin du jour de l'équinoxe [2]); *Fang* répondait à l'été et devait culminer à midi du solstice [3]); etc... Or ceci est impossible pour aucune époque... Les interprètes des Han ont senti cette difficulté et ont alors décidé tout arbitrairement que l'observation avait eu lieu à 6ʰ du soir; et *en effet si on admet cette heure, l'observation s'accordera avec les faits consignés dans l'histoire, quoique ce ne sera toujours qu'une observation théorique et non visuelle*. Mais nous le répétons, cette décision est tout-à-fait *arbitraire et contraire au texte du Chou-King*, qui dit expressément (?) que l'observation avait lieu le matin au printemps, à midi pendant l'été, etc...

«Nous en tirons la conclusion qu'on dut observer le matin les étoiles qui se lèvent héliaquement; à midi (en théorie) les étoiles qui passaient le méridien; le soir, les étoiles qui se couchaient héliaquement; et la nuit, les étoiles culminantes. De telle sorte qu'au printemps c'étaient les levers héliaques et à l'automne les couchers héliaques qu'on observait; tandis qu'en été on observait (en théorie) à midi les étoiles qui passaient le méridien, et pendant l'hiver les étoiles culminantes à minuit...» Le changement de face du ciel, dit Dupuis [4]), se manifeste surtout au méridien où chaque étoile passe tous les jours quatre minutes plus tôt..» J'ai dit que c'était surtout au méridien que ce phénomène s'observait *parceque l'horizon ne peut pas toujours servir à cette observation* par la raison que les jours croissant en été, la nuit retarde sa marche et que l'étoile qui devait se trouver en station à l'Orient à son commencement est déjà levée: l'effet contraire résulte de l'accélération de la nuit en hiver. La raison de cette variation est tirée de la marche oblique du soleil... On doit donc préférer le

---

1) L'immensité de ces différences n'existe que dans l'imagination de S. par suite de la manière dont il a compris les explications de Gaubil. *Ngan Kouo* donne simplement l'interprétation démotique de ce renseignement d'almanach, effectivement destiné à indiquer l'aspect général du ciel, mais dans lequel nous cherchons, en outre, les méthodes astronomiques de la haute antiquité.

2) S. sous-entend ici : [et non à midi comme le dit Gaubil].

3) [et non à minuit comme le dit Gaubil].

4) J'ai soutenu la thèse contraire (p. 312). Ce Dupuis a échafaudé, au commencement du XIXᵉ siècle, d'abracadabrantes théories analogues à celle de S., basées sur la haute antiquité des signes zodiacaux égyptiens, reconnus, depuis lors, contemporains des Ptolémées. (Voy. A. P. à la bibliographie).

méridien ou une hauteur quelconque d'étoile, plutôt que de prendre le commencement de la nuit qui varie tous les jours.

Analysons la subjectivité de ce passage qui résume la théorie de l'auteur:

En premier lieu, sa conviction s'appuie sur le *contexte* des propositions sidérales (*Yao* ordonna d'observer le lever du soleil etc. . .). Quoiqu'on ne voie dans le document aucun lien entre les *Instructions* et les propositions sidérales (et que ces deux éléments appartiennent à des époques sans doute très différentes), S. est persuadé que l'observation de *Niao* (= *Sing*) se rapporte au matin parcequ'elle est précédée de la mention du lever du soleil. Sur ces entrefaites, il tombe sur le passage de Gaubil. Ce dernier expose que, d'après les astronomes des *Han*, il s'agit des étoiles qui succèdent au méridien de 6^h en 6^h. Mais au lieu d'énumérer les quarts du jour dans leur ordre naturel (0^h, 6^h, 12^h, 18^h) Gaubil écrit au courant de la plume: «à midi, à minuit, à 6^h du matin et à 6^h du soir» ne pouvant prévoir que cette interversion entraînerait un *quiproquo*. S., ayant déjà une conviction arrêtée, figure que ces diverses heures se rapportent, non pas à une même *révolution diurne*, mais à des dates cardinales différentes! Il trouve ainsi confirmé dans son opinion; seulement, l'interversion de Gaubil l'embarrasse et il déclare gravement que, à aucune époque un tel ordre n'a pu se réaliser, ce qui est l'évidence même. Attribuant alors sa propre méprise aux astronomes chinois, il déclare «qu'ils ont senti la difficulté»! Puis il s'aperçoit (d'après la suite des explications de Gaubil) que ces interprètes des *Han* rapportent tout bonnement le texte à 6 heures du soir; mais cela ne lui ouvre pas les yeux et il s'imagine qu'il y a là deux interprétations différentes et que les Chinois ont formulé *arbitrairement* la deuxième (6ʰ) pour échapper à l'incompatibilité de la première! Pour ne pas suivre leur exemple, il la tourne d'une autre manière et déclare: que de

propositions du texte se rapportent à la méthode des *Culminations*
et les deux autres à celle des *Levers héliaques!* Mais comment
légitimer ce panachage? — Il se persuade alors que le procédé des
levers (ou couchers) héliaques n'est pas praticable aux solstices; ce
qui montre qu'il disserte sur l'astronomie primitive sans même savoir
ce qu'est un coucher héliaque [1]).

Les autres déductions auxquelles S. est alors conduit sont encore
plus fantastiques. L. C. et R. accumulent, nous l'avons vu, bien
des non-sens; mais, cependant, ils ont encore un léger fil directeur
dans les ténèbres où ils tâtonnent: ils se rendent vaguement compte
qu'à défaut d'heure artificielle, une seule solution permet d'inter-
préter le texte, en le rapportant à l'heure naturelle où la position
du firmament et celle du soleil sont indiquées simultanément par
l'affaiblissement de la clarté diurne qui fait apparaitre les étoiles [2]).
Si l'on ne rapporte pas le texte à cette limite de visibilité, on
tombe dans un nouveau non-sens: car s'il est impossible d'observer
les étoiles à 6 heures, il est non moins impossible d'observer le
soleil à la nuit close. A la question de C.: «comment les Chinois
pouvaient-ils connaitre la position des étoiles avant leur apparition?»
se substitue l'autre question non moins embarrassante: comment
pouvaient-ils connaitre l'angle horaire du soleil après la disparition

---

1) Remarquez que le lever héliaque de Sirius, dont le rôle fut si important en Égypte,
avait lieu *précisément aux environs du solstice!* Par ailleurs, voici d'où provient ce nouvel
accroc aux lois astronomiques: S. a cherché, sur son globe à cercles mobiles, le coucher (ou
lever) héliaque des 2 étoiles solsticiales du texte. Or, comme les 4 étoiles de *Yao* ont été
choisies en vue d'une méthode équatoriale, de 6ʰ en 6ʰ, elles se couchent à 0ʰ,
6ʰ, 12ʰ, 18ʰ, aux dates cardinales et *ne peuvent* par conséquent se trouver près de l'horizon
au crépuscule. Au lieu de reconnaitre l'incompatibilité (évaluée dans la note de la p. 329)
du texte avec la méthode zodiacale, il déclare que cette méthode est inapplicable aux solstices! Ce qui équivaut à dire que «par suite de l'obliquité de l'écliptique» il ne se produit
ni aurore ni crépuscule aux solstices! (V. p. 312).

2) Aucun d'eux cependant n'a conscience de cette interprétation qui seule pourrait
justifier leur thèse: L. confond indifféremment *at dusk* et *sunset*. C. et R. sont uniquement
préoccupés de la visibilité des étoiles et admettent l'hypothèse de la clepsydre sans s'apercevoir que le problème est alors résolu.

complète de son action lumineuse? Il s'agit en effet d'une dété
mination *sidéro-solaire* faisant intervenir *deux* éléments. Si donc (
ne rapporte pas le texte à l'unique donnée *naturelle* où ces de
éléments (sidéral et solaire) sont impliqués, il faut admettre l'empl
d'un instrument *artificiel* destiné à conserver l'angle horaire
l'élément invisible dans le but de le comparer à l'angle horaire
l'élément visible. Or S., ne se rendant aucun compte de ce postul
admet que l'on observait le passage au méridien *à minuit* (!). Ma
comment donc savait-on qu'il était minuit? — En supputant
trajet parcouru par les étoiles dans leur révolution diurne on pe
bien en déduire une division de la nuit (et nous avons mont
que telle est l'origine de l'astronomie chinoise); mais alors c'est
position de l'étoile qui donne l'heure, et non l'heure qui détermi
la position sidéro-solaire. Pour connaître cette position sidéro-solai
(correspondance de *Niao* avec l'équinoxe etc.) il faut d'ailleurs une d
termination *tropique*. Mais S., sans songer à expérimenter lui-même
cercle vicieux qu'il attribue aux primitifs, imagine qu'en regarda
le ciel «*à simple vue*»[1]) on peut en déduire *à la fois* l'heure diur
et la date tropique! Tout cela est de la pure folie.

Aussi les conclusions sont-elles dignes des prémisses:

Voilà donc enfin l'accord parfait des deux solstices et équinoxes avec
signes qui doivent les annoncer et *qu'on ne pourra jamais trouver moyenn*
une autre méthode d'observation... Seulement, il est nécessaire de remont
à une époque assez reculée... La précession des équinoxes étant de 50''.25
par an nous aurons à rétrograder d'environ 17908 années.

Après avoir évalué ensuite la variation de la précession, il conclu

L'an 16916 avant l'ère chrétienne serait ainsi celui de l'invention
quatre signes cardinaux en question. Il va sans dire, cependant, que cette da
n'est pas précisément rigoureuse; les observations étant faites à la simple vue.
peuvent comprendre des erreurs susceptibles d'influencer sur le chiffre obte
En la comptant grossièrement pour 18500 ans on ne sera peut-être pas tr
éloigné de la vérité.

---

[1]) C'est-à-dire sans signal méridien, gnomon, ni clepsydre. Ur. p. 14.

Et telle est sa confiance dans ses étourdissantes déductions qu'il termine ainsi son ouvrage:

«Nous avons présenté notre explication sous le titre d'une Hypothèse; non pas parce que nous doutons des bases de notre travail, mais en souvenir de l'avis de Voltaire...».

R.

Nous abordons maintenant la plus récente de ces quatre études; la plus inconcevable aussi, car elle émane d'un professeur d'astronomie.

Lorsque l'histoire commence, écrit M. Russell, des progrès considérables ont été réalisés en astronomie. En Chine, le zodiaque avait été divisé en 28 constellations. Les saisons avaient été déterminées au moyen d'étoiles culminantes et on avait une bonne approximation de la durée de l'année. Les lieux du soleil et de la lune avaient été déterminés d'après leurs emplacements parmi les étoiles.

Ces lignes contiennent diverses erreurs.

1° Parmi les progrès «considérables» (*no small*) alors réalisés par les Chinois, R. ne signale pas le gnomon; il est donc clair que la détermination des dates tropiques par le fameux procédé des culminations d'étoiles est, dans sa pensée, une détermination *originelle* et non pas seulement *conservatoire*. Or ce prétendu procédé n'est qu'un simple non-sens astronomique, comme je l'ai dit plus haut.

2° Les *sieou*, dont il est question ici, ne sont pas des constellations et ne constituent pas un zodiaque. Ce dernier terme évoque en effet une idée essentiellement écliptique, alors que les *sieou* sont foncièrement équatoriaux.

3° Depuis les travaux de Biot (1840) il ne devrait plus être permis d'affirmer qu'il y avait originellement 28 *sieou*; il faudrait au préalable prendre la peine, sinon de réfuter, du moins de contester ou de mentionner son hypothèse si vraisemblable (v. p. 348).

4° A aucune époque de l'histoire nous ne voyons les Chin déterminer la position des astres mobiles d'après leurs lieux «par les étoiles» et c'est là un des traits caractéristiques de leur méthode équatoriale, expliqué par l'origine horo-polaire.

Il est manifeste, en effet, surtout après l'emploi du mot *zodiaq* que l'auteur entend dire ici que les Chinois employaient la méthode écliptique, chaldéo-grecque, consistant à indiquer les lieux des ast mobiles *dans l'intérieur des groupes stellaires*, et qu'il fait allusion texte du *Yao-Tien* («lorsque l'histoire commence...»); alors qu précisément, ce texte antique nous montre (comme tous les aut textes postérieurs) un repérage horaire dans lequel les *sieou* joue le rôle de divisions équatoriales, rôle incompatible avec leur concepti en tant qu'astérismes [1]).

Je ne suivrai pas plus loin R. dans sa discussion: je renvoie lecteur à ce que j'en ai déjà dit [2]). Je me bornerai a deux remarqu complémentaires.

1° La grosse faute de calcul qui sert de clef de voûte a s interprétation montre avec évidence qu'il ne s'est pas aperçu de concordance des 4 étoiles du texte avec les positions cardinales soleil sur l'équateur. En effet, comme il fixe le délai de visibilité ces étoiles d'une manière uniforme (en dépit de leur diversité d'écl il en résulte qu'il doit s'attendre à obtenir des heures d'appariti symétriques, comme celles du coucher du soleil. Et puisqu'il retranc de ces résultats symétriques la valeur *constante* du passage au méridi de ces étoiles (6[h]) il doit s'attendre encore à trouver des résulta symétriques. Or il accepte, sans en être surpris, des résultats, égalis par une faute de calcul, au solstice d'été et aux équinoxes; et élimine comme aberrant le résultat relatif au solstice d'hiver. Dor de deux choses l'une: ou bien il admet que des intervalles éga

---

1) Voy. ci-dessous p. 369.
2) R. G. S. p. 137 et ci-dessus p. 326.

de l'équateur se succèdent à des heures inégales; ou bien il ne s'est pas aperçu de la concordance des 4 *sieou* avec les positions cardinales du soleil. Cette deuxième explication, évidemment la seule acceptable, montre que l'auteur traite de la question du *Yao-Tien* sans même soupçonner ce qui constitue, depuis 2000 ans, le fond du débat et la valeur indiscutable du document.

2° Dans la R. G. S. et ci-dessus, j'ai attribué à l'auteur l'idée, plus ou moins consciente, qu'à défaut de clepsydre le texte ne peut être rapporté qu'à l'heure d'apparition des étoiles où la position sidéro-solaire se trouve empiriquement déterminée. Or cette appréciation favorable se trouve démentie par R. qui, dans ses conclusions, regrette que les Chinois n'aient pas indiqué «les heures d'observation»! Mais s'ils étaient à même d'indiquer les heures artificielles, à quoi bon choisir alors l'heure naturelle de l'apparition? En y regardant de plus près, j'ai constaté que le raisonnement (d'ailleurs sous-entendu) de l'auteur n'est pas celui que je lui ai attribué: l'interprétation de R. est au fond celle de C.; avec cette différence, toutefois, que C. constate l'incompatibilité du texte avec l'observation réelle des étoiles et fait intervenir Noé; tandis que R., grâce à une faute de calcul, croit avoir trouvé une solution en masquant sous le mot «*plusieurs*» un écart de 8 siècles, d'ailleurs obtenu en fixant à 40^m le délai de visibilité d'étoiles de 4e grandeur; ce qui donnerait 15 siècles d'écart avec un délai plus convenable.

On peut donc reconstituer ainsi la genèse des idées de R. et de C.: ils n'ont pas vu que le problème sidéro-solaire comporte deux solutions: ou bien l'observation crépusculaire par contiguïté (coucher héliaque); ou bien l'invention d'un garde-temps *dont le but est de conserver la position* du mobile invisible pendant qu'on observe directement l'autre[1]).

---

1) Il est inutile de mentionner ici la 3ᵉ solution, celle d'Hipparque, qui consiste à mesurer angulairement la longitude du soleil par l'intermédiaire de la lune.

Ces deux auteurs ne soupçonnent même pas que la concept
et l'emploi du plan méridien supposent une astronomie fort dé
loppée; ils attribuent cependant cette méthode à des primitifs e
ajoutent encore, implicitement, l'invention et l'emploi de la cl
sydre; après avoir tacitement accordé aux Chinois ces deux noti
remarquables, ils ne s'aperçoivent pas que le problème est rés
et persistent à y voir le fait d'une astronomie grossièrement ru
mentaire; ils se préoccupent seulement (parceque le texte pe
d'étoiles) de vérifier si ces étoiles étaient réellement visibles. Ils
comprennent donc pas, ce qui est l'essence du problème sidé
solaire, qu'il faut observer *deux* éléments pour obtenir une dét
mination; et que la clepsydre permet aussi bien de rapporter
position invisible des étoiles à celle du soleil visible (jour), que
position invisible du soleil à celle des étoiles visibles (nuit). Si de
R. entre en matière en calculant la limite de visibilité des étoil
ce n'est pas du tout (comme je l'ai cru, R. G. S.) parceque l'
stant précis de cette limite permettrait d'éliminer l'hypothèse de
clepsydre; c'est simplement parcequ'il recherche si, dans la hau
antiquité, on a pu observer ces étoiles aux dates indiquées. :
regrettant que les Chinois n'aient pas mentionné les heures,
montre en effet qu'il ne répugne pas à admettre l'emploi d'
garde-temps; seulement il ne se rend pas compte que l'emploi
ce garde-temps supprime la nécessité de la visibilité des étoiles.

Par ailleurs il admet que les Chinois choisissaient précisóme
(pour déterminer la saison!) l'instant où ni le soleil ni les étoi
ne sont visibles (40$^\mathrm{m}$ après le coucher du soleil); et il discute
résultats de ces observations-limites, non pas seulement pour
supputer la date minima, mais comme si telle était bien
méthode employée. Il semble retomber ainsi dans la premiè

hypothèse que je lui ai prêtée. En réalité ces auteurs ne se meuvent ni dans une hypothèse ni dans une autre: on ne trouve chez eux qu'incohérence et contradictions.

VI. Le zodiaque lunaire d'Ideler.

Dans mon article de la R. G. S. destiné à établir, devant un public de mathématiciens, que le texte du *Yao-Tien*, pris isolément, suffit à démontrer le développement remarquable de l'astronomie chinoise à une époque antérieure à l'an 2000, j'ai éliminé systématiquement la question de l'origine des autres *sieou*, non mentionnés dans le document [1]). Les auteurs dont nous venons d'examiner les opinions ont également limité la discussion au texte du *Chou-king*. Mais nous devons maintenant considérer les hypothèses relatives à la genèse des *sieou*. Car cette question a été liée par d'autres auteurs à celle de l'interprétation de notre texte.

Lorsqu'on eût appris en Europe que les Chinois possédaient un «zodiaque» de 28 constellations, on ne tarda pas à l'assimiler au zodiaque lunaire des 28 *nakchatras* hindous, identifié lui-même au zodiaque lunaire des 27 *manazil* arabes. Indépendamment de la question de priorité, l'opinion que les 28 *sieou* chinois constituaient un *zodiaque lunaire* s'accrédita chez les savants comme un fait acquis et hors de discussion.

Ce caractère axiomatique de l'opinion reçue touchant l'origine lunaire des *sieou* apparait nettement dans l'étude d'Ideler intitulée *Zeitrechnung der Chinesen*, Berlin 1837—1839. Le savant chronologiste allemand professait «ne pas s'intéresser aux questions hypo-

---

1) Par suite de cette position dialectique, j'ai été amené à formuler des vues sensiblement différentes de celles qui résultent de l'examen comparé des autres sources.

thétiques». Et, en effet, il ne considérait évidemment pas celle
l'origine des *sieou* comme telle, puisqu'il n'a jugé à propos
l'appuyer par aucune preuve.

Depuis les plus anciens temps, dit-il, il existe en Chine un zodiaque d
parties réglé sur le cours périodique de la lune. Il y a d'abord été em]
pour définir les lieux de cet astre, du soleil et des planètes ... La dénomia:
générique des divisions chinoises est *sieou*. La caractère chinois qui les dé
peut aussi se prononcer *su* et signifie *une auberge pour la nuit*. Il peut se
traduire par le verbe *se reposer*. D'après cette dernière signification, j'ai ad
le terme de *stations de la lune* pour les désigner.

L'assertion contenue dans la première phrase (*réglé sur le c
de la lune*) sera démentie par Ideler lui-même qui, tout-à-l'he
confessera qu'il n'a pu découvrir aucun rapport entre la réparti
des *sieou* et le cours de cet astre.

Quant à la seconde phrase, elle contient la même erreur
celle de M. Russell [1]), si elle signifie que les *sieou* constituaien|
repérage écliptique à la mode chaldéo-grecque.

En ce qui concerne le sens originel du mot *sieou* (8° ph:
je renvoie le lecteur à ce que j'en dirai p. 372; bornons-no|
remarquer le raisonnement d'Ideler: ce sont des *stations*, donc
stations *de la lune.*

C'est tout. Ces quelques lignes représentent toute l'argument:
du savant qui ne s'intéresse pas aux questions hypothétiques.

Il faut noter cependant qu'il mentionne la lune, *en premier*
parmi les astres mobiles repérés «d'abord» par ce prétendu zodi:
Le lecteur est ainsi porté à croire que cet ordre de préférence
allusion à des textes antiques démontrant l'emploi spécialemen|
naire des *sieou*. Or le plus ancien texte connu est celui du *Yao*-
et il indique les positions *équatoriales du soleil* et non pas les
sitions *écliptiques de la lune!* Nous verrons qu'il en est de n

---

[1]) Ci-dessus, p. 342.

de tous les autres documents antiques et qu'il faut arriver à l'ère relativement moderne pour trouver des indications sur la position de la lune dans les *sieou*. Il est indubitable que dès l'antiquité les divisions équatoriales ont dû servir à repérer le cours de la lune comme des autres astres mobiles; mais il est d'autant plus inexact d'affirmer leur spécialité lunaire que cet emploi est précisément le seul que les textes ne montrent pas.

A défaut d'indices historiques, la répartition astronomique des *sieou* indique-t-elle une relation lunaire? Ideler ne s'est pas fait illusion sur ce point:

Il est fort surprenant, dit-il, que les intervalles des 28 divisions chinoises présentent de si grandes inégalités; quelques unes n'ayant, même dans les anciens temps, que 2°42′ de longueur équatoriale, d'autres très voisines, plus de 30°. Il est également singulier que l'on ait choisi de si petites étoiles pour déterminatrices tandis qu'il y en avait tout auprès de très brillantes... Je présume que ce *désordre apparent* des stations de la lune est basé sur de vieilles concordances du lever de cet astre avec les étoiles qui passaient en même temps au méridien. Mais je n'ai pas été assez heureux pour découvrir le principe qui a décidé le choix de ces étoiles; s'il y a eu un tel principe, l'emploi qu'on en a fait a dû être très grossier: car, par aucune combinaison possible une station [lunaire] n'a pu contenir 26 ou 33 degrés alors que la station voisine en contenait seulement 4 ou même 2.

Whitney, plus logique en cela, affirmera qu'un zodiaque lunaire est nécessairement écliptique, et contestera le caractère équatorial de l'ancienne astronomie chinoise, comme aussi la définition des *sieou* basée sur les déterminatrices. Ideler admet à la fois l'observation des passages au méridien et le caractère zodiacal des *sieou*. Rien ne montre mieux la méconnaissance, encore persistante, de la distinction que j'ai établie au chap. III, si ce n'est la compilation de Ginzel qui entasse indifféremment les idées de Whitney et celles d'Ideler, sans même informer le lecteur que le caractère zodiacal des *sieou* a été contesté et réfuté par Biot.

VII. La théorie de Biot.

Biot répondit à Ideler dans le courant de la même année[1]). Il n
rien encore publié sur l'astronomie chinoise, mais l'étudiait depuis
temps d'une manière approfondie. Il n'a pas seulement tiré par
travaux de Gaubil: grâce à la collaboration de Stanislas Julien,
son fils Édouard Biot, il a découvert et versé au débat des docu1
inédits de première importance.

Biot a abordé le problème de l'origine des *sieou* sans idée préc
et d'une manière parfaitement objective. Le plus ancien document 1
nomique remontant au 24e siècle (d'après la tradition), il reconstitu
le calcul, sur un globe céleste, le ciel chinois de cette époque en y po
les 28 étoiles déterminatrices, les positions cardinales du soleil et le
compolaires principales mentionnées par les anciens textes. La de
tion primitive des *sieou* se manifesta alors avec une grande éviden
la résume dans un tableau auquel le lecteur pourra se référer lorsque
rai à montrer combien l'exposé de sa théorie a été dénaturé par Whi

Numéros des sieou.	Leur nombre.	Leur destination.	Confirmations historiq
1. 8. 15. 22. (de 7 en 7.)	B 4	Première quadrature datant du 24e siècle environ, servant à repérer les positions cardinales du soleil.	Le texte du *Yao-Tien*, d lequel ces 4 *sieou* passe mér. à 6h du s., ce qui équ à dire qu'ils contienne positions cardinales du
2. 3. 4. 5. 6. 9. 10. 11. 12. 13. 15. 17. 18. 19. 20. 23. 24. 25. 26. 27.	A 20	Ces *sieou* sont répartis de manière à correspondre sur l'équateur, aux grandes circompolaires.	Le *Hia-Siao-Cheng* me ne les passages au mé supérieur et inférieur de compolaires et une re circompolaire de *Tsan*.
7. 14. 21. 28. (de 7 en 7.)	B' 4	Deuxième quadrature datant du 12e siècle environ, servant à repérer les positions cardinales du soleil.	Biot a démontré q duc de *Tcheou* a fait d novations astronomiqu s'est occupé spécialeme fixer le lieu du solstice.

1) Le premier article du J. des S. 1839, n'est qu'une introduction. Les 5 autres sont de

Catégorie A. La catégorie (A), la plus nombreuse, comprend une vingtaine de *sieou* dont la répartition a été manifestement choisie pour correspondre à celle des principales circompolaires [1]). Biot a établi cette concordance sur deux particularités qui entraînent une certitude inattaquable, mais que Whitney ne mentionne même pas :

1° Aux *grandes lacunes* dans la répartition naturelle des circompolaires correspondent de *grands intervalles* corrélatifs dans la répartition des étoiles déterminatrices. Aux groupements compactes des circompolaires correspondent, au contraire, de faibles intervalles entre les déterminatrices.

2° Les déterminatrices sont *diamétralement opposées* par couples, et cela avec une exactitude qui élimine d'emblée l'hypothèse d'une

coïncidence fortuite. Cette symétrie diamétrale démontre que l'on observait le passage des circompolaires au méridien *supérieur* et au méridien *inférieur*. De telle sorte qu'une même circompolaire (A) se trouvait repérée par deux *sieou* opposés (a et a′). L'étoile déterminatrice (a) était choisie sur le prolongement équatorial de la direction P A, tandis que (a′) était choisie, à l'opposé, sur

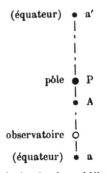

Projection du plan méridien.

le prolongement équatorial de la direction A P. La remarquable symétrie des déterminatrices (a) et (a′) s'explique ainsi par le fait qu'elles ont été choisies, sur le même cercle horaire, au moment des passages méridiens [2]).

---

1) Deux d'entre eux sont hétérogènes. (V. p. 390).

2) De même que si nous prolongeons sur un globe terrestre la direction Pôle-Paris et Paris-Pôle nous obtiendrons sur l'équateur deux points diamétralement opposés, sur le méridien [0°, 180°] de Paris.

Biot a résumé ainsi ces deux constatations contre lesquel
n'a fait valoir jusqu'ici aucune objection, si ce n'est celle du si

(Correspondance des lacunes.) «On est d'abord frappé de v
l'ensemble des 28 divisions chinoises, au temps dont il s'agit, offrent deux
vides diamétralement opposés et occupant sur l'équateur des intervalles
28′ et de 30°34′. Ce sont les stations appelées Tsing et Teou; elles rép
à deux époques de la révolution diurne pendant lesquelles il ne passait au m
aucune des étoiles circompolaires que les anciens Chinois observaient spécial
Après ces deux stations, les plus étendues sont Ouey et Pi, la première
17°49′ de longueur équatoriale, la seconde 18°6′. Elles sont aussi oppo
ascension droite et répondent à une absence de circompolaires. Deux
encore présentent une étendue presque aussi grande, ce sont Goey 18′
Tchang 16°39′. Elles offrent la même particularité.

(Opposition diamétrale.) «[Réciproquement, il n'y a pas une se
étoiles circompolaires mentionnées plus haut qui n'ait une *division* équa
correspondant exactement ou de très-près, à ses passages supérieurs et inf
pour cette époque...] [1]) Ceci, joint à la fixation des points solsticiaux et
noxiaux, produit, dans les ascensions droites des déterminatrices, des oppo
par couples qu'on remarque dans le plus grand nombre d'entre elles
les place alors, deux à deux, dans un même cercle horaire presque exact
que l'on puisse aisément en juger, voici le tableau de ces oppositions, s
mesure de l'angle compris entre les cercles horaires des déterminatrices e
pondantes: [2])

---

1) Ce passage [que j'ai mis entre crochets] est le seul que Whitney ait retenu
qu'il n'exprime pas une condition précise et nécessaire. Il l'a en outre dénaturé e
stituant le terme *étoile déterminatrice* au mot *division* qui exclut l'idée d'une correspo
rigoureuse. D'autre part, si, comme je le crois, l'origine des *sieou* est antérieure au 24e
le déplacement du pôle a pu altérer ces correspondances sans avoir d'effet apprécia
les oppositions des déterminatrices (par suite de leur éloignement du pôle). W.
omis les deux relations essentielles que je résume dans ces deux formules: *Correspo
des lacunes* et *Opposition diamétrale*.

2) J. des S. 1840, p. 232. Si Biot avait étudié ces oppositions sur un tableau gre,
il aurait pu constater qu'elles ne sont pas seulement *diamétrales* mais aussi care
Influencé par ses idées, j'ai cru (R. G. S) que le texte du *Yao-Tien* indiquait une
nation spécialement *solaire* de la quadrature B. J'ai abandonné cette hypothèse depe
le diagramme ci-dessous m'a révélé le caractère général des répartitions cardinales, e
ment obtenues (dans la phase *stellaire* primitive) au moyen des positions trimestrie
la Grande Ourse.

Numéros d'ordre des divisions comparées.	Leur dénomination.	Leur différence d'ascension droite en — 2357.	Valeur de la dissymétrie.
1—15	Mao-Tang	182° 7′	2° 7′
2—17	Pi-Ouey	179° 51′	0° 9′
3—18	Tae-Ky	179° 34′	0° 26′
5—19	Tsing-Teou.	183° 7′	3° 7′
6—20	Kouey-Nieou	179° 1′	0° 59′
7—21	Lieou-Nieou.	180° 47′	0° 47′
8—22	Sing-Hiu	175° 38′	4° 22′
9—23	Tchang-Goey	178° 7′	1° 53′
10—24	Y-Tche	180° 16′	0° 16′
11—25	Tchin-Py	178° 59′	1° 1′
13—27	Kang-Leou	175° 20′	4° 40′
14—28	Ti—Oey	177° 10′	2° 50′

Quelques *sieou*, on le voit, ne répondent pas à la symétrie; on verra plus loin que ces exceptions confirment la règle. Il faut remarquer, en outre, que cette symétrie diamétrale des *sieou* n'est aucunement indispensable à la théorie de leur origine circompolaire qui aurait pu fort bien être basée sur le *seul* passage au méridien supérieur. C'est une propriété *surajoutée* prouvant que l'on observait le double passage, et cela avec une précision qui constitue le plus ancien témoignage d'une méthode scientifique.

Catégories B et B′. Ces deux quadratures englobent les positions cardinales du soleil aux environs du 24e et du 12e siècles. La deuxième B′ ne contient *aucune* circompolaire notable dans trois de ses divisions et a manifestement été créée dans le but spécial de repérer les positions solaires. La première, B, a sûrement servi à cet usage comme en témoigne le texte du *Yao-Tien*; mais il ne me parait pas vraisemblable qu'elle ait été créée dans ce but, comme le croyait Biot. (V. p. 350, note 2).

Il admettait, d'autre part, que les catégories A et B avaient été

et réformateur ait désiré les jalonner au moyen d'une quadrature analogue à celle dont les Anciens avaient fait usage à l'époque de *Yao*.

D'ailleurs, si l'attribution de cette quadrature au duc de *Tcheou* venait a être décidément réfutée, cela ne modifierait en rien les constatations de Biot relatives aux autres *sieou*. Il faudrait seulement considérer alors comme inexpliquée l'origine de cette quadrature et s'émerveiller des singulières coïncidences auxquelles elle se prête.

Confirmations tirées des 史記 . Les M. H. qui n'étaient pas encore traduits du temps de Biot, apportent une éclatante confirmation aux idées qu'il a mises en lumière, tant sur le caractère équatorial de l'astronomie chinoise que sur l'origine des *sieou*; ils confirment également mon hypothèse sur la genèse horo-polaire de cette astronomie, exposée au chapitre III.

On ne peut, en effet, lire le Traité des *Gouverneurs du Ciel* sans être frappé par ces traits essentiels:

1°. Absence complète de tout mythe solaire, de toute considération écliptique et zodiacale, d'où résulte une physionomie opposée à celle que présenterait un traité analogue chaldéen ou grec.

2°. Caractère purement équatorial et horaire des divisions et de la conception générale de l'astronomie.

3°. L'équateur placé sous la dépendance du pôle et des grandes circompolaires.

4°. Origine lointaine, archaïque, de ces principes qui affectent par conséquent une forme religieuse. (Mythes polaires).

Ainsi, par exemple, les anciens royaumes feudataires devenus provinces de l'empire sont associés astrologiquement à des *sieou* déterminés. Mais ces influences occultes sont présidées elles-mêmes par les circompolaires de la Grande Ourse (北斗). L'astrologie

officielle avait ainsi conservé sous une forme métaphysique le so
de la genèse des *sieou* dont les astronomes ne connaissaien
l'intention technique originelle:

«Les 28 mansions président aux 12 provinces; le Boisseau les dirige
ensemble; l'origine de cela est anciennes [1]).

(Le Boisseau) détermine les quatre saisons... il fait évoluer les d
(horaires) et les degrés (de l'équateur) [2]).

Ces phrases que je n'avais pas encore remarquées, lorsqu
été amené à concevoir la genèse astronomique exposée plus
la confirment sous une forme métaphysique, mais explicite, q
sume le sens de nos tableaux des pages 316 et 317.

Notons en outre que *Se-Ma*, commence sa description d
par la région polaire (Le Palais Central) et que l'étoile p
appelée le *Faîte du Ciel*, est considérée comme la résiden
l'*Unité du Ciel* [3]).

VIII. „The Lunar Zodiac" de Whitney.

Après avoir étudié les admirables articles du J. des S.,
pour moi un sujet de stupéfaction de constater les écarts
critique postérieure et son silence obstiné à l'égard de Biot. L

---

1) M. H. t. III, p. 405.

2) 建四時。移節度。

3) Gaubil remarque que cette expression désignait autrefois une étoile qui fut
ment l'étoile polaire aux environs du 26e siècle. Freret, sur les indications de Gau
identifiée à ϰ Dragon, mais Biot (J. des S. p. 235) a montré qu'il a mal comp
indications du missionnaire. Ce fait remarquable n'a guère été pris en considératior
que l'on ne croyait pas à la haute antiquité des méthodes chinoises, mais comme o
établir, par démonstration, que cette époque est précisément celle de l'origine des *si*
coincidence prend une valeur décisive.

de ce mystère ne me fut donnée que lorsque M. Chavannes m'eût signalé l'article de Whitney, que nous allons maintenant analyser.

Dans cette diatribe, en effet, W. a tourné en dérision les idées de Biot; et il y a si bien réussi que personne depuis lors n'a osé s'en réclamer. Mais comme sa pseudo-réfutation repose sur la négation de tout document antérieur à l'Incendie des Livres, les auteurs qui ont traité ultérieurement de la question du *Yao-Tien* ne pouvaient pas davantage, sans pétition de principe, se prévaloir d'une démonstration qui excluait l'objet de leur étude. Ils ont donc pris le parti le plus simple: celui de ne citer ni Biot ni Whitney, tout en acceptant cependant les conclusions de ce dernier et en gardant un silence négatif sur celles du premier ').

Si Biot s'était borné à étudier les principes de l'astronomie chinoise, son oeuvre n'eût pu être ainsi méconnue. Mais comme le dogme du zodiaque lunaire lui paraissait fondé sur l'analogie des *sieou* et des *nakchatras*, il eut la curiosité d'analyser ces derniers et crut pouvoir affirmer leur origine chinoise ').

A l'incursion de Biot dans leur domaine, les indianistes répondirent par une contre-offensive. Ils coupèrent même les ponts derrière eux en acceptant le principe d'une origine commune des deux systèmes; de telle sorte que si l'Inde n'avait pas emprunté les *sieou* aux Chinois, la Chine avait nécessairement emprunté les *nakchatras* aux Hindous. Dans cette lutte sans merci, la retraite était impossible: il fallait vaincre ou périr.

---

1) Cet état de choses, qui a ramené le zodiaque lunaire et l'écliptique comme bases de l'astronomie chinoise, se manifeste tout au long de la compilation récente de Ginzel (Leipsig 1906) que j'examinerai en détail dans mon prochain ouvrage. L'auteur ne mentionne pas les articles de 1840 dans sa liste bibliographique.

2) Je me propose d'examiner ailleurs cette question sur laquelle je n'ai actuellement aucune opinion arrêtée, n'ayant pu encore me renseigner sur le sens des textes hindous.

Le célèbre professeur Weber, de Berlin, prit la directio
opérations. Cependant Biot, passant sur les derrières de l'en
attaquait la vieille forteresse de l'astronomie hindoue et la détr
de fond en comble; elle ne s'est pas relevée de ses ruines.

Cette diversion, toutefois, ne lui procurait aucun avantage
tégique, car l'indianiste Whitney avait déjà commencé à déma
cette citadelle reconnue indéfendable. Et ce succès, étranger au th
de la lutte, ne pouvait préserver Biot du coup terrible que le
fesseur Weber se préparait à lui asséner: ce dernier, en effet,
appris qu'un certain empereur *Ts'in Che Hoang Ti* avait auto
ordonné la destruction des livres, proclama qu'il n'existait
aucun texte chinois ancien et sapa ainsi toute la base historiqu
la démonstration du savant français.

En vain objectera-t-on que la littérature classique, les tradi
et de nombreux documents ont survécu intacts à la proscriptio
III° siècle [1]). En vain objectera-t-on que l'argument de Webe
ce qui concerne les *sieou*, équivaut à dire que nous ne pou
rien savoir du zodiaque grec antérieurement à l'incendie d
Bibliothèque d'Alexandrie. En vain objectera-t-on que cet argu
n'a pu avoir de prise sur des sinologues, comme le Dr. Legge
ont précisément commenté les preuves astronomiques de l'authen
de notre texte. En vain objectera-t-on que Biot a montré dan
Etudes de 1862 l'inanité de cet argument. Les conséquences
coup droit s'apprécient par les effets qu'il a produits et non pa
dissertations sur les règles de l'escrime. Or il est incontestable
le coup du professeur Weber a entraîné la défaite totale de Bi
submergé sa mémoire pendant un demi-siècle [2]).

---

1) Voy. à ce sujet la critique de Chavannes: M. H. Introd. chap. III.

2) On l'a cité parfois sur des points secondaires, étrangers à sa théorie, mais
plus on n'a mentionné ses découvertes.

Il est vrai de dire que la victoire de Weber n'eût pas été si décisive, ni surtout si durable, si son lieutenant Whitney ne l'avait parachevée après la disparition de Biot. La démonstration de Whitney s'appuie cependant, comme sur un roc, sur celle de Weber : ce dernier avait dit qu'il ne saurait exister aucun document antérieur à l'incendie des livres; Whitney ne mentionne jamais l'argument de l'incendie dont l'effet sur certains lecteurs pourrait être douteux; mais il affirme que « de par l'autorité de Weber (*as Weber maintains*) il n'existe aucun document antérieur au III⁰ siècle ».

Si efficace qu'ait été l'intervention de Whitney, il convient donc d'attribuer au général en chef l'honneur d'une victoire si écrasante.

*

Dans la préface de ses Asiatic and Linguistic Studies, W. nous apprend que l'étude *On the Lunar Zodiac* est une réédition de plusieurs articles antérieurs. L'auteur débute par des considérations sur la théorie, nécessairement écliptique, du zodiaque lunaire en général; puis compare les *astérismes* hindous, arabes et chinois dont il affirme l'identité foncière et la commune origine. Il examine ensuite la théorie de Biot et la réfute dans le but de démontrer que les *sieou* ne sont qu'une importation relativement récente, en Chine, des *Nakchatras* hindous. Nous n'avons à envisager ici que la partie de cette étude relative à notre sujet, c'est-à-dire la prétendue réfutation de la théorie de Biot touchant l'origine des *sieou*:

M. Biot, dit Whitney, établit deux points principaux:
1°. Les *sieou* ne sont pas des constellations, des groupes stellaires, mais des étoiles isolées servant, comme dans notre astronomie moderne, de repères auxquels sont rapportées les planètes ou d'autres étoiles voisines; et, pour autant qu'ils divisent le ciel en régions, ces régions sont comprises entre le cercle de déclinaison ¹) de chacune de ces déterminatrices et le cercle de déclinaison de la suivante.

---

1) Le cercle de déclinaison, ou cercle horaire, est à une étoile ce que le méridien est à un lieu géographique.

2°. Les *sieou* n'ont rien à voir avec le cours de la lune ni avec l'éclipt
24 d'entre eux furent choisis aux environs de l'an 2357 av. J.-C. [1]), d'apri
considérations: leur proximité à l'équateur d'alors et la concordance ap
mative (*near correspondence*) de leurs cercles de déclinaison avec ceux des
cipales circompolaires. Les 4 autres furent ajoutés vers l'an 1100 dans l
de marquer les équinoxes et solstices de cette époque. Examinons ces
parties de la théorie de Biot dans l'ordre inverse.

Auparavant, examinons à notre tour ce compte rendu très
mais inexact, tracé par Whitney.

Il n'y a rien à reprendre au premier paragraphe. Car Biot
même n'a pas vu que la première destination des *sieou* (rep?
des circompolaires) appartient à une phase antérieure, complète
distincte de celle que le *Yao-Tien* leur attribue déjà (repérage ho
des astres mobiles) [2]).

Mais le second paragraphe dénature absolument la théori
Biot, comme on peut le constater d'après le tableau de la page

a) W. n'attribue à cette théorie que deux catégories de s
A et B', comprenant respectivement 24 et 4 *sieou* (total 28),
qu'elle en comporte trois A, B, B', comprenant respective
20 + 4 + 4 *sieou* (total 28). Il omet ainsi la quadrature B, cel
même dont le *Yao-Tien* mentionne explicitement les applica
tropiques, celle-là même qui a fixé au 24e siècle les recherche
Biot. Au lieu de présenter la date choisie (2357) comme sugg
par le plus ancien texte chinois (ainsi que Biot l'a expliqué tou
long page 231), W. donne à croire à ses lecteurs qu'elle a été déc
de quelque calcul arbitraire.

---

1) Biot a choisi cette date, celle de l'accession au trône du *Yao* traditionnel,
baser sa reconstitution exacte du ciel antique. Divers auteurs qui, à part cela, ne me
nent guère les idées de Biot, lui attribuent l'opinion que ses recherches vérifiaient ap
ment cette date précise. Il n'a jamais eu cette prétention, démentie par la manière d
discute l'abscisse négative de *Ho*. (J. des S. p. 234.)

2) Voy. ci-dessus p. 320.

Comme le texte du *Yao-Tien* se rapporte d'une manière certaine aux passages méridiens, cette preuve historique de la méthode et du caractère équatorial de l'astronomie antique appuie solidement l'hypothèse relative à la catégorie A; et comme ce texte mentionne une quadrature tropique B, il appuie en outre solidement l'hypothèse relative aux catégories B et B'. W. a lu d'une manière tellement superficielle la théorie dont il entreprend la réfutation qu'il ne s'est même pas aperçu de la mention du document du Yao-Tien et de l'existence d'une quadrature B, point de départ historique des recherches de Biot. Et par cette singulière omission il supprime naturellement la principale base documentaire de l'argumentation de Biot.

Toutefois, si W. a fait preuve ici d'une grande légéreté, sa bonne foi était entière lorsqu'il écrivit ces lignes [1]). Mais nous verrons plus loin qu'avant de les faire imprimer il s'est aperçu de son erreur et a constaté l'existence d'une quadrature B appuyée sur l'autorité d'un texte. Il se retranchera alors derrière celle du professeur Weber qui nie tout document antique. Mais il ne s'agit ici ni de l'opinion de Weber ni même de celle de Whitney. Il s'agit seulement de l'opinion de Biot, dont W. prétend donner à ses lecteurs un compte rendu fidèle; d'autant plus fidèle que Biot est mort et que le public de philologues auquel il s'adresse le croira sur parole [2]).

b) La deuxième méprise de Whitney est aussi étonnante que la première, étant donné sa compétence en astronomie. Il omet les deux découvertes de Biot que j'ai appelées (p. 350) la correspondance des lacunes et l'opposition diamétrale.

---

1) La méprise de W. est atténuée par deux faits signalés plus haut (p. 319 et 353): 1° Biot a éludé la teneur littérale du texte en en déduisant les conjonctions. 2° Les 4 *sious* du *Yao-Tien* ont effet un emploi stellaire en outre de leur emploi solaire. (V. note 1, p. 352).

2) Whitney est mort, lui aussi; je me fais donc un devoir d'analyser sa réfutation avec exactitude. Ses disciples américains le considèrent, à juste titre, comme une gloire nationale et me reprendraient vivement si je m'écartais de l'équité. Je souhaite d'ailleurs que mes lecteurs contrôlent mes remarques d'après le texte.

En échange, il attribue à Biot un principe d'après lequel l'ét
déterminatrice devrait correspondre à la projection équatoriale de
circompolaire (en d'autres termes, d'après lequel (a) devrait se trou
sur l'alignement PA. Dans le passage [que j'ai mis entre croc]
p. 350] Biot semble bien formuler ce 3ᵉ principe *indépendant*
deux premiers, mais non pas dans le sens rigoureux que W.
suppose; car le nombre des circompolaires étant bien supérieu
celui des *sieou* stellaires une même étoile déterminatrice (a) se
repérer parfois plusieurs circompolaires, (A) et (A'). Lorsque l
dit dans ce passage: «il n'y a pas une seule des circompola
qui n'ait une *division* correspondant exactement *ou de très* près
ses passages supérieurs *et inférieurs*» il exprime le fait indénia
que les *sieou* sont fort judicieusement répartis de manière à rep
commodément ces passages. Whitney, dans le principe unique q
substitue aux principes de Biot, supprime: 1° l'opposition diamétr
2° la correspondance des *grandes* lacunes. 3° le mot *division* de
phrase ci-dessus, qu'il remplace par *étoile déterminatrice*, comme
Biot avait affirmé la *near correspondance* de chaque circompol:
avec une déterminatrice, ce qui est impossible puisque le nom
des premières est supérieur à celui des dernières.

Néanmoins, quoique sa critique porte sur un principe que l
n'a pas formulé, W. n'arrive à relever qu'un écart de 6°, dans
cas exceptionnel! Car, en effet, ce principe a bien dû être appli
à l'origine, sans quoi l'opposition diamétrale serait inexplica
Mais, remarquons-le, si la création des *sieou* est, comme je le cr
très antérieure à *Yao*, le déplacement du pôle a rapidement alt
les alignements PA tandis qu'il est resté sans influence apprécia
sur les oppositions diamétrales aa'. (V. p. 349).

La première découverte de Biot (*correspondance des lacunes*), su
à établir la corrélation circompolaire des *sieou*; si les Chinois n'avai

observé que les passages au méridien *supérieur*, cette corrélation serait l'unique principe de la répartition des déterminatrices; à elle seule, elle satisferait à leur emploi comme étoiles fondamentales. Or W. ne mentionne même pas cette correspondance irrécusable.

La deuxième découverte de Biot (*opposition diamétrale*), qui démontre la double observation au méridien *supérieur* et *inférieur*, dénote un choix tellement intentionnel que j'arrive difficilement à réaliser une telle symétrie dans l'expérience (à laquelle je procède actuellement) d'une division analogue de notre équateur moderne. Or W. ne mentionne même pas cette correspondance irrécusable.

Aux critiques de détail qui remplissent les pages 389—391, il suffit de répondre: «Que pensez-vous de la correspondance des lacunes? Quelle est votre opinion sur l'opposition diamétrale?»

Comment W. a-t-il pu ne pas s'apercevoir des deux découvertes qui supportent toute l'argumentation astronomique de Biot? Sa «discussion» nous le montre clairement: elle porte uniquement sur le tableau final, composé de 28 cases, annexé au 5e article, tableau dans lequel Biot a cherché à reconstituer les raisons qui ont pu militer en faveur du choix de chaque *sieou* pris isolément. Il examine donc là une question d'application, non de principe, dans laquelle interviennent des considérations d'opportunité imposées entre autres par la configuration fortuite du ciel, et qui sont affaire d'appréciation. Je suis bien loin de penser que Biot a deviné juste en chaque cas [1]), surtout depuis que j'expérimente les difficultés des conditions

---

1) Un fait, cependant, montre sa perspicacité à cet égard. A propos du *sieou* n° 16 (*Sin*) il dit: «Le choix de cette petite étoile est difficile à justifier. Le peu de longueur équatoriale de la division pourrait faire penser qu'elle a été établie concurremment avec *Fang* pour spécifier la position de l'équinoxe automnal». Telle n'est pas sa destination originelle, mais on verra plus loin (p. 389) que *Sin* a, en effet, une origine hétérogène et que Biot a deviné ainsi ce que nous apprennent les anciens commentateurs cités par Chavannes.

requises et que j'attribue à une date antérieure la création des *sieou*. Mais cette question d'application est indépendante de l'affirmation des principes.

Dans ce tableau, Biot n'avait donc pas à rappeler ces principes, exposés tout au long de l'article cinquième; et il est évident que W. après avoir feuilleté cet article a cru qu'ils étaient condensés dans ce tableau final. Cela nous explique comment il a pu ignorer non-seulement les deux découvertes de Biot touchant la catégorie A, mais encore l'existence de la quadrature B et du texte du *Chou-King*, ainsi que l'élégante démonstration de Biot relative à la détermination solsticiale opérée par le duc de *Tcheou*; comment il a pu ignorer, en un mot, tout le *substratum* historique et astronomique de la théorie qu'il entreprend de réfuter!

Si cette ignorance était entière, nous pourrions admettre qu'il n'a pas agi de parti-pris. Mais tel n'est pas le cas. Car après avoir dit:

> Notons que tout ce récit des origines tel que Biot le présente est pure hypothèse de sa part. Il n'est pas fondé le moins du monde (*in the least*) sur aucun document ou tradition dans la littérature chinoise..,

il s'est aperçu que cette assertion est inexacte; cela ressort de la page 389:

> La [déterminatrice] suivante, *α* de la Mouche, sans relation définissable avec aucune circompolaire est déclarée par M. Biot avoir été ajoutée au système par *Tcheou-kong* aux environs de l'an 1100 *comme nous l'avons précédemment indiqué* [1]). La mansion *Mao* qui lui succède est marquée par *η* Tauri: celle-ci aussi n'a aucune relation circompolaire, mais trouve sa raison d'être dans le fait qu'elle marquait l'équinoxe vernal de 2357 av. J.-C.; ce sur quoi Biot s'appuie même pour en faire le point de départ des séries entières — sans aucun support de la part des autorités chinoises ainsi que Weber le maintient.

Cette phrase équivoque est la cheville ouvrière de la réfutation de W.; il ne pourrait lui donner une forme moins ambigüe sans renoncer à publier son article. S'il attaque la théorie de Biot ce

---

1) Pourquoi, dès lors, n'a-t-il pas indiqué également ce qui suit?

n'est pas, en effet, pour proposer quelque autre destination antique des *sieou* chinois, mais bien pour démontrer qu'ils ont été importés à une date relativement récente. Il ne lui suffit donc pas de contester les relations circompolaires. Il doit en outre soutenir que Biot a inventé arbitrairement l'ancienneté des *sieou*. S'il admet qu'un document authentique atteste l'antiquité d'un nombre, même restreint, de *sieou*, la situation devient critique sinon désespérée.

Or il s'apercoit maintenant que Biot fonde sur un texte la réalité d'une quadrature (B) et que, dans son exposé, il a omis de mentionner non-seulement ce texte mais aussi cette quadrature.

Heureusement Weber est là; et son autorité va supprimer l'obstacle. L'intervention de l'indianiste allemand révèle que l'on passe de l'examen astronomique à la question historique: mais le lecteur apprend seulement par cet indice que Biot s'appuie ici sur un texte. Non-seulement Whitney s'abstient de mentionner le nom du *Chou-king*, mais il évite même d'indiquer le motif qui fait appeler Weber à la rescousse.

Je ne puis d'ailleurs garantir la bonne traduction de cette phrase singulière:

On which account it is even made by Biot the starting-point of the whole series — as Weber maintains, without any support from the chinese authorities. (p. 389—390.)

Le sens ésotérique me parait être celui-ci:

Biot fait de cette quadrature du 24e siècle, directement confirmée par un texte, la clef de voûte de son hypothèse relative à 3 catégories (the whole series) de *sieou*. Mais Weber nous est garant que les lettrés chinois ne savent rien d'un prétendu livre appelé le *Chou-King*.

Or, remarquons-le, alors même que cela serait vrai, Whitney n'a plus le droit de maintenir son précédent exposé de la théorie de Biot. Car dans ce compte rendu dont il fait l'objet de sa réfutation,

Biot seul est en cause et non pas Weber ou les lettrés chinois [1]

La quadrature du *Chou-king* n'est d'ailleurs pas le seul argumen
historique que Whitney a rencontré en épluchant les détails du ta
bleau de Biot. Lorsqu'il arrive à la case n° 4 (*Tsan*), il relève bie
que Biot ne lui a pas trouvé de corrélation circompolaire directe
mais il s'abstient de faire part au lecteur d'une autre relation circon
polaire historiquement établie et que Biot rappelle ainsi *dans cet
même case n° 4*:

Tandis que la station *Tsan* traversait le méridien, le timon de la Gran
Ourse pendait verticalement en bas, et cela est spécifié dans le *Hia-Siao-Chen*

Ici, W. ne fait pas appel à Weber pour nier l'existence d
calendrier de la 1e dynastie. Il supprime simplement la mention d
ce document, mention qu'il a *nécessairement lue*, et qui suffit à ruine
sa thèse sur l'importation récente des *sieou* [2]).

Après avoir ainsi mis en lumière le mécanisme de cette « réfu
tation», revenons en arrière pour en examiner les rouages secondaire

On nous demande de croire, dit-il, que *Tcheou-Kong* ajouta les 4 dernie
éléments au système, simplement parce qu'ils se trouvent en concordance av
les points cardinaux du ciel à cette époque et parcequ'ils ne vérifient pas l'hyp
thèse que l'on nous demande d'adopter pour les 24 autres. Mais il n'y a rie
de convaincant ni même de plausible à cela. Si l'origine du système est cel

---

1) Tout ceci nous explique pourquoi W. a tenu à discuter les deux points dans l'ord
inverse (voy. ci-dessus p. 858). Il peut affirmer ainsi, d'abord, que la théorie ne compo
qu'une seule quadrature sans base historique; puis glisser sur la constatation du texte
Chou-king. S'il adoptait l'ordre naturel, l'ambigüité de cette constatation ne suffirait plu
il ne pourrait affirmer l'existence d'une seule quadrature *selon Biot* après avoir reconn
même à mots couverts, la mention de la quadrature de *Yao* et son importance comm
starting-point.

2) Remarquez d'ailleurs que W. ne s'attache pas à réfuter spécialement les articles
1840, mais tout aussi bien les *Études* de 1862. Il n'a donc pu ne pas y lire les pages
Biot répond à Weber, cite l'opinion des sinologues (notamment de S. Julien) sur l'authe
ticité des documents antiques, énumère ces documents et en reproduit les passages en questio

qu'affirment tous les auteurs qui ne partagent pas les idées de Biot, les 4 groupes (stellaires) en question sont fort bien en place et on aurait pu difficilement les omettre dans le choix des astérismes... Dans une série de groupes intentionnellement choisis selon une égale répartition le long de l'écliptique et dont le nombre (28) est divisible par 4, il n'est pas surprenant de trouver 4 groupes d'environ 90° concordant, à une époque ou à une autre, avec les solstices et les équinoxes.

Non-seulement l'argument invoqué ici par W. n'est pas valable en fait, mais il n'est même pas *recevable* en droit.

W. discute, en effet, la théorie de Biot, laquelle est basée sur la définition des *sieou* telle que l'entendent les astronomes chinois, le P. Gaubil et Ideler, à savoir celle qui les limite par les 28 étoiles déterminatrices dont Ideler ne pouvait s'expliquer « le désordre apparent et les inégalités d'amplitude allant de 3° jusqu'à 30° ». Que viennent donc faire ici les « *astérismes* » de Sédillot, des Arabes ou des Védas, *également répartis le long de l'écliptique*, puisqu'il s'agit d'une théorie qui démontre précisément le choix intentionnel des *sieou* chinois, *inégalement répartis selon l'équateur?* Cette dialectique est vraiment étrange.

En fait, l'affirmation de Whitney (que les probabilités expliquent aisément la coïncidence) relative à un système étranger à la question, se trouve justifiée en ce qui concerne les divisions chinoises. Le diagramme ci-dessous montre, en effet, que les *sieou* ne sont pas seulement symétriques par couples opposés, mais aussi par quadratures cardinales (ce dont Biot ne s'est pas aperçu). Il est donc naturel que les équinoxes et solstices d'une époque quelconque tombent dans 4 divisions, numérotées de 7 en 7. Mais W. ne peut faire état de cette propriété puisqu'il passe sous silence la découverte de Biot sur la symétrie des *sieou*. En outre, *pour la troisième fois*, il supprime la démonstration historique et documentaire de Biot; il affirme au lecteur que l'hypothèse est basée *simplement* sur une coïncidence

24

banale et s'abstient de mentionner la *triple* preuve des déterminations
opérées par le duc de *Teleou*.

Nous pénétrons maintenant dans un cercle d'idées plus étendu,
où Whitney ne s'attaque plus seulement à l'hypothèse de Biot sur
l'origine des *sieou*. Il va contester maintenant *le caractère équatorial
de l'astronomie chinoise et la nature des sieou* tels qu'ils résultent des
travaux de Gaubil. W. toutefois ne se rend pas compte de cette
extension de sa polémique et invoquera même l'autorité de Gaubil;
car il part de l'idée que l'antiquité de l'astronomie chinoise, son
caractère et l'origine des *sieou* ne font qu'une seule et même chose
arbitrairement inventée par Biot.

Voyons les arguments:

1°. Whitney fait le total et la moyenne des distances des 28
étoiles déterminatrices à l'équateur (*déclinaisons*) et à l'écliptique
(*latitudes*). Il trouve que le résultat est en faveur... de l'équateur.
Le lecteur ne comprend dès lors pas bien pourquoi W. en triomphe
et raille Biot d'avoir fourni lui-même la preuve de ses erreurs. Voici
l'explication de cette apparente contradiction: W., qui parait tout
ignorer de l'astronomie chinoise et qui n'a (pas plus que les autres
auteurs) réfléchi sur la définition, l'origine et la raison d'être de la
méthode équatoriale, imagine que Biot s'appuie sur le résultat de
cette moyenne pour établir le caractère équatorial de l'astronomie
chinoise, ce qui serait en effet un peu aventuré. Ce caractère équatorial est démontré par l'observation horaire du passage méridien
des étoiles (*l'an-Tynu*) et non par leur proximité de l'équateur. Pour apprécier cette dernière, il faut d'abord tenir compte des deux conditions
très astreignantes auxquelles satisfont ces étoiles (et que W. ignore),
puis rechercher si les Chinois disposaient d'étoiles *mieux* situées, ce
qui n'est pas le cas. Pour repérer le solstice, ils avaient Régulus

(1ª grandeur) à 1° de l'écliptique ¹) et ils lui préfèrent *α* Hydrae
(2ª grandeur) située a 22° de l'écliptique mais à 1° seulement de
l'équateur! La moyenne ne signifie rien ²), par suite de l'irrégularité
de la distribution fortuite; il faut considérer le maximum: or aucune
des 28 étoiles ne dépasse 20° de déclinaison ³), alors que si elles
étaient zodiacales nous les trouverions réparties à droite et à gauche·
de l'écliptique.

2°. *La signification de certains noms de sieou (Pi = le Filet;
Fang = le Carré) indique une collectivité d'étoiles et non des astres isolés.*

Personne ne conteste qu'en dehors des *sieou* techniques, il existe
dans l'uranographie chinoise des *astérismes* très anciens dans lesquels
ont été choisies les étoiles déterminatrices. C'est un fait dont Biot
n'a pas eu à s'occuper et qui n'apparait que fort rarement dans les
documents de Gaubil, parce qu'ils traitent en général des ouvrages
techniques et non démotiques. Mais jamais le mot *sieou* ne se trouve
appliqué à ces astérismes. Dans mon prochain ouvrage j'établirai en
détail, à l'aide des textes, originaux et commentaires, cette distinction en apparence assez complexe. Je ne pourrais le faire ici sans
sortir inutilement du cadre de cette étude, car deux lignes suffisent
à démontrer que la question des astérismes est étrangère à la discussion des *sieou* antiques, comme on le verra dans le paragraphe
suivant.

---

1) Aussi les zodiaques arabe et hindou n'ont-ils pas manqué de l'employer.

2) W. le reconnait d'ailleurs puisqu'il admet que l'avantage en faveur de l'équateur
n'est pas un argument contre l'écliptique.

3) La vitesse du passage au méridien est proportionnelle à la longueur du degré de
longitude. Un coup d'oeil jeté sur une carte montre que cette longueur, à 20° de latitude,
est sensiblement la même que sur l'équateur. Une étoile située à 20° convient donc très
bien à l'observation méridienne.

D'autre part, même si les *sieou* se trouvaient répartis sur l'écliptique, il faudrait en
conclure qu'ils proviennent d'un système zodiacal antérieur, mais cela ne modifierait pas la
constatation de leur emploi équatorial.

3°. « *Le missionnaire Gaubil, dit W., le père de la fondation de nos connaissances sur l'astronomie Chinoise, parle toujours des deux noms de constellations et définit, çà et là, les groupes dont l'un ou l'autre sont composés.* [1])

Voilà qui est un peu fort! Comment W. a-t-il pu découvrir ce passage absolument exceptionnel, (le seul à ma connaissance) où Gaubil parle des *astérismes* précisément parce qu'il analyse l'antique dictionnaire *Eul-Ya* (爾雅) qui n'est pas un ouvrage d'astronomie? Puisque W. connaît si bien les opinions du fondateur de nos connaissances, pourquoi ne cite-t-il pas celles qui se rapportent au texte du *Chou-king*, au caractère équatorial de l'astronomie antique et à l'identité des *sieou* anciens et modernes?

Quoi qu'il en soit, examinons l'argument, qui va se retourner d'une manière décisive contre son auteur. Ce sera une occasion d'en finir avec une confusion, due à la terminologie défectueuse de Gaubil, et dont maint sinologue semble avoir été aussi victime.

Lorsque les Jésuites arrivèrent en Chine, au XVII° siècle, ils y trouvèrent deux sortes de divisions en usage: a) les 28 *sieou* servant à fixer l'intervalle horaire des positions sidérales par rapport à 28 étoiles déterminatrices, dont ils furent chargés de relever les coordonnées pour l'encyclopédie de *K'ang Hi*. b) Une division équatoriale de la sphère en 12 parties temporairement égales (qui découpe par conséquent le cercle oblique en 12 parties angulairement inégales) servant principalement à fixer la règle d'intercalation luni-solaire.

Tout imprégnés de principes grecs, ces missionnaires ne purent concevoir le caractère équatorial de l'astronomie chinoise. Je montrerai

---

1) W. cite ici en note ce passage de Gaubil (Obs. t. III, p. 33): «On voit encore que la Constellation *Fang* est si bien désignée par le nombre de 4 étoiles dont elle est composée et dont la Lucide est la principale.

prochainement que leur réforme du calendrier n'a été fondée que sur une méprise, qui se perpétue encore chez les auteurs les plus récents, Ginzel, Kühnert etc. (sans compter les Russell, Chalmers etc.).

Les Jésuites attribuèrent donc, par une assimilation erronée, les mots *zodiaque*, *signes du zodiaque* aux 12 *tchong ki* chinois [1]). Restait à trouver un terme pour désigner l'autre système de division : les *sieou*. Or, par analogie, il était tout indiqué de les appeler *Constellations* puisqu'on appelait *Signes* les *Tchong ki*. Le lecteur non familiarisé avec l'ancienne terminologie de notre astronomie grecque ne saisit peut-être pas bien la raison ; je vais donc la lui expliquer :

Lorsqu'Hipparque eût découvert la précession des équinoxes, une question se posa aux astronomes d'Alexandrie : attacherait-on la nouvelle division écliptique (en 12 parties de 30°) aux repères sidéraux ou au repère tropique de l'équinoxe? Dans le premier cas, les 12 *Signes* resteraient perpétuellement en correspondance avec les *Constellations* de même nom, mais la longitude du soleil n'aurait bientôt plus les valeurs cardinales (0°, 90°, 180°, 270°) aux dates tropiques cardinales. Dans le second cas, elle conserverait ces valeurs, mais les *Signes* ne correspondraient bientôt plus aux *Constellations*. Ce dernier inconvénient était d'autant plus minime que les 12 Signes n'ont pas de réelle concordance avec les groupes stellaires *inégaux* dont ils ont emprunté les noms; on se décida donc pour le second parti. Il en est résulté qu'au XVIII° siècle, par exemple, l'étoile située dans «l'Oeil du Taureau» ne se trouvait plus dans le *Signe* du Taureau [2]).

Le même situation s'est produite en Chine. Le duc de *Tcheou* ne soupçonnant pas le mouvement de précession, avait fixé l'origine des *Tchong Ki* au lieu sidéral du solstice d'hiver, et c'est ce qui a permis à Biot de reconstituer cette détermination d'après le point initial arbitraire qu'il présentait sous les *Han*. Mais lorsque les Chinois eurent découvert la précession, ils attachèrent les *Tchong Ki* à la date du solstice et non à son lieu sidéral; ils les maintinrent ainsi en contact tropique.

Les Jésuites ayant attribué le nom de *Signes* à la division tropique, donnèrent donc, par analogie, le nom de *Constellations* à la division sidérale. C'était

---

1) Il serait plus correct de dire les 12 *k'i* 氣 . Mais ne pouvant aborder ici cette question, je conserve les expressions (et l'orthographe) de Gaubil et de Biot.

2) Notre astronomie a renoncé aux signes et compte les longitudes de 0 à 360; mais il n'en était pas encore ainsi au temps de Gaubil.

très logique. Toutefois, on ne doit jamais perdre de vue que cette assimilation cache une différence: le système grec se rapporte à l'écliptique et le système chinois à l'équateur.

Ces explications n'étaient d'ailleurs pas indispensables, car il ne s'agit pas de savoir pourquoi Gaubil emploie le terme *Constellation*, mais quel est l'objet de cette appellation; or, pour réduire à néant l'argument de Whitney (ou plutôt pour le retourner avec précision contre lui) il suffit de prendre le point d'aboutissement de l'histoire des *sieou*, à savoir le tableau des coordonnées mesurées par les Jésuites en 1682 pour l'Encyclopédie de *K'ang Hi*, ou par Gaubil lui-même en 1734 (Obs. t. III). Comment, dans ces tableaux les Constellations sont-elles définies? Quelles sont les coordonnées dont ils se composent? — Elles y sont définies *uniquement* par leurs étoiles déterminatrices; et les coordonnées sont *uniquement* celles de ces étoiles déterminatrices [1]).

Comment un critique tel que W. peut-il s'appuyer sur l'emploi d'un mot, sans même vouloir examiner la définition de ce mot qui inflige un démenti à sa théorie? Ces simples constatations empruntées à Gaubil suffisent à rejeter son appel à l'autorité de Gaubil. Mais pour couper court à de semblables *quiproquos*, je veux préciser une conséquence qui en résulte: non-seulement les *sieou* sont limités par des étoiles fondamentales, mais en outre, ils ne *peuvent* pas correspondre aux *astérismes*, de par les affirmations mêmes des partisans de cette dernière interprétation.

W., en effet, citant l'opinion de l'astronome anglais Williams [2]), nous dit que les divisions chinoises sont marquées par des astérismes

---

1) Il en est de même des autres tableaux des *sieou* sous les diverses dynasties à partir des Han antérieurs.

2) Auteur d'une étude sur les comètes chinoises.

qui en forment *la partie centrale ou principale*. Soit donc deux astérismes (b B bb) et (a A a). Ce que Gaubil nomme *Constellation* et ce
que tous les astronomes chinois nomment *sieou*, c'est l'intervalle AB
compté selon l'équateur; en d'autres termes l'intervalle horaire du
passage méridien des deux étoiles A et B spécialement choisies,
dans ces groupes, comme déterminatrices.

Par conséquent: l'astérisme qui donna son nom à l'étoile déterminatrice est c o u p é e n d e u x par les *sieou*; une moitié de
l'astérisme fait partie du *sieou* de même nom et l'autre se trouve
englobée dans le *sieou* précédent. Aucun auteur européen n'a encore
remarqué ce fait évident auquel certains textes chinois, que je pro-
duirai ultérieurement, font une allusion manifeste. Cela montre
combien peu les partisans [1]) de l'exclusive théorie des astérismes ont
étudié les ouvrages de Gaubil.

Le même nom *Mao* 昴, par exemple, s'applique ainsi à trois
objets différents:

1° A l'astérisme nommé *les Pléiades*, amas stellaire compacte
dont la largeur est seulement de 2°.

2° A une étoile spécialement choisie dans ce groupe, η Tauri [2]);
qui, dans ce cas, se trouve être la plus brillante

---

1) Sédillot, Williams, Whitney. Aucun d'eux n'était d'ailleurs sinologue.

2) J'ai indiqué (R. G. S. p. 142) la raison pour quoi j'estime que, dans l'esprit des
techniciens chinois, le vrai sens du mot 宿 est cette acception n° 2 (station, étoile
fondamentale, jalon) et non pas l'acception n° 3 (fuseau; mansion, 舍). J'ai trouvé dans
Gaubil deux confirmations de ce fait: 1° Dans les tableaux, traduits des Traités chinois,
des *sieou* sous diverses dynasties à partir des Han antérieurs, il intitule la première colonne
Constellations et indique dans les deux autres colonnes les coordonnées équatoriales. Or, la
distance polaire d'une constellation (dépourvue d'ailleurs de réalité) ne signifie rien. Est-ce
la distance *moyenne* du groupe stellaire? — Non, puisque ces tableaux indiquent précisément les coordonnées des 28 *étoiles*. Retraduisons les donc en chinois; et alors le mot *sieou*
dans l'acception n° 2 correspond très bien aux autres colonnes.

2° A propos de l'interprétation du texte du *Yao-Tien* par les astronomes *Han*, il dit :
«Ils assurent que l'astre *Ho* est la Constellation *Fang*, etc.». Nous retrouvons ici les qua-

3° A l'intervalle équatorial (c'est-à-dire au fuseau horaire) de 10°, compris entre les passages au méridien de η Tauri et de ε Taureau. Intervalle qui englobait une des positions cardinales du soleil au temps de *Yao*, comme l'indique avec exactitude le texte du *Chou-King* qui mentionne 4 *sieou* équivalents et symétriques, comme le montre la figure de la p. 389.

Sans vouloir prendre à son compte la singulière argumentation de W., quelque sinologue m'objectera peut-être: «Vous nous démontrez, en effet, que Gaubil entend par *Constellations*, des intervalles ne correspondant à aucune particularité uranographique, appelées *sieou* par les techniciens chinois; mais est-on bien sûr que les textes antiques se rapportent à ces divisions théoriques et non à de simples astérismes?

A cette question je puis répondre affirmativement en m'appuyant sur deux sortes de preuves. La preuve astronomique est tellement nette, tellement brutale, qu'elle impose la certitude rationnelle sans pénétrer dans le sens intime de ceux qui n'ont pas eu l'occasion de tourner et de retourner les chiffres et les textes. Je commencerai donc par l'argument historique qui n'est pas absolu.

Dans sa dissertation [1]) sur l'éclipse du *Chou-King*, Gaubil, dont la compétence en matière sino-astronomique était alors bien supérieure à ce qu'elle était lorsqu'il rédigea ses premières impressions, s'attache à démontrer que la position du soleil dans *Fang* doit s'entendre, comme dans l'ère moderne, de la position du *soleil moyen équatorial*

---

lités et les défauts de Gaubil: son exactitude méticuleuse et la forme (heureusement peu châtiée) de ses renseignements. Un astre *isolé* ne peut être un groupe *collectif*. Mais sous ce charabia nous devinons le texte: 星火宿方也。 C'est-à-dire: «l'étoile *Ho* du *Yao-tien* n'est autre que notre propre jalon moderne *Fang*». Antérieurement aux *Han* on disait simplement 二十八星, les 28 étoiles (fondamentales).

1) Obs. t. II. — V. aussi les *Lettres Edifiantes*.

dans le *sieou* Fang. Il rappelle que les *sieou* déterminés par les Jésuites sont *par démonstration* identiques aux *sieou* des Han antérieurs. Puis il montre que de l'avis de tous les astronomes des Han, les *sieou* de cette dynastie sont identiques à ceux de l'antiquité.

Il aurait pu ajouter que *par démonstration* la définition technique des *sieou* a été employée par le duc de *Tcheou*; et que, dans sa partie archaïque et sûrement authentique, le *Tcheou-Pei* nous montre que la division du Contour du Ciel (équateur) était considérée au début de la dynastie *Tcheou* comme remontant à la haute antiquité.

A ces inductions, d'ordre historique et traditionnel, considérées par Gaubil comme équivalant à la certitude, les découvertes de Biot ont apporté une confirmation décisive et absolue: pour trancher la question, il suffit en effet de prononcer les formules fatidiques dont nous avons indiqué le sens, page 350: *Correspondance des lacunes, Opposition diamétrale*; ou de regarder le diagramme ci-dessous.

Tant qu'un partisan de la Théorie des Astérismes n'aura pas expliqué ces deux propriétés manifestement intentionnelles de la répartition des étoiles déterminatrices dans la haute antiquité, répartition déduite, sans intervention d'aucun élément hypothétique, des seules coordonnées modernes insérées dans l'Encyclopédie de *K'ang Hi*, la critique la plus exigeante pourra considérer comme certaines l'identité des *sieou* antiques et modernes et leur origine datant de l'époque très reculée où l'on observait la rotation diurne des circompolaires.

Il ne nous reste plus maintenant qu'à rappeler les conclusions de Whitney, qui ont pesé si lourdement sur la critique et embourbé les auteurs suivants dans des fondrières aboutissant à une impasse:

«Tout ceci implique la complète et irrémédiable déchéance des vues de
M. Biot touchant les *sieou* et leur histoire. Et il m'est très difficile de comprendre comment un savant, qui semble avoir fait preuve par ailleurs d'une
bonne foi entière dans ses exposés et ses raisonnements au point de mettre
entre nos mains [1]) les moyens de renverser ses conclusions erronées, a pu *se*
permettre à ce point d'ignorer et d'omettre une partie très importante de
l'évidence du sujet qu'il traite [2]). Je n'ai pas la moindre propension à suggérer
qu'il n'a pas cru agir de bonne foi; mais il faut vraiment que son parti-pris
ait été bien fort pour fausser ainsi son jugement à un tel degré. Ce sujet était
un de ceux sur lesquels il avait un sentiment personnel intense, avec l'idée que
son argumentation avait été méconnue et bafouée par les indianistes».

Ces lignes, qui se retournent mot pour mot contre leur auteur,
ne sont-elles pas inouïes de la part de celui qui, non-seulement
«s'est permis d'ignorer et d'omettre» tous les points essentiels de
la question, mais qui a dénaturé, d'une manière si étrange, la
théorie de son adversaire après avoir constaté, à deux reprises,
l'inexactitude de l'exposé qu'il en donne?

Je n'ai aucune propension, moi non plus, à suspecter sa bonne foi.
Il serait absurde de supposer qu'un critique de la valeur de Whitney
ait pu délibérément attacher son nom à une réfutation sciemment
injustifiée; car indépendamment de sa sincérité bien connue, il ne
pouvait ignorer que la critique a raison, tôt ou tard, des supercheries
scientifiques. Aussi l'explication psychologique de cette étonnante
production ne peut-elle être que celle qu'il a émise à l'égard de
Biot: il a été aveuglé par le parti-pris [3]). Ce parti-pris semble avoir
été fondé, chez lui, sur un élément logique et sur un élément d'ordre
affectif. Sa conviction touchant l'identité et la commune origine des
zodiaques lunaires était «intense». Et comme l'importation des *sieou*

---

1) Allusion au tableau des déclinaisons dont la moyenne a permis à W. de «renverser»
la théorie équatoriale de l'astronomie chinoise!

2) Allusion à l'emploi du mot *constellation* par Gaubil!

3) W. était d'un caractère droit mais entier.

dans l'Inde lui paraissait impossible, et cependant certaine si l'on admettait leur antiquité, il a fait inconsciemment le raisonnement classique opposé naguère à la découverte de la circulation du sang: «Cela ne peut être, donc cela n'est pas».

D'autre part, son affection pour Weber — son maître et ami — semble avoir contribué à aiguiser sa partialité. Et il faut peut-être ajouter à cette influence, son animosité contre Max Müller, dont il avait dénoncé les fantaisies linguistiques et qui était devenu son ennemi personnel. Il le raille, en effet, d'avoir avalé ce qu'il appelle ailleurs les «bourdes» (*blunders*) de Biot.

Son autorité et sa compétence en ont imposé longtemps. Les étrangers, sur ses affirmations tranchantes, ont jugé inutile de rechercher, ou de se faire traduire, les articles incriminés de 1840. La critique les a méconnus et a fait fausse route [1]).

Whitney a commis ainsi une grave injustice à l'égard de Biot. Je suis heureux d'avoir été désigné par le sort pour la signaler et la réparer.

IX. Sédillot.

Tandis que la prétendue «réfutation» de Whitney est postérieure à la mort de Biot, celle de Sédillot fut publiée de son vivant (1845—1849) peu après ses articles du Journal des Savants. Biot, cependant, n'y a fait aucune allusion dans ses Etudes de 1862. On comprend assez bien son dédain pour des attaques qui dénaturaient

---

1) Une bonne part de la responsabilité revient cependant à Chalmers dont les Prolégomènes sont antérieurs, je crois, aux premiers articles de W., et ont emprunté une grande influence à la célébrité du Dr. Legge sous les auspices duquel ils ont été publiés. C. n'a tenu aucun compte des travaux de Gaubil.

ses arguments, plus encore que celles de Whitney, et passaient ses
découvertes sous silence. Biot a eu tort cependant de mépriser cette
pauvre dialectique car elle a été le point de départ de la déviation
de la critique; elle a inspiré la «réfutation» de Whitney et déterminé ainsi l'éclipse d'un demi-siècle qu'ont subi ses idées et celles
de Gaubil.

Quoi qu'il en soit, voyons les faits en cause. Sédillot, enthou-
siasmé pour les Arabes, se complait à dénigrer les Chinois. Il veut
absolument que les *sicou* constituent les *astérismes* d'un zodiaque
lunaire importé en Chine par les Arabes au temps de la dynastie
mongole.

Or, Gaubil, (dont Sédillot recherche avidement les sévères appréciations sur les superstitions astrologiques des Chinois) donne les
tableaux des *sieou*, définis par leurs étoiles déterminatrices sous diverses dynasties, depuis les *Han* orientaux jusqu'aux *Ts'ing*, et fait
remarquer que, par démonstration, les *sieou* modernes sont identiques
aux *sieou* du premier siècle avant J.-C.; Biot, par ses découvertes
sur la répartition des *sieou* dans la haute antiquité établit, en outre,
que les *sieou*, dès l'origine, sont identiques aux *sieou* modernes. Sédillot ferme les yeux sur ces évidences. Apporte-t-il, du moins,
quelque preuve en faveur de l'introduction d'un zodiaque lunaire
arabe en Chine, sous la dynastie mongole? Remarquez que ce fait
n'est pas impossible *a priori* et pourrait fort bien s'être produit
indépendamment de l'existence antérieure et démontrée des *sieou*
techniques et des *astérismes* démotiques. Sédillot ne l'entend pas
ainsi; il envisage bien cette hypothèse et déclare ne pas contester
que, dans l'antiquité, les Chinois aient pu posséder quelque zodiaque
lunaire autochtone; mais il n'en affirme pas moins que les 28 *sieou*,
tels que nous les connaissons, ne sont autres que le zodiaque arabe

importé dans les temps modernes. Il s'appuie pour le « démontrer »
sur l'identité du nombre (28) et sur le fait que l'astérisme appelé
par les Arabes *al Calb*, le Coeur (du Scorpion) est également nommé
♏ (coeur) par les Chinois ! Il oublie de nous expliquer comment
Se-Ma Ts'ien, *K'ong Ngan Kouo* et divers documents antérieurs à
l'incendie des livres peuvent mentionner *Sin* plus de mille ans avant
son « importation » !

> Pour les Chinois, dit-il p. 542, la comparaison de leurs groupes stellaires
> avec les mansions arabes présente des résultats plus curieux encore. Lorsque
> les étoiles déterminatrices, qui ont suggéré tant de considérations, tant de
> calculs, tant de hautes hypothèses, sont rattachées aux constellations dont
> elles font partie et que les Chinois eux-mêmes ont adoptées, on voit repa-
> raître, comme par enchantement, les diverses parties du système des Arabes,
> et l'on est obligé d'avouer tout d'abord que ce sont bien réellement les 28 do-
> miciles de la lune, et nullement des divisions indépendantes des mouvements
> de notre satellite.

Whitney citera ce passage, et, sur l'autorité de Sédillot, montrera,
dans un tableau synoptique, l'identité des *astérismes* chinois, hindous
et arabes. Puis Ginzel reproduira à son tour ce tableau, en affirmant
la commune origine asiatique des « *zodiaques lunaires* », sans même
mentionner la source à laquelle il l'emprunte ! Mais Sédillot lui-
même, où l'a-t-il puisé ? Pour substituer la théorie des *astérismes* à
celle des *divisions équatoriales*, il faudrait 1° réfuter les preuves historiques et géométriques (de Gaubil et de Biot) qui établissent la
filiation de ces divisions ; 2° produire l'origine authentique et la
délimitation des 28 *astérismes*. Sédillot et Ginzel oublient de réfuter
le premier point ; puis ils oublient de nous renseigner sur le second.

Sédillot, sur ce point capital, se borne à renvoyer, *en note*, à un
travail de De Guignes « déjà cité ». Le lecteur suppose, naturellement, que dans cette précédente citation, la documentation de De
Guignes a été contrôlée avec soin et qu'elle a été trouvée compatible

avec l'hypothèse d'une importation. Mais il n'en est rien. Après d'assez longues recherches, j'ai fini par découvrir que ce renvoi (base de l'argumentation de l'auteur) fait allusion à la note 7 de la page 383, note dont l'objet est tout autre et dans laquelle, après diverses références, il ajoute: Voy. aussi les dissertations insérées par De Guignes dans les Mémoires de l'Académie des Inscriptions, tome XLVI, p. 534—579 et 399—411. — M. Ginzel ignore probablement que là se trouve l'origine de son tableau synoptique anonyme. J'aurai l'occasion de l'examiner lorsque je traiterai de la question des astérismes, question étrangère au sujet de la présente étude, comme nous l'avons vu.

L'inanité de cette thèse pourrait nous dispenser d'un débat plus long. Mais il ne sera pas inutile, cependant, de montrer par quels procédés dialectiques Sédillot a « réfuté » les découvertes de Biot:

Si l'on s'en réfère à de récents articles publiés dans le Journal des Savants, dit-il p. 472, les anciens astronomes du Céleste empire avaient adopté une division du ciel en 28 parties, sans l'appliquer toutefois d'une manière spéciale aux mouvements de la lune; ils auraient employé astronomiquement cette division pour rapporter à 28 étoiles exactement définies, les passages méridiens du soleil et des planètes, ainsi que les équinoxes et les solstices;...

Mais autant la raison est disposée à comprendre l'emploi de 27 ou de 28 constellations, dès qu'il s'agit de la révolution périodique de la lune qui fait le tour du ciel en vingt-sept jours et demi environ; autant elle répugne à reconnaître, dans ce nombre *vingt-huit*, des alignements d'étoiles distribuées arbitrairement sur la voûte céleste. Si les Chinois n'ont jamais eu de zodiaque lunaire, le choix de 28 astérismes ainsi répartis ne peut être justifié (et nous le démontrerons [1]) par des motifs plausibles.

D'un autre côté, *on* [2]) calcule l'étendue équatoriale de chaque division en prenant la distance des étoiles déterminatrices entre elles, de β Capricorne, par exemple, à ε Verseau; de η Pléiades à ε Taureau, etc.; de telle sorte que la circonférence entière se trouverait partagée en 28 constellations; mais il n'en

---

1) Cette «démonstration» consiste, nous allons le voir, à passer sous silence les découvertes de Biot. Et il intitule cela: *Matériaux pour servir à l'histoire..!*

2) Lisez: J. B. Biot.

plus tendancieux qu'il convient d'attribuer la fausseté de cette singulière
critique qui, avec celle de son émule américain, a pesé pendant si
longtemps sur l'histoire des origines chinoises.

S. prétend tout d'abord que Biot a été amené à restituer l'état
du ciel en 2357, par la mention (il n'indique pas dans quel document)
d'un lieu sidéral de l'équinoxe vernal; et que cette vérification l'a
conduit à supposer l'existence de quatre constellations (1).

Il n'est cependant pas nécessaire d'avoir approfondi la question,
il suffit d'avoir feuilleté les articles de Biot pour constater que le
texte du *Yao-Tien* mentionne, non pas spécialement l'équinoxe vernal,
mais les *quatre* phases tropiques auxquelles il associe les *quatre* divisions stellaires dont Biot est accusé d'avoir inventé l'existence. Et
que le résultat de la reconstitution du ciel de *Yao* a été, non pas
l'existence de ces quatre constellations, mais la découverte de deux
relations stellaires: l'*opposition diamétrale* et la *correspondance des lacunes*[1])
qui démontrent d'une manière irréfutable l'antiquité des *sieou* et leur
identité avec les *sieou* modernes. S. n'en souffle mot; à trois reprises
il raille Biot d'avoir «fait appel aux formules les plus précises de
la mécanique céleste» (dont l'emploi est cependant justifié par le
rapide changement des relations circompolaires); mais il omet de
dire dans quel but Biot a fait ces calculs et quels en ont été les
résultats.

Il renouvelle ensuite la même ironie à propos de la quadrature
du duc de *Tcheou*, en s'abstenant, comme précédemment, d'indiquer
les preuves astronomiques et historiques de l'hypothèse de Biot.

Après avoir ainsi escamoté l'argumentation de son adversaire,
S. affecte de croire qu'elle repose sur l'authenticité des textes du

---

1) Voy. ci-dessus p. 349.

Eul-Ya et du *Tcheou-Li*; il met en doute la réalité du passage où ce dernier livre ordonne d'observer les 28 étoiles 星 (et leurs intervalles 弓). Cela est spécifié cependant dans deux passages bien connus, dont Biot a indiqué le folio.

Il est superflu de faire remarquer que les nombreuses mentions des *sieou*, non-seulement dans le dictionnaire *Eul-Ya*, mais dans le *Chi-King*, le *Chou-King*, le *Hia-Siao-Cheng*, etc. ne font que confirmer les certitudes établies par Biot, *indépendamment* de sa démonstration.

Dans le même ouvrage, Sédillot a consacré tout un chapitre à l'astronomie chinoise qu'il analyse à sa manière, suivant la méthode dont nous venons de montrer l'esprit. M'étant imposé de ne pas sortir ici de la question du *Yao-Tien*, je rendrai compte ailleurs de cette extraordinaire critique.

Ayant ainsi triomphé à bon marché de sa « bête noire », Sédillot a proclamé sa victoire dans son *Histoire des Arabes* [1]), ce qui n'a pas peu contribué à répandre les erreurs dont nous verrons le point d'aboutissement dans l'ouvrage de Ginzel.

X. Kühnert.

Si peu objectives que soient les « réfutations » de Sédillot et de Whitney, elles ont cependant un mérite, celui de mentionner les articles de 1840 et la théorie de Biot sur l'origine des *sieou*.

Les auteurs de la période suivante (C. L. S. R.) n'y font plus aucune allusion, nous l'avons vu. Cependant ils ont encore un mérite, celui de mentionner les propositions sidérales du texte.

---

1) Exemple: «Quant au zodiaque lunaire, dont M. Biot a essayé récemment, par une misérable confusion de mots, de faire, bien à tort, honneur aux Chinois...» (p. 358).

Les auteurs de la période suivante (Kühnert et Ginzel) n'y font plus aucune allusion, nous allons le voir. Cependant Kühnert a encore un mérite, celui d'admettre l'existence d'un texte authentique dans le *Yao-Tien*.

Ginzel n'y fera plus même allusion, si ce n'est d'une manière très vague et dubitative.

Cette évolution régressive — dont le *processus* négatif pouvait difficilement aller plus loin — est au fond très logique. Le texte du *Yao-Tien*, en effet, dont l'authenticité est garantie par la précession, certifie avec évidence l'emploi du gnomon et de la clepsydre. Puisque la critique était fermement décidée à ne pas admettre ces conséquences nécessaires, elle n'avait d'autre ressource que de faire disparaitre tout ou partie du document.

Cette élimination s'est opérée en deux temps: on a d'abord fait abstraction de la partie du texte relative à la durée de l'année et au mois intercalaire, ce qui a permis [1]) de réduire à rien la valeur des propositions sidérales. Puis, par un cercle vicieux, on a fait ensuite abstraction des propositions sidérales pour ôter presque toute valeur à la partie du texte dont l'omission avait permis à C. L. S. R. d'établir leurs conclusions. Grâce à cette pétition de principe, il ne reste plus rien du tout. Et Ginzel pourra ainsi prononcer le « mot de la fin » en attribuant à une simple hypothèse de Biot la notion de la durée de l'année et des *sieou* au temps de *Yao*.

Nous avons rendu compte de la première partie de cette opération critique; examinons maintenant la deuxième.

L'étude de Kühnert est intitulée: *Le Calendrier chinois d'après les bases de Yao et les probabilités de leur développement progressif.*

---

1) En passant outre, d'ailleurs, à diverses incompatibilités (V, p. 327).

«Où doit-on chercher, dit-il, la base de la supputation du calendrier de Yao?

«La source en est dans la 2ᵉ section du Yao-Tien qui commence ainsi: «Puis il ordonna à Hi et à Ho, en respectueuse conformité avec (leurs observations du) vaste ciel, de calculer (le mouvement et la position du) soleil (de la) lune (et du) Zodiaque ¹)... » (etc.)

«Pour les parties de ce texte qui se rapportent aux observations astronomiques, il convient de renvoyer à l'*Uranographie chinoise* de G. Schlegel (pages 4 à 30) où ce profond connaisseur en matière chinoise a donné *la première et la seule interprétation correcte* de ce texte.

Puisque M. Kühnert, qui est astronome professionnel, donne sa pleine approbation à la fantastique théorie de Schlegel, je ne puis que renvoyer le lecteur à l'examen de cette théorie pour tout ce qui concerne « la partie du texte relative aux observations astronomiques». Cependant, puisque d'après Schlegel lui-même, ce texte ne se rapporte pas à l'époque de Yao, mais à un état du ciel antérieur de 18000 ans, comment son interprétation peut-elle servir de base au calendrier de Yao? C'est une énigme.

D'autre part, puisque M. K. s'en remet à la compétence astronomique de S. pour « la partie relative aux observations» quelle est celle dont il va discuter le sens? Il nous l'explique, p. 52:

«Comment l'exégèse se présente-t-elle maintenant?

«A mon avis on ne saurait négliger:

«1°) Ce qui va être dit des observations astronomiques». (J'ai vainement cherché le passage auquel l'auteur fait ici allusion. Il nous a dit d'ailleurs qu'il s'en remettait à l'opinion de S. sur ce point).

«2°) Que l'époque des observations sera fixée d'après les conditions terrestres ²) telles que: «The people are dispersed in the fields, and birds and beasts breed and copulate» etc.

---

1) Une des particularités de l'antique astronomie chinoise est qu'elle ne contient pas trace de zodiaque; c'est là une conséquence de son caractère équatorial. Pour quelle raison, d'après quel indice, M. Kühnert traduit-il ici 星 par *zodiaque*?

2) *irdischen Zustände*. C'est-à-dire (je suppose) les variations physiologiques ou météorologiques mentionnées par le texte.

Ainsi donc, de ce texte précieux, éclairé par la documentation de Gaubil et par les découvertes de Biot, M. K. laisse de côté l'essentiel (les propositions sidérales si précises) et veut baser sa critique sur l'époque où les bêtes copulent.

« 3°) qu'il est dit 定四時 et 成歲 ».

Pour pouvoir discuter utilement ces deux termes du texte, il faudrait d'abord établir le principal et admettre (ou réfuter) les travaux de Gaubil et de Biot sur le caractère de l'astronomie de cette époque. M. K. n'en ayant pas la moindre idée, sa dissertation sur la forme de l'année et sur le mois intercalaire est entièrement dépourvue de base. Je crois avoir trouvé, cependant, l'explication de cette singulière limitation de sa critique : nous avons vu que Schlegel a oublié la mention du mois intercalaire et de la durée de l'année, mention incompatible avec son hypothèse des déterminations trimestrielles. Le Dr Kühnert, fervent admirateur de cette théorie, admet que *Yao* ne fait que reproduire un cliché servant depuis 18000 ans à déterminer les saisons (en dépit du changement du ciel); il ne peut donc pas faire état d'un texte qui ne se rapporte pas à l'époque de *Yao* et doit se borner à glaner les passages oubliés par Schlegel. Il ne nous dit pas, toutefois, sur quel indice se fonde cette distinction du texte en deux parties, l'une relative au temps de *Yao* et l'autre antérieure de 18000 ans.

Tout ceci est vraîment bien étrange, et je ne pense pas avoir exagéré en disant au début qu'un vent de folie semble avoir passé sur cette discussion.

XI. Ginzel.

Notre étude étant consacrée à l'examen de la discussion du *Yao-Tien*, il semble que l'ouvrage du prof. Ginzel n'y devrait pas figurer puisqu'il ne fait pas mention de ce texte sinon d'une manière **vague et dubitative:**

> Weber a montré qu'on ne trouvait pas de mention des *sieou* antérieurement au IIIᵉ siècle av. J.-C. On ne peut douter cependant que l'usage des stations lunaires ne se soit répandu en Chine avant cette époque, alors même qu'on ne pourrait les faire remonter, comme Biot, au temps de Yao.

Mais c'est précisément par ce côté négatif que son opinion nous intéresse. Elle résume le point d'aboutissement où la question, ainsi traitée, devait parvenir. Les interprétations de tous ces auteurs étant contradictoires, se détruisent mutuellement. Petit à petit, les propositions les plus précises et les plus certaines du texte se sont dissoutes par suite des incompatibilités qu'on leur prêtait. Et par émasciation progressive il n'est plus rien resté de ce précieux document.

L'un assure que les *sieou* ont été introduits en Chine par les Arabes, l'autre sous les *Han*; un troisième déclare qu'on n'en trouve pas trace avant les *Ts'in*. D'autres au contraire les font remonter à l'époque de *Yao* ou bien encore à 18000 ans avant J.-C. Pour les uns ils constituent un zodiaque lunaire; pour les autres, non. Pour les uns ce sont des divisions très inégales définies par leurs étoiles déterminatrices, pour les autres ce sont de simples astérismes, etc.

On conçoit, dans ces conditions, l'embarras qu'a dû éprouver le prof. Ginzel lorsqu'il s'est agi de résumer ces opinions contradictoires. Il avait entrepris l'œuvre très utile de rassembler toutes nos connaissances sur les données chronologiques et astronomiques des peuples du monde entier. On ne saurait exiger d'un savant qui assume une tâche de ce genre, une compétence spéciale dans les divers domaines historiques et philologiques où il doit puiser ses matériaux. Cependant, à défaut d'autre compétence, M. Ginzel, étant astronome, eût pu très facilement découvrir la vérité parmi ces opinions incompatibles s'il avait établi tout d'abord les principes directeurs de l'astronomie primitive comparée. Les prolégomènes que j'ai récemment publiés sur ce sujet sont sans doute bien frustes, mais ils constituent cependant une pierre de touche très suffisante pour contrôler les données contradictoires. M. Ginzel, en effet, n'avait qu'à se poser les questions suivantes:

L'astronomie du peuple considéré est-elle fondée sur l'écliptique ou sur l'équateur?

Quels sont, dans l'un ou l'autre cas, les procédés, en nombre très limité, qui ont pu servir à résoudre le problème sidéro-solaire et le problème tropique?

Si M. Ginzel avait seulement soupçonné la distinction entre la méthode zodiacale et la méthode équatoriale, il n'eût pu passer, les yeux fermés, à côté des explications vingt fois répétées de Gaubil et de Biot sur le caractère fondamental de l'astronomie chinoise [1]).

M. Ginzel a si peu entrevu ce fait capital qu'il présente toute l'astronomie chinoise comme zodiacale et écliptique. Aussi est-il à souhaiter que l'auteur refasse entièrement, dans un des prochains volumes, ce chapitre presque complètement inexact.

---

1) Je n'avais pu prendre jusqu'ici connaissance des travaux de Gaubil que dans le recueil de Souciet. Tout récemment j'ai pu me procurer le tome XIV des *Lettres Édifiantes* (éd. de Lyon).

Les remarques du savant missionnaire sur le caractère équatorial de la méthode chinoise depuis l'origine «jusqu'à l'arrivée des *Jésuites*» y sont encore plus précises et plus assurées que dans son premier ouvrage. En outre, il a beaucoup mieux compris la portée du texte du *Yao-Tien*.

Non-seulement il considère les *sieou* comme constituant un zodiaque lunaire importé en Chine, mais il attribue un caractère écliptique même aux *Tchong-K'i* et aux *Tsie-K'i* (qu'il appelle d'ailleurs les «*Tsie*» et les «*K'i*»).

Quant aux découvertes de Biot sur la répartition antique des *sieou*, il n'en fait, bien entendu, aucune mention. Je me propose de relever prochainement les nombreuses méprises que contiennent ce chapitre. En ce qui concerne la question dont nous nous occupons ici, il suffit d'y constater l'absence de toute vue précise sur le texte du *Yao-Tien*.

Conclusion.

Frappé de l'aspect équatorial et horaire du texte du *Yao-Tien* et ayant été amené à constater les erreurs des interprétations de MM. Legge et Russell, les seules dont j'eusse alors connaissance, j'ai montré dans la R. G. S. ce que l'on peut induire de ce document considéré en soi [1]), abstraction faite des autres sources de renseignements que nous possédons sur l'ensemble des *sieou*.

Ce premier travail était en cours de publication lorsque les études de Chalmers, Schlegel et Whitney me furent signalées. Je m'aperçus alors que non-seulement le texte de *Yao* mais tous les documents relatifs à l'antique astronomie des Chinois se trouvaient actuellement méconnus par suite d'un incroyable dévoiement de la critique, dévoiement dont les conséquences, au point de vue des origines, sont fort importantes.

Le présent article était ainsi destiné à compléter la réfutation

---

1) Ces deux auteurs avaient en effet envisagé la question sous ce seul rapport.

entreprise dans le précédent [1]). Mais avant que l'impression en fût commencée, j'ai constaté que d'autres auteurs (notamment MM. Kühnert et Ginzel) ont développé et consacré les mêmes erreurs.

D'autre part, j'ai découvert que la prétendue réfutation des idées de Biot par Whitney avait été visiblement suggérée par la lecture des ouvrages de Sédillot, orientaliste arabisant distingué, dont la partialité tendancieuse, a été évidemment le point de départ de cette singulière aventure de la critique moderne.

Avant de réédifier, objectivement, une théorie de l'ancienne astronomie chinoise, il m'a paru nécessaire de faire, au préalable, table rase de toutes les erreurs accumulées depuis soixante ans dans ce domaine. Il faut donc considérer ce qui précéde comme un simple travail préalable de démolition et de déblaiement. Sous ce rapport mes conclusions seront nettes :

Les ouvrages de Chalmers, Legge, Schlegel, Russell, Whitney, Sédillot, Kühnert et Ginzel, pour autant qu'ils concernent le texte du *Yao-Tien* et l'origine des *sieou*, doivent être considérés comme nuls et non avenus. Il n'en reste pas, je pense, pierre sur pierre. Si ces auteurs avaient simplement fait fausse route, cela n'aurait en soi rien d'étonnant ni de blâmable ; mais ils ont écarté, avec obstination, les judicieux avis de Gaubil et de Biot: *Errare humanum est, diabolicum perseverare.*

---

[1] L'article complémentaire, annoncé dans la R. G. S., était destiné, primitivement, à traiter de l'origine du calendrier.

Appendice.

Situation équatoriale des *sieou* en l'an 2357 avant J.-C.

Les *Études* de Biot ont pour but d'établir le caractère *antique* et *équatorial* de l'astronomie chinoise. Ces deux points sont démontrés, d'une manière irréfutable, par la symétrie de la répartition antique des *sieou*. Cependant Biot, dans cet ouvrage, n'a même pas *mentionné* cette découverte qu'il avait faite 22 ans auparavant! Non-seulement il n'en a pas compris la grande valeur dialectique, mais il n'en a pas vu la rigueur géométrique. Cela provient de ce qu'il opérait sur un globe céleste, procédé qui ne permet pas d'embrasser synoptiquement l'ensemble des *sieou*; puis de ce qu'il a présenté les faits dans des tableaux numériques qui en rendent fort mal compte.

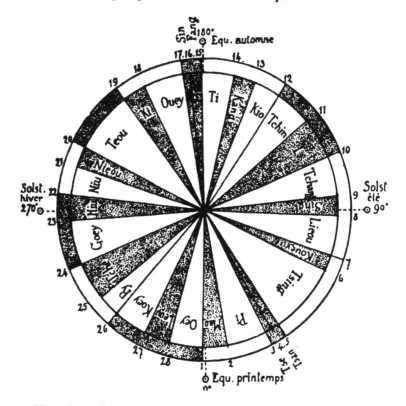

S'il avait pensé à dresser le diagramme [1] ci-contre, il eût été bien difficile à ses détracteurs de contester les règles qu'il a énoncées; en outre, il aurait

---

1) Ce diagramme est extrait de la *Note sur les étoiles fondamentales des Chinois* (A.P.) où l'on trouvera la discussion de ces faits; discussion d'où il résulte que l'origine des *sieou* doit être antérieure au 24e siècle.

vu lui-même qu'elles ne souffrent *aucune exception*, contrairement à ce qu'il croyait.

N'est-il pas évident, en effet, que les étoiles 4 et 16 sont hétérogènes et ont été choisies en vertu d'une règle spéciale et postérieure [1]), dont il reste à découvrir la raison d'être?

Supprimons donc ces deux étoiles par la pensée et considérons les divisions 3 + 4, 15 + 16, comme ne constituant respectivement qu'un seul *sieou*. Dès lors l'opposition diamétrale ne comporte plus aucune exception. La symétrie 12—26 laisse à désirer, mais 12 s'oppose néanmoins manifestement à 26.

L'adjonction des étoiles 4 et 16, ainsi que l'inexactitude du couple 12—26, (dont l'oeil fait abstraction sur le diagramme) ont entraîné la suppression de 4 couples (sur 14) dans le tableau de Biot.

D'autre part, Biot a constaté, plus loin, que les étoiles 4 et 16 n'ont aucun emploi circompolaire. Et il a présenté ce fait comme une *nouvelle infraction* à sa théorie; alors qu'au contraire il la confirme d'une manière éclatante, puisque ces étoiles hétérogènes qui font exception à la seconde règle sont précisément *les mêmes* qui font exception à la première. De telle sorte que si l'on considère ces étoiles comme obéissant à une troisième règle inconnue, la théorie de Biot ne souffre plus *aucune* exception!

Le caractère spécial des étoiles 4 et 16, certifié ainsi par l'examen astronomique, est en outre *historiquement* confirmé: 1° par les anciens commentaires qui nous apprennent que *Ho = Fang + Sin* (ce que nous avions déjà induit du diagramme); 2° par les correspondances géo-astrologiques (indiquées sur le pourtour du diagramme, d'après M. H. III, p. 384) qui, des petites divisions 3 + 4, 15 + 16, font des *unités* astrologiques, attestant ainsi leur situation hétérogène et exceptionnelle.

_____

1) C'est peut-être à cette institution complémentaire que fait allusion l'obscur passage du *Chou-Tien*; car la segmentation de *Ho*, qui a donné naissance au *sieou Fang*, doit être comprise entre les règnes de *Yao* et de *Tchong-K'ang*.

Se-Ma Ts'ien dit à trois reprises que ce texte se rapporte aux 7 étoiles de la Grande Ourse (et non aux 7 planètes). D'autre part le *Hia-Siao-Cheng* indique une relation entre *Tsan* (4) et une position de la Grande Ourse (v. p. 364) Il est donc probable que ces deux étoiles hétérogènes sont en rapport avec «l'évolution de la Balance de Jade». C'est ce que je me propose de vérifier prochainement au moyen d'un globe système Biot qui me permettra également, je l'espère, de déterminer la date d'origine des *sieou*.

ZUR BUDDHISTISCHEN LITTERATUR DER UIGUREN

VON

BERTHOLD LAUFER.

„Die Verfolgung des Buddhismus durch die Mohamedaner er-
streckte sich von den Ufern des Oxus bis Lob-nor, den westlichen
Grenzen des chinesischen Reiches und dauerte eine lange Reihe
von Jahrhunderten. Noch unter den ersten Nachkommen von
Tchingis-Khan und Kublai sehen wir den Buddhismus unerschüttert
in Kashgar und noch weiter östlich, und er erlischt erst nach dem
Fall der Yüan-Dynastie. Allein die Verfolgung der Mohamedaner
war verheerender, als die durch die Tîrthika's hervorgebrachte Um-
wälzung. Jene vertilgten alles, was den Typus des Heidentums trug:
Überlieferungen sowohl als Schriften, und so auch die reiche Literatur,
welche man bei den uigurischen Buddhisten voraussetzen darf, da
Gelehrte aus deren Kreise unter der Dynastie Yüan nach Peking
gerufen wurden, um an dem Gelehrten-Ausschuss Teil zu nehmen,
welcher mit der Vergleichung der tibetischen und chinesischen Bücher
des Buddhismus beauftragt war" [1]).

Bei der auf Veranlassung des Kaisers Kubilai veranstalteten
Revision und Übersetzung der buddhistischen Schriften sollen unter
den Gelehrten, die schliesslich den Druck besorgten, ausser Mönchen,

---

1) W. WASSILJEW, Der Buddhismus, S. 79. Über die Zerstörung buddhistischer Tempel
in Indien durch die Mohammedaner gibt eine anschauliche Schilderung TĂRANĂTHA in seinem Werke bKa-babs-bdun-ldan (ed. by SARAT CHANDRA DAS, Darjeeling, 1895), p. 70.

die Sanskrit, Tibetisch, Mongolisch und Chinesisch beherrschten, auch solche gewesen sein, die das Uigurische verstanden [1]). Die Tatsache, dass eine uigurische buddhistische Litteratur bestanden hat, wurde durch die russische Turfan-Expedition von 1898 geliefert, die in den Höhlentempeln Turfans Schriftstücke in türkischer Sprache entdeckte, die sich nach der Untersuchung von W. RADLOFF als Fragmente buddhistischer Bücher herausstellten [2]).

Da nun bei der in Turkistan energisch fortgesetzten Forscherarbeit alle Aussicht vorhanden zu sein scheint, dass sich uns eines Tages der buddhistische Kanon, oder wenigstens Teile desselben, in uigurischer Sprache erschliessen wird, so möchte ich auf die aus dem colophon eines tibetischen Sūtras erschlossene Tatsache hinweisen, dass chinesische Sūtras ins Uigurische übersetzt worden und uigurische Sūtras in Peking gedruckt worden sind. Da das in Rede stehende uigurische Sūtra im Jahre 1330 in einer Auflage von tausend Exemplaren hergestellt worden ist, so scheint es durchaus im Bereich der Möglichkeit zu liegen, dass das eine oder andere Exemplar erhalten geblieben ist und dereinst ans Tageslicht kommen wird, wobei denn zur Festsetzung des Textes und der Übersetzung die tibetische Version von grosser Bedeutung sein wird.

Das tibetische Sūtra führt den Titel *sme-bdun žes-pa skar-mai mdo* „Sutra von den ‚Grosser Bär᾽ genannten Gestirnen". Der Titel ist ferner auf chinesisch und mongolisch in tibetischer Transcription angeführt. Aus der Umschrift *bī-du ts'id zin gin* lässt sich der chinesische Titel 北斗七星經 [3]) reconstruiren. Der mongolische Titel ist so umschrieben: *do-lo-an ‚e-bu-gan ne-re-t'u ho-don-nu su-dur*,

---

1) A. GRÜNWEDEL, Mythologie des Buddhismus in Tibet und der Mongolei, S. 66.

2) Nachrichten über die von der Kaiserlichen Akademie der Wissenschaften zu St. Petersburg im Jahre 1898 ausgerüsteten Expedition nach Turfan, Heft I, St. Pet. 1899, S. 68 u. flgde.

3) Nicht in BUNYIU NANJIO's Catalogue verzeichnet.

woraus sich das mongolische *Dologhan äbüghän* [1]) *närätü odon-u sudur* ergibt.

Die tibetische Ausgabe dieses kurzen Sūtras gehört nicht zu den Seltenheiten. Ein handschriftliches Exemplar befindet sich in der Universitätsbibliothek von Cambridge, und ein gedrucktes in der von Oxford in England, und vor kurzem hatte ich Gelegenheit, einen guten Holzdruck desselben in einer umfangreichen Sammlung von Sūtras zu finden, die im Besitz des Herrn WILBERFORCE EAMES, Direktor der Lenox Library von New York, ist [2]). Da die tibetische Übersetzung erst im Jahre 1336 verfertigt worden ist, so ist es selbstverständlich, dass sie nicht in die damals abgeschlossen vorliegenden kanonischen Sammlungen des Kanjur und Tanjur aufgenommen ist; das Fehlen der Schrift im chinesischen Tripiṭaka scheint darauf hinzudeuten, dass sie unkanonisch ist.

Das Colophon, dessen Text ich anhangsweise mitteile, besteht aus zwei Teilen, die ich als A und B bezeichne, einem Teil von 36 neunsilbigen Versen und einer darauffolgenden Partie in Prosa. Wie sich ergeben wird, scheinen die beiden Teile zwei verschiedenen Redaktionen derselben Schrift anzugehören oder auf zwei verschiedenen Traditionen zu beruhen. Was die folgende Übersetzung betrifft, so möchte ich bemerken, dass die Lesung von Colophons zu den mühsamsten Aufgaben der tibetischen Philologie gehört, und dass ich mir nicht schmeichle, alle Schwierigkeiten des Textes gelöst zu haben.

Colophon A lautet:

---

1) Wörtlich „die sieben Grossväter oder Alten'. Der gewöhnliche Ausdruck für das Siebengestirn ist *dologhan odon*. Die Bezeichnung *dologhan äbüghän* findet sich nicht bei KOWALEWSKI, wohl aber in dem vortrefflichen mongolischen Wörterbuch von GOLSTUNSKI, Vol. III, p. 145 b.

2) Aus einer Vergleichung der drei Exemplare hat sich mir ergeben, dass der New Yorker Holzdruck genau mit dem von Oxford übereinstimmt, während das Manuscript von Cambridge einige unbedeutende, meist auf Schreibfehlern beruhende Abweichungen zeigt.

Wer das von dem Lehrer, dem vollendeten Buddha, vorgetragene „Sutra von den ‚Grosser Bär' genannten Gestirnen" standhaften Sinnes im Gedächtnis behält und ehrt, dem erwächst Heil [1]): in dieser Erkenntnis hat der Zu-gur-cᶜe [2]), mit Namen U-rug-bo-ga [3]), der von Kindheit an beständig an diese Schrift glaubte, sie immerwährend gelesen und geehrt. Kraft seines Strebens nach einer Würde und kraft seiner Gebete hat der friedlich regirende Herr, der verdienstreiche, der eine Verwandlung des die Erlösung bewirkenden Buddha ist, der Prinz Temur [4]), den Wunsch gehegt, ein dereinst die Gefilde des langen Lebens erreichender [5]) grosser Fürst zu werden.

---

1) Dies wird im Verlaufe des Sutra selbst des näheren ausgeführt.

2) Dieser und der folgende Name Urugboga, die sich nach dem Zusammenhang nur auf den weiter genannten Kaiser Tob Temur beziehen können, sind aus den mir zur Verfügung stehenden Quellen nicht festzustellen, auch nicht im *Yüan-shih* enthalten. Ganz rätselhaft ist der tibetische Name *T'in-kvan-t'in-mur*, den SARAT CHANDRA DAS in seinem tibetischen Wörterbuch (p. 577) demselben Herrscher zuschreibt. Über *Zu-gur-cᶜe* wage ich eine Vermutung zu äussern. Das in unseren Wörterbüchern in dieser Bedeutung nicht belegte Wort *gur* habe ich wiederholt in Verbindung mit den Namen der chinesischen Dynastieen gelesen, wo es also den Sinn von „Dynastie" hat. In einer tibetischen Lebensbeschreibung des Kriegsgottes Kuan-ti wird letzterer unter dem Namen Yun (= 羽 is 關 羽) als „Minister des Kaisers Hsien-ti (126—220) der Han-Dynastie in dem grossen Lande Mahacina" (*Ma-hā-tsi-nai yul-gru cᶜen-por Han-gur-gyi rgyal-po Şyan-dhī žes-bya-ba-žig-gi blon-po*) eingeführt, wo also *Han-gur* in der Bedeutung „Han-Dynastie" über allem Zweifel steht. Ebenso kommt im Colophon einer dhāraṇi im Kanjur (Kanjur-Index, ed. SCHMIDT, no 602, p 76) die Verbindung *T'ang-gur-gyi dus* vor, d. i. zur Zeit der T'ang-Dynastie, und ebenda *cᶜen-po C'iṅ-gur*, d. i. die grosse Ts'ing-Dynastie. So werde ich zu der Vermutung geführt, dass das im obigen Texte gebrauchte *Zu-gur-cᶜe* „die grosse Yüan-Dynastie" bedeutet (resp. „der aus der grossen Yüan-Dynastie"). Zu ist freilich in diesem Sinne nicht belegt, wäre aber entweder als Schreibfehler aus dem üblichen *Yvan* (= Yüan) entstanden oder als noch unbekannter tibetischer Name für die Dynastie denkbar.

3) Der Name klingt mongolisch, ist aber weder aus chinesischen noch mongolischen Quellen als Name des Kaisers Tob Temur zu eruiren. Mong. *uruk* bedeutet „Familie, Verwandte auf Seiten der Frau, Stamm".

4) Wie aus dem im Folgenden genannten chinesischen Datum der Periode *T'ien-li* hervorgeht, handelt es sich wohl um den Kaiser Tob Temur (1330—1332); in der mongolischen Geschichte wird er Jiyaghatu, in der tibetischen auch Goyugan genannt.

5) Ich verhehle mir durchaus nicht die Schwierigkeiten dieser Stelle, deren obige Übersetzung ich nur mit allem Vorbehalt gebe. Das tibetische *ts'e-riṅ-žiṅ* würde bei dieser Auffassung dem chinesischen 壽域 entsprechen, worüber CHAVANNES, Dix inscriptions

Nach der Ankunft des bLo-ldan Byań-c῾ub-sems-dpa bdag-po [1])
bestieg er den Tron des Kaisers Se-c῾en (d. i. Kublai) und sagte:
„Meines Herzens Wünsche sind nun befriedigt; ohne dass ich Zweifel
habe, ist mir sicheres Wissen aus dieser Schrift (nämlich dem obigen
Sūtra) entstanden. Dieses in uigurischen Lettern vorhandene buddhistische Sūtra soll, da es bisher von keinem anderen übersetzt worden
ist, damit die zahlreichen Mongolen ihm gläubig ihre Verehrung
bezeigen, in die Sprache meiner Mongolen übersetzt werden. Alle
Wünsche der zehntausend mal tausend Wesen sollen, ebenso wie
es bei mir der Fall war, dadurch befriedigt werden". Mit diesen
Worten liess er tausend Exemplare davon drucken und unter alle
verteilen. Kraft der Wirkung der Gnade dieses Verdienstes verlängerten
sich der Kaiser und die Kaiserin das Leben samt ihrer Nachkommenschaft und vermehrten ihre Verdienste. Möchten sie die Würde
des das Ende erreichenden Buddha erlangen! Mögen sich im Reiche
Feinde und Aufruhr beruhigen, und möge es sich wohl befinden,
von bösen Geistern und Unfällen verschont! Mögen Regen und Wind
zur rechten Zeit kommen und keine Hungersnot sein! Mögen meine
Worte und mein Herzenswunsch erfüllt werden! Möge ich mit meinen
Eltern, Söhnen und übrigen Verwandten, samt meinen noch lebenden
geistlichen Brüdern und vielen Wesen schon auf dieser Welt durch
die Religion Befriedigung der Wünsche und das dauernde Erreichen
der Gefilde der Seligen [2]) erlangen.

─────────

chinoises de l'Asie centrale (Paris, 1902, p. 84) zu vergleichen ist. Das in Rede stehende
Sutra verspricht demjenigen, der seine Lehren in sich aufnimmt, Verlängerung des Lebens,
und darin ist sicher der Hauptgrund für seine Übersetzung in verschiedene Sprachen,
seine weite Verbreitung und Popularität und besonders seine Beliebtheit beim Kaiser zu
suchen. Hier klingt ein Nachhall jener alten alchemistischen Ideen durch, die seit den
Tagen des Ts῾in Shih-huang-ti die chinesischen Kaiser auf die Jagd nach dem Elixir der
Unsterblichkeit getrieben haben. Diese Ideen im Zusammenhang mit dem Buddhismus hat
Chavannes in der Einleitung seines Buches Voyages des pèlerins bouddhistes (Paris, 1894,
pp. xv et seq.) trefflich geschildert.

1) Vermutlich ein Beiname des γYuṅ-ston rDo-rje-dpal (1284—1376), des Hierarchen
von ḃKra-bis-lhun-po, der den Kaiser im Jahre 1330 besuchte (s. Journal Asiatic Soc. Bengal,
Part I, No. 1, 1882, p. 21).

2) Tib. bde ba caṅ žiṅ = Sanskrit sukhāvatī.

Colophon B lautet:

Am ersten Tage des zehnten Monats, eines Drachenmonats, des
ersten Jahres der Periode T'ien-li [1]) (1330) ist das Buch gedruckt
worden. Dieses Sūtra ist aus Indien von einem indischen Paṇḍita
und Hsüan Tsang [2]) mitgebracht und in China übersetzt worden.
Während es sich so in China mehr und mehr verbreitete, wurde
es auf Aufforderung des Ministers des grossen Kaisers, des im Geschlecht
der Bodhisattva geborenen, von Weisheit und Meditation erfüllten
Gim-rtse-goṅ-lu tai-hui γyui-šI T'ai ‚u-rug-po [3]) von dem Meister

---

1) Tib. *t'en-li* (= 天曆). Die Handschrift von Cambridge hat *t'in-li*. Das Datum
kann sich naturgemäss nur auf die mongolische und uigurische Version beziehen, da die
tibetische erst 1336 zustande kam.

2) Tib. *T'aṅ zam ts'aṅ*, d. i. Transcription des chinesischen 唐三藏 T'ang San
Tsang, San Tsang (Beiname des Hsüan Tsang, 602—664) der T'ang Dynastie. Die Richtig-
keit dieser Identifikation wird mir aus dem Colophon einer tibetischen aus dem Chinesischen
übersetzten Schrift *br.Ied t'og yaṅ-fii sa-ma-tog* in der Library of Congress in Washington
bestätigt. W. W. ROCKHILL, der dieselbe erworben hat, beschreibt sie in seiner Abhandlung
"Tibet" (Journal Royal Asiatic Society, 1891, p. 235) als "a book on divination containing
most of the Chinese methods, and which is probably a translation of some Chinese work".
Das Colophon lautet: „Dies sind die von dem grossen Meister *T'ang Zan-tsaṅ* (Hsüan-
Tsang) gesammelten Erklärungen über die Wirkungen der Gestirne. Am 15. Tage des ersten
Monats des ersten Jahres der Periode Chên-kuan (tib. *fin-kvan*, = 627) der T'ang-Dynastie
stellte der Kaiser T'ai-Tsung der T'ang an die grossen Minister die Frage, woher es komme,
dass Werke der Tugend übenden Männern, obwohl sie drei oder vier Tage lang ohne
Unterbrechung die Götter ehrten und Gaben spendeten, kein Vorteil noch Segen erwüchse,
worauf der grosse Meister *T'ang Zan-tsaṅ* bei eben dieser Gelegenheit seine Fragen beant-
wortete". In diesem Texte sind nun die chinesischen Schriftzeichen unter der tibetischen
Zeile glossirt, und zwar *T'ang Zan-ts'aṅ* zweimal 唐三藏, *T'ang T'ai-Tsuṅ* (sic!)
唐太宗 und *T'ang Tin-kvan* 唐貞觀. Unter dem Namen T'ang Sêng wird
Hsüan-Tsang in der tibetischen Geographie des Minchul Chutuktu erwähnt, der eine Geschichte aus dem *Hsi yu ki* citirt (s. WASSILJEW's russische Übersetzung, St. Petersburg,
1895, p 66). Die Existenz einer tibetischen Übersetzung des *Hsi-yu-ki* ist sehr wahrscheinlich. Schliesslich möchte ich darauf hinweisen, dass der bei SCHIEFNER (Eine tibetische
Lebensbeschreibung Çâkjamuni's, S 80 und 101) erwähnte chinesische Gelehrte *De-mod-
gsum-pa* (= S *tripiṭaka* = chin. *san tsang*) niemand anders als eben unser Hsüan-Tsang ist.

3) Dieser Name ist bis auf den letzten Bestandteil ‚u-rug-po, der mongolisch zu sein
scheint (vergl oben U-rug-bo-ga) aus chinesischen Schriftzeichen zusammengesetzt, deren
Identifikation mit grossen Schwierigkeiten verknüpft ist. Ich vermute, dass *lu* chinesisch
路 wiedergeben soll, in Gim-rtse-goṅ (letzteres vielleicht = 江) müsste demnach ein

der Lehre der Uiguren, Praajñāçri, in mongolische Sprache und Schrift übersetzt und in zwei tausend Exemplaren gedruckt. Die von Alin-Temur tai-se-du [1]) verfertigte uigurische Übersetzung wurde in tausend Exemplaren gedruckt. Die Schrift wurde verschenkt und unter Mongolen und Uiguren verbreitet. Selbst diejenigen Staatsbeamte (tib. *tai-hu* = 大夫), die früher der Religion der Mongolen angehangen hatten, traten durch den Segen dieser Schrift zur Religion des Buddha über, empfingen die Weihen und genossen deren Vortrefflichkeit. Später im Feuer-Rind Jahre (d. i. 1336) haben der Übersetzer Mahāphala und Çri-Ānandavajra im Kloster Guṅ-t'aṅ die Schrift ins Tibetische übersetzt und redigirt.

Der Gegensatz zwischen den beiden in Versen und Prosa geschriebenen Colophons ist augenfällig. Der Hauptwiderspruch, der sie unvereinbar macht, liegt in der Angabe, dass nach A tausend, nach B zwei tausend Exemplare der mongolischen Version gedruckt worden sind, und dass nach A die Veranlassung zu derselben in einem Befehl des Kaisers Top Temur, nach B in dem Wunsche eines Ministers angegeben wird, wenn man nicht zu dem Compromiss seine Zuflucht nehmen will, dass der Minister lediglich als

---

geographischer Name stecken (aber welcher?). *Tai-hu*, das weiter unten wieder begegnet, ist offenbar Umschreibung von 大夫. Der Laut *f*, der dem Tibetischen fehlt, wird bei Umschreibung chinesischer Wörter in jüngeren Texten durch *ap'* oder *p'h* (mit untergeschriebenem *h*) wiedergegeben, in älteren Texten dagegen durch *h*. In einer tibetischen Schrift aus dem 13. Jahrhundert finde ich den Namen der Stadt Ch'êng-tu fu durch Śin-tu hu transcribirt. In *yyui-li* glaube ich 御 史 und in *T'ai* den Familiennamen (vermutlich 臺) erkennen zu sollen.

1) Offenbar identisch mit dem Uiguren 阿 隣 帖 木 兒, dessen Biographie im *Yüan-shih*, Cap. 124, p. 5, kurz skizzirt wird, und dessen auch in der Geschichte des Kaisers Top-Temur (*Yüan-shih*, Cap. 32—36) häufig Erwähnung geschieht. Er war Präsident des Finanzministeriums, 大 司 徒, womit die tibetische Transcription tai-se-du übereinstimmt. Die Worte in seiner Biographie 善 行 翻 譯 諸 經 dürfen als willkommene Bestätigung der ihm von dem tibetischen Texte zugeschriebenen Übersetzung gelten.

Exekutive des kaiserlichen Willens gehandelt habe. Ein weiterer
Widerspruch ist darin gegeben, dass es nach A den Anschein hat,
als wenn die uigurische Übersetzung bereits vor der Zeit des Kaisers
Top Temur existirt habe, während in B die Drucklegung derselben
nach dem Druck der mongolischen berichtet wird. Ich glaube, dass
wir in der nüchternen Prosa von B die Wirklichkeit und in der
Poesie von A Anklänge frommer Legendenbildung zu erblicken haben,
die ja bei der grossen Frömmigkeit des Kaisers nicht wunderzunehmen
ist und immerhin sich um den Keim eines Faktums gruppiren mag.
B enthält jedenfalls die historischen Tatsachen, und die augen-
blicklich für uns wichtigste, dass im Jahre 1330 eine uigurische
Übersetzung des Sūtras vom Gestirn des Grossen Bären in einer
Auflage von tausend Exemplaren in Peking gedruckt worden ist.

Die von W. Radloff[1]) übersetzte Stelle aus dem Fragment
eines uigurischen Sūtras kommt übrigens in unserem Sūtra nicht vor.

Inhaltlich bietet das Sūtra wenig Interessantes, aber es gewinnt
ein gewisses kulturhistorisches Interesse dadurch, dass darin der
türkische Cyklus der zwölf Tiere aufgezählt wird, und zwar in der
Weise, dass die in einem bestimmten Jahre geborenen Menschen
zu einem der sieben Sterne des Siebengestirns in Beziehung gesetzt
und unter den Schutz des betreffenden Sternes gestellt werden, dem
zu diesem Zwecke eine bestimmte Getreideart geopfert werden muss.
Die zwölf Tiere sind demnach auf die sieben Sterne künstlich ver-
teilt, und zwar in folgender Weise:

---

1) l. c. S. 78

Name der Sterne [1]).	Name der Tiere.	Nummer des Tieres im Cyklus.
tam-lań	Ratte	1
kun-min	Rind	2
	Schwein	12
lu-sun	Tiger	3
	Hund	11
un-k'u	Hase	4
	Hahn	10
lim-c'im	Drache	5
	Affe	9
wu-gu (hu-gu)	Schaf	8
	Schlange	6
bu-gur (p'o-gun)	Pferd	7

Man sieht, dass bei dieser Verteilung ein gewisses System angewandt ist. Da nach Colophon B das Original des Textes in Sanskrit
abgefasst war und angeblich von einem indischen Paṇḍita und Hsüan
Tsang aus Indien nach China gebracht und dort übersetzt worden
ist, so wären wir vor die Frage gestellt, ob der Cyklus der Tiere
bereits im Sanskrittext vorhanden und demnach vor der Zeit des
Hsüan Tsang in Indien bekannt war. CHAVANNES hat in seiner
scharfsinnigen Studie: Le Cycle turc des douze animaux [2]) diese Frage
gründlich untersucht und ist inbezug auf Indien zu dem Ergebnis

---

1) Ich vermag die tibetischen Namen, die in den Wörterbüchern nicht enthalten sind,
nicht zu erklären. Tibetisch sind sie jedenfalls nicht, sondern sehen wie Transcriptionen
aus dem Chinesischen aus. Mit den von SCHLEGEL, Uranographie chinoise, p. 859, gegebenen
Namen der Sternbilder des Grossen Bären lassen sie sich aber nicht identificiren.

2) T'oung Pao, 1906, pp. 51—122.

gelangt, dass der Tiercyklus dort unbekannt gewesen zu sein scheint
das Mahāsamnipāta-sūtra, der älteste buddhistische Text, in welchem
derselbe erwähnt wird, ist, wie aus der darin entfalteten Kenntnis der
Geographie Centralasiens hervorgeht, im östlichen Turkistan entstanden oder jedenfalls stark überarbeitet worden [1]). Dass der türkische
Kreis der zwölf Tiere im alten Indien und in der älteren buddhistischen
Litteratur unbekannt war, scheint gewiss zu sein, aber es scheint mir
kein Widerspruch zu der Ansicht Chavannes', vielmehr eine Bestätigung seiner Gesamttheorie über die Entstehung und Verbreitung
des Cyklus zu sein, wenn Anzeichen vorhanden sind, dass in einer
späten Periode, die sich annähernd zwischen das 7. und 11. nach-
christliche Jahrhundert datiren lässt, der türkische Tiercyklus in Indien
bekannt geworden ist, und zwar von den Gebieten Centralasiens her.
Diese Anzeichen sind:

1) Der in Rede stehende Text des Bärengestirnsūtras, in welchem
ich nach eingehender Prüfung nichts habe finden können, was gegen
eine Entstehung der Schrift in Indien zu sprechen vermöchte. Ob
der Text wirklich von Hsüan Tsang mitgebracht wurde, bleibt ja
zweifelhaft, da er in der Liste der von dem Pilger erworbenen und
übersetzten Bücher nicht erwähnt zu sein scheint; aber wann auch
immer der Sanskrittext entstanden sein mag, die Erwähnung des
Tiercyklus in seiner Beziehung zu den sieben Sternen muss darin
vorhanden gewesen sein, da diese Idee den Anfang und die Grundlage des ganzen Sūtras bildet.

2) Im 19. Kapitel der tibetischen Lebensbeschreibung des Padmasambhava, des Stifters des Lamaismus im 8. Jahrhundert, erlernt
Padmasambhava von einem indischen Lehrer in der Stadt Guhya
in Indien die Astrologie und wird also über den Tiercyklus im
Zusammenhang mit den zwölf Nidāna's [2]) unterwiesen: „Wenn der

---

1) Toung Pao, 1906, p 93.
2) Vergl. CHAVANNES, l c, p 86.

Gott der aukti den Segen gibt, so steht dies im Zusammenhang mit dem *Mäuse*jahr der avidyā. Wenn der aschenfarbene Elephant im Mutter-leibe sich sechsfach verwandelt, so hängt es zusammen mit dem *Stier*-jahre der saṁskāra's; wenn im Mutterleibe das Innere in regenbogen-farbene Kreise sich verwandelt, so steht es im Zusammenhange mit dem *Tiger*jahre des vijñāna; wenn im Moment des Hervorkommens das Ohr aufrechtstehend herauskommt, so hängt dies zusammen mit dem *Hasen*jahre des nāmarūpa; wenn zur Zeit der Geburt aus den Himmeln eine Stimme ertönt, so steht dies im Zusammenhang mit dem *Drachen*jahre der sechs āyatana's; wenn dem Verkörperten der Nāgakönig das Bad gibt, so hängt dies zusammen mit dem *Schlangen*-jahre des sparça; wenn auf einem isabellfarbigen Pferde der Goldene reitet, so kommt dies von dem *Pferde*-jahre der vedanā; wenn ein Gott Schafsmilch vorsetzt, so kommt dies von dem *Schafs*jahre der tṛṣṇā. Wenn der Affe Hanumān Honig bringt, so kommt dies von dem *Affen*jahre des upādāna. Wenn der Fürst der Gefiederten, der Garuḍa, Weihrauch herbeibringt, so kommt dies von dem *Vogel*-jahr des bhava; wenn der Hund Taudiya die Lehre Buddhas hört, so hängt dies zusammen mit dem *Hunds*jahr der jāti. Wenn die neun eisernen Schweine eingebohrt in Kraftanstrengung wetteifern, so hängt dies zusammen mit dem *Schweine*jahre des Alterns und Sterbens: so stehen im Zusammenhang zwölf Vorgänge im Leben eines Buddha und die zwölf Nidāna's, welche in einem indischen Jahre umlaufen" [1]). Es ist offenbar, dass die hier gegebene Einklei-dung des Cyklus nur auf indischem Boden entstanden sein kann.

3) Eine Belegstelle für das Vorkommen dieses Tiercyklus in Indien gibt F. K. GINZEL [2]) nach Erard Mollien, doch bin ich nicht in der Lage, diese Quelle zu prüfen.

---

1) Nach der Übersetzung von A. GRÜNWEDEL, Ein Kapitel des Tä-śe-san, Abdruck aus Bastian-Festschrift, S. 13—14.

2) Handbuch der mathematischen und technischen Chronologie, Band I, Leipzig, 1906, . 87.

4) Es muss daran erinnert werden, dass die Tibeter ihre gegen-
wärtige Zeitrechnung gleichzeitig mit der Einführung des sogenannten
Kálacakra Systems aus Centralasien erhalten haben, und zwar aus
dem Reiche Šambhala. Einem der Hauptvertreter des Kālacakra,
Atiça, wird die Gestaltung des jetzigen Kalenders und das Rech-
nen nach sechzigjährigen Cyklen zugeschrieben [1]). Das Jahr 1026
ist der Anfang des ersten tibetischen Cyklus, und das voraufgehende
Jahr 1025 gilt als das der officiellen Reception des Kālacakra Systems.
Bemerkenswert ist auch die Tatsache, dass in Indien nach dem
Sûrya Siddhânta in demselben Jahre 1026 ein neuer Cyklus der
Brihaspati-Jahre begann [2]). Es ist nun seltsamer Weise bisher immer
die Tatsache übersehen worden, dass die Grundlage der tibetischen
Chronologie von dem türkischen Cyklus der zwölf Tiere gebildet
wird, und dass die tibetische Tradition selbst astronomische und
chronologische Kenntnisse von den Türken herleitet. Es ist unrichtig, wie E. SCHLAGINTWEIT [3]) getan hat, dabei ausschliesslich auf Indien
und China zu verweisen, und wenn GINZEL [4]) sein Kapitel „Zeitrechnung in Tibet" mit den Worten eröffnet: „Am nächsten mit
der indischen Zeitrechnung verwandt ist die der Tibetaner; in derselben zeigt sich neben einer gewissen Ursprünglichkeit, indischer
und chinesischer Einfluss", so will das soviel besagen, dass diese
„gewisse Ursprünglichkeit" eben türkisch ist [5]), und dass sich der

---

1) A GRÜNWEDEL, Mythologie des Buddhismus, S. 58.

2) GINZEL, l c, S. 407.

3) Buddhism in Tibet, p. 273

4) L c, S. 403.

5) GRÜNWEDEL (Die orientalischen Religionen, in Kultur der Gegenwart, S. 140) ist
durchaus im Recht, wenn er von einer gewissen alten Kulturgemeinschaft der Tibeter mit
ihren früheren türkischen und mongolischen Nachbarn spricht. Der wirtschaftliche Typus
der alten tibetischen Kultur stimmt durchaus mit dem der alttürkischen überein und steht
am nächsten dem der Hsiung-nu, mit denen sie auch auffallende Züge in der sozialen Organisation gemeinsam haben — ROCKHILL (Journal Royal Asiatic Soc, 1891, p. 207) sagt
anlässlich der Erörterung der tibetischen Chronologie in einer Note: "The Chinese and also
Father Desgodins state that the Tibetans follow the Mohammedan (Turkestan?) system of
calculating time See Peking Gazette, Nov 19, 1887, and C. H. Desgodins, Le Thibet, p. 369.
I have been unable to learn anything of this". Diese Angaben erklären sich jetzt von selbst.

indische und chinesische Einfluss im wesentlichen auf Punkte der Terminologie beschränkt. Wie die Chinesen und die Mongolen, so haben auch die Tibeter den Cyklus der zwölf Tiere von den Türken erlernt und übernommen, die, wie CHAVANNES trefflich gezeigt hat, denselben in originaler Weise ausgebildet und chronologischen Zwecken dienstbar gemacht haben, und dieser mit dem Kālacakra System übernommene Cyklus ist das Fundament der ganzen tibetischen Chronologie, und mit dem Kālacakra wird er wohl auch nach Indien gelangt sein. Ich vermute, dass die Bezeichnung Kālacakra, „das Rad der Zeit", (tib. *dus-kyi ak'or-lo*) ursprünglich nichts anderes bedeutete als eben den türkischen Cyklus der zwölf Tiere, und dass der Cyklus endlich dem ganzen System, in dem er offenbar eine grosse Rolle gespielt haben muss, den Namen geliehen hat. Damit ist auch implicite gesagt, dass das Kālacakrasystem selbst türkischen Ursprungs sein muss. CSOMA [1]), welcher zuerst über diese jüngste Phase des Buddhismus berichtete, hat das Land Šambhala, dem sein Ursprung zugeschrieben wird, am Jaxartes localisirt. Ich habe dagegen den Eindruck gewonnen, dass jenes Reich mit der Gegend von Khotan zu identificiren ist, und erlaube mir am Schluss einen Text zur Rechtfertigung meiner Ansicht anzufügen. Freilich wird sich erst völlige Klarheit in dieser Angelegenheit gewinnen lassen, wenn die ganze Litteratur über Kālacakra im Tanjur bearbeit sein wird, was ein dringendes Erfordernis ist, um dies kulturgeschichtlich wie religionsphilosophisch gleich interessante System zu erschliessen.

Der im Folgenden mitgeteilte Text ist einer Handschrift mit dem Titel *Šambha-lai lam yig*, d. i. „Reiseführer nach Šambhala", entnommen. Unter diesem Titel gibt es eine ganze Reihe verschiedener

---

1) Note on the Origin of the Kāla-Chakra and Adi-Buddha Systems. Journal Asiatic Soc. of Beng.J, Vol. II, 1833, pp. 57—59, und A Grammar of the Tibetan Language, Calcutta, 1834, pp. 192—193.

Werke [1]). Nach SARAT CHANDRA DAS [2]) wäre ein Werk dieses Namens
von dem *Paṅ-c'en bLo-bzaṅ dPal-ldan Ye-śes* von *bKra-śis-lhun-po*
geschrieben worden, der von 1787 bis 1779 gelebt hat. In meiner
Handschrift ist kein Verfassername angegeben, aus einer Reihe von
Umständen aber, unter denen am meisten ins Gewicht fällt, dass
darin eine Beschreibung von Peking und dem dortigen Kaiserpalast
mitgeteilt wird, die nur auf die Mongolenzeit passt, glaube ich schliessen
zu dürfen, dass die Version meines Werkes im 13. Jahrhundert
entstanden ist.

Das von Šambhala handelnde vierte Kapitel lautet darin fol-
gendermassen:

„Wenn man auf eine weite Entfernung nach Norden reist, wo
die Königin K'om-k'om haust, da sollen sich prächtige Wälder und
Gewässer befinden. Von dort weiter nordwärts ist unter den sechs
dort befindlichen Gebieten das Königreich von Khotan (*Li-yul*) [3])
das grösste. Dem viereckigen Eisenberg entlang muss man auf der
Handelsstrasse sechs Tagereisen zurücklegen. Da ist der Fluss Sita,
der von Westen nach Osten fliesst [4]), und dem entlang die Hor [5])
leben: gewöhnlich haben sie keine Häuser, sondern wohnen lediglich
in Filzzelten. Die Zelte der Vornehmen haben zwei- und sogar

---

1) Eines derselben ist im Tañ̃ur enthalten (Asiatic Researches, Vol. XX, p. 584); s.
auch SCHMIDT in Mélanges asiatiques Vol. I, p. 405

2) A Tibetan-English Dictionary, p. 1331.

3) Nach WASSILJEW, Der Buddhismus S. 54 bezeichnet Li-yul „buddhistische Land-
striche im Norden von Tibet und insbesondere Khotan", ebenso in seiner Geographie Tibets
(russ., St. Petersburg, 1895 p. 57), siehe ferner SCHIEFNER, Tibetische Lebensbeschreibung
(Übersetzung S. 84 ff.; ROCKHILL, The Life of the Buddha p. 230.

4) Daraus scheint hervorzugehen, dass Sita nicht, wie bisher angenommen, mit dem
Oxus oder Jaxartes identisch ist, sondern eher ins Tarim zu setzen scheint.

5) Über die Namen Hor und Sog s. KOEPPEN's REMUSAT's Essays on the Languages etc.
of Nepal and Tibet, London 1874, p. 82 u. sq. In der späteren tibetischen Litteratur
werden Hor und Sog aus alter Gewohnheit zur Bezeichnung der Mongolen gebraucht; ursprünglich bezog man sich aber hier auf Uiguren und insbesondere auf die Uiguren, wie das
Wort Hor und auch gegenwärtig als Name für die Bezeichnung der Türken gebraucht wird.

dreifache Dächer. Für Transportzwecke bedienen sie sich der Kamele, von denen je 110 eine Ladung ausmachen. Am Fusse der Südseite der Schneeberge, welche Šambhala von aussen einschliessen, liegt eine grosse Stadt, in der alle Menschen, Männer sowohl als Frauen, sich in folgender Weise geschlechtlich vereinigen: der Penis befindet sich an der Innenseite des rechten Oberschenkelmuskels, während sich die weiblichen Geschlechtsteile an der entgegengesetzten Seite, am linken Oberschenkel, befinden. Der Fötus verbleibt drei Monate im linken Oberschenkel, und dann soll die Geburt stattfinden.

Was die Ausdehnung des Landes Šambhala betrifft, so ist sie im Süden etwa die Hälfte eines kleinen Jambudvīpa, auf der Nordseite aber ist es ein grosses Land, das *Yo-gsum*, mit dem gewöhnlichen Namen aber Šambhala heisst. Auf allen Seiten 'ist es von 500 Yojana langen Schneebergen umgeben. Drei innere Bergketten sind in acht Blätter von der Form eines Lotus zerschnitten, so dass sich die Ränder der äusseren und inneren Berge berühren. Im Südwesten befindet sich Wasser und ein für Menschen gangbarer Weg. Mongolen (*Sog-po*), Kaufleute, jung verheiratete Frauen u. s. w. sollen häufig diese Strasse hinauf und herab ziehen. Auf der Ostseite gibt es nur einen Fluss und Vögel, doch auch einen Pass, der früher niemals von Menschen begangen sein soll. In kurzer Entfernung mündet dieser Fluss in einen äusseren See. In dem leeren Raume bildet das ganz von Wasser umgebene Land eine Insel, eben jene, welche gemäss der im Kālacakra gegebenen Erklärung eine der elf Inseln ist, die vom Wasser des äusseren Sees umgeben sich einzeln von einander abgelöst haben.

Was das Centrum des Landes betrifft, so erreicht man dasselbe, wenn man oben von den erwähnten Lotusblättern aus zwei oder drei Tagereise hinaufsteigt; dort befindet sich der Königspalast,

genannt Ka-la-lha [1]), dessen vier Seiten jede elf Yojana lang ist. Auf
dessen Südseite befindet sich der Park *Ma-la-ya*, in welchem das
von dem König Sucandra (*Zla-bzaś*) errichtete grosse Glos-aloń (?)-
Maṇḍala des Kālacakra und das von dem Kulika [2]) Puṇḍarīka (Rigs-
idan Pad-ma dkar-po) errichtete kleine Glos-aloń-Maṇḍala beide im
Innern eines Vajra-Zelthauses aufgestellt sind. Auf der Nordseite des
Palastes liegt eine grosse Stadt, wo die Sklavinnen des Palastes
leben. Im Osten und Westen davon ist ein grosser See von der
Gestalt des Mondes am achten Tage des Monats. Jener Königspalast
enthält vier grosse Gebäude mit zwei oder drei übereinander gebauten
Dächern aus Ton, deren Spitzen mit vergoldeten Zinnen gekrönt
sind. Die übrigen Gebäude haben in der Regel nur zwei Dächer,
gefällig wie der Stil der tibetischen. In den beiden Palästen wendet
man die bei uns ih Tibet in früherer Zeit allgemein gebrauchte
ạByam Schrift [3]) an. Es sind dies die beiden von dem grossen König
als Behausungen für die grossen Geistlichen errichteten beiden Gebäude, nämlich das On-ạdab gsal-k'aṅ-rtse und das Gra-mda ya-k'a
k'aṅ-gsar, wo man die auf Baumwollpapier geschriebenen beiden
Klassen der Sūtra und Tantra gründlich versteht.

Was die äussere Erscheinung des Königs jenes Landes anbe-
langt, so ist sein Haupthaar geteilt und in einen Knoten gebunden;
er trägt eine buntfarbige Mütze mit fünf Zipfeln, welche die fünf
Kasten symbolisiren; er sitzt auf einem sehr hohen Tron. Einstmals,
als er zahlreichen Personen religiöse Vorträge hielt, habe auch ich
sein Antlitz geschaut und seine Worte gehört. Zu den Kleinodien
jenes Königs gehören folgende: er besitzt den Wunschbaum (kal-
padruma = tib. *dpag-bsam śiṅ*) in Gestalt von hölzernen Buchdeckeln,

---

1) Wahrscheinlich Schreibfehler für *Kalapa*.

2) Siehe A. GRÜNWEDEL, Mythologie des Buddhismus, S. 41.

3) Der Name dieser Schrift fehlt in den Wörterböchern, wenn nicht *ạbyam* Schreibfehler für *ạbam* ist; das *ạbam-yig* Alphabet ist in CSOMA's Grammar auf den Tafeln 31—35
dargestellt.

der ihm jeden Gedanken erfüllt, und die Nāga haben ihm ein Juwel verliehen, das, sobald er auf seinen Tron gelangt, alle Wünsche des Herzens erfüllen soll. Unter anderen wunderbaren Dingen, die er besitzt, ist folgendes. Wenn er einen Boten aussendet, so überreicht er ihm Zauberkräfte besitzende Gegenstände, und zwar ein Schwert für den König der Mitte und je eine Salbe für jeden der 96 Vasallenfürsten des Lotusblattgebirges; der Bote braucht sich nun nur des Landes zu erinnern, in das er zu gehen hat, um in einem Augenblick dort angelangt zu sein. Die gewöhnlichen Nahrungsmittel sind Reis, verschiedene Arten Baumfrüchte, Weizen und anderes. Die Menschen tragen grossenteils weisse Kleider und rote Mützen mit fünf emporragenden Spitzen, doch ohne Flügel. Die Frauen haben gewöhnlich sowohl rote Kleider als Mützen und tragen weiche Shawls und Edelsteinschmuck. Die Mönche tragen in der Regel eine Mütze, aber keine Stiefel [1]), und es gibt viele unter ihnen, die bis zu drei Mönchsgewändern besitzen. Bei den Versammlungen in ihren Schulen liegt das Hauptgewicht darauf, dass sie keine Worte äussern, sich in der Tat mit wenigen Erläuterungen begnügen und sich auf die Erkenntnis (*ñams-rtogs*) verlassen".

Der Geschichte des Buddhismus unter den Türken in Centralasien könnte kein grösserer Dienst erwiesen werden als durch eine Übersetzung aller auf das Kālacakra bezüglichen Texte des Tanjur.

---

1) Während die tibetischen Lama Stiefel tragen.

Tibetischer Text des Colophons des Sūtra
«Me-bdun žes-pai skar-mai mdo.»

A.

ston-pa rdzogs-pai Sańs-rgyas-kyis gsuńs-pai
sme-bdun žes-pai skar-mai mdo-sde ądi
brtan-pai sems-kyis dran-žiń gań mcᶜod-pa
de-la pᶜan-pa ąbyuń-žes rab-šes-nas
5 ‚U-rug-bo-gai miń-can Zu-gur-cᶜe
cᶜuń-ńu dus-nas rtag-par cᶜos ądi-la
yid-cᶜes-ldan-pas rgyun-du klog-ciń mcᶜod
rań-gi go-ąpᶜań tsᶜol-žiń gsol-ądebs-pas
mtᶜun-par skyob-pai bdag-po bsod-nams-can
10 grol-mdzad ston-pa Sańs-rgyas sprul-pa gań
Tᶜe-mur rgyal-bu yun-du tsᶜe-riń-žiń
tᶜug-can rgyal-bu cᶜen-por ągyur-bar ądod
bLo-ldan Byań-cᶜub-sems-dpa bdag-po de
bsleb-nas Se-cᶜen rgyal-poi gdan-sar bžugs
15 bdag-gi yid-la ądod-pa tsᶜim gyur-pas
tᶜe-tsᶜom med-par cᶜos ądir ńes-šes skyes
Yu-gur yi-ger cᶜos-kyi mdo-sde ądi
sńon-cᶜad gžan-gyis bsgyur-ba med-pas-na
mań-poi Hor-rnams dad-pas mcᶜod-gyur ces
20 bdag-gis Hor-gyi skad-du bsgyur-ba yin
ńa-yis ji-ltar bsam-pa ągrub-ągyur-na
sems-can kᶜri pᶜrag stoń pᶜrag ądod-pa kun
bdag ńid ji-bžin tsᶜim-par gyur-cig ces
stoń pᶜrag par-du btab-nas kun-la bkye
25 ądi-yi bsod-nams drin-gyi ąbras-bui mtᶜus
bdag-po rgyal-po dpon-mo brgyud-par bcas
yun-du sku-tsᶜe riń-žiń bsod-nams ąpᶜel

mt῾ar-t῾ug Saṅs-rgyas go-ap῾aṅ rñed gyur-cig

rgyal-k῾ams dgra daṅ ạkrug-pa ži-ba daṅ

30 gdon daṅ bar-c῾ad rims-med bde gyur-cig

c῾ar rluṅ dus babs mu-ge med ạgyur-žiṅ

bdag-gis smras daṅ bsam-don ạgrub-gyur-cig

bdag daṅ p῾a ma bu sogs gñen rnams daṅ

ạts῾o-bai spun daṅ sems-can maṅ-por bcas

35 ạjig-rten ạdir yaṅ c῾os-kyis ạdod-pa ts῾im

bde-ba-can žiṅ rtag-par p῾yin-gyur-cig

B.

T῾en-li daṅ poi-lo ạbrug-gi-zla-ba bcu-pai-ts῾es-gcig-la par-du btab-pa-yin. mdo ạdi rGya-gar-gyi-yul-nas rGya-gar-gyi paṇḍita gcig daṅ, T῾aṅ Zam-Ts῾aṅ-gis k῾yer-te rGyaḥ-yul-du bsgyur-ro. rGya-c῾en-poi-yul-du rgyas-par gyur-ciṅ, gnas-pa-las rgyal-po c῾en-poi blon-po byaṅ-c῾ub-sems-dpai rigs-su byuṅ-ba dad-pa daṅ, šes-rab daṅ, tiṅ-ñe-ạdzin-daṅ-ldan-pa Gim-rtse-goṅ-lu tai-hui-ɣyui-ši T῾ai ₃u-rug-po-yis bskul-te Yu-gur-gyi bstan-pai bdag-po Prajñā-çrī-s Hor-gyi skad daṅ yi-ger bsgyur-nas stoṅ p῾rag gñis par-du btab. ₃A-lin T῾i-mur tai-se-du-s Yu-gur-gyi skad-du bsgyur-te, stoṅ p῾rag gcig par-du btab-nas, c῾os-kyi sbyin-pa byas-te Hor daṅ Yu-gur-la rgyas-par byas-šiṅ, tai-hu ñid kyaṅ sñan-c῾ad Sog-poi c῾os-lugs ạdzin-pa-la, c῾os ạdii byin-rlabs-kyis Saṅs-rgyas-kyi c῾os-la žugs-šiṅ rab-tu byuṅ-ste ạdii yon-tan-rnams ñams-su myoṅ-bar gyur-pao.

slad-kyis me mo glaṅ-gi lo-la lo-tsts῾a-ba Ma-hā-p῾a-la daṅ, Çrī ῾A-nan-da-va-jra-s Guṅ-t῾aṅ-gi gtsug-lag-k῾aṅ-du Bod-kyi skad daṅ yi-ger bsgyur-ciṅ žus-te gtan-la p῾ab-pao.

MÉLANGES.

TRAITÉ FRANCO-JAPONAIS.

Dans la séance du lundi 17 juin 1907, le Ministre des Affaires étrangères, M. PICHON, donne lecture de l'accord franco-japonais:

DÉCLARATION.

Les deux gouvernements du Japon et de la France se réservant d'engager des pourparlers en vue de la conclusion d'une convention de commerce en ce qui concerne les relations entre le Japon et l'Indo-Chine française, conviennent de ce qui suit:

Le traitement de la nation la plus favorisée sera accordé aux fonctionnaires et sujets du Japon dans l'Indo-Chine française pour tout ce qui concerne leurs personnes et la protection de leurs biens, et ce même traitement sera appliqué aux sujets et protégés de l'Indo-Chine française dans l'empire du Japon, et cela jusqu'à l'expiration du traité de commerce et de navigation signé entre le Japon et la France le 4 août 1896.

ARRANGEMENT.

Le gouvernement de la République française et le gouvernement de Sa Majesté l'empereur du Japon, animés du désir de fortifier les relations amicales qui existent entre eux et d'en écarter pour l'avenir toute cause de malentendu, ont décidé de conclure l'arrangement suivant:

« Les gouvernements de la France et du Japon, d'accord pour respecter l'indépendance et l'intégrité de la Chine ainsi que le principe de l'égalité de traitement dans ce pays pour le commerce et les ressortissants de toutes les nations, et ayant un intérêt spécial à voir l'ordre et un état de choses pacifique garantis notamment dans les régions de l'empire chinois voisines des territoires où ils ont des droits de souveraineté, de protection ou d'occupation, s'engagent à s'appuyer mutuellement pour assurer la paix et la sécurité dans ces régions, en vue du maintien de la situation respective et des droits territoriaux des deux parties contractantes sur le continent asiatique. »

En foi de quoi les Soussignés :

Son Excellence Monsieur Stéphen PICHON, sénateur, ministre des affaires étrangères ;

Et Son Excellence Monsieur KURINO, ambassadeur extraordinaire et plénipotentiaire de Sa Majesté l'empereur du Japon près le président de la République française, autorisés par leurs gouvernements respectifs, ont signé cet arrangement et y ont apposé leurs cachets.

NÉCROLOGIE.

Jean BONET.

Notre collègue vient d'être victime d'un épouvantable accident: Samedi soir (20 juillet) à onze heures, M. Bonet, avec son fils, Contrôleur en Tunisie, traversait la place de la Concorde, pour prendre le chemin de fer métropolitain et rentrer chez lui à Neuilly, lorsqu'il fut renversé et blessé mortellement par une automobile.

Jean Pierre Joseph Bonet était né à Bages (Pyrénées orientales) le 21 novembre 1844; il avait d'abord suivi la carrière de l'interprétariat de la Marine en Cochinchine: aspirant interprète, 1er janvier 1867; aide-interprète, 13 août 1867; interprète de 2e classe, 2 sept. 1868; de 1re classe, 24 sept. 1870; interprète principal de 2e classe, 1 sept. 1874; de 1re classe, 5 mars 1881; sur sa demande, il obtint une pension militaire de retraite par décret du 20 août 1887.

Par arrêté du 19 juin 1888, M. Bonet avait été chargé du cours d'annamite à l'Ecole des Langues Orientales; il fut nommé professeur titulaire le 6 janvier 1894, lorsque M. Abel Des Michels prit sa retraite. Il avait été en outre chargé d'un cours à l'Ecole coloniale le 4 novembre 1889. Professeur estimé, M. Bonet a publié à Saigon pendant plusieurs années un annuaire annamite [1]; il a traduit en annamite pour la «British and Foreign Bible Society» l'Evangile selon St. Luc [2]; il a imprimé un dictionnaire annamite français [3] et il a donné

---

[1] Lich Annam thông dụng trong Sau tinh Nam ki tuể' thú' giáp tuả't (1874). — Saigon Bản in nhà nuổ'c 1874, in-8, pp. 78.
— — — tuể' thú' ả't họ'i (1875). J. Bonet. Ibid., 1875, in-8, pp. 102.
— — — tuể' thú' mậu dả'n (1878). J. Bonet. Ibid., 1878, in-S, pp. 127.

[2] Sách tin lành theo ông thánh Luca-Ông J.-F. Ostervald thuật lại — Londres E. C.: 146, Queen Victoria Street... 1890, pet. in-8, pp. 94.
Paris — Imprimerie polyglotte A. Lanier et ses Fils, 14, rue Séguier.

[3] 大南國音字彙合解大法國音 — Dictionnaire Annamite-Français (langue officielle et langue vulgaire) par Jean Bonet Professeur à l'École spéciale des Langues Orientales vivantes et à l'École coloniale. Paris, Imprimerie nationale — Ernest Leroux, éditeur, MDCCCXCIX—MDCCCC, 2 vol. in-8, pp. xxv—440 à 2 col., et 532.
Forme les Vols I et II de la 5e Série des *Publications   l l'cole des Langues Orientales vivantes*

divers articles aux recueils de l'Ecole des Langues Orientales vivantes [1]). M. Bonet était officier de la Légion d'honneur et de l'Instruction publique.　　H. C.

---

[1]) 大南國朝廷並諸部院衙門 — La Cour de Hué et les principaux services du Gouvernement annamite, par M. Jean Bonet. (*Centenaire de l'Ecole des Langues orientales vivantes* (1795—1895. Paris, 1895, pages 145—182).

— Quelques Notes sur la vie extérieure des Annamites par Jean Bonet. (*Recueil de Mémoires orientaux...* publiés par les professeurs de l'Ecole spéciale des Langues orientales vivantes à l'occasion du XIVᵉ Congrès int. des Orientalistes tenu à Alger, 1895, pp. 401—433).

BULLETIN CRITIQUE.

Mis de LA MAZELIÈRE. — *Le Japon Histoire et Civilisation*. — Tome Premier, *Le Japon ancien*, avec seize gravures hors texte. — Tome II, *Le Japon féodal*, Avec dix gravures hors texte et une carte. — Tome III, *Le Japon des Tokugawa*, Avec quinze gravures hors texte et une carte, 3 vol. in-12, pp. CXXXV—569, 406, 623.

Il y a quelques années (1899), M. le Marquis de LA MAZELIÈRE publiait un *Essai sur l'Histoire du Japon*, dont je donnais ici-même un Compte-rendu, en disant tout le bien que j'en pensais. Le livre obtint un légitime succès et son auteur, reprenant aujourd'hui le même sujet, le modifie et le développe, de façon à en faire un des ouvrages les plus considérables qui aient paru en France sur l'Empire du Soleil Levant.

L'ouvrage entier comprendra cinq volumes, dont les deux derniers seront consacrés au Japon moderne, c'est-à-dire à la transformation du Japon par la révolution de 1868, par l'arrivée des étrangers, et à son état actuel.

Les trois volumes parus sont consacrés au *Japon ancien*, au Japon féodal et au Japon des Tokugawa.

En tête du premier volume, se trouve une longue introduction, très savante, mais qui aurait peut être gagné à être restreinte dans son cadre; les origines sont traitées d'après les deux chroniques japonaises *Kojiki* et *Nihongi*, composées au VIII⁰ siècle de notre ère et les sources chinoises. Cette histoire est conduite jusqu'à l'époque de la décadence au XI⁰ siècle, après l'apogée aux IX⁰ et X⁰ siècles; le premier volume traite donc de l'état du Japon avant l'introduction de la civilisation continentale, de l'introduction de cette civilisation et des effets qu'elle produisait : „les réformes politiques et sociales ont été trop brusques. Seuls, les nobles de la cour, les chefs du nouveau gouvernement, se sont franchement convertis aux idées nouvelles; la masse du peuple répugne à la religion et à la civilisation étrangères; les anciens clans subsistent et les royaumes détruits tendent à se reformer", écrit l'auteur.

Le deuxième volume, qui décrit le Japon féodal, le Moyen-Age japonais, époque héroïque, parle de la fondation du Shogounat, du gouvernement militaire des *Hojo*, de la prospérité de Kamakoura aux XII⁰ et XIII⁰ siècles, et de la grande époque des Ashikaga, dont la chute marque la fin du Moyen-Age. Naturellement, il mentionne la tentative d'invasion du Japon par le grand Khan mongol K'oubilai à la fin du XIII⁰ siècle.

Le troisième volume traite de l'arrivée des Européens dans l'archipel au XVI⁰ siècle, des grands chefs Nobunaga et Hideyoshi, de la prise en mains du pouvoir par Iyeyasu, chef de la maison de Tokugawa, au commencement du XVII⁰ siècle, du rétablissement du shogounat : les shogoun Tokugawa exercent le pouvoir effectif à Yedo, tandis que le véritable empereur, le *Tenno*, végète à Kioto. Comme le dit M. de La Mazelière, tome III, p. 222 : „l'œuvre véritable des Tokugawa fut d'établir la monarchie absolue et le gouvernement centralisé". Cet état de choses dura jusqu'à la révolution de 1868.

M. de La M. ne se contente pas d'écrire l'histoire militaire et politique du Japon; il nous retrace son état social aux différentes époques, nous décrit ses arts et traite de sa littérature. Il nous donne donc ainsi une véritable encyclopédie.

A la fin de chaque volume, des tables chronologiques avec des synchronismes aident à mieux suivre le texte de l'ouvrage même; il y a en outre abondance de renseignements bibliographiques.

Cet ouvrage qui témoigne de recherches consciencieuses, de lectures innombrables, fait le plus grand honneur au travail et à la science de M. de La Mazelière.

Pourquoi écrire: Cheng Chi Lung, Cheng Ch'eng Kung, Nerchinsk, Yung Cheng, etc.; il n'y a aucune raison d'adopter l'orthographe des Anglais pour écrire ces noms dans un livre français; il faut laisser cette mauvaise habitude aux journaux parisiens qui copient leurs confrères d'outre-Manche.　　　　　　　　　　　　H. C.

> *Les Anglais à Macao en 1802 et en 1808* par B. C. MAYBON
> Directeur de l'Ecole Pavie. Hanoi, F. H. Schneider,
> 1906, gr. in-8, pp. 25. (Extrait du *Bulletin de l'Ecole
> française d'Extrême-Orient.* Juillet-Déc. 1906).

Depuis des années que je puise dans les archives d'Europe les documents nécessaires pour écrire l'histoire des relations de la Chine avec l'Occident, j'ai souvent regretté qu'en Extrême-Orient on ne se donne pas la peine de traduire des pièces officielles chinoises celles qui pouvaient nous intéresser, en particulier celle du *Tong houa lou* 東華錄: M. PARKER. M. VISSIÈRE, M. PELLIOT n'ont tiré que relativement peu de choses de ce recueil qui mériterait d'attirer d'une façon sérieuse l'attention des sinologues, aussi devons-nous être reconnaissant à M. MAYBON d'en avoir extrait ainsi que du *Kong tchao yuen ki* 圖朝柔遠記 les renseignements rela-

tifs aux tentatives bien connues des Anglais contre Macao en 1802
et en 1808; nous espérons qu'il poursuivra ses recherches dans ce
champ d'études.

Je ferai quelques remarques au sujet de la note 1 de la page 4 :
索德超 *Sou-té-tchao* est le jésuite André RODRIGUEZ, mort à Pe-king,
le 2 déc. 1796; il est très possible que la nouvelle de sa mort ne
fut pas arrivée à Canton. Mgr. Alexandre de GOUVEA (et non Gouveza),
franciscain, évêque de Pe-king depuis le 22 juillet 1782, se nommait
湯亞立山, *Tang ya li chan*; il est mort à Pe-king, le 6 juillet
1808. Je n'ai jamais cité le P. Thaddée BRZOZOWSKI parmi les derniers jésuites de Pe-king, attendu qu'il n'a jamais mis le pied en
Chine, mais j'ai dit qu'il avait été nommé Général de la Compagnie
le 2 sept. 1805, ce qui est exact, quoique en pense M. Maybon.

La lettre de Georges III que j'ai publiée dans les *Ann. intern.*
d'Histoire, Congrès de la Haye, est tirée des Papiers du Général Decaen;
ce n'était pas l'original anglais, mais une traduction française.

H. C.

BIBLIOGRAPHIE.

LIVRES NOUVEAUX.

Nous rendrons compte dans un prochain numéro de deux ouvrages considérables qui viennent de paraître; l'un, *Ancient Khotan*, by M. Aurel STEIN (Oxford, Clarendon Press) en 2 vol. in-4, l'un de texte, l'autre de planches; l'autre, *Research in China*, publié par la Carnegie Institution de Washington, qui comprendra trois volumes et un atlas — dont nous avons reçu la première partie du Vol. I avec un Atlas consacré à la *Descriptive Topography and Geology* par Bailey WILLIS, Eliot BLACK-WELDER et R. H. SARGENT.

M. le Dr. O. NACHOD continue toujours avec le même soin dans le *Jahresberichte der Geschichtswissenschaft* pour 1905 (III, 277—332) sa revue de la littérature au Japon. (Cf. T. P., Déc. 1906, p. 723.)

M. Gaston CAHEN a fait tirer à part l'article qu'il avait donné en 1907 à la *Revue historique* d'après les archives russes du ministère des Affaires étrangères à Moscou: *Les Relations de la Russie avec la Chine et les Peuplades limitrophes à la fin du XVIIe siècle et dans le premier quart du XVIIIe.*

Notre collaborateur, M. le Dr. O. FRANKFURTER, a fait tirer à part deux articles qu'il a insérés dans le Vol. IV, Part I, du *Journal of the Siam Society: Siamese Missions to Ceylon in the 18th Century* et *The Romanizing of Siamese.*

M. le Dr. Hans J. Wehrli, de Zurich, auteur d'un travail sur les Kachin (Chingpaw) paru dans l'*Intern. Archiv für Ethnographie* a fait un tirage à part, avec 4 cartes, des *Wissensch. Beil. des Jahresberichte der Geogr.-Ethnogr. Gesellschaft 1905/06* de son travail *Zur Wirtschafts- und Siedlungs-Geographie von Ober-Burma und den Nördlichen Shan-Staaten*.

Un nouveau livre bleu [Cd. 3500] nous donne le récit du voyage de M. Garnett au Chan-toung et au Kiang-sou: China. No. 1 (1907). — *Report by Mr. W. J. Garnett of a Journey through the Provinces of Shantung and Kiang-su*, avec deux cartes.

L'article fort intéressant que M. le Dr. Friedrich Hirth avait donné au volume anniversaire Boas a été réimprimé: *Chinese Metallic Mirrors with notes on some ancient Specimens of the Musée Guimet, Paris*. New York, Stechert, 1907, in-8.

Notre collaborateur, M. Léopold de Saussure, a publié dans les *Archives des Sciences physiques et naturelles*, Genève, Juin 1907, un article intitulé: *Prolégomènes d'Astronomie primitive comparée*.

On sait avec quelle ardeur M. le Dr. Forke s'est livré à l'étude des philosophes chinois, en particulier des hétérodoxes; depuis longtemps, il s'occupe de Wang Tch'ong 王充 qui vivait au premier siècle de notre ère; M. Chavannes a déjà (*T'Pao*, Déc. 1906, p. 712) parlé de la traduction de l'ouvrage de cet écrivain le *Louen heng* 論衡 donnée par M. Forke dans le Vol. IX des Mélanges annuels publiés par le Séminaire de Berlin. Le *Louen heng* comprend 84 essais dont le Dr. F. a traduit 44. En un beau volume de 577 pages, ces essais qui avaient paru dans le recueil de Berlin sont publiés aujourd'hui sous une forme qui rendra l'oeuvre importante de Wang Tch'ong accessible au lecteur européen. Nous faisons tous nos compliments au savant traducteur.

Une traduction anglaise de la *Géographie* du R. P. RICHARD est sous presse à Zi-ka-wei.

M. Albert MAYBON a donné à *La Revue* du 15 juin 1907 un article intéressant sur *Les Partis politiques en Chine* qui sera le point de départ d'un ouvrage sur l'état actuel de l'Empire du Milieu.

Notre collaborateur, M. A. VISSIÈRE, a donné dans le No. 1, 1907, du *Bulletin de géographie historique et descriptive* un mémoire sur les *Nouveaux centres administratifs chinois sur la Soungari.*

La douzième livraison du *Recueil de textes chinois à l'usage des élèves de l'Ecole spéciale des Langues Orientales vivantes* de M. A. VISSIÈRE est la dernière de l'ouvrage. Elle comprend un Avant-propos (Répartition des textes, Ponctuation et Caractères surélevés), une Bibliothèque de l'étudiant, où sont énumérés les livres les plus utiles aux personnes qui débutent dans l'étude de la langue chinoise, la Table des matières, doublée d'un Répertoire alphabétique, et l'Errata. Le *Recueil* est dédié à Son Exc. M. Pichon, ministre des affaires étrangères, ancien ministre de la République Française à Pékin.

M. A. VISSIÈRE a fait un tirage à part de la conférence qu'il a faite sur *la Langue chinoise* à l'Association amicale franco-chinoise, le 24 Mai 1907.

Le fascicule I du vol. IV (Fascicule 7 de l'ouvrage entier) de la *Bibliotheca Sinica*, de M. Henri CORDIER, Prix 25 fr., a paru à la librairie E. Guilmoto, successeur de J. Maisonneuve, Paris. Il comprend les colonnes 2381—2796, c'est-à-dire: Troisième Partie: **Relations des Etrangers avec les Chinois.** — V. *Grande Bretagne* (suite). — VI. *Russie.* — VII. *France.* — VIII. *Suède et Norvége.* — IX. *Dancmark.* — X. *Etats-Unis.* — XI. *Allemagne.* — XII. *Autriche-Hongrie.* — XIII. *Belgique.* — XIV. *Italie.* — XV. *Suisse.* — XVI.

Pérou. — XVII. *Brésil.* — XVIII. *Peuples de l'Asie* [guerre sino-japonaise]. — XIX. *Questions contemporaines* [guerre russo-japonaise]. — Quatrième Partie: **Les Chinois chez les Peuples étrangers**: I. *Connaissances des Chinois sur les Peuples étrangers.* — II. *Voyages et Ambassades* [Pélerins bouddhistes, etc.] — III. *Emigration.* — Cinquième Partie: **Les Pays tributaires de la Chine**: I. *Tartarie* [Épigraphie, etc. — Mandchourie. — Mongolie].

Nous venons de recevoir le Tome II de l'*Inventaire descriptif des Monuments du Cambodge* par le Commandant E. Lunet de Lajonquière. Cet ouvrage considérable forme le Volume VIII des *Publications de l'Ecole française d'Extrême-Orient* éditées par Ernest Leroux.

La première partie des *Returns of Trade* 1906 des Douanes chinoises renferme un rapport étendu sur la Poste et une grande carte des bureaux de poste en Chine. Le revenu total des Douanes était en 1906 de H. tls. 36.068.595 contre, en 1905, H. tls. 35.111.004.

M. Vasili Alexiev a fait tirer à part du Journal du Ministère de l'Instruction publique de St. Pétersbourg, le résultat de la mission scientifique dont il a été chargé par l'Université de cette ville en Angleterre, France et Allemagne: Замѣтки объ изученіи китая въ Англіи, Франціи и Германіи. (St. Pét., 1906, in-8, pp. 104.)

CHRONIQUE.

—●○○○●—

CORÉE.

New-York, 19 juillet. — L'*Associated Press* a reçu le télégramme suivant de Séoul, en date d'aujourd'hui :

« Une scène dramatique a eu lieu hier soir au palais, lorsque les ministres, précédés du président du conseil, apparurent et firent part au souverain de la délibération du cabinet, concluant à l'abdication de l'empereur.

« L'empereur était très surexcité. Mais le président du conseil lui fit remarquer humblement, mais fermement, le manque de prudence déployé dans la politique impériale, qui a mis en danger la sûreté de la nation ».

L'empereur ne put réussir à combattre la logique du premier ministre et convoqua le Conseil des Anciens. Quatre membres répondirent à son appel et, à la surprise et au désappointement sans borne de l'empereur, appuyèrent le conseil des ministres. L'empereur se déclara alors vaincu.

Une copie de l'édit d'abdication fut alors placée devant lui et, très agité et bouleversé, il la signa et y apposa son sceau.

Un soupir étouffé de l'empereur fut le seul bruit qui troubla le silence qui régna pendant toute cette scène mémorable. (*Reuter*).

Tokio, 19 juillet. — Des préparatifs ont été faits pour que la cérémonie de l'abdication puisse avoir lieu à dix heures du matin.

Des désordres se sont produits aux environs du palais. Une foule de 2000 personnes s'est réunie dans une autre partie de la ville et un certain nombre de manifestants attaquèrent les bureaux du journal japonais *Kokumin*, mais ils furent dispersés. Il y eut de nombreux dégâts.

L'audience que l'empereur accorda hier au marquis Ito dura une heure. On annonce qu'il implora l'aide du diplomate japonais pour sauver la Corée, d'une façon qui soit à la fois satisfaisante pour le Japon et honorable pour le prestige de la cour coréenne. Le résident général japonais évita avec soin de donner une réponse précise.

Le vicomte HAYASHI est arrivé hier soir à Séoul, venant du Japon. Il a été accueilli avec joie. Il se rendit immédiatement à la résidence du marquis ITO.

Les membres du Conseil des Anciens ont envoyé une lettre au marquis Ito, annonçant que les Japonais auront leur appui s'ils agissent d'une façon équitable avec l'empereur. Dans le cas contraire, eux-mêmes et la nation tout entière sont prêts à mourir en martyrs. (*Reuter*.)

Séoul, 19 juillet. — Une foule de cinq mille Coréens a été repoussée des grilles du palais hier soir, pendant l'audience à laquelle l'empereur acquiesça à la demande du cabinet pour son abdication.

Un certain nombre d'étudiants essayèrent de présenter une pétition à l'empereur, mais ils en furent empêchés par la police, qui les refoula au palais oriental, où ils restèrent toute la nuit, tandis que leurs leaders les haranguaient tour à tour.

A minuit, M. MARUYAMA, chef de la police, distribua des carabines aux agents de police de service au palais, mais la foule continua à augmenter, bien qu'elle conservât une attitude calme.

Le transfert du sceau impérial au prince héritier a eu lieu cet après-midi, au cours d'une cérémonie très imposante. (*Reuter*.)

Séoul, 19 juillet. — Voici le texte de l'édit de l'empereur:

«Nous occupons depuis quarante-quatre années le trône que nous ont transmis nos ancêtres. Nous avons subi de nombreuses traverses; nous n'avons pas pu accomplir nos désirs.

«Les ministres sont souvent impropres à leurs fonctions, et la direction n'est pas toujours aux mains d'hommes faits pour cette tâche. D'ailleurs, notre époque n'est point celle d'événements ordinaires. Notre nation passe par une crise extrêmement pressante. Le bon fonctionnement de l'Etat est plus que jamais en péril; nous nous sentons exposé aux dangers qui menaceraient une personne avançant sur la glace. Par bonheur, nous avons un fils que la nature a doué de brillantes vertus, un fils tout à fait digne d'être chargé des projets pour le développement du gouvernement.

«Nous lui transférons notre héritage sous la sanction de la coutume des anciens temps.

«Nous faisons savoir par la présente qu'aussitôt qu'il sera convenable nous remettrons les affaires de l'Etat au prince de la Couronne, lequel agira comme notre représentant». (*Havas*).

**

Le malheureux roi de Corée *Yi-Hyeung* est le 34ᵉ souverain de la dynastie fondée en 1392; il est né le 8 sept. 1852; il remplaça le roi *Tchyel tjong* 哲宗 le 21 janvier 1864. Yi-Hyeung est fils adoptif de *Ik tjong* 翼宗, descendant de *In tjo* 仁祖 à la 9ᵉ génération; le nom dynastique, *Myo ho,* 廟號, de Yi-Hyeung est 統天隆運肇極敦倫主上殿下 *Htong htyen ryoung oun tjyo keuk ton ryoun tjyou syang tyen ha.*

Tokio, 25 juillet. — Voici les termes de la nouvelle convention entre le Japon et la Corée, qui fut signée cet après-midi, à Séoul :

Article premier. — L'administration de la Corée est soumise à la direction du résident général japonais.

Art. 2. — Toute loi et tout décret, ainsi que les mesures intéressant les affaires d'Etat importantes seront soumis à l'approbation du résident général.

Art. 3. — La nomination de tout haut fonctionnaire responsable doit être également soumise à l'approbation du résident général.

Art. 4. — Seuls, les candidats recommandés par le résident général peuvent être nommés fonctionnaires du gouvernement coréen.

Art. 5. — Une ligne de démarcation précise doit séparer les affaires administratives et judiciaires.

Art. 6. — L'emploi d'étrangers dépend de l'autorisation du résident général.

Art. 7. — La première clause de la convention du 22 août 1902, comportant l'emploi d'un conseiller financier est annulée.

La nouvelle convention sera maintenant soumise au conseil privé au Japon et sera publiée ici ce soir.

La cour coréenne n'a pas signé sans avoir opposé une résistance prolongée.

Dans les cercles bien informés, à Tokio, on fait bon accueil à cette nouvelle convention. Le Japon, observe-t-on, aurait pu se montrer plus exigeant. Par exemple, il aurait pu proposer que les rescrits impériaux fussent soumis à l'approbation du résident général.

On estime cependant que la clause qui permet au résident général d'exercer son contrôle sur la nomination des fonctionnaires responsables est l'un des moyens les plus sûrs de s'opposer à toute mesure d'hostilité à l'égard des Japonais et préjudiciable aux intérêts de la Corée. (*Reuter*.)

FRANCE.

Les journaux du 19 juillet 1907 annoncent que :

M. COLLIN (de Plancy), ministre plénipotentiaire à Bangkok, est placé sur sa demande dans le cadre de la disposition.

M. DE MARGERIE, ministre plénipotentiaire, délégué à la commission européene du Danube, est nommé ministre à Bangkok.

Bruno François Marie Pierre JACQUIN de MARGERIE, né le 6 oct. 1861 ; licencié en droit ; attaché à la direction politique, 1er fév. 1883 ; détaché à la direction commerciale, 2 fév. 1883 ; attaché à la direction politique, janvier 1884 ; à Copenhague, 27 mars 1886 ; secrétaire de 3e classe, 4 sept. 1886 ; à Constantinople, 3 mars 1889 ; secrétaire de 2e classe, 30 mars 1893 ; officier d'académie, 15 oct. 1895 ; chevalier de la Légion d'honneur, 31 déc. 1895 ; médaille d'honneur en or, 5 oct. 1896 ; secrétaire de 1e classe à Pe-king, 9 fév. 1898 ; (non installé) ; chargé des fonctions de 1er secrétaire à Copenhague, fév. 1899 ; premier sec. à

Copenhague, 19 sept. 1899 ; à Washington, 13 mars 1901 ; à Madrid, 30 nov. 1903 ; chevalier du Mérite agricole, 15 juin 1905 ; officier de la Légion d'honneur, 18 oct. 1905 ; membre de la mission française à la conférence internationale d'Algésiras (janvier—avril 1906) ; secrétaire de la conférence d'Algésiras, rédacteur des protocoles, 16 janvier—7 avril 1905 ; ministre plénipotentiaire de deuxième classe, 18 août 1906 ; délégué de France à la commission européeene du Danube, 23 août 1906.

Il vient de se créer à Paris sous le titre de *Société d'Angkor pour la conservation des monuments anciens de l'Indochine* une société qui «a pour but de contribuer, par tous les moyens en son pouvoir, à la conservation et à l'étude des monuments de l'Indochine, en se conformant à l'arrêté du Gouverneur général du 9 mars 1900.» Le Secrétaire général est M. Louis FINOT, 11 rue Poussin, et le trésorier, M. Sylvain LÉVI, 9 rue Guy-de-la-Brosse, auquel on peut envoyer la cotisation, 5 francs par an au moins. Dans leur circulaire, les membres fondateurs font l'appel suivant :

«Le traité franco-siamois du 23 mars 1907 a étendu le protectorat de la France sur les provinces de Battambang, Siemreap et Sisophon, jadis enlevées au Cambodge et que notre diplomatie a réussi à lui rendre.

«Avec ces nouveaux territoires, nous avons recueilli un magnifique ensemble de monuments qui viennent s'ajouter à ceux que nous possédions déjà, soit au Cambodge, soit en Annam.

«Parmi cette foule d'édifices qui attestent la splendeur des anciennes civilisations indochinoises, les temples d'Angkor se placent, comme le Parthénon, comme Louqsor, comme le Taj Mahal, au nombre des merveilles architecturales du monde.

«Dépositaire de ces trésors, la France a le devoir de les conserver. Encore debout après dix siècles d'existence, ils sont menacés par les ravages du temps, du climat, de la végétation. Il importe de prendre au plus tôt des mesures de préservation. Les budgets locaux ne sauraient assumer tout le poids de cette œuvre considérable : il faut que l'initiative privée leur vienne en aide et assure en partie les ressources nécessaires. Il ne sera pas dit qu'Angkor aura souffert de l'indifférence de ses nouveaux possesseurs plus que des injures du temps et des déprédations passées.

«La *Société d'Angkor pour la conservation des monuments anciens de l'Indochine* se propose d'entreprendre résolument cette tâche. Elle fait appel au concours de tous les amis des arts, de tous ceux, Français, étrangers ou indigènes, qui s'intéressent à l'Indochine et souhaitent garantir de la destruction les reliques de son glorieux passé.»

GRANDE BRETAGNE.

Sir Thomas HANBURY dont nous avons annoncé la mort le 9 mars (cf. *T'oung Pao*, N°. 1, 1907, p. 123) a laissé par testament Taels 20.000 à la «Thomas Hanbury School and Home for Children» et Taels 20.000 à la «Society for the Diffusion of Christian and General Knowledge among the Chinese».

INDO-CHINE FRANÇAISE.

On se souvient qu'au mois d'août 1906, Tanh Taï, le roi d'Annam, s'étant livré à de nombreux accès de violence, véritables mouvements de folie, provoqués par sa débauche habituelle, le résident supérieur dut prendre avec le comat (conseil des ministres) des mesures de nature à mettre fin à la scandaleuse conduite du roi.

Depuis lors, celui-ci très surveillé semblait être revenu à un état de calme rassurant. Mais vers la fin du mois de mai, les mandarins placés à côte de lui se montrèrent inquiets de certains changements brusques dans ses manières, de l'altération de ses traits, de l'ensemble des signes extérieurs par lequel se manifestaient périodiquement chez lui les accès de folie. Par ailleurs, le résident supérieur fut amené à constater un réveil des mauvais instincts du roi qui se livrait sur son entourage aux sévices les plus graves.

L'ensemble des faits recueillis dans les informations précises prises par le résident supérieur ne laisse désormais aucun doute sur le trouble constant de l'état mental de Tanh Taï, sur son inconscience et sur les dangers de lui maintenir l'exercice du pouvoir royal. Dans ces conditions, le gouvernement décida récemment qu'il y avait lieu d'interner le roi dans son palais et d'instituer un conseil de régence composé des membres du comat, sous la présidence du ministre de la justice d'Annam et sous le contrôle général et incessant du résident supérieur.

En exécution de cette décision et conformément aux instructions du ministre des colonies, le résident supérieur a fait procéder le 30 juillet à l'internement de Tanh Taï dans son palais et à la constitution du conseil de régence, qui a pris immédiatement la direction des affaires sous le contrôle du résident supérieur.

Le gouverneur général, en donnant l'information ci-dessus, fait savoir que ces mesures ont été exécutées sans qu'aucun incident se soit produit. (août 1907).

Le ministre des colonies, à la date du 22 juillet, a transmis au président de la République le rapport prévu par la loi du 30 mars 1907 sur la situation, au 31 décembre dernier, des chemins de fer de l'Indo-Chine.

Du tableau donnant la situation des travaux de construction au 31 décembre 1906, il résulte qu'il a été construit 1.514 kil 200 entièrement terminés, sauf les 95 kil. de Mytho à Cantho.

Cet ensemble de travaux a occasionné un total de dépenses de 130,337,052 fr. 50. Les dépenses prévues s'élevaient à 198 millions.

En ce qui concerne les chemins de fer du Yunnan, 470 kilomètres ont été construits, ayant occasionné une dépense de 98 millions (chiffres ronds) sur les crédits prévus de 95 millions.

Le tableau des résultats de l'exploitation en 1906 est des plus intéressants. Sauf la ligne de Saïgon à Bao-Chay, qui accuse un déficit de 40,000 fr. environ, tous les autres tronçons ont donné un sérieux excédent de recettes. A elle seule, la ligne Haïphong-Hanoï-Laokay donne très près de 1.200.000 fr. d'excédent. La ligne Hanoï-Ninh-Vinh vient ensuite avec plus de 200.000 fr. d'excédent.

Le tronçon Tourane-Hué accuse 7.500 fr. de recettes contre 2.000 de dépenses, alors qu'il n'a été ouvert à l'exploitation que le 10 décembre 1906.

JAPON.

Le *Novoïé Vrémia* du 21 juin indique comme suit les clauses de la convention des pêcheries entre la Russie et le Japon.

La Russie s'engage à accorder à des sujets japonais le droit de prendre et de préparer tous poissons et tous animaux de la mer, à l'exception des loutres et des phoques, le long de toutes les côtes des mers du Japon et d'Okhotsk et dans le détroit de Behring; les fleuves et rivières et aussi trente-quatre baies sont exceptés de la convention. Le droit de pêcherie ne peut être obtenu que par une concession qui sera mise à l'enchère, notification de cette mise à l'enchère devant être faite au consul du Japon à Vladivostok deux mois au moins avant sa date. Toute concession entraîne le droit non seulement de prendre et de préparer le poisson, mais aussi de mettre les bateaux pêcheurs à la côte, de réparer les bateaux et leurs agrès, de construire des hangars de salaison et de fumaison.

Les concessionnaires japonais payeront les mêmes taxes pour les pêcheries et bâtiments que les sujets russes, mais la Russie s'engage à ne pas lever de taxes d'exportation sur le poisson destiné au Japon. Les Japonais acquièrent le droit d'employer la main-d'œuvre japonaise pour la préparation du poisson, sauf à l'embouchure de l'Amour, et tout en devant se conformer généralement aux lois et règlements russes, ne seront pas soumis aux règlements de cabotage.

Les Japonais ont, paraît-il, déjà obtenu 99% des concessions de pêcheries, parce qu'ils peuvent offrir des prix de soumission plus élevés que ceux des Russes, grâce au bon marché de la main-d'œuvre japonaise. L'Etat s'attendait à recevoir 50.000 roubles (environ 125.000 francs) de la mise à l'enchère des concessions, et il en a obtenu 160.000 roubles (400.000 francs). Cela constitue une invasion japonaise du littoral russe, qui fait éprouver quelques craintes au *Novoïé Vrémia*.

TIBET.

On vient de recevoir à Stockolm des lettres envoyées de Schigatzé par l'explorateur Sven HEDIN.

Il a été bien accueilli par les Thibétains et a même réussi à faire une espèce d'entrée triomphale dans leur ville sainte de Schigatzé où réside le «tachi lama», considéré par les bouddhistes comme l'incarnation de la divinité. Le tachi lama [Le *Panchen Erdeni Lama* qui réside à Tachiloumbo 扎什倫布] a envoyé quelques-uns de ses fonctionnaires au campement du docteur Hedin pour lui souhaiter la bienvenue et lui dire qu'il serait heureux de le recevoir le lendemain matin.

Hedin décrit cette entrevue comme l'événement le plus intéressant de toute sa vie; il est plein d'admiration pour le tachi lama, un adolescent d'environ 25 ans: «La bonté et l'innocence luisent dans ses yeux et toute sa personne est empreinte d'une dignité naturelle et incomparable.» L'entrevue a duré, le premier jour, plus de trois heures, et le tachi lama s'est montré doué d'une rare intelligence. Il était parfaitement au courant de tout ce qui se passe dans le monde.

Le lendemain, il a de nouveau reçu le docteur Hedin, lui a permis de le photographier et a demandé la permission de photographier lui-même le docteur avec un appareil perfectionné. Les opérations semblent avoir parfaitement réussi. Le tachi lama a fini par dire que le docteur n'aurait qu'à en exprimer le désir pour que tous les temples lui soient ouverts, que tout lui soit montré. Il a exprimé l'espoir qu'il reverrait un jour le docteur, qui serait toujours le bienvenu à Schigatzé, et il a comblé le voyageur suédois de cadeaux précieux.

ÉTUDE SUR LES CAO LAN

le Commandant BONIFACY.

———◆❖◆———

Dans l'étude sur les Tày de la Rivière Claire, parue dans le n° de Mars 1907, il est fait allusion à une tribu Yao, les Cao lan, qui parlent un dialecte tày.

Les *Yao* sont divisés en six grandes tribus dont les noms les plus usités sont: *Tá pàn* (大版 grande planche), *Siào pàn* (小版 petite planche), *Lan tiến* (藍靛 teinture d'indigo), *Quẳn trắng* (annamite = pantalon blanc), *Cao lan* (高蘭 hautes orchidées), *Quẳn cộc* (annamite = pantalon court). Parmi ces tribus, les quatre premières seules parlent la langue yao, les Cao lan parlent, comme nous l'avons dit, un dialecte tày, les Quẳn cộc parlent un dialecte chinois de forme méridionale.

C'est ce dialecte tày que nous allons étudier. Nous emploierons le système de transcription dont nous nous sommes servi dans notre étude de Mars 1907.

Vocabulaire.

ciel	bón	vent	fát² lóm
soleil	thàc² nién	tonnerre	màng fà²
lune	hài pà²	terre	tóm
étoile	dàò² dó'i	montagne	lò'u dói
pluie	thuc² fóù	eau	ùòm

d mère	yà²	graisse (de cochon)	làò²
ı	dàn	viande	nò
eux	fàm	habit	sun pó
;e	nà	pantalon	sun kón
	thà	jupe	sun kón
	dòn	turban	mét² fà³
les	lu'	coton	fài
he	pàk³	coudre	či⁸
	hèò	tisser	tàm tòk²
	móm	numéral des choses	án
	hó	village	bàn³
le	bà	maison	làn
	khén	porte	tò'u
	lu'k² muói	table	gé³ ⁴)
	ón ¹)	lampe	thón ⁵)
ne	yà²	papier	či³
ıelle	ni	pinceau	pét³ ⁵)
;	lu't²	écrire	sái
ıes	nòm tu' ²)	lire	tók³ sái
ır	to'²	arc	kón
	nòm ni	arbalète	kón
⌣	niéu	couteau	mò'k² slià
ger (le riz)	kin nài² ³)	charrue	thó'i
e	kin nòm	jour	nién
	ku'²	nuit	hum²
⌣	yáu	mois	bu'n

---

1) Chinois 翁.

2) *tu'*⁸ n'est pas mis ici par erreur pour *thà* (œil) qui paraîtrait plus logique.

3) *ngài²* signifie riz cuit. Riz en général s'exprime par *ău* qui correspond à *khò'u*.

4) Mot annamite, les Cao lan vivent dans des maisons sur pilotis qui ne comportent le meubles, ils ont donc emprunté ce mot aux Annamites.

5) Formes cantonnaises.

un		2	yée
aller		3	sam
venir	na	4	n..
		5	m..
		6	n..
		7	..
		8	pée
		9	k..
		10	sp..
		11	sp.. yée
		20	.. sp..
		100	yée pak
		101	pak .. yée
		110	pak yée
vert		1000	yée tin
rouge		10000	yée man
blanc			

La numération est purement chinoise, sauf en ce qui concerne les nombres 2, 5, et même pour les nombres supérieurs à dix on emploie nen (二), au lieu de em, qui d'ailleurs signifie couple en chinois.

Observations.

Il est facile, en comparant le vocabulaire des Cao lan avec ceux contenus dans notre étude du n° de Mars, de voir que les lettres permutent comme nous l'avons déjà dit.

Ainsi bo'i (habit) en thô, fait pu en cao lan; p..ôn, pluie, devient fôn; piôm, cheveux, devient fam; più, poisson, devient pî.

1) Formes cantonnaises.

B et *d* permutent: *dó'n* (laotien), lune, fait *bu'n*.

La permutation de la dentale *d* avec la liquide *l* est fréquente: *dám* (thổ), noir, devient *ldm*; *déñi*, rouge, devient *ldñi*.

R se change presque toujours en *l*: *rñi* (thổ), rizière de montagne, devient *ló'i*; *ru'ò'n*, maison, devient *làn*.

Les gutturales se changent fréquemment en en aspirées: *kán* (thổ), homme, devient *huñi*; *khẻò*, dent, devient *hẻò*.

Mais ce qui est particulier au cao lan, c'est que les gutturales peuvent permuter avec la liquide *l*. En voici le processus *khru* (pa yi), rire, *khua*, *khu*, *hua* (laotien), *ru*, *riñu* devient *liñu*. *Kái* (œuf) devient *lái*.

Les voyelles *u*, *i* des autres dialectes se changent le plus souvent en *ò'u*, *du*, *ò'i*, *ói*, *ди*; *u* devient *u'* ou *ai*, et réciproquement: *mu* (thổ), cochon, *mò'u*; *su'* (thổ), vendre, *só'i*; *ñu* (thổ), serpent, *ñu'*; *khò'u⁴* (thổ), riz, *hu*. Ce dédoublement est commun à toutes les langues du Tonkin, mais les Yao en usent plus que tous les autres groupes ethniques: Les autres changements de voyelles sont d'ailleurs assez fréquents.

Syntaxe de l'idiome cao lan.

La syntaxe est la même que dans les autres idiomes tày: sujet ou substantif, qualificatifs, compléments du sujet, verbe, complément indirect, complément direct, — ou complément direct, préposition, complément indirect. Voici une phrase: *Kò'u hón³ đñi hut³ ló'i, kuk² ñu'³, nóm hu⁴. Hu suk², to siñu màn hu⁴.* Traduction: Je (ou nous) monte sur (la) montagne faire rizière, couper l'herbe, semer le riz. Le riz mûr, nous allons ensemble moissonner le riz. L'annamite suit la même construction: *Tao lên núi phát nu'o'ng, cát cỏ, gieo lúa. Lúa chín, rū nhau gặt lúa* [1]). Les emprunts ont été faits au cantonnais, rarement à l'annamite. En comparant les vocabulaires, on

---

1) Cette phrase, comme d'ailleurs tous les mots annamites, est écrite en qñó'c ngu'.

remarquera que le cao lan se rapproche plus de l'idiome des Nồ`ng et des Giầy que de celui des Thổ. Cela n'a rien d'étonnant, car la tribu habitait au Kouang si, ou dans les contrées limitrophes de cette province.

Ecriture.

Comme tous les autres Mán, les Cao lan n'écrivent pas leur langue. Leurs petits poèmes, leurs chansons, leurs livres sacrés sont en chinois ancien, mais à ce chinois ils ont mêlé quelques caractères *nôm* (démotiques).

Voici quelques uns de ces poèmes; nous transcrivons sans corriger les erreurs, et nous donnons la prononciation, pour faire mieux connaître les procédés phonétiques des Cao lan.

匕¹⁾門 逄 著 妹 高 才
Set² mun fun yàk² mói² kàò slài²

看 上 娿 面 柔 了 柔
Hòn su'n niñ min kuái liéu kuái

天 下 全 傳¹⁾秀 才¹⁾妹
Tin hò'u² kàn su'n sò'u slài mói²

要 蓮 紅 扮 口 難 開
Yéu³ lin hón³ fán hò'u² làn hài

Sortant des portes, j'ai rencontré une jeune fille (sœur cadette) de grand
    talent;

Regardant en haut le visage de mademoiselle, j'ai été frappé d'admiration.

Tous sous le ciel peuvent (connaître) la jeune fille au talent fleuri,

Je voudrais l'orner (du voile de mariée) rouge (comme la fleur de) lotus,
    ma bouche ne peut s'ouvrir.

----

1) Pour 出.

2) 傳 pour 得 à cause de la similitude des caractères.

3) 秀才 signifie aussi bachelier, 1ᵉʳ grade de l'examen des lettrés.

看 上 娘 面 乖 了 乖

Hòn su'n niñ min kuái liéu kuái

合 想 佛 兒 逼 上 衰

Hóp³ slin Può't² ni bò'k³ su'n hài

人 人 士 說 佛 兒 好

Ñò'n ñò'n si⁵ su't³ Può't² ni hào³

佛 兒 尾¹⁾ 彼²⁾ 妹 身 才

Può't³ ni mó'i³ pó'i mói² sàn slài²

Regardant en haut le visage de mademoiselle j'ai été frappé d'admiration.

On s'accorde à penser que le Buddha enfant³) ne peut être supérieur et
déchoit;

Tous les hommes et les lettrés disent la beauté du Buddha enfant:

Le Buddha enfant ne peut être comparé aux grâces du corps de la jeune
fille.

Ces deux quatrains sont en chinois pur; le suivant est moitié
en idiome cao lan, moitié en chinois:

妹 千 金

Mói² tsin kò'm

恩¹⁾ 叭¹⁾ 也 乖 嘁¹⁾ 也 嘿¹⁾

Án pák³ yi kuái hèo yi lám

身 得 變 成 耶 妻 主

Sàn ták³ pin sin² làn sái ču'³

竹 筒 包 飯 也 甘 心

Čòk³ tón² pào² fàn⁴ yi kám slám

Jeune fille aux mille (talents d')or.

Sa bouche est vraiment admirable, ses dents vraiment noires,

---

1) Ce caractère qui signifie queue est ici pour 有 caractère cantonnais qui se prononce *mò'n* et remplace 沒 kouan hoa.

2) Pour 比 comparer.   8) On peut traduire: statue du Buddha.

4) Tous ces mots sont cao lan, le dernier, *lám*, est idéographique, on n'y trouve pas
de phonétique, mais les deux idéogrammes bouche et noir.

Si elle devenait mon épouse et ma maîtresse,

(Je consentirais) de bon cœur (à manger) le riz dans des tuyaux de
bambou [1]).

Données ethnographiques [2]).

Les Mán [3]) Cao lan habitent, au Tonkin, la limite sud de la
région montagneuse où la Rivière Claire, le Sông Câu, le Sông Thu'o'ng
prennent leur source. D'après les écrits des missionnaires [4]), on en
trouve également au Kouang Tong et au Kouang Si. Ceux-ci ont
remarqué qu'ils parlent une langue semblable à celle des Tou (Thổ).

Originaires de l'Est de la Chine, d'après leurs traditions, les
tribus auxquelles les Chinois donnent le nom méprisant de Yao (猺),
descendirent peu à peu vers le S.-O. Les Cao lan pénétrèrent à
plusieurs reprises dans l'Annam. Ceux que j'ai étudiés y étaient
depuis quatre générations. Ils me montrèrent d'ailleurs, un écrit,
daté de la 4ᵉ année de Quang Trung (光中), de la dynastie des
faux Nguyễn (阮), c'est-à-dire de 1791, les autorisant à s'établir
dans le pays. Ils avaient habité, disaient-ils, le châu de Sây hing
(西香州) [5]), de la province de Kouang Tong, et, en dernier lieu,
le phủ de Nan ning (南宁), de la province de Kouang Si.

Les Cao lan qui habitent non loin des Annamites de la plaine,
ont adopté leur costume. Les femmes mêmes, qui gardent plus

---

1) En Annam, dans la forêt, on fait cuire le riz dans un article de bambou bouché
avec des feuilles. Le bois du bambou déjà imbibé d'eau et absorbant celle qui sert à la
cuisson, ne prend feu que lorsque la cuisson est terminée.

2) Voir pour plus de détail notre Monographie des Mán Cao lan, Revue indo-chinoise,
15 Juillet 1905.

3) Les Yao sont le plus souvent désignés et se désignent au Tonkin, par ce caractère,
auquel il ajoutent la clef des hommes (獞), il est donc tout naturel que nous l'employions
à notre tour, bien que sachant qu'il signifie *Barbare du Midi* en général.

4) Voir particulièrement Revue indo-chinoise, 29 Février, 15 Mars et 31 Mars 1904.
Note ethnographique. Les Montagnards des Cent mille monts. S. A. G. R.

5) Nous pensons que ce *châu des Parfums occidentaux* n'existe que dans l'imagination
des Cao lan.

fidèlement les traditions que les hommes, ne revêtent guère leur costume traditionnel que dans les jours de cérémonie. Ce costume a ceci de particulier, que sous les bras, et sur les omoplates, se trouvent des pièces rapportées ou des broderies représentant les traces des pattes et des morsures du chien ancêtre Fun min Hu' [1]), lors de ses rapprochements avec la princesse sa femme, fille de P'ing Wang (平王), roi de Tch'ou.

Les Cao lan sont des étrangers dans le pays d'Annam; ils cultivent la rizière de montagne, après en avoir demandé la permission aux autorités. Cependant, dans certains endroits, ils avaient remis en valeur des rizières abandonnées par des Thổ ou des Annamites, et étaient devenus contribuables comme ces derniers. Il suffit toutefois d'une cause futile pour provoquer leur déplacement; leur faible amour du sol ne les rend pas passifs comme les Annamites ou les Thổ.

Ceux qui étaient fixés avaient les mêmes institutions communales que les Thổ; ceux qui habitent la montagne ont des chefs de village nommés khàn³ dòi (看崗); quelques villages étaient groupés sous les ordres d'un kwàn⁴ màn³ (管僮).

Bien que parlant un idiome tày, les Cao lan n'en ont pas moins conservé toutes les traditions et toutes les coutumes des Yao. Ils semblent cependant plus souples que leurs congénères. Ils ne jouissent pas d'une très-bonne réputation et sont enclins à négliger les clauses des engagements pris avec des étrangers.

Avant de terminer cette étude, nous devons ajouter que les Cao lan s'appellent quelquefois et sont appelés Sỏn ti³, Sỏn tu'⁴, San ch'i³, que l'on orthographie 山紫, 山柴 et 山子. On donne aussi ces noms aux Lan tiên dans l'Ouest de la province de Cao bằng.

---

1) 盤明護, c'est le *Pan kou* de Ma tuan lin. D'après la légende mán, ce sauveur de l'empereur Ti kou serait un chien, et le fait se serait passé sous le règne de P'ing Wang, roi de Tch'ou (528 ante Christum).

Note complémentaire. Dans notre étude du 1er Nam, nous disions, dans la deuxième note de la page 94, que les *Giấy* ne pouvaient être assimilés aux *Nhang* (certains auteurs écrivent Yang). D'après les renseignements que nous avons pris à notre retour en Indo-Chine, il y a dans certains pays des villages Giấy et des villages Nhang qui ne se confondent pas, et dont les habitants portent un costume différent. Leurs voisins appellent les uns Nhang, les autres Giấy; les dialectes des deux tribus diffèrent un peu, bien qu'ayant certains points de ressemblance. Nous avons appris, d'autre part, que les Nhang se désignaient eux-mêmes sous le nom de Giấy, et nous avons interrogé l'un d'eux qui nous a confirmé le fait. Il paraît donc certain que les Nhang et les Giấy font partie de la même grande tribu, dont les groupements s'étendent du Kouang si au Laos, englobant le Yunnan et le haut Tonkin. Quant à l'origine des Giấy que nous avons étudiés, nous nous en tenons à nos observations; d'après leurs traditions ils viennent du Kouang si.

LA CORRESPONDANCE GÉNÉRALE
DE LA COCHINCHINE
(1785—1791)

PUBLIÉE

PAR

HENRI CORDIER.

(*Fin.*) [1]

———◦◦◦———

XLVIII.

Copie de la Lettre écrite par M[r] l'évêque d'Adran
à Mr de Conway, le 14 Juin 1788.

Monsieur le Comte, par la lettre de Mr de Richery écrite de
Malac au mois d'Avril dernier, nous connoissons avec certitude que
ce capitaine vient de manquer encore une fois l'objet de sa mission.
Cette nouvelle très-fâcheuse d'ailleurs, a cependant un avantage qui
est de nous tirer de l'extrême embarras ou auroit pu nous mettre
son silence. Elle nous apprend que l'état actuel du Roy de la
Cochinchine doit être le même qu'il étoit en Septembre dernier,
puisque cet officier étoit le seul qui, depuis cette époque, eût pu y
apporter quelque changement.

Les Portugais envoyés à Siam de Goa à la fin de 86, manquèrent leur retour en 1787 et furent obligés de rester à Macao
jusqu'au commencement de 88. Ils partirent alors de cette ville
avec deux envoyés du Roy de Cochinchine qui, (comme ils me

———

1) Voir *T'oung pao*, Décembre 1906.

l'écrivent eux-mêmes de Macao) ne suivoient le vaisseau portugais que pour ménager cette nation qui faisoit des offres au Roy leur maître, et se tenir en mesure de réclamer sa protection, dans le cas où la France ne viendroit pas à son secours.

Aucune autre nation depuis mon absence jusqu'au mois de Septembre dernier 87 n'avoit fait de démarche auprès de ce Prince, et n'a pu même en faire depuis cette époque que dans ce moment où les vents permettent d'aller dans cette partie. C'étoit ce que m'annonçoient les lettres des missions de l'année dernière, et celles de Macao du mois de février de cette année. En supposant le Roy toujours dans la même position, elles nous apprenoient un change-ment très-avantageux dans l'état politique des royaumes de la Cochinchine et du Tong-king.

Elles portoient qu'en l'année 86 le chef des révoltés ayant envoyé son frère cadet porter la guerre chez les Tongkinois, celui-ci y avoit eu de si grands succès, qu'après avoir obligé le prince qui gouvernoit à se donner lui-même la mort, il avoit réussi à se mettre en possession des provinces méridionales du Tong-king, et à s'emparer des trésors du roi. Elles ajoutaient qu'après avoir laissé une forte garnison dans ces provinces, il étoit revenu dans les provinces septentrionales de la Cochinchine et avoit fixé son séjour dans celle où étoit autrefois le palais des rois. Que le frère aîné empressé d'avoir quelque part au succès de son cadet y étoit venu des provinces méridionales où il avoit coutume de se tenir. Mais que sans pouvoir en pénétrer les raisons, on les avoit vû se brouiller au point que l'aîné étant retourné presqu'aussitôt au lieu d'où il était venu, le cadet l'y avoit suivi avec une armée pour l'y attaquer. Dans le moment où les missionnaires écrivoient, il y avoit déjà plus de trois mois qu'ils étoient à se battre, sans qu'on pût s'assurer de quel côté étoit le succès. Ils ajoutoient seulement que le peuple étoit dans la plus grande consternation et attendoit

Voilà, Monsieur le Comte, le dernier moyen qui est en mon pouvoir. Je le saisis uniquement par zèle pour la gloire du Roy et l'intérêt de la nation. Si vous avez des raisons pour vous y refuser, vous êtes trop juste pour ne pas me les communiquer par écrit. Vous n'ignorez pas que je dois le compte de ma conduite à la Cour et l'assurer que je n'ai rien négligé pour répondre à la confiance qu'elle a bien voulu me témoigner.

Les gabarres arriveront, Monsieur le Comte, il n'y a aucune raison d'en douter. Mais elles peuvent tarder. J'ai l'honneur de vous prévenir que quoique le voyage que je propose puisse se faire encore au mois d'Août, il seroit cependant de la dernière importance, et plus sûr, de partir à la fin de ce mois ou dans les premiers jours de Juillet. On pourroit par ce moyen parcourir à loisir toute la côte de la Cochinchine, prendre une connoissance suffisante des ports, s'assurer de la personne du Roy, et être de retour ici en Février ou Mars de l'année prochaine. En attendant vous feriez, Monsieur le Comte, les préparatifs nécessaires. En conservant ici ce qui s'y trouve déjà réuni, vous pourriez y rassembler pour le Mois d'Avril, tous les vaisseaux dont vous auriez besoin, et en gardant en dépôt l'argent que la Cour a destiné pour cette expédition, Mr de Moracin pourroit facilement conserver ou remplacer les vivres qui seront sur les gabarres, comme il a déjà bien voulu me l'assurer.

En deux mots, Monsieur le Comte, et pour donner à cette lettre toute la clarté qu'elle demande: l'expédition est possible cette année, si on peut partir d'ici avant le 15 Juillet. Quoiqu'il arrive, elle ne peut manquer que par des accidents communs à tous les temps.

D'un autre côté, on ne peut nier que s'il y a des inconvénients à la remettre à l'année prochaine, il y auroit aussi l'avantage de pouvoir avec de la bonne volonté y mettre plus de sûreté dans les moyens et surtout procurer plus de motifs de confiance à ceux qui doivent en être chargés.

J'ai l'honneur de vous déclarer, Monsieur le Comte, que, pour ce qui me regarde, je suis également disposé à l'un et l'autre. Mais si de votre côté vous croyez avoir des raisons assez fortes pour rejeter également les deux partis, il ne me reste alors qu'à vous en proposer un troisième qui seroit de me donner deux bâtiments, dont l'un seroit destiné à reconduire le Prince et sa suite où ils doivent être, et l'autre à me reporter en France.

Pour votre gloire, Monsieur le Comte, reprenez l'énergie dont vous avez donné partout tant de preuves, et décidez-vous.

Rappelez-vous surtout de ce que vous disiez à Paris de ce projet, et faites attention que, depuis, rien de solide n'a pu changer vos dispositions.

Méprisez des conseils qui, sous le voile de la prudence, cachent la plus grande foiblesse. Enfin montrez à la Cour qui l'attend de vous qu'à la maturité des réflexions, vous avez sçu réunir la noblesse, la force et le courage dans l'exécution. J'ai l'honneur d'être avec un parfait attachement, Monsieur le Comte, Votre très-humble et très-obéissant serviteur.

Signé: L'évêque d'ADRAN.

pour copie certifiée véritable:

CONWAY.

XLIX.

RÉPONSE de Mr de CONWAY en date du 14 Juin 1788.

Monseigneur,

Je reçois la lettre que vous m'avez fait l'honneur de m'annoncer ar votre billet du 11 de ce mois.

Je me conformerai strictement à mes instructions, c'est tout ce que je puis vous dire.

Je vous remercie, Monseigneur, du conseil que vous voulez bien me donner et de l'intérêt que vous daignez prendre à ma gloire. Je la fais consister dans l'exacte exécution des ordres du Roy, et je pense qu'on ne m'a jamais reproché un défaut d'énergie, quand il a été question de son service. Ma conduite est connue des ministres de Sa Majesté. C'est à eux à me juger sur le passé, le présent et l'avenir. Je leur soumettrai toutes mes démarches avec autant de confiance que de respect.

Je me rappelle parfaitement, Monseigneur, qu'à Paris comme ici, j'ai pris un véritable intérêt à tout projet qui portoit l'apparence d'un établissement avantageux pour le Roy et d'une augmentation de commerce. Mes sentiments sont encore les mêmes, mais ils ne me font pas oublier les obligations qui me sont imposées.

Vous me donnez le droit, Monseigneur, de vous demander quelles sont ces personnes *qui sous le voile de la prudence cachent la plus grande foiblesse* et dont vous me recommandez *de mépriser les conseils*. Je vous ai déjà assuré et je vous répète, Monseigneur, que je suivrai exactement mes instructions, et je consulterai dans les circonstances sur les moyens de les exécuter les personnes les plus éclairées et les plus dignes de ma confiance.

Je ferai ce que la Cour attend de moi, n'en doutez pas. Vous m'exhortez à la noblesse, à la force, au courage. En quelles occasions y ai-je manqué? Je vous prie de me l'indiquer. J'avoue que je suis étonné qu'un digne et respectable prélat accuse de foiblesse des personnes qu'il ne nomme pas et qu'il seroit cependant essentiel de faire connaître. Ce jugement porté si légèrement n'est, permettez-moi de le dire, ni chrétien, ni généreux.

Ne serait-ce pas ici le cas, Monseigneur, de vous donner le conseil salutaire de vous défier des calomniateurs, des intriguants et des curieux? Au reste rien ne me déterminera à m'écarter des ordres du Roy. Votre lettre, Monseigneur, ne peut offenser ni moi ni personne de ma robe, et elle ne changera rien à mon plan de conduite.

En remplissant exactement mes devoirs, je vous prie d'être persuadé que je n'oublierai jamais les égards dûs à votre état respectable.

Je suis avec respect,

Monseigneur,

V. etc. etc.

Pour copie certifiée véritable:

CONWAY.

L.

COPIE d'une Lettre de M^r l'évêque d'ADRAN à Mr de CONWAY, en date du 14 Juin 1788.

Monsieur le Comte, le respect que j'ai pour votre discrétion à mon égard, ne m'empêche pas de la trouver fort singulière.

Vous assurez que vous vous conformerez aux ordres du Roy.... C'est la seule chose que je désire. Ce n'est même qu'en vertu de ces mêmes ordres que j'ai cru devoir vous présenter mes observations.

Vous êtes étonné que j'accuse de foiblesse des personnes que je ne nomme pas.... la chose est toute simple; c'est que je ne les connois pas.

Je ne puis attribuer qu'à des conseils donnés par foiblesse le changement que j'ai remarqué en vous au sujet de l'expédition de la Cochinchine. J'ai la franchise de vous en faire part et de vous prier de n'en faire aucun cas.... Qu'y a-t-il en cela de contraire au christianisme et à la générosité? Si je me trompe, tant mieux; si j'ai raison, c'est à vous, Monsieur le Comte, à voir ce que vous avez à faire.

Vous consulterez, dites-vous, les personnes les plus éclairées, le plus dignes de votre confiance..... Je crois qu'il vaudrait encor mieux suivre en cela même vos instructions.

Vous me faites un crime de vous parler noblesse, force, courage... eh! Monsieur le Comte, m'amuserais-je à vous parler ce langage si je ne vous croyois les sentiments.

Il y a dans la colonie des hommes mal intentionnés qui ne s plaisent qu'à allumer le feu de la discorde. Je le sais. Mais Monsieur le Comte, je vous jure que je n'ai ici qu'une affaire e que je ne me mêlerai jamais que de celle-là.

Ma lettre, au moins selon mon intention, ne peut offenser per sonne, de quelque robe qu'il puisse être. Je ne l'aurois jamais écrite si j'avois cru qu'elle pût avoir un tel effet.

Je suis fâché, pour le service du Roy, que vous vous préveniez contre moi, Monsieur le Comte, et que je sois obligé d'en venir à de pareilles explications. Vous me croyez des prétentions; je m'en suis apperçu dès le premier jour. Cependant il me semble que rien n'est plus indigne d'un homme de bon sens, et surtout d'un homme de mon état.

Quoiqu'il en soit, Monsieur le Comte, je ne serai pas moins zélé à vous prouver en toute occasion que je désire votre gloire et à avoir pour votre état et pour votre personne tous les égards que je reconnois de mon devoir.

J'ai l'honneur d'être avec un parfait attachement, Monsieur le Comte, Votre très-humble et très-obéissant serviteur.

Signé: l'évêque d'ADRAN.

Pour copie certifiée véritable:

CONWAY.

Monseigneur,

Je suis fâché que ma discrétion vous paroisse singulière, elle m'est prescrite par mon devoir.

Je vous ai répété que les ordres du Roy et mes instructions régleroient invariablement ma conduite. Je consulterai dans les circonstances d'exécution les personnes que je crois les plus éclairées et les plus dignes de confiance. Ma lettre ne présente pas d'autre sens.

Je n'ai pas répondu à vos observations, Monseigneur, parceque je n'ai pas dû le faire, mais je les ai lues avec la plus grande attention.

Je n'ai donné aucun lieu aux suppositions que vous avez faites. Le public déposera pour moi.

Vous accusez de foiblesse des personnes que vous ne nommez pas et que vous ne connaissez pas. Cela vous paroît tout simple. Vous êtes casuiste, Monseigneur, vous êtes plus que moi en état de prononcer sur cette manière de juger.

Depuis neuf mois que je suis ici, j'ai réfléchi plus d'une fois et j'ai cherché à me procurer tous les renseignements sur la Cochinchine, mes désirs sont toujours les mêmes. Mais il me semble que je puis sans foiblesse ne pas abonder implicitement dans le sens d'une personne que d'ailleurs je considère et respecte.

Je ne vous fais pas un crime, Monseigneur, et j'aurois tort d'être offensé de la peine que vous avez prise de me prêcher énergie, force et courage. Mais puisque vous avez la bonté de croire que je n'ai pas renoncé à ces sentiments, il étoit inutile de m'exhorter à les reprendre.

Il y a dans cette colonie, dites-vous, des gens malintentionnés qui se plaisent à allumer le feu de la discorde. Je n'en doute pas. Je ne me suis pas montré disposé à les écouter, et j'avoue que je n'en ai pas le temps. La seule affaire qui vous occupe, Monseigneur, m'occupe aussi et j'en ai beaucoup d'autres qui ne me permettent pas d'écouter les discours des oisifs.

Je serois au désespoir, Monseigneur, de ne vous avoir pas marqué tout le respect qui vous est dû. J'espère que vous n'aurez jamais à vous plaindre de moi à cet égard. Je ne sais pas si vous avez des prétentions. J'ignore de quelle nature elles sont. Et je ne vous ai laissé entrevoir rien de désobligeant à ce sujet.

Je suis avec respect,

Monseigneur,

V. etc. etc.

Pour copie certifiée véritable:

CONWAY.

LII.

COPIE d'une LETTRE de M^r le Vicomte de St RIVEUL [1]) à M^r le Comte de CONWAY, datée de Pondichéry le 20 Juin **1788.**

Monsieur le Comte,

J'ai reçu la lettre que vous m'avez fait l'honneur de m'écrire sur le nombre de troupes, l'artillerie et munitions, les vivres qu'on peut embarquer à bord des frégates *l'Astrée*, *la Méduse*, *la Dryade* et les deux flûtes attendues de Brest.

Les trois frégates armées en guerre avec sept mois de vivres pour leurs équipages, l'eau nécessaire pour une traversée qu'on peut supposer de 40 ou 45 jours, pourront embarquer chacune cent hommes

---

1) Chef de division du 1er mai 1786; contre-amiral, 1er juillet 1792.

de troupes, M.M. les officiers qui les commandent, et les bagages absolument nécessaires.

Les deux flûtes attendues de Brest auxquelles je suppose 150 hommes d'équipage tout compris puisqu'elles doivent monter leurs canons, si l'expédition a lieu. En conséquence, je ne présume pas qu'elles puissent prendre chacune plus de 250 hommes de troupes.

Vous savez, Monsieur le Comte, qu'il est indispensable de donner autant de vivres aux flûtes qu'aux frégates, qu'il leur faut une grande quantité d'eau pour 400 individus pendant six semaines. Cet ensemble de vivres et d'eau, des hommes et de leurs bagages, ne permet pas de compter sur un espace libre dans les flûtes pour embarquer au moins huit mois de vivres à laisser en dépôt dans l'établissement projetté pour les troupes destinées à y séjourner. Il est encore apparent que vous n'aurez aucun moyen d'embarquer douze ou seize pièces d'artillerie, leurs affûts, caissons, ustensiles et munitions. Une traversée de 15 jours sous un ciel sans orages, donne des grandes facilités pour surcharger les navires et entasser sans imprudence, les hommes et les objets essentiels comme tentes, outils et bagages. Vous n'ignorez pas, Monsieur le Comte, que les mers depuis le détroit de Malac jusqu'aux côtes de Chine sont quelquefois agitées par des vents violents, même dans cette mousson favorable, et que pour cette raison on doit avoir plus d'attention à la stabilité des bâtiments et au nombre d'hommes à embarquer pour leur conservation.

Vous vous rappelez aussi, Monsieur le Comte, que dans l'instruction particulière du Roy que j'ai eu l'honneur de vous communiquer, il est prescrit de ne point affréter de bâtiments de commerce sans une absolue nécessité; je la crois évidente, si vous entreprenez l'expédition ordonnée, même avec moins de forces que celles fixées dans les instructions. C'est sans doute une grande

dépense à ajouter à celle déjà faite, mais je dois à votre confiance
et au bien du service l'exacte vérité telle que je la conçois.

En bornant les troupes à huit ou neuf cents hommes, les vivres
à sept mois pour les équipages des frégates et des flûtes, sans
passagers; ceux-ci nourris sur l'approvisionnement des équipages
réduiroient les sept mois à peu près à cinq pour les frégates et
trois pour les flûtes. En conséquence je crois indispensable d'affréter
au moins un grand navire qu'on chargeroit de l'artillerie, de vivres
pour en remplacer à bord des cinq bâtiments du Roy et pour
approvisionner l'établissement.

Je crois aussi devoir vous observer, Monsieur le Comte, que
comme vous m'avez fait l'honneur de me le dire, vous devez partir
de la Cochinchine après l'expédition, avec la grande partie des
bâtiments et des troupes, pour vous rendre directement à l'Isle de
France, la traversée est plus longue que le retour à Pondichéry et
exige au moins deux mois de vivres pour la totalité des hommes.

J'ai l'honneur d'être, etc.

Signé: Le Vicomte de St Riveul.

Pour copie certifiée véritable:

Signé: Conway.

LIII.

Extrait d'une lettre de Mr de Canaple à M^r le Comte de Conway
datée de Mahé, le 6 Mai 1788.

Le prince Tipou Sultan [1]) est arrivé à Calicut, il y a un mois.
J'y ai envoyé Mr Menesse avec un interprète pour lui remettre une
lettre de compliments sur son heureuse arrivée et d'excuse de ce
que je ne lui faisois aucun présent, quelques uns des Grands de
l'État ont décidé qu'on ne pouvoit pas paroître devant un aussi

---

1) Fils de Haidar Ali; tué lors de la prise de Seringapatam, troisième guerre de Mysore
(1799).

grand prince sans avoir rien de magnifique à lui offrir, Mr Menesse a vainement allégué que Mahé manquoit de tout, que les vaisseaux n'arrivoient d'Europe qu'après les pluies; ces messieurs qui ont réponse à tout lui ont dit qu'il n'avoit qu'à acheter un habit de la garde-robe du prince et le lui présenter. Il a fallu en passer par là, on le lui a fait payer 630 roupies et l'habit est retourné, après la présentation, aux lieux où on l'avoit pris: A l'arrivée de Mr Menesse au Durbar, il n'a pu se servir de son interprète, il a fallu employer celui du Patcha et la première conversation a coûté vingt roupies, mais on lui a laissé son épée et il a eu le privilège de ne pas se déchausser. Le prince a promis de régler toutes les affaires de Mahé, de rendre le pays de Coringotte Nair; cependant en attendant ce moment plus désiré aujourd'hui qu'espéré, ABDOULLA m'a fait annoncer hier et renouveller aujourd'hui que toutes marchandises destinées à cet établissement payeroient au patcha¹) des droits d'entrée dans la colonie.

Pour copie certifiée véritable:

CONWAY.

LIV.

EXTRAIT d'une LETTRE de Mr de CANAPLE à un Particulier de Pondichéry, datée de Mahé, le 7 Mai 1788.

TIPOU est à Calicut depuis un mois. Tous les jours ont été marqués par des arrêts de rigueur et de cruauté. Il est comme Thamas-Kouli-Kan entouré de plus de bourreaux que de courtisans. Les prisons sont pleines de tous ceux qui ont de l'argent ou auxquels on en suppose. Il a fait enlever les femmes et les enfants des environs de Calicut pour aller peupler Patane. Il fait grâce aux brigands et favorise leurs expéditions, pourvu qu'ils lui apportent

___

1) Pâdshâh, un roi, un souverain.

les dépouilles qu'ils enlèvent à main armée. Nous avons aux environs deux célèbres voleurs qui ont été condamnés à lui payer 14,000 roupies et qui ont un Paravana [1]) qui les autorise à les prendre de force où ils pourront. Je vous avoue que je tremble quelquefois pour Mahé. Si je sauve la caisse de la Compagnie, je ne lui aurois pas rendu un léger service.

Pour copie certifiée véritable:

CONWAY.

LV [2]).

Monsieur le Comte,

Quoique, pour l'expédition de la Cochinchine, nous n'ayons plus à attendre que les Gabarres, et que nous ayons déjà ici tous les moyens à prendre à l'Isle de France. je ne suis pas rassuré sur le parti qu'on prendra, en supposant même que ces bâtiments arrivent à tems.

M^r le Comte de CONWAY depuis son retour de Trinquemaly, est dans un état de foiblesse physique et morale qui afflige toute la Colonie.

La nouvelle d'une expédition à la Cochinchine paroît beaucoup le contrarier. et depuis mon arrivée, il n'a cessé de me témoigner, à ce sujet, la plus grande répugnance. Depuis plus d'au mois que je suis icy, non seulement il n'a fait aucun des préparatifs que la prudence auroit pû lui permettre: mais il a pris même des moyens qui rendent cette expédition très-difficile. cette année.

Il a renvoyé la flûte le *Nécessaire* qui étoit icy le seul bâtiment du Roy en état de porter des troupes. Il renvoye encore, en ce moment, la frégate *la Vénus* que le Gouverneur de l'Isle de France avoit fait revenir icy. pour y remplacer la *Calypso*.

1) Parwāna, un ordre, une passe, un permis.
2) L. a. s.

D'après cette conduite et les nouvelles de la flûte *le Castries*, j'ai crû devoir lui écrire la lettre ci-jointe. Il ne m'a répondu à aucun des articles qu'elle contient. Aussitôt qu'il se sera décidé, je ne manquerai pas de vous en faire part.

J'ai l'honneur d'être avec un parfait attachement,

Monsieur le Comte,

Votre très-humble et très-obéissant serviteur,

L'évêque d'ADRAN.

Pondichery, 26 Juin 1788.

LVI ¹).

Monsieur le Comte,

Depuis un mois que j'ai eu l'honneur de vous rendre compte, j'en suis resté où j'en étois. L'expédition de la Cochinchine devenue impossible, cette année, par la mousson déjà trop avancée et par le défaut des gabarres qui ne sont pas encore arrivées; je viens de proposer à Mʳ le Comte de CONWAY de prendre à tems les moyens de l'assurer pour l'année prochaine. Je lui ai demandé la frégate qui m'a amené de France, afin d'aller moi-même reconnoître l'état actuel de la Cochinchine et le mettre à même de commencer l'expédition avec sûreté, au commencement de Mai prochain.

Sa réponse, comme si cette affaire passoit les bornes de ma compétence, a été: *qu'il obéiroit aux ordres du roi et qu'il ne pouvoit m'en dire davantage.*

J'ai insisté en lui représentant que s'il négligeoit le moyen proposé, il alloit rendre impossible l'exécution de ces mêmes ordres; que les Portugais qui déjà avoient fait des avances auprès du Roi de Cochinchine, pourroient nous prévenir ainsi que les Anglois:

---

1) L. a ·

que le Roi qui depuis longtemps m'attendoit, ne recevant aucune
nouvelle, perdroit courage et se livreroit peut-être aux premiers
venus: qu'il paroissoit convenable de faire savoir à ce prince où en
étoient ses affaires avec la Cour de France; le retour de son fils
en bonne santé...... sa réponse aussi laconique que la première
a été *qu'il suivroit ses Instructions.*

Nous voilà au 16 Juillet. Dans un mois il ne sera plus tems
d'exécuter ce que je propose. Quoique je n'ose assurer le parti
que va prendre M.r le Comte de CONWAY, je le crois trop adroit
pour avoir envie de faire une expédition où il ne peut réussir sans
moi, et avoir à mon égard les procédés qu'il n'a cessé d'avoir depuis
mon arrivée.

Quoiqu'il en soit, j'ose vous supplier, Monsieur le Comte, aussitôt
cette nouvelle reçue, de vouloir bien faire expédier une corvette qui
nous apporte les ordres du Roi et les vôtres.

Si la Cour est toujours dans le dessein de donner du secours
à ce Prince, comme elle ne peut guère s'en dispenser après les
engagements pris avec lui, et surtout après l'avoir encore empêché
tout récemment d'accepter ceux qu'on lui offroit, il paroît nécessaire pour que l'expédition réussisse, de désigner pour la commander,
un homme de meilleure volonté et mieux constitué tant pour le
physique que pour le moral. Il y a dans cette partie du globe
M.r le chevalier d'ENTRECASTEAUX, Gouverneur des Isles de France
et de Bourbon, M.r le chevalier de FRESNE, colonel du Régiment de
l'Isle Bourbon, M.r de CHERMONT, Colonel du Régiment de l'Isle de
France.

S'il arrivoit que la Cour ne persistât pas dans les mêmes vues,
j'oserois encore vous prier, Monsieur le Comte, de vouloir user de
la même célérité pour nous faire parvenir les ordres du Roi, pour
le renvoi du prince et de sa suite, et pour moi qui alors ne pour-

rois plus retourner dans cette partie, la permission et les moyens de repasser en France.

J'ai l'honneur d'être avec le plus parfait attachement, Monsieur le Comte, Votre très-humble et très-obéissant serviteur.

L'évêque d'ADRAN.

Pondichéry, 16 Juillet 1788.

LVII ').

Monseigneur, ²)

J'en suis toujours où j'en étois il y a un mois, quand j'eus l'honneur de vous rendre compte de l'expédition de la Cochinchine devenue impossible, cette année, par la mousson trop avancée et par le défaut des gabarres qui ne sont pas encore arrivées; je viens de proposer à Mr le Comte de CONWAY de prendre à tems, les moyens de l'assurer pour l'année prochaine. Je lui ai demandé dans cette vue la frégate qui m'a amené de France, afin d'aller moi-même reconnoître l'état de la Cochinchine et lui rapporter des nouvelles sûres, pour commencer l'expédition au Mois de Mai prochain. Sa réponse, (comme si cette affaire passait les bornes de ma compétence) a été: *qu'il obéirait aux ordres du roi et qu'il ne pouvoit m'en dire davantage.*

Je lui ai représenté qu'en négligeant le moyen proposé, il alloit rendre impossible l'exécution de ces mêmes ordres, que les Portugais qui avoient déjà fait des avances auprès du Roi de la Cochinchine, pourroient nous prévenir ainsi que les Anglois, que le prince qui m'attendoit depuis longtemps, ne recevant aucune nouvelle, perdroit courage et se livreroit aux premiers venus, que d'ailleurs

---

1) L. a. s.

2) [Cette lettre était écrite à M. l'Archevêque de Sens; M. de Brienne me l'a renvoyée.]

il étoit convenable de faire savoir à ce prince l'état de ses affaires, les bonnes dispositions de la Cour à son égard, le retour de son fils en bonne santé........ sa réponse a été comme la première: *qu'il suivroit ses instructions.*

Nous voilà au 16 Juillet. Dans un mois il ne sera plus tems d'exécuter ce que je propose. Quoique je n'ose assurer ce que pense M^r le Comte de CONWAY et quel parti il va prendre, cependant je le crois trop adroit pour avoir à mon égard les procédés qu'il a eus constamment depuis mon arrivée, s'il avoit envie de faire une expédition, où il lui est impossible de réussir sans moi.

Je réclame l'autorité du Roi et vous supplie, Monseigneur, aussitôt cette nouvelle reçue, de vouloir bien ordonner qu'on fasse partir une corvette qui nous apporte icy les ordres de Sa Majesté et les vôtres.

Si la Cour est toujours dans le dessein de donner du secours à ce prince, comme elle ne peut guère s'en dispenser après le lui avoir promis et l'avoir encore tout récemment empêché de profiter de ceux qu'on lui offroit; il paroît nécessaire, pour que l'expédition réussisse, de désigner pour la commander un homme de meilleure volonté et mieux constitué tant du côté du physique que du moral.

Il y a dans cette partie du globe M^r le chevalier d'ENTRECASTEAUX, Gouverneur des Isles de France et de Bourbon, M^r le chevalier de FRESNE, colonel du régiment de l'Ile Bourbon, et Mr de CHERMONT, colonel du régiment de l'Isle de France.

Si la Cour, au contraire, avoit d'autres vues et ne vouloit plus suivre ses engagements avec le prince, j'ose encore vous prier, Monseigneur, de vouloir user de la même célérité pour nous faire parvenir les ordres du Roi et pour le renvoi du Prince et de sa suite, et pour moi qui dans ce cas ne pourrois plus retourner dans cette partie, la permission et les moyens de repasser en France.

Malgré l'extrême répugnance que j'ai de rester icy, je vais, en attendant vos ordres, me soumettre aux circonstances, et témoigner au Roi par la patience, ne pouvant le faire autrement, l'attachement le plus respectueux et la fidélité la plus soumise à ses volontés.

J'ai l'honneur d'être avec respect, Monseigneur,

Votre très-humble et très-obéissant serviteur,

L'évêque d'Adran.

Pondichéry, 16 Juillet 1788.

LVIII.

Colonies.

Il résulte des nouvelles envoyées par le sieur Le Tondal [1]), Procureur des Missions étrangères à Macao, concernant la Cochinchine que les rebelles s'étoient emparés de toute la Haute-Cochinchine conquise il y a 10 à 12 ans par les habitants du Tong-king, qu'ils étoient entrés ensuite dans ce royaume où ils avoient remis sur le trône la famille royale qui depuis près de 200 ans en avoit été tenue éloignée par des usurpateurs.

En se retirant, les rebelles ont commis toutes sortes de brigandages et se sont emparés de la province de Tong-king qui confine à la Cochinchine. Le parti que l'usurpateur de ce dernier royaume s'étoit formé contre son Roi légitime étoit fort affaibli; au départ de ces nouvelles, son jeune frère avoit levé une armée contre lui et il s'étoit livré plusieurs batailles dont on ignoroit l'issue.

---

1) *Claude François* Letondal, diocèse de Besançon; missions étrangères de Paris; parti 12 mars 1785; sous-procureur de 1785 à 1788, puis procureur de 1788 à 1813, à Macao; fondateur du collége général de Pinang; † 17 nov. 1813 à Pondichéry.

LIX.

NOUVELLES de la COCHINCHINE

extraites d'une lettre de Mr LETONDAL, Procureur des Missions
étrangères à Macao. 6 Janvier 1788.

Nous avons appris par un vaisseau chinois parti de Siam au
mois de Juin 1787 que le Roi de Cochinchine étoit dans ce royaume.

Les rebelles se sont emparés des provinces de la Haute-Cochinchine
que le Tong-king avoit conquises, il y a dix à douze ans. De là ils
sont entrés dans le Tong-king, sans y exercer de grandes cruautés,
y ont délivré la famille royale de l'état de captivité où elle étoit
détenue depuis près de deux cents ans par des tyrans qui l'éloignaient
du gouvernement et s'arrogeaient l'autorité souveraine, et l'ont rétablie
dans tous ses droits. (Le Roi légitime de Cochinchine est de la famille
royale du Tong-king).

Cette action leur avoit gagné les cœurs des Tong-kinois qui
virent avec plaisir l'autorité entre les mains de leur Roi légitime.
Mais en se retirant, les rebelles ont commis toutes sortes de
brigandages et se sont emparés de la province du Tong-king qui
confine à la Cochinchine. Les Tong-kinois en gardent du ressentiment,
et leur paix avec eux n'est que feinte. Ils n'attendent que l'occasion
favorable de reprendre la province qui leur a été enlevée et de tirer
vengeance des violences qu'ils ont souffertes. C'est ce que nous
assurent des Tong-kinois partis de leur païs au Mois de Septembre
1787. Ils disent encore que le Tyran s'étoit formé un parti contre
le Roi, mais qu'il étoit très-affoibli au tems de leur départ.

Le jeune frère du chef des rebelles qui avoit eu la plus grande
part dans cette expédition du Tong-king, fit à son retour dans la
Haute-Cochinchine une levée d'hommes, prenant tous ceux qui

étoient au-dessus de 15 ans et au dessous de 60. L'on s'attendoit
à le voir conduire cette armée au Tong-king pour s'emparer du
trône, mais il dirigea sa marche contre son frère aîné qui étoit
dans la Haute-Cochinchine. Il s'est livré plusieurs combats entr'eux;
on ne sait quelle en a été l'issue. C'est ce que j'ai appris par des
lettres de la Haute-Cochinchine datées du mois d'Aoust 1787.

LX.

Monseigneur,

Secon
—
Posdicl
—
Administ
Civil
No. 1
Sur l'er
tion d
Cochinscl

La frégate du Roy *la Dryade* a mouillé en cette rade le 18 May
dernier. — Le lendemain matin M^r l'évêque d'ADRAN a pris terre,
et le même jour M^r le Comte de CONWAY m'a fait l'honneur de me
communiquer, en présence de M^r le Vicomte de St RIVEUL, les
ordres et même l'instruction secrette de Sa Majesté sur l'expédition
de la Cochinchine. Le 20, j'ay présenté à ces deux commandants,
divers états constatant la masse des fonds, ainsi que des approvisionnements et effets généralement quelconques, existant dans le
trésor ou les magasins du Roi à la ditte époque. Après en avoir
pris lecture, ces Messieurs ont uuanimement décidé que l'expédition
ne pouvoit être entreprise avant l'arrivée des deux gabarres annoncées comme devant apporter ici les fonds et les approvisionnements
nécessaires. Ces bâtiments n'ont pas encore paru, et suivant les
apparences, arriveront désormais trop tard pour entreprendre l'expédition cette année. Dans l'intervalle, il s'est établi une corres-

neur le Comte de MONTMORIN [1]).

---

[1]) *Armand Marc*, Comte de MONTMORIN SAINT HÉREM, ministre des affaires étrangères
le 13 février 1787, à la place de Vergennes, avait, à la retraite du Marquis de Castries,
été chargé (25 août 1787), du ministère de la Marine *p. i.*, en attendant la nomination du
Comte de la Luzerne.

pondance de M^r l'évêque d'Adran à M^r le Comte de Conway, que
ce Commandant général a bien voulu me communiquer encore,
ainsi que le projet de réponse, qu'il a dû vous faire, Monseigneur,
à la fin du mois dernier par le vaisseau de la Compagnie des Indes
le Duc de Normandie parti de cette rade le 1er de celuy-cy. Dans
unn des derniers paragraphes de cette lettre, M^r le Comte de Conway
vo s dit, Monseigneur, que je dois vous présenter mes idées sur
cette expédition. Je n'en avois pas le projet; parceque mon caractère
comme mes principes, m'ayant toujours éloigné de toutes les affaires
auxquelles je ne suis pas spécialement appelé, j'estimois, Monseigneur,
n'avoir aucun compte à vous rendre sur le projet d'une expédition
dont les ordres ont été avec raison adressés au seul Commandant
général. — D'ailleurs que puis-je dire que tout le monde ne sçache,
sur un pays où je n'ay jamais été! Excepté les relations des
missionnaires qui ne traitent que de religion et de quelques points
géographiques, Mr Poivre [1]), et d'après luy, M^r l'Abbé Raynal [2]),
sont les seuls qui ayent écrit sur la Cochinchine, que ce dernier
appelle un très-beau païs. M^r l'évêque d'Adran après une longue
résidence, confirme tous les avantages que cette grande étendue de
terre présente au commerce maritime. Ou il ne faut croire à rien,
ou il convient de respecter des authorités si prononcées. Je crois
donc, Monseigneur, à l'utilité mercantile que la nation pourra
retirer d'un établissement solide sur les côtes de la Cochinchine;
mais la guerre civile qui y règne depuis plusieurs années, ayant
nécessairement dévasté l'intérieur, je ne pense pas que l'on puisse
établir un commerce de quelque importance, avant que la paix ne
soit plus ou moins généralement rétablie. Il faudra semer pour
recueillir, et peut-être longtemps attendre le fruit de tant de soins

---

1) *Pierre* Poivre; cf. *Revue de l'Extrême Orient*, III, 1884, pp. 81—121, 364—510.
2) *Guillaume Thomas* Raynal, auteur de *Histoire philosophique et politique des Etablissements et du Commerce des Européens dans les deux Indes.*

et de peines. Quant aux frais, ils seront sûrement très-considérables. Je ne pense pas que l'on puisse transporter quinze cents hommes en Cochinchine, sans une dépense extraordinaire de deux millions pendant la 1ère année. Je crois encore que de ces quinze cents hommes, un cinquième sera hors d'état d'entrer en campagne le jour du débarquement, et que la moitié de ce cinquième, c'est-à-dire un dixième du tout, ne sortira jamais des hôpitaux, par le seul effet du déplacement, et sans compter le cours ordinaire des maladies, dans les armées. — Je ne me permettray pas d'avoir une opinion sur les grands objets de dignité nationale, etc.; mais je me permettray d'affirmer que les Anglois nous verront sans peine entreprendre une expédition qui privera nos établissements sur cette côte, de la moitié de leurs forces militaires. J'ose vous assurer, Monseigneur, à ce sujet que tout plan du gouvernement qui tiendra à ramener l'état de notre nation dans l'Inde, à de simples établissements de commerce, sera d'autant plus agréable à la Grande Bretagne qu'il est de son interest spécial de ne nous pas rendre trop pénible l'exploitation d'un commerce dont elle recueille tous les fruits dans ce païs, en raison de la masse très-considérable de fonds effectifs que nous répandons chaque année pour composer nos cargaisons de retour, dans des provinces que ses agents dépouillent régulièrement de leur numéraire, pour le transporter en Chine, et quelquefois en Europe.

Toutes les autres considérations me paroissent absolument secondaires, car je pense qu'il est très-indifférent au succès de l'expédition, que le Roy légitime soit payen, et l'usurpateur chrétien. Je ne vois aucune raison de croire qu'il y ait quelque rivalité temporelle, ni même spirituelle entre Mr l'évêque d'ADRAN et les autres évêques ou simples missionnaires établis en Cochinchine. Tous appartiennent au corps respectable de Messieurs des Missions étrangères, dont la piété et l'union parfaite pour la propagation foy n'a jamais été altérée. Il est cependant possible que les ᵒnnaires de toutes les nations répandus au Tong-king, à la ᵑchine, au Cambodge et à Siam appréhendent plus de difficulté ᵘs l'exercice futur de leur saint Ministère, si l'expédition a lieu. Mais ces craintes n'engageront jamais (au moins les missionnaires françois) à contrarier, même indirectement, une entreprise ordonnée par leur souverain. D'ailleurs il me paroît impossible que lorsque le Roy a bien voulu permettre à quelqu'un de ses sujets, d'aller porter la lumière de l'Évangile aux peuples éloignés qui ont le malheur de ne le pas connoître, Sa Majesté n'ait pas assujetti ces apôtres de la foy à quelques obligations politiques, déterminées suivant l'exigence du cas, entre leurs supérieurs et ses ministres. Je dois croire que tous les missionnaires nationaux s'efforceront de concourir au plus grand succès de l'expédition, quand même elle devroit leur occasionner quelque désagrément momentané.

Telles sont, Monseigneur, les seules idées que je puisse avoir sur un projet, dont je connois aussi peu (dans les rapports de localité) le principe, les moyens et même la fin. L'expédition ne pouvant avoir lieu avant l'année prochaine, le Roy est encore le maître de l'ordonner ou de la défendre. Je suis persuadé que Mʳ le Comte de Conway profitera de cet intervalle, pour se procurer tous les renseignements nécessaires au succès de l'entreprise, si elle doit être tentée. Rien n'est à négliger à cet égard, ne fût-ce que pour augmenter les connaissances de Messieurs les Officiers de la Marine, en faisant parcourir aux Vaisseaux de la station des côtes peu fréquentées. En s'occupant de tous les moyens qui pourront faire connoître les dispositions bien précises du Roy de la Cochinchine, retiré en ce moment chez le Roi de Siam ¹), j'estime qu'il seroit imprudent d'amener ce prince fugitif à Pondichéry, parce que ce

---

1) Phra-Phuti-Chào-Luáng, premier roi de la dynastie actuelle.

seroit prendre un engagement national, qu'il seroit peut-être impossible de tenir. Il suffira je pense de luy députer quelque homme sage, pour l'instruire des dispositions favorables du gouvernement françois à son égard, de la nécessité où l'on est ici d'attendre les derniers ordres du Roy et convenir avec ce prince d'un lieu de rendez-vous, pour le conduire dans ses états, si Sa Majesté permet une seconde fois la ditte expédition.

Je suis avec respect,

Monseigneur,

Votre très-humble et très-obéissant serviteur,

MORACIN.

Pondichéry, 20 Juillet 1788.

LXI ¹).

Pondichéry, le 20 Juillet 1788.

Monseigneur,

L'époque à laquelle il eût été praticable de faire partir une division pour la Cochinchine est passée. Les gabarres ne paroissent pas. Je vous ai soumis, Monseigneur, ainsi que vous l'avez désiré mes observations et tous les renseignements que j'ai pu recueillir concernant cette expédition. C'est à vous à décider s'il convient de l'entreprendre. Les ordres du Roy seront exécutés implicitement. Si cette expédition doit avoir lieu l'année prochaine, j'ai l'honneur de vous prévenir, Monseigneur, qu'il est absolument indispensable de faire parvenir ici avant le mois de Juin, quatre gabarres au lieu

gneur le Comte de MONTMORIN.

---

1) L. s.

de deux que nous attendons, avec des vivres pour un au et avec au moins quinze cent mille francs, uniquement destinés aux dépenses de l'expédition.

Je joins ici, Monseigneur, une troisième lettre de M^r l'évêque d'ADRAN, et ma réponse. Il me demande une frégate et une corvette pour aller lui-même chercher le Roy de la Cochinchine et le ramener icy. Je me suis renfermé dans mes instructions et je suis persuadé, Monseigneur, que votre intention n'est point du tout que je fasse venir ici ce prétendu Roy. Ce seroit prendre sans votre aveu des engagements téméraires et probablement tout-à-fait contraires aux intérêts de Sa Majesté.

Nous attendons et désirons vivement les gabarres pour des raisons beaucoup plus urgentes. Nous avons encore du riz, mais point de blé; l'expédition de Trinquemaly, la nécessité de fermer cette place, l'augmentation de la station, l'arrivée de l'évêque d'ADRAN et les frais qu'il a occasionnés ont quintriplé nos dépenses. Mr de MORACIN a fait les plus grands efforts mais tout a ses bornes. Nous n'aurons pas une piastre le mois prochain, et il est douteux que Mr de MORACIN puisse emprunter et même à des conditions onéreuses de quoi faire la moitié du prêt au soldat.

Il est affreux, Monseigneur, qu'on ait constamment caché au Ministre du Roy des vérités que personne ici n'ignore. Le Roy n'a dans l'Inde que des comptoirs. Les revenus territoriaux suffisent pour couvrir les dépenses qu'il seroit raisonnable de faire pour la protection du commerce et l'administration de la justice. Tout le reste est superflu, quoi qu'en disent les charlatans qui ont spéculé ici sur le Roy et qui sont intéressés à le ruiner.

Mr de MORACIN m'apprend que depuis 1785 on a dépensé ici plus de douze millions. Six au moins de ces millions ont été dépensés en pure perte, ou ce qui est encore pis au profit des Anglois, comme j'ai eu l'honneur de vous le mander. Si pour des raisons que je ne puis concevoir et sur lesquelles je ne me permets pas de prononcer, il plaît à Sa Majesté d'entretenir dans l'Inde un corps de troupes et une division de forces navales, il est indispensable d'envoyer l'argent nécessaire pour leur subsistance, car, Monseigneur, il est véritablement trop douloureux et trop humiliant d'aller tendre la main à Madras pour obtenir de quoy nourrir et payer les soldats et les matelots. Voilà cependant, Monseigneur, où nous en sommes.

Je suis avec un profond respect,

Monseigneur,

Votre très-humble et très-obéissant serviteur,

CONWAY.

LXII.

COPIE de la lettre de M^r l'évêque d'ADRAN, à M^r le Comte de CONWAY, datée du 11 Juillet 1788.

Monsieur le Comte, la mousson déjà avancée ne me permet plus de différer à vous faire de nouvelles représentations. Peut-être ne seront-elles pas plus utiles que les premières! Mais quoi qu'il arrive, je ne puis les omettre. La crainte d'être encore renvoyé à vos instructions ne pourroit me servir d'excuse, si je manquois à me conformer à celles qui m'ont été données.

Nous voilà au 11 Juillet. Les gabarres ne paroissent pas. Quand elles arriveroient d'ici au 15, en supposant que vous prendriez le parti de faire l'expédition cette année, vous ne pourriez être prêt à partir avant la fin du mois.

A cette époque elle deviendroit trop incertaine, pour oser vous engager à l'entreprendre; je serois alors le premier à vous en détourner.

Je pense que dans les circonstances présentes, la prudence demande qu'elle soit remise à l'année prochaine et que vous n'avez plus, Monsieur le Comte, qu'à vous occuper des moyens d'en assurer le succès.

Vous ne pouvez en aucune manière compter sur Mr de RICHERY. Sa conduite soutenue depuis deux ans, doit être plus que suffisante pour vous ôter toute confiance.

De mon côté après un exemple de cette nature, je ne croirois plus pouvoir me justifier auprès de la Cour, si je laissois à d'autres des soins que je peux seul prendre avec sûreté. Je me croirois d'ailleurs indigne de la confiance dont le Roy a bien voulu m'honorer, si j'osois préférer ma tranquilité à un voyage pénible pour moi à la vérité, mais devenu nécessaire pour le bien de son service.

C'est pour cette raison, Monsieur le Comte, que je renouvelle les demandes que j'ai déjà eu l'honneur de vous faire dans ma première lettre, et que j'ose vous prier de ne plus différer à vous décider.

Si vous consentez à me laisser partir pour la Cochinchine avec les moyens et pour la fin que j'ai eu l'honneur de vous proposer, je vous ferai part alors des ressources que j'ai seul, pour rendre ce voyage utile.

J'ai l'honneur d'être avec le plus parfait attachement, Monsieur le Comte, Votre très-humble et très-obéissant serviteur.

Signé: L'évêque d'ADRAN.

Pour copie certifiée véritable:

CONWAY.

LXIII.

RÉPONSE de M^r le Comte de CONWAY à M^r l'évêque d'ADRAN,
en date du 11 Juillet 1788.

Monseigneur,

J'ai déjà eu l'honneur de vous mander que mes instructions
régleroient invariablement ma conduite. Je vous prie d'être bien
persuadé que le parti que je prendrai sera exactement conforme
aux ordres du Roy.

Je suis avec respect,

Monseigneur,

V. etc. etc.

Pour copie certifiée véritable:

CONWAY.

LXIV [1]).

Monsieur le Comte,

Peut-être Mr de CONWAY cherchera-t-il à éloigner la Cour du
projet de la Cochinchine, en l'effrayant par la demande de moyens
plus grands, et surtout d'une plus grande quantité d'argent que
celle que le Roi a bien voulu désigner.

J'ose vous prévenir, Monsieur le Comte, que cette conduite ne
seroit de sa part qu'un prétexte et que tous ceux qui ont une
connaissance exacte de cette partie de l'Inde, reconnoissent que les
moyens accordés sont plus que suffisants pour faire réussir l'expédition. Il ne manque qu'une personne capable pour la commander

---

1) L. s. s.

et qui auroit les qualités de celles dont j'ai eu l'honneur de vous parler. Quoique l'affaire soit assez majeure, pour ne pas regarder à une dépense beaucoup plus considérable, si elle étoit nécessaire; il est dangereux d'employer des moyens inutiles. Il n'est pas rare de voir les hommes s'accommoder aux circonstances, et de dépenser non en raison du besoin, mais des moyens qu'ils ont dans les mains.

J'ai l'honneur de vous renouveler mes demandes au sujet de nouveaux ordres du Roi, et des vôtres, Monsieur le Comte, pour continuer le projet de l'expédition, soit, dans le cas où la Cour auroit changé de système pour renvoyer le Prince à son père, et me donner les moyens de repasser en France.

J'ai l'honneur d'être avec le plus parfait attachement, Monsieur le Comte, Votre très-humble et très-obéissant serviteur.

Signé: L'évêque d'ADRAN.

Pondichéry, 30 Juillet 1788.

LXV [1]).

Pondichéry, le 28 Aout 1788.

Monsieur le Comte,

J'ai eu l'honneur de vous prévenir par ma lettre en date du 20 Juillet dernier N° 8 que l'époque à laquelle l'expédition de la Cochinchine eut été praticable étoit passée, et que les gabarres ne paroissoient pas encore.

La gabarre *Le Chameau*, commandée par Mʳ BOLLE, major de vaisseau, est arrivée ici le 10 de ce mois, et nous avons appris

nsieur le Comte de la LUZERNE.

---

1) L. s.

depuis peu de jours que la gabarre *le Dromadaire* avoit relâché à Lisbonne. Plus je réfléchis sur le projet de l'évêque d'ADRAN, plus je suis convaincu que l'entreprise occasionnera six fois plus de dépenses que celles annoncées par cet évêque, et qu'elle ne présente pas la moindre apparence d'un avantage réel pour les intérêts de Sa Majesté.

J'ai eu l'honneur de vous soumettre, Monsieur le Comte, mes observations par ma lettre du 18 Juin n° 7. J'attendrai donc votre réponse avant que de rien entreprendre. Mais tels que soient les ordres que vous me ferez parvenir, je les exécuterai sans me permettre aucune réflexion ultérieure.

J'ai cherché à me mettre en état d'exécuter tout ce que le Roy pourroit ordonner par la suite et en conséquence je me suis concerté avec M^r le Vicomte de SAINT RIVEUL, Commandant la station. Les vaisseaux du Roy ne coutent pas plus à la mer que dans une rade ou dans un port. Trinquemaly qui avoit été désigné pour passer les mois d'Octobre et de Décembre, est un lieu malsain. L'hiver dernier presque tout l'équipage de *l'Astrée* y a passé à l'hôpital, et plusieurs hommes y sont morts. Il faut d'ailleurs que les vaisseaux qui sont à Trinquemaly tirent leurs vivres de Pondichéry; c'est pour cette raison et pour me procurer quelques renseignements que je me suis déterminé à expédier pour les mers de la Cochinchine la frégate *la Dryade*, commandée par M^r le Chevalier de KERSAINT et le brick le *Pandoure* commandé par M^r le Chevalier de PRÉVILLE, lieutenant de vaisseau.

M^r le Chevalier de Kersaint a pris à son bord quatre missionnaires qui n'ont jamais été en Cochinchine, le père Paul NGHI, Cochinchinois, et dix hommes de la même nation.

Mr de Kersaint se rendra d'abord à Macao, il y prendra des informations sur le sort de la frégate *la Calypso*, et de la flûte *le Castries* dont nous sommes inquiets. Il tâchera de s'assurer de l'état actuel de la Cochinchine. Il est important qu'il y prenne un interprète cochinchinois qui puisse parler le François, l'Anglois ou le latin. Car on a de fortes raisons de se défier du père Paul Nghi, qui parle un peu de mauvais latin, et qui est absolument dévoué à l'évêque d'Adran.

Mr de Kersaint en partant de Macao parcourera toutes les côtes de la Cochinchine. Il visitera la baye ou le port de Tourane. Par la note que nous a donné Mr l'évêque d'Adran, il paroît que l'isle qui forme le port est déserte et inculte, ainsi que toute la province. Mr l'évêque a ajouté que l'on trouveroit une garde de cinquante Cochinchinois à Tourane.

Mr de Kersaint en parcourant la côte depuis le Nord jusqu'au Sud s'occupera à la sonder et à la reconnoître avec soin. Il se rendra à Pulo-Condor, il tâchera de prendre des connoissances détaillées sur la population et ses ressources. Le point qu'il est important d'examiner, et qui exige les vérifications les plus exactes, c'est la rivière de Chin-Chin, située sous la latitude de 13 degrés $^1/_2$. Après être entré dans cette rivière, on trouve selon l'évêque une très-grande baye, dans laquelle est toute la Marine des Cochinchinois; c'est-à-dire leurs galères, sommes ou autres bâtiments. C'est dans cette baye que l'évêque propose de faire la descente; il dit qu'elle est défendue par un retranchement fait avec du sable et des planches, et garni de quelques canons, et que le mouillage y est bon. Mais comme il n'existe aucune carte marine ni aucun plan de cette baye, que l'évêque d'Adran qui n'est pas marin ne l'a jamais sondée, il seroit de la plus haute imprudence, comme l'observe Mr de St Riveul, d'y engager des frégates ou des bâtiments plus considérables que les sommes ou galères cochinchinoises, sur la simple opinion ou présomption de ce prélat.

Mr de Kersaint doit ensuite visiter le golphe de Siam, envoyer à terre le père Paul Nghi et autres Cochinchinois pour communiquer avec le Roy s'il existe, pour tâcher de connoître sa situation, ses dispositions et ses moyens.

Si Mr de Kersaint rencontre la flûte *le Castries*, il lui ordonnera de le suivre et de ne plus le quitter, et comme l'opinion générale est que le sieur BERNERON, capitaine d'Infanterie au Régiment de l'Isle de France, a dirigé principalement la conduite du sieur RICHERY, il fera débarquer de la flûte le sieur Berneron et le gardera à bord de la frégate la *Dryade* ou l'enverra sur le brick le *Pandoure*.

Il paroît douteux, Monsieur le Comte, que Mr de Kersaint malgré tout son zèle puisse nous rapporter aucun détail satisfaisant relativement à l'expédition en question, mais au lieu de passer l'hiver dans le port malsain de Trinquemaly, il aura employé ce temps à reconnoître une côte très-peu connue, et son voyage pourra être par la suite de quelque utilité soit aux vaisseaux du Roy, soit aux vaisseaux de commerce. Il est très spécialement recommandé d'user de la plus grande circonspection et de ne pas compromettre aucune partie de ses équipages.

J'ai donné à M^r le Chevalier de Kersaint un supplément d'instructions relativement à l'expédition de terre, mais je ne me flatte pas qu'il puisse les exécuter, aussi l'ai-je prévenu que mon intention n'étoit pas qu'il exposât pour cet effet, ni la corvette ni même des chaloupes.

M^r l'évêque d'Adran désiroit s'embarquer lui-même sur *la Dryade* pour diriger le voyage et amener le Roy de la Cochinchine. J'ai représenté à cet évêque que sa présence ici étoit trop essentielle pour l'expédition majeure, et que je ne pouvois prendre sur moi d'acquiescer à sa demande. Nous avons d'ailleurs enjoint à Mr de Kersaint de ne pas conduire ici le Roy de la Cochinchine sous quelque prétexte que ce pût être.

Je crois, Monsieur le Comte, que l'évêque d'Adran a du zèle et de la bonne volonté. L'indiscrétion qu'il a affichée dès son arrivée ne peut être attribuée qu'à une tête exaltée. Mais j'avoue que sa manière de raisonner me paroît tout-à-fait romanesque. J'ai été obligé de lui faire beaucoup de questions sur les opérations de terre, parcequ'il étoit le seul à qui je pus m'adresser ici.

Voici à peu près les questions que j'ai faites, et ses répouses.

Quand les vaisseaux seront entrés dans la baie de Chin-chin, et quand le débarquement sera opéré, y trouverons-nous les bœufs nécessaires pour traîner notre artillerie, nos munitions de guerre et de bouche, et tout notre attirail de campagne.

L'évêque a répondu qu'il n'y avoit pas de bœufs en Cochinchine, mais qu'on y trouveroit des buffles.

Je lui ai observé qu'en supposant que les Cochinchinois prissent la fuite, il n'y avoit point d'apparence qu'ils laissassent sur le rivage ou même à portée de nous des buffles pour le service de leurs ennemis.

Il en est convenu, et a dit qu'on en pourroit prendre à l'Isle de Pulo-Condor.

Je lui ai observé qu'il falloit au moins quatre ou cinq cents buffles, et que si l'on trouvoit ce nombre à Pulo-Condor, il y aurait de grandes difficultés pour les faire embarquer et transporter à la côte.

Il a répondu qu'on les mettroit sur les vaisseaux.

M^r de St Riveul lui a représenté que quatre gabarres et quatre frégates armées en guerre et chargées de vivres et de troupes ne pouvoient pas entre elles se charger de cinq cents ni même de deux cents buffles.

Il a répondu qu'on les transporteroit sur des barques qu'on trouveroit à Pulo-Condor.

Si les buffles de Pulo-Condor ressemblent à ceux que nous voyons sur cette côte, ils ne peuvent pas être d'un très grand service; car nous voyons que dans les très beaux chemins qui aboutissent de Pondichéry à Vilnour des buffles attelés à une voiture infiniment plus légère qu'une pièce de canon de quatre, ne font qu'une lieue en trois heures, que seroit-ce donc dans un pays de montagnes tel qu'est la Cochinchine?

Je n'ai pas voulu le pousser plus loin sur cet article, mais je lui ai demandé quelles seroient les premières opérations à faire à terre, lorsque nous serions débarqués.

Il m'a répondu que nous nous avancerions d'abord à quatre ou cinq lieues de la baye, et que nous y prendrions un fort construit en pierre, qu'ensuite nous ferions une marche de cinq ou six lieues, que nous entrerions dans une grande ville ouverte où étoient les trésors du Roy ou de l'usurpateur actuel, que nous prendrions ces trésors, que pour lors les troupes françoises n'auroient plus rien à faire, parce que les 1800, 1500 ou 1200 hommes (car le prélat varie perpétuellement sur le nombre) qui seroient partis du golphe de Siam avec l'ancien Roy de la Cochinchine, et qui nous auroient joints, iroient combattre les armées de l'usurpateur et soumettre les seize provinces, qu'après cette opération nous nous rembarquerions sur nos vaisseaux pour aller prendre possession de l'île déserte d'Hoinan, dans la baye de Tourane, et que le Roy ne manqueroit pas d'y envoyer des charpentiers, des maçons et autres ouvriers, pour y construire des fortifications, des casernes et autres bâtiments.

Voilà, Monsieur le Comte, la conversation exacte de l'évêque d'Adran avec M^r le Vicomte de St Riveul et avec moi. Je crois qu'elle n'exige pas de réflexion, il suffit de la mettre sous vos yeux.

Je n'ai pas voulu interroger le prélat sur les établissements de nos hôpitaux, de nos magasins, sur nos subsistances, sur les moyens de conserver nos communications, parceque je me suis apperçu qu'il me donnoit toujours des assertions, point de preuves et que je ne faisais que l'embarrasser sans en tirer la moindre instruction satisfaisante.

M^r le Chevalier de Kersaint pourra être de retour soit en Février

soit en Mars de l'année prochaine. M^r l'évêque d'Adran me presse
de partir au mois de Mai. Je lui réponds toujours que les ordres
du Roy seront exécutés. Cet évêque à son arrivée m'écrivit que le
jeune prince, lui et sa suite devoient être logés et entretenus ici
aux frais du Roy; j'y ai consenti, Monsieur le Comte, quoique je
n'aie reçu aucun ordre à cet égard.

J'aurai l'honneur, Monsieur le Comte, de vous adresser dans le
courant du mois prochain un état détaillé de la situation civile,
militaire et politique des établissements du Roy dans l'Inde. Je vous
demande pardon, Monsieur le Comte, de me servir de cette dernière
expression, *politique*. J'espère que par la suite ce mot dont certaines
gens ont tant abusé pour constituer le Roy en dépenses inutiles
sera tout-à-fait rayé de notre dictionnaire Indien, et qu'on y sub-
stituera les mots économie et commerce.

Je suis avec un profond respect,

Monsieur le Comte,

Votre très-humble et très-obéissant serviteur,

CONWAY.

LXVI.

Supplément d'INSTRUCTIONS données à M^r le Chevalier de KERSAINT,
par M^r le Comte de CONWAY, le 14 Août 1788.

M^r le Chevalier de KERSAINT s'attachera à prendre des connaissances détaillées sur le port ou la baye de Tourane, sur l'isle
d'Hoinan qui est dans cette baye et sur le continent qui l'avoisine.
Il prendra les mêmes connoissances sur l'Isle de Pulo-Condor.

Selon le rapport de M^r d'Après et de plusieurs autres marins,
cette dernière isle a peu de population. Les habitants y sont dans
la misère et ne subsistent que par la pêche. Ce n'est qu'avec

beaucoup de peines et de précautions qu'ils parviennent à cultiver quelques légumes. L'air y est très-malsain. C'est d'après ces reconnoissances que la Compagnie françoise des Indes n'a pas voulu en prendre possession. Les Anglois l'ont occupée pendant quelques années, mais l'intempérie du climat et le peu d'avantage que cet établissement procuroit à leur commerce, les a déterminés à l'abandonner.

Voilà à peu près toutes les informations qu'on a pu recueillir jusqu'à présent sur l'Isle de Pulo-Condor.

Quant à Tourane, il n'existe de connoissances nautiques sur cette baye, que la carte faite par le Sieur La Carrière, ancien capitaine de brulot; et c'est cette même carte que l'on retrouve dans le Nouveau Neptune des Anglois. Selon le rapport de Mr l'évêque d'Adran, l'Isle d'Hoinan qui forme le port qui est séparée de la terre par une rivière est inculte et déserte, et le continent qui l'avoisine est aussi inculte et désert.

Mr le Chevalier de Kersaint reconnoîtra cette baye ou ce port, il tâchera aussi de reconnoître l'isle et le continent, sans cependant compromettre en aucune manière ses équipages.

Il sera nécessaire de prendre les plus grandes précautions avant de recevoir à bord les Cochinchinois, qui dans des petits bâtiments du pays approcheroient de la frégate. S'il s'en présentoit quelques uns à la corvette *le Pandoure*, le Commandant de cette corvette ne les recevra pas et les renverra vers Mr le Chevalier de Kersaint.

Mr le Chevalier de Kersaint aura eu soin de prendre à Macao un interprète cochinchinois, parce que l'on ne peut pas ajouter une grande confiance aux rapports du père Paul. Lorsque quelque Cochinchinois sera reçu à bord, on ne souffrira pas que qui que ce soit lui parle avant qu'il ait été conduit à Mr le Chevalier de Kersaint, et interrogé en sa présence par l'interprète.

Mr le Chevalier de Kersaint à son arrivée à Macao aura caché

ission sous prétexte de venir chercher *la Calypso* et la flûte
Castries. Il prendra des informations sur l'état de la Cochinchine
personnes qu'il croira les plus propres à l'instruire, et les plus
s de sa confiance. Comme le projet de la Cochinchine est
blic en Chine depuis plusieurs années, il saura l'effet qu'a produit
bruit sur les Chinois, ainsi que leurs dispositions relativement
ce projet.

rivière de Chiu-Chin dont la latitude est désignée à M^r le
le Kersaint dans l'instruction ci-jointe est l'endroit indiqué
l'évêque d'Adran pour la descente, et par conséquent celui
exige de M^r le Chevalier de Kersaint les plus grands soins pour
tes les observations relatives aux forces de terre et de mer. Il
suffit pas après être entré dans la baye de Chin-Chin de savoir
le mouillage est bon, il faudra encore s'assurer si la tenue est
bonne dans toutes les moussons.

Après avoir pris toutes les connoissances qui concernent la
sûreté des vaisseaux, il est indispensable de recueillir tout ce qui
concerne l'expédition de terre, de reconnoître le lieu qu'on jugera
le plus propre à un débarquement, si il se trouve des maisons ou
bâtiments pour établir des hôpitaux, ainsi que des magazins de
vivres et de munitions, de savoir à quelle distance de cette baye
est situé le fort en pierre dont parle l'évêque d'Adran, ce que c'est
que ce fort; les moyens qu'auront les troupes une fois en marche
de conserver leur communication avec leurs hôpitaux, leurs dépôts
de vivres et de munitions, et avec les vaisseaux; connoître la
température du climat et s'assurer si les troupes peuvent coucher
sur la terre sans danger. Savoir si l'on y trouve des bêtes de
somme et de trait pour le transport des équipages et pour traîner
l'artillerie, les munitions et les vivres, si il y a des charrettes et
de quelle espèce elles sont. L'évêque d'Adran dit qu'on ne trouve
pas de bœufs de trait en Cochinchine, mais qu'on y suppléeroit par

des buffles. Comme il a prévu qu'après avoir fait la descente on ne pourroit pas se flatter de trouver des buffles sur le rivage, ni même dans les environs, il nous a dit qu'on trouveroit des buffles à Pulo-Condor, ce dont il est important de s'assurer. Il n'en faut pas moins de quatre à cinq cents. Ainsi en arrivant à Pulo-Condor, Mr de Kersaint tâchera de vérifier si l'on y trouveroit cette quantité de buffles, de quelle manière ils sont attelés, comment on pourroit les transporter à Chin-Chin; car il ne seroit pas possible de les embarquer sur les frégates et sur les gabarres. Si les buffles de Pulo-Condor, en supposant qu'il s'en trouve ressemblent aux buffles que l'on voit dans l'Inde, ils ne seroient nullement propres à suivre l'armée, attendu que ces buffles attelés à des voitures trois fois plus légères qu'un canon de quatre sont au moins trois heures à faire une lieue dans un très beau chemin. M^r. le Chevalier de Kersaint prendra des renseignements sur la situation du pays, sur les gorges, les défilés, les bois, les hauteurs qui exigeroient des dispositions particulières pour maintenir les communications. Il cherchera à connoître la qualité des vivres, et quelles ressources on trouveroit pour cet article essentiel. Il tâchera aussi de vérifier sur quelle base est fondée l'assertion de l'évêque d'Adran. Ce prélat prétend qu'aussitôt que les troupes se seront emparées d'une ville qu'il dit être éloignée de la côte d'environ dix à douze lieues et à cinq ou six lieues du fort en pierre, l'on trouvera dans cette ville tous les trésors du prince ou de l'usurpateur actuellement régnant, et que les troupes cochinchinoises du Roy détrôné iront soumettre le reste des seize provinces. Ces troupes du Roy détrôné ne sont selon la dernière évaluation de l'évêque d'Adran que d'environ douze cents hommes. Il est très essentiel de s'assurer si cette assertion, sur laquelle l'évêque d'Adran a appuyé principalement le succès de son projet, porte quelque caractère de vraisemblance, ou si elle n'est qu'un effet de son opinion, de ses désirs et de ses espérances.

M^r. le Chevalier de Kersaint ne négligera rien pour savoir si les Anglois, les Hollandois ou toute autre nation européenne ont fait ou se disposent à faire aucune entreprise pour ou contre le Roy détrôné. Cet article étant particulièrement recommandé dans les Instructions du Roy.

Il seroit à souhaiter qu'on pût reconnaître la force de l'armée cochinchinoise que l'on doit combattre, la qualité des troupes et de leurs armes. Il y a aussi beaucoup d'autres renseignements indispensables pour assurer les opérations d'un petit nombre de troupes, qui marchent dans un pays inconnu, et qui, éloignées de tout secours, sont livrées à leurs propres forces; mais il paroît impossible de prendre tous ces renseignements.

M^r. le Chevalier de Kersaint notera à la marge de ce supplément les connoissances qu'il aura pu recueillir et sur lesquelles il pourra compter. On s'en rapporte avec confiance à son zèle et à sa sagesse.

M^r. le Chevalier de Kersaint aura vu dans l'instruction ci-jointe qu'il lui est positivement défendu d'emmener le Roy détrôné à Pondichéry et que dans le cas où il rencontreroit la flûte *le Castries*, et que le Roy détrôné fut à bord de cette flûte, il est ordonné à M^r. le Chevalier de Kersaint de le débarquer dans le lieu où ce Roy préférera de l'être.

Si M^r. le Chevalier de Kersaint rencontre la flûte *le Castries*, il ordonnera au Sieur Berneron, Capitaine au Régiment de l'Isle de France, et embarqué sur la dite flûte, de passer à bord de *la Dryade*, ou si M^r. le Chevalier de Kersaint l'aime mieux, à bord de la corvette *le Pandoure*. M^r. le Chevalier de Kersaint sera le maitre de laisser le détachement du Régiment de l'Isle de France à bord de la flûte *le Castries*, ou de le répartir sur les trois bâtiments. Il ne faut pas que le Sieur Berneron reste sur la flûte *le Castries*.

A Pondichéry, le 14 Août 1788.

Pour copie:

CONWAY.

LXVII.

1788.

Berneron (de), Capitaine au Régiment de l'Ile de France.

3 Pièces datées: 13 Juin, 14, 14 7bre.

Embarqué sur la flûte du Roi, le *Marquis de Castries*, commandée par M. de Richery, lieutenant de v^{eau}.

M. de Cossigny, gouverneur de Pondichéry et le Ch^{ier} d'Entre-casteaux, com^t la station Nav^{le} de l'Inde, désignèrent à la fin de 1787, M. de Berneron, pour remplir les fonctions d'ingénieur. Le but de l'expédition du *Mis de Castries* était d'entretenir l'esprit des Cochin-chinois, en faveur de leur prince détrôné. (Voir de Richery, d'Entre-casteaux, de Conway, de Cossigny, de St. Riveul).

LXVIII.

Comptes s
Cochinch
—

Malac, le 14 Septembre 1788.

Monseigneur, [1])

La Cour ayant ordonné en 1787 au gouvernement de Pondichéry des reconnaissances dans les mers de Chine, le même ordre portant d'attacher un ingénieur à l'expédition, le petit nombre de ces messieurs étant même insuffisant pour les travaux qu'exigeait la place, il fut impossible d'en détacher aucun. Quelques légères con-noissances, ou plutôt une obligeante prévention me fit juger par Monsieur de Cossigny, Gouverneur alors de Pondichéry, et par M^r le Chevalier d'Entrecasteaux, Commandant la station navale de l'Inde, me fit juger, dis-je, par ces messieurs capable de pouvoir remplir une partie de ces fonctions. A cet effet je fus associé à la mission, sans nulle augmentation de traitement, et je m'embarquai sur la flûte du Roi *le Marquis de Castries*, commandée par M^r de

---

1) L. a. s.

RICHERY, lieutenant des vaisseaux. Le compte de cette première campagne, Monseigneur, a été rendu par cet officier dans un mémoire adressé à la cour par M^rs. de Cossigny et Chevalier d'Entrecasteaux.

Au bout de dix mois, de retour à Pondichéry, nous en repartîmes 2 après sur de nouveaux ordres venus pendant notre absence. Les comptes en détails de cette dernière campagne appartiennent à M^r. de Richery et par équité autant que par incapacité, je m'interdis de traiter cet objet. Mais je crois que dans la position bizarre où je me trouve il est de mon devoir de vous instruire, Monseigneur, de l'état où se trouvent les choses en cette partie, attendu que par ma position, je crois être l'unique en mesure de pouvoir vous rendre semblable compte et de vous transmettre la chaîne des évènements passés, présents et qui peuvent vous mettre sur la voye de ceux à prévoir dans la suite.

J'imagine, Monseigneur, que pour vous donner l'idée des choses en vous sauvant la perte de moments précieux, il suffit de mettre sous vos yeux les deux pièces ci-jointes cottées A et B: la première explique les motifs qui m'ont fixé icy; la seconde est la copie exacte du compte que j'ai l'honneur de rendre à Monsieur le Comte de Conway, Gouverneur de Pondichéry. Cette dernière contient tous les détails que m'impose ma tâche.

Je ne fais d'autres vœux, Monseigneur, pour ma félicité, que d'obtenir votre aveu sur la conduitte que je tiens aujourd'huy, et sur le zèle qui m'a fait préférer un service actif au repos inséparable des garnisons d'Asie pendant la paix.

Je suis avec un profond respect,

Monseigneur,

Votre très-humble et très-obéissant serviteur,

BERNERON,

Chevalier de St Louis, Capitaine Commandant au Régiment de l'Isle de France.

LXIX

Dattée de Malac, le 14 Septembre 1788.

B
Copie [1])

Mon Général,

Les voyes dont se servit prudemment M^r. de RICHERY, pour rendre compte au gouvernement de Pondichéry étoient si peu sûres et passoient par des mains si suspectes qu'il n'osa hasarder des détails d'un certain genre. L'affaire de la Cochinchine étoit encore un secret, deux nations la surveilloient, une troisième étoit invitée par les rebelles à y prendre part: Dans de telles circonstances il n'eût pas été prudent de risquer à les mettre au fait de certaines choses et de dévoiler quels pouvoient être un jour les projets de la France. Ces considérations firent borner M^r. de Richery à donner de ses nouvelles, à indiquer à peu près sa marche et à tranquiliser sur son sort et sur celui des siens. Aujourd'huy que l'expédition est publique, je ne me crois plus tenu à la même réserve et je vais nommer les choses par leur nom.

La pièce ci-jointe cottée A vous expliquera, mon général, quel a été le motif de mon séjour icy. Vous y verrez que je suis chargé de vous rendre compte de l'état présent des choses et je vais satisfaire à cet article de mes instructions.

Le *Marquis de Castries* est parti de Malac le 23 Juin dernier pour se porter à un rendez-vous donné en Juin ou Juillet au Roi de la Cochinchine. Depuis son départ, je n'ai eu à transmettre à M^r. de Richery que des nouvelles indirectes de nos possessions; mais par la manière successive dont elles me sont parvenues, on peut juger que j'ai dû y faire fond.

---

1) Copie faite par Berneron.

Le 27 Juillet, le Coudec, vaisseau portugais venant de l'Ile de France m'apprit que Monseigneur l'Evêque d'Adran et le jeune prince y étoient arrivés d'Europe et qu'ils étoient requis par Pondichéry du 5 au 10 Mai, qu'il étoit public qu'ils alloient à Cochinchine avec des secours.

Le 6 Août, l'Harmonie, vaisseau françois, parti de Pondichéry le 20 de Juin m'apprit que Monseigneur et le jeune prince étoient arrivés et que tout se préparoit pour leur prochain départ pour Cochinchine, et qu'ils seroient accompagnés des frégates, transports et de troupes.

Le 30 Août, l'Auguste, vaisseau portugais, parti de Pondichéry le 21 Juillet m'annonce le prochain départ du convoy.

Les Anglois, les Danois venus de Coromandel, se sont tous accordés à donner les mêmes avis.

Le gouvernement de Malac a reçu les mêmes de la régence de Batavia.

Vous voyez, Mon général, que j'ai eu lieu d'espérer à chaque instant l'arrivée de la flotte. Cependant nous sommes au 9 Septembre et rien n'a paru. Je commence à craindre que l'expédition n'ait été remise à la prochaine mousson et ce retard pourroit entraîner à de fâcheuses conséquences. La circonstance du moment est bien favorable aux vues de la Cour et la circonstance peut changer d'icy à l'an prochain. On peut en juger par les détails suivants:

Le Roi de la Cochinchine a quitté Siam en Septembre dernier pour aller se joindre à un parti de fidelles aux limites méridionales de ses états. La troupe de ceux-ci se sera sûrement accrue depuis le retour du Roi, mais dépourvus de moyens, ils ont besoin de prompt secours.

Les 3 frères rebelles sont désunis entre eux, ils se sont en quelque sorte partagé le royaume, chacun d'eux à sa manière oppressive. Le peuple est rebuté et bientôt abandonneroit l'étendard

de la révolte, si leur Roi légitime avoit tant soit peu le dessus;
mais un trop long délaissement peut amener le découragement,
donner le tems aux forces désunies de se rallier, et procurer au
parti rebelle un tel crédit que dans la suite il pourra être très-
difficile de le détruire.

Les Tonkinois sont en armes et ont eu plusieurs chocs avec
l'un des rebelles devenu leur voisin. Les premiers désirent le rétablissement de l'ancienne autorité, ils offrent de recevoir le Roy
détrôné ainsi que ses alliés et de se joindre à eux pour reconquérir
le pays usurpé; mais ils ont eux-mêmes besoin de secours. Nous les
leur avons promis, et ils les attendent à la présente époque. Si
heureusement ils arrivoient, on pourroit regarder les vues dévoilées
de la Cour complètement remplies et le commerce français acquérir
une grande prépondérance dans ses opérations lointaines.

J'ignore, Mon général, en quel état sont les choses dans ce
moment. J'ay pu faire passer des avis à M^r. de Richery; mais les
vents régnant précédemment luy ont rendu impossible d'en user
de même à mon égard. Par la pièce cottée A, on voit quel a été
l'objet de sa réunion avec le Roi de la Cochinchine, et on peut
augurer qu'il aura réussi à soutenir l'espoir jusqu'à présent; mais
je le répète, un plus long retard dans l'arrivée des secours nécessaires,
peut tout détruire ou du moins rendre le succès plus difficile.

En me séparant de M^r. de Richery, il fut convenu qu'au 15
Septembre je quitterois Malac pour aller le joindre dans une légère
barque qu'il laissa à ma disposition et dans laquelle je me suis voué
à voguer avec un équipage indien pris au hazard et un jeune
Français de 22 ans. Je quitterai Malac avec le regret d'en partir
seul, et ignorant jusqu'au motif qui a suspendu l'expédition; mais
mon départ devient indispensable, parce que M^r. de Richery étant
dans une partie où les vivres sont rares, il est à présumer qu'il

aura été obligé de partager les siens avec la suite du Roi et qu'il
est urgent que je lui en porte.

En partant de Malac, j'y laisserai un paquet en mains sûres
pour être remis à l'Officier Commandant l'expédition. S'il arrive
après mon départ, je l'instruirai qu'à Pulo-Condor, isle très connue
sur la route de Chine, il aura dans tous les tems des signaux et
des avis assurés.

Réuni à M^r. de Richery, ignorant en quel état sont les choses,
incertain sur les mouvements que vous ordonnerez, avisé de nulle
part, je ne puis, mon général, rien vous dire sur l'avenir. Si les
vœux de mon cœur sont exaucés, je cesserai le plus tôt possible
d'être attaché à une machine qui pendant près de trois ans aura
été pour moi une source de privations, de fatigues, et dont la fin
est couronnée par le chagrin le plus amer et j'ose dire le moins
mérité. Souffrez, mon général, qu'à la suite du compte que je viens
de vous rendre, je joigne la peinture de mes peines. Père unique
des François en cette partie du monde, c'est à vous, mon général,
que les sujets et les serviteurs du Roy doivent attendre justice et
consolation; c'est dans votre sein qu'il doit leur être permis
d'épancher leurs peines; les miennes sont vives et je n'y vois dans
cet instant d'autre soulagement que d'en déposer la cause dans votre
sein paternel.

L'homme délicat ne sçauroit vivre heureux sans l'estime de ses
concitoyens et j'apprends que l'opinion de mon chef tend à me la
ravir, parce que pour l'ordinaire son jugement entraîne celui de la
multitude; à peine connu de vous, mon général, n'ayant point encore eu l'honneur de servir sous vos yeux, je ne puis démêler le
motif de votre prévention.

M^r. de Malespine, commandant le vaisseau français l'*Harmonie*,
parti de Pondichéry le 20 Juin, m'a assuré qu'il y étoit public que
vous aviez fait, mon général, lecture en plein gouvernement d'un

compte que M^r. de Richery avoit l'honneur de rendre; et qu'en la
suite de cette lecture authentique d'une lettre officielle et de service,
vous aviez ajouté authentiquement des réflexions peu flatteuses, pour
des officiers; et qu'enfin vous les aviez terminées par cette phrase:
*Ils finiront par jetter le vaisseau à la côte, s'en iront, et on n'entendra
plus parler d'eux.* Ce qui rend ce rapport croyable, tout invraisemblable qu'il paroit l'être au premier aspect, c'est qu'en effet M^r. de
Malespine m'a rapporté la teneur du compte rendu par M^r. de Richery.

J'ai, mon général, 30 ans de services. Ma carrière n'a pas été
infiniment heureuse; mais j'ai des anciens chefs vivants encore, qui
attesteroient qu'en Europe, en Amérique et en Asie, j'ai sçu mériter
leur estime. J'ai l'ambition d'obtenir la vôtre et de conserver mon
état. De tels désirs sont les garants de mon empressement à joindre
mes drapeaux, qui dans ce moment sont sous vos ordres.

Quant à M^r. de RICHERY, c'est un officier qui n'a point encore
atteint le milieu de sa carrière et qui déjà possède tous les talents
nécessaires pour en courir une brillante. Il n'a nul reproche à se
faire ny à redouter. Partout il a éprouvé des contrariétés, partout
il a opposé aux obstacles la constance, la fermeté et l'habileté de
son art; il a sçu parer les maux présens et sçu prévoir et pourvoir
aux évènements futurs. Une pareille conduitte ne craint ny ne fuit
l'œil sévère de l'examen. Eût-il eû le malheur de perdre son vaisseau,
il n'auroit pas évité d'aller en justifier le naufrage. Les plus experts
ne sont pas à l'abri de pareilles catastrophes; dans tous les cas, il
se présentera avec l'assurance de l'homme qui a rempli ses devoirs.
Il est trop sensé pour faire l'abandon de ses beaux et précoces
services, il est trop bon citoyen pour priver sa patrie de ceux qu'il
peut lui rendre encore.

Peut-être qu'en Turquie il n'est pas toujours prudent, avec un
cœur innocent, de porter sa tête aux pieds de ses juges; mais en
France! sous le meilleur des rois! sous des ministres justes, éclairés,

philosophes! qui connaissent la pauvre humanité et qui savent qu'elle n'est pas infaillible, qui en outre ont le discernement de distinguer les fautes de jugement d'avec celles du cœur! Sous des généraux, dont l'honneur et l'équité sont les guides! Sous un tel gouvernement, mon général, l'homme honnête n'a rien à redouter! Il doit sans doute s'attendre qu'un zèle inconsidéré, s'il a produit des maux, sera blâmé; mais il sera fondé à espérer indulgence, si l'intention a été droite. Telle est ma confiance, mon général. Vos lumières, vos vertus suffiraient pour me l'inspirer; et par elle je serai conduit, le plus tôt possible, sous l'aile de votre autorité.

Comme dans ce moment, mon général, j'ai vu une occasion pour faire parvenir des avis en Europe au plus tard en Avril prochain, et que je n'en prévois nulle part de plus prompte pour y transmettre le tableau des choses en cette partie, je crois devoir la saisir pour la mettre sous les yeux du Ministre et pour qu'il sache jusqu'à quel point et jusqu'à quelle époque vous êtes, mon général, sur les avis. Je ne crois pouvoir mieux faire que de lui adresser copie exacte de la présente.

Je suis avec respect,

Mon général,

Votre très-humble et très-obéissant serviteur,

Berneron.

LXX.

Copie [1]).

Motifs de ma conduitte présente et future en Juin 1788.

Les réparations indispensables à la flûte du Roi *le Marquis de Castries* que je commande et le rétablissement de la majeure partie de mon Equipage, exigeant une perte de tems qui m'ôte tout espoir

---

1) Ecrit par Berneron.

d'atteindre Pondichéry avant le renversement total de la présente mousson, que d'ailleurs les frais de ravitaillement sont à peu près les mêmes soit pour continuer ma mission, soit pour me rendre à la côte de Coromandel, où mon arrivée paroît lente et incertaine, je prends sur moi, justifié par de bonnes vues, de prolonger mon séjour dans les parages et voicy mes raisons.

Depuis mon départ de Pondichéry en 1787 j'ignore absolument de quel œil la Cour aura vû le plan donné sur la Cochinchine. Ny directement ny indirectement je n'ai pû me procurer des renseignements à cet égard; mais je ne puis supposer ny croire que la bienfaisance naturelle à la cour de Versailles envers tous les princes malheureux et envers tous les peuples opprimés ait été sourde aux sollicitations de Monseigneur l'évêque d'Adran, ne pouvant, dis-je, supposer que le zèle et les démarches de ce prélat ayent été sans fruit, je me crois tenu d'aller au devant des vues présupposées de la Cour, et, vû ma position, faire tout ce qui est en mon pouvoir pour entretenir la liaison entamée pour conserver l'espoir au cœur du Roi de la Cochinchine et au cœur de ses partisans et enfin pour croiser les brigues des gouvernements et de Macao.

Ces différentes considérations m'ont déterminé à écrire le plan de conduitte suivant:

1° de me rendre au rendez-vous convenu en juin ou juillet avec le Roi de la Cochinchine, de luy rendre compte des démarches de Monseigneur d'Adran, de le pour soutenir ment l'attente et éloigner de luy les

2° de laisser en station à moyens suffisants pour m'apporter pourra recueillir à l'arrivée ou de l'Inde, lui des personnes ou relativement aux intérêts de la Cochinchine et de leur donner les renseignements possibles sur l'état présent des choses en cette partie. M^r. Berneron se charge aussi de profiter de toutes les occasions inattendues dans la saison présente, mais qui toutefois pourraient s'offrir pour instruire le gouvernement de Pondichéry, de mes démarches, de ma position et de celle où sont les choses et d'ajouter à ces détails «qu'après avoir vû la présente mousson s'écouler au «point où je me rends, sans avoir eu des avis certains que la Cour «de France a pris en considération les sollicitations de Monseigneur «l'évêque d'Adran, je me replierai sur Pondichéry».

J'autorise en outre par le présent M^r. de Berneron à retirer et ouvrir les lettres et pacquets qui pourroient venir à mon adresse.

Fait en double à Malac, le 13 Juin 1788.

Signé: RICHERY et BERNERON.

Certifié conforme à l'un des originaux qui existe en mes mains A Malac, le 14 7bre 1788.

BERNERON.

LXXI.

M^r l'évêque d'Adran.

A Versailles le   Octobre 1788 [1]).

J'ai reçu, M^r., la lettre que vous m'avez fait l'honneur de m'écrire le 22 Avril dernier de l'Isle de France où vous étiez heureusement arrivé. Il nous reste de grandes inquiétudes sur le sort de la frégate la *Méduse* qui a été séparée de la division. Je désire bien vivement que la nouvelle de son arrivée les fasse cesser

---

1) Minute.

On ne peut tirer que des conjectures sur les détails que les missionnaires de la Cochinchine vous ont adressés à l'Isle de France. Il paroît d'un côté que les Cochinchinois révoltés ont achevé en 1786 de se rendre maîtres absolus de tout le royaume au lieu qu'on s'attendoit à en trouver une partie en la possession des partisans du Roi qui auroient facilité les premières opérations. On vous assure d'un autre côté que les trois chefs des révoltés, après avoir fait une invasion heureuse dans le Tonquin où ils ont laissé de fortes garnisons se sont brouillés à leur retour et que les combats ont été entr'eux si meurtriers dans le courant de 1787 qu'on ne voyoit presque plus d'hommes dans la Cochinchine et qu'il ne restoit qu'un peuple de femmes éplorées.......... Ces évènements diminueront sans doute la résistance des rebelles, mais le Roi, dont vous n'avez point de nouvelles, sera moins en état, après avoir été rétabli sur le trône, de soutenir ses deffenseurs. Vous aurez trouvé au surplus, en arrivant à Pondichéry, des nouvelles plus fraîches et plus certaines et j'espère que dans quelques mois j'aurai à rendre compte à Sa Majesté du départ de l'expédition sous des auspices heureux.

LXXII.

Minute du Rapport sur l'arrivée en France d'Adran,
et sur l'objet de sa mission.

Papiers recouvrés depuis.

1787. Note pour servir de baze à l'Instruction sur l'expédition de la Cochinchine.

— 25 Novembre — Rapport sur le projet d'une expédition pour la Cochinchine.

— 28 d° — Copie des conventions relatives à cette expédition.

— 28 d° — Copie de la déclaration faite par le ci-devant évêque d'ADRAN.

— 28 d° — Copie du Traité.

— 2 Décembre — Mémoire pour servir d'Instruction à CONWAY commandant général de l'Inde.

— 2 d° — Copies des lettres écrites à CONWAY et à d'ENTRECASTEAUX

Carton 16 N° 3 (Voyez carton 23 n° 1).

1785. — 28 Février — Pondichéry, copie de la lettre d'ADRAN (BIRET [lire BOIRET], procureur des Missions étrangères donne des détails sur la situation de la Cochinchine

11 Mars — COUTENCEAU écrit concernant ADRAN.

1785. — 8 Juillet, Pondichéry

1786. — 8 Septembre, Isle de France

1787. — 5 Février, *Dryade*

16 d°

} Lettres d'ADRAN.

1786. — 31 Aoust Isle de France, Souillac, Passage en France pour frais de l'évêque d'ADRAN, de l'héritier présompti de la Cochinchine.

31 d° Port Louis, COSSIGNY informe du départ d'ADRAN pour frais dont un mémoire sur la Cochinchine.

1787. — 26 Janvier — Lettre de BRYRIER sur l'arrivée d'ADRAN.

5 Février

23 d°

} THÉVENARD [1]), envoi de paquets venus de l'Inde et prévient de l'arrivée d'Adran (ci-devant évêque de la Cochinchine et de son départ pour Paris).

9 d° Orient, Le Guivel (ci-devant procureur de l'Amirauté prévient du même objet).

---

1) *Antoine Jean Marie* THÉVENARD, né à St. Malo, 7 déc. 1733; chef d'escadre d 20 août 1784; Commandant de la Marine à Lorient, 13 mars 1779; ministre de la Marine 6 mai 1791 à la place de Fleurieu; † 9 février 1815, à Paris.

LXXIII.

Copie d'une lettre écrite par M^r. le Chevalier de KERSAINT,
commandant la frégate du Roy la *Dryade*,
à M^r. le Comte de CONWAY,
datée de la rade de Cavite le 24 Novembre 1788.

Mon Général,

Rendant un compte détaillé à M^r le Vicomte de St RIVEUL
de ma campagne, depuis le jour de mon départ de Pondichéry le
15 d'Août jusqu'au 24 Novembre, que je me suis disposé à partir
pour aller prendre mon biscuit en Chine, j'espère que vous m'ex-
cuserez de ne pas vous le rendre. Je donne ordre à M^r. de Richery
de vous donner à son arrivée tous les comptes de sa campagne.
Par les instructions qu'il a, l'époque de son retour n'étant point
fixée, il n'y a rien à lui dire sur son retard. Mais je n'ai pû ap-
prouver l'achat qu'il a fait du bâtiment l'*Aurore*, pour y mettre
M^r. de Berneron avec un seul aide pilote. Je chercherai ce bâtiment
et en ferai faire la vente, vous pouvez y compter; s'il y a des
marchandises, elles seront vendues avec le bâtiment, et on saura
après à qui elles étaient. J'ai donné le même ordre à M^r. le Chevalier
de PREVILLE, que j'ai expédié en avant à Macao, pour n'y pas être
retardé.

Je n'ai pû suivre vos ordres relativement à Mr de Berneron,
ne l'ayant pas encore joint. Le père Paul que j'ai expédié de
Pulo-Condor, m'apportera des réponses aux questions que contiennent vos instructions. Vous verrez si elles seront conformes à ce
que je pourrai apprendre d'ailleurs. La Cochinchine n'est point
connue ici, que pour une côte où il y a souvent du fort mauvais
temps, surtout dans la saison du Nord-Est.

Palo-Condor n'est propre à rien. M^r. de Richery qui y a resté deux mois pourra vous en rendre un compte fidèle. Il y a 50 à 60 buffles sauvages et fort gros dans toute l'Isle. Il faudroit les dompter, ce qui n'est pas facile.

Recevez, mon général, de nouveau, les témoignages de la reconnoissance que j'aurai toute ma vie, etc. etc.

Signé: le Chevalier de KERSAINT.
Pour copie: CONWAY.

LXXIV.

Copie des Instructions données à M^r. de RICHERY,
Commandant la flûte du Roy *le Marquis de Castries*,
par M^r. le Chevalier de KERSAINT.

Gui Pierre, Chevalier de COETNEMPREN de KERSAINT, Capitaine des vaisseaux du Roy, Chevalier de l'ordre royal et militaire de S^t. Louis, Commandant la frégate du Roy *la Dryade*.

Ne pouvant conduire la flûte *le Marquis de Castries* à la côte de la Cochinchine comme M^r. le Vicomte de St RIVEUL, commandant de la station, me le prescrit dans mes instructions, le bâtiment étant en trop mauvais état pour y aller dans cette saison, il est ordonné à M^r. de Richery d'appareiller de Cavite le plus tôt qu'il lui sera possible et au plus tard le 15 Décembre. Il se rendra en droiture à Pondichéry, lui défendant, sous aucun prétexte que ce soit, de relâcher nulle part, et surtout à Malac, ni dans aucun autre comptoir européen. En passant devant Malac, M^r. de Richery ne mettra point de pavillon, ne fera aucuns signaux qui puissent le faire reconnoître, et passera au moins à trois lieues de la rade, lui défendant d'écrire et de communiquer avec cette place et avec

Mr de Berneron jusqu'à son arrivée à Pondichéry. Si M^r. de Richery trouve à la mer le bâtiment sur lequel est embarqué cet officier, il ne communiquera pas davantage avec lui, et il donnera ordre par le porte-voix au capitaine de ce bâtiment de se rendre en droiture à Pondichéry, lui disant qu'il seroit responsable du retard qu'il mettroit à accomplir le dit ordre; il lui ajoutera qu'il annule tous les ordres qu'il lui a donnés à Malac, qu'il ne doit désormais considérer M^r. de Berneron que comme un passager auquel il doit des égards, mais duquel il ne doit point recevoir d'ordres, étant personnellement responsable de tout ce qui se feroit à son bord de contraire aux ordonnances de Sa Majesté, qui y défend surtout le commerce.

M^r. de Richery devant se procurer à Cavite les vivres, l'eau et le bois dont il peut avoir besoin pour se rendre à Pondichéry, ne doit avoir aucun prétexte pour relâcher; mais si cependant il s'y croyoit forcé, il lui est ordonné d'assembler M.M. les Officiers composant son État-Major, et après leur avoir exposé ses motifs et l'ordre absolu qu'il a de se rendre en droiture à Pondichéry, à moins que quelques évènements imprévus ne l'en empêchent, et pour lequel cas, il lui est ordonné de les assembler et de dresser en leurs présences un procès-verbal qui constatera la nécessité; il les préviendra aussi qu'il faut qu'ils motivent leurs avis par écrit et qu'ils seroient responsables vis-à-vis M^r. le Vicomte de St Riveul de la trop grande facilité qu'ils mettroient à donner leurs consentements pour relâcher, s'il venoit à être prouvé que le bâtiment pût encore tenir la mer. Cette formalité remplie et M^r. de Richery ayant le consentement unanime de tous ces messieurs, pourra relâcher dans un port habité par les seuls gens du pays, lui défendant sous aucun prétexte que ce soit, Trenganou, côte et Isles adjacentes; il ne pourra non plus relâcher hors des Isles non habitées à aucun port de la côte Malaise, avant d'avoir doublé l'éta-

32

blissement anglois de Pulo-Pinang et la pointe du Diamant l'Isle Sumatra. M^r. de Richery pour se mettre plus en règle voud bien faire tenir la feuille de loch suivant la forme établie p l'ordonnance du 1er Janvier 1786, que chaque officier signe à quart. Il remettroit ces feuilles (dont je joins ici un modèle) à s arrivée à Pondichéry à M^r. le Comte de St Riveul. S'il n'avoit suivre la présente instruction, il lui remettroit également le procè verbal qu'il lui est prescrit de faire dresser avant de pouvoir relâch et dans lequel il sera fait mention que M.M. les Officiers étoie prévenus de l'ordre ci-dessus qui les concerne.

M^r. de Richery pourra cependant faire une ou deux relâch dans les endroits non habités sans être obligé de se conformer l'ordre cy-dessus pourvu qu'il ne reste que deux jours à l'ancr temps nécessaire pour faire de l'eau et du bois. Il sait combien est important qu'il se rende le plus tôt possible à la côte Coromandel, et doit ne point perdre un moment pour profiter de l mousson du Nord.

Si M^r. le Comte de St Riveul n'est point mouillé à Pondichér à l'arrivée de M^r. de Richery, il prendra les ordres de M^r. le Com de Conway, auquel dans tous les cas il rendra les comptes les pl détaillés de sa mission.

A bord de la *Dryade*, ce 24 Novembre 1788.

Signé: Le Chevalier de KERSAINT.

Pour copie: CONWAY.

LXXV [1]).

Pondichéry, le 18 Juin 1788.

Monsieur le Comte,

J'ai lu et relis encore avec attention le mémoire du Roy relativement à une expédition sur les côtes de la Cochinchine et à l'exécution d'une convention conclue et déclaration rendue à ce sujet entre Sa Majesté et le souverain du dit pays.

L'instruction secrette jointe au Mémoire du Roy et à la copie du traité me prescrit l'examen le plus strict avant d'entreprendre une expédition qui ne pourroït être justifiée que par un avantage réel pour les intérêts de Sa Majesté.

En compulsant la correspondance de mes prédécesseurs, j'ai trouvé un mémoire écrit de la main de M[r]. l'évêque d'Adran. Il paroît par ce mémoire que la Cochinchine faisoit autrefois partie du royaume du Tong-king, mais qu'un Tong-kinois rebelle chassé du Tong-king s'est emparé de la Cochinchine. La fondation de ce dernier royaume ne remonte pas à cent soixante et dix ans.

Il paroît que les six premiers rois ont gouverné d'après les engagements que le premier d'eux avoit pris avec les Tong-kinois qui l'avoient aidé à faire la conquête. Mais dès le temps où M[r]. Poivre voyageoit en philosophe dans la Cochinchine «le gou-«vernement s'étoit détérioré, le Roy avoit pris le titre pompeux de «Roy du Ciel, le luxe s'étoit introduit à la cour et dans la capitale. «Les provinces étoient livrées à la rapacité des mandarins, et «M[r]. Poivre dit qu'il a trouvé sur sa route des villages abandonnés «par leurs habitants. Et enfin selon le mémoire de M[r]. l'évêque d'Adran

---

1) L. a.

«la révolution a éclaté en 1773, lorsque le Roy détrôné n'avoit q[

«douze ans. Les Tong-kinois envahirent les provinces septentrional[

«Un chef des mécontents s'empara des provinces du milieu, le R[

«en danger de tomber entre les mains de l'un ou de l'autre pa[

«abandonna tout et se retira par mer dans les provinces méridional[

«les plus voisines du Cambodge, qui étoit encore dans l'obéissan[

«il s'y maintint pendant neuf ans, avec différents succès; mais

«fut encore obligé de les laisser aux révoltés». Telles sont l[

expressions de ce mémoire.

Ces extraits du livre de M^r. Poivre intitulé *Voyage d'un philosoph[*

et du mémoire écrit de la propre main de l'évêque d'Adran, prouven[

1° que les prétentions du Roy détrôné ne peuvent en aucun

façon être assimilées aux droits sacrés et imprescriptibles des princ[

héréditaires des monarchies européennes.

2° que le Roy ne possède pas un arpent de terre dans la Cochinchin[

J'avoue, Monsieur le Comte, que j'ai été étonné d'un rappo[

qui m'a été fait par M^r. le Chevalier de Kersaint et par les Officie[

de son Etat-Major, M^r. l'évêque d'Adran leur a dit souvent pendan[

la traversée que le Roy détrôné était idolâtre, et que le Roy actue[

ou l'usurpateur étoit chrétien.

L'évêque leur a dit qu'il avoit été parfaitement traité par ce[

usurpateur, lequel avoit il y a peu d'années écrit à l'évêque d'Adra[

pour reprocher à ce prélat d'avoir pris le parti d'un idolâtre d[

préférence au parti d'un chrétien. Ce n'est donc pas une guerre d[

religion. Seroit-ce une guerre de religieux? Auroit-elle pour moti[

la jalousie qu'inspire le crédit dont jouissent plusieurs autre[

missionnaires auprès de l'usurpateur? je ne me permets pas de l[

soupçonner. J'aime mieux croire que l'évêque d'Adran, malgré le[

engagements qu'on fait prendre aux missionnaires de prêcher la parol[

de Dieu, sans s'immiscer dans la politique, a été embrasé d'un bea[

zèle et a tout oublié pour ne s'occuper que des intérêts du Roy.

En respectant les vues louables, que je dois supposer à M^r l'évêque d'Adran, je ne suis pas dispensé, Monsieur le Comte, de vous soumettre mes observations sur le traité, parce que l'évêque d'Adran, avec les meilleures intentions d'ailleurs, peut s'être trompé et avoir par conséquent induit en erreur les ministres du Roy, qui occupés d'une multiplicité d'affaires importantes ne peuvent pas toujours avoir sous leurs yeux les données nécessaires pour approfondir un projet relatif à un pays peu connu et éloigné de six mille lieues.

Article 1er.

«Le Roy T. C. promet et s'engage à seconder de la manière la «plus efficace les efforts que le Roy de la Cochinchine est résolu de «faire pour rentrer dans la possession et jouissance de ses états».

Observation.

Si le Roy de la Cochinchine avoit une province avec un parti quelconque, l'expédition seroit simple. Il ne s'agiroit que de joindre nos troupes aux siennes et de marcher contre ses ennemis qui ne peuvent pas être redoutables pour des troupes européennes. Nos subsistances seroient assurées; nous aurions des chevaux ou des bœufs pour le transport de nos vivres et munitions, et pour traîner notre artillerie.

Mais la lettre ci-jointe du Roy de la Cochinchine prouve qu'il n'a rien et ne peut rien. Et la relation du père Paul Nghi, missionnaire cochinchinois, donne même des inquiétudes pour la vie de ce prince.

Article 2.

«Pour cet effet S. M. T. C. enverra incessamment sur les côtes de la «Cochinchine à ses frais quatre frégates avec un corps de troupes de «1200 hommes d'Infanterie, 200 hommes d'Artillerie et 250 Caffres».

Observation.

Il n'y a ici que trois frégates en état de faire cette expédition
Savoir, l'*Astrée*, la *Méduse* et la *Dryade*. Il n'y a plus d'espoir d
revoir pour cette saison la frégate la *Calypso*, qui a échoué une
seconde fois aux Manilles sur le banc de St Nicolas. On ignor
quels sont ses dommages.

La *Résolution* a touché en Février près de Ceylan et s'es
réparée à Galles; mais elle est encore en si mauvais état, elle fai
tant d'eau que M^r. le Vicomte de St Riveul conformément à vo
ordres s'empresse de la faire partir pour l'Isle de France. Et comm
il seroit dangereux de laisser partir la *Résolution* sans escorte
M^r. de St Riveul la fera escorter par la frégate *la Vénus* que vou
avez aussi désignée pour être renvoyée en France.

Il ne restera donc plus que l'*Astrée*, la *Méduse*, la *Dryade* e
les deux gabarres annoncées. Selon l'avis de M^r. de St Riveul
commandant de la station, ces cinq bâtiments seront absolumen
insuffisants pour transporter seize cent cinquante hommes ave
leurs vivres, munitions et attirail de campagne. Je pense qu'il seroi
possible de faire cette expédition avec onze cents hommes, s'il n
s'agissoit que d'un coup de main et qu'elle présentât la probabilit
fondée de quelqu'avantage pour le Roy. C'est ce dont on pourr
juger en examinant les autres articles du traité.

Article 3.

«Le Roy de la Cochinchine dans l'attente du service importan
«que le Roy T. C. est disposé à lui rendre, lui cède actuellement
«ainsi qu'à la couronne de France la propriété absolue et l
«souveraineté de l'Isle formant le port principal de la Cochinchin
«appelé *Hoinam* et par les Européens *Touron* et cette propriété e
«souveraineté seront incommutablement acquises dès l'instant où le
«François auront occupé l'île sus-mentionnée».

Observation sur le 3ème article.

A la cession que fait le Roy de la Cochinchine de l'Isle *de Hoinam*
qu'il faut distinguer de la grande Isle *d'Haynan* qui est vis-à-vis
le Tong-king et qui appartient aux Chinois, il faut encore ajouter
l'Isle de Pulo-Condor.

M^r. l'évêque d'Adran m'ayant fait l'honneur de venir chez moi,
je lui ai demandé en présence de M^r. le Vicomte de St Riveul des
renseignements sur les Isles de Pulo-Condor, et d'Hoinam. Nous
avions sous les yeux le *Neptune* de M^r. D'Après, les cartes de
de Dalrymple, et les journaux et relations de quelques autres
voyageurs. Tous les Vaisseaux qui vont en Chine par le détroit de
Malac prennent connoissance de l'Isle de Pulo-Condor. J'ai montré
à M^r. l'évêque d'Adran la relation de M^r. D'Après. Cette isle affreuse
est habitée par deux cents malheureux qui ne vivent que de poisson.
Vû les pluies abondantes, c'est avec la plus grande peine qu'ils
parviennent à y cultiver quelques légumes. La Compagnie des Indes
françaises avoit fait reconnoître cette Isle et sur le rapport qui lui
en a été fait, elle n'a pas voulu l'occuper. Les Anglois l'ont occupée
pendant quelques années, mais convaincus par l'expérience qu'elle ne
pouvoit être d'aucune utilité pour le commerce, ils l'ont abandonnée.
L'évêque d'Adran n'a pas contredit cette relation de M^r. D'Après.

Nous avons ensuite passé à l'Isle *d'Hoinam* qui ferme la baie
de Touron. L'évêque nous a dit que cette Isle d'une étendue de
quatre ou six lieues formoit la Baie de Touron et étoit séparée du
continent par une rivière. J'ai demandé ce que produisoit cette Isle.
L'évêque m'a répondu qu'elle étoit inculte, mais qu'on pourroit y
semer du riz. J'ai demandé ce que produisoit le continent que
bordoit cette isle. Il m'a répondu que cette partie du continent
étoit inculte, et avoit été dévastée par les Cochinchinois pour se
mettre à l'abri des invasions des Tong-kinois. Ainsi par le résultat

de cette conférence que j'ai eue avec M^r. l'évêque d'Adras, les cessions faites au Roy consistent en une Isle malsaine, qu'aucune nation n'a voulu occuper, et en une autre Isle déserte, voisine d'un continent désert.

Article 4.

«Il est convenu que le Roy T. C. aura concurremment avec «celui de la Cochinchine la propriété du port susdit, et que les «François pourront faire sur le continent tous les établissements «tant pour leur navigation ou leur commerce que pour garder et «caréner leurs Vaisseaux, et pour en construire. Quant à la police «du port, elle sera réglée sur les lieux par une convention particulière».

Observation.

Le plénipotentiaire du Roy de la Cochinchine accorde aux François la liberté de faire des dépenses pour les chantiers, ateliers de construction et autres établissements nécessaires à faire dans le port de Touron. Il accorde la liberté de faire les mêmes établissements sur le continent. Mais quel sera le fruit de ces mises-dehors? seront-elles compensées par les avantages du commerce? c'est ce qu'il est très-important d'examiner.

Article 5.

«Les sujets du Roy T. C. jouiront d'une entière liberté de com_ «merce dans tous les états du Roy de la Cochinchine, à l'exclusion «de toutes les autres nations européennes. Ils peuvent pour cet effet «aller, venir, et séjourner librement sans obstacles et sans payer «aucun droit quelconque pour leurs personnes, à condition toutefois «qu'ils seront munis d'un passeport du commandant de l'Isle «d'Hoinam. Ils pourront importer toutes les marchandises d'Europe «et des autres parties du Monde, à l'exception de celles qui seront

«défendues par les loix du pays. Ils pourront également exporter
«toutes les marchandises et denrées du pays, et des pays voisins
«sans aucune exception. Ils ne payeront d'autres droits d'entrée et
«de sortie que ceux qu'acquittent actuellement les naturels du pays,
«et ces droits ne pourront être haussés dans aucun cas, et sous
«quelque dénomination que ce puisse être. Il est convenu de plus
«qu'aucun bâtiment étranger, soit marchand, soit de guerre, ne
«sera admis dans les états du Roy de la Cochinchine que sous le
«pavillon françois et avec un passeport françois».

Observation sur l'article 6ème.

L'objet traité dans cet article, Monsieur le Comte, est celui qui
mérite la plus grande attention, celui sur lequel j'ai réfléchi bien
longtemps avant que je fuse informé de l'arrivée de M^r. l'évêque d'Adran.
J'ai été étonné que depuis près de deux cents ans que les Hollandois
sont maîtres des Moluques et pour ainsi dire des Détroits de Malacca,
de la Sonde, de Lombock et de Bali, ils n'eussent fait aucune attention
à la Cochinchine. On ne peut pas en fait de commerce taxer les
Hollandois de négligence, et les humiliations ne les dégoûtent pas.
Ils se soumettent aux avanies les plus avilissantes pour avoir la
permission d'envoyer tous les ans deux vaisseaux au Japon.

Il est évident que les Hollandois par leur position auroient pour
le commerce de la Cochinchine un avantage infiniment supérieur
sur les autres nations européennes. Les Anglois sont après les
Hollandois les plus voisins de la Cochinchine. On connoît l'ambition
excessive des Anglois pour l'étendue de leur commerce. Cependant
ils ont abandonné Pulo-Condor. Trente vaisseaux de la Compagnie
angloise expédiés d'Europe, autant de vaisseaux anglois expédiés des
côtes Malabarre, Coromandel et du Bengale passent par le détroit
de Malac et longent tous les ans les côtes de la Cochinchine pour
se rendre en Chine, sans que nous ayons appris qu'ils ayent fait

des tentatives pour y former des liaisons d'un commerce permanent. Avant d'attribuer la conduite de ces deux nations si éclairées sur leurs intérêts, si avides de multiplier leurs gains, à l'ignorance, à l'inertie, à l'indifférence, il convient de chercher s'il n'en existe pas d'autres causes. J'ai en conséquence consulté, dès mon arrivée, le très-petit nombre de commerçants qui se trouvent ici, j'ai compulsé les journaux et relations des voyageurs, le livre de M^r. Poivre, et surtout le mémoire que j'ai trouvé ici écrit de la main de M^r. l'évêque d'Adran.

Le commerce consiste en importations et exportations, en échange de marchandises et denrées pour d'autres marchandises ou denrées, ou pour de l'argent.

. Les Cochinchinois ont peu d'industrie. La principale production de la Cochinchine est le sucre qui y est en abondance et à vil prix. Les Chinois en exportent tous les ans au delà de quarante mille tonneaux. Les Hollandois et les Anglois ne vont pas chercher en Cochinchine une denrée qu'ils ont chez eux en abondance. Ils n'ont pas besoin d'aller chercher des bois de construction à la Cochinchine. Ils les trouvent au Pégou, à la côte Malabarre et plus à portée de leurs établissements. Les Chinois seuls achètent le mauvais Thé de la Cochinchine pour le vendre au peuple, ou pour le mêler dans celui qu'ils vendent aux Européens.

La cannelle de la Cochinchine est de beaucoup supérieure à celle de Ceylan. Mais elle est en petite quantité. On trouve encore selon le mémoire de l'évêque d'Adran, l'or, le poivre, la soye, l'aloes, le vernis, la laque, le bois de teinture, l'huile de bois, le bois d'Aigle ou le Calemback, dont les Chinois font le plus grand cas, et qu'ils achètent, dit-on, au poids de l'or. Tous ces objets sont exportés par les Chinois. Deux ou trois cents sommes Chinoises sont employées à ce commerce. Et les Chinois en échange de ces exportations importent dans la Cochinchine tout ce qui a rapport au vêtement, ameublement et aux goûts des Cochinchinois.

M^r. Poivre qui a voyagé en Cochinchine nous apprend que ce peuple a le plus grand respect pour le peuple chinois. M^r. l'évêque d'Adran dans le mémoire écrit de sa main nous apprend que la religion et les loix, si on en excepte quelques coutumes particulières, sont à peu près les mêmes qu'à la Chine, et qu'on n'expédie aucun acte qu'en langue chinoise.

D'après ces renseignements et d'après la relation de M^r. l'évêque d'Adran, on conçoit facilement pour quelle raison les Anglois et les Hollandois fréquentent peu la Cochinchine, c'est que toute nation européenne qui feroit ce commerce en concurrence avec les Chinois, seroit ruinée. Les Chinois se rendent en quatre ou six jours à la Cochinchine. Ils en exportent toutes les productions. Ils fournissent tous les objets auxquels les Cochinchinois sont accoutumés de temps immémorial. Quelle est la nation européenne qui puisse se flatter de balancer tous ces avantages, de changer les goûts des Cochin-chinois, et de faire avec succès le commerce, en concurrence avec un peuple aussi voisin de la Cochinchine, aussi respecté par les Cochinchinois, aussi économe et aussi adroit que l'est le peuple Chinois?

Par ce même article le Roy de la Cochinchine s'engage à accorder le commerce de la Cochinchine aux François à l'exclusion des autres nations Européennes. Ce n'est pas prendre un grand engagement. Mais quand même ce commerce fait en concurrence avec les Chinois offriroit quelque avantage, peut-on se reposer sur la promesse d'un Roi détrôné, qui n'a rien, ne peut rien, dont le séjour est inconnu et dont l'existence même est douteuse. L'expérience a démontré que de pareils traités sont illusoires, et ne se maintiennent que par la force. C'est par la conquête du Pérou et du Mexique que les Espagnols se sont rendus maîtres des productions et du commerce de ces contrées. C'est par la conquête du Brésil que les Portugais se sont appropriés le commerce exclusif du Brésil.

C'est par la conquête des Moluques et de Ceylan que les Hollandois se sont assurés du commerce exclusif des épiceries.

Articles 7, 8, 9 et 10.

Ces quatre articles ne sont susceptibles d'aucune observation essentielle. L'article 10 spécifie que le traité sera ratifié par le Roy de la Cochinchine. Où est ce Roy? C'est ce qu'on ignore. Je crois devoir rappeler ici, Monsieur le Comte, une observation que M^r. de Souillac m'a faite l'année dernière à l'Isle de France, et qui me paroît mériter votre attention. Sur le regret que je lui témoignois de ce que M^r. de Richery n'avoit pas amené à Pondichéry le Roy de la Cochinchine, M^r. de Souillac m'observa qu'en amenant ce prince, on faisoit prendre au Roy un engagement qui pouvoit occasionner des expéditions contraires à ses intérêts.

Observation sur la Déclaration.

Le plénipotentiaire du Roy de la Cochinchine en vertu de l'autorisation dont il est muni déclare que le Roy de la Cochinchine prendra à sa charge soit par fourniture en nature, soit en argent d'après les évaluations qui en seront faites, les premiers frais des établissements à former dans les isles de Pulo-Condor, d'Hoinam et dans les différentes parties du Continent, tels que fortifications, casernes, hôpitaux, magasins, bâtiments militaires, logement du commandant.

On a déjà vu que ce Roy qu'on n'a pas encore trouvé, et qu'on feroit bien peut-être de ne pas chercher, n'a ni argent, ni terrain, ni troupes. Le plénipotentiaire a oublié de spécifier qu'il seroit accordé un revenu territorial pour assurer la subsistance des troupes qui doivent occuper ces établissements.

Je vois, Monsieur le Comte, dans le mémoire du Roy, que Mᵣ. l'évêque d'Adran a persuadé qu'il seroit très-avantageux de prendre un poste dans le voisinage de la Chine et de jeter les fondements d'un commerce loin du siége principal des possessions angloises en Asie.

On a vû par les observations faites sur l'article 6 le résultat qu'on devoit attendre d'un commerce fait en concurrence avec les Chinois. Et il suffira de jetter les yeux sur la carte pour se convaincre qu'en portant nos établissements de commerce à la Cochinchine, c'est les dénuer de toute protection et les laisser à la merci des Hollandois et des Anglois qui sont presque les maîtres des détroits de Malacca et de la Sonde.

Quant au secret si soigneusement recommandé, il est impossible de le garder. Il y a trois ans que les Anglois en sont instruits. Les dernières gazettes de Calcutta nous ont appris la relâche de Mᵣ. de Richery à Malacca. Celles de Madras font mention de l'arrivée de l'évêque d'Adran, et des frégates destinées pour l'expédition de la Cochinchine. Il paroit que les Anglois ne sont pas très-inquiets de ce projet, pendant deux mois que le père Paul Nghi, missionnaire a résidé près de Madras avec ses Cochinchinois, les Anglois ne lui ont fait aucune proposition. Peut-être voyent-ils avec satisfaction les apprêts qu'on paroit faire pour une expédition dont le résultat est douteux, et les dépenses très-considérables.

Mᵣ. l'évêque d'Adran estime ces dépenses à cent mille piastres.

Mᵣ. de Moracin, Monsieur le Comte, qui vous soumettra ses calculs, estime que les dépenses déjà occasionnées par ce projet tant en Europe qu'ici s'éleveront à un million, si l'expédition n'a pas lieu, et si l'expédition a lieu, soit qu'elle réussisse ou ne réussisse pas, elle excédera, selon lui, la somme de trois millions.

Mᵣ. l'évêque d'Adran dès son arrivée ici a annoncé qu'il n'y resteroit que quinze ou vingt jours. Le lendemain il m'a proposé

d'envoyer une corvette pour avertir le Roy de la Cochinchine. Je
lui ai représenté que cela retarderait notre expédition, puisque nous
serions obligés d'attendre le retour de cette corvette. Il m'a dit
ensuite qu'il n'avoit pas besoin du Roy de la Cochinchine et que
le jeune prince suffiroit. Je lui ai observé que le traité avoit été
signé au nom du Roy de la Cochinchine et nullement au nom d'un
enfant né sept ans après la révolution. Enfin, voyant que je désirois
être instruit du sort du Roy de la Cochinchine, il m'a dit en présence de M#r#. le Vicomte de S#t# Riveul que lui évêque d'Adran feroit
seul la révolution. J'ai envoyé à M#r#. l'évêque d'Adran la lettre de
M#r#. de Richery le jour même que je l'ai reçue. Je joins ici le billet
de M#r#. l'évêque d'Adran, ses deux lettres et mes deux réponses.

J'ai remarqué, M#r# le Comte, qu'ici comme aux Isles de France
et de Bourbon, tous les projets tels qu'ils puissent être trouvent des
panégyristes, pourvu qu'ils offrent quelques avantages aux particuliers.
On n'a jamais spéculé ici que sur le Roy. Si il est d'une expédition,
les particuliers accaparent sur-le-champ tous les objets dont ils pen-
sent qu'on aura besoin, pour les vendre ensuite au Roy à un prix
exorbitant. D'autres espèrent avoir des commandements au moins
par intérim.

Si les chefs honorés de la confiance des ministres, et chargés
d'examiner ces projets avant de les mettre à exécution ne les adoptent
pas, les particuliers jettent les hauts cris, et ne manquent pas de déchirer
les chefs dans les lettres volumineuses qu'ils envoyent en Europe.

Ces considérations, Monsieur le Comte, n'influeront en rien sur
ma conduite, et ne m'empêcheront pas de me conformer à mes instructions, en m'occupant exclusivement des intérêts du Roy.

Je suis avec un profond respect,

Monsieur le Comte,

Votre très-humble et très-obéissant serviteur,

Conway.

LXXVI.

LETTRE de M^r. de MORACIN du 20 Juillet 1788 n°. 179
sur l'Expédition de la Cochinchine [1]).

Il paroît que M^r. le Comte de CONWAY lui a communiqué la lettre qu'il a écrite à Monseigneur sur cette expédition......... que suivant toutes les apparences, cette expédition n'aura pas eu lieu cette année par le retard des bâtiments chargés des approvisionnements et des fonds....... que la dévastation de l'intérieur de la Cochinchine livrée à la guerre civile est une circonstance peu favorable pour l'établissement de notre commerce..... qu'il faudra semer pour recueillir et peut-être attendre longtemps le fruit de tant de soins et de peines........ qu'on ne pourra guère transporter 1500 hommes en Cochinchine sans une dépense extraordinaire de deux millions pendant la 1ère année...... que l'expédition ne pouvant avoir lieu avant l'année prochaine, le Roi est encore le maître de l'ordonner ou de la deffendre........

En effet des ordres qui seroient actuellement expédiés devront arriver à Pondichéry avant la fin de May, époque à laquelle l'expédition pourroit partir pour la Cochinchine; mais il y a peu de temps à perdre, soit parce que dans cette saison les dépèches peuvent être arrêtées dans le port par une [mousson?] contraire qui peut durer trois ou quatre semaines, soit parce que la traversée peut être longue, soit enfin parce qu'on ne peut arrêter trop tôt des préparatifs très-coûteux, si l'expédition ne doit pas avoir lieu.

Il est possible qu'au printems prochain M^r. Moracin ait consommé tous les fonds extraordinaires destinés pour l'expédition et on ne peut pas même en douter, d'après une autre de ses lettres

---

1) Copie.

du 24 Juin dernier dans laquelle il annonce que les deux millions et demi que la Compagnie des Indes a fournis, ne suffiront pas, ainsy qu'il l'avoit cru, pour achever les paiements de 1788; mais il n'avoit pas compté sur une station composée de 13 bâtiments et de 2400 rationnaires, sur une brigade entière d'artillerie, sur 250 Caffres, etc., etc., etc.

LXXVII [1]).

M^r. de Vaivres.[2]).

J'ai mandé particulièrement à Mr de Conway de la part du Roy de ne point entreprendre l'Expédition de la Cochinchine.

LXXVIII.

Colonies.

Janvier 1789.
—

Monseigneur a ordonné de répondre à l'évêque d'Adran que les circonstances actuelles et les nouvelles qu'on a reçues, ont déterminé le Roi à décider que l'expédition de la Cochinchine n'auroit pas lieu.

Il paroît, par les pièces, que M^r. l'évêque d'Adran a demandé un bâtiment pour reporter le prince de Cochinchine dans son païs et un autre pour ramener ce prélat en France. En répondant à M^r. de Conway, Monseigneur lui a sans doute donné ses ordres sur ces deux demandes, il seroit nécessaire de les connoître, pour répondre de la même manière à M^r. l'évêque d'Adran qui, dans des tems particuliers a marqué que si l'expédition n'avoit pas lieu, il ne lui restoit qu'à revenir en France.

(marginal note) a ordres té donnés . de Con- pour ce demande l'évêque ran, de remettre tit prince suite où adroit, et ire repas- évêque en nce au pte de . On peut évenir ce ier.

1) P. n. s., du ministre.

2) M. de Vaivres, Maitre des requêtes, Intendant général des Colonies.

EXTRAIT d'une LETTRE de M^r. le Chevalier de KERSAINT,

commandant la frégate la *Dryade* de la rade de Pondichéry,

le 14 Mars 1789, adressée à M^r. le Comte de la LUZERNE [1]).

J'ai l'honneur de vous rendre compte de mon arrivée à Pondichéry le 13 de ce mois, venant de reconnoître la côte de la Cochinchine. Le peu de temps que j'ai à moi, avant le départ du bâtiment qui vous porte ma lettre, ne me permet pas d'entrer dans de grands détails sur ma campagne. J'aurai l'honneur de vous envoyer, aussitôt qu'il me sera possible, *l'extrait de mon journal, et les cartes que j'ai faites de la côte, depuis* 17° 13' *de latitude jusqu'à* 11° 30'. Je me suis mis en état de pouvoir y conduire avec sûreté les bâtiments de la station, si l'expédition a lieu.

La baye de Tourane où j'ai mouillé, est superbe; dans toutes les saisons, on y est à l'abri. Les environs sont très-susceptibles de culture; mais l'île de Hoinan (Hoianne) n'est propre à rien. A peine pourroit-elle nourrir 200 hommes, n'y ayant qu'une très-petite plaine cultivée en riz.

La baye de *Chinichen* où j'ai aussi mouillé, et qui est par les 13° 42', offre dans l'enfoncement une rade et un port magnifiques, si comme on me l'assure, on peut remonter haut dans la rivière. Le pays m'a paru être le plus cultivé de la *Cochinchine*. J'ai sondé les rades; mais, d'après mon instruction, je n'ai pu m'assurer du fond qu'il peut y avoir dans les rivières. Les deux baies où j'ai mouillé étant les lieux que j'avois ordre de reconnoître plus particulièrement, je me flatte d'avoir rempli ma mission.

---

1) *César Henri*, Comte de LA LUZERNE, avait remplacé le 26 déc. 1787, le maréchal de Castries, comme Ministre de la Marine; sauf une interruption (11 juillet—16 juillet 1789), il occupa ce poste jusqu'à ce qu'il fut remplacé le 24 oct. 1790 par Fleurieu; avant d'être ministre, il était lieutenant-général des armées du Roi et gouverneur des Iles sous le Vent; il était frère du Ministre de France aux Etats-Unis et du Cardinal.

LXXX.

Extrait d'une Lettre de Mr. de Conway,
Gouverneur général des possessions françoises dans l'Inde,
à Mr. le Comte de la Luzerne.

De Pondichéry, 15 Mars 1789.

Mr. le Chevalier de Kersaint est arrivé ici le 13 de ce m
avec la frégate *la Dryade* et le brick le *Pandoure*. Il a fait
campagne intéressante et il se propose de vous adresser les nouve
cartes qu'il a levées, avec son journal et ses observations.

Vous verrez par le résultat de tous ces journaux et mémoi
que des deux iles promises au Roi par l'évêque d'Adran d
l'article 3 du traité, l'une (*Pulo Condor*) est si malsaine qu'el
été désertée par tous les Européens et qu'on y trouve à peine
soixantaine de familles fugitives qui végétent dans la plus affr
misère; qu'il n'y a pas de baie autour de cette ile, dans laqu
on puisse caréner le plus petit bâtiment.

Quant à l'autre appelée *Hoinan* et située dans la baie
Tourane, il a été constaté que c'est un rocher aride dont on
pourroit tirer aucun parti.

On pourroit pardonner à l'évêque d'Adran les rêves d'une
exaltée. Il y a environ douze à quinze ans, qu'il avoit manife
plus d'une fois ici l'inquiétude de son caractère. Mais il est diffi
de le justifier de son peu de sincérité, en traitant avec le minis
de Sa Majesté; car il connaissoit parfaitement ces isles; et il
évidemment surpris la religion du ministre en les réprésent
comme des possessions précieuses, beaucoup plus qu'équivalentes a
sacrifices que le Roi se proposoit de faire. Par conséquent ce tra
est illusoire et de nulle valeur. Ses calculs, comme vous l'avez

ne sont pas plus exacts que ses assertions. Il avoit porté la dépense totale de l'expédition à 5 ou 600 mille livres. Les dépenses préliminaires s'élèvent déjà à un million. L'expédition les tripleroit au moins et il ne seroit pas facile d'évaluer à quelles sommes annuelles se monteroient les dépenses de protection et d'entretien. Rien de plus facile que de s'emparer à la Cochinchine ou ailleurs d'un bon poste ou d'un port; mais les frais d'entreprise et d'établissement seront-ils couverts par les profits incertains qu'on promet pour un avenir très-éloigné? etc.

LXXXI ').

Pondichéry, le 15 Mars 1789.   Retour
*Dryade e
Pandoure.*

Monseigneur,

M^r. le Chevalier de Kersaint est arrivé ici le 13 de ce mois avec la frégate la *Dryade* et le brick le *Pandoure*. Il a fait une campagne intéressante et il se propose de vous adresser les nouvelles cartes qu'il a levées, avec son journal et ses observations.

Vous verrez, Monseigneur, par le résultat de tous ces journaux et mémoires que les deux Isles promises au Roy par l'évêque d'Adran dans l'article 3 du traité, l'une (*Pulo-Condor*) est si malsaine qu'elle a été désertée par tous les Européens et qu'on y trouve à peine une soixantaine de familles fugitives qui végètent dans la plus affreuse misère, qu'il n'y a pas de baye autour de cette Isle, dans laquelle ou puisse caréner le plus petit bâtiment.

Quant à l'autre île *appelée Hoinan et située dans la baye de Tourane*, il a été constaté que c'est un rocher aride dont on ne peut tirer aucun parti.

---

1) Lettre signée.

l'effet de son ressentiment que de lui sacrifier les intérêts du Roy en trahissant la confiance infiniment flatteuse dont j'ai été honoré.

Je suis avec un profond respect,

Monseigneur,

Votre très-humble et très-obéissant serviteur,

CONWAY.

LXXXII [1]).

M^r. de VAIVRES.

Il faut répondre poliment à l'évêque d'ADRAN; mais lui mander que les circonstances actuelles et les nouvelles qu'on a reçues ont fait décider au Roi que l'expédition pour la Cochinchine n'auroit pas lieu.

LXXXIII.

Copie d'une LETTRE écrite par M^r. l'évêque d'ADRAN à M^r. le Comte de CONWAY, gouverneur général de l'Inde.

18 Mars 1789.

Monsieur le Comte, d'après les nouvelles que nous venons de recevoir de la Cochinchine, il n'y a plus à douter que le Roi ne soit rentré dans ses états. Il en possède actuellement les cinq provinces méridionales à savoir; Sài gòn [2]), Dồng-nai [3]), Mi-tho [4]), Lồng hồ [5]) et la cinquième qui a toujours obéi à ce prince. Il est en état de lever une armée de 60 à 80 mille hommes, et selon les

---

1) P. n. s, du Ministre.

2) Sài gòn 柴棍.

3) Đong nai 農耐.

4) Mĩ tho 美萩.

5) Long ho.

partie de son royaume que les Chinois au Mois
tirèrent une très grande quantité de ris.

Par un malentendu sur le lieu du rendez-vous,
missionnaire Cochinchinois, n'a pu remettre à M^r.
KERSAINT, capitaine de la frégate la *Dryade* les paque
l'avoient chargé pour moi. Ils contenoient:

1° Une lettre de remerciments de la part de ce
de France;

2° Une autre pour le prince son fils qui est ici;

3° Une ratification générale et sans restriction de
j'aurois pu traiter en son nom;

4° Un quatrième paquet qui contenoit les plus
sur sa position, ses ressources et enfin me faisoit
volontés. Ce missionnaire ne pouvant confier des paq
importance à un étranger et n'ayant absolument aucun
de m'en donner connaissance, prit le parti sage de m'
substance dans une lettre particulière. Cette lettre a
Malaque à M^r. le chevalier de KERSAINT par Antoine
ROSA, capitaine de vaisseau portugais qui venoit d'une
où est le Roi.

Le désir de ce prince seroit qu'on lui envoyât au

tion, si elle doit avoir lieu. Il désireroit qu'on partît d'ici dans les 1ers jours d'Avril pour n'être pas exposé aux évènements qui pourroient arriver, si on attendoit le mois de Juin ou de Juillet.

Par la connoissance que j'ai des forces actuelles de ce prince, de celles de ses ennemis et de la position de son pays, je crois pouvoir assurer qu'il suffiroit de lui envoyer une frégate, une corvette, avec les bâtiments nécessaires pour porter 300 hommes de troupes, 50 hommes d'artillerie, 50 Caffres et 6 pièces de canon de campagne avec des munitions convenables. Ce prince me fait savoir qu'il désireroit beaucoup qu'on lui procurât des fusils, des sabres et du souffre; il ne manque pas de salpêtre.

Dans le cas où cet envoi auroit lieu, ce prince se chargeroit de la nourriture de toutes ces troupes tant de terre que de mer, de fournir tous les bois nécessaires et la main-d'œuvre pour radouber les vaisseaux qui pourroient en avoir besoin, et si la Cour venoit à abandonner l'expédition, il dédommageroit le Roi de toutes les dépenses que ce petit armement auroit pû occasionner.

Les bâtiments ci-dessus iroient en droiture à l'embouchure de la rivière St. Jacques et pourroient aller mouiller à côté du camp où est actuellement le Roi, cette rivière a assez de fond pour recevoir les plus grands vaisseaux jusqu'à dix et douze lieues dans l'intérieur du pays.

On a débité que plusieurs personnes trouvoient les conditions du traité passé avec ce prince peu avantageuses à la France et qu'on auroit désiré que les François pussent être dans son pays comme les Anglois dans le Bengale. A cela je réponds:

1° que ce projet est absolument contraire aux vues de la Cour de France qui ne veut point de nouvelles conquêtes. Sur le plan de l'Isle de Tourane donné à la cour par Mr. de la CARRIÈRE, le Ministre n'avoit pas déjà paru trop content que cette isle fût si grande. On peut voir par les instructions que l'intention du Roi est d'avoir seulement dans cette partie un fort qui puisse contenir 500 hommes.

2° qu'avec la connaissance que j'ai du caractère Cochinchinois, j'assure que la France ne réussiroit jamais à exécuter ce projet, quand elle entretiendroit à la Cochinchine 15 à 20 mille hommes; ces peuples sont bien différents des Bengalis et des Malabares.

3° J'ajoute enfin que si, après le rapport des Ingénieurs, la nation venoit à avoir besoin de faire l'établissement sur le continent, je répondrois d'amener ce prince à accorder tout ce qui seroit nécessaire pour le faire d'une manière convenable. Je suppose que le commandant de l'expédition ne demanderoit rien de contraire aux lois d'équité et aux vues de la Cour de France dont je suis parfaitement instruit.

Le moyen proposé ci-dessus rempliroit tout de suite un engagement dont la cour de France ne peut dans aucun évènement se dispenser, je veux dire le renvoi du prince au Roi son père. Dans le cas où la Cour persisteroit à ordonner l'expédition, notre bonne volonté mériteroit la confiance du prince et tout seroit préparé pour l'exécuter. Si au contraire elle venoit à la contremander, en envoyant les ordres du Roi à la Cochinchine au mois d'Août prochain, tout seroit de retour ici au mois de Janvier suivant.

Je viens, Monsieur le Comte, de remplir mes engagements tant avec la Cour de France qu'avec le Roi de la Cochinchine, je vous conjure pour la gloire et les intérêts du Roi, et surtout pour ne pas laisser à la nation la honte d'avoir manqué de parole à un prince étranger qui a mis la plus entière confiance dans des promesses qui lui ont été faites au nom du Roi; je vous prie de ne pas vous refuser aux demandes que je vous fais en son nom. Il est d'autant plus aisé de vous y rendre que vous ne courrez aucun risque de compromettre le nom et les troupes de Sa Majesté, et que pour cela vous n'avez aucune dépense à faire.

Aucun motif au monde ne m'empêcheroit d'aller vous présenter moi-même les demandes ci-dessus, si je croyois que cette démarche pût être de quelque utilité, et si je ne craignois que, dans le moment du retour de la frégate, une visite si empressée n'augmentât encore les propos qu'on ne manque pas de tenir dans cette colonie. Pour y suppléer, je vous envoye un des missionnaires qui pourra recevoir vos ordres, si vous avez à lui en donner; je le crois en état de répondre aux observations que vous pourriez lui faire.

Je ne puis m'empêcher de vous observer en finissant que dès le moment où vous croirez pouvoir vous occuper de l'expédition, tout ce qui s'est passé depuis mon arrivée à Pondichéry, entrera dans l'oubli. On en concluera à la Cour et ailleurs, que comme il arrive souvent dans les plus grandes affaires, nous avons eu d'abord quelque sujet d'altercation, mais que dès que vous avez crû appercevoir la gloire du Roi et l'intérêt de la nation, vous avez eu le courage de mettre à part tout ressentiment, pour vous en occuper. Pour moi, je ne pourrais jamais en espérer beaucoup de gloire, puisque outre les raisons que vous pouvez avoir de votre côté, j'ai de plus les motifs d'un état qui m'interdit tout sentiment d'aigreur.

J'ai l'honneur d'être avec le plus parfait attachement, Monsieur le Comte, votre très-humble et très-obéissant serviteur.

Conforme à l'original,

L'évêque d'Adran [1]).

Vizampatnam, 18 Mars 1789.

---

1) Signé par l'év. d'Adran.

pendant leur séjour à Pondichéry.

On présume que la réponse à cette lettre ne trouverait M^r. l'évêque d'Adran à Pondichéry, ce qui la rendrait inutile.

Accuser purement et simplement la réception de la lettre [1]).

servations
sur la
chinchine.
—

LXXXV.

EXTRAIT de la LETTRE écrite à Monseigneur le Comte de la LUZERI par M^r. le Vicomte de S^t. RIVEUL à bord de l'*Astrée,*
Rade de Pondichéry, le 11 Avril 1789.

Il paroit que malgré les contradictions que M^r. de KERSAINT éprouvées, il a pris suffisamment de connoissance sur les différent objets relatifs à la Cochinchine pour éclairer sur le projet d'un établissement dans ce royaume dévasté par la guerre qui n'offr quelques avantages pour le commerce que dans un avenir très éloigné; encore ne pourroit-on se flatter d'en jouir avec un peupl regardé par tous les autres comme le plus perfide de l'univers M^r. le Comte de Conway a l'honneur de vous rendre à cet égar

---

1) Écriture du Ministre.

un compte détaillé et de mettre sous vos yeux le tableau des erreurs qu'on a présenté au gouvernement, et dont l'auteur a donné lui-même les preuves par les contradictions dont ses lettres à M^r. le Comte de Conway sont remplies.

M^r. le Chevalier de Kersaint a constaté autant qu'il lui a été possible, les différents points des dangers des côtes et des mouillages pendant sa campagne; il n'a mis dans son travail que l'amour du bien, de la vérité et de la sûreté des navigateurs. Il engage lui-même à bien vérifier ses dispositions, et moins occupé de son amour-propre que du bien général, il invite à la défiance; cette noble délicatesse est bien digne d'éloges, j'ai l'honneur de vous en rendre compte avec tout l'intérêt que doit inspirer ce sentiment prétieux. J'ose à cet égard vous prévenir, Monseigneur, qu'il est très dangereux de faire des corrections sur les cartes d'après le rapport des navigateurs qui sans avoir les instruments nécessaires pour vérifier avec exactitude la position des côtes et des écueils, sans avoir le tems nécessaire pour bien assurer leurs résultats, donnent pour des vérités et des découvertes ce que les hommes sages ne placent dans leurs journaux qu'avec la circonspection du doute. L'amour propre fait commettre de grandes fautes sur les objets intéressants et il est de la prudence d'examiner les procédés dans la manière de faire les observations et les vérifications avant de les publier comme des vérités constatées. L'humanité exige sur ce travail une grande défiance sans exception quelconque.

LXXXVI.

Mémoire sur les royaumes de Cochinchine et de Cambodge.

La Cochinchine est bornée au Nord par le Tong-king; à l'est et au Sud, par la mer de Chine, et à l'Ouest, par le royaume de

Cambodge qui se trouve borné au Nord par le royaume de Laos; à l'Ouest, par les royaume et golfe de Siam, et au Sud par l'entré du dit golfe et de la mer de Chine.

La Cochinchine et le Cambodge sont sous la même domination: ils forment un ensemble qui a 250 lieues de côte, et qui s'étend du 6e au 9e degré de latitude septentrionale, et de 100 à 107 degrés de longitude du méridien de Paris.

La côte de Cochinchine fait face aux Philippines, dont elle est éloignée de 180 lieues, et a sur sa gauche les côtes du Tong-king et de Chine. Le principal port marchand est à 150 lieues au plus de Canton.

Pour se rendre de l'Ile de France en Cochinchine il faut 75 jours; on fait le retour en 40. On n'emploie de Pondichéry en Cochinchine que 30 jours en allant et autant en revenant.

Les royaumes de Cochinchine et de Cambodge étoient sous la domination des rois du Tong-king; ils y faisaient exercer leur autorité par un gouverneur qui résidoit en Cochinchine et qui nommoit au gouvernement de Cambodge; mais sur quelques révolutions survenues au Tong-king, il y a environ 120 ans, le gouverneur de la Cochinchine profitant de ces troubles, se rendit indépendant et s'érigea en souverain; c'est le 7e ou 8e roi qui y règne actuellement.

Il gouverne despotiquement et vit dans la molesse comme la plupart des princes asiatiques.

Ces royaumes sont bien peuplés; le peuple y est doux, industrieux et honnête. Il a adopté à peu près le culte des Chinois.

La religion chrétienne y a été de tous tems prohibée; il y a cependant depuis longtemps des missionnaires espagnols, des missionnaires françois du séminaire des missions étrangères de Paris, et des prêtres du pays, soit Indiens, soit Cochinchinois, soit Cambodgiens ou autres Asiatiques, instruits et ordonnés par l'évêque de Siam; on compte environ 18000 chrétiens.

Les Cochinchinois ne connoissent pas les fortifications européennes, ni notre art militaire. On croit qu'il y a dans les deux royaumes 25 mille hommes de troupes entretenues, mais mal disciplinées, mal payées et mal vêtues. Elles sont plus occupées de la police intérieure que de la garde des frontières. La Cochinchine est bornée au Nord et à l'Ouest de montagnes et de défilés; elle est coupée de fleuves et de rivières; ainsi elle ne craint aucun de ses voisins.

Ses forces de mer se réduisent à 80 petits bâtiments armés chacun d'un canon de 3 ou 4 livres de balles, de 60 avirons et de quelques soldats. Ces bateaux sont employés à maintenir le bon ordre dans les ports et sur les côtes, et à transporter du Cambodge et des autres provinces les revenus du prince au Trésor royal.

On ignore à quoi se montent annuellement ces revenus et quels sont les différents impôts. On connoît seulement celui de la capitation qui monte pour les journaliers, porte-faix et autre menu peuple de la dernière classe à 16 $^+$ de notre monnoie. Les artisans, les marchands cultivateurs, etc., sont taxés arbitrairement en raison de leurs biens et de leur industrie.

Les droits imposés sur les navires étrangers sont considérables.

Un usage singulier pratiqué en Cochinchine, c'est que lors de la mort du Roi, on trouve le trésor qu'il aura accumulé pendant sa vie, encaissé, ficelé, cacheté et étiqueté, avec l'état du montant total; et ce trésor doit rester toujours dans ce même état, comme un monument de la sage économie de ce prince pendant sa vie. Le trésor consiste principalement en barres d'or.

La ville capitale de la Cochinchine s'appelle Hué [1]); elle est près de la frontière du Nord et située sur la rivière qui porte son nom. Elle est à 7 ou 8 lieues du mouillage des vaisseaux qui est

---

[1]) 化.

à l'embouchure de cette rivière; le palais du Roi est dans cette ville; son enceinte est un quarré long, fermé par un mur de briques, ayant près d'un tiers de lieue de tour et sans autre deffense qu'une batterie de canons placée entre ladite enceinte et la rivière. Cette batterie qui consiste en 14 à 15 cents pièces de canons de fonte de la plus belle artillerie, est en partie montée sur de mauvais affûts; le surplus est couché sur terre. C'est dans ce palais que réside le Roi, sa cour et son trésor.

La principale ville après la capitale est HUE HAN, que les étrangers appellent FAY-FO; elle est dans la province de Kiam; c'est le centre du commerce.

Fay-fo est située sur la rivière de Tourane; les moyens bâtiments montent jusqu'à cette ville; les plus gros qui sont de 250 à 300 tonneaux séjournent à l'embouchure de la rivière distante de la ville de 5 à 6 lieues. La rade est très-bonne et les vaisseaux y sont bien en sûreté.

Le climat de la Cochinchine est tempéré et fort sain, le sol y est de la plus grande fertilité en riz, légumes et fruits de toutes espèces, ainsi qu'en bestiaux, volailles, gibiers et poissons dans une grande abondance. On donne pour une piastre 24 à 30 volailles, les autres provisions se vendent à proportion.

Les blés et toutes sortes de grains y viennent comme en Chine et aux Philippines; mais les habitants y vivent essentiellement de riz.

La Cochinchine et le Cambodge ne sont pas moins fertiles en toutes sortes d'autres productions, comme sucre, poivre, cire, coton, ivoire, cauris et canelle qu'on appelle canelle du Tong-king qui est supérieure à celle de Ceylan. La soye y est abondante et le seroit encore davantage, si les gens du pays y étoient assurés d'un débit constant.

Il s'y trouve des drogues et plantes médicinales, avec beaucoup d'autres productions propres pour l'Europe et les différentes parties de l'Asie.

Le bois d'aigle, bois de parfum qui est d'un grand prix chez les Asiatiques, est fort abondant en Cochinchine. Il y a aussi plusieurs sortes de bois de marqueterie. Les bois de charpente et ceux propres à la construction des vaisseaux y sont également bons et communs.

On est suadé seroit poi de const de beaux seaux péens er chinch poar la ↓ qu'ils coi en Euro

Le fer y est de la meilleure qualité et à bas prix; on n'y fabrique que de petites étoffes de soie, faute d'industrie pour les emplois variés de cette précieuse matière; mais on y fabrique de belles toiles de coton de différentes sortes, et des étoffes à l'usage des gens du pays.

L'or est réputé Marchandise en Cochinchine et se vend dans les boutiques et aux marchés en barres au titre fin de 22³/₄ karats; la barre vaut en France environ 1050 ✝ de notre monnoie.

Cet or se tire des mines du pays; elles sont fort abondantes. Celle de Fourace passe pour la plus riche; c'est une haute montagne dans le voisinage de Fay-fo et près du port de Tourane où se tiennent les vaisseaux européens.

Les Cochinchinois se bornent à ramasser les pierres minérales qu'ils trouvent détachées, ou qu'ils détachent, soit sur le sommet, soit dans les environs de cette montagne et savent en séparer le métal.

Des François ont acheté sur les lieux de ces pierres qui pouvoient faire la charge ordinaire d'une de leurs mains; ils y ont trouvé un marc, un marc et demi, et quelquefois jusqu'à deux marcs d'or pur. Rien ne prouve mieux l'abondance de ce métal dans le pays que la quantité considérable que les Chinois et autres peuples en exportent annuellement; il en entre beaucoup chaque année au trésor royal, d'où il ne sort jamais.

Soit que les Cochinchinois ignorent nos différents procédés pour l'exploitation des mines, soit qu'ils craignent la cupidité des gens en place qui persécutent sans cesse l'industrie, ils se contentent,

comme il a été dit, de ramasser le minéral à la surface de
la terre.

On sait cependant que les trésors se trouvent dans son sein,
souvent à de très-grandes profondeurs, et à juger des mines de
Cochinchine par les indices extérieurs, on peut présumer qu'elles
sont les plus riches de toutes celles connues dans l'univers. Quelle
ressource pour une nation européenne qui auroit droit d'y exercer
son industrie.

A l'exception du cuivre et du plomb, les Cochinchinois ne con-
somment guère de nos productions et manufactures d'Europe; mais
on les y accoutumeroit peu à peu, en y portant tous les articles
convenables au climat et analogues aux gouts, tant de ce peuple
que de ses voisins.

Le commerce que les Asiatiques et Européens font dans ce pays
n'est nullement comparable à celui qu'y font les Chinois; on y voit
jusqu'à soixante navires et bâtiments de cette nation, par saison,
venir de tous les ports de cet empire. L'armateur de Canton donne
jusqu'à 35 % de prime de grosse payable à 8 mois pour les risques
d'une traversée de 150 lieues, ce qui suppose que le bénéfice de ce
commerce est fort considérable.

Les Hollandois envoyoient des navires de Batavia en Cochinchine; les Anglois s'y sont présentés aussi quelque fois. Les uns
et les autres ont été assez mal reçus et n'y ont pas réussi.

Les François y ont trouvé leurs vues depuis longtemps: M^r. de
ROTHE se trouvant le plus à portée de ce pays, par sa résidence à
Canton en Chine, fit fréter en 1740 un navire portugais de Macao
pour la Cochinchine et en confia l'expédition au sieur FRIEL. [1]
homme intelligent. Il lui ordonna par ses instructions de prendre
toutes les lumières possibles sur ce commerce, d'obtenir la permis-

_____

1) Cf. *Revue de l'Extrême-Orient*, Vol. III.

sion d'y envoyer des navires annuellement avec une modification des droits, même la résidence pour quelques employés. Le sieur Friel réussit au désir de M^r. de Rothe et se rendit suivant ses ordres à Pondichéry pour communiquer à M^r. Dupleix ce qu'il avoit fait. Ce gouverneur, sur le raport du sieur Friel fit partir l'année suivante un vaisseau pour la Cochinchine et des employés pour y résider; mais la guerre maritime de 1744 obligea M^r. Dupleix d'abandonner le projet d'établissement et de rappeler les employés. La Compagnie des Indes ayant été informée de cette première tentative écrivit à M^r. Dupleix pour l'exhorter à reprendre ce projet, dès que les circonstances le lui permettroient; elle lui fit passer pour cet effet d'Europe des présens pour le roi de la Cochinchine, en glaces, tapis de Perse, étoffes de soie d'or et d'argent, pendules, etc., à quoi M^r. Dupleix joignit un beau cheval de Perse. Ce gouverneur se trouvant débarrassé de la guerre d'Europe en 1750 fit armer un vaisseau pour la Cochinchine. On y fit embarquer les présens et la direction de l'entreprise fut confiée aux soins et à l'expérience de M^r. Poivre [1]), comme seul capable de traiter une affaire de cette importance, avec l'intelligence et la dignité qu'il convenoit y mettre. Il eut ordre, par ses instructions, de s'assurer d'un établissement fixe et des privilèges pour notre commerce. Les présens furent bien reçus du roi et M^r. Poivre obtint une partie de ce qu'on désiroit. Comme il arriva en Cochinchine presqu'à l'entrée de la mauvaise saison, il crut plus convenable de remettre l'exécution à l'année suivante, il se rendit d'après cette résolution à l'Ile de France avec le vaisseau et sa cargaison; mais le gouverneur de cette colonie fut forcé de donner à ce vaisseau une autre destination et la guerre intérieure de l'Inde qui avoit succédé à la paix en Europe, obligea M^r. Dupleix, pour la seconde fois, de remettre l'exécution du projet sur la Cochinchine

(marginal note:) M^r. de l'... n'ayant ... vaisseau ... çois à s... position ... vint ave... Dupleix ce seroi... qui se ch... roit de ... cution ... projet.

---

1) *Revue d'Extrême-Orient*, Vol. III.

moderations des droits etablis sur le commerce.

C'étoit à la vérité nous donner la faculté de l
d'avantages; mais l'expérience nous a fait connoîtr
que ces sortes d'établissemens et de faveurs sont t
les Asiatiques, et qu'on n'en a presque jamais ti
que les fondateurs se sont proposée.

La cupidité des princes, ou plutôt des officiers
toujours obstacle et ne laisse à l'Européen qu'une
portion des fruits que son entreprise auroit dû lui

Il faudroit donc traiter avec ces princes les ar
et s'établir chez eux en force, de manière à se fai
à pouvoir maintenir sûrement l'exécution plénière de
auroit faits avec eux.

Si nous parvenions à nous fixer de la sorte e
non seulement on pourroit se flatter d'y trouver des
finies: 1° pour la subsistance de nos employés et colo
2° pour leur commerce; 3° pour celui de la France
ment de l'extraction de l'or; mais le succès seroit co
parvenions jusqu'à nous rendre maitres et à conserve
des mines. Bientôt notre industrie en Cochinchine i
faire le commerce de Chine avec la France avec pl

Chine à Canton par terre et par rivière de 150 à près de 300 lieues, et que ce transport est fort dispendieux et sujet à des avaries;

2° que les droits à Canton sur l'importation et l'exportation des marchandises par nos vaisseaux européens sont exorbitants, au lieu que les marchandises qui sortent et qui entrent par les bâtiments du pays, ne payent qu'un droit fort modique;

3° que les droits d'ancrage et présent au gouvernement pour chaque vaisseau européen qui entre dans la rivière de Canton sont considérables;

4° que la subsistance des équipages, officiers et employés pendant le séjour des vaisseaux à Canton, le loyer et entretien du comptoir et autres frais de traite y sont beaucoup plus chers qu'en Cochinchine, de manière qu'annuellement nos dépenses absorbent en grande partie le bénéfice de notre commerce en Chine.

Les ports d'Amouy [1]) et de Nimpo [2]) étant situés dans les provinces, d'où on tire les marchandises pour les Européens à Canton, leur transport aux dits ports coûte peu et le fret de là en Cochinchine est fort modique. Il est donc évident que les marchandises de Chine nous reviendroient à bien meilleur compte en Cochinchine, qu'en les prenant à Canton, comme nous le faisons. Il est d'autant plus à désirer que notre commerce de Chine fut établi en Cochinchine, que le gouvernement chinois n'admet les Européens qu'au seul port de Canton, où nous sommes depuis quelques années très-gênés et où ce gouvernement permet au corps des marchands d'exercer sur les Européens un monopole excessif qui les forcera par degrés à abandonner ce commerce.

Si nous étions établis en Cochinchine, les navires chinois enleveroient pour Amouy et pour Nimpo bien plus de nos lainages et denrées d'Europe que nous n'en vendons à Canton.

---

1) Emouy, Amoy, Hia-men 厦門, province de Fou-kien 福建, Chine.
2) Niag-po 甯波, province de Tche-kiang 浙江, Chine.

la ville de Canton, et que les droits d'entrée en Chine de ces marchandises par des navires chinois sont bien plus modiques, comme il a déjà été dit, que par les navires européens.

Une autre considération qui milite en faveur de notre établissement en Cochinchine, c'est qu'on ne pourroit, dans ces mers, interrompre notre commerce en temps de guerre, au lieu que nous nous trouverions à portée d'intercepter les vaisseaux ennemis qu'on enverroit en Chine.

La proximité des Philippines avec la Cochinchine de 4 à 5 jours de navigation, nous donneroit la facilité de former une liaison intime avec les Espagnols de ces isles; nous nous prêterions mutuellement des secours au besoin contre l'ennemi commun et une grande quantité de nos marchandises d'Europe se déboucheroient naturellement aux Philippines en échange des piastres qu'elles tirent du Mexique par Acapulco.

Les fondements de notre établissement en Cochinchine et au Cambodge étant une fois solidement posés, nos missionnaires qu'il conviendra d'y multiplier et de répandre dans toutes les provinces de ces deux royaumes en convertiront avec le tems les peuples à la religion chrétienne. L'esprit de justice, de douceur et de modération qui réglera notre conduite à leur égard, aidera beaucoup à cette conversion. Nous aurons alors dans les Cochinchinois et Cambodgiens des alliés, des amis, des frères, dont les richesses et la force perpétueront en Asie notre puissance et notre prospérité.

LXXXVII.

Le Vaisseau Marchand *la Garonne* appartenant à M^r. Oury, armateur de cette Colonie, arrivant de Siam directement le 18 de ce mois après une traversée de soixante douze jours a rapporté les nouvelles suivantes de la révolution arrivée en Cochinchine dans les derniers mois de 1787.

Le Roi de la Cochinchine étoit refugié depuis plusieurs années à Siam. A la suite d'une guerre entre le roi de cet état et celui de Pégou dans laquelle il avoit rendu des services aux Siamois, ce prince lui avoit accordé une armée pour rentrer dans son royaume et en chasser l'usurpateur. Cette première expédition n'avoit pas réussi. Il avoit été battu et obligé de se réfugier de nouveau à Siam. Après cette malheureuse tentative, il avoit sollicité pendant long-temps et vainement de nouveaux secours du roi, voyant enfin qu'il ne devoit plus espérer d'en obtenir, il avoit résolu de tenter de faire lui-même la révolution avec ses moyens particuliers et les secours de grand nombre de ses sujets aussi réfugiés dans le royaume de Siam. Il étoit en effet parvenu à rassembler un certain nombre de troupes et à armer secrètement 50 barques pour transporter lui et ses sujets. Vers le mois d'Août, il s'étoit esquivé de la cour de Siam, s'étoit rendu à bord de sa petite flotille et étoit descendu la rivière; après avoir éprouvé quelques difficultés, il en étoit sorti et étoit arrivé sur les côtes de son royaume. Il avoit mis pied à terre dans l'endroit où il avoit conservé le plus d'intelligence et de partisans. A peine a-t-il paru cette fois dans ses états avec quelques forces que tous ses sujets ont volé au devant de lui. Le nombre de ses partisans a tous les jours augmenté. L'usurpateur abandonné et voyant ses forces diminuer à mesure que celles du roi augmen-toient, s'est toujours réfugié de province en province, enfin il a

faite sans doute plus promptement et plus entièrement. Les François en auroient eu tout l'honneur, se seroient attaché à jamais le souverain de ce royaume et en auroient tiré tous les avantages qu'on peut en espérer pour le commerce; ils vont au lieu de cela passer entre les mains des Portugais ou de la nation qui lui prêtera les secours nécessaires.

Il paroît qu'on ne peut pas révoquer ces nouvelles en doute, puisque le capitaine du Vaisseau *la Garonne* qui les a apportées a vu à Siam les Ambassadeurs du Roi de la Cochinchine qui venoient réclamer 120 mille Cochinchinois encore réfugiés dans ces états de Siam, il leur a même vendu deux des canons de son bâtiment.

Le 15 Mai.

On vient d'apprendre que la frégate *la Dryade* et la corvette le *Pandoure* expédiés en Août par M^r. le Comte de CONWAY sont revenus des Détroits et de la Cochinchine à Pondichéry, le 14 Mars.

Un officier de ces vaisseaux m'a envoyé le journal de sa campagne. Ils ont peu communiqué avec l'intérieur de la Cochinchine dont ils ont seulement parcouru les côtes et vérifié les gisements. Cependant les nouvelles qu'ils ont apportées paroissent confirmer celles de la révolution. Ils ont dit avoir appris que l'usurpateur étoit sorti de la Cochinchine à la tête d'une armée pour aller dans le Tong-king au devant d'une armée siamoise qu'il avoit appris marcher de ce côté, que du reste le parti du Roi prenoit de jour en jour plus de faveur et que ce moment paroissoit être le plus favorable de tous pour la révolution. C'est bien ainsi qu'a commencé celle annoncée par la voie de Siam.

fait disparoître le reste; cette isle n'est pas elle-même susceptible d'aucun commerce, ses ports même ne sauroient être considérés comme essentiels, les vaisseaux de la Compagnie angloise dirigeant leur route en temps de guerre par les détroits de Gaspar, de Bali, de Macassar, plusieurs même s'étant décidés à passer à l'Est des Philippines.

Les Isles situées dans le Nord des Moluques, si connues par les établissements hollandois, sont également fertiles: La nature semble y avoir prodigué ses trésors; mais la chaleur du climat, cette insouciance qu'elle fait naître, jointes aux préjugés qu'y apportèrent les premiers conquérants, ne permettent pas d'espérer que, malgré les efforts actuels du gouvernement, cette colonie jouisse de l'état de prospérité auquel elle semble appelée. Le commerce qui devroit y être florissant, y est nul, car celui d'Acapulco n'est pour les isles qu'un commerce absolument illusoire, qui se faisant avec des piastres, ne peut encourager la culture, et qui d'après les derniers arrangements de la Cour de Madrid, ne sauroit se soutenir; l'opinion qu'on a de Manille, capitale de tous les établissements étant contraire à cette assertion, il convient d'en prouver l'existence par quelques réflexions.

Les Philippines furent découvertes il y a environ 250 ans par les Espagnols qui y arrivèrent par la mer du Sud; les nouveaux conquérants ennemis de toute culture, n'eurent que peu de peine à faire adopter leurs principes aux indigènes, dont le commerce avec la Chine et le Japon interrompu par la guerre, avoit perdu son existence; satisfaits de la facilité qu'ils trouvoient à fournir à leurs besoins, leurs désirs et leur jouissance étoient faibles et tranquilles.

Les nouveaux possesseurs s'occupèrent dans les premiers temps à la recherche des mines; le fruit de cette conduite fut la misère et la privation. Un prêtre entreprit, dans cette circonstance, de retirer la colonie de l'inertie où elle étoit, en ouvrant un commerce

Détroits les noms sont à [connus. [Comte d trecastes le pre passé pa lui de Ga en allan Chine, da mousson N.E. et a dressé carte.

n'étant actionnaire de la Compagnie, malgré les vœux du Roy, les gains qu'elle fera retourneront sans cesse à la métropole, ainsi Manille continuera à languir sans espérance de pouvoir sortir de l'état où elle est plongée, la Compagnie suçant le peuple, auquel elle fournit au prix qu'il lui convient, et anéantissant l'émulation, qu'elle avoit promis d'animer, en ne prenant les diverses denrées du pays qu'avec un prix extrêmement modique.

Toujours l'intérêt particulier fut l'ennemi du bien public: L'Espagne en a fait plusieurs fois la triste expérience.

La Cour, de plus, accorde à la Compagnie la permission de porter en Amérique les marchandises de l'Inde et du Bengale, portées en Espagne, comme effets de la métropole; elle force en même temps, celles introduites par le gallion à payer, en entrant dans la Nouvelle-Espagne, des droits énormes, ainsi que dans les autres vice-royautés. Ce double arrangement qui prive les Manillois de leurs ressources ordinaires, leur enlève encore leur fortune antérieure, 3 gallions ayant été forcés de laisser leurs cargaisons invendues à Acapulco, où les mêmes Marchandises venues par la Vera-Cruz, affluoient et entroient exemptes de droits.

Il n'est pas, sans doute, d'un esprit vulgaire de concilier l'intérêt de l'Espagne et de ses nombreux établissements. Leur vaste étendue ne lui permet pas d'avoir les yeux sans cesse ouverts, sur des pays aussi éloignés; la portion saine de la nation verroit, peut-être, sans peine, une partie de ses vastes domaines abandonnée et entr'autres les Philippines.

Si ces isles passent jamais dans la main des Anglais, qui proposeraient peut-être en échange un établissement stérile à la côte de Coromandel, le commerce entier de l'Asie passera dans les mains de l'Angleterre dont l'ambition est sans borne sur ce point. Cette opinion, qui ne me paraît nullement dénuée de vraisemblance, me semble mériter l'attention du gouvernement.

Je dis st parcequ'i cessero d'être da dépendan la Compt anglaise seule fournirà besoins. traité viennent renseignements sur le commerce, sur la facilité et la difficulté de former l'établissement projeté, enfin de m'assurer de l'intérêt que les Chinois et les nations européennes pourroient y prendre.

Tous les négociants étant alors à Canton et ce séjour paroissant favorable à mes vues, j'annonçai à M^r. de Montigny mon dessein de remonter au moins jusqu'à la Tour du Lion, la frégate la *Dryade* que j'attendais de jour en jour ne pouvant mouiller au Typa, et tout autre mouillage étant peu sûr, dans cette saison orageuse, ne voulant d'ailleurs point laisser pénétrer ma mission, je fis dire au premier mandarin qu'ayant à traiter avec lui et mon séjour ne pouvant être que fort court, je comptois me mettre par là plus à portée de terminer cette affaire.

Je crus devoir annoncer en même temps à M^r. de Montigny que si cette démarche étoit susceptible de nuire au commerce, je le priais de me l'indiquer; ses réponses me peignirent la situation pénible des hanistes et des fiadors chargés de répondre des vaisseax de la Compagnie, tout m'annonçait l'agitation craintive qu'ils éprouvoient; ils crurent devoir prévenir le gouvernement Chinois qui adhéra à mon séjour à Canton, seul objet de mon désir, mais qui se refusa constamment, quoique je ne l'eusse point demandé, à voir des vaisseaux de guerre; on lui fit sentir vainement que la petitesse du mien étoit une preuve non équivoque de la sagesse de nos intentions.

Rien n'est si défiant que ce peuple faible; les raisonnements les mieux établis ne peuvent modérer ses craintes et dans la certitude où j'étois de nuire inutilement aux intérêts du commerce, que les bâtiments du Roy sont spécialement chargés de deffendre, j'attendis au Typa l'arrivée de la frégate, satisfait de pouvoir lui fournir les moyens de remplir ses vues, sans être obligé, si l'on juge nécessaire d'aller à Canton, de payer le tribut accoutumé.

Cette affaire achevée, dont le succès même annonce jusqu'à quel

d'autre gloire que de régner sur des cendres et de vastes déserts.

La Cochinchine seroit cependant susceptible d'un commerce étendu, en raison de sa fertilité et de la richesse de ses productions. Le joug de fer sous lequel sont avilis tous les peuples de l'Asie et surtout ceux-ci, dans l'occurence, arrête seul tous les progrès; son état antérieur en fait foi.

Cette colonie peuplée par un prince Tong-kinois malheureux dans la guerre qu'il eut à soutenir contre son Roy, s'éleva à un degré de prospérité rare sous le sceptre asiatique; on commença à cultiver le riz et la douceur du gouvernement sous lequel ils vivoient, animant l'industrie, les progrès de la population et du commerce devinrent également sensibles.

Extrait
mémoire
tugais,
être la s
où ont
M^r. Poi
l'abbé Ra

Les productions de ce royaume qui ont le plus de débit en Chine, sont les huiles, les vernis, le riz, l'arèque, les soies, la laque, le bois d'Aigle, la canelle, le sucre, le coton, le poivre; il produit encore avec abondance du fer, de l'or et de l'ivoire et surtout divers bois propres à la menuiserie et à la construction.

Assert
puisée da
lettres d
de Mont

Un pareil pays sans doute est susceptible de former une colonie riche et puissante, surtout si cet établissement, formé avec sagesse et dirigé avec intelligence ne reste pas dans un funeste abandon, s'il n'a point à gémir sous le poids d'un privilège exclusif, privilège mortel pour une colonie dans sa naissance; on me dispensera aisément ici de citer des exemples.

La mer qui borde cette côte est saine et fournit en abondance de bon poisson, les rivières y sont navigables assez avant pour fournir des débouchés; enfin il me paroît hors de doute que le gouvernement qui, par des loix justes et une conduite mesurée, ramèneroit l'âge d'or dans ces climats, ne peut y jouir que de grands avantages.

Les premiers roys, fondateurs de l'empire, n'y régnèrent que par les loix, aussi s'éleva-t-il à un degré de prospérité qui y attira un

être rempli, si ces avantages ne sont réciproques, c'est à la sagesse et aux lumières de ceux qui doivent l'entreprendre et le diriger à considérer si celui-ci réunit ces diverses conditions.

Si les foibles notions que je donne ici sont même insuffisantes pour celui qui se nourrit simplement du désir de multiplier ses connoissances, elles le seront, sans doute, encore plus pour celui qui voudroit en faire la base de ses opérations, je le sens, j'ose même le dire plus vivement que personne, mais un plus grand développement de ma part pourroit induire en erreur; pouvant à peine retenir le nom des climats que je parcours, il seroit également indiscret et téméraire de transmettre comme irrévocable ce qui n'est que le fruit de ma manière de voir et de mes opinions; heureux si l'on veut bien y apercevoir l'expression de mon amour pour la vérité et la gratitude dont m'a pénétré la confiance dont l'on m'honore.

D'après les diverses observations que j'ai été dans le cas de recueillir, il me paroît constant que les négociants portugais qui dans des tems moins orageux envoyent, quoique rarement, des vaisseaux dans le port de Tourane qui leur procuroient quelques bénéfices, ne voient point avec plaisir les Français entreprendre une pareille expédition, mais le gouvernement ne s'y opposera pas, la réponse du gouverneur de Goa aux deux mandarins, envoyés par le Roy, pour solliciter du secours en est preuve à mes yeux convaincante; ils alléguèrent que les François faisant cette expédition, ils ne sauroient s'en mêler; la vaste étendue des colonies portugaises, leur état de détresse, me paroît l'unique et valable cause de ce refus.

Quelques individus ont paru craindre que le gouvernement Chinois qui soutient le Roy de Tong-king son vassal, contre les rebelles, ne cherche à la suite des temps, enivré par les succès, à se rendre maître de la partie de la Cochinchine qui très anciennement appartenoit aux ancêtres du prince Tong-kinois détrôné, étayés les arts, les loix, leurs manières de commercer et d'exister, depuis des siècles, toujours uniformes, ne laissent aucun doute à cet égard.

Un établissement en Cochinchine pourroit réunir ces divers avantages, en faveur de la France, et même de plus considérables, si, comme l'assurent généralement les négociants établis à Macao, ce royaume a des relations de commerce intime avec la Chine, le Tong-king et les autres états circonvoisins, surtout si le gouvernement s'occupe des moyens si faciles d'obtenir la confiance des peuples; ce seroit également un point favorable pour lutter avec avantage contre l'Angleterre, souveraine de l'Asie.

L'on ne sauroit se déguiser qu'il faudroit une circonspection extrême dans les principes: Ces peuples sont naturellement défiants; si l'on ne voit point chez eux ces vices énergiques, partage des nations primitives, on y aperçoit tous ceux que traînent à leur suite des mœurs dégénérées et corrompues; dans un moment de perfidie ou de vengeance, une seule nation européenne qu'ils appelleroient à leur secours, entrant en concurrence avec nous, pourroit nous priver de nos divers avantages, ou nous les faire acheter par des dégoûts amers et révoltants, semblables à ceux qu'on éprouve tous les jours au Japon et en Chine; il n'est point inutile de remarquer ici que c'est plus à notre conduite qu'au caractère des Chinois timide que nous avons cette funeste obligation.

Il seroit encore indispensable, pour espérer raisonnablement quelque succès de porter des vivres, la partie même la plus fertile du royaume en étant dépourvue, le ravage et la déprédation étant continuels depuis près de 15 ans de guerre et de calamité; l'on ne voit en effet que des femmes et des enfants, les divers mandarins enrôlant de force tous les hommes depuis l'âge de 12 ans jusqu'à 60 ans.

Je n'ignore point que le rebelle a fait quelquefois des vivres dans la province de Donnaï, et même que près de 200 sommes

Opinion
nérale de
gociants
blis à Ma

Extrait
lettre d
missionn
au père Le
dal, proc
des mis
étrangère

Le no
je crois,
exagéré.

chinoises en ont exporté du riz en 1787. Mais outre que ce b...
ques, en portant fort peu, c'est une faible ressource pour le m...
européen, habitué à une nourriture plus substantielle et qui n...
rien moins que sûre, dans les moments de détresse et d'embar...

En jetant un œil politique sur les divers établissements eu...
péens, l'on ne tardera pas à s'apercevoir que le partage de...
France n'est point analogue à sa force et à sa grandeur; leur p...
d'étendue ne permet pas à cette nation industrielle d'y dévelop...
tous ses moyens.

Une colonie nouvelle peut seule suppléer à ce qui lui man...
alors sans doute, on ne verra plus les individus de cette nat...
courir le monde et déserter leur patrie, pour chercher une mesq...
subsistance ailleurs; la quantité de matelots employés sur...
vaisseaux étrangers annonce manifestement la nécessité de les f...
exister, si l'on veut les conserver, sous le gouvernement qui l...
donna le jour, gouvernement qu'ils chérissent et auquel ils co...
creroient avec plaisir leurs industries; l'on ne les verra plus a...
chir une nation rivale dont la fortune ne tend qu'à nous prép...
de nouvelles humiliations, alors, dis-je, les talents seront emplo...
et récompensés, et l'on ne les verra plus dans la personne...
M[r]. de Galbert, le seul européen possédant la langue chino...
seconder les projets de cette nation à coup sûr à notre détrim...

Le Tay-so'n ne
e sert que fort
rarement de
canon dans ses
armées, où il
n'en a que de
fort petits,
ceux qui sont
d'un transport
difficile par
leur pesan-
teur, sont pla-
cés pour dé-
fendre son fort
situé à 30 lieues
dans les terres
du côté de la
rivière de la
Cour.

Un mot enfin, cette expédition n'est pas sans difficultés:
Tay-so'n est puissant; ses armées sont nombreuses; si elles ne s...
aguerries, il a des éléphants pour traîner son artillerie, dans...
pays coupé par des montagnes, où l'on a besoin de grande fo...
pour mouvoir ces funestes et nécessaires machines; il a de p...
une infinité de demi-galères et de barques, pour transporter...
armée et les vivres qui lui sont nécessaires avec la plus gra...
célérité; fier de ses succès dans le Tong-king, il n'est de conqu...
qu'il ne promette à son ambition; sans cesse il s'occupe à augmen...

MÉMOIRE.

J'ai rendu au Conseil d'Etat de VOTRE MAJESTÉ un compte très-sommaire de beaucoup de lettres, qui étoient arrivées le matin même de nos possessions au delà du Cap de Bonne-Espérance.

La *Dryade* qui portoit le prince de la Cochinchine et l'évêque d'ADRAN ainsi que la *Méduse* étant arrivées à Pondichéry, M^r. de CONWAY autorisé par Votre Majesté à n'entreprendre l'expédition pour remettre l'Empereur de la Cochinchine sur le trône, que s'il la croit avantageuse, et à s'en désister, s'il pense autrement, ou doute du succès, a répondu froidement aux instances de l'évêque d'Adran et s'est conduit avec la plus grande sagesse.

Au reste, et l'entreprise ne peut avoir lieu cette année, il paroît par les dépêches de M^r. de Conway (même par celle qu'il a écrite le 18 Juin avant l'arrivée du jeune prince et du prélat) que son opinion personnelle est de renoncer à ce projet très dispendieux et dont la réussite est fort incertaine.

M^r. de Conway n'avoit pu communiquer sa manière de voir à M^r. d'ENTRECASTEAUX qui m'écrit en date du 10 Juillet une lettre confirmative d'autres dépêches que j'ai reçues de lui. Ce chef de division dont le témoignage doit être du plus grand poids, parce qu'il a commandé la station de l'Inde et parcouru lui-même toutes les côtes de l'Asie depuis l'entrée du détroit de Malac jusques à la Chine), ce chef de division, dis-je, insiste sur les difficultés, sur les

A Versailles, le 16 Avril 1789 [1]).

J'ai reçu, Monsieur, la lettre que vous m'avez fait l'honneur à m'écrire le 28 Août dernier relativement à la lenteur des mesures prises pour l'expédition de la Cochinchine. Je ne puis que me référer à la lettre par l   ous ai marqué que cette expédition ne pouvoit avoir   isois M[r]. le Comte de Conway à vous fournir les moyens   ir en France, si vous préférais ce parti.

Je . . . . . .

XCII.

il d'Etat,
bre 1789.
—
u au con-
tte lettre.
—
i a ap-
é la con-
de M[r].
Conway
onforme
ordres
a reçus
ceux qui
ont été
és.

M[r]. de Vaivres [2]).

R[e], le 5 Octobre 1789 [3]).

J'ai l'honneur de vous envoyer dans la lettre ci jointe, tous les détails relatifs à l'état actuel du Roy de la Cochinchine. M[r]. de Conway n'y a fait que sa réponse accoutumée: qu'il obéirait aux ordres du Roi, qu'il avoit des instructions qu'il ne pouvoit me communiquer. . . . .

La frégate la *Dryade* et la corvette le *Pandoure* que ce commandant s'étoit enfin décidé à envoyer en Cochinchine, viennent

---

1) Minute.
2) Autog. du ministre.
3) L. a. s.

d'en arriver. Ces bâtiments n'ont pû se rendre à la rivière S^t. Jacques, où le Roi les attendoit, parceque les capitaines n'en connoissant pas l'entrée, n'ont osé y aborder sans pilotes.

Le missionnaire chargé des paquets du Roi ne les a pas portés à l'île où d'abord devoit être le rendez-vous, parcequ'il imaginoit que les vaisseaux ne s'y rendoient que dans le cas où le Roi seroit encore à Siam.

Quoiqu'il en soit, toutes les nouvelles contenues dans la lettre cy dessus mentionnée, sont certaines. Je les tiens toutes du missionnaire envoyé pour remplir cette mission, et qui est resté avec le Roi de la Cochinchine. S'il arrivoit que M^r. de Conway écrivit quelque chose de contraire, ce que j'ai peine à croire, je proteste d'avance qu'il le diroit sans preuve, et sans doute dans la vue de faire manquer l'expédition.

Quand j'en présentai le projet à la Cour de France, j'observai que le Roi de Cochinchine étoit à Siam, qu'il n'avoit plus qu'une seule province et un parti retranché dans les montagnes de son royaume; mais je n'aurois alors osé espérer qu'il pût jamais, sans secours, se trouver dans l'état où il est aujourd'huy. Il n'a plus besoin que du nom françois et certainement deux ou trois cents hommes suffiroient pour le rétablir entièrement.

Malgré l'état avantageux dans lequel il se trouve, il peut encore éprouver quelques revers. Si malheureusement cela venoit à lui arriver, il ne manqueroit pas de nous l'attribuer. Voilà trois ans que les gouverneurs de l'Inde l'empêchent d'accepter les secours qu'on lui offre, en l'assurant que la Cour de France ne l'abandonnera pas.

Les choses en sont au point et le rétablissement de ce prince si facile, que, quand la Cour de France ne voudroit plus faire d'établissement dans ses états, elle ne pourroit guère se dispenser de lui accorder les petits secours dont il a besoin.

J'ai toute raison de craindre, Monsieur le Comte, qu'on n'ait

████ votre religion sur cette affaire. J'ose vous prier de vou[l]
██ ██████████ votre confiance et d'être assuré que je ne [m]
[i]ndrai pas indigne. J'ai l'honneur d'être avec le plus pa[r]
[ ] █achement, Monsieur le Comte, votre très-humble et très-obé██

████████,

Signé: l'Évêque d'A██████.

M█.   ]ue d'Adran.

À ██████ le 22 Novembre 1789 [1]).

J'ai reçu, Monsieur, une ██████ ████ datte que vous m'avez f[ait]
l'honneur de m'écrire avec ████ de ████ que vous avez égaleme[nt]
écrite le 18 Mars dernier à M█. le █████ de Conway relativeme[nt]
à la Cochinchine. J'ai appris avec █████ la révolution avantage[use]
qui s'est opérée en faveur du Roy ██ ██ désire qu'il se trou[ve]
actuellement en paisible possession de tous ses états; ████
circonstances où M█. le Comte de Conway s'est trouvé, il n'a [pu]
ni du, d'après ses Instructions, tenir une autre conduite. Je [me]
réfère au surplus aux différentes réponses que je vous ai faites s[ur]
le même sujet.

XCIV.

TRADUCTION d'une Lettre du ROI de la COCHINCHINE
au Roi de France du mois de Janvier 1790.

Moi, NGUYÊN-ÁNH, Roi de la Cochinchine, ai l'honneur de fai[re]
savoir à Très-Haut et Très-Puissant Prince le Roi de France qu[i]

---

1) Minute.

connaissant par l'histoire des générations antérieures, que le sort des empires étoit sujet à bien des vicissitudes et que souvent la fortune, après leur avoir été favorable, paroissoit leur tourner le dos, de même qu'après des revers, il arrivoit quelques fois qu'ils fussent plus heureux. Pénétré de ces sentiments, j'avois toujours regretté que mon royaume se trouvât dans une distance aussi éloignée qu'il l'étoit de Votre Majesté. Malgré les mers immenses qui séparent les deux états, j'avois souvent entendu les voyageurs parler avec les plus grands éloges des vertus et surtout de la bienfaisance de Votre Majesté; mais n'ayant alors aucun moyen de faire entendre ma voix aux pieds de votre trône, je m'étois contenté de conserver dans mon cœur, les sentiments de respect et d'admiration que j'en avois conçu. La fortune permit enfin que je trouvasse un homme en qui je pouvois mettre toute ma confiance, et me l'étant attaché d'une manière particulière, j'eus occasion de faire valoir les grands talents que je lui connoissois. Cet homme est le sieur Évêque d'ADRAN, sujet de Votre Majesté. En 1785, une révolution arrivée dans mes états m'ayant obligé de les abandonner presque entièrement, je m'occupai aussitôt avec le dit évêque d'Adran de la grande affaire que je méditois depuis longtemps, et après lui avoir confié mon fils et le sceau de mes états, je me décidai à l'envoyer traiter mes affaires auprès de Votre Majesté en qualité de mon ministre plénipotentiaire.

L'évêque d'Adran arrivé dans l'Inde la même année, n'ayant pu rien obtenir de ceux qui y commandoient au nom de Votre Majesté, se trouva obligé de continuer son voyage et de mener avec lui le prince mon fils jusqu'en France. Ce fut la nouvelle qu'il me donna avant son départ et qu'il me fit parvenir par la flûte le *Castries*. Je restai plus de deux ans sans recevoir aucune nouvelle, et ce ne fut qu'à la fin de 1788 que la frégate la *Dryade* me rapporta que Votre Majesté avoit bien voulu traiter mon fils avec bonté et m'avoit

a Adran avec mon fils, et par tous les details qu'il

je compris que Votre Majesté avoit eu véritablemen

venir à mon secours et que tout n'avoit manqué q

lution de son commandant dans l'Inde. Cet officie

avancer, ni reculer, fut cause que je l'attendis long

et qu'après avoir beaucoup souffert, je finis enfin j

de toutes mes espérances.

Par bonheur pour moi le ciel qui fait connoître

soumettant les cœurs des hommes, avoit déjà disposé

à me recevoir et j'eus dans ce temps là même occas

dans une partie considérable de mes états. Dans l'

choses, quoique la paix ne soit pas encore entièrem

regarde cependant mon sort comme assuré, et toute n

est de former mes officiers et mes soldats pour les

bataille décisive. Quant aux secours demandés à ¹

quoique je ne les ai pas reçus, j'en suis entièrement

je pense que Votre Majesté n'y a eu aucune part et

la faute que de son commandant dans l'Inde. Je n'exp

les vifs sentiments de reconnoissance dont je suis pér

bonté qu'a eu Votre Majesté de me renvoyer le princ

en réunissant le père et l'enfant, d'avoir, comme on d

tant de terre que de mer et j'ai même les munitions de guerre et de bouche qui peuvent m'être nécessaires pour l'opération qui me reste à faire. Je n'oserois plus avoir l'indiscrétion de demander les troupes de Votre Majesté, qui, dans un voyage aussi long ne pourroient que souffrir infiniment des obstacles qu'on y trouve ordinairement. Il me reste seulement à supplier Votre Majesté d'être assurée de ma part d'une reconnoissance aussi sincère et aussi étendue que si ces mêmes troupes étoient arrivées jusqu'à moi. Si dans mes états il pouvoit y avoir quelque chose qui pût être utile à Votre Majesté, je la prie instamment de vouloir bien en disposer et d'être assurée que je ne négligerai rien pour remplir ses intentions. Dans la distance immense qui nous sépare, je parle à Votre Majesté avec la même confiance que si j'étois en sa présence. Puissé-je être assez heureux pour lui faire connoître mes véritables sentiments manifestés dans cette courte lettre . . . . .

Le 17ᵉ jour de la 12ᵉ lune, c'est-à-dire le 31 Janvier 1790.   La 50ᵉ de Canh

Je soussigné certifie que la traduction ci-dessus ne pouvant être littérale, quant au sens, est entièrement conforme à la lettre du Roi de la Cochinchine. En foi de quoi, je l'ai signée et scellée du cachet de mes armes. A Saïgon, le 5 février 1790.

L'Évêque d'ADRAN.

XCV.

COLONIES.

Mʳ. de LA BILLARDIÈRE a adressé un mémoire sur les avantages qui devront résulter d'un voyage qui seroit fait à la Cochinchine. On y acquerra, dit-il, dans la partie de la botanique la connoissance de plusieurs plantes encore inconnues à nos naturalistes et des détails sur d'autres dont la culture est établie dans nos colonies, mais qui sont d'une qualité inférieure à celles de la Cochin-

Cochinchine pour en observer les productions de la nature. Monsieur Le Monnier de l'Académie royale des Sciences a eu l'honneur de vous en parler. Vous lui avez promis de vous occuper de ce projet. Votre goût pour l'avancement des sciences me fait espérer que vous voudrez bien l'accueillir.

Nous touchons bientôt à l'époque à laquelle il sera trop tard de partir pour la Cochinchine. J'ose espérer, Monseigneur, que vous m'accorderez le plus tôt qu'il vous sera possible les choses nécessaires pour un voyage aussi intéressant. Je prendrai la liberté de me trouver jeudi à votre audience.

Je suis avec respect de Votre Excellence, Monseigneur, le très humble et très obéissant serviteur.

De LA BILLARDIÈRE D. M.

Monseigneur le Comte de Fleurieu.

XCVIII.

MÉMOIRE relatif aux avantages que les sciences et les arts retireroient d'un voyage fait à la Cochinchine pour en observer les productions de la nature [1]).

Le Royaume de la Cochinchine dont l'étendue est de 210 lieues de longueur sur 10 jusqu'à 50 de largeur abonde en tout ce qui est nécessaire aux besoins de la vie. Ce pays n'a encore été visité par aucun naturaliste. Les sciences et les arts gagneroient infiniment à la connoissance exacte de cette belle contrée, car par le peu de relations qu'on en a, nous sçavons qu'on y trouve:

1° Beaucoup de très bon poivre.

2° Le plus beau sucre de toute l'Inde.

3° De la soie écrue supérieure à celle de la Chine.

4°. Un or très pur et à un prix assez modique.

---

1) P. a. .

5° Un fer très malléable, excellent pour la fabrication des armes à feu.

6° De la canelle bien supérieure à celle que l'on connaît.

7° Du coton qui fait un grand objet de commerce.

8° De très bon indigo.

9° Une plante inconnue des naturalistes, dont la fécule donne une teinture très estimée.

10° Du thé qui ne diffère de celui de la Chine que par la préparation.

11° Du cardamon des deux espèces, de la cire, de l'ivoire, de la gomme gutte, du vernis, de l'aloès, de la Casse, du bois de sapan, de l'huile de bois, du brai, du bois d'Aigle, du Calembac, et des bois de marquetterie.

12° Des arèques et du fil d'une plante grasse dont les Chinois font une exportation considérable.

13° Une espèce de riz qui croît sur les montagnes, et à qui il ne faut que trois mois pour parvenir à l'état de maturité.

14° Beaucoup de bois de construction et pour la mâture.

Un naturaliste qui se trouveroit à portée de faire des recherches dans un pays aussi neuf, qui possède tant de choses particulières et beaucoup qui surpassent celles des autres contrées, feroit connaître un grand nombre d'objets très-utiles à l'avancement des sciences et des arts; il donneroit une connoissance parfaite de l'état de ses forêts dont notre marine pourroit tirer le plus grand parti, et il enrichiroit nos colonies de ses productions intéressantes, en y faisant passer les plantes en nature et leurs graines. Il feroit des observations utiles à l'hydrographie.

A Paris, le 31 Janvier 1791.

Approuvé: Le Monnier [1]).　　　　　De la Billardière D. M. [2])

---

[1] *Louis Guillaume* Le Monnier, frère de l'astronome, né à Paris, 27 juin 1717; † à Montreuil (Versailles), le 7 sept. 1799.

[2] *Jacques Julien* de La Billardière, voyageur et naturaliste, né à Alençon le 23 oct. 1755; † à Paris 8 janvier 1834.

Inde.

Il vient de parvenir une lettre du 31 Janvier 1790, par laquelle le Roi de la Cochinchine qui avoit été détrôné, et dont le fils étoit venu, en 1787, réclamer la protection de la France, remercie Sa Majesté de la bonne volonté qu'elle a témoignée pour lui donner les secours nécessaires pour le faire remonter sur le trône. Il se plaint de l'irrésolution du Commandant général dans l'Inde (M^r. de Conway), qui n'a pas permis que ces secours lui fussent envoyés, mais il annonce qu'heureusement il n'en a pas eu besoin, et que grâce à l'amour de ses sujets il est déjà rentré dans une partie considérable de son royaume, de sorte qu'il regarde son sort comme assuré, quoique la paix ne soit pas encore entièrement rétablie; il ajoute qu'il a une armée assez considérable, tant de terre que de mer, et que quoiqu'il n'ose plus avoir l'indiscrétion de demander des troupes à Sa Majesté, il n'en est pas moins reconnaissant tant de ce qu'elle avoit voulu faire en sa faveur que de la bonté qu'elle a eu de lui renvoyer son fils, et il la prie de disposer de tout ce qui pourroit lui être agréable dans ses états.

Observations.

On ignore au Bureau comment cette lettre est parvenue. Elle étoit accompagnée de la traduction qui en a été faite, dans le pays, par l'évêque d'ADRAN; mais on ne voit pas que cet évêque ait rien écrit à ce sujet. Quoiqu'il en soit, il paroît que le Roi de la Cochinchine est en assez bonne fortune.

Lors du passage en France de l'évêque d'ADRAN et du fils du

---

1) Minute — Lu au Conseil d'Etat, 15 avril 1791.

Roi de la Cochinchine, M^r. de Cossigny avoit écrit en leur faveur, et son avis étoit qu'on leur accordât au moins une partie des secours qu'ils venoient demander, attendu qu'il étoit important de former des liaisons avec la Cochinchine. MM. de Conway et de Coutenceaux furent d'un avis contraire, et M^r. de la Luzerne s'en rapporta à M^r. de Conway sur l'usage qu'il conviendroit de faire en faveur du Roi de la Cochinchine, des secours qu'il avoit été arrêté ici qu'on lui feroit passer. M^r. de Conway n'a pas jugé à propos d'envoyer aucune partie de ces secours, et sa conduite a été approuvée par M^r. de la Luzerne.

Il ne s'agit pas de savoir si on a eu tort ou raison de refuser au Roi de la Cochinchine, les secours qu'il avoit demandés; mais il peut être utile de former des liaisons de commerce dans ses états. C'est l'avis de M^r. de Cossigny fondé sur celui de feu M^r. Poivre qui a toujours passé pour connoître parfaitement l'Inde. On pourroit charger M^r. de Cossigny de réunir de nouvelles lumières sur cet objet, et de profiter pour cela de l'envoi qu'il seroit chargé de faire au Roi de la Cochinchine, de la réponse de Sa Majesté, si le Ministre juge qu'il doit en être fait.

C.

eVaivres. Extrait de la lettre écrite au Ministre par M^r. de Macuemara.

A bord de la Thétis en rade de l'Isle de France,
le 19 Septembre 1790.

J'ai l'honneur de vous adresser, ci-joint, Monsieur, une lettre du Roi de la Cochinchine, pour Sa Majesté.

Je suis, etc. . . . .

Pour extrait:
Belletrun.

CORRESPONDANCE.

Le texte astronomique du Yao-Tien, par Léopold de Saussure.

Note rectificative et complémentaire.

Dans le n°. 3 du *T'oung Pao*, 1907, page 377, j'ai dit que M. Ginzel avait reproduit sans en discuter la provenance, le tableau *B* de Sédillot. Cette assertion est inexacte et injustifiée: le tableau synoptique des astérismes arabes, hindous et chinois de l'ouvrage de Ginzel (p. 72) est précédé des références suivantes: «L'identification de ces étoiles a été entreprise par Le Gentil, Colebrooke, J. B. Biot, Burgess, A. Weber, G. Schlegel, Hommel, etc.»

Si, de cette liste, on élimine les indianistes ou arabisants, il reste Biot et Schlegel. Biot ne s'est jamais occupé des astérismes, mais seulement des *sieou* et de leurs déterminatrices. C'est donc dans l'*Uranographie* de Schlegel que M. G. a pris la définition des astérismes chinois.

Il ne pouvait choisir une meilleure autorité: si j'ai dit beaucoup de mal de cet ouvrage au point de vue astronomique, je me propose d'en dire ultérieurement beaucoup de bien sous le rapport uranographique; car Schlegel a puisé aux sources indigènes les plus sûres: le 星經, le 天元曆理, etc.

Toutefois, si j'ai bien *à tort* reproché à M. Ginzel de ne pas avoir contrôlé l'identité des astérismes chinois, je puis affirmer, par contre, en toute certitude, qu'il n'a pas vérifié l'assertion d'après laquelle ces astérismes seraient répartis *le long de l'écliptique.*

Cette nouvelle critique est inséparable de la rectification que je viens de faire. Si j'ai suspecté l'identification des astérismes chinois, c'est en effet parceque je soupçonnais quelque erreur dans la théorie qui prétend faire dériver les sieu (équatoriaux) d'une série d'astérismes écliptiques. Il me paraissait bien invraisemblable que l'astronomie chinoise eût possédé, même dans les temps préhistoriques, un zodiaque lunaire écliptique.

L'erreur que j'avais ainsi pressentie est bien réelle: mais elle ne tient pas à l'identification des astres. Elle provient simplement de ce que les auteurs ont affirmé sans raison, et contre toute évidence, la répartition écliptique des 28 astérismes, alors que ces groupes stellaires suivent manifestement l'équateur antique.

Il est bien facile de vérifier le fait. Sur les très belles cartes de l'atlas annexé à son ouvrage, Schlegel a ponctué ces 28 astérismes en couleur rouge. Au premier coup d'œil, on est frappé de voir cette chaîne rouge franchir obliquement l'écliptique [1], décrire une sinusoïde à une vingtaine de degrés de latitude australe [2], puis se diriger de nouveau vers l'écliptique qu'elle franchit encore [3] pour dessiner une autre courbe [4] à une *vingtaine* de degrés de latitude boréale!

Dès l'abord, on peut donc affirmer que cette traînée rouge a dû coïncider avec l'équateur d'une certaine époque, et la sinusoïde en est si bien marquée qu'on peut désigner approximativement cette époque. La détermination n'exige d'ailleurs aucun calcul: il suffit en effet de constater que les astérismes situés aux noeuds équinoxiaux sont *Mao* et *Fang*, et que les astérismes situés aux ventres solsti-

1) *Ouy, Mao, Pi.*

2) *Licou, Sing, Tchang.*

3) *Ti, Ho, Ouey.* La fluctuation qui se produit ici dans la latitude (+ et —) n'a rien d'anormal puisque ces astérismes, pris indifféremment à droite ou à gauche, sont voisins de l'équateur considéré.

4) *Hia, Goey, Tche.*

ciaux sont *Sing* et *Hiu*. Nous retrouvons donc ainsi nos vieilles connaissances, les *sieou* de la quadrature du *Chou-king* qui marquaient les points cardinaux de l'*équateur* aux environs du 25e siècle.

Cette nouvelle confirmation, bien inattendue, est fort importante au point de vue des origines chinoises et peut-être aussi en ce qui concerne les zodiaques hindous et arabes. Bornons-nous à constater le fait. Nous en tirerons plus tard les conséquences [1]).

Voyage de M. CHAVANNES en Chine [2]).

Si-ngan fou, 5 Septembre 1907.

Voici un résumé de ce que j'ai fait jusqu'ici au cours de ma mission archéologique en Chine:

Parti de Paris le 27 Mars, à 10 heures du soir, je suis arrivé à Moukden le 14 Avril à 1 heure de l'après-midi. J'ai séjourné dans cette dernière ville jusqu'au 22 Avril inclusivement; j'ai visité le palais impérial et j'y ai pris les moulages de plus de soixante miroirs métalliques qui y sont conservés. Je me suis rendu à la tombe impériale du Nord (*pei ling*).

J'ai quitté Moukden le 23 Avril dans l'intention d'aller voir à *T'ong-keou* 通溝, sur la rive droite du cours supérieur du Yalou, les vestiges de l'ancien royaume de *Kao-keou-li*. Cette expédition a fait l'objet d'une note que j'ai envoyée à l'Académie des Inscriptions. Arrivé à *T'ong-keou* le 4 Mai au matin, j'en suis reparti le 8 Mai dans l'après-midi. A l'aller, j'avais suivi la voie de terre qui passe par la sépulture impériale de l'Est (*long ling*), par les anciennes

---

1) Je saisis l'occasion pour signaler deux *errata* dans mon article: p. 316. 甽 lisez 甽 . D'autre part les renvois au Ch. III concernent le Ch. II.

2) Note envoyée à M. Henri Cordier.

sépultures des ancêtres de la dynastie mandchoue à *Hing-king* et par la sous-préfecture de *Tong-hoa* 通化; au retour, j'ai pris la voie fluviale et j'ai descendu le Yalou depuis *Tong-hoa* jusqu'à *Ngan-tong* 安東 (en japonais *Anhoten*); cette navigation, pendant laquelle un malencontreux échouage m'a fait perdre près de 34 heures, a duré du 8 au 12 Mai.

J'ai quitté *Ngan-tong* le 13 Mai pour revenir à Moukden par le petit chemin de fer à voie étroite qui suit l'itinéraire de l'armée japonaise du général Kuroki.

Revenu à Moukden le 14 Mai au soir, j'en suis reparti le 16 à midi pour me rendre par *Sin-min t'oun* et *Chan-hai kouan* à Péking où je suis arrivé le 18 Mai à 6 heures du soir.

J'ai dû rester à Péking jusqu'au 28 Mai pour me procurer un nouveau passeport et pour faire quelques achats d'estampages et de livres.

Le 29 Mai, je quittais Péking en compagnie d'un jeune privat-docent à l'Université de Saint-Pétersbourg, M. Alexeief, dont j'avais précédemment fait la connaissance à Paris, au Collège de France.

Nous nous sommes d'abord rendus par chemin de fer à Tien-tsin, puis, par la voie du Grand Canal, à *Tô tcheou* 德州 (30 Mai – 5 Juin), et enfin, en charrettes, à *Tsi-nan fou* (5 – 7 Juin). Nous avons vu là le lac *Ta-ming hou* et les nombreuses sources jaillissantes qui sont célèbres dans la littérature chinoise; au Sud de la ville, nous avons visité la montagne des Mille Bouddhas 千佛山 où se trouvent des statues et des inscriptions de l'époque des *Souei*.

Le 10 Juin, nous avons pris le chemin de fer pour aller à *Wei hien* 濰縣 où nous avons été admis à voir une des plus réputées collection d'antiquités qu'il y ait en Chine, celle de la famille *Tchang* 張.

Revenus à *Tsi-nan fou* le 12 Juin, nous en sommes repartis le 13, en charrette. Nous avons commencé par nous diriger vers le Sud-Ouest pour atteindre (14 Juin), la colline de *Hiao-t'ang chan* 孝堂山, près du village de *Hiao-li p'ou* 孝里舖, qui dépend de la sous-préfecture de *Fei-tch'eng* 肥城. Là se trouve une chambrette funéraire de l'époque des *Han*; les bas-reliefs qui en décorent les parois ont été publiés dans mon ouvrage sur la *Sculpture sur pierre en Chine*; mais ce monument n'avait jamais été visité jusqu'ici par un archéologue Européen, et, comme il est le seul de son espèce qui ait subsisté dans son intégrité, il valait la peine de le décrire.

Du *Hiao-t'ang chan*, nous sommes allés à *T'ai-ngan fou* (15—17 Juin) en visitant au passage le fameux temple *Ling-yen sseu* 靈嚴寺 où j'ai vu le pin béni par le pélerin *Hiuan-tsang* et où j'ai pu faire une abondante moisson épigraphique pour l'époque mongole.

A *T'ai-ngan fou*, étude du grand temple *Tai yue miao* 岱嶽廟 et de la montagne sainte du *T'ai-chan* 泰山 (18—24 Juin).

De *T'ai-ngan fou*, pour aller à *K'iu-feou* 曲阜, nous n'avons pas trouvé d'autre moyen de locomotion que la brouette, et c'est encore en brouette que nous sommes allés de *K'iu-feou* à *Tseou hien* 鄒縣 et de *Tseou hien* à *Tsi-ning tcheou*. Les noms de *K'iu-feou* et de *Tseou* suffisent à indiquer que nous avons visité les grands temples élevés en l'honneur de Confucius et de Mencius.

A *Tsi-ning tcheou* où nous sommes arrivés le 2 Juillet, nous avons enfin pu quitter nos incommodes brouettes et louer des charrettes. Nous nous sommes rendus à *Kia-siang hien* 嘉祥; j'ai été assez heureux pour retrouver et estamper dans les villages de *Ts'iao-tch'eng* 焦城 et de *Lieou-kia* 劉家 quatre bas-reliefs de l'époque des Han. Puis j'ai visité le fameux groupe des chambrettes funéraires de la famille *Wou* 武 et j'ai estampé les deux piliers qui n'ont pas été publiés jusqu'ici.

A *Kin-hiang hien* 金鄉, j'ai photographié une chambrette funéraire de l'époque des *Han*; elle n'offre que des bas-reliefs peu importants, mais elle est intéressante en tant que chambrette pouvant être comparée à celle du *Hiao-t'ang chan*.

Après avoir traversé *Chan hien* 單, *Yu-tch'eng hien* 禹城 et *Kouei-tŏ fou* 歸德, nous sommes arrivés à *K'ai-fong fou* 開封 le 12 Juillet. Nous y sommes restés jusqu'au 18 du même mois.

Le chemin de fer qui doit plus tard relier *K'ai-fong fou* et *Ho-nan fou* nous a amenés jusqu'à *Tcheng tcheou* 鄭, point de jonction avec la ligne Péking—Hank'eou; de *Tcheng tcheou*, nous avons pu encore profiter de la voie en construction pour aller, d'abord avec un train de ballast, puis en draisine jusqu'à *Sseu-chouei hien*. De *Sseu-chouei hien* à *Kong hien* 鞏, dans le voisinage duquel est le temple *Che k'ou sseu* 石窟寺 avec ses sculptures du VIe siècle, il y a une journée de marche.

Nous sommes repartis de *Kong* en chars le 22 Juillet; nous avons visité les sépultures des empereurs de la dynastie *Song*, *Jen tsong* et *Houei tsong*, avec leurs longues files d'animaux et de personnages en pierre analogues à celles des tombeaux des *Ming*. Nous avons passé par le temple *Pai ma sseu* 白馬寺 qui s'élève sur l'emplacement du premier temple bouddhique construit en Chine et nous avons atteint *Ho-nan fou* le 23 Juillet.

De là, jusqu'au célèbre défilé de *Long men* 龍門, il n'y a qu'une demi-journée de marche; nous avons séjourné à *Long men* du 24 Juillet au 4 Août, et pendant ces douze jours, j'ai pris environ cent cinquante photographies et plus de mille estampages qui me permettront, je l'espère, de faire une monographie des sculptures ciselées dans les grottes de la montagne au temps des *Wei* du Nord et des *T'ang*.

De *Long men*, nous avons repassé par *Ho-nan fou* et par *Yen-che hien* pour nous rendre à *Teng-fong hien* 登封, au pied du *Song kao* ou Pic du Centre. Nous avons visité là le *Tchong yue miao* 中嶽廟 qu'il est intéressant de comparer au *Tai yue miao*

岱嶽廟. J'ai en outre photographié et estampé les trois groupes de piliers de pierre qui sont, avec les monuments de *Kia-siang hien* dans le *Chan-tong*, les représentants de la sculpture à l'époque des *Han*.

Nous avons quitté *Teng-fong* le 10 Août et avons dû revenir à *Kong hien* pour faire soigner par l'excellent médecin de la Compagnie du *Pien-lo Railway* un panari qui m'était malencontreusement venu à l'index de la main droite à la suite du nettoyage des grottes de *Long-men*.

Après ce retard forcé, nous avons pu reprendre notre marche en avant. Parti de *Kong hien* le 17 Août, nous avons atteint *Ho-nan fou* le 18; nous avons alors loué des chars pour la longue étape qui, du 20 Août au 30 Août nous a amenés jusqu'à *Si-ngan fou* 西安府.

Nous repartirons demain 6 Septembre pour aller visiter les tombes impériales des *T'ang* à *Li-ts'iuan hien* et à *K'ien tcheou*. Puis nous irons à *Han-tch'eng hien* 韓城 où se trouvent, d'une part le lieu de naissance de l'historien *Sseu-ma Ts'ien*, et, d'autre part, le défilé de *Long-men*, non moins célèbre que son homonyme du *Ho-nan*. Nous nous rendrons ensuite à *T'ai-yuan fou* et, de là, à *Ta-t'ong fou* 大同, dans l'extrême Nord du *Chan-si*, pour étudier en ce dernier endroit, les bas-reliefs que les *Wei* du Nord firent sculpter dans le roc avant qu'ils eussent transporté leur capitale à *Lo-yang*. J'espère être de retour à Péking avant la fin d'Octobre. Je me rendrai à Hanoï avant de revenir en France.

MÉLANGES.

LA CONVENTION ANGLO-RUSSE.

RELATIVE A L'ASIE CENTRALE.

Voici le texte de la convention ratifiée le 24 Septembre à Saint-Pétersbourg et signée le 31 août par M. Isvolski, ministre des affaires étrangères de Russie, et Sir Arthur Nicolson, ambassadeur d'Angleterre:

CONVENTION.

Sa Majesté le Roi du Royaume-Uni de la Grande-Bretagne et d'Irlande et des Territoires Britanniques au delà des Mers, Empereur des Indes, et Sa Majesté l'Empereur de Toutes les Russies, animés du sincère désir de régler d'un consentement mutuel différentes questions touchant aux intérêts de leurs Etats sur le Continent asiatique, ont résolu de conclure des accords destinés à prévenir toute cause de malentendus entre la Grande-Bretagne et la Russie, par rapport auxdites questions et ont nommé à cet effet pour leurs Plénipotentiaires respectifs, savoir:

Sa Majesté le Roi du Royaume-Uni de la Grande-Bretagne et d'Irlande et des Territoires Britanniques au delà des Mers, Empereur des Indes, le Très Honorable Sir Arthur NICOLSON, son Ambassadeur Extraordinaire et Plénipotentiaire près Sa Majesté l'Empereur de Toutes les Russies;

Sa Majesté l'Empereur de Toutes les Russies, le Maitre de sa Cour Alexandre ISVOLSKI, Ministre des Affaires Étrangères;

Lesquels, après s'être communiqué leurs pleins pouvoirs, trouvés en bonne et due forme, sont convenus de ce qui suit;

Arrangement concernant la Perse.

Les gouvernements de la Grande-Bretagne et de Russie, s'étant mutuellement engagés à respecter l'intégrité et l'indépendance de la Perse, et désirant sincèrement la préservation de l'ordre dans toute l'étendue de ce pays et son développement pacifique, aussi bien que l'établissement permanent d'avantages égaux pour le commerce et l'industrie de toutes les autres nations;

Considérant que chacun d'eux a, pour des raisons d'ordre géographique et économique, un intérêt spécial au maintien de la paix et de l'ordre dans certaines provinces de la Perse contiguës ou voisines à la frontière russe d'une part, et aux frontières de l'Afghanistan et du Beloutchistan de l'autre; et étant désireux d'éviter tout motif de conflit entre leurs intérêts respectifs dans les provinces persanes dont il a été fait mention plus haut;

Se sont mis d'accord sur les termes suivants;

Article 1er. La Grande-Bretagne s'engage à ne pas rechercher pour elle-même et à ne pas appuyer en faveur de sujets britanniques, aussi bien qu'en faveur de sujets de Puissances tierces, de concessions quelconques de nature politique ou commerciale, telles que les concessions de chemins de fer, de banques, de télégraphes, de routes, de transports, d'assurances, etc, au delà d'une ligne allant de Kasri-Chirin par Ispahan, Yezd, Kach, et aboutissant à un point sur la frontière persane à l'intersection des frontières russe et afghane, et à ne pas s'opposer, directement ou indirectement, à des demandes de pareilles concessions dans cette région soutenues par le gouvernement russe. Il est bien entendu que les localités mentionnées ci-dessus entrent dans la région où la Grande-Bretagne s'engage à ne pas rechercher les susdites concessions.

Art. 2. La Russie de son côté s'engage à ne pas rechercher pour elle-même et à ne pas appuyer en faveur de sujets de Puissances tierces de concessions quelconques de nature politique ou commerciale, telles que les concessions de chemins de fer, de banques, de télégraphes, de routes, de transports, d'assurances, etc., au delà d'une ligne allant de la frontière afghane par Gazik, Birdjand, Kirman, et aboutissant à Bender-Abbas, et à ne pas s'opposer, directement ou indirectement, à des demandes de pareilles concessions dans cette région soutenues par le Gouvernement Britannique. Il est bien entendu que les localités mentionnées ci-dessus entrent dans la région où la Russie s'engage à ne pas rechercher les susdites concessions.

Art. 3. La Russie s'engage pour sa part à ne pas s'opposer, sans s'être préalablement entendue avec l'Angleterre, à ce que des concessions quelconques soient données à des sujets britanniques dans les régions de la Perse situées entre les lignes mentionnées dans les articles 1er et 2.

La Grande-Bretagne prend un engagement identique en ce qui concerne des concessions à donner à des sujets russes dans les mêmes régions de la Perse.

Toutes les concessions existant actuellement dans les régions désignées dans les articles 1er et 2 sont maintenues.

Art. 4. Il est entendu que les revenus de toutes les douanes persanes, à l'exception de celles du Farsistan et du golfe Persique, revenus garantissant l'amortissement et les intérêts des emprunts conclus par le Gouvernement du Chah à la Banque d'escompte et de prêts de Perse, jusqu'à la date de la signature du présent arrangement, seront affectés au même but que par le passé.

Il est également entendu que les revenus des douanes persanes du Farsistan

et du golfe Persique, aussi bien que ceux des pêcheries sur le littoral persan
de la mer Caspienne et ceux des postes et télégraphes, seront affectés, comme
par le passé, au service des emprunts conclus par le Gouvernement du Chah à
la Banque impériale de Perse jusqu'à la date de la signature du présent
Arrangement.

Art. 5. En cas d'irrégularités dans l'amortissement ou le payement des
intérêts des emprunts persans conclus à la Banque d'escompte et de prêts de
Perse, à la Banque impériale de Perse jusqu'à et à la date de la signature du
présent Arrangement, et si la nécessité se présente pour la Russie d'instituer
un contrôle sur des sources de revenus garantissant le service régulier des
emprunts conclus à la première desdites banques et situées dans la région mentionnée dans l'article 2 du présent arrangement, ou pour la Grande-Bretagne d'instituer un contrôle sur des sources de revenus garantissant le service régulier
des emprunts conclus à la seconde desdites banques et situées dans la région
mentionnée dans l'article 1er du présent arrangement, les gouvernements anglais
et russe s'engagent à entrer préalablement dans un échange d'idées amical en
vue de déterminer d'un commun accord les mesures de contrôle en question et
d'éviter toute ingérence qui ne serait pas conforme aux principes servant de
base au présent arrangement.

Convention concernant l'Afghanistan.

Les Hautes Parties Contractantes, en vue d'assurer la parfaite sécurité sur
les frontières respectives en Asie centrale et le maintien dans ces régions d'une
paix solide et durable, ont conclu la convention suivante:

Article 1er. Le Gouvernement de Sa Majesté Britannique déclare qu'il n'a
pas l'intention de changer l'état politique de l'Afghanistan.

Le Gouvernement de Sa Majesté Britannique s'engage en outre à exercer
son influence en Afghanistan seulement dans un sens pacifique, et il ne prendra
pas lui-même en Afghanistan et n'encouragera pas l'Afghanistan à prendre des
mesures menaçant la Russie.

De son côté, le Gouvernement Impérial de Russie déclare qu'il reconnaît
l'Afghanistan comme se trouvant en dehors de la sphère de l'influence russe,
et il s'engage à se servir pour toutes ses relations politiques avec l'Afghanistan
de l'intermédiaire du gouvernement de Sa Majesté Britannique; il s'engage
aussi à n'envoyer aucun agent en Afghanistan.

Art. 2. Le gouvernement de Sa Majesté Britannique ayant déclaré, dans
le traité signé à Kaboul le 21 mars 1905, qu'il reconnaît l'arrangement et les
engagements conclus avec le défunt émir ABDUR RAHMAN et qu'il n'a aucune intention de s'ingérer dans l'administration intérieure du territoire afghan, la Grande-
Bretagne s'engage à ne pas annexer ou occuper, contrairement audit traité,
une partie quelconque de l'Afghanistan, ni à s'ingérer dans l'administration

intérieure de ce pays, sous réserve que l'émir remplira les engagements déjà contractés par lui à l'égard du Gouvernement de Sa Majesté Britannique en vertu du traité susmentionné.

Art. 3. Les autorités russes et afghanes, spécialement désignées à cet effet sur la frontière ou dans les provinces frontières, pourront établir des relations réciproques pour régler les questions locales d'un caractère non politique.

Art. 4. Les Gouvernements de la Grande-Bretagne et de la Russie déclarent reconnaître, par rapport à l'Afghanistan, le principe de l'égalité de traitement pour ce qui concerne le commerce, et conviennent que toutes les facilités qui ont été où seront acquises à l'avenir au commerce et aux commerçants anglais et anglo-indiens seront également appliquées au commerce et aux commerçants russes. Si le développement du commerce vient à démontrer la nécessité d'agents commerciaux, les deux Gouvernements s'entendront sur les mesures à prendre, eu égard, bien entendu, aux droits souverains de l'Émir.

Art. 5. Les présents arrangements n'entreront en vigueur qu'à partir du moment où le Gouvernement britannique aura notifié au Gouvernement de Russie le consentement de l'Emir aux termes ci-dessus stipulés.

Arrangement concernant le Thibet.

Les Gouvernements de la Grande-Bretagne et de Russie, reconnaissant les droits suzerains de la Chine sur le Thibet et considérant que par suite de sa situation géographique, la Grande-Bretagne a un intérêt spécial à voir le régime actuel des relations extérieures du Thibet intégralement maintenu, sont convenus de l'arrangement suivant:

Article 1er. Les deux Hautes Parties Contractantes s'engagent à respecter l'intégrité territoriale du Thibet et à s'abstenir de toute ingérence dans son administration intérieure.

Art. 2. Se conformant au principe admis de la suzeraineté de la Chine sur le Thibet, la Grande-Bretagne et la Russie s'engagent à ne traiter avec le Thibet que par l'entremise du Gouvernement Chinois. Cet engagement n'exclut pas toutefois les rapports directs des agents commerciaux anglais avec les autorités thibétaines prévus par l'article 5 de la Convention du 7 septembre 1904, entre la Grande-Bretagne et le Thibet, et confirmés par la Convention du 27 avril 1906, entre la Grande-Bretagne et la Chine; il ne modifie pas non plus les engagements assumés par la Grande-Bretagne et la Chine en vertu de l'article 1er de ladite Convention de 1906.

Il est bien entendu que les Bouddhistes, tant sujets britanniques que russes, peuvent entrer en relations directes sur le terrain strictement religieux avec le Dalaï-Lama et les autres représentants du Bouddhisme au Thibet; les Gouvernements de la Grande-Bretagne et de Russie s'engagent, pour autant qu'il dépendra d'eux, à ne pas admettre que ces relations puissent porter atteinte aux stipulations du présent accord.

Art. 3. Les Gouvernements Britannique et Russe s'engagent, chacun pour sa part, à ne pas envoyer de représentants à Lhassa.

Art. 4. Les deux Hautes Parties s'engagent à ne rechercher ou obtenir, soit pour leur propre compte, soit en faveur de leurs sujets, aucune concession de chemins de fer, routes, télégraphes et mines, ou autres droits au Thibet.

Art. 5. Les deux gouvernements sont d'accord qu'aucune partie des revenus du Thibet, soit en nature, soit en espèces, ne peut être engagée ou assignée tant à la Grande-Bretagne et à la Russie qu'à leurs sujets.

Clauses additionnelles relatives au Thibet.

Dans une clause additionnelle, la Grande-Bretagne réaffirme la déclaration que l'occupation britannique de la vallée de Chumbi prendra fin après les payements des trois annuités de l'indemnité de 25.000.000 de roupies, à la condition que les centres commerciaux mentionnés dans la Convention du 7 septembre 1904, art. 2, auront été effectivement ouverts pendant trois années et que les autorités thibétaines se seront, durant cette période, strictement conformées de tous points aux termes de la Convention.

Si, pour une raison quelconque, l'occupation britannique de la vallée de Chumbi n'a pas pris fin à la date mentionnée, la Russie et la Grande-Bretagne s'engagent à entamer un échange de vues amical à ce sujet.

Le 18/31 août, sir Arthur Nicolson a écrit à M Isvolski pour le prévenir que le Gouvernement britannique jugeait désirable de ne pas autoriser sans accord préalable avec le gouvernement russe l'entrée au Thibet de missions scientifiques durant une période de trois années à compter de cette date, pourvu qu'un engagement semblable soit pris par le gouvernement russe.

L'ambassadeur britannique ajoutait que la Grande-Bretagne proposait en outre d'inviter le Gouvernement chinois à prendre un engagement semblable pour une période correspondante, à la condition qu'une démarche du même genre soit faite par la Russie. A l'expiration des trois années, la Grande-Bretagne et la Russie détermineraient par accord mutuel s'il était opportun de prendre une nouvelle décision au sujet d'une expédition scientifique au Thibet.

M. Isvolski répondit en se rendant aux propositions de la Grande-Bretagne.

Le golfe Persique.

En même temps qu'il autorisait sir A. Nicolson, ambassadeur d'Angleterre à Saint-Pétersbourg, à signer l'accord, Sir Edward Grey lui adressait une dépêche dont voici la traduction:

Sir Edward Grey à sir A. Nicolson.

Foreign office, 29 août 1907.

Monsieur.

J'ai autorisé aujourd'hui, par télégraphe, Votre Excellence à signer une convention avec le gouvernement russe contenant des arrangements concernant la Perse, l'Afghanistan et le Thibet.

L'arrangement intéressant la Perse est limité aux régions de ce pays qui touchent les frontières respectives de la Grande-Bretagne et de la Russie en Asie; le golfe Persique ne fait pas partie de ces régions et n'est que partiellement en territoire persan. Il n'a donc pas semblé qu'il y avait lieu d'introduire dans la convention une déclaration positive concernant les intérêts spéciaux que possède la Grande-Bretagne dans le golfe, intérêts qui sont le résultat de l'action britannique dans ces eaux durant plus de cent ans.

Le gouvernement de Sa Majesté a de bonnes raisons pour croire que cette question ne donnera lieu à aucune difficulté entre les deux gouvernements dans le cas où surgiraient des événements qui rendraient nécessaire une nouvelle discussion au sujet des intérêts britanniques dans le golfe. En effet, le gouvernement russe, au cours des négociations qui ont préparé et amené la conclusion de cet arrangement, à déclaré explicitement qu'il ne niait pas les intérêts spéciaux de la Grande-Bretagne dans le golfe Persique, — déclaration dont le Gouvernement de Sa Majesté a formellement pris note.

Afin qu'il soit tout à fait clair que le présent arrangement n'est pas conclu avec l'intention de modifier en rien la situation actuelle dans le golfe, et n'implique aucun changement dans la politique de la Grande-Bretagne à cet égard, le Gouvernement de Sa Majesté pense qu'il est désirable d'attirer l'attention sur les déclarations antérieures relatives à la politique britannique, de confirmer à nouveau, d'une façon générale, les déclarations antérieures relatives aux intérêts britanniques dans le golfe Persique et d'affirmer à nouveau l'importance qu'il y a à maintenir lesdits intérêts.

Le Gouvernement de Sa Majesté continuera à faire tous ses efforts pour assurer le maintien du *statu quo* dans le golfe et la conservation du commerce britannique; ce faisant, il n'a aucun désir d'exclure le commerce légitime d'aucune autre puissance.

Je suis, etc.

E. GREY.

La presse anglaise et l'accord.

La *Rietch* de Saint-Pétersbourg avait publié le 19 septembre des indiscrétions au sujet du texte de la convention anglo-russe, indiscrétions qui se sont d'ailleurs trouvées exactes. La presse anglaise n'avait pas attendu de connaître le texte complet pour faire des commentaires. Le *Morning Post* estimait que l'Angleterre n'obtenait guère d'avantages et que les théories de l'indépendance et de l'intégrité de la monarchie persane étaient abandonnées. Le *Daily News* craignait que la reconnaissance de sphères d'influence russe en Perse n'équivalût à la cession d'une partie de la Perse à la Russie.

L'organe radical revient aujourd'hui à la charge et attaque l'accord comme n'étant pas conforme aux idées libérales et mensonger dans ses déclarations.

L'accord, dit le *Daily News*, proclame l'intégrité et l'indépendance de la Perse et la divise en trois sphères d'influence; il proclame la facilité du commerce pour toutes les nations et reconnaît à la Russie un monopole sur les deux tiers du territoire persan; il parle d'un développement pacifique d'une Perse indépendante et il prévoit, dans certaines éventualités, l'administration de ses revenus par l'Angleterre et la Russie.

Le *Daily Chronicle* (libéral impérialiste) admet que l'on a pris de grandes libertés avec la Perse, mais il exprime l'espoir que dans le traité il y aura une nouvelle garantie de la paix universelle.

La *Tribune* (libéral ministériel) écrit:

Si le traité est observé par les deux parties dans son esprit comme dans sa lettre, nous aurons entre la Turquie d'Asie et l'Inde, non pas, comme on pouvait le penser, une province russe, mais une nation recouvrant lentement quelque chose de son ancienne dignité et de plus en plus apte à défendre sa liberté et son bien-être.

Le *Times*, après avoir fait quelques critiques de détail de la convention anglo-russe, en ce qui concerne l'étendue de la zone abandonnée en Perse à la Russie, reconnaît que l'Angleterre retire des avantages réels de l'accord en obtenant de la Russie, par exemple, qu'elle s'abstienne d'intervenir en Afghanistan.

Prise dans son ensemble, ajoute le journal de la Cité, la Convention anglo-russe remplira l'objet de son préambule; elle réglera, par consentement mutuel, les diverses questions intéressant les deux puissances; elle mettra fin à l'antagonisme qui, véritable ou imaginaire, n'a cessé de menacer la paix du monde depuis plus d'un demi-siècle.

· Il se passera peut-être quelque temps avant que se modifie l'atmosphère de jalousie et de suspicion qui a si longtemps existé des deux côtés; mais nous ne pouvons pas plus que de la nôtre, douter de la résolution arrêtée par le gouvernement russe d'observer scrupuleusement la nouvelle convention dans sa lettre et dans son esprit.

BULLETIN CRITIQUE.

ANCIENT KHOTAN *Detailed Report of Archaeological Explorations in Chinese Turkestan carried out and described under the orders of H. M. Indian Government
by* M. Aurel STEIN Indian Educational Service. —
Vol. I. *Text* with descriptive Lists of Antiques by
F. H. ANDREWS Seventy-two Illustrations in the Text,
and Appendices by L. D. BARNETT, S. W. BUSHELL,
E. CHAVANNES, A. H. CHURCH, A. H. FRANCKE, L.
de LÓCZY, D. S. MARGOLIOUTH, E. J. RAPSON, F. W.
THOMAS. Oxford, at the Clarendon Press, 1907, in-4,
pp. XXIV—621.

—— —— Vol. II. *Plates* of Photographs, Plans, Antiques
and Mss. With a *Map* of the Territory of Khotan
from Original Surveys. Ibid., 1907, in-4, pp. VII +
119 pl., 1 carte.

M. le Dr. STEIN nous avait conté le voyage mémorable qu'il
avait accompli au cours des années 1900—1, sous les auspices du
Gouvernement de l'Inde, dans le Turkestan chinois, dans son volume
paru en 1903: *Sand-buried Ruins of Khotan* (London, T. Fisher Unwin)
et il nous avait donné un aperçu des résultats scientifiques qu'il
avait obtenus dans son intéressant *Preliminary Report on a Journey
of Archaeological and Topographical Exploration in Chinese Turkestan*

(London, 1901, in-4, pp. 77, pl. xvi). Dans les deux splendides volumes que nous avons devant nous en ce moment, il nous présente l'ensemble et le détail de ses découvertes qui le placent au premier rang des archéologues qui ont visité l'Asie centrale.

L'acquisition en 1891 du célèbre MS. sur écorce de bouleau acheté à Kou-tcha par le Colonel Bower, la découverte d'un MS. en écriture kharoṣṭhī par Dutreuil de Rhins, les MSS. reçus et étudiés par le Dr. A. F. R. Hoernle provenant en majeure partie de l'oasis de Khotan et du désert adjacent de Takla-makan, ainsi que les doutes sur l'authenticité de quelques-uns de ces documents, rendaient nécessaire l'exploration du pays.

Le Gouvernement de l'Inde eut le bon esprit de faire choix du Dr. Stein pour conduire une mission archéologique afin d'étudier la région d'où provenaient les MSS. qui depuis plusieurs années étaient l'objet de l'examen des savants de l'Europe entière.

Cachemire fut le point de départ de notre explorateur qui ayant Kachgar, dans le Turkestan chinois, comme but immédiat, fit choix de la route à travers Gilgit et Hunza et le Tāgdumbash Pamir. Il nous donne dans deux chapitres un essai historique sur les relations des Chinois avec Gilgit et sur leur occupation de cette vallée dont le mémoire important de M. Chavannes sur les *Turcs occidentaux* a fourni en grande partie les éléments. Le Dr. Stein pénétra dans la vallée du Tāgdumbash Pamir par la passe de Kilik (15800 pieds au-dessus du niveau de la mer) qu'il traversa le 29 Juin 1900; il fait ressortir l'importance de ce Pamir qui seul appartient au Turkestan, tandis que tous les autres Pamirs déversent leurs eaux dans le bassin de l'Oxus. On désigne sous le nom de Sarikol le district montagneux dont les vallées fournissent les eaux formant en grande partie la rivière de Tashkurghan qui rejoint la rivière de Yarkand ou Zarafshan; le Sarikol dérive son importance de sa position qui en fait le lien entre le Haut Oxus et les Oasis du Sud du Turkestan chinois, et par suite la Chine. Les pèlerins bouddhistes Fa hien, Song Yun, Hiouen Tsang traversèrent le Sarikol désigné par les noms de *Ho p'an t'o* 喝槃陀, *Han t'o* 漢陀, *K'o kouan t'an* 渴館檀, *K'o lo t'o* 渴羅陀. L'assimilation proposée par Sir Henry Yule de la vieille capitale *Kié p'an t'o* 楬盤陀 avec le présent Tashkurghan peut-être considérée comme certaine.

En quittant Tashkurghan le 10 juillet 1900, le Dr. Stein s'est rendu à Kachgar par le défilé du Gez; c'est l'itinéraire que j'ai tracé pour le voyage de Marco Polo et je suis heureux que mon travail de géographe en chambre soit vérifié par la pratique. Le Dr. Stein est arrivé le 29 juillet 1900 à Kachgar auquel il consacre diverses notices historiques, surtout d'après les sources chinoises qui depuis les Han antérieurs jusqu'aux T'ang désignent ce pays sous le nom de *Sou-lé* 疏勒; je n'ai malheureusement pas la place pour les résumer ici; aucune de ces sources ne contient d'indication précise sur la situation de Kachgar, mais la plus ancienne description mahométane de cette ville, celle du *Târîkh-i-Rashîdî*, de Mirza Haidar, démontre qu'au commencement du XVIe siècle, elle était la même qu'aujourd'hui.

Le 4 sept. 1900, le Dr. Stein visite les ruines de Khan-ui près de Kachgar; le 11 sept., il quittait cette dernière ville pour Yarkand en traversant la région de sables mouvants qui entourent Ordam-Padshâh et rejoint la route principale de Kachgar et de Yangi Hiçar à l'oasis de Kizil. De Yarkand, par Karghalik où il ne fait qu'un court séjour, notre voyageur arrive à Khotan en longeant du 2 au 12 oct. le Takla-makân. Trois chapitres sont consacrés à Khotan: sa géographie et ses habitants; son histoire; enfin ses anciens sites.

L'oasis de Khotan doit sa richesse naturelle et son importance entièrement à sa situation géographique, occupant un grand territoire de loess fertile au pied des Kouen loun, arrosée par le Youroungkāch et le Kara-kach daria, deux des affluents du Tarim, dont on tire le jade. Les renseignements les plus anciens que fournissent sur Khotan les archives chinoises commencent au règne de l'empereur Wou Ti (140—87 av. J.-C.); c'est sous ce règne qu'arriva en Chine la première ambassade envoyée par Yu t'ien 于 闐 [Kho tan].

Ce fut un des pays soumis par le célèbre général Pan Tch'ao au premier siècle de notre ère (cf. Chavannes, *T'oung Pao*, Mai 1906). Au VIIᵉ siècle (648), Khotan forma avec Kou-tcha, Kachgar et Tokmak les «Quatre Garnisons»; à la fin du VIIIᵉ siècle, l'occupation de Bish-baliq par les Tibétains mit fin à la suprématie chinoise dans la région du Tarim dont la partie Sud avait depuis longtemps cessé d'être en relations avec le Kan Sou par suite de l'invasion tibétaine. Les sources musulmanes ne donnent qu'une date bien déterminée au sujet de la conquête par l'Islam: c'est qu'en 1006 Khotan était occupé par Yousouf Qadr Khān, frère ou cousin d'Abou'l-Hasan Naçr Ilik Qara Khān, le chef de la dynastie turque de Kachgar et de Balasaghoun.

Yōtkan, dans le canton de Borazan, le petit village dont l'emplacement était occupé par l'ancienne capitale ainsi que l'a clairement montré Grenard, a été fouillé par le Dr. Stein qui en a étudié l'archéologie et qui a recherché les restes de la vieille ville; il y a trouvé ou acheté une grande quantité d'antiquités.

Le 7 déc., se remettant en route, Stein, par Yangi-arik et l'oasis de Tawakkël, gagnait dix jours plus tard les ruines de Dandān-Uiliq dans des dunes formées par les débris poussièreux fluviaux transportés par les vents; je n'entrerai pas dans le détail des excavations faites par le Dr. Stein; j'en indique plus loin les fructueux résultats.

Le 3 janvier 1901, les fouilles de Dandān-Uiliq étant terminées, Stein part pour la rivière Niya; il visite les ruines de Rawak; c'est là que quelques-uns de ses hommes qu'il avait laissés à Tawakkel lui apportèrent de Dandān-Uiliq où ils étaient retournés, le document

judéo-persan dont nous parlerons. Stein arrive à Keriya le 12 janvier;
quelques jours plus tard il était à Niya où il eut la bonne fortune
de trouver ses premiers documents kharoṣṭhī sur bois; l'ancien site
au-delà de la rivière de Niya devait être l'un des plus fructueux
en découvertes de notre archéologue.

Le 13 février, Stein quittait Niya pour aller étudier les ruines
dans le désert près de la rivière d'Endere, à moitié route de
Tchertchen; il y arrivait le 21 février; les fouilles dans le temple
d'Endere lui livrèrent des sculptures et des ornements en stuc, des
MSS. brahmī, tibétains; des documents chinois, etc.; un fort et un
stupa en ruines d'Endere furent également étudiés.

Le 26 février, Stein retournait vers l'Ouest et le 2 Mars, il
était de retour à Niya; il avait pour but l'exploration des ruines
de Kara-dong, non loin de la rivière de Keriya, et la recherche du
P'i-mo de Hiouen .Tsang, et le Pein de Marco Polo; le *Preliminary
Report* de Stein m'avait déjà permis d'ajouter une note à ce sujet
à la fin du *Book of Ser Marco Polo*, II, p. 595; nous avons également reproduit d'après les bonnes feuilles obligeamment communiquées par les éditeurs d'*Ancient Khotan* le chapitre *Hsüan-Tsang's
Notice of P'i-mo and Marco Polo's Pein* (*T'oung Pao*, Oct. 1906,
pp. 469—480). Je considère l'identification de P'i-mo et de Pein
comme un des résultats géographiques importants du voyage de Stein.

Le Chap. XV est consacré aux ruines d'Ak-sipil et de Rawak,
sur la rive droite du Youroung kach daria et au N. de Khotan.

Le 28 Avril, le Dr. Stein quittait Khotan pour reprendre enfin
la route de Londres; il avait employé les derniers jours de son séjour
à Khotan pour mettre à jour la fabrique de faux manuscrits dont
le faussaire Islām Akhūn avait, par l'intermédiaire de voyageurs
crédules, encombré certains musées d'Europe; ce dernier chapitre est
l'un des plus curieux de l'ouvrage et témoigne de la grande ingéniosité
d'esprit de l'archéologue.

Un Appendice considérable donne le détail de la riche moisson rapportée de l'Asie centrale par le Dr. Stein et dont il a confié, comme on va le voir, l'examen aux savants les plus compétents.

Les documents chinois trouvés à Dandān-Uiliq, tirés des archives du couvent Hou-kouo, analysés et traduits par M. CHAVANNES (App. A, Pt. I), sont relatifs à des affaires privées et en particulier à des prêts, mais ils offrent un intérêt pour la chronologie; les dates qu'on peut relever dans ces divers documents sont les suivantes: 768, 781, 782, 786, 787, 789 et 790; comme le remarque M. Chavannes «par leur âge, ces documents représentent les dernières traces de l'influence chinoise dans le Turkestan oriental sous la dynastie T'ang. Le commissaire de la Chine dans le Turkestan oriental était alors Kouo Hin 郭昕, qui résidait à Kou-tcha, où le vit en effet le pélerin Wou-k'ong peu avant l'année 789». Des documents historiques publiés par M. Chavannes, il résulte que dès l'année 766 environ, les Tibétains réussirent à isoler presque entièrement de la Chine le Turkestan oriental et la région de Tourfan et de Goutchen; les documents de Dandān Uiliq dont les dates s'échelonnent de 768 à 790 se rapportent à la période où l'influence chinoise subsistait encore dans tout le Turkestan oriental, bien qu'elle n'eût déjà presque plus de communications avec le gouvernement central.

Un certain nombre de documents chinois sur un bois qui parait être du terek ou *Populus alba* ont été trouvés à Niya; ce sont des pièces de bois minces et étroites dont cinq intactes ou brisées en deux parties se complétant qui rappellent les fiches de bambou 簡 employées pour écrire dans l'antiquité chinoise. Ces fiches examinées par M. Chavannes (App. A, Pt. II) se rapportent au début de la dynastie Tsin qui commença de régner 265 ap. J.-C.; au déchiffrement des fiches (reproduites dans les Pl. CXII, CXIII, CXIV),

M. Chavannes a ajouté la traduction des notices fort succinctes que le *Tsin chou* a consacrées aux royaumes de Yen-k'i 焉耆 (Karachar), K'ieou-tseu 龜兹 (Kou-tcha), Ta-yuan 大宛 (Oura-tépé) et K'ang-kiu 康居 (Sogd).

Les documents chinois trouvés au temple d'Endere étaient peu nombreux et à l'état fragmentaire, sans date, sauf un de 719, mais ils suffisent à montrer que le temple n'a pas été abandonné plus tard que la fin du huitième siècle. M. Chavannes (App. A, Pt. III) a déchiffré également ces documents qui n'ont aucun caractère religieux.

Les manuscrits et les inscriptions tibétains découverts au temple d'Endere ont été publiés par M. L. D. BARNETT, assistant au département des livres et des mss. orientaux du British Museum, et M. A. H. FRANCKE, de la mission morave de Leh (App. B). Ils comprennent: I. *Fragments du Sālistamba-sūtra*, sur papier; II. *Divers fragments d'ouvrages religieux*, papier; III. *Deux poèmes du T'eg-mc'og-mdzod*, sur une feuille de papier presque rectangulaire; IV. *Inscriptions des murs du temple d'Endere*.

Le Dr. D. S. MARGOLIOUTH a donné le texte, fait la translitération et fourni une traduction provisoire (App. C) du document judéo-persan trouvé par le Dr. Stein à Dandān Uiliq; ce document ne parait pas remonter au-delà du VIIIe siècle, ce qui lui donnerait plus de 200 ans que le plus ancien document judéo-persan connu jusqu'ici, c'est-à-dire le rapport légal de 1020, conservé à la Bibliothèque Bodléienne et publié par le Dr. Margoliouth dans la *Jewish Quarterly Review* de 1899; il est également le plus ancien document en persan moderne puisque le MS. le plus ancien en cette langue d'un ouvrage en prose en persan ordinaire est l'exemplaire de Vienne daté 1055 du traité de Muwaffaḳ Ibu 'Ali, de Herat, composé entre 961 et 976 de notre ère; le ms. de Stein paraît être du commencement du VIII⁰ siècle.

L'Appendice D renferme l'inventaire par le Dr. S. W. Bushell et M. E. J. Rapson, professeur de sanscrit à l'Université de Cambridge, des monnaies trouvées ou achetées.

M. F. W. Thomas, Bibliothécaire de l'India Office, a donné (App. E) des extraits des relations tibétaines sur Khotan. Le professeur de chimie à l'Académie royale des Arts, Mr. A. H. Church, a fait l'analyse des spécimens de stuc ancien recueillis dans les ruines du territoire de Khotan (App. F). Enfin, le géologue bien connu de l'Université de Budapest, M. L. de Lóczy, a fourni (App. G) des notes sur les spécimens de sable et de loess apportés par le Dr. Stein de la région de Khotan: Yōtkan, Ak-sipil, Dandan-Uiliq et Niya.

En 1902, j'avais été invité par le Dr. Stein à visiter ses collections alors réunies dans un des locaux de la Medal Room du British Museum et j'en avais admiré la richesse et la variété; tous les objets ont été reproduits avec une rare fidélité dans les 119 belles planches qui forment le Vol. II d'*Ancient Khotan*. Vraiment la Clarendon Press, d'Oxford, en publiant ce bel ouvrage, a rendu pleine justice à l'un des voyages les plus fructueux en même temps que l'un des moins coûteux dans l'Asie centrale, et nous ne saurions trop féliciter voyageur et éditeur.

Je ne dois pas oublier une grande carte en couleurs à l'échelle de 1 : 506.880 dressée sous la direction et avec l'aide du Dr. Stein par Ram Singh, du Survey du Département indien.

En terminant cet article insuffisant à rendre justice à l'oeuvre accomplie par le Dr. Stein, je songe aux ombres glorieuses qui planent au-dessus des recherches des explorateurs modernes: le grand

pélerin chinois HIOUEN TSANG et le non moins grand voyageur
vénitien MARCO POLO, que semble guider leur illustre commentateur, Sir Henry YULE, à la mémoire duquel *Ancient Khotan* est
dédié par un sentiment de juste reconnaissance et d'admiration.
Nous ne découvrons rien; nous redécouvrons; nous suivons les traces
de nos devanciers; ils nous révèlent les secrets du passé enseveli sous
les sables mouvants du désert; les ruines et ce qu'elles renferment
sont les témoins éloquents de leur véracité.

Henri CORDIER.

Persia Past and Present A Book of Travel and Research
with more than two hundred illustrations and a map
by A. V. Williams JACKSON Professor of Indo-Iranian
Languages ... in Columbia University. New York, The
Macmillan Company, 1906, in-8, pp. XXXI—471.

À la fin de Janvier 1903, Mr. JACKSON ayant obtenu un congé
de six mois, se proposa, après avoir visité deux ans auparavant
l'Inde et Ceylan, de parcourir la Perse et l'Asie centrale dans un
but de recherche scientifique, en vue surtout de l'étude de Zoroastre
et de la foi ancienne des Mages. «Mon plan, dit-il, était de traverser
autant de pays connu de Zoroastre que je le pourrais, y compris la
Transcaspie et le Turkestan, et de visiter les endroits les plus célèbres
dans l'histoire de la Perse. La route que je marquai d'avance sur
la carte, et que j'ai pu parcourir, m'a porté du Caucase au Nord
presque au golfe Persique au Sud, de là à Yezd dans le désert central
et Nord à Teheran et à la mer Caspienne. Ayant traversé celle-ci,
j'ai continué le voyage au coeur de l'Asie, à Merv, Bokhara et
Samarcande».

Ce volume est digne de l'excellent orientaliste et archéologue
qu'est M. Jackson; je me garderai de le suivre pas à pas dans son
voyage, car son intérêt est moins géographique qu'archéologique et je me

contenterai de noter quelques points, non pas parce qu'ils sont plus importants que d'autres, mais parce qu'ils sollicitaient mon attention d'une façon spéciale.

M. J. consacre quelques pages aux *Yezidis*, adorateurs du Diable, sur lesquels il a recueilli de nouveaux renseignements à Tiflis; ces Yezidis se trouvent principalement dans le Caucase, l'Arménie et le Kurdistan, mais ils sont très dispersés et leur quartier général est dans la province de Mossoul, Mésopotamie. Suivant la croyance des Yezidis, Dieu, le créateur du ciel et de la terre, forma d'abord de sa propre essence six autres divinités, le soleil, la lune, et les principales étoiles, et celles-ci l'aidèrent à créer les anges. Le Diable, qui était la création propre de Dieu, se révolta contre son seigneur et fut jeté dans l'enfer. Il se repentit ensuite de son péché, fit pénitence pendant sept mille ans, et versa des larmes de contrition qui remplissent sept vases qui seront employés au Jour du Jugement pour éteindre les feux des sept enfers. Dieu dans sa miséricorde pardonna au repentant, lui rendit son rang au ciel, le fit son égal, et défendit aux anges de considérer avec mépris leur frère réintégré. Comme la grâce de Dieu a ainsi pardonné et même élevé Satan lui-même, l'homme ne doit pas regarder avec haine ce soi-disant représentant du mal. En conséquence, les Yezidis ne permettent jamais au nom de Satan de passer leurs lèvres, évitant même une syllabe qui rappelle le mot, et reculant d'horreur à la mention du diable par d'autres. Ils vénèrent Sa Majesté sacrée sous le nom de *Malik Tâ'us*, «Roi Paon», titre qu'ils appliquent au saint étendard (*sanjak*) ou symbole de leur religion, qui est le paon, représenté dans leur art conventionnel de manière à presque ressembler à un coq. Malik Taus se révéla sous la forme d'un bel adolescent avec une plume de paon lorsque dans une vision il parut devant Sheikh Aadi, le prophète de la foi. D'ailleurs les doctrines des Yezidis ont été modifiées au contact du Manichéisme, du Nestorianisme et surtout du Mahométisme. Les Yezidis sacrifient tous les ans un mouton au Christ et trente au Diable; le baptême existe chez eux; la circoncision est générale, mais pas universelle. Ni le vin, ni la polygamie ne sont prohibés. Le regretté Mr. J. MENANT a consacré aux Yezidis un volume dans la Bibliothèque de vulgarisation des *Annales du Musée Guimet.*

Tout un chapitre (VII), réimpression avec des modifications et des additions d'un article du *Cosmopolitan Magazine*, est consacré à Zoroastre et à l'Avesta. D'autres chapitres traitent de l'organisation et des coutumes religieuses des Zoroastriens à Yezd.

L'ouvrage renferme naturellement des références à MARCO POLO et à ODORIC de Pordenone à propos de Yezd (P. 349), de la route de Yezd à Teheran (P. 402 et 403) et des Trois Rois (P. 413). Marco Polo raconte que l'un des trois Rois Mages vint de Saba, le second d'Ava, et le troisième de Cala Ataperistan, équivalent de «Château des Adorateurs du Feu». Dans un article publié dans le *Journ. Am. Orient. Soc.*, XXVI, pp. 79—84, *The Magi in Marco Polo*, Mr. J. avait donné différentes raisons pour identifier ce château avec Qaschân, ou un village dans son voisinage, à moins que ce ne soit Naïn appelé *Naim* par Josafo Barbaro. Odoric également (éd. Cordier, pp. 41—2) fait venir les trois Rois de Qaschân.

Mais le grand exploit de M. J. est l'étude nouvelle de la fameuse inscription du rocher de *Behistoun.*

Mr. J. écrit (P. 186): «Le lundi de Pâques, 13 avril 1903, restera pour moi une date mémorable du calendrier, car le matin, après quatre jours de cheval depuis Hamadan, j'attrapai ma première vue de la montagne de Behistoun et de la grande inscription de Darius».

On sait qu'en 1844, RAWLINSON par un véritable tour de force, releva l'inscription trilingue de ce roc gigantesque; à ce sujet, M. Jules OPPERT m'écrivait il y a quelques années:

«C'était en outre un homme d'un grand courage personnel; il se fit hisser sur un échafaudage le long de l'immense rocher de Behistoun, à 300 pieds au-dessus du sol, pour copier et pour estamper cette grande inscription en trois langues, dont·on doit le texte à son courage seul. La planchette sur laquelle il était assis était tenue par des cordes confiées aux mains d'ouvriers persans qui à tout moment pouvaient le jeter dans l'abîme».

Ce n'est pas peu dire que de rappeler que Mr. Jackson a renouvelé cet exploit. L'inscription est placée au nord-est, à quatre ou cinq cents pas du point central. «Quand on se tient au-dessous et que du ravin rocheux on regarde à trois cents pieds en haut, la configuration générale de l'inscription et les figures de Darius, les deux vizirs, et les dix Rois captifs, apparaissent clairement en vue» (P. 190). L'inscription médique et surtout l'inscription baby-lonienne sont presque inaccessibles; Mr. Jackson s'est occupé de l'inscription perse qui a beaucoup souffert par l'eau depuis l'époque de Rawlinson.

Mr. J. resta quatre jours sur le rebord de l'inscription et le vent qui soufflait l'a gêné beaucoup dans son travail; il put néan-moins prendre deux ou trois photographies, examiner la plupart des passages douteux et prouver en général la merveilleuse exactitude de la transcription de Rawlinson. Avant de quitter Behistoun, Mr. J. a examiné le bas-relief sculpté au pied de la colline, malheureuse-ment mutilé, représentant la victoire du roi Parthe Gotarzes (46—51 ap. J.-C.) sur son rival Meherdates, Parthe également, mais élevé à la Cour de l'Empereur romain Claude; il nous décrit aussi une grande pierre dont trois côtés portent sculptées des figures de grandeur naturelle, grossières et lourdes, mais produisant un certain effet, probablement de l'époque des Achéménides.

Que de lieux historiques traversés: Hamadan, l'ancienne Ecbatane, Pasagarde et le tombeau de Cyrus, Persépolis avec le souvenir de

Darius, Xerxes, Artaxerxes dont les monuments sont décrits avec grand soin, Chiraz, la patrie des illustres poètes Hafiz et Saadi, la capitale moderne, Teheran, et à six milles au Sud-Est, Rey, l'antique Ragha, Rages, la métropole de l'ancienne Médie, en ruines. L'ouvrage se termine par le voyage à travers le Mazanderan à la Mer Caspienne, par Qazvin et Enzeli, le port d'embarquement. Des photographies de monuments, de sculptures, d'inscriptions, rendent plus attrayant encore un texte qui l'est déjà.

Mr. J. annonce un nouveau volume sur Suse et la Perse orientale; nul doute qu'il n'offre autant d'intérêt que celui que nous venons de lire. Henri CORDIER.

BIBLIOGRAPHIE.

LIVRES NOUVEAUX.

Le fascicule I du vol. IV (Fascicule 7 de l'ouvrage entier) de la *Bibliotheca Sinica*, de M. Henri CORDIER, Prix 25 fr., a paru· à la librairie E. Guilmoto, successeur de J. Maisonneuve, Paris. Il comprend les colonnes 2381—2796, c'est-à-dire: Troisième Partie: **Relations des Etrangers avec les Chinois.** — V. *Grande Bretagne* (suite). — VI. *Russie.* — VII. *France.* — VIII. *Suède et Norvége.* — IX. *Danemark.* — X. *Etats-Unis.* — XI. *Allemagne.* — XII. *Autriche-Hongrie.* — XIII. *Belgique.* — XIV. *Italie.* — XV. *Suisse.* — XVI. *Pérou.* — XVII. *Brésil.* — XVIII. *Peuples de l'Asie* [guerre sino-japonaise]. — XIX. *Questions contemporaines* [guerre russo-japonaise]. — Quatrième Partie: **Les Chinois chez les Peuples étrangers**: I. *Connaissance des Chinois sur les Peuples étrangers.* — II. *Voyages et Ambassades* [Pélerins bouddhistes, etc.]. — III. *Emigration.* — Cinquième Partie: **Les Pays tributaires de la Chine**: I. *Tartarie* [Épigraphie, etc. — Mandchourie. — Mongolie]. — L'impression du Fascicule 8 et *dernier* est commencée; ce fascicule comprendra non seulement la fin de l'ouvrage: **Asie centrale, Tibet, Corée, Iles Lieou k'ieou,** mais aussi les **Additions** et les **Corrections.** M. Henri CORDIER sera recon-

naissant aux savants qui voudront bien lui signaler ses erreurs et ses omissions.

M. E. von ZACH qui n'avait rien publié depuis deux ans a repris la série de ses *Lexicographische Beiträge* IV (Peking 1906) qui renferme la suite de ses remarques sur le Dictionnaire de GILES, *Weitere Ergänzungen zu Giles' Dictionary*, Nos. 751—1000, et *Noch ein Gedicht Po Chü-i's.*

Comme suite à son article du 15 juin paru dans les *Archives des Sciences physiques et naturelles*, de Genève, notre collaborateur, M. Léopold de SAUSSURE, a donné dans le no. de juillet de ce même recueil une *Note sur les étoiles fondamentales des Chinois.*

Notre collaborateur, le Dr. Berthold LAUFER, a donné un article *Zur Geschichte der Brille* aux *Mitt. zur Geschichte der Medizin und der Naturwissenschaft*, Hamburg, 1907, Bd. VI, 1907, No. 4.

Nous avons reçu le Fascicule I d'un *Cours pratique de Japonais*, par François GUÉZENNEC; l'ouvrage est imprimé avec soin chez Brill.

PUBLICATIONS PÉRIODIQUES.

The Korea Review. — [Cf. *T'oung-pao*, Octobre 1906, pp. 540—544.] — Vol. 6, No. 8, August 1906. — *Ul-leung Do* [Dragelet Island]. — *Korean Writing*. By KANG Sun-pil. — *The Japanese in the North*. — *Filial Etiquette*. A Korean Confucian Tract translated by Rev. C. T. COLLYER. — *The Prophets of Seoul*. — *Korea's Internal Affairs*. — *Editorial Comment*. [The Torture of Koreans]. — *News Calendar*.

⟩ Vol. 6, No. 9, September 1906. — *What to See at ⟨⟩-yang*. By O Sung-keun. — *Korean Finances*. — *Prince ⟨⟩, An Appeal. — Japan in North-east Korea. — Japanese ⟨⟩gra ⟨⟩, — Editorial Comment. — News Calendar.*

— — Vol. 6, No. 10, Octobre 1906. — *Missionary Work in ⟨⟩ea. — Tax Collection in Korea. — Koreans in America. — The ⟨⟩rean Prefecture. — Swift Retribution. — A Chequered Career. — ⟨⟩rial Comment* [Douglas Story on Korea]. — *News Calendar.*

— — Vol. 6, No. 11, November 1906. — *The Koreans in Hawaii*. By Geo. Hebert Jones. — *Min Yong-whan. — Biographical Notes of Ancient Korea*. By E. B. Landis. — *The Religion of the Heavenly Way. — Gambling in Korea. — Editorial Comment* [The new Seoul Press]. — *News Calendar.*

— — Vol. 6, No. 12, December 1906. — *Biographical Notes of Ancient Korea*. By E. B. Landis. — *Koreans abroad*. By G. H. Jones. — *A "Skeleton in the Closet". — An Eminent Opinion. — The Religion of the Heavenly Way. — Editorial Comment. — News Calendar.*

Bulletin de l'École française d'Extrême-Orient. — [Cf. *T'oung Pao*, Oct. 1906, pp. 544—5]. Tome VI, N°s 1—2, Janvier—Juin 1906. — *Etudes de Littérature bouddhique* par Ed. Huber [V. Les sources du *Divyāvadāna*. — VI. *Kaniṣka et Sātavāhana*. — VII. *Termes persans dans l'Astrologie bouddhique chinoise*]. — *La Stèle de Ta-Prohm* par George Coedès. — *Note* par P. Cordier. — *Le Mur de Đồng-Hớ'i* Étude sur l'établissement des Nguyễn en Cochinchine par L. Cadière.

— — Tome VI, N°s 3—4, Juillet—Décembre 1906. — *Notes*

sur l'Asie centrale par Paul PELLIOT. [I. *Les* «Trois Grottes» *et les ruines de Tegurman au nord de Kachgar.*]. — *Étude sur les coutumes et la langue des La-ti* par M. le chef de Bataillon BONIFACY. — *Notes sur les Chams* par M. E.-M. DURAND. [V. — *La Déesse des Etudiants*]. — *Nouvelles Notes sur le Sanctuaire de Pô-nagar à Nha-trang* par H. PARMENTIER. — *Les Anglais à Macao en* 1802 *et en* 1808 par C. B. MAYBON [cf. *T'oung Pao*, Juillet 1907, p. 416]. — *Notes ethnographiques sur les Kos* par M. DAUFFÈS. — *Études de Littérature bouddhique* par Ed. HUBER [VIII. *La destruction de Roruka*]. — *Notes et Mélanges* [*Note sur les prétendus Mu'ò'ng de la province de Vĩnh-yen* par A. CHÉON. — *Notes sur la tour chame de Nam-lieu (Darlac septentrional)* par Henri MAITRE. — *Nouvelles découvertes archéologiques en Annam* par H. PARMENTIER, avec une carte]. — *Bibliographie.* — *Chronique.* — *Documents administratifs.*

Revue Indo-chinoise. — Hanoi. — T. V, No. 57, 15 mai 1907. — *De Thanh-hoa à Luung-Prabang à travers les Huaphans* (BOUTAN). — *L'institut vaccinogène du Tonkin* (A. GAUDUCHEAU). — *Essai sur les Tonkinois.* Suite. (G. DUMOUTIER). — Les provinces du Tonkin: *La délégation de Quan-Ba* (Capitaine JANNOT). — *Revue de la presse d'Extrême-Orient.* — *Bibliographie.* — *Concours mensuels de langues usitées en Indo-Chine* (Résultats du III⁰ concours). (Vingt-et-une gravures).

—— No. 58, 30 mai 1907. — *L'exploitation des tecks du bassin du Mékong et le chemin de fer de Savannaket à Quang-tri* (P. CORDIER). — *Le Siam et l'influence européenne; organisation d'une circonscription administrative:* l'Amphò. (L. STREMLER). — *De Thanh-hoa à Luang-Prabang.* Fin (BOUTAN). — *Essai sur les Tonkinois.* Suite. (G. DUMOUTIER). — Les provinces du Tonkin: *La délégation de Quan-Ba.* Suite. (JANNOT). — *Revue de la Presse d'E. O.* —

Bibliographie. — *Concours mensuels...* (Résultats du Vᵉ concours). (Une carte et douze gravures).

—— —— No. 59, 15 juin 1907. — *La mort d'un ancien ministre* (P. Pasquier). — *Les Portugais au Cambodge.* — *Les réformes dans l'enseignement indigène au Tonkin* (Z.) — *Essai sur les Tonkinois.* Suite. (G. Dumoutier). — *Etudes ethnographiques sur les Khas.* Suite. (Macey). — *Les provinces du Tonkin: La délégation de Quan-Ba.* Suite. (Jannot). — *Revue de la presse d'E. O.* — *Bibliographie.* — *Concours mensuels...* (Résultats du IVᵉ concours). — *Bulletin médical* (hors texte). (Deux cartes et neuf gravures).

—— —— No. 60, 30 juin 1907. — *Monographie des Máns Tiêu-bàn ou Đeo-tiê'n* (Cᵗ. Bonifacy). — *Notice historique sur Kampot* (Adhémard Leclère). — *Sur la frontière Sino-tonkinoise* (Z.). — *Folklore sino-annamite.* Suite. (G. Dumoutier). — *Notes ethnographiques sur les Khas.* Fin. (Macey). — *Les provinces du Tonkin: La délégation de Quan-Ba.* Fin (Jannot). — *Revue de la presse d'E. O.* — *Bibliographie.* — *Concours mensuels...* (Résultats du Vᵉ concours). (Deux gravures).

—— —— No. 61, 15 juillet 1907. — *Les Métis franco-annamites* (E. Babut). — *Monographie des Màns Tiê`u-ban ou Đeo-tiên.* Fin. (Bonifacy). — *Notice historique sur Kampot.* Fin. (Adhémard Leclère). — *Les provinces de l'Annam:* Phu-yên (XXX). — *Observation de l'Eclipse du Soleil du 14 janvier 1907* — *Variations corrélatives des phénomènes météorologiques à l'Observatoire de Phu-liên* (Tonkin) (G. Le Cadet). — *Revue de la Presse d'E. O.* — *Bibliographie.* — *Concours mensuels...* (Résultats du VIᵉ concours). (Quatre gravures et une carte).

Anthropos. [Cf. *T'oung Pao*, Mars 1907, p. 142]. Bd. II, Heft 2. — *Preparacion y Emplèo de las Resinas, Gomas, y Aceites por los indigenas de Tong-king.* Por el P. GIRALDOS, pp. 211—218.

—— —— Heft 3. — *Les Thay.* Par Antoine BOURLET, pp. 355—373.

—— —— Heft 4 & 5. — *Les Thay.* Suite. Par Antoine BOURLET, pp. 613—632. — *Del matrimonio chino.* Por el P. Jaime MASIP, pp. 715—721.

CHRONIQUE.

ANNAM.

Le 30 juillet dernier, M. Lévêque, résident supérieur à Hué, procéda à l'internement de Thanh Thaï, roi d'Annam, dans son palais et à la constitution d'un conseil de régence.

Le *Courrier d'Haïphong*, arrivé le 20 sept. à Paris, donne les détails ci-après au sujet de cet incident:

Aidé de son seul secrétaire, M. Serier, le résident supérieur en Annam passa la journée et la nuit à prendre les dispositions nécessaires en vue de l'internement du roi, en vertu d'instructions reçues de Paris le 28 juillet.

Il écrivit au roi, lui demandant audience pour le lendemain lundi, à huit heures du matin; en même temps il convoquait le Comat pour sept heures et demie du matin, à la résidence supérieure.

M. Lévêque, accompagné du Comat, se présenta au palais: il avait pour escorte un détachement de garde civile trié sur le volet, commandé par un garde principal sur lequel il savait pouvoir compter.

L'entrevue eut lieu dans la salle du trône: dès que Thanh Thaï fut là, M. Lévêque lui fit part, au nom du gouvernement de la République, de la décision qui avait été prise à son égard — et tout aussitôt, sur un signe convenu, les issues de la salle royale furent gardées, afin de ne laisser personne y accéder, ni personne, et en particulier le souverain, en sortir.

Le roi protesta. Le président du Comat protesta à son tour pour la forme.

M. Lévêque se borna à déclarer qu'il avait reçu des ordres et qu'il ne pouvait faire autrement que de les exécuter.

Il avisa le roi que ses appartements privés lui étaient conservés; qu'un certain nombre de ses femmes et de ses domestiques restaient à sa disposition, mais qu'il n'avait plus, dorénavant, aucun pouvoir à exercer et qu'il lui était interdit de sortir de la partie du palais mise à sa disposition.

Le roi s'inclina, non sans laisser paraître son vif mécontentement et sa colère.

La détermination prise à l'égard du souverain de Hué par le gouvernement

français l'a été bien moins comme conséquence des rapports du gouvernement
local, qu'à la suite de la réception à Paris d'une lettre de la jeune reine
d'Annam se plaignant des agissements de son mari, et dénonçant les abomina-
tions et les atrocités dont il se rendait coupable.

Cette lettre — écrite au palais par un lettré dévoué à la souveraine, signée
par elle — avait été établie en double expédition, dont l'une fut adressée à
M. Beau, la seconde au président de la République.

CHINE.

Un édit impérial publié dans la *Gazette* nomme Wou T'ing-fang 伍廷芳
ministre de Chine à Washington, où il avait déjà occupé le même poste et Sa
Yen-tou ministre à Saint-Pétersbourg.

Nous lisons dans *le Temps* du 11 août 1907:

«Nous avons annoncé récemment que le capitaine d'Ollone, en mission
dans la Chine méridionale, venait de traverser le pays des Lolos indépendants.

«Dans le Yunnan et dans le Tonkin septentrional on trouve des Lolos plus
ou moins soumis soit aux Chinois, soit à l'administration française. M. d'Ollone,
accompagné par le P. de Guébriant, de la mission de Ning-Yuen-Fou, a pu visiter
le pays des Lolos indépendants, au sud du Se-Tch'ouen, dans les monts Ta-
Leang-Chan (les grandes montagnes froides).

«Un membre de la mission d'Ollone nous a donné les renseignements
suivants:

«Le 12 juin, la petite troupe atteignait Soui-Fou, après avoir traversé de
part en part le pays inconnu. Elle en rapportait une carte, incomplète assurément, mais néanmoins précieuse, et qui révèle un pays des plus accidentés. La
mission n'a pas traversé moins de cinq cols d'altitude variant entre 3,300 et
3,600 mètres, et les sommets atteignent ou dépassent la hauteur du Mont
Blanc. Entre ces montagnes, de belles vallées bien cultivées, dont les flancs
garnis de pâturages nourrissent d'abondants troupeaux de bœufs, de moutons
et de chevaux; puis à l'approche du fleuve Bleu, dont le niveau est inférieur
de près de deux mille mètres, ce sont des déchirures, des gorges abruptes, des
précipices effroyables.

«Quant aux populations, l'intérêt qu'elles présentent n'est pas moindre qu'on
ne le supposait. Elles se divisent en deux grandes classes: les nobles et les
serfs. Les nobles, que les Chinois appellent Hommes noirs ou Os noirs (Hei-I
ou Hei-Koutou), on ne sait pourquoi, sont assez peu nombreux. Eux seuls possèdent ce type si singulier, proche de celui du Peau-Rouge d'Amérique, que les
voyageurs ont décrit. Ils vivent en guerriers, chassant, montant à cheval,
s'entraînant aux exercices violents, au tir de l'arc, au maniement du sabre et
du javelot, menant une existence aussi rude que leurs serfs, mais exerçant sur

ceux-ci une autorité absolue. Ceux-ci sont pour une part des Lolos tombés en servage, — à la suite de guerres sans doute, — mais surtout des Chinois enlevés et emmenés en captivité; ces serfs, qui ne sont désignés d'ailleurs que sous le nom patriarcal d' «enfants», ne sont point maltraités, ils sont même associés souvent à la conduite des affaires, mais il leur est de toute impossibilité de sortir de leur condition, et l'évasion des Chinois est punie de mort.

«Ces serfs, mélange de plusieurs races, n'ont point la beauté de visage et de corps des nobles, si frappante, et ils sont plus semblables aux Chinois qu'à leurs maîtres, bien qu'ils aient renié leur propre origine, leur langue, leurs croyances, leurs usages, et qu'ils portent le signe distinctif des Lolos: les cheveux relevés en avant du front en forme de corne. Nobles et serfs se divisent en une multitude de tribus, presque toutes en guerre les unes avec les autres, ce qui explique la décadence de la puissance des Lolos et leur refoulement par les Chinois.

«D'où vient ce curieux peuple, à la fois intelligent et primitif, au visage presque européen, et qui cependant mérite d'être traité de barbare par les jaunes? Les nombreux documents rapportés par la mission, photographies, mensurations, légendes, traits de mœurs, permettront, il faut l'espérer, d'approcher de la vérité. En tous cas, un succès de plus est à enregistrer à l'actif de la science et de l'audace françaises».

Nous lisons dans la chronique de la Société de Géographie au sujet de la mission d'Ollone: «Bien que nous n'ayons pas encore le rapport succinct que le capitaine d'Ollone nous annonce, nous sommes en mesure de donner quelques informations, d'après des lettres particulières, sur la marche de la mission. Parvenu à Yunnansen, le capitaine laissa les lieutenants de Fleurelle et Lepage poursuivre des recherches archéologiques, ethnographiques et linguistiques dans la région. Et, en effet, la Société a reçu de M. de Fleurelle d'intéressants documents provenant de leurs recherches, notamment une vingtaine d'estampages aussitôt soumis à l'examen de savants compétents dont nous ne manquerons pas de faire connaître les appréciations.

Seul, avec le maréchal des logis de Boyve, le chef de mission partit sans préparatifs apparents pour Ning youen fou afin d'y rencontrer un missionnaire dont MM. de Marsay et de Vaulserre nous ont déjà entretenu, le P. de Guébriant, provicaire apostolique du Kien Tch'ang.

Le P. de Guébriant, nous écrit en substance M. d'Ollone, possède à Ning-Youen-fou, à vingt jours de marche de toute voie fluviale tout ce qui a paru sur les explorations asiatiques; lui-même a parcouru dans tous les coins la région entre le massif des Lolos et le Yang-tseu; il en a levé les itinéraires presque tous nouveaux. Si le temps lui a manqué pour dessiner ses levés, ses carnets sont complets; il les ouvre avec un désintéressement sans égal en faveur de tous les Français. Il les a communiqués à MM. Madrolle, Bonin, de Marsay. J'ai pris copie de ces levés et je compte en dresser la carte et la présenter de la part de l'auteur, à la Société de Géographie».

Dans la mission dangereuse du capitaine d'Olonne, le P. de Guébriant n'a pas hésité à servir d'interprète, bien qu'il sût que personnellement il exposait sa vie et qu'en tout cas il subirait des fatigues et des épreuves fort pénibles. Sa décision a entraîné celle de trois de ses fidèles parlant le Lolo et qui, sous son impulsion, purent à plusieurs reprises assurer au milieu de ces populations barbares, le salut de l'expédition.

«Quant au jeune de Boyve, dit M. d'Ollone, il a fait preuve de beaucoup d'entrain, d'endurance et de courage. Il venait de recevoir, en arrivant à Yunnan sen, un coup de pied de cheval, qui le faisait beaucoup souffrir. Lorsqu'il apprit ma décision de partir seul pour me rendre à Ning-Youen-fou et de là pénétrer chez les Lolos, il me pria si vivement de ne pas lui laisser manquer cette occasion de se distinguer que je consentis à l'emmener. La détestable nourriture à laquelle nous étions réduits amena d'autres troubles; cependant, malgré un violent accès de fièvre suivi d'embarras gastriques, il tint à continuer et ne cessa pas un instant de faire son métier, rendant, à maintes reprises, des services signalés, tels, par exemple, que de poursuivre des porteurs qui se dérobaient, dans des conditions périlleuses, au milieu d'indigènes hostiles. Bref, il a été jusqu'au bout sans se laisser abattre; mais il était temps d'arriver à Soui-fou, où il est entré à l'hôpital.»

Au sujet de la mission elle-même, M. d'Ollone s'exprime ainsi:

«Depuis Yunnan sen jusqu'à Soui fou, nous n'avons marché que par des routes ou tout à fait vierges ou à peine parcourues sur certains segments par un explorateur dont les levés isolés ne permettaient pas de se rendre compte exactement du pays. Notre itinéraire raccorde et recoupe les précédents. De Yunnan sen à Ning-Youen-fou et Souï fou, tout est maintenant déterminé, sauf, bien entendu, quelques points de détail sans importance pour l'ensemble. Mais surtout, il faut mettre à part le parcours de Ning-youen-fou-Houang-ping, à travers le pays des Lolos, réputé jusque-là infranchissable.

«Ce que nous venons de réussir est la solution d'un problème qui risquait de rester longtemps insoluble. Je ne pourrai cette fois développer dans mon rapport toutes les considérations que provoque cette étude des Lolos. Il y a plusieurs points importants à creuser et je vais le faire. Sitôt de Boyve remis, je vais retourner à Yunnan sen par des chemins non suivis, en cherchant partout les Miao-tseu qui y sont encore, et les Lolos qui y ont été; puis de Yunnan sen nous repartirons de nouveau tous pour le Kien-tch'ang, mais par une ou plusieurs routes nouvelles. Puis longeant le pays Lolo et y faisant des pointes, nous arriverons de nouveau à Soui fou par le Nord, ayant fait deux fois le tour complet du pays Lolo et l'ayant traversé de part en part; ce qui me permettra, je pense, d'en savoir le plus possible. Et je vous assure qu'il y a beaucoup de questions et des plus intéressantes.»

HENRI CORDIER.

———··✕··———

M. le Capitaine d'OLLONE vient d'accomplir un remarquable voyage Ca d'v
n Chine; parti de Ning-youen, capitale du Kien tch'ang, avec le
ᵃ. de GUÉBRIANT et le maréchal des logis de BOYVE, il a traversé le
massif du Ta Leang chan, pays des Lolos indépendants; il a atteint
le Yang tseu, un peu au sud de Houang P'ing, longé le territoire
lolo jusqu'à Lei-po t'ing, et lorsque le fleuve devint navigable, un
peu en amont de son coude nord, il le descendit jusqu'à Soui-fou
où il arriva le 10 juin 1907 au soir; nous ne doutons pas, si nous
en jugeons par le rapport qu'il adresse à la Société de Géographie ¹),
que le Capitaine d'Ollone n'ait recueilli une ample moisson de
renseignements: sans être, comme il le croit, on le verra tout à l'heure,
le premier voyageur qui ait traversé le Ta Leang chan, il est le
premier qui ait coupé de l'ouest à l'est cette chaine de montagnes
qui n'est pas jusqu'ici «demeurée impénétrable». En attendant de
pouvoir juger des fruits de cette mission intéressante qui doit marquer
une date dans les recherches dont les Lolos sont l'objet, nous avons
cru utile de réunir les renseignements que nous possédons jusqu'à

———

1) *La Géographie*, 15 oct. 1907, pp. 365—369.

39

présent sur ces peuples, pour bien marquer ce qu'il y aura de nouveau dans la récente exploration française lorsque les résultats en seront définitivement connus.

Sources chinoises.

Un volume du grand ouvrage topographique sur le Yun-nan, le 雲南通志 *Yun nan t'oung tche*, traite, dans l'avant-dernière édition, des peuples sauvages 蠻 *Man* de la province et parmi eux nous trouvons les 黑玀玀 *He Lo-los* (Lolos noirs) — les 白玀玀 *Pe Lo-los* ou Lolos blancs — les 妙玀玀 *Miao Lo-los* — les 海玀玀 *Hai Lo-los* — les 乾玀玀 *Kan Lo-los* (Lolos secs) — les 撒彌玀玀 *Sa-mi Lo-los* — les 阿者玀玀 *A-tcho Lo-los* — les 魯屋玀玀 *Lou-wou Lo-los* — les 撒完玀玀 *Sa-wan Lo-los* — les 阿蝎猓猓 *A-ho Kouo-los* — les 葛猓猓 *Ko Kouo-los* — les 菁拉玀玀 *Poa-La Lo-los* — les 大玀玀 *Ta Lo-los* — les 小玀玀 *Siao Lo-los*.

Je donne des fac-similés de ces figures représentant ces indigènes dans l'ouvrage chinois.

Bridgman
1859

Le Rév. E. C. BRIDGMAN, en 1859, a traduit [1]) d'un travail d'un savant chinois qui avait voyagé dans la province de Kouei-tcheou une série de quatre-vingt deux notes sur les tribus aborigènes: chaque notice est écrite sur une page et sur la page en face se trouve une illustration coloriée. Quelques-unes de ces notes modifiées et abrégées avaient été traduites et publiées dans le *Chinese Repository*? [Voir *Bib. Sinica*, col. 367—368].

---

1) *Sketches of the Miau-tsze.* (*Journ. North China Br. Roy. As. Soc.*, III, Dec. 1859, p. 1).

Nous allons donner trois notes relatives aux Lolos:

«18. *Niu Kouan*, «Les femmes gouverneurs», appelées aussi *Ko-lo*. (On ne nous dit pas où on les trouve).

«L'épouse principale parmi elles est appelée *Nai-té*. Elles ont leurs cheveux tressés, et couverts en partie par un morceau d'étoffe bleue. Elles ornent leurs fronts d'ornements de soie et d'argent, et leurs oreilles de grands anneaux. Leurs longs jupons ont des plis nombreux et épais. Les *Nai-té* sont les chefs, et dirigent et contrôlent toutes les affaires locales; et aucune, sauf celles qui sont enfants de la *Nai-té*, ne peuvent lui succéder ou exercer aucune autorité». (P. 265).

»38. *Ko-lo*, à l'origine appelés *Lou-lou* [*Lú-luh*]; la désignation moderne *Ko-lo* est incorrecte. On les trouve dans la préfecture de Ta-ting [大定].

«Ils sont divisés en deux tribus, l'une blanche et l'autre noire. Ils sont grands, d'un teint foncé, avec des yeux enfoncés, le nez aquilin, portent de longs favoris, et ont la barbe rasée au-dessus de la bouche. Ils ont beaucoup de déférence pour les démons, et pour cette raison on les appelle «Dragons de Lo.»

«A l'époque des Trois Royaumes il y avait un Tsi-ho, qui se distingua particulièrement à la suite de Wou-Hou (le fameux Tchou-ko Liang 諸葛亮], quand il défit Meng-Houo, et fut honoré du titre «Prince du Royaume de Lotien». L'ancêtre lointain du chef actuel se nommait Ngan, et pendant beaucoup de générations ses descendants ont gouverné le pays.

«Actuellement ces Ko-lo sont divisés en quarante-huit clans, dont les Anciens sont appelés Chefs, *lit.* «Tête et Yeux» et sont de neuf rangs, dont le plus élevé est appelé *Kang-tsoui*. On ne s'adresse jamais par leurs noms propres à ceux-ci qui sont exemptés de toutes les formalités du salut. Ils ont un bâton d'honneur monté d'argent, et on leur fait appel pour décider les affaires de grande importance. Après les *Kang-tsoui*, viennent les *Mo-kouei*, les *Cho-kouei*, et ainsi de suite jusqu'aux *Me-tso*, qui ont tous l'honneur d'occuper des postes de confiance. Leur langue et leur littérature sont mongoles.

«Les hommes lient leurs cheveux en une touffe avec une étoffe bleue, et l'attachent sur le front comme une corne. Leurs vêtements du haut sont courts, avec de larges manches, et leurs vêtements du bas sont d'un beau bleu. Quand un de leurs chefs meurt, tous ceux qui étaient au-dessous de lui se réunissent, vêtus de leur armure, et à cheval. Ayant habillé le cadavre de robes de soie et de laine, ils le brûlent en plein air; invoquant alors l'esprit parti, ils enterrent les cendres. Leur attachement pour lui, comme leur seul maître, est tel que rien ne peut les tenter de se soustraire à leur obéissance. Leurs grands arcs, longues lances, et épées tranchantes, sont solides et bien fabriqués. Ils dressent d'excellents chevaux, adorent le tir à l'arc et la chasse; et ils sont si habiles

chosen [安順] et de Ta-ting

«Ils ne diffèrent des Ko-lao noirs qu'en leur étant inférieurs en deux points. Ils prennent des reptiles de toute espèce, boivent leur sang, les font rôtir et cétera, comme des bêtes, dévorent leur chair. Ils enveloppent leurs morts dans des peaux fraîches du boeuf et ... ..., et les brûlent ainsi. Un peuple demeurant à Pao-ting, appelé ... ... être identifié avec eux».

Avant d'avoir eu connaissance de la publication de Bridgman, en 1876, Mr. G. M. H. Playfair tirait de deux MSS., sans titre ou mention d'auteur, traitant des tribus du Kouei-tcheou — et d'un troisième consacré aux dix tribus aborigènes habitant la préfecture de Li-kiang (Yun-nan) intitulé 麗江府十種彝圖 — une série de monographies dont nous traduisons la quatorzième décrivant les Lo-los [1]); on peut la rapprocher du texte de Bridgman:

«Kouo-lo 猓玀 La Tribu Kouo-lo.

Noms. — Le nom de cette tribu était à l'origine Lou-lou 盧鹿, mais a depuis été corrompu en Kouo-lo.

Distribution. — La Préfecture de Ta-ting dans le Kouei-tcheou, et plus ou moins dans toutes les Préfectures du Yun-nan.

Apparence. — Ces sauvages sont divisés en deux groupes, le «noir» ou «supérieur» et le «blanc» ou «inférieur». Ils ont les yeux enfoncés, le teint foncé, les dents blanches, le nez crochu, et un long corps. Ils rasent le poil de la lèvre supérieure, mais laissent pousser les favoris. Ils doivent à leur teint le nom de «sauvages noirs» 烏蠻, et à leur culte des esprits la désignation de Lo-Kouei 羅鬼.

Habillement. — Semblable à celui de la Tribu des Li Sou 猓猓 [leurs vêtements sont faits de fibres (grass), et leurs cheveux portés tordus en un noeud]; ils ne portent pas d'arbalètes.

---

1) The Miaotsze of Kweichou and Yunnan from Chinese Descriptions. p. 97. (China Review, V, pp. 92—108).

Industrie. — Agriculteur et bûcheron.

Religion. — Ils adorent les esprits et le dragon, auxquels ils offrent des sacrifices dans l'espérance d'obtenir une longue vie.

Disposition. — Paisibles et faciles à contrôler, mais dépourvus de culture littéraire ou d'étiquette.

Histoire — A l'époque de la dynastie des Petits Han (221 ap. J. C.) Tchou-ko liang 諸葛亮, canonisé comme Wou Hou 武侯 entra en campagne contre Meng Houo 孟獲 et fut créé Prince de Lo-tien 羅甸. Il apprit l'usage du feu aux Tribus Kouo-Lo».

Enfin, Mr. A. R. Colquhoun a inséré dans son ouvrage *Across* W. G. C 1883 *Chrysé* (1883), Vol. II, App., une traduction par M. George W. Clarke, de la China Inland Mission, d'un compte-rendu ms. des Miao-tseu, du Kouei-tcheou, écrit après leur conquête vers 1730 [82 articles]; il offre quelques variantes avec les mss. de Bridgman et de Playfair sans ajouter grand'chose aux renseignements de ses devanciers:

Lo-lo.

I. La tribu *Lo-lo* est divisée en deux clans, appelés les *Noirs* et les *Blancs*. Le clan Noir a de jolis noms. Leurs yeux sont profonds; ils sont grands, ont un teint foncé et de grands nez Ils se rasent la tête mais laissent pousser leur barbe. Ils ont un sac étroit de calicot noir, dans lequel leurs cheveux sont mis et tordus, comme une corne, sur le sommet de la tête. Les femmes portent de longs vêtements et de grandes manches. Leurs coutumes sont diaboliques, et l'on appelle leur territoire «Le Filet du Diable». Ils ont des caractères (A Dating-fou [1]) il y a une tablette, la moitié est écrite en Chinois, l'autre moitié en Lo-lo). Ils nourissent bien leur bétail, ont de bons chevaux, et sont amateurs de chasse dans les montagnes. En 221 A. D. (l'époque des *Trois Royaumes*), un Lo-lo, appelé Tchi-ho, vint au Yun-Nan avec le Marquis Wou et aida à la défaite de Mong--houo; cela lui acquit une grande réputation. L'Empereur Tchao-lié 昭烈 le fit Prince de Lo-tien-Kouo, c'est-à-dire le pays autour de Da-ting-fou. Il prit ensuite l'ancien nom de sa famille, Ngan, Paix. Son territoire est partagé en quarante-huit sections; chaque section a ses administrateurs, mais il y a neuf administrateurs en chef. Ces neuf demeurent à Da-ting-fou.

---

1) Lire Ta-ting, 大定府.

Y-kia [夷家] ou Pe Lolos, «Lolos blancs», portent la queue et sont, de toutes ces populations mixtes, celle qui a été le plus complètement assouplie par la civilisation chinoise. Les femmes ont les cheveux divisés en deux tresses, portent un petit turban sur la tête et le costume des campagnardes chinoises, moins la chaussure. Elles vont pieds nus. Les Y-kia habitent le territoire compris entre Ma-chang et Nga-da-ti. Ils sont bons agriculteurs, d'un naturel superstitieux et craintif et paraissent honteux de leur origine. Dès qu'ils le peuvent, ils se travestissent en Pen-ti» [1]).

«Les hommes se couvrent la tête d'un morceau d'étoffe, leur tunique est courte, ils portent en bandoulière une bourse brodée et sont chaussés de souliers de cuir. Les femmes retroussent leurs cheveux pour en faire un chignon qu'elles recouvrent d'un morceau d'étoffe noir ou bleu orné de coquillages et de grelots d'étain. Elles se bandent les pieds, portent des chaussures et sont obligées de travailler à la terre» [2]).

A rapprocher des Lolos blancs du Tong-king:

«Les Lolos blancs se nomment eux-mêmes *Mân za*, leur habitude de porter les cheveux longs les font nommer quelquefois *Tchang mao Lolo*. On trouve leurs villages parmi ceux des Lolo noirs dans la partie nord du phu de Bao lac, et des fou de K'ai hoa [3]) et de Kouang nan [4]) au Yun-nan» [5]).

Les *Lolos noirs* «forment la classe la plus estimable des étrangers qui habitent sur le sol yunnanais... Les habitations des Lolos noirs sont appelées *Chan-pien* 苫片 lorsque pour leur construction ils se sont servis de bois au lieu de briques.

«Les hommes s'entourent la tête d'un morceau d'étoffe noire ou bien portent un chapeau fait de bambou; sur leurs vêtements de

---

1) F. Garnier, *Voyage d'Exploration*, I, p. 519.

2) Devéria, p. 138.

3) 開化府. 4) 廣南府.

5) Bonifacy, pp. 324—5.

toile ils mettent un manteau de feutre. Les femmes s'entourent aussi la tête d'un morceau d'étoffe noire et portent des pardessus de peau de mouton, elles se serrent les pieds et portent des chaussures» [1]).

«Les He Lolos ou «Lolos noirs» écrit Garnier, [2]) portent leurs cheveux et se considèrent comme supérieurs aux précédents [Lolos blancs]. Je crois que l'on peut comprendre sous cette appellation générale les tribus qui, sous les différents noms de Man-tse, de Lisous, de Si-fan, sont disséminées depuis les frontières occidentales du Se-tchouen jusqu'aux rives de la Salouen. De ces tribus, quelques-unes paraissent appartenir au rameau noir de la race caucasique; les autres sont probablement un mélange de ce rameau et de la race tibétaine».

Rapprochons les également des Lolos noirs du Tong-king:

«Les Lolos noirs n'habitent au Tong-king que le phu de Bao lac; dans leur langue ils s'appellent Mân zi (prononcer Meun zi); on les appelle Man khoanh (sino-annamite galon); ils parlent le thai comme langue d'échange.

«On trouve chez ces Lolo une coutume analogue à celles qui sont décrites dans le chap. II de l'ouvrage de Westermarck sur l'origine du mariage dans l'espèce humaine. Dans le premier mois de l'année annamite ou chinoise, qui coïncide avec la fin des récoltes et l'époque où les travaux des champs ont cessé, les jeunes gens sont libres de se fréquenter comme ils l'entendent. De nombreux mariages se concluent à cette époque. Il faut dire d'ailleurs que les mois d'hiver, alors que les greniers sont pleins, sont particulièrement mis à profit par les Indigènes de tous les groupes ethniques, pour célébrer leurs fêtes de famille» [3]).

Les *Lo-wou* ou *Lo-los Lao-wou* sur le territoire des préfectures de Yun-nan, Ta-li, Tchou-hiong, Yao-ngan, Yong-tch'ang et King-tong fou [4]). — Il n'y a de *Lou-wou Lo-lo* [5]) que sur le territoire de K'iu-tsing fou [5]); leur manière de vivre ressemble à celle des Lolos noirs. — Les *A-tcho Lo-los* [6]), sur le territoire de la préfecture de Kouang-si fou. — «Les *Hai Lo-los*, Lolos de la mer; il n'y en a

1) Devéria, pp. 140 —1.

2) F. Garnier, *Voyage d'Exploration*, I, p. 519.

3) Bonifacy, pp. 323—4.

4) Devéria, p. 162. 5) 曲靖府. 6) Devéria, p. 168.

que sur le territoire de la préfecture de K'iu-tsing fou. On les appelle aussi *Pa Lo-los* 壩猓玀: ils demeurent dans les vallées plates et y cultivent des champs humides (rizières). Ces champs sont très étendus, les gens du pays les appellent *Haï* (mer) et aussi *Pa*. Telle est l'origine du nom de ces Lolos» [1]).

Les *Kan Lo-los* ou Lolos secs, dans les préfectures de Yun-nan, K'iu-tsing et Tong-tch'ouen fou; ce nom de *Lo-los secs* leur viendrait de ce qu'ils habitent dans les montagnes [2]).

Voici une explication d'un autre nom de ces Lolos au Tong-king:

«Les *Kan lolo* (乾) qui se traduit par Lolo secs, s'écrit dans le Haut Tong-King 砍頭玀玀, ce qui signifie coupeurs de têtes. Voici l'explication de cette appellation: les Lolos noirs enterrent leurs morts dans le hameau, à proximité des maisons, ils mettent un bambou dans la terre, une extrémité touchant le cadavre, et lorsqu'en approchant leur nez du bambou ils ne perçoivent plus aucune odeur, ils déterrent le cadavre et vont enterrer les ossements dans la montagne. Leurs voisins prétendent qu'à ce moment ils prennent les os de la tête, les placent dans un panier et les suspendent à proximité de leur case, pour ne pas perdre le souvenir de leurs parents. La coutume n'a rien d'extraordinaire, et on la trouve dans certaines îles de l'Indonésie, mais les Lolos eux-mêmes soutiennent que cette allégation est un mensonge. Peut-être que sous la pression des idées chinoises, qui tiennent cela pour un horrible sacrilège, ont-ils perdu cette coutume» [3]).

Devéria a eu le soin de reproduire les figures de l'ouvrage chinois; j'ai donné dans mon édition de Yule's *Marco Polo*, II, p. 61 et p. 62, le Lolo noir et le Lolo blanc; aucune de ces figures, pas plus que celles de la Topographie du Yun-nan, ne représente la coiffure avec une corne si caractéristique des Lolos et que l'on retrouvera dans la planche p. 125 de *Marco Polo* tirée d'un ouvrage chinois sur les tribus aborigènes appartenant au Dr. William **Lockhart**.

---

1) Devéria, p. 167.
2) *ibid.*, p. 161.
3) Bonifacy, p. 324.

A propos de la première brochure du P. Vial citée plus loin, Devéria donna au *Journal Asiatique* [1]) un article dans lequel après avoir cité Playfair et ce qu'il dit de Tchou Ko-tseng, il ajoute:

«Au VI⁰ siècle, les Lolos se divisaient en *Tsouan blancs* ou *occidentaux* (*Pe-man*) et en *Tsouan noirs* ou *orientaux* (*Ou-man*). Leurs chefs se disaient issus d'un certain Tsouan-tsan, né sur le territoire qu'occupe actuellement la province du Chan-si. Tsouan-tsan avait d'abord gouverné pour la Chine le territoire préfectoral désigné aujourd'hui sous le nom de K'iu-tsing fou au Yun-nan; puis, ayant profité des troubles de l'empire, il s'était rendu indépendant vers l'an 550 et s'était assuré la soumission des indigènes sur une étendue de mille li. Le territoire dont il était ainsi devenu maître devait comprendre une partie des provinces du Se-tch'ouan, du Kouei-tcheou et du Yun-nan. Les Tsouan reconnurent successivement la suzeraineté de la Chine, celle du royaume de Nan-tchao et celle des Tibétains. Pendant de longues générations, les Tsouan noirs ou orientaux ont mêlé leur race avec celle des Nan-tchao; ils comptaient sept tribus parmi lesquelles celle de Kiong 邛 都, dont le *Tcha k'o* [2]) ou chef se donnait, au X⁰ siècle, le titre de chef souverain de tous les barbares méridionaux (*Man*) des deux versants des montagnes de Kiong et du midi de la rivière *Ta tou ho* (*alias* rivière *Tong*), un des affluents de la rivière *Min*, qui se jette elle-même dans le Yang-tseu à son passage dans la province du Se-tch'ouan.

«Les Lolos fixent le commencement du printemps à la seconde lune; ils croient aux esprits, ils honorent les magiciens; dans leurs superstitions, ils invoquent l'un d'eux qu'ils nomment Ta Hih-po (le grand Hih-po); on l'appelle aussi Pul-ma ou Pe-ma; les Lolos ont des livres d'une écriture qu'eux seuls peuvent lire.

«Les Tsouan du royaume de *Ta-li* 大理 ont conservé l'usage des caractères tsouan. C'est A-bhi (ou Avi) 阿毗, descendant d'un chef de la tribu de Na-Keou 納呿 du département de Ma-long dans le Yun-nan, qui en est l'auteur. A-bhi se tint caché dans une caverne pour faire des caractères tsouan; ces caractères ressemblent aux anciens caractères chinois appelés *Ko-teou* (en forme de têtards). C'est après trois ans (de retraite) qu'il produisit un syllabaire de mille huit cent quarante signes qui constituèrent l'écriture appelée *Wei-chou* 韙 書 (c'est-à-dire écriture bonne, correcte). Les Tsouan s'en servent encore aujourd'hui. Telles sont les données que nous fournissent les auteurs chinois».

---

1) *Les Lolos et les Miao-tse*. Paris, 1891, in-8, pp. 18.

2) 苴 可, se prononce aussi *Tsiu-k'o*; c'est un titre et non pas un nom propre. (D.)

M. Camille SAINSON a traduit l'histoire de l'ancien royaume de Camille Sainson 1904 Nan-tchao au Yun-nan 南詔野史 *Nan-tchao Ye-che*; le chap. IV du livre II renferme soixante articles sur les différentes espèces de barbares indigènes de ce pays; nous en tirons ce qui est relatif aux Lo-los [1]).

Kouo-lo 猓玀.

Ce sont les barbares *Ts'ouan*, descendants de *Lou-lou* 盧鹿. C'est de ce dernier nom que, par corruption, est venu le mot Kouo-lo. Pour eux, le printemps commence à la 5e lune. Ils croient aux esprits et honorent les sorciers. Parmi ces sorciers, il y a le grand *Il'i-p'ouo* 大覡自番. Ils rendent un culte à l'image d'un cheval blanc. Pour consulter les sorts, ils se servent de deux fémurs de coq. Ces os ont de très fines ouvertures, où ils enfoncent de minces chevilles de bambou; d'après l'examen du nombre et de la disposition de ces chevilles, ils prédisent le bonheur ou le malheur. Chez ces tribus, la femme d'un chef s'appelle «*nai-to* 耐得» et un vaillant guerrier «*ts'iu-k'o* 苴可». Chaque année, le 24e jour de la 7e lune s'appelle «fête des torches 火把節». Les Kouo-lo allument, ce jour-là, des torches de sapin pour illuminer leurs villages et leurs cabanes des champs. Les hommes portent un chignon en forme de marteau; ils ont des boucles d'oreilles à franges de métal pendantes et un sabre à la ceinture. Les femmes portent les cheveux épars, une veste courte et une jupe cylindrique, avec une peau de mouton étendue sur les épaules.

Kouo-lo Blancs 白猓玀.

On les appelle aussi *Sa-ma-tou* 撒馬都. Ce sont les Ts'ouan occidentaux ou Man blancs. Ils savent lire et écrire et leur langage est clair et commode. Ils ont beaucoup de ressemblance avec les Chinois. Quand ils visitent un notable ou un chef, ils se mettent une peau de mouton sur les épaules; c'est pourquoi les femmes qui se marient apportent une peau de mouton. Ils portent une veste courte, des souliers de peau, et, suspendue sur la poitrine, une bourse brodée Les femmes ont une veste brodée et une jupe cylindrique. Elles se couvrent la tête de toile noire, qu'elles ornent de coquilles marines et de grelots d'étain.

---

1) Paris, Ernest Leroux, MDCCCCIV, in-8, pages 165—170.

Kouo-lo Noirs 黑猓玀.

Ce sont les Y'ouan orientaux ou Mân siúi 烏蠻. Dans leurs prières ils se servent de sonnettes. Pour consulter les sorts, ils se servent d'herbe. Les hommes retroussent leurs cheveux et se percent les oreilles. Ils portent sur les épaules un tapis de feutre et, à la ceinture, un sabre. Chez eux, les femmes sont tenues en grande estime. Elles ont une veste qui enveloppe la tête. Cette veste a un collet carré ayant la forme du caractère tsing 井 ; elle n'a pas de ceinture, mais de la tête pend à terre une traîne de plus d'un pied de long. Elles se couvrent les épaules d'une peau de mouton noir et s'ornent de grelots.

Kouo-lo Secs 乾猓玀.

Ce nom leur vient de ce qu'ils habitent les montagnes. Toutes les fois qu'ils mangent, ils plantent des bâtonnets dans leur riz. Ils s'agenouillent et saluent, les regards tournés vers le ciel pour le remercier de les avoir créés. Ils estiment la bravoure et aiment à se battre. S'ils tuent un homme, ils payent la compensation de ce meurtre avec des choses de valeur, des habits et des ornements. Ils sont semblables aux Kouo-lo noirs. Les femmes se suspendent au cou un panier rempli de laine de mouton et, soit en marche, soit au repos, elles filent cette laine pour en faire du fil [afin de tisser des étoffes de laine].

Kouo-lo Maritimes 海猓玀.

On les appelle aussi Pakouo-lo 壩猓玀. Ces noms leur viennent de ce qu'ils cultivent les champs inondables. En effet, ces indigènes appellent l'eau hai 海 et les plaines cultivées pa 壩. Leurs demeures sont petites et en bois brut. Ils savent lire. Leurs habits et ornements sont ceux des Chinois. Ceux de leurs femmes sont comme ceux des femmes des Kouo-lo blancs.

Miao Kouo-lo 妙猓玀.

Ce sont les descendants de différents chefs indigènes connus sous les dénominations de ying tch'ang 營長, kouan-nou 官奴, houo-t'eou 火頭, etc. Les hommes retroussent leurs cheveux et se percent les oreilles. Les femmes ont une jupe cylindrique et pas de culottes. Elles s'habillent d'une tunique qui couvre la tête, qui devant laisse la poitrine à découvert et derrière pend en longue traîne jusqu'à terre. Le bord de leurs habits est festonné en forme de langues de feu irrégulières comme l'extrémité des étendards. Les indigènes habitent des maisons de chaume. Dans la pièce du milieu, ils font un brasero, autour duquel ils couchent pêle-mêle, père et fils, mère et filles. Il y en a une espèce qui porte des coiffures en plumes de pie et qu'on appelle *Kouo-lo-man* 猓落蠻. Une autre espèce s'enveloppe les jambes de toile blanche; on l'appelle Kouo-lo aux jambes blanches 白腳猓玀.

Ko Kouo-lo 葛猓玀.

On les appelle aussi *Kouo-lo à grosse tête* 大頭猓玀. Les hommes s'enveloppent les cheveux d'une pièce de toile noire de plus d'un tchang, ce qui leur fait la tête si grosse. Les femmes portent une coiffure formant couronne faite de toile et de fils de couleur. Dans les mariages, ils vont à pied. Les femmes mariées cèdent le pas à l'aîné des oncles paternels de leur mari, mais non à son père. Ils ont des casques, portent cuirasse, montent à cheval et ont un sabre passé à la ceinture; car ils vivent de brigandage. Cependant, dans l'intérieur familial, ils ont des marques de respect, des façons de faire honneur selon le rang de l'individu. Ils prennent leurs repas en commun et emploient l'agenouillement comme marque de respect.

A-tcho Kouo-lo 阿者猓玀.

Hommes et femmes, ils portent des boucles aux oreilles et des bracelets aux poignets. Ils s'habillent d'une veste et de culottes courtes, avec une peau de mouton jetée sur les épaules. Dans les mariages, le gendre vient en personne chercher sa fiancée, la prend sur ses épaules et s'en retourne.

A-wou Kouo-lo 阿烏猓玀.

Ils sont d'un naturel fourbe, aiment la chasse et élèvent beaucoup de bœufs et de moutons. Dans chacun de leurs villages, ils construisent une maison officielle, où ils se réunissent pour les mariages. Les hommes portent une courte veste et les femmes une longue tunique. Tous ont un turban et se percent les oreilles. Dans leurs sorties, ils portent le sabre et l'arbalète.

Lou-wou Kouo-lo 魯屋猓玀.

Ils tirent leurs moyens d'existence du labourage et de la chasse à l'arc. Les hommes portent une courte veste et des chaussures en bois. Les femmes ont une longue jupe et marchent pieds nus.

Sa-mi Kouo-lo 撒米猓玀.

Ceux d'entre eux qui habitent dans les montages en labourent les terres arides et portent du bois de chauffage; ceux qui sont sur le bord des eaux se livrant à la pêche pour pourvoir à leur entretien. Ils ont le visage extrèmement brun. Les hommes retroussent leurs cheveux pour en faire un noeud. Ils prennent des couvertures et des tapis d'une étoffe grossière faite de poil et portent un sabre court à la ceinture. Les femmes portent sur les épaules un morceau de toile noire. Elles ont une jupe courte non doublée et des pantalons longs. — Il existe encore des espèces de Kouo-lo appelés *Lou-wou* 魯兀, *Laou-wou* 老烏, *Sa-wan* 撒完, *Cha-ni* 洒泥, *A-ho* 阿蜗, *A-hi* 阿係, etc. Leurs habits, leurs ornements, leurs coutumes ressemblent, en général, à ceux des Sa-mi.

Lao-wou Kouo-lo 老悟猓玀.

Ce sont les mêmes que les *Lo-wou* 羅娑; on les appelle encore *Lo-wou* 羅午 et *Lo-wou* 羅武. Les hommes retroussent leurs cheveux et se percent les oreilles. Ils portent une pièce de feutre sur les épaules et un sabre à la ceinture. Ils ont des vêtements en toile faite avec l'herbe appelée *houo-ts'ao* 火草. Les femmes disposent leurs cheveux en tresses, qui pendent sur les épaules. Elles emploient comme ornement des coquilles marines et la pierre précieuse appelée *tch'o-k'iu* 磚磲. Elles portent une jupe en toile de houo-ts'ao. Ces indigènes n'ont ni lits, ni rideaux, ni couvertures, ni matelas; ils se bornent à entasser par terre en désordre des aiguilles de pin et couchent dessus.

Pays des Lolos.

«Le pays occupé par les Lolos indépendants, superficie d'environ 11.000 milles carrés, écrit Baber, p. 67, est appelé, avec beaucoup de frontière contestable, *Leang chan* ou *Ta Leang chan* (Montagnes des grands sommets) [1]), désignation qui ne s'applique pas à un pic ou à des pics particuliers, ou à une chaine spéciale, mais désigne toute la région Lolo, district entièrement montagneux, et renfermant quelques sommets qui dépassent la limite des neiges éternelles».

Devéria (*Frontière sino-annamite*, p. 147, note) donne l'étendue suivante à cette contrée: «Le massif de Ta Leang chan se trouve compris entre la rivière T'ong (ou Ta-tou ho) au nord, la préfecture

---

1) Baber, suivi par la *Mission lyonnaise*, p. 374, se trompe sur la signification de *Ta Leang chan* 大凉山 qui veut dire «Grandes Montagnes froides».

de Yue-hi et celle de Ning-yuan avec la rivière Ya-long à l'ouest; Houei-li tcheou au sud, le Kin-cha kiang (ou haut Yang tseu) et Lei-po ting à l'est, la rivière Min au nord-ouest. Seuls habitants de ce massif montagneux qui semble leur principal centre, les Lolos forment donc, depuis des siècles, en plein territoire du Céleste Empire une enclave jusqu'ici inaccessible aux Chinois. Les Lolos du Yun-nan ne sont probablement que des émigrés de Ta Leang chan».

M. le Vicomte de VAULSERRE a acheté le 16 août 1898 à K'iao-kia t'ing 巧家廳 ou Mi lien pa, au Yun-nan, une carte chinoise du Ta Leang Chan, au sud de P'ing-chan hien 屏山, Ma-pien t'ing 馬邊 et O-pien t'ing 峨邊; à l'est, le Kin-cha kiang 金沙江 depuis P'ing-chan jusqu'à K'iao-kia t'ing. Au centre se trouve le plateau central d'où descendent pour se jeter dans le Kin-cha kiang les deux cours d'eau le K'iao Kio Leang Ho et le San tou Ho (rivière des trois bacs); au nord-ouest du plateau se trouve la grande Montagne de la Tête du Dragon (Loung t'eou ta chan 龍頭大山) qui a de 3800 à 4000 mètres; c'est, dit Baber [1]) «le nom d'une ligne de précipices qui termine un haut plateau plus au nord sur lequel la neige s'étend pendant huit mois...... il ne peut avoir beaucoup moins de 12000 pieds au-dessus de la mer». De la Tête du Dragon, coule vers le Kin cha kiang le *Mei kou siao Ho* 美姑小河 (rivières des Belles Filles); entre ce cours d'eau et le K'iao Kio Leang Ho, entre le plateau central et la Montagne des Grands Éléphants (Ta siang chan 大象山) qui s'élève au-dessus du Kin-cha kiang, est situé *Cha-ma* 沙駡 avec son T'ou-se 土司, pays de barbares qui, à certaines époques indéterminées, passent le Fleuve Bleu pour brûler, tuer et faire des captifs; de l'autre côté du fleuve se trouve Houang p'ing tch'ang 黃泙場, en face d'un bac; il y a des mines de cuivre entre le K'iao-Kio Leang Ho, la résidence du *T'ou-se* de Si-lo et un autre

1) L. c, p. 128.

Tou-se admis à la Cour impériale. Le grand plateau porte la légende suivante:

勘得竹核地方為四夷涼山正中東渡
金江至雲南永善縣巧家廳各地界近
則四五日遠則五六日程途北至雷波
馬邊繞邊屏山縣各地界亦近則四五
日遠則六七日西至靖遠管小相嶺越
嶲廳各地界近則二三日遠則三四日
程途南至建昌城各汛路僅三站交脚
竹核等處夷蠻不時糾約至各邊界燒
殺搶掠年或一二次三次不等果於
竹核交脚設以重鎮一間消息早為防
備內外夾攻夷蠻腹背受敵易為殲
除且夷蠻有內顧之憂亦未敢遠出為
害此清源之法也

« Il a été constaté que la localité de Tchou-ho était au centre même du Léang-chan (Montagnes froides) occupé par les barbares. Si l'on passe à l'est, le Fleuve Bleu (Kin-kiang), on atteint les territoires de Yong-chan hien et de K'iao-Kia-t'ing, au Yun-nan, après un trajet plus ou moins long de 4 ou 5 jours, ou de 5 ou 6 jours. Vers le nord, on atteint les territoires de Lei-Po, Ma-pien, Ngo-pien (O'pien) et P'ing-chan-hien; dont les points rapprochés sont aussi à 4 ou 5 jours de distance et les points éloignés à 6 ou 7 jours. A l'Ouest, on atteint les territoires de Tsing-yuan-ying, de Siao-siang-ling et de Yue-souei. t'ing, dont les points rapprochés exigent un trajet de 2 ou 3 jours et les points éloignés un voyage de 3 ou 4 jours. Au sud, on atteint les différents postes militaires de la ville murée de Kien-tch'ang-fou dont la distance n'est que de trois étapes.

« Les barbares et sauvages (*Yi, Man*) des localités de K'iao-kio et de Tchou-ho se rassemblent à des époques indéterminées et viennent sur nos territoires limitrophes incendier, tuer, capturer et piller, tantôt une ou deux fois par an, tantôt deux ou trois fois. Si une forte garnison était établie à Tchou-ho et Kiao-k'io, des mesures de défense seraient prises aussitôt que serait connue la nouvelle d'une de leurs incursions. Une attaque serait combinée à la fois au dedans et au dehors, si bien que les barbares sentiraient l'ennemi de face et en arrière, ce qui rendrait facile de les exterminer. D'ailleurs, les barbares, ayant le souci d'avoir à exercer une surveillance au milieu d'eux, n'oseraient plus venir au loin, hors de chez eux, pour y commettre leurs méfaits.

« Ce serait le moyen d'en tarir la source » [1]).

A l'ouest du plateau, une double chaine de pics habités par les barbares sépare cette région de Siang-lin fan, Teng siang ying, Yong hien chan, etc., à l'ouest desquels se trouve Ning youen; le sud est occupé aussi par les barbares.

Outre la carte du Ta Leang chan, M. de Vaulserre a fait le 20 juillet 1898 à Houang Lang, l'acquisition d'une carte des districts chinois de Ma-pien, P'ing-chan et Lei-Po T'ing.

Une note relative à cette carte qui n'a pas encore été publiée, m'a été remise par M. de Vaulserre; la voici:

«Cette carte a pour titre (Carte des trois frontières de Ma-pien-t'ing, de Lei-po t'ing et de P'ing-chan hien, où tient garnison toute l'armée du signe

Ta 圖輿邊三屏雷馬防駐軍全字達.

Elle a été établie par le général chinois Léou dont la famille habite Houang-Lang-tseu, petite ville murée de Lei-po-t'ing, garnison de deux compagnies chinoises.

Houang-Lang-tseu, située à 12 kilomètres environ du Fleuve Bleu, sur le plateau, fait face à une longue arête couverte de brousse et de forêts s'allongeant dans une direction N. S., qui est le premier relief élevé, derrière [lequel] s'abritent les Lolos hostiles aux Chinois. Cette montagne s'appelle Lao-Kiung chan (Montagne du vieux Roi).

Non loin de cette ville, vers le Sud, s'étend un très joli lac bleu d'une vingtaine de kilomètres qui baigne les contreforts de la montagne du vieux Roi.

Cette carte explique la manière dont les Chinois occupent les districts qui avoisinent le Ta Leang chan vers le nord-est en indiquant les mesures militaires ainsi que les cantonnements des troupes de l'armée du signe *Ta*.

Son auteur, ayant fait ses études à Chang-Hai, a eu connaissance de la topographie. C'est ce qui lui a permis de dresser ce document sous une forme qui se rapproche de l'image du terrain.

---

1) Traduction de M. A. Vissière.

se s'aventure à franchir le fleuve sans une autorisation expresse des T'ou-Sé. On risquerait d'être retenu en captivité.

Le T'ou-Sé de Houang-P'ing n'est pas indiqué sur la carte du Ta Leang chan, probablement parce qu'il est peu important et inférieur à celui de K'iao-kio qui est très redouté par les Chinois.

D'après ce qui m'a été dit par le lettré du T'ou-Sé de Hyang-Ping, qui est chrétien et aujourd'hui chef de village à Tei-Pin 'Tchang (il est né au Kien-tch'ang et a été baptisé par Monseigneur Meu), dix-huit princes Lolos se partageraient le Ta Leang chan: c'est un renseignement que je transmets sans en affirmer l'exactitude.

Tous ces chefs sont très fiers de leurs origines et de l'ancienneté de leur race. Ils ne vont chercher des épouses que parmi les filles princières, en sorte qu'ils sont tous parents. Ils n'ont entre eux aucun lien fédératif, pourtant ils auraient une grande vénération pour quelques princes qui résident au centre du pays indépendant aux environs de Tchou-ho. En général, ils sont peu fortunés et malgré cela, très jaloux de leurs droits, de sorte qu'ils ont souvent entre eux des sujets de discorde dont les Chinois profitent en offrant leur arbitrage.

La plus importante de ces principautés, mais non la plus indépendante, serait située dans le nord de Li-Tcheou-Hien-Tchou.

Avant de se risquer dans le Ta Leang chan, il faut s'assurer de la protection d'un des princes du pays. Jusqu'ici cette protection a toujours été refusée aux missionnaires, de sorte qu'ils ont échoué dans leurs tentatives de pénétration. Les Chinois eux-mêmes semblent redouter l'intervention des étrangers dans ce pays qui leur résiste ouvertement.

Les routes qui pénètrent dans l'intérieur par le nord-est et le sud-est sont celles de Lei po et de Ma pien qui convergent sur P'ing chan hien et celle de K'iao-kia-t'ing qui se dirige vers K'iao-kio.

Mais ces deux voies d'accès sont gardées par des postes chinois, qui avertis de la tentative, s'opposeraient au passage d'un étranger. Il me parait qu'il serait plus habile de tenter l'expérience en traversant le fleuve Bleu à Houang-P'ing ou à Tai-pin-tchang; on éviterait ainsi les postes chinois et on se trouverait de suite dans les territoires du fameux T'ou-Sé de Cha-ma dont auparavant il faudrait gagner la protection. De ces deux villages partent deux pistes par lesquelles on peut atteindre Kien-tch'ang-fou en six ou sept jours.

Parmi les Lolos on distingue les Lolos Os noirs et les Lolos Os blancs. Ces derniers sont toujours soumis aux premiers. Plusieurs versions expliquent ce fait bizarre.

Les uns disent que les Os blancs comme les Os noirs sont de la même race, mais qu'à la suite d'une guerre intestine, les Lolos Os blancs ont été vaincus par leurs frères et réduits à l'esclavage. D'autres prétendent que les Os blancs tirent leur origine de captifs chinois qui auraient formé souche en épousant des filles Lolotes. Les Os blancs seraient donc de race métisse.

Outre le Leang chan, la race lolote occupe tout le pays connu sous le nom de Kien-tch'ang et s'étend sur le Yang-Pé-ting et au sud du fleuve dans le Yun-nan; mais elle s'y trouve mélangée à d'autres races d'origines thibétaines comme les Lissous. Dans le Siao Leang chan, au sud du Ta Leang chan, toute la population est lolote et soumise, elle dépend en grande partie du T'ou-Sé de K'iao-kia-t'ing et de celui de Kou-tao, qui habite au sud-est de Houei-li-tcheou, à Kou-tso, chef-lieu du Kou-tso-t'ing.

Depuis P'ing chan hien jusqu'à l'embouchure de la grande rivière qui vient du nord et qui sépare le Yong-pé-ting du territoire de Houei-li-tcheou dans le Kien-tch'ang, je n'ai rencontré que huit territoires de T'ou-Sé sur les rives du Fleuve Bleu, les quatre premiers sont ceux dont j'ai parlé et qui touchent au Ta Leang chan; les autres sont: le 5ᵐᵉ celui de Kou-tso appelé Lou; le 6ᵐᵉ celui de To-gné-tu, le 7ᵐᵉ celui de Tsé-tsé appelé Cha (sable); le 8ᵐᵉ celui de Hum-pou-so appelé Tao.

Tous ces T'ou-Sé ont des liens de parenté et sont très fiers de leurs dignités héréditaires. C'est ainsi que pendant que j'attendais l'ouverture des portes du Yamen du Tou-Sé de To-gné-Sé, je pus lire cette devise: « Ma puissance est au Sud et mon nom répandu dans toute la Chine». C'était une femme veuve qui remplissait les fonctions de T'ou-Sé à To-gné-tse; on me dit qu'elle était grande tante du T'ou-Sé de Kou-tso et issue d'une famille du Leang Chan.

A trois étapes de là, j'ai été l'hôte du T'ou-Sé de Tsé-tsé; l'inscription qui ornait la porte de son Yamen le déclarait fidèle sujet de l'Empereur.

Il est le descendant d'un mandarin chinois récompensé par l'investiture héréditaire de l'administration du territoire de Tsé-tsé. Il portait la plume de paon moins les yeux.

Le Kien-tch'ang est donc plus ou moins Lolo, et les princes du Leang chan y jouissent d'une grande influence par le fait de leurs alliances avec les chefs de la région. Ceci est d'autant plus intéressant à constater que ce pays Lolo par sa situation se trouve en travers de la direction générale Bhamo, Ta-li-fou, Soui-fou et Tch'ong-K'ing».

Cette carte des trois districts porte dans un coin à gauche une légende en caractères cursifs dont voici la traduction:

après quoi, nous avons imité la méthode de représentation graphique par carrés comptant chacun un certain nombre de *li*, qui nous a permis de préciser la configuration.

Il y a lieu de constater que Ma pien et Lei po constituent la porte donnant accès à P'ing-chan. Ces deux t'ing, au Nord-ouest, confinent aux repaires des barbares. Quant à P'ing-chan, il envoie une branche dans l'ouest qui occupe l'intervalle existant entre ces deux territoires. Au dehors, la campagne, dans toutes les directions, contigüe soit à la sous-préfecture de Lo-chan soit au territoire de Ma pien, se compose en majorité de forêts et de fourrés, où les brigands barbares font leurs incursions. Aussi a-t-on choisi les lieux les plus importants pour y installer séparément des garnisons. Sur la carte, nous avons indiqué ces lieux à l'aide de drapeaux, afin que ceux qui la consulteront les apercoivent aussi facilement qui si on les leur montrait du doigt dans la paume de la main. Nous n'avons pu, toutefois, à cause des dimensions restreintes de la feuille, noter avec détail la longueur, plus ou moins grande, des chemins.

Le commandant en chef (t'ong-ling) réside à P'ing-chan, qui est la position la plus centrale. Les routes terrestres communiquent entre elles et la circulation des ordres est assurée. Il n'y a aucunement à craindre que vous perdiez un point en veillant sur un autre.

S'agit-il des défenses établies dans les localités situées sur la frontière? Nous dirons alors que la frontière des deux territoires de Ma pien et de Lei po se déroule sur une longueur qui atteint presque mille *li*. Ce n'est pas là, non plus, le rempart formé par une motte de terre mouillée».

On aura remarqué que la carte du Ta Leang chan rapportée par M. de Vaulserre n'indique que les cinq principautés Lolos qui touchent au Yun nan; notre voyageur fait observer dans une note que si l'auteur a négligé de figurer les principautés de l'intérieur, celles de l'ouest et celles du nord, c'est qu'étant chef militaire de K'iao kia t'ing dans le Yun nan, il ne s'est occupé que des princes Lolos dont les territoires confinent sa province.

Au sud du Ta Leang chan dont il est séparé par la route militaire de K'iao kia t'ing à Houei-li tcheou s'élève le Siao (Petit) Leang chan. «Il est limité à l'est et au sud par le Kin Kiang et le Ko ho, son premier affluent rive gauche en amont du coude sud.

arrivée de notre jonque est-elle un évènement»... «Nous touchons au pays des
olos, tribus aborigènes qui habitent le sud-ouest du Se tch'ouan et le nord-ouest
u Yun nan. Il y a, dit-on, à P'ing-chan bien plusieurs Lolos qui résident là
m qualité d'otages». [1]

Le lieutenant de vaisseau HOURST dans son levé du Haut Yang-
tseu kiang écrit à peu près dans les mêmes termes que le P. Chevalier:
«P'ing chan hien est une petite sous-préfecture, bâtie au pied d'un
groupe de montagnes sur un plateau bas dont elle ne couvre qu'une
partie, ville morte sans grand commerce, terminus de la navigation
commerciale proprement dite» [2]).

Au delà de P'ing chan, on passe Fou-kouan, village de la rive
droite, marqué sur la carte chinoise de M. de Vaulserre, séjour du
mandarin en second, douane et bac.

«Les jonques légères ne dépassent pas P'ing-chan; elles peuvent à la
rigueur aller jusqu'à Tso-t'an, mais la descente est très hasardeuse, les embar-
cations un peu fortes étant in gouvernables à cause des tourbillons et des contre-
courants qui les lancent en tous sens». [3])

M. de VAULSERRE, Membre de la Mission française d'exploration
en Asie centrale qui avait pour chef M. C.-E. BONIN, partit de
Soui-fou le 8 juillet 1898, avec trois annamites, un petit interprète
de seize ans, huit montures ou animaux de bât et trois palefreniers
chinois. Il remonta le Fleuve Bleu jusqu'à la hauteur de Ta-li fou
dans le Yun nan sans s'écarter de son cours.

Sa mission consistait à relever le fleuve dans cette région qui
n'avait été traversée jusqu'alors que par Francis Garnier et Baber,
et à recueillir des renseignements sur la contrée du Se-tch'ouan

---

1) *L. c.*, p. 87.
2) No. 858. — *Instructions nautiques* — CHINE — *Haut Yang-tse-kiang et Affluents.*
Paris, 1904, in-8, p. 144.
3) *L. c.*, p. 149.

appelée le Leang chan (Montagnes froides) habitées par les populations
Lolos qui dans ces régions jouissent encore de leur indépendance.
Il arriva à Ta-li, le 9 novembre suivant muni de ses travaux topographiques et de deux cartes chinoises du Leang chan qui ont été
déposées à l'Ecole des Langues orientales vivantes. Je place les
documents réunis par M. de Vaulserre au nombre des plus importants qu'on nous ait rapporté sur la région habitée par les Lolos.
Après avoir quitté M. Bonin, M. de Vaulserre a accompagné dans
ses explorations M. André LECLÈRE, Ingénieur en Chef des Mines,
qu'il a rejoint à Ta-li.

La carte du Ta Leang chan a été traduite par le P. PARMENTIER [1]),
des Missions étrangères. Mais la traduction des légendes des deux
cartes, ainsi que la plupart des inscriptions faites sur la carte des
districts chinois avec leurs explications a été l'œuvre de M. Vissière.

Origine des Lolos.

Voici ce que dit le P. VIAL de l'origine des Lolos:

«Les Lolos se disent venus de la région située entre le Thibet et la Birmanie, et tout au commencement de leur histoire ils placent douze patriarches
qui leur auraient appris la manière de se vêtir, de travailler et de vivre.

«De ces douze patriarches l'un surtout est resté dans la mémoire de ce
peuple primitif, comme protecteur insigne. Ils l'adorent, je le dirai plus loin,
sous le nom de *Pou*, ainsi que son épouse sous le nom de *No*. Dans la tradition
du déluge, les Lolos parlent du mont *Mouto* d'où ils seraient partis. Sous quelle
forme ont-ils débouché au Yun-nan? Leur tradition est muette; mais il est
vraisemblable qu'ils étaient conduits par les chefs de famille ou tribus; peut-
être même n'étaient-ils que deux l'un appelé Blanc (*tou*), l'autre appelé Noir
(*na*); c'est, pour moi, le seul moyen d'expliquer cette tradition qui divise les
Lolos en deux espèces, les blancs et les noirs.

«D'après une version indigène, ceux-ci seraient descendus de trois frères;
mais les descendants du plus jeune se seraient confondus avec les deux autres
frères.

---

1) *Jean-Baptiste Séraphin Nicolas* Parmentier, du diocèse de St. Dié; parti 13 novembre 1889.

«Ce qui est constant, c'est que le *blanc* était l'ainé et le *noir* le cadet; mais par une interversion inexpliquée, les descendants du *noir* ont formé la tribu patricienne appelée *napou*, et les descendants de l'ainé sont devenus les serfs de l'autre, tout en se subdivisant en un grand nombre de tribus (*naseu, ko, kotou, gnisou, gni, ashi, adje,* etc.).

«La tradition rapporte que les Lolos étaient soumis à dix-huit seigneurs ou *midzemou* à qui le peuple payait une redevance annuelle; quant au bien foncier il appartenait à celui qui le cultivait. C'est encore actuellement le régime de la propriété chez cette race: en sorte qu'un seigneur peut aliéner la redevance qui lui est due, mais il ne peut pas aliéner le fond qui ne lui appartient pas. Plus tard, ces dix-huit seigneuries furent obligées de reconnaître un chef ou roi sous le nom de *guemou*; ce roi résida où est maintenant la capitale de la province, à Yun-nan-sen» [1]).

M. d'OLLONE écrit dans son Rapport:

«Sur l'origine de cette race, qui a été l'objet de tant d'hypothèses hardies, j'ai rassemblé des données fort intéressantes, mais je suis loin de les trouver décisives. Je n'avais pas emporté de Yun-nan sen mes instruments de mensuration, sachant bien que je ne pourrais les utiliser au cours d'une exploration qui excitait déjà suffisamment les défiances des ombrageux indigènes. A défaut de ces mesures, les observations que j'ai pu rassembler ne permettent encore que des théories plus ou moins hasardeuses; sur ce sujet capital je vais tâcher d'obtenir un résultat définitif, car je suis maintenant en mesure d'effectuer utilement ces recherches».

Noms des Lolos.

Au sujet du nom *Lolo*, BABER [2]) remarque qu'il est une injure, d'origine chinoise inconnue, qui ne devrait pas être employé dans leur présence, quoi qu'ils l'excusent et parfois l'emploieront même en cas d'étrangers ignorants. Dans un rapport du Gouverneur Général Lo Ping-tchang, ils sont appelés *Y* 夷, le terme usité par les Chinois pour les Européens. Eux-mêmes n'ont aucune objection a être désignés *Y-kia* (Familles *Y*), mais ce mot n'est pas leur nom indigène. Près de Ma pien, ils s'appellent eux-mêmes *Lo-*

---

1) *L. c.*, p. 1.
2) *L. c.*, pp. 66—7.

sou; dans le voisinage de Lei-po t'ing, leur nom est *No-sou* ou *Ngo-sou* (il est possible que ce ne soit qu'une simple variante de *Lo-sou*); près de Houei-li tcheou, on emploie le terme de *Lé-sou*. . . Les tribus soumises sur la rivière T'ong, près du Mont Wa, se nomment elles-mêmes *Ngo-sou*. J'ai constaté que ces dernières parlaient très irrévérencieusement des *Lé-sou*, ce qui indique une différence intérieure; mais il ne peut y avoir de doute qu'ils sont de même race, et parlent la même langue, quoiqu'avec de petites différences de dialecte.....

«Le mot «Os noir» est généralement employé par les Chinois pour désigner les Lolos indépendants, mais dans la bouche d'un Lolo il paraît signifier un «homme libre» ou «noble», dans un sens qui n'est pas plus absurde que le *sang bleu* des Européens. Les «Os blancs», classe inférieure, mais cependant Lolo de naissance, sont, autant que j'ai pu le comprendre, les vassaux et les suivants des patriciens — en somme, le peuple. Une troisième classe consiste des *Wa-tseu*, ou esclaves, qui sont tous des Chinois prisonniers. Il ne semble pas que la classe servile soit subdivisée, mais, en tous cas, les esclaves nés dans le pays des Lolos sont traités avec plus de considération que ceux qui ont été capturés dans les chasses aux esclaves».

M. BONS d'ANTY, marchant du Mont Omei vers le nord du massif des Lolos en suivant la route du T'ong ho, aperçut vers le sud la masse du Ta Leang chan et fait les remarques suivantes: «Combien tentantes sont les énigmes géographiques, ethnographiques, etc., que nous pose cette contrée mystérieuse où le pied des Européens n'a pu encore se poser, où les Chinois ne pénètrent qu'en qualité d'esclaves des farouches «Chevelures brunes» (traduction du nom ethnique particulier que se donnent les Lolos Noirs, nom inexactement rendu par Baber sous l'appellation incompréhensible d'*Os Noirs*, «Black bones»).

«Le 5 mars [1904], traversant le Tong-ho en aval du marché de Fou-lin, nous quittions la terre chinoise et foulions le sol du pays lolo. Depuis plusieurs jours, déjà, il était facile de constater que les habitants des contrées traversées n'étaient chinois que de nom: des détails de toilette (surtout chez les femmes) l'indiquaient extérieurement; puis, les façons hospitalières, la générosité et la franchise des gens étaient si différentes du caractère et des dispositions auxquels nous ont habitués les Chinois! Sur la rive droite du Tong-ho, le Lolo a conservé toutes ses caractéristiques, son costume, ses moeurs et sa langue. Nous avons passé là trois journées inoubliables dans un village dont les habitants nous firent fête. Il ne faisait pas chaud, à ces altitudes, dans des gorges balayées par le vent, dominées par des calottes de neige. Mais on s'asseyait autour du foyer, devant la jarre de vin qui se vide au moyen d'un siphon primitif et bientôt les chants, les petits jeux innocents, élevaient la température au propre comme au figuré. Quels braves gens que ces Lolos.... nous nous souviendrons toujours de leur accueil si cordial.

«J'ai pu constater que, comme au Yun-nan, on englobe ici sous cette appellation des races entièrement différentes. Le vrai Lolo, la «Chevelure brune» est un homme de très haute taille, au nez proéminent très effilé, au visage allongé avec un menton bien marqué; chez les femmes, la face a un joli ovale et la peau est duvetée. En opposition avec cet élément vraiment noble comme physique, se présentent les pygmées trapus dont je vous parlais dans ma dernière lettre, comme constituant probablement le plus ancien facteur ethnique de 'Indo-Chine. Des photographies vous donneront une idée du contraste qu'offrent ces deux types.

«Les Chinois commencent à s'infiltrer dans cette orée du pays lolo. Ils ont déboisé la montagne, où la lixivation pluviale a commencé son travail de désintégration aussitôt. Il en résulte un paysage de pans dénudés, zébrés de lézardes ou de plaques d'érosion; on voit là des tons et des oppositions de nuances du plus haut pittoresque dès que l'œil s'est fait à l'aspect morne et désolé du canevas. De distance en distance, dans une vallée où des croupes étagées se couvrent de riches verdures: rizières, cannes, arbres à cire, etc. Le climat est celui du Kien-tchang, chaud et sec l'automne et l'hiver, pluvieux le reste de l'année.

Le gouvernement chinois se cache dans ces régions derrière les Bannières mandchoues. Ce fait n'a pas encore été signalé, je crois; les soldats chinois, les milices bourgeoises du pays elles-mêmes, ne portent que des inscriptions en langue mandchoue sur leurs uniformes et toute cette organisation des confins et des marches dépend du maréchal tartare de Tch'eng Tou. Il est certain qu'il doit y avoir là une sorte d'amorce tendue aux aborigènes». [1]

Je ne suis pas sûr que M. Bons d'Anty ait raison dans sa rectification du nom donné aux Lolos par Baber. Devéria note que: «Cette expression d'os blancs et d'os noirs se retrouve chez les

---

[1] *La Géographie*, 15 nov. 1904, pp. 319—320.

Kirghiz de l'Asie centrale. L'ouvrage intitulé *Cheng vou ki* 聖歲記 désigne les Lolos sous le nom de *He-koua* 黑裏 au lieu de *He-kou* 黑骨».[1]).

D'autre part le P. VIAL qui habite le Yun-nan écrit:

«Les Lolos eux-mêmes n'ont aucun terme pour se désigner d'une façon générale. Il n'existe chez eux que des noms de tribus. Ces noms de tribus ont dû être anciennement des noms de familles donnés dans des circonstances maintenant oubliées».[2]) Et encore: «Le mot «Lolo» est mal reçu; quand on s'adresse à un indigène en chinois, il faut l'appeler «Lao-pen-Kia».[3])

Plus tard[4]) le P. Vial, d'après une lettre de son confrère M. MARTIN, trouve une explication du mot Lolo:

«J'ai dit que chez ce peuple, il existe une tribu patricienne, une classe élevée d'où sortent tous les chefs et presque tous les propriétaires. Les Chinois les appellent des *Hee-y*, c'est-à-dire *tribu noire*. Dans le nord où habite mon Confrère, cette tribu s'appelle elle-même *No*; dans le sud, au Yun-nan, elle se nomme *Na*. Lorsque les Chinois, en s'avançant graduellement du nord au sud, rencontrèrent cette race nouvelle, qui alors occupait le Se-tchoan et le Yun-nan, ils n'ont pu prendre contact avec elle que par l'intermédiaire des Chefs. Ce contact s'étant tout d'abord produit dans le nord, c'est là que les Chinois ont dû apprendre le nom de ceux contre qui ils luttaient. Comme les Chinois n'avaient à leur disposition que les sons de leur propre langue, ils ont écrit le mot *No* d'une manière approchante et l'ont doublé par euphonie. C'est ainsi que les Chinois ont inventé le mot *Lolo*. Spécial à une tribu, ce mot est devenu l'appellatif de tout un peuple».

Mr. BOURNE écrit (*Report*, p. 88): «Le nom ancien chinois pour cette race était «Ts'ouan Man» — «Barbares Ts'ouan» — nom pris d'un de leurs chefs. La *Topographie* dit: «Le nom de *Ts'ouan Man* est très ancien, et à l'origine les tribus Ts'ouan étaient très nombreuses. Il y avait celle appelée *Lou-lou Man* par exemple, maintenant improprement nommée *Lo-lo*. Ces peuples s'appelaient eux-mêmes *Nersu*».

---

1) *La Frontière sino-annamite*, p. 147, note.
2) *Les Lolos*, 1898, p. 28.   3) *Ibid.*, note.   4) *Ibid.*, p. 69.

Manuscrits Lolos.

A ma connaissance, le premier manuscrit envoyé des régions w. Mes
que les Lolos habitent est celui qui me fut expédié à Chang-haï
vers 1872 par M. William Mesny, général au service chinois, alors
en résidence à Kouei-yang, capitale de la province du Kouei-tcheou;
c'était un petit in-folio recouvert de peau de chèvre, le plus considérable que j'aie vu, et qui offrait cette particularité d'être orné
de figures rehaussées de couleur rouge; je déposai le MS. dans la
Bibliothèque de la Société asiatique de Chang-haï; quelques années
plus tard, désireux d'en faire faire une copie, je demandai qu'il me
fût envoyé en France; le précieux MS. avait disparu, et malgré
toutes les recherches, il n'a pas été retrouvé depuis.

En 1885, Mr. Charles Gould publiait à Londres un volume
intitulé *Mythical Monsters* dans lequel il donna pp. 256—258,
trois figures, la première accompagnée de caractères lolos qui, dit-il,
sont des facsimiles d'un manuscrit in-folio en possession de J. Haas,
vice-consul d'Autriche-Hongrie à Chang-Haï. «Ce volume unique
est à présent, malheureusement, inintelligible. Il provient des limites
occidentales de la Chine, et on croit qu'il est un exemple de la
langue écrite lolo, qui est la langue des tribus aborigènes de la Chine».
Or Haas m'a remplacé comme bibliothécaire de la North China Branch
of the Royal Asiatic Society et devenu Consul-général s'est noyé
accidentellement le 26 juillet 1896, à P'ou tou, l'une des Tchou-san,
et je n'ai aucun doute que le manuscrit de Mesny a dû rester parmi
ses papiers personnels à moins qu'il ne l'ait prêté à une tierce personne qui aura négligé de le rendre.

Sur ces entrefaites, le P. François Louis Victor Crabouillet, Crabouill
des Missions étrangères de Paris, missionnaire au Se tch'ouan étant
venu à Chang-haï, je lui communiquai le manuscrit et je fis d'après
ses notes en 1876 à la Société asiatique de cette ville une commu-

nication en anglais sur les Lolos du Se-tch'ouan; je n'ai pas publié cette conférence car elle n'est que la substance des articles que le P. Crabouillet a publié lui-même dans les *Missions Catholiques* (V, 1873, pp. 71—2, 94—5, 105.—7) d'après des lettres adressées à sa famille en juin 1872.

Le P. Crabouillet écrit:

«Le type lolo, plus expressif que le type chinois, a les traits du visage assez réguliers et les formes vigoureusement constituées. Ce qui le dépare, c'est un certain air de sauvagerie, rembruni par la malpropreté.

Les Lolos s'épilent la barbe par coquetterie, eux qui pourtant ne se lavent jamais, et laissent croître leur chevelure, qu'ils tressent et ramènent sur le haut du front, en chignon pyramidal. Cette espèce de corne chevelue est enroulée dans une bande de toile; elle leur donne un aspect pittoresque, même martial, au dire des Chinois.

«Une ample limousine de feutre grossier, tombant à la hauteur des genoux, leur fait, à cause de sa raideur, un volumineux boursouflement. Le pantalon se bifurque en deux larges sacs, et s'ornemente, à l'endroit qui couvre le fémur postérieur gauche, d'une petite pièce ronde en toile rouge ou verte. Comme les bas et les souliers gèneraient la peau durcie de ces barbares, il est de mode de n'en faire jamais usage.

«Les femmes ont un chapeau de feutre noir, dont les bords tiennent lieu de parasol et de parapluie. Elles portent une espèce de casquette plate, étoffée et dépourvue de visière; un collier surchargé de clous d'argent ou de verroterie, lequel ne fait qu'un avec la chemise; un jupon du plus mauvais goût leur tombant flasquement à mi-jambe. Les femmes riches se font une jupe composée de morceaux de toile, où la variété des couleurs rappelle la mise d'Arlequin. Sur le côté, à la hauteur de la hanche, pend une blague à tabac, de forme oblongue et pointue; là encore, la bigarrure du coloris contraste avec le teint huileux des matrones aux pieds nus. Des pendants d'oreille en argent, dont le poids fait toute l'élégance, tombent jusque sur les épaules et complètent à peu près la liste de leurs vêtements et de leurs atours»

Au sujet de la religion, il remarque:

La religion est celle des sorciers; «la divinité, objet d'une grande vénération, est un certain *Ou-lang*, le premier des humains et l'inventeur des céréales; il fut aussi, disent-ils, un célèbre tueurs de bêtes fauves. Pour le représenter, pendant les sacrifices, ils fichent en terre un bâton sur lequel ils jettent un vêtement quelconque». Les bonzes remplissent l'office de médecins et se contentent de faire des exorcismes, tout mal, selon les Lolos, venant des esprits malfaisants. «Les Lolos ont une idée vague de la vie future: après la mort, l'âme s'envole au ciel, et s'y attache sous la forme d'une étoile. Ils savent qu'un déluge a submergé autrefois le monde, et ils prétendent que leurs ancêtres s'y sont soustraits sur le mont Polo». Ils se divisent en une multitude de petites républiques ou tribus indépendantes». Chaque famille a pour chef direct et absolu son propre père, dont l'autorité, sur les enfants et sur les esclaves, est illimitée. Toutefois, les femmes sont protégées contre les brutalités de l'arbitraire par leur parenté et même par leur tribu Les cas qui réclament le concours de toute une tribu, à l'effet d'obtenir justice, sont l'homicide, l'adultère, le vol d'un esclave ou la coopération à son évasion, le meurtre d'une femme, et même, en certaines circonstances, la mort accidentelle». [1]

Apparemment le P. Crabouillet n'avait pas encore vu de manuscrit lolo, lorsqu'il écrivit ce qui suit:

«Les Lolos ne savent ni lire ni écrire Quelques Chinois prétendent cependant que leurs bonzes ont des livres Je regrette de n'avoir pu encore me renseigner sur ces prétendus livres, qui, probablement, ne renferment que des signes superstitieux ou cabalistiques dépourvus de tout sens grammatical Voici ce qui me porte à le croire.

«Les Lolos, dans leurs contrats, font usage de planchettes sur le bord desquelles ils pratiquent diverses échancrures Ce mode, tout primitif d'exprimer certaines idées, n'offrant à l'œil que très peu de marques distinctives, pourrait laisser une prise facile aux contrefaçons. Les erreurs ou les fraudes sont pourtant très-rares et il faut l'attribuer à la bonne foi de ces sauvages et à l'habileté avec laquelle ils déchiffrent le sens des planchettes.

«L'écriture, ou plutôt le système des signes sur planchettes, lettre close pour le Chinois, est d'un fréquent usage dans les affaires importantes, telles que le contrat de fiançailles, la déclaration de guerre. On l'emploie même comme message pour un rendez-vous.

«Déclare-t-on la guerre à une tribu? On envoie un messager muni d'une planchette particulière, à laquelle on a fixé une plume de coq. Veut-on dévaster le sol chinois? On jette, sur tous les chemins, certaines planchettes. Cela tient lieu de décret ou d'appel aux armes Dix jours après, on jette de nouveau des planchettes; dix autres jours après, on répète la même formalité, probablement en forme d'ultimatum. C'est en suite de ces préliminaires, muets et dénués de tout autre caractère officiel, que les Barbares se soulèvent comme un seul homme. La plupart ignorent la cause et l'auteur de cette levée de boucliers, mais c'est, pour eux, question secondaire. L'important, c'est le pillage, et si l'on répand des planchettes il doit y avoir des raisons pour cela. Les Chinois limitrophes,

---

1) *Missions Catholiques*, *l. c.*, p. 72.

41

mis d'une planchette, n'ont rien à redouter de la rapacité de‹
[1])

⟩e années après, le P. de GUÉBRIANT, comme on le verra,
es manuscrits.

] s tard, MESNY, en réponse à une question que je lui avais
⟩e à Londres en 1878 chez KOUO SOUNG-TAO, ministre de Chine,
ivit de Kouei hien, Kouang-si, 16 juillet 1883: [2])

manuscrit, je peux vous le dire, à présent, est dans l'écriture des
⟩ Lolo, peuples très répandus dans l'ouest de la Chine, mais excepté un
t noyau d'indépendance entre les villes Luy-po Ting, Wo-pien Ting, Ma-
⟩ Ting, et Suey-Tchai Tou, dans le Ssu-tchuan, sur les frontières du Yun-
et du Kuei-tchou, ce peuple est tout à fait assujetti au gouvernement
nois. Ils disent *Lobé* pour Lune, ce qui est tout à fait différent des autres
ples, dits Indigènes de l'Ouest de la Chine. — Dont les Tang-Kia et Pun-ti
la partie supérieure du Kuang-si, les Tchung-Kia et Suey-Kia du Kouei-tchou
et les Sha-rhun, Lung-rhun, et Pa-yi du Yun-nan, qui prononcent le nom dudit
luminaire, presque comme en français, *Lun*.

«Un chef Lolo, nommé Ngan, chef héritier d'une tribu de Lolo noire,
c'est-à-dire des Lolo qui se disent avoir les *Os noirs* et ainsi se croient supérieurs aux Os blancs, m'a écrit quelques phrases, sur une feuille de papier, en
ma présence, me disant qu'il n'avait jamais vu un homme comme moi et me
faisant remarquer qu'il avait un nez haut comme le mien. Il commença à
écrire à gauche au haut de la feuille, écrivant comme font les Chinois jusqu'au
bas, mais avec la différence d'être de gauche à droite, au lieu de droite à
gauche. Ayant rencontré Mr. Baber à Tchung-King, il m'a montré une feuille
contenant pareille écriture, et m'a dit qu'il l'avait obtenue des Lolo, aux
environs de Luy-po Ting? La mienne venait du chef Lolo des environs de Wei-
ning Tchou, dans le Kouei-tchou. Mr. Baber m'a écrit depuis lors que sa
feuille était dans la même écriture que mon vieux manuscrit qu'il a vu à
Shanghai et qu'il a vérifié sur-le-champ. Ainsi, Monsieur, vous voyez que ce
n'est pas du Tchung-Kia, comme on me l'avait dit dans le Kouei-tchou.
Les Tchung-Kia du Kouei-tchou ne connaissent pas d'écriture, mais ils parlent
la même langue que les Pa-yi, un peuple semi-indépendant que j'ai rencontré
sur les frontières de la Birmanie, et qui ont une belle écriture à peu près

---

1) *Missions Catholiques*, l. c, p. 105.
2) Lettre à M. Henri Cordier, *Revue de l'Extrême-Orient*, II, pp. 582—4.

comme la nôtre, alphabétiquement écrite ou composée de dix-neuf lettres, dont j'ai pu obtenir quelques exemplaires de livre d'instruction, etc., etc.

«J'avais recueilli une centaine des mots les plus communs de dix-huit différentes langues dans les provinces du Kouei-tcheou, Yun-nan et Kan-suh, mais j'ai malheureusement tout perdu avec mon journal et mes *économies* dans le Shan-si, il y a deux ans presque».

Par l'intermédiaire de missionnaires français, BABER put s'assurer la possession d'un manuscrit Lolo provenant d'un chef Lolo près de Fou-lin; il en a donné une copie page par page et ligne par ligne, mais il ajoute: «Je suis tout à fait ignorant de la nature de l'ouvrage, et je suis même incapable de déclarer par quel bout il commence»[1]).

En 1881, BABER envoya de Peking, au Col. Henry YULE, un manuscrit qu'il avait reçu d'un chef lolo suivant une promesse faite quatre années auparavant. TERRIEN de LACOUPERIE le décrit ainsi: «Ce MS. sur satin, rouge d'un côté, bleu de l'autre, dans un carton couvert de grossière toile bleue, est plié en huit comme un paravent. Il est écrit en noir, apparemment avec le pinceau chinois, et se compose de textes d'une longueur considérable, avec presque 5750 mots en tout. L'écriture est disposée en lignes verticales, et de *droite à gauche*, comme en Chinois. Elle est disposée en rangées séparées de deux caractères, ou plusieurs réunies ensemble»[2]). Il y a 2998 mots du côté rouge et 2750 sur le côté bleu. C'est le premier MS. lolo venu en Europe. Terrien remarque qu'il témoigne d'une influence tibétaine[3]).

Le P. VIAL dit, au contraire de Terrien, que l'écriture se lit de la *gauche de la page*:

«Actuellement les caractères *lolos* s'écrivent sur du fort papier, plus large que long, cousu par le dos et enveloppé dans une couverture en toile de chanvre; on se sert de l'encre et du pinceau chinois. Mais avant l'invention du papier,

---

1) *Travels*, p. 129.

2) *On a Lolo Manuscript written on satin*. 1882, pp. 1—2.

3) *Beginnings of Writing*, p. 176.

sur quoi les écrivait-on? D'après la tradition, les Noirs (*Hee* Ẏ) les gravaient
sur la pâte de farine durcie, et les Blancs (*Pee* Ẏ) les écrivaient sur la toile
de chanvre. Avec le temps, la pâte s'est effritée, tandis que le chanvre s'est
conservé, et c'est pour cela, dit-on, que les Noirs ont perdu leurs livres. De
caractères écrits sur la toile de chanvre, je n'en ai pas vu, mais il doit en
exister encore. Les livres indigènes, à l'encontre des livres chinois, commencent
par la gauche, comme nos livres; mais l'écriture se lit de haut en bas, *à partir de la gauche* de la page. On ne laisse aucune marge, aucun intervalle entre
les caractères, point de signes de division ou de repos; seulement, un dessin
colorié de rouge indique la fin d'un article quelconque. Les entêtes, que l'on
écrit indifféremment dans le sens vertical ou horizontal, sont, en général, ren-
fermés dans un cartouche ou peints à l'encre rouge. Parfois on admire quelques
miniatures enjolivant le livre; ce sont de grossiers bonshommes qui n'ont d'humain que la rondeur de la tête. Tous ces livres sont manuscrits, et chaque
écrivain doit écrire les siens; l'imprimerie ou la gravure leur sont entièrement
inconnues» [1]).

Dans son rapport, M. d'OLLONE dit:

«J'ai acquis un certain nombre de manuscrits lolos, mais l'interprétation
qui m'en a été fournie et même le procédé de lecture diffèrent tellement des
indications données par le P. Vial que je crois indispensable d'aller dans la
tribu même qu'a étudiée ce missionnaire au Yun-nan, pour élucider cette question.
Si le P. Vial ne s'est pas trompé, ses Lolos et ceux du Se-tch'ouan, bien qu'a-
yant un certain nombre de caractères d'écriture communs, ne leur attribuent
ni le même son ni la même signification, et surtout ils ne les lisent pas dans
le même sens, fait des plus singuliers, s'il se confirme».

M. TERRIEN de LACOUPERIE a passé en revue quelques-uns des
documents lolos venus en Europe et il a tiré du *Yun-nan t'oung tche*,
division *Nan man tche* (Barbares du Sud) les renseignements suivants
sur l'origine de l'écriture lolo en l'an 9 de notre ère:

«Un peu d'information plus précise est donnée dans la topographie de
K'ai-houa fou (S.O. du Yun-nan), au sujet des origines de cette écriture. On
raconte que «O-kou ou O-ting», descendant de Nakoutsiu, à l'époque de la
dynastie des Han, habitait à K'iu tsing fou (N.E. du Yun-nan). Et là il fit
les caractères *Tsouan*, qui sont comme l'écriture *Ko-tou*. Après un travail de

---

1) *De la langue et de l'écriture indigènes au Yun-nan*. Par M. Paul Vial, 1890,
pages 18—19.

deux ans le nombre des caractères simples et de leurs dérivés atteignait au total de 10.840, et composait le *wei chou* ou «écriture modèle», qui était confié à la garde de quelques hommes choisis» [1]).

TERRIEN de LACOUPERIE rattache l'écriture des Lolos du Se-tch'ouan par une descendance commune avec l'alphabet du sud de l'Inde d'Açoka [2]). Terrien
Lacouper

M. HOSIE a donné une liste de mots Si fau, de P'ing pa, et de mots Lolo, de Hai t'ang [3]). A. Hosie

Dans son Rapport que j'ai l'occasion de citer plus loin, Mr. BOURNE a donné des copies des MSS. qu'il a recueillis. L'un des MS. du Kouei-tcheou a été donné par lui au British Museum: «Il comprend, écrit Terrien de Lacouperie, 73 feuillets petit in-fol., et parait être un poème épique, écrit en vers de cinq caractères par ligne. Les premiers et les derniers feuillets sont considérablement endommagés, et le papier est très décoloré. Toutefois, ceci est dû plutôt à la négligence qu'à l'âge; quant à la lettre chinoise qui fut trouvée entre deux feuillets, et dont le papier a été également taché et fatigué par le temps, elle est datée de 1836. L'écriture est claire, et les caractères sont bien formés, montrant que le scribe avait une meilleure connaissance de son écriture native que ceux des autres MSS. Lolo dont j'ai déjà parlé». [4]) F. S. A.
Bourne

Dans ses publications de 1890 et de 1898, le P. VIAL a donné de nombreux fac-similes de l'écriture des Lolos dont nous parlons plus loin. Devéria également dans la *Frontière Sino-Annamite*. P. Vial

M. LEFÈVRE-PONTALIS et le Prince Henri d'ORLÉANS ont fait don de manuscrits lolos à la Bibliothèque de l'Ecole des Langues orientales. Lefèvre-
Pontalis
Henri
d'Orléans

---

1) *Beginnings of Writing*, pages 177—178.

2) *Beginnings of Writing*, pages 26—27.

3) *China*. No. 2 (1884), App. No. 1, p. 62.

4) *Beginnings of Writing*, p. 176.

une inscription chinoise 碑 signalée par M. Paul Pelliot dans le *Bul. de l'École d'Extrême-Orient*, IV, 155, d'après un passage du *Sin Yun-nan Tong tche leou* 新雲南通志稿: cette inscription soulève la question de la nature de l'écriture ancienne qui est identique à l'écriture lolo, comme l'avait prouvé Deveria; outre cette inscription, M. Ouvrin a donné l'estampage d'une autre inscription également lolo, qui a 17 caractères seulement. Au sujet de la grande inscription, M. Chavin écrit (*Bul. de l'École d'Extrême-Orient*, V, 1905, p. 195): «Les habitants de Leu-k'iuan croient que cette inscription a été gravée sous le règne du Hong-wou 洪武 (1301—1806), le fondateur de la dynastie Ming; j'ignore sur quelle base repose cette tradition. Ils disent encore qu'à cette époque le pays était gouverné par un prince birman: c'est du reste seulement en 1382 que prit fin le gouvernement du 1er tseu-houan 總管 du Nan-tchao. Enfin la tradition populaire ajoute que, lorsqu'on aura déchiffré cette inscription, la montagne se transformera en or. Ce serait une bonne aubaine pour le pays, qui est d'une extrême pauvreté». Les deux inscriptions sont reproduites, *l. c.*, p. 196.

Langue des Lolos.

La mission DOUDART de LAGRÉE a collectionné en cours de route un grand nombre de vocabulaires[1]) y compris un vocabulaire Lolo qui a été noté à Youen kiang dans le Yun-nan.

---

1) *Voy. d'Exploration*, II, pp. 498—517.

BABER a relevé un court vocabulaire chez une petite tribu lolo
vivant sur la rive gauche de la rivière T'ong; la prononciation a
perdu beaucoup de sa bizarrerie primitive; il a donné dans une
colonne parallèle un vocabulaire de la langue parlée par les Si-fan
(Menia) de Tseu ta ti [1]).

En 1899, M. Paul BOELL publia un vocabulaire recueilli au
Yun-nan qu'il avait communiqué au Congrès des Orientalistes de
Paris en 1897. Il comprend des mots provenant de trois dialectes
parlés dans la préfecture de K'iu-tsing-fou. K'iu-tsing 曲靖 fut
jadis capitale du royaume de Nan Tchao 南詔.

Ces trois dialectes sont:

«Le dialecte *nyi* ou *nyi-pa* est celui de la tribu lolo évangélisée par le
P. Vial. Elle occupe, suivant ce missionnaire, un rectangle borné au quatre
points cardinaux par les villes suivantes: Lou-liang tcheou, au nord; Mi-lo hien,
au sud; Kouang-si tcheou, à l'est; Lou-nan tcheou, à l'ouest. Les mots recueillis proviennent du village de Lou-mei-i, résidence du P. Vial.

«La tribu qui s'appelle elle-même du nom de *a-hsi* est voisine des *nyi*,
au sud de ceux-ci. Le vocabulaire que j'ai recueilli provient du village nommé
Fong-houang-chan par les Chinois et *Mo-te-le* par les *A-hsi*.

«La tribu *Na-sŏ-pŏ* est établie au nord de Lou-liang tcheou. C'est d'un
indigène de cette tribu, rencontré à I-liang hien, que j'ai obtenu les mots de
la seconde colonne de mon vocabulaire». [2])

M. Boell ajoute:

«Je joins à ces listes de mots deux textes en dialecte *nyi-pa*. L'un est le
commencement d'une chanson dont je dois la traduction à l'obligeance du P.
Vial, qui fut en mainte occasion mon guide autorisé durant mon séjour en
pays lolo. L'autre est extrait d'une sorte de géographie chantée, que les *Nyi*
appellent du nom de *Mi fö kŏ* (*mi* = terre), dont, si j'en crois le P. Vial, les
indigènes ont à peu près entièrement oublié le sens. C'est une présomption,
sinon une certitude en faveur de l'ancienneté du texte». [3])

1) *Travels*, pp. 73 et seq.
2) Paul Boell. — *Cont à l'étude de la langue Lolo*, 1899, p. 2.
3) *L. c.*, p. 3.

M. Boell a ajouté à son vocabulaire les mots correspondants des vocabulaires de Doudart de Lagrée, de Baber et de Hosie.

Voyageurs européens.

Marco Polo   Marco Polo parlant des tribus sauvages du sud-ouest de la Chine, je me contente de renvoyer à la relation de l'illustre voyageur vénitien. La plus ancienne mention de ce peuple est, je crois, celle du P. Du Halde 1735   Halde, dans sa *Description de l'Empire de la Chine* au chapitre intitulé *De la nation des Lolos* [1]). Il a sans doute utilisé le manuscrit de la Bibliothèque nationale Fr. 17242, intitulé *Nouvelle Géographie de la Chine et de la Tartarie orientale* dont Devéria a donné un extrait: [2])

«La Nation des *Lo los* dominoit dans le *Yun nan*, & étoit gouvernée par différens Souverains; les Chinois après y avoir construit quelques Forts & quelques Villes dans de petites Plaines qui étoient incultes, & avoir livré quelques combats, prirent le parti de s'attacher ces Peuples, en donnant à leurs Seigneurs à perpétuité les Sceaux & tous les honneurs des Mandarins Chinois avec les titres de *Tchi fou*, de *Tchi tcheou*, &c. à condition néanmoins qu'ils reconnoîtraient l'Empereur, & qu'ils dépendroient du Gouverneur de la Province dans les affaires ordinaires, de la même manière que dépendent les Mandarins Chinois du même rang; que d'ailleurs ils recevroient de l'Empereur l'investiture de leurs Terres, où ils ne pourroient exercer aucune Jurisdiction, qu'ils n'eussent reçu son agrément, l'Empereur s'engageant de son côté à investir le plus proche héritier.

«Les *Lo los* sont aussi bien faits que les Chinois, & plus endurcis à la fatigue. Leur langue est différente de la langue Chinoise: ils ont une manière d'écrire qui paroît être la même que celle des Bonzes de *Pegou* & d'*Ava*. Ceux-ci se sont insinuez chez les plus riches & les plus puissans des *Lo los*, qui sont dans la partie Occidentale d'*Yun nan*, & y ont bâti de grands Temples d'une structure bien différente de la Chinoise. Les cérémonies, les prières & tout le culte sacré est le même que dans le *Pegou*.

«Les Seigneurs *Lo los* sont les maîtres absolus de leurs sujets, & ont droit

---

1) Paris, 1735, I, pp. 54—55.

2) *Frontière Sino-annamite*, p. 59.

de les punir, même de mort, sans attendre la réponse du Viceroy, encore moins de la Cour. Aussi sont-ils servis avec un empressement & un zèle incroyable.

«Chacun regarde comme une fortune d'être admis à servir dans le Palais. Ce nom convient mieux à ces Edifices, qu'à tant de Tribunaux Chinois, qu'on appelle ainsi dans quelques Relations, quoique pour la plûpart ils soient mal entretenus & peu habitables. Les *Lo los* qui regardent la Sale où ils donnent audience, & tous les autres Appartemens, comme leur bien, ont soin de les tenir en bon état, & de les embellir.

«Outre les Officiers de leur Maison, & d'autres qui servent par quartier, ils ont des Capitaines qui commandent la Milice de tout le Pays Une partie de cette Milice consiste en Cavalerie, l'autre est composée de Piétons, qui sont armez de flèches, de lances, & souvent de mousquets

«Quoique les chevaux de *Yun nan*, de même que ceux de *Se-tchuen*, soient les plus petits de la Chine, ils n'en sont pas moins estimez; car non-seulement ils sont d'une belle couleur & bien proportionnez, mais encore ils sont forts, vifs, & assez dociles.

«Il faut qu'il y ait des mines de fer & de cuivre dans les Montagnes de leur ressort, car ce sont eux-mêmes qui fabriquent leurs armes Les Chinois leur en portent quelquefois, & l'on en trouve qui ont soin de s'insinuer dans les maisons de ces Seigneurs, & de s'enrichir aux dépens de leurs Sujets.

«Du reste le Pays est abondant en toutes sortes de denrées, & a des mines d'or & d'argent. L'habit du Peuple *Lo lo* consiste en un caleçon, une veste de toile qui ne passe pas les genoux, & un chapeau de paille ou de rotin: Il a les jambes nués & ne porte que des sandales.

«Les Seigneurs portent l'habit Tartare de satin ou de damas. Les Dames au-dessus d'une longue robe qui va jusqu'aux pieds, portent un petit manteau qui ne leur pend que jusqu'à la ceinture. C'est ainsi qu'elles montent à cheval, même dans les cérémonies de mariage, ou dans les visites qu'elles rendent accompagnées de leurs Suivantes pareillement à cheval, & de Domestiques à pied».

Le 18 juillet 1861, le P. Fenouil adressait du Yun-nan à M. Legrégeois, directeur au Séminaire des Missions Etrangères à Paris, la lettre suivante dans laquelle il raconte la triste expérience qu'il fit des Barbares du Ta Leang chan entre les mains desquels il était tombé pendant une de leurs excursions hors de leurs montagnes entre Yong-chan et Ta-kouan: Le P. Fe 1861

«Au commencement de cette année, j'ai voulu faire une petite excursion dans le pays des *Y-Jin*, et en cela, je me proposais un double but: celui de faire avancer d'un pas la conversion de ces peuplades, et celui d'obtenir la délivrance de plusieurs chrétiens emmenés captifs les années précédentes.

Dans tous les cas, je comptais être de retour avant trois semaines. Malheureusement pour moi, j'avais tiré mes plans et fait tous mes calculs sans consulter les Mân-Tsé. La saison dans laquelle ces brigands ont coutume d'exercer leurs ravages étant déjà fort avancée, nous espérions en être quittes pour cette fois; mais comme vous allez voir, nous fûmes bien trompés dans notre attente. Ces Mân-Tsé, nouveaux pour vous, et les Y-Jin que vous connaissez déjà, ne font qu'un seul et même peuple: ils se traitent de frères, et le sont en effet. Toute la différence qui est entre eux consiste en ce que les Y-Jin vivent soumis au gouvernement chinois, lui paient les impôts et reçoivent ses mandarins, tout en conservant une autorité entière sur les hommes de leurs tribus. Les Mân-Tsé, au contraire, n'ont jamais pu être domptés; trop faibles pour résister aux forces de l'empire, ils ont mieux aimé abandonner leur pays que de subir un joug étranger, et se sont retirés sur les montagnes qu'on appelle *Leâng-Chân* (montagnes froides). Le *Leâng-Chân* qui forme un assez vaste plateau sur des hauteurs inaccessibles, se trouve enclavé entre les provinces du *Sse-Tchouan*, du *Yun-Nân* et du *Kouy-Tcheou*.

Le 2 Janvier, au moment où je quittai mon district, je n'avais encore aucune nouvelle de l'invasion des *Mân-Tsé*; mais sur la route, et avant la fin de cette première journée, on annonça leur irruption au nombre de trois mille. Ce n'était qu'une vague rumeur, et je n'y ajoutai point foi; d'ailleurs les barbares n'étant encore signalés que dans le lointain, nous avions tout le temps de nous mettre en sûreté. Le mandarin de la petite ville où je passai la première nuit, n'avait point, contre l'usage, reçu d'avis officiel; ce qui me confirma dans mon erreur et me donna le courage d'avancer. Le second jour fut assez tranquille, mais le troisième fut désastreux. Il était midi environ: encore quelques kilomètres de marche, et nous étions hors de danger, en dépassant la route par où l'ennemi devait venir. Cependant d'une montagne voisine des gens se mirent à pousser des clameurs; c'était sans doute un cri d'alarme; mais comme la distance était grande, il fut impossible de savoir ce qu'ils voulaient nous dire. De mon côté, j'étais assez irrésolu; les trois hommes qui m'accompagnaient n'étaient pas, non plus, d'une audace à tout braver. Après quelques instants de silence, où chacun attendait qu'un autre donnât un bon conseil, celui qui portait mon petit bagage se prit à dire: *Une fois en route, il faut avoir le courage de marcher, sans quoi l'on n'arriverait jamais.* Là-dessus il partit, et nous de le suivre. Un peu plus loin, nous fîmes la rencontre d'un individu qui nous rassura de son mieux, ajoutant que tous les bruits qu'on faisait courir sur l'arrivée des *Mân-Tsé* étaient faux. Le misérable, il était *Mân-Tsé* lui-même et espion des brigands, comme je l'appris le soir même.

Ces paroles nous avaient rendu la confiance; nous avions même honte d'avoir hésité un instant, quand je vis courir sur nous trois de ces bandits bien armés; ils sortaient d'une forêt de sapins, et venaient nous couper le retour. Aussitôt je donnai l'alarme et criai de toutes mes forces un grand sauve-qui-peut! Hélas! il était trop tard. Celui de nous qui marchait le premier put se cacher dans un fourré de broussailles, et fut assez heureux pour n'être pas découvert. Nous n'étions plus que trois à fuir: deux de nos ennemis s'arrêtèrent pour piller mon paquet qu'on leur jeta en pâture; un seul se mit à notre poursuite, mais les hurlements de la bande entière qui approchait nous ôtaient la pensée et le pouvoir de nous défendre. Mon domestique le premier attrapé, reçut six coups de lance et fut laissé pour mort sur la place, après avoir été dépouillé de tous ses habits. Cependant je me sauvais de toutes mes forces avec le seul homme qui me restait; déjà un espoir de salut commençait à renaître, quand nous aperçûmes une nouvelle troupe qui nous attendait au passage. Comme ils arrivaient sur nous prêts à nous percer de leurs lances, je leur criai que nous nous rendions. Jetant aussitôt leurs armes, les *Mân-Tsé* s'élancèrent sur moi au nombre de huit ou dix; ils m'enlèverent littéralement de terre; l'un tirait les souliers, les bas, l'autre la tunique, la chemise, etc., tous travaillaient en même temps; aussi la besogne fut bientôt faite. Pendant cette opération, j'étais tout étourdi, d'autant plus que je ne savais pas comment cela finirait. Il me souvient que je répétais sans cesse une invocation à Jésus et à Marie.

Tous mes vêtements furent mis en morceaux, chacun en eut sa part; après quoi ces gens se remirent en route et moi avec eux. Depuis ce moment je n'ai plus eu aucune nouvelle du chrétien arrêté avec moi. Arrivés des premiers dans la plaine, nous fîmes une petite halte pour manger une partie du butin: des porcs, des poules, des canards, etc. Ici, chacun pour soi; ceux qui avaient pris quelque chose eurent part au festin, tandis que leurs compagnons, moins heureux, les regardaient faire. Pour moi, accroupi auprès d'un vieux mur, je tâchais de donner au vent le moins de prise possible. Aussitôt qu'un de ces hommes s'approchait de moi, je lui disais d'un ton respectueux: *Tâ lào pàn, lén tè hèn*.... «Maître, il fait grand froid; prêtez moi un habit, si peu qu'il vaille, je vous le rendrai». Plusieurs se mettaient à rire, les plus honnêtes ne répondaient rien, quelques-uns me demandaient si je voulais des coups de trique pour me réchauffer le dos; enfin, l'un d'eux, plus compatissant que les autres, me donna un tout petit manteau qui, bien que trop court, ne laissa pas de m'être d'une fort grande utilité. Daigne le Seigneur récompenser cet acte de bienfaisance!

Cependant les bandits avaient à peine dévoré les quelques porcs qu'ils avaient tués, que toute la bande se trouva réunie; elle était composée de douze à quinze cents hommes environ. Comme la nuit approchait, chacun dut chercher un gîte: plusieurs s'établirent en pleine campagne, tandis que les autres allèrent se loger dans les habitations qu'à leur approche les Chinois avaient abandonnées. La troupe dont je faisais partie se retira dans une assez vaste maison qui nous mit à l'abri de la pluie, de la neige et du vent. Ce fut bien

Celui-ci me tirait par les cheveux, celui-là me donnait un soufflet, un coup de pipe, un coup de pied; d'autres s'amusaient à m'arracher la barbe, l'un tirait les poils blancs, l'autre les noirs; un troisième, trouvant cette opération trop longue, apportait une bûche embrasée et me rôtissait le menton sans miséricorde. Plus d'une fois je vis de bien près le couteau et la lance: mais il se trouva toujours une main secourable pour détourner le coup, un cœur plus sensible pour demander ma grâce. Enfin l'on m'envoya tourner la meule: ce fut la fin de mes grandes disgrâces et presque un commencement de bien-être. A peine j'étais à l'ouvrage, que tous les chefs sortirent pour me voir travailler; les uns admiraient la blancheur de ma peau, les autres se moquaient de mon peu d'habileté à la besogne. J'avais à peine moulu quelques poignées de maïs, qu'ils me crièrent tous ensemble: «Assez, Assez! viens te chauffer». Ce fut bien à propos, car tout mon corps était raide de froid: je marchais lentement et avec la plus grande difficulté, en sorte qu'il était aisé de voir qu'il me serait impossible de supporter longtemps un pareil genre de vie. Aussi les *Màn-Tse* m'offrirent-ils la liberté moyennant mille onces d'argent pour ma rançon. Un peu plus tard, ils réduisirent leurs prétentions à cinquante onces d'argent, seize cents livres de sel et vingt pièces de toile. — «C'est fort bien, leur dis-je à mon tour, vous ne demandez pas trop; mais où prendre ici de l'argent? où trouver des toiles? à qui emprunter du sel pour vous en donner? Vous avez pris tout ce que j'avais avec moi: que voulez vous que je vous offre quand je n'ai plus rien?» Mes raisons étaient si claires et si justes, même aux yeux de ces brigands, qu'il ne fut plus question de mon rachat. — «Sais tu bien qui nous sommes? me dit alors un des chefs. Cette question me parut embarrassante, car j'ignorais où l'on en voulait venir, et je m'en tirai quelque peu en gascon. D'ailleurs personne ne se méprit sur le sens de mes paroles, car mon homme ajouta aussitôt: «C'est bien, c'est bien! aujourd'hui tu as peur. Nous savons que vous autres Chinois nous appelez voleurs et brigands: c'est vous-même qui êtes les spoliateurs. Toutes ces contrées ont appartenu à nos pères; ils en avaient toujours été les maîtres et paisibles possesseurs, quand les Chinois vinrent les en chasser injustement. Nous étions alors les plus faibles, il fallut céder; notre pays ne fut ni vendu ni donné, nous venons en percevoir la rente. D'ailleurs retirez-vous sur vos terres, et vous verrez que nous n'irons pas vous y poursuivre. Au moins, lui répliquai-je, quand vous avez fait des prisonniers, il ne faudrait pas mettre à mort les malades et ceux qui ne peuvent pas marcher. — En ce cas, dit mon homme, quel est celui qui voudrait nous suivre? ils se diraient tous malades, et nous ne pourrions emmener personne avec nous». Ce qu'il y a de plus fâcheux pour le gouvernement chinois, c'est que ces gens disent vrai. Il est constant que les premiers rois de la dynastie actuellement régnante s'emparèrent du Yûn-Nan par la violente expulsion des indigènes. Il resterait à examiner si ceux-ci, par leurs brigandages, n'avaient pas donné lieu à une répression sévère.

que j'aille? lui répondis-je: la montagne est pleine de vos gens; je ne connais point les routes, la nuit est obscure, je suis sans habits, sans souliers........ Supposé même que je sois assez heureux pour vaincre tous les obstacles, il faudra toujours mourir de faim et de froid. Brave jeune homme, fais-moi la grâce tout entière, laisse-moi passer le reste de la nuit sous ce toit, et *demain je partirai de très-grand matin*». Tout fut inutile, il fallut décamper. J'avoue que je n'ai pas encore pu deviner la raison pour laquelle on voulait me chasser à cette heure-là: évidemment il y avait un autre motif que celui de me soustraire au danger. J'avais à peine fait dix pas, que reconnaissant l'impossibilité absolue d'aller plus loin, je rentrai en disant: *Me tuera qui voudra; mourir dehors ou mourir dedans, c'est tout un.*

Ces bandits, d'ailleurs peu accessibles à la compassion, ne purent s'empêcher de dire que j'étais bien à plaindre et m'assignèrent un coin de la maison pour dormir. Par un petit bonheur, je trouvai là quelques poignées de paille de riz, que j'étendis sur mon corps, pour y conserver le plus de chaleur possible. Vous ne sauriez croire combien cette nuit fut froide et longue. Le lendemain, personne ne songea à me faire du mal. Quand la place fut un peu débarrassée, on me laissa librement approcher du feu. Assis à terre, je voyais avec plaisir avancer le moment du départ; et pendant que je l'attendais avec impatience, un plaisant de la troupe voulut amuser ses camarades à mes dépens. Pour cela, il remplit un vase d'eau froide; et vint par derrière le verser sur mon dos. Cette courtoisie fit beaucoup rire tout le monde, moi seul excepté. Le malheureux coquin allait me gratifier d'une nouvelle douche, mais je ne lui en donnai pas le temps; ayant gagné la porte au plus vite, la peur me fit retrouver encore quelques forces dans mes jambes, surtout quand je les vis tous se mettre à ma poursuite et me jeter des pierres. A la vérité, je compris bientôt qu'ils voulaient seulement accélérer ma fuite, sans intention de m'atteindre; cependant, pour plus de sûreté, je sautai dans un champ de riz, comptant bien qu'ils n'auraient aucune envie de patauger après moi dans ce bourbier. A dessein je me laissai tomber tantôt d'un côté, tantôt d'un autre, feignant de ne pouvoir me tenir sur mes pieds, tant je craignais d'être sérieusement rappelé au poste. Enfin j'allai me cacher derrière un tertre; et quand les *Mán-Tsé* ne me virent plus, ils partirent, laissant de grands feux allumés dans la maison où nous avions passé la nuit.

Assis et presque couché dans la boue, je n'osai remuer de longtemps. Quand je n'entendis aucun bruit, je me hasardai à regarder du coin de l'oeil, sans trop lever la tête, puis je mis enfin le nez à l'air, et j'aperçus les derniers *Mán-Tsé*, qui parvenus au sommet de la montagne, disparaissaient de l'autre côté. Après m'être bien assuré que j'étais véritablement libre et qu'il ne restait plus un seul de mes ennemis, je revins à la maison, où je pus au moins me réchauffer à mon aise. Cependant il n'était pas prudent pour moi de faire en ce lieu une halte trop longue. Le maître du logis ne pouvait tarder à sortir

la maison où j'étais un receveur d'impôts; il était à cheval et avait quatre
hommes à sa suite. Ce païen, que j'avais connu autrefois, se montra très obli-
geant et voulut absolument m'emmener avec lui; il m'offrit son cheval et une
partie de ses effets. Bien qu'une longue robe, dont j'étais déjà pourvu, fut trop
légère pour la saison, je n'acceptai pourtant qu'une ceinture et des souliers de
paille. Déjà nous avions marché une bonne partie de la journée, lorsque au
sortir d'une forêt de bambous, comme nous allions nous reposer un instant
dans une auberge qui bordait la route, nous aperçûmes du seuil de la porte,
deux hommes étendus à terre et baignés dans leur sang! Ils se débattaient
encore dans les transes de la mort. Les *Mán-Tsé* venaient de passer, ils étaient
entrés dans le bois que nous quittions, mais par un autre chemin. Je puis vous
assurer, sans crainte de mentir, qu'il n'en fallait pas autant pour nous mettre
des ailes aux pieds. Fort heureusement pour nous qu'il se trouvait, non loin de
là, quelque chose comme des fortifications, où un grand nombre de personnes
s'étaient retranchées, résolues, comme elles le disaient de se défendre jusqu'à
la mort. Les pauvres gens étaient bien mal armés; car, avec quelques lances
plus qu'à demi rouillées, ils ne possédaient qu'un petit fusil et n'avaient pas
même une seule charge de poudre. Voici, à mon avis, ce qui sauva ce camp.
Plusieurs fois des bandes considérables de brigands passèrent à côté, sans jamais
oser donner l'assaut à la place, qui certainement eût été emportée du premier
coup. Les barbares voyant les murs mal construits, peu solides, faciles à esca-
lader, ne supposèrent pas que tant de Chinois se fussent enfermés dans une
telle souricière sans avoir de bonnes munitions. Plus ils voyaient l'extérieur en
mauvais état, plus ils soupçonnaient l'intérieur bien fourni et préparé à une
résistance vigoureuse. Durant les deux jours que je restai dans ce retranchement, souvent j'aurais voulu être ailleurs. Enfin, après quarante-huit heures
d'une attente mortelle, les chrétiens de M. Bariod [1]) vinrent à ma rencontre,
chargés de tout ce qui m'était nécessaire. C'était le 9 Janvier, qui avec le 4
du même mois, jour de ma capture, fera époque dans mes souvenirs» [2]).

Malgré la longueur de cette lettre, j'ai cru devoir la reproduire,
imitant en cela l'exemple de BABER qui fait suivre sa traduction de
cette remarque: «On peut affirmer comme presque certain que cette
lettre est le seul morceau de littérature européenne qui fasse une
mention authentique des Lolos du Leang chan» [3]). Hâtons-nous de
dire que les souffrances endurées par le P. FENOUIL ne l'ont pas

---

1) *Vide* Bariod, diocèse de St. Claude, parti pour le Yun-nan 29 avril 1852; quitta
les Missions étrangères en 1872.
2) *Annales de la Propagation de la Foi*, XXXIV, 1862, pp. 819—833.
3) *Travels*, p. 124.

oblique, le visage étant plus long et le nez presque droit, et plus proéminent. La couleur de leur peau était beaucoup plus foncée, et pas du tout jaune. Ils étaient de plus grandes proportions et plus robustes, et paraissaient comme s'ils étaient moins habitués à une vie civilisée. Cependant, je ne réussis pas à découvrir, ce qui semble avoir frappé un de mes compagnons, une grande honnêteté peinte sur leurs physionomies. L'un d'eux était une espèce de chef; et il m'apprit qu'il était venu de son pays, qui était à une longue distance à l'ouest pour défendre P'ing chan contre les rebelles. Nous leur fîmes enlever leurs turbans, afin que nous puissions voir leurs têtes: l'un avait la sienne complétement rasée, et les autres en partie, mais le seul qui portait une natte était le métis. Ils étaient très curieux de voir les différents articles que nous avions dans la cabine, et ils furent très étonnés des télescopes — que nous avons toujours trouvés d'un grand secours pour l'amusement des visiteurs, et avec lesquels ils croyaient que nous pouvions voir à travers les murs des villes; nous leur montrâmes aussi nos fusils et nos pistolets. Ils se conduisirent très bien, nous apportèrent quelque vin de choix comme une offrande de paix, et nous leur fournîmes un couteau de boucher et quatre bouteilles de bière vides, dont ils furent enchantés. Ils reconnurent qu'ils ne pouvaient ni lire ni écrire, et s'appelaient eux-mêmes *He-yi* ou *Yi-jen*, barbares noirs, ou plutôt étrangers ou «outsiders» — barbare étant, je crois, une interprétation fautive d'un mot chinois qui est devenu une traduction reçue. Ils disent que dans leur pays ils ont beaucoup de chevaux, de bestiaux, de moutons, et de chèvres; et que si nous y arrivions, nous n'aurions aucune difficulté pour voyager dans toutes les directions, mais qu'à moins de la protection d'un chef, les voyageurs courraient le risque d'être volés. Le chef donna le nom de l'endroit d'où il venait comme étant *Ta-liashan*, à une distance d'environ douze jours vers l'ouest, mais nous n'avons pu le trouver sur aucune de nos cartes; il avait l'intention d'y retourner dans environ cinq mois. Ces hommes paraissaient très enclins à fraterniser avec nous, croyant qu'étant étrangers nous devions appartenir à leur nation; et les Chinois de leur côté nous désignaient comme des *Miao-tseu blancs*» [1]).

Lors du Voyage d'exploration du Mékong, Francis GARNIER laissant son chef DOUDART de LAGRÉE à Toug tch'ouan 潼川府 se rendit à Ta-li: il traversa le Fleuve Bleu, passa à Houei-li tcheou en février 1868, Houng pou so 紅卜苴 et visita le confluent du Ya-loung-kiang 鴉礐江 et du Pe Choui kiang 白水江. Il rencontra des Lolos et nous avons donné plus haut ses remarques.

Francis Garnier 1868

---

1) *Five Months on the Yang-tsze*... by Thomas W. Blakiston... London, 1862, in-8, pp. 270—2.

s'explique pas toujours à première vue, mais qui frappe l'observateur. Leurs membres sont bien proportionnés et parfaitement articulés. Leurs jambes sont très-droites, avec les mollets bien placés et très-développés. Leur teint est bistré, moins noir que chez les Hindous et que chez les sauvages océaniens de type pur; néanmoins, si on s'en tenait au teint, il serait souvent impossible de les distinguer les uns des autres.

Leur physionomie est assez énergique, sans férocité ni dureté pourtant; elle est beaucoup plus expressive que celle des Mongoliques. Les traits de leur visage sont accentués, leur profil est droit, leur visage est ovale et surmonté d'un front assez haut, droit peu fuyant supérieurement, avec les bosses frontales assez accusées. Ils ont souvent une barbe noire bien fournie; elle est toujours frisée ou au moins ondulée, elle est moins tardive que chez les Chinois, et lorsqu'elle existe, on en observe sur les côtés du visage, ce qui est tout à fait exceptionnel dans la race mongolique.

Leurs yeux sont horizontaux, bien ouverts; il s'en faut pourtant qu'ils soient entièrement comparables à ceux des Européens; ordinairement même ils sont un peu bridés dans l'angle interne. Au lieu d'affleurer comme chez les Mongols, ils sont plus enfoncés et mieux protégés par les bosses sus-orbitaires qui proéminent davantage et qui portent des sourcils mieux fournis. Leur nez n'est ni large ni plat à la racine. Cet organe est presque toujours droit, parfois même il est busqué; rarement pourtant, il devient entièrement comparable à celui des Européens pour son développement, sa minceur et la petitesse du lobule terminal. Les pommettes sont très peu proéminentes et peu élevées. La bouche est de grandeur moyenne, parfois même elle est petite, avec des lèvres peu épaisses; jamais cependant elle n'atteint un degré de minceur très-grand. Les mâchoires ne sont jamais prognathes et portent de belles dents, bien rangées, verticales et d'une grandeur ordinaire. Le menton paraît le plus souvent assez large et proémine, contrairement à celui des Chinois. L'angle formé par la branche montante du maxillaire inférieur avec le corps de l'os, paraît sur le vivant se rapprocher beaucoup de l'angle droit; caractère qui permet de les distinguer très facilement de tous les rameaux mongoliques chez lesquels cet angle paraît ordinairement très-ouvert.

Les femmes de ces sauvages sont les mieux proportionnées de toute l'Indo-Chine; elles sont en parfaite relation de grandeur, de forme et de vigueur avec les hommes de la même famille. Elles sont par conséquent grandes et fortes, avec la taille parfaitement indiquée, ce qui fait différer très-notablement leur démarche de celle des femmes appartenant aux races qui les entourent.

A l'imitation des Chinois qui emploient, comme on sait, l'épithète de sauvages ou d'étrangers à l'égard de tous les peuples, nous avons appelé sauvages ces indigènes à type caucasique; mais ils ont atteint un certain degré de civilisation qui rend cette appellation complètement inexacte.

L'énergie de ces robustes montagnards, qui n'habitent presque exclusive-

s'iouen-t'ing est située dans leur territoire. Le pays Lolo dans le Se-tch'ouan
'étend à travers quatre degrés de latitude. Il est montagneux de part en part,
et forme une barrière complète de l'est à l'ouest. Pour aller, par exemple, de
Siu-tcheou-fou à Ning-youen-fou, une distance directe de 140 milles, on a besoin
de vingt jours de voyage très ardu, parce que le pays Lolo doit être contourné
soit au nord soit au sud. Un nombre de *ting*, ou stations militaires, a été
élevé à divers endroits sur les confins de la région; mais les garnisons qui sont
entretenues là à grands frais sont à peine suffisantes pour maintenir les Lolos
à distance, et n'ont jamais réussi à faire quelques annexions durables de leur
territoire. Quelques chefs du voisinage de ces *ting* ont été réduits à la position
de *tu'sz*, mais en général, les Lolos du Se-tch'ouan sont peut-être les plus
indépendants des tribus aborigènes variées qui habitent la Chine. Tandis que
les Man-tseu et les Si-fan se marient avec des Chinois, jamais le cas ne se produit entre Lolos et Chinois. Ils font de fréquentes incursions sur le territoire
chinois, et reviennent avec les dépouilles qu'ils ont pu prendre. Leurs besoins
sont nuls, et l'objet principal de leurs raids, est de faire des provisions de sel,
qu'ils ne possèdent pas. Les Lolos sont dans leur état actuel depuis un temps
immémorial, même lorsque les Man-tseu étaient les maîtres du pays. Il est bien
connu, que plusieurs des tribus indépendantes du Yun-nan et du Kouei-tcheou
sont appelées également «Lolo», mais je ne sais pas, pour quelles raisons, elles
sont classées sous cette même appellation». [1]

Baber a contourné le Leang chan mais sans y pénétrer; parti le [Baber 1]
17 août 1877 de Fou-lin sur la rivière Ta tou 大渡河 [ou T'oung ho],
il descendit par Yue hi t'ing (21 août), Ning youen (30 août) jusqu'à
Houei-li tcheou (9 sept.); alla à K'iao-kia t'ing et remonta par
Houang p'ing, Lei-Po t'ing, Fou kouan, jusqu'à P'ing-chan hien.

C'est aux environs de Hai-t'ang, au fond d'une cuvette entourée
de Lolos que Baber a recueilli une partie de ses renseignements sur
ces tribus.

»Pendant que nous étions en train de déjeuner, plusieurs Lolos de la frontière se réunissaient et j'eus une bonne occasion de les considérer. C'est une
race bien plus grande que les Chinois, plus grande sans doute que n'importe
quel peuple européen. Pendant le voyage, nous devons en avoir rencontré plusieurs centaines, mais nous n'en avons jamais vu un seul que l'on aurait pu
appeler, même au point de vue anglais, court ou au-dessous de la moyenne.

1) Pages 67—68.

Ses jambes, enfermées dans des hauts de chausse de coton chinois, sont emmail-lotées de bandages de feutre maintenus par des cordons et il n'a pas encore atteint le degré voulu de civilisation pour employer des chaussures. En été, le manteau de feutre est souvent remplacé par un vêtement de coton. Le chapeau, qui sert également de parapluie, est tissé en bambou, de forme conique, basse, et recouvert de feutre. Blotti dans son manteau de feutre sous ce toit de feutre, le vigoureux Lolo est inaccessible à la pluie et au vent.

De leurs femmes je n'ai malheureusement vu que la plus jeune espèce; d'hon-nêtes fillettes, joyeuses, timides, naturelles, en dehors, simplement vêtues, pieds nus, dépourvues de toute cette fausse modestie des femmes chinoises aux pieds bots et brûlantes de désir; jeunes filles avec lesquelles on aimerait à se trouver en termes fraternels. Quelques-unes d'elles, natives des environs de Yue-hi, vinrent pour me voir à la verandah de l'auberge, leurs bras noués autour du cou de l'une et de l'autre, créatures grandes et gracieuses avec des visages plus blancs que ceux de leurs frères. Elles ne comprenaient pas le Chinois, et décampèrent lorsque je fus assez hardi pour leur parler. Mais un vigoureux Lolo «Lord of Creation», [Maître du Monde] haut de six pieds — dont j'avais gagné la bonne volonté par quelques simples mots — s'en alla et en ramena deux brassées —· à peu près une demi-douzaine. Il aurait été peu aimable de présumer sur cette présentation plutôt contrainte, surtout qu'elles étaient trop timides pour parler, aussi je renvoyai ce joli auditoire avec la plus grande rapidité convenable. Leurs cheveux étaient partagés en deux tresses et tournés autour de leur tête; elles portaient des corsages et des jupons plissés et garnis de volants couverts d'un tablier et tombant à terre» [1]).

M. Emile ROCHER a réservé aux Lolos plusieurs pages de son ouvrage sur le Yun-nan [2]). E. Rocher 1880 Il dit que le riz est pour eux un mets de luxe; «leurs principaux aliments sont la pomme de terre, qu'on trouve partout et qui croît en abondance sur les montagnes du Yun-nan, le sarrasin qu'ils appellent Ch'iao-mai (蕎麥), et le blé de Turquie, mais surtout ces derniers». Il consacre une longue description au mariage dont traitent tous ceux qui parlent des Lolos, Vial et les autres, mais malgré son intérêt je ne puis m'y arrêter faute de place. Il ne me semble pas que Westermarck dans sa grande *History of Human Marriage* ait eu son attention attirée sur

---

1) *Travels*, pp. 60—62.

2) *La province chinoise du Yun-nan*. Paris, 1880, 2 vol. in-8, II, pp. 9—23.

dans les provinces de l'ouest et du sud-ouest de la Chine, dont il a rendu compte dans plusieurs «livres bleus», a réuni les résultats de ses voyages en un volume [1]) dans lequel nous puisons les renseignements qu'il donne sur les Lolos.

En 1882, revenant de Yun-nan fou au Yang-tseu, Hosie passa par Toug tch'ouan et la plaine de Tchao t'oung où il note:

«Les collines au nord de la plaine sont habitées principalement par des Lolos, qui n'ont pas une très honorable réputation. Des histoires de massacre et de vol commis par eux sortent des lèvres des villageois qui habitent le long de la route, et l'idée que j'avais conçue de passer une journée avec cette

---

1) *Three Years in Western China*, London, 1890, in-8.

branche dégénérée de la tribu dut être abandonnée. Ces racontars de la route paraîtraient avoir quelque fondement; les villages, et même de simples résidences, sont munis de tours de veilleur et de refuges, et des munitions sous forme de pierres sont empilées sur les fortifications pour résister aux attaques» [1]).

Plus tard, le 28 février 1883, Hosie quittait Tch'eng tou pour se rendre à Ta-li par Ya-tcheou 雅 州 et la vallée de Kien-tch'ang; au sud de P'ing pa, avant d'arriver à Haï t'ang, il se trouve en présence des Lolos:

«Au sud de P'ing-pa, nous nous trouvâmes complètement dans le pays Lolo. Comme nous déjeunions au hameau de Shuan-ma ts'ao dans la matinée du 11 Mars, dix individus à l'air sauvage apparurent soudainement. Ils étaient vêtus de manteaux de feutre brun du cou aux genoux, leurs jambes et leurs pieds étaient bandés étroitement avec du tissu de coton, ils portaient des sandales de paille au lieu de souliers, et leurs cheveux étaient dressés en avant en forme de corne, projetée en avant du front et attachés avec de l'étoffe. Chacun était armé d'un long javelot en bois, pourvu d'une large tête de flèche en fer. Quelques-uns avalaient hâtivement un repas, pendant que les autres aiguisaient leurs javelots sur une pierre sur un côté de la rue. Nous commencions à penser qu'ils avaient de sinistres intentions à notre égard ou à celui de ce qui nous appartenait, lorsqu'ils disparurent vivement en file indienne dans le sentier étroit sur la colline au sud-ouest. Des moutons avaient été envoyés dans la même direction, et ces hommes étaient probablement des bergers se préparant à repousser de leurs troupeaux les attaques des animaux sauvages. A Haï-t'ang, que nous atteignîmes après une descente rapide, nous prîmes nos quartiers dans une nouvelle auberge justement terminée et par cela même propre. Comme ce matin était jour de marché, nous résolûmes d'être présents et de grossir la foule. La neige tombait abondamment et attristait quelque peu le marché aussi je persuadai à deux individus de cette masse vivante de Lolos de venir et de passer avec moi une heure ou deux à l'auberge. Je marquai leurs chiffres et quelques mots usuels et je puis ainsi comparer ma transcription des sons avec ceux pris par M. Baber des Lolos des autres parties du pays» [2]).

M. Hosie donne les chiffres de 1 à 10 recueillis par lui à Haï-t'ang et ceux qui ont été notés par Baber près de Wa-chan et près de Ma pien.

---

1) L. c., p. 66.   2) L. c., pp. 103—5.

mais pas de fenêtres au ras de chaussée. Nous vîmes de nombreux Lolos dans
la ville de Yüeh-hsi T'ing; plusieurs d'entre eux employés officiels nominale-
ment, quoique en réalité, des otages salariés pour la bonne tenue de leurs
tribus. Ici notre escorte fut encore renforcée, et, lorsque nous quittâmes la
ville dans la matinée du 15 Mars, nous fûmes précédés par une armée de soldats gaiement habillés, armés de drapeaux, de piques et de hallebardes. Le sud
de la plaine est partagé en deux vallées par une rangée de collines; celle au
sud-est conduit au pays des Lolos indépendants, où aucun Chinois n'ose s'aven-
turer; à travers l'autre vers le sud-ouest court la route de Ning-youen Fou et
du Yun-nan» [1]).

Notre voyageur rencontre des femmes lolos; la plupart étaient
jolies, mais quelques-unes avaient perdu leurs dents de devant.

M. Archibald R. Colquhoun, dans son voyage de Canton à
Mandalay qu'il a écrit sous le titre de *Across Chrysé* [2]) (1883) a
donné les renseignements suivants sur les Lolos:

Archibald
Colquh
1883

Dans le Sud, les hommes Lo-lo que nous avons vus, semblent avoir perdu
tout caractère distinctif de costume. Nous n'observâmes jamais chez eux la
«corne» lolo, ou le grand manteau, gris ou noir, allant du cou aux talons,
qu'on nous dit être un trait distinctif. Mais le voyageur qui peut ensuite les
chercher dans leurs propres montagnes, sera récompensé, peut-être, en les trouvant, tels qu'ils ont été décrits comme existant dans les montagnes du Se-
Tch'ouan, avec la plupart de leurs caractéristiques nationales. Pour le bénéfice
du futur explorateur dans le sud et le sud-ouest du Yun-nan, à en juger par
nos enquêtes, je pense que je puis lui prédire la «trouvaille d'un trésor» dans
les collines Lo-lo. Là, peut-être, trouvera-t-il la vraie «corne», le manteau de
feutre, et l'écriture que nous, à notre grande désolation, avons en vain cherchés.

Un fait curieux, que je lègue au prochain voyageur à élucider, est ceci, alors
que le rapport chinois mentionné, aussi bien que toutes nos autres informations,
déclarent le Lo-lo noir ou «Os noirs» (ainsi que Les Lo-los indépendants sont
appelés par les Chinois) le supérieur des deux classes, dans ce voisinage on
considère les Blancs comme les maîtres et les noirs comme leurs inférieurs.

Le *Houa* (fleur) *Lo-lo* rencontré à travers le Yun-nan Sud et Sud-Ouest,
est probablement seulement une subdivision du *Pé*, ou *Lo-lo Blanc*. Les Lo-los
sont considérés par la majorité des missionnaires catholiques romains pour être
les mêmes que les Man tseu. Je ne connais rien des Man tseu et je doute

1) *L. c.*, pp. 107—8.
1) II, pp. 303—306.

— ité est un dangereux passe-temps. Monseigneur FENOUIL, l'évêque Catholique
romain actuel du Yun-nan nous a donné dans les pages des *Annales de la
Propagation de la Foi* son expérience des *Man-tseu*. L'histoire de sa captivité
t de son évasion merveilleuse est narrée dans un langage dont le pathos et
l'humour rivalisent avec un vivant talent de description, qui aurait fait de
ui un fameux «Special», s'il n'avait pas été désigné pour une œuvre tout à fait
différente.

Quoique les termes de *Noirs* et *Blancs*, tels qu'ils sont appliqués aux Lo-lo,
sont censés se référer simplement à leurs habillements — tout le monde vous
le dira ainsi au Yun-nan — cependant il y a une raison de croire qu'ils ont une
origine dans l'indépendance, ou autrement, de leur caractère.

Les *He Lo-lo*, quand ils ne sont pas soumis, ont la même manière de
vivre que les Man tseu. On en trouve une grande quantité, aussi bien que de
leurs voisins, les Man-tseu, dans la région connue sous le nom de Liang-chan,
dans la partie sud du Se-tch'ouan, qui est séparée du Yun-nan par le Yang-tseu.
Cette vaste région est un enchevêtrement sauvage de montagnes presque inaccessibles et recouvertes perpétuellement de neiges et de glace.

Quand le Yun-nan fut conquis par les Chinois, toutes les tribus aborigènes,
l'une après l'autre, se soumirent au joug excepté les Man-tseu et les Lo-los,
qui cherchèrent un refuge dans ces hauts glaciers et pays neigeux du Se-tch'ouan,
où depuis lors ils se trouvèrent à l'abri de toute atteinte des Chinois.

Le 10 octobre 1885, Mr. F. S. A. BOURNE, Agent consulaire Bourne
anglais à Tch'oung k'ing (Se-tch'ouan), recevait du Chargé d'Affaires
à Peking des instructions «pour faire une enquête sur la situation
commerciale et les communications» des provinces du sud-ouest de
la Chine et étudier «l'effet probable que les clauses commerciales
du Traité récemment conclu entre la France et la Chine exercerait
sur le commerce anglais avec les marchés intérieurs du Kouang-
toung, du Kouang-si et du Yun-nan».

En conséquence, Mr. Bourne quitta Tch'oung k'ing le 26 octobre, suivant l'itinéraire Yong tch'ouan hien 永川, Lou-tcheou
(kiang), Yong ning hien 永寧, Pi-tsie hien 畢節, où il arriva
le 12 novembre (cette route a été suivie par la Mission lyonnaise),
Wei-ning tcheou 威寧, Yun-nan fou (cette route depuis Tch'oung
k'ing a été suivie par Hosie); puis par Youen kiang tcheou (rivière
rouge) à Pou eul et Se-mao; par Youen kiang 元江 à K'ai houa

mauvais coups de sabre sur l'échine, le genou, et le poignet. Les plaies avaient été couvertes par un praticien aborigène par des emplâtres de simples, qu'il n'aurait pas été prudent de changer, aussi lui donnais-je le sage avis de ne pas boire et fumer de trop, et je laissai quelque huile carbolique pour s'en servir quand on enlèverait l'emplâtre. Le T'ou-se fut alors mon ami, et m'invita à retourner avec lui chez lui à la campagne, où à quelques lieues de là, disait-il, demeurait un *perma*[1]), ou sorcier, qui pouvait écrire les caractères Lolo.

Quand je me levai le matin suivant, il pleuvait des hallebardes. Cependant, l'occasion était trop bonne pour la perdre, aussi à 7 heures, je partis avec un domestique. Le T'ou-se était au lit, et nous eûmes le plaisir de le voir faire sa toilette. J'eus peur qu'il ne voulut retarder notre départ, à cause de la pluie qui tombait à torrents, mais pas du tout; notre stupide ami sortit droit dehors, fit amener les chevaux, sans seulement remarquer qu'il pleuvait. Nous suivîmes un sentier de chevaux qui traversait des torrents et tournait autour des précipices, parfois traversant l'eau jusqu'aux genoux des chevaux, parfois peinant à pied dans la boue par-dessus la cheville. Nous avions déjà marché ainsi à peu près trois heures, mais notre hôte nous disait encore que sa maison était plus loin. A onze heures environ, mon domestique allégua que nous ne pourrions pas aller plus loin, parce que nous n'aurions pas le temps de retourner à l'auberge, ce qui était très important pour lui car il ne voulait toucher à aucune nourriture dans les habitations des Lolos, de peur qu'elle ne fût empoisonnée. Juste au moment où j'avais décidé que nous allions retourner nous arrivâmes en vue d'un cottage, que notre hôte nous indiqua comme étant la demeure du sorcier, où je le persuadai de nous faire entrer. Le *Perma* était malheureusement à trente milles de là, officiant à un enterrement, mais sa femme et son frère étaient dans la maison, et cinq ou six autres Lolos arrivèrent bientôt des cottages plus haut sur la colline. La distance jusqu'à la maison du Chef restant incertaine, je m'excusai de ne pas aller plus loin et je me mis en devoir d'apprendre ce que je pouvais des Lolos présents.

Comme il faisait froid, et que nous étions trempés, on jeta du bois sur le feu, autour duquel nous nous assîmes mangeant des noix — la seule nourriture qu'on put obtenir. — Le Chef s'assit et fuma de l'opium. Quant aux sons donnés dans le Vocabulaire (Lolo n° 2) de la langue de ces gens, j'en suis à peu près certain, car les six ou sept Lolos présents étaient tous d'accord à leur sujet. Le frère du *Perma*, notre hôte, ne pouvait pas écrire; mais il prétendait être capable de choisir un caractère ici et là dans les manuscrits de son frère..... Le frère me dit que le manuscrit ne contenait rien que les formules religieuses, des charmes, etc., le seul objet, autant que j'ai entendu dire, pour lequel les Lolos emploient leur écriture. Je demandai alors un manuscrit. La femme et le frère du *perma* absent y trouvèrent tous les deux un empê-

---

[1]) Appelé *pimo* par le P. Vial.

o tous le costume chinois, tandis que les femmes, qui restent à la maison, rtent le costume de la tribu. Presque les seuls costumes de tribus que je marquai furent ceux des Ma-hei, qui sont des Lolos et qui s'habillent en noir vec des ornements d'argent, et des Pai-i (Shans) dont il y avait là quelques ommes. Les Shans étaient nu-pieds, habillés avec un vêtement qui tenait du ilt et du jupon, allant presque jusqu'aux chevilles — vert tout le tour du bas lo la largeur d'un pied, avec des bandes jaunes, rouges, et noires au-dessus. ls portaient de larges boucles d'oreilles en anneaux de corne, qui faisaient un lisque de la largeur d'un florin de chaque côté du lobe de l'oreille. La tête était enveloppée d'un turban couleur chocolat.

J'eus assez de peine à entrer en conversation avec les gens de race non-chinoise pour m'enquérir de leur langage, car s'ils étaient accostés en pleine rue, ils étaient soupçonneux (car pourquoi des étrangers s'adressent ils ainsi?) et dans les maisons, l'entretien libre était rendu difficile par la présence de deux braves gens avec des ordres obstructionnistes. Heureusement, quelques jours révélèrent le fait curieux que ces hommes passaient leur temps avec une uniformité tout-à-fait invariable. Après le dîner, ils fumaient l'opium, et bavardaient avec cette trivialité abondante particulière aux fumeurs d'opium jusqu'à minuit. Ils choisissaient une place pour dormir quand le soleil luisait sur eux aussitôt qu'il se levait. Ici on peut les voir chaque matin de 7 à dix dormir dans la cour avec leurs pieds gluants et brillants sortant d'un demi-mètre de leurs couvertures. Aussi un matin, j'envoyai de bonne heure un domestique chercher un aborigène.

Le domestique revint avec un homme bâti légèrement, mais bien musclé, avec une tête bien dessinée et une figure très intelligente, rendue intéressante par l'expression de surprise réservée difficile à décrire. Il portait un énorme turban noir, mais autrement était vêtu comme un Chinois ordinaire. Il allait devenir le prêtre ou sorcier d'un village Lolo appelé Na-ni-pa, à 30 lis à l'ouest de Se-mao. Il était justement l'homme que j'avais manqué dans le Kouei-tcheou. Quelques mots (voyez Vocabulaire Lolo, No. 3) montraient qu'il parlait la même langue que les Lolos du Se-tch'ouan, du Kouei-tcheou et du Yun-nan septentrional. A côté de la ressemblance générale, qui paraîtra très grande, si l'on considère que Se-mao est au moins à 450 milles de T'ang-t'ang (Voc. Lolo, No. 2) et que les Lolos de Se-mao n'avaient pas de tradition d'où ils venaient, il n'y avait pas à se méprendre aux gutturales nasales et à l's galloise aspirée.

Comme on lui montrait les manuscrits lolos imprimés dans le livre de Mr. Baber, cet homme dit qu'il ne pouvait pas le lire, quoiqu'il fut sûr que c'était là de l'écriture Lolo, dont il pouvait reconnaître quelques-uns des caractères. Il offrit de prendre chez lui une feuille afin de la montrer à un vieux sorcier («per-ma») qui était alité et qui la comprendrait, et promit de m'apporter un de ses propres livres pour me le montrer. Le jour suivant il revint avec la feuille, à laquelle il dit que le vieux «perma» ne pouvait donner aucun sens,

t en lire les caractères; et il apportait aussi un de ses propres
C'était un rituel divisé en sections propres à diverses occasions
par exemple, une partie devait être lue pour purifier une maison
art de quelqu'un. Il consistait en chants rimés de cinq lignes de
t contenait à côté une liste des surnoms de la tribu. Malheureuse-
l'éducation de mon ami avait été négligée, car son père, également un
mas, était mort alors qu'il était encore trop jeune pour avoir complété
études. C'est pourquoi, même capable de lire son livre de prières, il ne
vait expliquer ce que cela signifiait.

Dans son opinion, ce n'était pas important, puisque le rituel avait été
entre ses ancêtres et les dieux, qui savaient très bien ce que signifiait
ce qu'il lisait dans la section de droite et donnaient aux caractères leurs
près sons, il disait qu'il était certain à cela. Malheureusement, toutes les
notes de ma conservation avec lui sont perdues, excepté quelques feuilles sur
lesquelles je l'avais fait écrire tous les caractères dont il pouvait se souvenir,
ajoutant moi-même à côté le son en anglais. Ce document a été recueilli dans
ma maison après le pillage et est transmis avec ce Rapport. Les sons sont
transcrits autant que possible d'après le système de Sir T. Wade — la figure 5
signifie «ju-shêng» — les tons ne sont qu'approximatifs.

Il paraît que le Lolo est une langue du type chinois, avec un petit nombre de mots monosyllabiques ou dissyllabiques accompagnés de «tons». L'écriture est probablement aussi pareille à la Chinoise en tant qu'un système idéographique basé sur une peinture écrite; mais le «per-ma» de Se-mao, ne connaissant pas tous les caractères, employait un caractère d'un certain son, pour
représenter tous les autres avec le même son, comme «Kung» (travail) serait
écrit en Chinois pour «Kung» (mérite), «Kung» (public) etc. Tel était le point
de vue du «per-ma».

Les Pa-i, ainsi que sont appelés les Shans, dans cette contrée, sont divisés
en «eau» et «sec», mais ils parlent la même langue. Shan N° 1 est un vocabulaire pris d'après un Choui (eau) Pai-i, qui venait du district de Mêng-la au
sud-ouest de Se-mao.

Lolo N° 4 est un vocabulaire pris d'après un homme de la tribu appelée
Ma-hê par les Chinois, qui ont seulement immigré de l'est dans le voisinage
de Pou-eur Fou, pendant ces six dernières années; ils comptent ici une centaine
de familles. Ils sont très timides, et paraissent être une tribu Lolo abâtardie».

Dans la topographie de la Province du Yun-nan (édition de
1836), il y a un catalogue de 141 classes d'aborigènes, chacune
avec un nom séparé et une illustration, sans aucun essai de classification. Mr. Bourne est convaincu qu'en dehors des Tibétains

(comprenant les Si-fan et les Kiu-tsoung) il n'y a que trois grandes races non chinoises dans le sud de la Chine: les Lolos, les Shans et les Miao-tseu. (*Report*, p. 87). Cette classification est adoptée par le Dr. Deblenne. (*Mission lyonnaise.*)

Le P. Vial [1]), qui réside à Lou-mei-y, a donné de nombreuses notes sur les Lolos de sa région qu'il a étudiés de la manière la plus sérieuse dans des articles signalés dans la bibliographie à la fin de ce mémoire, mais dont il a donné la substance dans une brochure imprimée à Zi-ka-wei en 1898 [2]); c'est cette brochure que je citerai.

P. Vial
1890—1

Voici quelques-unes des remarques que le P. Vial fait sur la langue des Lolos: Presque tous les mots sont formés d'une consonne et d'une voyelle; aucune diphthongue, aucune consonne terminale; la syntaxe n'est pas compliquée: 1° le sujet, 2° l'adjectif, 3° le complément, 4° le verbe; les adverbes et les participes se confondent avec les adjectifs; les conjonctions sont à l'état d'embryon; les prépositions n'existent pas; presque toutes les interrogations se forment par le radical *ka* suivi du mot indiquant le sens; l'interrogation se fait aussi par la répétition du verbe; la négation se rend par *ma* qui se met avant le verbe, ou entre les deux mots lorsqu'il est double; la langue lolo est la même partout par sa structure et son mécanisme; mais elle se divise en un grand nombre de dialectes par le changement des consonnes *ou* des voyelles — ou des consonnes *et* des voyelles; dans un tableau, le P. Vial donne sur quatre colonnes quatre dialectes: 1° celui de la tribu qu'il habite (*gni*), 2° celui que parle le P. Martin qui essaie d'évangéliser

---

1) *Paul Félix Angèle* Vial, né en 1855 du diocèse de Grenoble, des Missions étrangères de Paris, parti pour le Yun-nan le 29 octobre 1879.

2) *Les Lolos*. Changhai, Imp. de la Mission Catholique, Orphelinat de T'ou-sè-wè, 1898, in-8.

une tribu *man-tseu* sur la rivière T'ong-ho au Se-tch'ouan; le 3ᵉ
est pris dans un opuscule de M. Lefèvre-Pontalis; près de Lai-chau
au Tong-king; enfin le 4ᵉ n'est pas autre chose que la langue
birmane elle-même. — Si j'en juge par la langue, les Lolos me
semblent être les frères des Birmans et les cousins des Pan-i (ou
Thaï); mais ils n'ont aucune parenté avec les Chinois, ni par la
langue, ni par les coutumes, ni surtout par le caractère.

Le P. Vial donne de nombreux spécimens de l'écriture des
Lolos. «Les caractères lolos se rattachent, dans *leur origine*, au
système idéographique. Dans leur développement, c'est le syllabisme,
le phonétisme syllabique, qui domine».

Il consacre un chapitre à la littérature et à la poésie.

«Cette littérature est toute faite d'images et de comparaisons, images prises uniquement dans la nature, dans ce que l'on voit ou sent ou touche ou
mange».

Le P. Vial à donné la traduction de plusieurs poèmes ou com-
plaintes. Il a donné le texte, le mot à mot et la traduction d'un
morceau sur le *Déluge universel* que je reproduis afin qu'on le
compare à ce que rapportent d'autres écrivains de cette catastrophe.

Le Déluge universel.

«La famille des vénérables ancêtres des Gni (Tribu des Gnip'a) était composée de quatre personnes, trois frères, une sœur, laboureurs: Hier (dirent-ils)
nous avons labouré, aujourd'hui à l'aurore nous renverserons et piocherons; les
sillons renversés et défoncés, ensuite nous labourerons. Trois jours après nous
renverserons et piocherons, les sillons seront renversés et défoncés. Une nuit
pendant qu'ils se reposaient, minuit arrivé, le vénérable esprit Gninia, un bâton
d'argent à la main, défonça et renversa les sillons. Le frère ainé (dit). «Il faut
le frapper. Le cadet (dit): Il faut l'enchaîner. Le dernier (dit): Interrogeons-le
un peu! Vous, pourquoi avez-vous ainsi agi de cette manière? (Il répondit:)
Vous, trois frères, il est inutile de labourer la terre, l'époque du déluge est
arrivée; l'eau doit submerger du ciel à la terre, et de la terre au ciel. Tous les
hommes doivent être submergés». — Nous quatre, frères et sœur, qu'allons-

nous faire? dirent-ils. Le frère aîné s'enferma dans un coffre de fer (et fut submergé). Le cadet s'enferma dans un coffre de cuivre (et fut submergé). Le dernier, avec sa sœur, s'enferma dans un coffre de bois. «Prenez un œuf de poule avec vous; tant que le poussin ne chantera pas, n'ouvrez pas la porte du coffre; dès que le poussin chantera, ouvrez la porte du coffre. Ils étaient arrêtés sur un chêne à mi-rocher du mont Moutou (ou Mouto); descendre, et descendre, ils ne le pouvaient pas; monter, et monter ils ne le pouvaient pas. Sur la roche avait poussé une branche (racine) de bambou: Je m'attache à ta tête (dit-il) pour, par toi, monter sur le rocher. Étant monté sur le rocher, moi, qui, auparavant, n'ai jamais adoré aucun esprit, maintenant je veux t'adorer comme esprit. C'est depuis lors que nous adorons (ce bambou) comme esprit (des ancêtres)». [1]).

Ce que dit des Lolos le Dʳ. DEBLENNE, attaché à la Mission lyonnaise, est assez insignifiant; il a surtout reproduit l'opinion de ses devanciers; je note toutefois cette observation personnelle: Mission lyon- naise 18

«Les Lolos que nous avons observés dans le Yun-nan oriental, à Tou-dza, Y-o-fong et Lou-mei, avaient la taille un peu au-dessus de la moyenne. Ils m'ont paru mésaticéphales, avec tendance à la dolichocéphalie, marquée surtout chez les Ko-pou de Tou-dza». [2])

On trouvera, l. c., p. 35, la photographie d'un village lolo, près de Yun-nan fou, communiquée par le P. de Gorostarzu, procureur de la Mission catholique de Yun-nan fou, et p. 41, une photographie, communiquée par le P. Bonhomme, de coiffures de femmes lolos de K'iu tsing fou.

Le P. GOURDIN [3]), missionnaire au Se-tch'ouan méridonal, écri- vait du Kien-tch'ang, le 30 juillet 1878: Gourdin

«Les vallées sont généralement occupées par les Chinois, chaque jour plus nombreux. Ils ont pris, comme partout, ce qu'il y avait de meilleur. Les montagnes de l'est sont occupées par les Lolos cultivateurs, pasteurs et surtout

---

1) Vial, l. c., pp. 61—5.

2) La Mission lyonnaise en Chine 1895—1897, p. 375.

3) Édouard François Gourdin, du diocèse de Beauvais; Missions étrangères de Paris; parti le 16 août 1863; missionnaire au Se-tch'ouan méridional.

«Des édits de mandarins de toute catégorie en tapissaient les murailles, et, en charmant les yeux, attestaient la sollicitude d'un gouvernement toujours prodigue d'encre et de littérature quand il s'agit d'adoucir les moeurs des populations arrièrées. Soudain, parmi ces hiéroglyphes familiers, un carré de papier fixa mon attention. Des caractères inconnus, pas plus tibétains que chinois, s'y étalaient avec désinvolture au milieu des solennels cachets des pancartes officielles. C'était une affiche en écriture lolo, chose que je n'avais pas rencontrée encore. J'interrogeai avec curiosité. Les Lolos un peu apprivoisés finirent par nous confesser que leur *pé-mou*, autrement dit leur sorcier, avait là tout à côté une caisse remplie de ces grimoires.

«— Vite, qu'on appelle le sorcier!

«— Le voilà!

«— Où sont tes livres?

«— Je n'en donne pas.

«— Montre toujours.

«— En voilà deux.

«— C'est bon; nous les prenons tous les deux. Que veux-tu en échange?

«— Le fusil du «grand homme».

«— Pas dégouté! tiens, voilà mon mouchoir en belle toile européenne; çà va-t-il?

«— Çà va.

«— C'est bien; le mois prochain, viens à Té-tchang et pour chaque cahier on te donnera un mouchoir ou mieux encore».

Si donc vous voulez des manuscrits lolos, vous savez maintenant où vous adresser. Pour une douzaine de mouchoirs du Bon Marché, vous pourrez acquérir un stock authentique à faire pâlir d'envie la Bibliothèque Nationale». [1]

Ce n'était pas le premier voyage du P. de Guébriant chez les Lolos; déjà en 1895, il avait traversé leur pays; «C'est à un missionnaire, le P. de Guébriant, que je dois de connaître la possibilité de suivre la route que j'ai explorée. Il l'avait prise pour revenir du Yun-nan, où il s'était réfugié pendant la persécution religieuse du Se-tch'ouan en 1895; je lui en exprime ici tout mon remerciement. Mon itinéraire, qui s'écarte en partie du sien, m'a permis d'aller visiter dans sa résidence le principal chef des Man-tseu blancs, le T'ou-se (prince) de Mou-ki-tou, qui jouit encore d'une grande influence malgré les spoliations des mandarins chinois». [2]

---

1) *Missions catholiques*, 1899, p. 80.
2) C.—E. Bonin, Soc. de Géog, *Comptes rendus*, 1899, p. 36.

«Le P. de GUÉBRIANT, écrit M. d'OLLONE [1]), possède à Ning-youen fou, à vingt jours de marche de toute voie fluviale, tout ce qui a paru sur les explorations asiatiques; lui-même a parcouru dans tous les coins la région entre le massif des Lolos et le Yang-tz'eu; il en a levé les itinéraires presque tous nouveaux. Si le temps lui a manqué pour dessiner ses levés, ses carnets sont complets; il les ouvre avec un désintéressement sans égal en faveur de tous les Français. Il les a communiqués à MM. Madrolle, Bonin, de Marsay. J'ai pris copie de ces levés et je compte en dresser la carte et la présenter de la part de l'auteur à la Société de Géographie».

W. M. Upcraft 1892

Le Rév. W. M. UPCRAFT, missionnaire américain de Soui-fou, parlant des hommes sauvages du Se-tch'ouan (Leang chan), décrit sommairement leurs mœurs; notons ce qu'il dit des maisons dans lesquelles se réfugient les Chinois lors des incursions des pillards:

« Un trait saillant du paysage est le grand bâtiment à trois étages blanchi à la chaux, s'élevant comme la tour d'un château au-dessus des petites chaumières groupées autour d'elle. C'est la forteresse commune dans laquelle les habitants courent s'abriter lors des incursions des Man-tseu. La porte est solidement protégée par une barrière, les murs sont percés de meurtrières, et autour des murs juste au-dessous du toit surélevé, sont entassées de grosses pierres, pour server de munitions à la garnison assiégée».

. . . . .

«Leurs vêtements de feutre viennent de l'ouest, et en ce qui concerne Leipo, les Man-tseu exportent plus qu'ils n'importent. Ils font une grande consommation de l'alcool brûlant appelé «ho-jiu» (vin de feu)».

«L'idolâtrie n'est pas beaucoup pratiquée, l'usage de l'opium est inconnu, mais une forme grossière du culte des ancêtres a prévalu. Les morts sont incinérés et quand c'est un chef de famille, un morceau du bois carbonisé du bucher est conservé; on en polit la surface et on y dessine une image grossière du défunt. Cette ressemblance approximative est placée bien en vue et adorée par la famille. Ceci à part, il ne parait pas y avoir beaucoup de coutumes idolatriques». [2])

Henri 'Orléans 5—1896

Dans son voyage *Du Tonkin aux Indes* le prince HENRI d'ORLÉANS a relevé dans le Yun-nan des particularités sur les Lolos et il a donné 25 vocabulaires dont 6 Lolos pris à Cheu-pe-te, à Machatsa, à Ke-tcheu, à Se-mao, à Chian-na-ling, à La-li-chin.

---

1) *La Géographie*, 15 sept. 1907, p. 196.
2) *The Wild Men of Sschuan*, *Chin. Rec.*, Oct. 1892, pp. 475—8.

Le 17 octobre 1898, M. C. E. Bonin adressait à la Société de Bonin 1 Géographie [1]), de Kien-tch'ang fou une lettre dans laquelle il annonçait qu'il venait «de traverser, de part en part le massif montagneux du Leang-chan, qui sert de refuge aux tribus autochtones connues à tort sous le nom, injurieux en chinois, ridicule en français, de Lolos et auxquelles il propose de conserver celui de *Man-tseu* que leur donnent les Chinois».

D'après la carte sommaire dressée par M. Bonin, son itinéraire porte les noms de lieux suivants: K'iao Kia t'ing, Wa-wou, Houlou-kou, Sin-tchang, Mou-ki-tou, Pe-cha, Ta-wa-ki, Ta-song-lingping, Ta-soui-tang, Pou-kai, Tche-tche-kai, Yu-soui, Kaï-ying hien, Tong-mou-kou, Cha-koma, Ta-che pan, Kien-tch'ang.

Outre sa carte, que nous reproduisons, M. Bonin a donné une photographie du col de Cha Koma.

M. Bonin a confirmé les résultats de son voyage de 1898, dans la note suivante qu'il a adressée récemment à la Société de Géographie pour revendiquer la priorité de la traversée du Ta Leang chan que réclamait le capitaine d'Ollone.

«J'ai après avoir franchi le Yang-tseu près de Kiao-kia t'ing, continué ma route vers le nord-ouest dans la direction de Ning-youen fou, chef-lieu du Kien tch'ang, en traversant de part en part le massif du Leang-chan; je suis passé ainsi sur le territoire des «Lolos Blancs», groupés autour de leur *T'ou-seu* ou chef indigène, que j'ai été voir dans son castel de Mou-ki-tou, puis celui des «Lolos noirs», dépendants du T'ou-seu de Silo, oncle du précédent. En remontant ensuite la vallée chinoise du Kien-tch'ang jusqu'à Mien-ning hien, où étaient déjà passés avant moi Bonvalot, le prince d'Orléans et Madrolle, je me suis engagé au delà dans une région inexplorée également habitée par des Lolos, qui ont su mieux encore que ceux du Leang-chan préserver leur indépendance, car au lieu d'être complétement entourés comme ceux-ci par des villages et

---

1) Société de Géographie, *Comptes rendus*, 1899, pp. 33—7.

des postes chinois, ils sont adossés à l'ouest au pays tibétain dont les chefs ont une action et une rapport avec eux. C'est par cette route entièrement nouvelle que j'ai débouché sur la rivière Tong-ho, qui traverse la principauté tibétaine de Ts-anim lou et dont les bords, dans la partie où je la rejoignis, dépendent d'un autre chef aborigène, le Foo-er de Taru ta ti. L'existence d'une route allant de Kien tch'ang au Fleuve Bleu, entre Ning yuean et Kiao kia t'ing, m'avait été signalée par Monbrelle, qui en marqué l'amorce sur la carte de son propre itinéraire à travers le Kien tch'ang.» [1]

M. André Leclère, Ingénieur en Chef des Mines, qui a parcouru les provinces chinoises voisines du Tong-king, résume ainsi ses connaissances sur les Lo-lo:

«La grande majorité de la population du Yon-Nan est d'une origine tout à fait différente. Elle provient de la descente des Mongols de la région du Kou-Kou-Noor, qui, contournant les plateaux supérieurs du Tibet sans quitter cependant les régions élevées, se sont installés, bien avant l'ère chrétienne, d'abord au Chen-Si, puis dans la partie occidentale et montagneuse du Se-Tch'ouan. Leurs diverses tribus ont complètement conquis le Yun-Nan, et sont descendues jusque dans le haut Tonkin, où elles subsistent encore sous le nom de Manns. Ayant recueilli à tout hasard les principaux termes du vocabulaire mann sur les bords du Fleuve Rouge, j'ai pu ensuite constater son identité non seulement avec celui des indigènes que le P. Vial évangélise dans la région du Lou-Nan, mais encore avec celui des habitants du Leang-Chan, à l'extrémité méridionale du Se-Tch'ouan.

«Les indigènes mongols du Yun-Nan reçoivent d'ordinaire le nom de Lolos, qui est plutôt un terme de dérision, suivant les habitudes fréquentes des Chinois à l'égard des étrangers. Le nom de Man-Tze qu'on leur donne également dans la région du Leang-Chan signifie simplement «barbares». A l'ouest du Leang-Chan ils portent le nom de Lyssous. Les Lolos se relient à leur pays d'origine par une série de grands territoires gouvernés par des chefs importants, qui n'en sont pas moins soumis en principe à l'autorité chinoise, et qui sont rattachés administrativement à la province de Se-Tch'ouan. Ces territoires, où pénètre le télégraphe chinois, diffèrent complètement du Tibet, en ce qu'ils renferment des villes librement ouvertes à la population chinoise et gouvernée par les mandarins. Les Européens peuvent donc y accéder sous la protection du gouvernement impérial, tandis que le monopole commercial des lamas interdit encore aux Chinois comme aux Européens l'entrée du Tibet.

---

1) *La Géographie*, 15 octobre 1907, pp. 270—271.

LE LEANG-SHAN

par C.E. Bonin

1898

Echelle = 1/2.500.000°

0   KILOMÈTRES   60

Légende

------- *Itinéraire par C.E.Bonin*
———— *Routes nouvelles par renseignements*   ○ *Village*
▲ *Résidence de chef des Man tse (Tou-sse)*   ↧ *Point terminus de la navigation*
Préfectures et sous-préfectures chinoises   × *Col*   ⌓ *Sommet*   ✛ *Lieu de l'attaque*

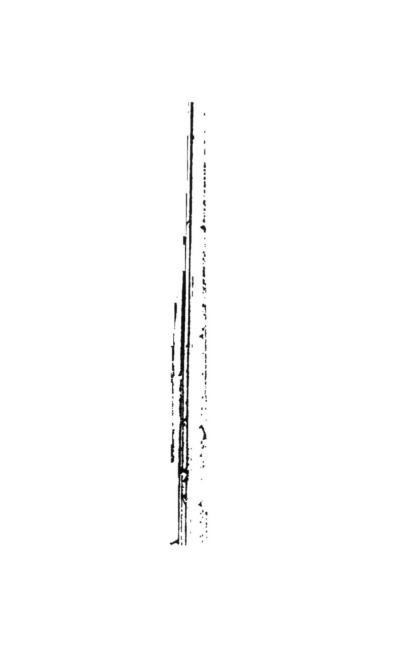

L'occupation du Yun-Nan par la race mongole est pleinement mise en lumière par l'histoire chinoise (voir les travaux de M. Rocher). Un prince du nom de Ts'ouan, venu du Se-Tchouan occidental, résidait dans la région du Ku-Tsing et gouvernait déjà le pays sous l'autorité, plus ou moins effective, de la Chine au VI° siècle de notre ère. Le dernier prince successeur des Ts'ouan a été remplacé au XVII° siècle par le général chinois Ou-San-Koué. C'est seulement de cette époque que date l'organisation mandarinale actuelle du Yun-Nan. De cette époque aussi date la classe importante des Pen-Ti-Jen, issus pour la plupart des anciens compagnons de Ou-San-Koué, qui auraient reçu de lui des concessions territoriales. Beaucoup d'entre eux, sous le titre de *Tou-Sse-Kouan*, administrent héréditairement des territoires occupés par les aborigènes. L'immigration chinoise s'est d'ailleurs effectuée lentement au Yun-Nan, bien avant l'organisation mandarinale.

Les Lolos forment encore la grande majorité de la population du Yun-Nan. Ils se rencontrent jusqu'aux portes de Yun-Nan-Sen et de Mong-Tse, mais on ne les voit revêtus de leur costume spécial que dans les régions les plus écartées. Les indigènes, ont, auprès de leurs villages, des bois sacrés. A ces futaies, on reconnaît à distance les groupes de cette population. Il est permis de pénétrer dans ces bois, mais il est interdit d'en couper les branches. Les Lolos du Yun-Nan ont échappé au bouddhisme qui a pénétré en Chine par des régions plus septentrionales. Les pratiques de la religion consistent en un certain nombre de cérémonies fétichistes qui s'accomplissent annuellement dans les bois.

Les habitations des Lolos sont des cases de très petites dimensions, beaucoup moins aménagées que les maisons chinoises, mais complètement dépourvues de ces réceptacles d'engrais humain qui envahissent les demeures des familles chinoises et sont la base de leur industrie agricole. On trouve chez les Man-Tze des maisons construites en troncs d'arbres superposés horizontalement et assemblés aux angles comme les *isbas* russes.

Tandis que les Chinois n'élèvent que le porc, les Lolos, entretiennent, en outre, de nombreux troupeaux de bêtes à cornes, et font usage du lait. Ils placent, autant que possible, leurs villages dans le voisinage des mares nécessaires à l'alimentation du bétail.

Ces indigènes sont divisés en un assez grand nombre de tribus, qui non seulement, n'admettent pas les femmes chinoises, mais même ne se mélangent pas entre elles, quoique parfois elles se trouvent dans le même village. Il existe parmi elles une sorte de hiérarchie; la caste la plus élevée est celle des Ho-I, qui fournit souvent les chefs de village. Ceux-ci prennent, comme les Pen-Ti-Jen le titre de Tou-Sse, lorsqu'ils ont reçu l'investiture du gouvernement chinois.

Les moeurs des Lolos sont, par beaucoup de côtés, très opposées aux coutumes chinoises. Avant leur mariage, les filles habitent souvent par groupes dans une maison spéciale. Elles sortent librement, et se réunissent aux jeunes

gens dans des assemblées qui se transforment en concours de chant. C'est
d'ailleurs une race très musicale qui fournit beaucoup d'éxécutants aux orchestres
des mandarins. D'autres assemblées sont des concours de danse et de lutte,
exercices plutôt scandaleux au point de vue des usages chinois.

La femme mariée est également très libre. Elle participe aux travaux agricoles, et porte les fardeaux dans des hottes qui suffisent à la caractériser. Les
femmes se louent souvent pour aller faire la moisson dans les plaines chinoises.
On sait qu'elles rentrent pendant quelque temps chez leurs parents, après leurs
trois premiers jours de mariage. Par un reste bien caractéristique des anciennes
coutumes mongoles, le fils ainé n'est pas toujours considéré comme le chef de
la famille, et les immeubles se transmettent souvent aux cadets.

Sur leur territoire, les populations lolotes sont serviables et hospitalières;
elles manifestent une très grande crainte des Chinois, dont elles redoutent toujours l'envahissement, et qui les dominent facilement devant la justice mandarinale. Elles sont exclusivement attachées aux travaux agricoles et ne produisent pas d'artisans. Elles possèdent cependant quelques lettrés faisant usage
d'une écriture spéciale qui paraît se rapprocher du tibétain. Leurs livres sont
très rares, et leur culture intellectuelle disparaît faute d'emploi. Elles peuvent
cependant fournir quelques mandarins militaires, et ne sont pas absolument
exclues des fonctions publiques.

La principale industrie des femmes consiste dans le tissage des étoffes très
variées qui entrent dans la confection de leurs costumes. Elles emploient la
laine, le poil de chèvre, le chanvre, qu'elles réduisent en filasse entre leurs
dents, et une plante spéciale qui porte le nom de *li-houei* et fournit une toile
extraordinairement épaisse. Leur costume, qui a déjà été signalé par les voyageurs, varie notablement selon les tribus. Elles portent en général, une sorte
de corsage avec empiècement bleu, simulant curieusement un col de matelot,
et une jupe courte, plissée, en toile de *li-houei*. Des jambières de la même
étoffe complètent leur toilette. La coiffure des jeunes filles dans la région de
Se-Tsong est un disque formé d'une tresse enroulée autour d'un cercle en bois.
Dans le Léang-Chan les femmes portent de longues jupes à volants, qu'elles
relèvent d'une main pour la marche, un corsage noir à broderies rouges, et
une sorte de toque carrée. On rencontre aussi des tabliers multicolores dont
l'aspect rappelle ceux des femmes slovaques de Hongrie.

Les physionomies, comme les costumes, varient beaucoup suivant les localités,
mais elles sont toujours bien différentes du type chinois. La forme est, en général,
beaucoup plus robuste. On rencontre tantôt les traits lourds que l'histoire
assigne aux anciens Huns, tantôt des traits fins et des figures ovales qui rappellent à s'y méprendre certains types russes. A part le costume, plus d'une
femme lolote pourrait certainement être prise pour une Européenne. Ce détail
a été signalé par le prince Henri d'Orléans à propos des Lyssous, et ne laisse
pas de surprendre le voyageur.

Les hommes portent des vestes brodées, ornées souvent dans le milieu du dos, et qui peuvent rappeler les anciens dolmans hongrois. Ils ne pratiquent guère, en dehors de l'agriculture, que le métier de mineur, qu'ils exercent au Yun-Nan depuis un millier d'années au moins, c'est-à-dire bien antérieurement à l'organisation du régime actuel des mines impériales» [1]).

M. Augustine HENRY, du service des Douanes Impériales chinoi- A. Henr 1903 ses, qui s'est fait un nom par ses recherches dans la botanique, a recueilli des notes sur les Lolos de Mong-tseu et de Se-mao qu'il a communiquées au *Journal of the Anthropological Institute*, 1903.

Ces Lolos ne sont évidemment pas aussi purs car leur stature n'est souvent que moyenne (P. 99). L'écriture est pictographique à l'origine, mais n'a pas été empruntée aux Chinois; l'origine de l'écriture est obscure, mais il en est question dans l'histoire chinoise des Youen (P. 99); elle s'écrit en colonnes verticales, mais se lit de gauche à droite. Les caractères lolos représentent aujourd'hui des sons, et sont simplement syllabiques. (P. 99). La langue est d'une extrême simplicité; il y a trois ou quatre tons suivant la localité. (P. 101). Leurs cérémonies religieuses ont surtout pour objet de se rendre favorables les mauvais esprits et les ombres qui apportent aux hommes les maladies et les autres maux; les Lolos croient à l'existence d'une âme humaine. (P. 102). Tout individu sur la terre correspond à une étoile dans le ciel. (P. 103). Les Lolos craignent: 1° les esprits de ceux qui ont péri d'une mort anormale; 2° les démons; 3° les *slo-ta*, qui sont des phénomènes, des choses inusitées, etc., par exemple les poules qui chantent comme un coq, les chiens ou les vaches qui se réunissent sur le toit d'une maison». (P. 104). Ils ont une cosmogonie; lors du Déluge, tout le monde périt à l'exception de Du-mu qui est adoré comme l'ancêtre des

---

1) *La Géographie*, 15 avril 1900, pages 278—281.

Lolo. Ils ont des patriarches. Cf. Vial. supra. p. 666. Mr. Henry remarque que «la grande autorité sur la religion de la Chine. De Groot dit qu'il n'a trouvé aucune trace en Chine d'animaux étant adorés comme ancêtres de tribus et il exprime des doutes sur l'existence d'aucun totémisme comme phénomène religieux dans l'Asie orientale. Il est donc intéressant d'apprendre que les surnoms Lolos signifient toujours le nom d'un arbre ou d'un animal ou les deux, arbre et animal, et que ceux-ci sont considérés comme les ancêtres de la famille portant le nom. Ce nom est souvent archaïque». (P. 105).

«Les individus ne peuvent manger ni toucher d'aucune façon la plante ou l'animal, ou les deux, qui composent leur surnom. Toutefois, la plante ou l'animal n'est en aucune manière l'objet d'un culte». (P. 106). Les Lolos aiment la musique, le chant et la danse; ils célèbrent des cérémonies pour la fête du milieu de l'été. Ils possèdent des contes populaires. M. Henry cite deux poèmes, l'un chanté dans les champs par les filles s'adressant aux garçons; l'autre renferme les lamentations d'une jeune femme nouvellement mariée, en se trouvant dans la maison d'un étranger; les épouses ne sont pas malheureuses, mais elles se sentent isolées au début du mariage.

Liétard 1904

Le P. Liétard [1]), missionnaire à Lan-gui-tsin, Yun-nan, a donné en 1904 aux *Missions Catholiques* une série d'articles sur les Lolos A-chi dont «le district se déroule entre la grande chaîne de montagnes de Mi-lé d'un côté, et celle de Tchen-kiang, de l'autre, sur une largeur de sept lieues environ». Le P. de Gorostarzu a dressé une carte des principales localités de la région reproduite,

---

1) *Alfred* Liétard, né en 1872, au diocèse de Cambrai, des Missions étrangères de Paris; parti le 29 juillet 1896.

l. c., p. 95. Le district actuel de Lan-gni-tsin se trouve situé dans la préfecture de Lou-Lou et la sous-préfecture de Mi-lé.

Le P. Liétard remarque que le P. Vial avait écrit que «garçon ou fille, tout est reçu avec joie et soigné avec amour», tandis que dans sa mission «les pères semblent avoir un faible pour les garçons qui continueront la famille. La fille, en effet, n'a part à l'héritage paternel que si elle n'est pas mariée». «Les A-chi sont essentielle-ment montagnards et ils en mènent la vie. A peine les jeunes gens ont-ils atteint l'âge de quinze ans, ils ne couchent plus à la maison». «Jamais les enfants ne sont abandonnés, pour quelque raison que ce soit». «La polygamie est inconnue chez les A-chi. Toutefois, si après de longues années, la femme n'obtient pas un enfant, le mari, de concert avec elle, fait choix d'une seconde épouse, qui est alors fort bien traitée. Mais c'est excessivement rare».

Notre Consul Général à Yun-nan fou, M. Ch. FRANÇOIS, a fait ᶠʳᵃⁿçᵒⁱˢ il y a quatre ans un voyage dans le Kien tch'ang d'où il a rap-porté les plus belles photographies de Lolos que j'aie jamais vues ainsi que des notes fort intéressantes dont j'extrais les suivantes:

«Les Lo-Lo sont tous grands et vigoureux, d'un type plus beau et plus viril que le Chinois du Sud et d'allure plus hardie. Les traits sont réguliers, les yeux ne sont pas bridés et ne viennent pas à fleur de tête, les pommettes ne sont pas saillantes comme chez les Chinois; le nez est en général bien fait, non écrasé; on ne voit pas non plus, chez eux, le prognathisme chinois.

«... le vêtement caractéristique de l'homme est une grande mante en poils de chèvres, qu'il drape parfois avec élégance, sur une épaule. Roulé dans ce manteau, le Lo-Lo dort n'importe où, sous la pluie ou dans la neige. En dessous, il porte une veste et un pantalon de coton, de coupe assez semblable à celle des Chinois du peuple, à la garde robe desquels il emprunte d'ailleurs le plus souvent. Les pieds et le bas des jambes sont toujours nus. Les cheveux, non rasés en couronne, comme ceux des Chinois, sont ramenés en chignon et roulés en pointe sur le sommet du front. Un turban qui entoure la tête enveloppe cette pointe et forme, pour les «hommes à os noirs», les Hei-Li, un signe distinctif de leur caste, ainsi que, souvent, un pendant de quelques grains de verroterie rouges et jaunes, passé dans l'oreille au moyen d'un fil. Les gens de

femme Lolo de Siuen-wei tcheou, dans l'angle nord-est du Yun-nan, près du Kouei-tcheou, envoyé de Loung tcheou par M. Beauvais, chancelier du Consulat de France:

«C'est une femme plutôt délicate; au cou, aux bras un peu grêles. Le visage est rond, mais sans les épaisseurs de chair, sans la largeur du visage de la Chinoisc. Le nez est d'ailleurs étroit, saillant, et ne paraît pas du tout concave. L'ouverture des narines est au moins très-horizontale. Les yeux sont aussi très horizontaux, et n'ont ni la bride, ni le replis charnu des paupières mongoliques. Nous voila donc en présence d'un type particulier dont on retrouverait peut-être l'homologue au Thibet» [1]).

Dans son ouvrage sur l'*Ethnographie du Tonkin septentrional*, Paris, 1906, M. le Commandant Lunet de Lajonquière consacre un chapitre, pp. 322—333, aux Lo lo qui comprennent quatre sous-groupes: 1° celui des «Lolo» proprement dit dont nous parlerons seulement; 2° celui des P'ou-La ou Fou-la; 3° celui des Houo-Ni; 4° celui des Pen-Ti-Lolo. *Lunet Lajonqui 1906*

Le sous-groupe des Lolos qui est de beaucoup le plus nombreux, environ 18.000 individus, est cantonné dans la région de Bao-Lac, mais cependant trop dispersé au milieu des villages *Meo* pour qu'il ait pu former une circonscription régulière. Ces «Lolo» se prétendent les premiers occupants des hautes terres. Ils sont de taille moyenne, mais nerveux et bien découplés. Les femmes, souvent d'une taille supérieure à celle des hommes sont élancées, gracieuses; l'élégance de leur démarche contraste avec le pas lourd des femmes *Man* leurs voisines. Elles ont la physionomie fine et les traits réguliers. Ils ne se marient qu'entre eux et, chez eux, entre gens de même tribu. Ils se nourrissent surtout de riz et de maïs. Adonnés à l'opium et au tabac; ignorant l'arec et le bétel. Essentiellement agriculteurs. Ne connaissant pas l'écriture en usage dans les grosses agglomérations *Lolo* du Yun-nan. Evidemment des fractions issues

1) *Bulletins et Mém. Soc. d'Anth.* Paris, Vᵉ Sér., II, 1901, p. 141.

des grands groupements du Yun-nan, mais coupées de leurs points d'origine et démarquées.

Dans son Étude sur les *Groupes ethniques du Bassin de la Rivière Claire*, M. le Commandant Bonifacy remarque au sujet du groupe lolo:

«Si l'on considère que l'un des préfixes le plus souvent employé dans les anciennes langues du Haut-Tonkin et de la Chine méridionale est *la* dans les noms de peuple, ou pourra en conclure que *la*, *lala* devenu plus tard *lo*, *lolo* en chinois, a pu devenir synonyme de peuplade, puis s'être appliqué à certain groupe de peuplades. En annamite, les Lolo sont les *La dân* 玀民, le peuple *La*, quelques tribus sont appelées *Pu la*, ce qui signifie en thô, les *La*, les hommes ou le peuple *la*.

«..... Au point de vue moral les Lolo sont des hommes doux et un peu apathiques, se laissant évincer facilement par leurs voisins. Ils sont bons cultivateurs, habiles vanniers, leurs femmes montrent beaucoup de patience pour orner d'appliques aux figures géométriques, broder et teindre leurs vêtements.

«Leurs traditions sont assez semblables à celles des groupes voisins. Dans leur légende du déluge universel et de la création, le bambou joue un rôle prépondérant; non seulement il invita le père et la sœur à s'unir, mais son ombre protégea leurs embrasséments. Il s'ensuit que les nouveaux mariés ne peuvent couper le bambou. C'est sur l'écorce brillante qui se trouve à la base des noeuds de bambou, disposée sur une cloison, que les Lolo placent les grossières images qui représentent leurs parents morts. Ils mettent autour quelques feuillages et suspendent au-dessous la mâchoire inférieure des animaux immolés dans le dernier sacrifice.

«Ils appellent les esprits Nè, le plus grand est celui du ciel Mo nè, mais celui qui intercède pour les hommes est Tchung nè. Les esprits des montagnes, des eaux, etc., ainsi que les âmes des ancêtres s'appellent aussi Nè.

«Autrefois, ils ne pouvaient manger du canard, du poulet, de l'oie et du cochon, mais actuellement ces viandes ne sont tabou que pour les femmes mariées.

«A la naissance d'un enfant, le mari demeure à la maison 15 jours avec sa femme» [1].

omte Marsay 1906

M. le Comte de MARSAY venant de Yun-nan fou se rendit de Houei-li tcheou à Ning-youen, mais il n'a pas pénétré dans le massif du Ta Leang chan.

---

[1] Bonifacy, pp. 321—322.

M. Young parti de Lao-kai le 24 oct. 1905, par le Yun-nan E. C. Y
190
(Mong-tseu, Lin-ngan, Ta-li, etc.) a gagné l'Assam. [1]) Au delà de
Ta-li et le Yang-pi Ho, il nous dit:

Occasionnellement, nous rencontrâmes des caravanes de mules et de boeufs
portant du bois à brûler ou du sel, cette dernière denrée en petits gâteaux
cylindriques de la forme et de la proportion à peu près d'une pinte, mais ayant
des caractères chinois moulés sur le dessus. On nous dit que les piétons que
nous rencontrâmes étaient des Lolos, ils étaient tous goitreux et sales. Généralement ils portaient une peau sur leurs épaules, avec la fourrure en dehors,
et leurs jambes étaient emprisonnées dans des pantalons ou des caleçons en
loques, avec des paquets do coton attachés sans être serrés à la partie inférieure
de la jambe. Leurs boucles non peignées étaient empaquetées sous un turban;
les femmes que nous passâmes étaient habillées d'une manière tellement semblable aux hommes que nous avions de la difficulté à les distinguer, sauf par
les boucles d'oreille de jade qu'elles portaient et par le fait, elles étaient plus
propres et avaient des traits plus agréables que les hommes.

Plus tard, il écrit: [2])

La population de la vallée de la Salouen dans ce voisinage est principalement Liso, mais il y a aussi quelques Minchias et Lolos près de Lou-Keou, aussi
bien que quelques Chinois ou Han-jên. Ces différentes races sont sous le gouvernement de t'ou-se, aussi nord que Sia-Kou-ti (lat. 26° 16′) au-delà de quel
endroit il y a des tribus indépendantes, possiblement d'origine tibétaine, qui
refusent obéissance à n'importe quel gouvernement. J'aurai à parler de celles-ci
plus loin.

Les T'ou-se ou chefs, sont d'origine chinoise, et leur fonction est héréditaire,
ayant à l'origine, été donnée à la famille par le gouvernement chinois pour
services rendus en temps de guerre. Le gouvernement des T'ou-se est patriarcal,
et une latitude considérable leur est accordée; mais la preuve que les autorités
chinoises tiennent fortement en mains les chefs, c'est que pendant que nous
étions à Lou Keou, le T'ou-se de cet endroit était en prison où il complétait
justement un terme de dix ans d'emprisonnement que le gouvernement chinois
lui avait imposé pour avoir pris de ses propres mains un de ses propres sujets.
Un jeune parent avait charge du Yamen, à l'époque, mais le chef condamné
fut remis en liberté peu de temps après, et il reçut à son retour, un chaleureux
accueil de la part des membres du clan.

---

1) *Geog. Journal*, Aug. 1907, p. 156.

2) *L. c.*, p. 158.

Le D^r. A. F. LEGENDRE de Tch'eng-tou, est descendu (1907) de cette ville à Ning-youen en seize jours en passant, comme Hosie, par Ya-tcheou, Fou-lin, Yue-si et Lo-Kou, mais à son retour, il a exploré la région entre le Ngan-ning et le Ya-loung et il a traversé le pays difficile entre Mien-ning et Tseu ta ti sur le Ta Tou ho, soit 120 kil. environ, occupé par les Lolos.

Le D^r. Legendre écrit: «La région que j'ai traversée de Mien ning à Tseu ta ti n'est ouverte qu'à quelques voyageurs chinois munis d'une autorisation des chefs de clan, maîtres du pays. Et, si ces chefs me firent bon accueil à mon passage, m'offrant tout ce qu'il possédaient de meilleur, des œufs et de la farine de maïs, ils ne regardaient pas d'un bon œil mes porteurs et domestiques chinois. Ceux-ci, d'ailleurs, n'étaient que très peu rassurés, sachant la haine que leur a vouée le Lolo, et se gardaient bien de commettre leurs petits larcins habituels, quand sûrs de l'impunité.

«Si les Lolos étaient unis entre eux, les Chinois ne pourraient leur résister 24 heures et n'auraient qu'à évacuer le pays. Malheureusement, ces Lolos se divisent en tribus, clans, sans liaison aucune, dispersés sur un vaste territoire, en proie, au plus haut degré, comme j'ai pu m'en rendre compte, au vice de l'alcoolisme, et même de l'opium, près des centres chinois».

Déjà en 1906, le D^r. Legendre écrivait [1]):

«A une troisième époque que l'on ne saurait préciser, mais remontant à plusieurs milliers d'années, est apparu un nouvel élément, une race différente, d'un type supérieur, que je suppose être le peuple vaincu refoulé par l'intelligente nation venue coloniser la vallée du Houang-Hô, par celui enfin que nous appelons le Chinois, le vrai Chinois, celui qu'on ne doit pas confondre avec le Mongol, le Mandchou, le Fokiennois ou le Cantonnais, malgré tous les mélanges qui se sont fatalement opérés. Cette nouvelle race, repoussée de l'Est vers l'Ouest, dans le Chensi d'abord, puis dans la province du Setchouen, serait, à mon avis, le peuple barbare appelé «Lolos» par le fils de Han, et qu'on ne trouve plus,

---

1) *Deux années au Setchouen*, 1906, pp. 476—7.

à l'heure actuelle, à l'état de nation, qu'au delà du Min, dans la région alpestre. Ce type est généralement de haute taille, de 1 m. 70 à 1 m. 80, d'une rectitude parfaite, au tronc conique avec épaules larges, très effacées. Les membres supérieurs et inférieurs sont de proportions harmonieuses et bien développés. Autres caractéristiques : front haut et droit avec face régulière sans saillie des apophyses zygomatiques, donnant un ensemble d'un ovale parfait ; œil non oblique plutôt clair que marron à fente horizontale ; sourcils très arqués avec plis frontaux interorbitaires profonds, affectant le plus souvent la forme d'un accent circonflexe ; nez fin et busqué, à l'arête médiane très marquée ; bouche bien dessinée, aux lèvres finement ourlées ; menton droit, gracieusement arrondi, chez les femmes surtout, cou long et gracile. La couleur de la peau est généralement blanche avec teint très basané. Les jeunes filles présentent souvent un teint rosé sur le fond halé par le grand air. L'œil bleu foncé n'est point rare ; les cheveux sont noirs et très épais Le type Lolo pur est un dolichocéphale. Les nombreuses mensurations que j'ai pratiquées sur les différent métis m'ont permis de conclure pour eux, au contraire, à la brachycéphalie, et d'autant plus marquée, qu'on s'éloigne du type pur».

* * *

Les Chinois ont besoin de la vallée du Kien-tch'ang, long couloir qui du Ta-tou ho, ou mieux de Mien-ning, s'étend au Yang-tseu et met en communication le Se-tch'ouan avec le Yun-nan ; le passage leur suffit ; étant grandement inférieurs en nombre, les Chinois craignent de le voir clos le jour où ils entreront en lutte ouverte avec les tribus sauvages qui bordent la vallée de chaque côté et les pressent sur la droite comme sur la gauche. Aussi les Chinois ferment-ils l'œil sur beaucoup de méfaits qui seraient sévèrement châtiés dans d'autres parties de l'Empire. On remarquera d'ailleurs que les Chinois sont haïs de ces sauvages qui n'attaquent les Européens que lorsqu'ils les confondent par erreur avec leurs oppresseurs.

Les Chinois désignent les Barbares sous les noms de I 夷 Fan 番 et Man 蠻. Le terme I était employé pour désigner les Européens et par l'article 51 du Traité signé par les Anglais à

T'ien-tsin le 26 juin 1858, il est stipulé que dorénavant ce caractère offensant ne sera plus appliqué au gouvernement ou aux sujets de S Majesté Britannique dans aucun document officiel chinois. A Can tou, suivant S. W. Williams, l'expression 番人, *Fan jen*, o 番老 *Fan lao* était usitée pour désigner un étranger. *Man* 蠻 ou 蠻子 *Man tseu* désigne plus particulièrement les barbares d l'ouest et du sud; c'est de *Man-tseu* que viennent *Manzi* et *Man*; appliqués au moyen âge par les voyageurs occidentaux à la Chir du sud pour la distinguer du *Cathay* (Kitaï), la Chine du Nord; l Lolos ne sont que des tribus Man; répandues dans le Yun-nan, ; Kouei-tcheou et le Se-tch'ouan, elles se sont modifiées au conta soit des autres tribus Man, soit des Chinois eux-mêmes; elles o conservé plus de pureté, là où elles ont pu vivre isolées, dans l montagnes par exemple, et c'est pour cela que l'étude des Lolos Ta Leang chan offre un plus grand intérêt que celle des Lolos d plaines et des vallées du Yun-nan. Souhaitons donc que M. d'OLLOi ait rapporté des observations nouvelles et précises du massif inho pitalier qu'il vient de traverser afin de compléter et de contrôl les renseignements déjà nombreux, comme on vient de le voir, qu nous possédons sur les peuples sauvages qui l'habitent.

Bibliographie.

— Sur les Si fan. (*Mém. conc. les Chinois*, XIV, pp. 127 sq.)

— Grosier, *Desc. de la Chine*, I, pp. 299 sq.

— *Penang Gazette*, 23 août 1868, sur les Si fan.

— Tibet and Sefan. — By Dr. Ch. Gutzlaff, Corresp. M. R. G. S. Communicated by Sir George Staunton, Bart., M. P. [Read Feb. 12 and 26, 1849.] (*Journ. Roy. Geog. Soc.*, XX, 1850, pp. 191—237.)

— Sifán and Hórsók Vocabularies, with another special exposition in the wide range of Mongolidan affinities and remarks on the lingual and physical characteristics of the family. — By B. H. Hodgson, Esq. (*Jour. As. Soc. Bengal*, XXII, 1853, pp. 121—151.)

— Sketches of the Miau-tsze. Translated for the Society, by Rev. E. C. Bridgman. (*Journ. North China Br. Roy. Asiat. Soc.*, III, Dec. 1859, pp. 257—286).

— Les Lolos [du Se tch'ouan], par le P. Crabouillet. (*Miss. Catholiques*, V, 1873, pp. 71—3, 94—5, 105—7.)

> Nous avons fait, en 1876, devant la Société Asiatique de Chang-hai une conférence sous le titre de «Notes on the Lolos of Sse-chuen», à l'aide de notes du R. P. Crabouillet; nous ne l'avons pas fait imprimer parce que tout ce qu'elle contenait d'intéressant avait déjà paru dans les *Missions Catholiques*. — H. C.

— The Miaotzu of Kweichou and Yunnan from Chinese Descriptions. By G. M. H. Playfair. (*China Review*, V, pp. 92—108).

— Travels and Researches in the Interior of China. By E. Colborne Baber, Chinese Secretary of Legation, Peking.

> Forme le Vol. I des *Supplementary Papers* de la Royal Geographical Society. London, Murray, 1882, in-8, pp. VIII—201.

— On a Lolo MS. written on Satin. By M. Terrien de La Couperie (*Journ. R. As Soc.*, N. S, Vol. XIV, Art. X, January, 1882, pp. 119—123, avec 1 Pl.)

— T. de Lacouperie. The Lolo and Mosso Writings. (*Proc. R. G. S*, 1882, Sup. Pap. I.)

— Lolo not connected with Vei Characters. (*Athenaeum*, 23 Sept. 1882.)

— La mission des Lolos. Lettre de M. Henri Maire, miss. ap. au Yun-nan. Pé tchai koû, 8 août 1882. (*Miss. Cath*, XIV, 1882, pp. 505—7.)

— Lettre de W. Mesny [à H. Cordier, sur le Ma Lolo, de Chang-hai], datée Kuei-Hsien, Préfecture de Tchin-tai Fou, Province du Kuang-si, 16 juillet 1883. (*Revue de l'Extr. Orient*, II, No. 4, 1884, pp. 582—4.)

— Translation of a manuscript account of the Kweichau Miao-tsu. Written after the subjugation of the Miao-tsu, about 1730. Translated by Mr George Clarke, of the China Inland Mission. (A. R. Colquhoun, *Across Chrysê*, II, 1883, App., pp. 363—394).

PAUL VIAL.

— Un tournoi chez les sauvages Lolos. Lettre de M. Paul Vial, des Miss. étrangères de Paris, missionnaire au Yun-nan. (*Miss. Cath*, XX, 1888, pp. 445—8.)

— Etude sur l'écriture des Lolos du Yûn-nân par Paul Vial. (*Le Lotus*, IX, Janv. 1890, pp. 30—49.)

— De la langue et de l'écriture indigènes au Yûn-nân par M. Paul Vial, missionnaire apostolique du Yûn-nân. Paris, Ernest Leroux, 1890, br. in-8, pp. 33.

300—8; 30 Juin 1204, pp. 300—530.)

— █████ ████████, █████ A. — ███ Lo'e Histoire, Religion, Mœurs, La█ █████. Par Paul Vial, Missionaire ██ ███████, ████████ Imprimerie █ █████ catholique, Orphelinat de T'ou-sè-wè. — ████ ███ █████████

███████; China Review, XXIII, No. 2, █████████ ██ R. R. P.[arker]
T'oung pao, II, Déc. 1201, pp. 415—███

— China, No. 1. (1882.) — Report by Mr. F. S. A. █████████ Journey in South-We█ China. Presented to both Houses of Parliament by Command of His Majesty. Juın 18 London, Printed for H. M.'s Stat. offic. [N. — 1872.] du ███ ██████, pp. 22.

— A. Hosie, Three Years in Western China, 1890, chap. VI.

— Si-Fan or Sieaua. By E. H. Parker. (China Review, XVIII, No. 2, p. 86)

— Lolos. By E. H. Parker. (China Review, XIV, p. 399.)

— Contribution à l'étude de la langue Lolo par Paul Beg......... Paris, Ernest 1899, in-8, pp. 31.

— Photographies de femmes Lolo, Miao-tsé et de métisses de la ville ██ Yunnan...... lection de observareu du sud de la Chine. Par M. Kzborowski. (Bul. et Mém. Soc. A█ Paris, 1901, pp. 140—3.)

Favcyées par J Beauvais.

— A. Henry. — The Lolos and other Tribes of Western China. (Jour. Anthrop. Instit XXXIII, Jan. to June 1903, pp. 96—107, 3 pl. hors texte.)

Notice par Ed. Chavannes, T'oung Pao, 1903, No. 5, pp. 422—4.

— Vocabulaires recueillis par Charles-Eudes Bonin. (T'oung Pao, Mai 1903, pp. 117— Mantse du Leang-chan.

— Le district des Lolos A-chi. Par le R. P. Liétard, Missionnaire à Lan-guy-tsin (Yun nan). (Missions Cathol, XXXVI, 1904, pp. 93—6, 105—108, 117—120.)

— Notes sur les Lo-lo du Kien-tchang. Par M. Ch. François. (Bul. et Mém. Soc. A█ Paris, V, Vᵉ Sér., 1904, pp. 637—647, 6g.)

— Les inscriptions lolo de Lou-k'iuan. Par S. Charria. (Bul. Ecole franç. Ext. Orient, Janv-Juin 1905, pp. 195—7)

— Les Lolos et les Populations du Sud de la Chine d'après les ouvrages chinois. F S. Zaborowski. (Revue École d'Anth. Paris, Mars 1905, pp. 86—95.)

He Lo-los.

Pe Lo-los.

Miao Lo-los.

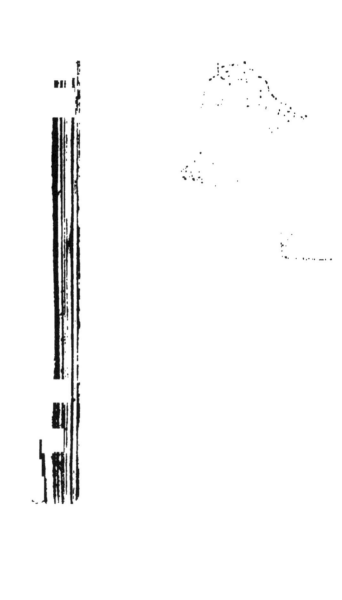

Haï Lo-los.

Kan Lo-los.

Sa-mi Lo-los.

A-tcho Lo-los.

Lou-wou Lo-los.

Sa-wan Lo-los.

Ko Kouo-los.

Pou-la Lo-los.

Siao Lo-los.

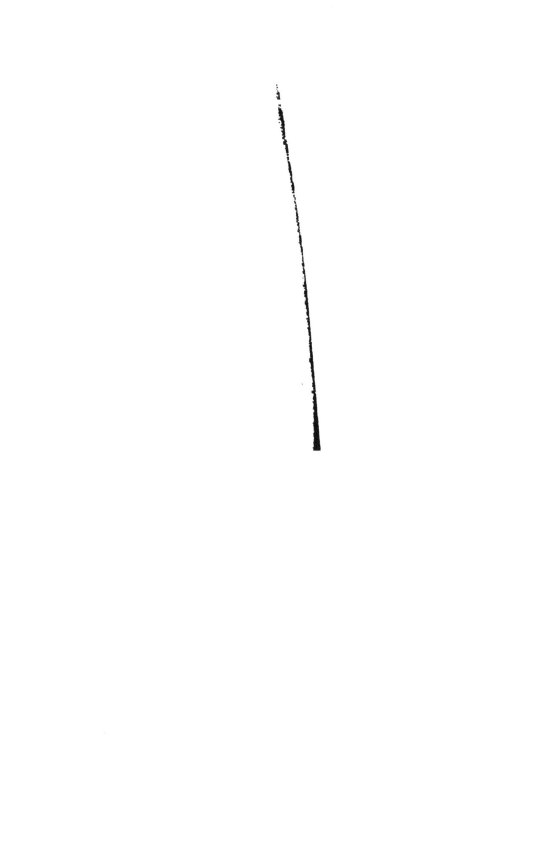

THE "NESTORIANS" ONCE MORE [*]).

BY

E. H. PARKER.

It would have been a discovery of great importance if representations of Nestorian priests dating from the T'ang dynasty had really been found in Chinese literature, and therefore, in order that no stone should remain unturned in order to bring possible evidence to light, I sent a reproduction of the Three in One picture to the learned Nanking priest, Père Peter Hwang, who is probably one of the most profoundly-read men in China at the present moment. His reply is written in Chinese, and I herewith give a translation of it, neither adding to nor omitting anything from the original.

Reply from the Chinese priest.

I have received your letter, asking if the three figures on the ink-slab picture are Confucius, Laotsz, and Buddha, or if they have been borrowed from any literary record of the T'ang dynasty, and I have now to formulate my reply in six paragraphs as follow:—

1. During the Ming dynasty one Ch'êng Kūn-fang, a native of Hih *hien* in An Hwei province, manufactured very fine inks, upon which he impressed embossed pictures, which he divided into six categories, — artistic, topical, officials, beautiful objects, Confucian

---

) See *Asiatic and Imperial Quarterly Review*, July-number, 1907, pp. 175—6.

maxims, and costumes. During the reign period Wan-lih of Divus Spiritualis (1573—1614) he sent supplies to Court and composed a work on Inks in twelve chapters.

2. At this same time a man from the same *hien* named Fang Yü-lu learnt from Ch'êng Kūn-fang the art of making ink, and he also manufactured cakes of it, with pictures transferred upon them, in rivalry with the said Kūn-fang. He likewise divided his pictorial representations into six groups, to wit, government seals, national beauties, ancient curiosities, remarkable objects, and two other groups having two names, *i. e.* the *T'ai-mu* or *Fah-pao*, and the *T'ai-hüan*, or *Hung-pao*. He wrote a work on Inks in six chapters.

3. During the reign period Hwang-yu (1049—1053) of the Sung Emperor Divus Benevolens, a Buddhist priest named K'i-sung started the theory that *the three individuals had one aim in view*, meaning that the Confucian, Buddhist, and Taoist teachings might be united in one; and he accordingly composed a work in five chapters called (Mutual) *Support in Religion*, which is mentioned in the Encyclopedia *Wên-hien T'ung-k'ao*. His views had great vogue amongst the people during the Mongol (1200—1368), and Ming (1368—1644) dynasties, and during the first part of the present one. "Three Faith Chapels" were built, and in them were worshipped the three images of Buddha, Laotsz, and Confucius, all in one hall. Some of the images were cast in copper or iron; others were carved out of scented woods, or moulded out of clay. During the K'ien-lung reign (1736—1795) of our present dynasty, there were 590 Three Faith Chapels in the province of Kiang Si. In the sixth month of the ninth year of that reign (summer of 1744), an imperial decree commanded the viceroys and governors of the various provinces to issue prohibitory orders. During the Tao-kwang reign (1821—1850) there were still three chapels in Shan Si; and in the 7th moon of the 16th year an imperial decree commanded the viceroys and governors of the

various provinces to put a stop to all this, as is mentioned in the *Tung-hwa Luh.*

4. These two personages Ch'êng and Fang, in figuring the three portraits of Buddha, Laotsz, and Confucius upon their inks, did so in allusion to the contemporaneous Three Faiths, and were not drawing upon any literary allusion of the T'ang dynasty.

5. The four words "unite three in one", cut into the back of inkslabs, are a portion of the text which appears in the astronomical chapter of the Han History (B.C. 200—A.D. 20); the whole of it runs: "The original efflatus of the Great Extreme unites three in one", and the word Extreme is here explained to mean "Centre". But in the present allusion to the Three Faiths in One there is no reference whatever to the original sense of the above sentence in the Han History.

6. The three characters "may not rub" carved upon the side of the ink cake are not taken from any literary record, but have a quite commonplace signification, meaning simply that *this ink is specially intended to be kept by, and should not be ground down for use* in writing characters; because, if it were so ground down for ordinary use, then the bodies and heads of the effigies would be injuriously diminished, and by degrees obliterated, which would be an unworthy and irreverent proceeding. The work on Inks by Mr Fang also has ink cakes with Buddhistic effigies alone, that is an encircled image of an old bonze squatting down: at the side of this one also occur the same three characters "may not rub", which in like way mean that respect must be shewn to him.

Further evidence.

Father Hwang, having alluded to two pieces of confirmatory evidence to be found in the *Tung-hwa Luh,* or Decrees of the present Manchu Dynasty, I at once turned to that work, and dis-

covered the two rescripts of 1744 and 1826, which I find I had
already marked down ten years ago as important. I give translations
below:—

6th month, *kia-yin* cycle-day (1744). The Board of Rites present
a report to the effect that the Literary Chancellor for Ho Nan province
has represented the existence in that region of a so-called Triple·
Religion with over 590 chapels containing images, the teacher of
everlasting memory occupying a position inferior to those given to
Buddha and Laotsz, an unorthodox arrangement calculated grievously
to mislead the people, who vie with each other in squandering their
substance for no other end than the destruction of proper doctrine:
the Chancellor recommends that the Governor of that province be
commanded strictly to prohibit such doings; and the Board not only
approves this recommendation, but advises that steps be taken
gradually to introduce the sacred effigy into all libraries and charitable
schools throughout the province; those of Buddha and Laotsz, on
the other hand being removed to separate temples, along with the
priests attached to Buddhism and Taoism, who must only reside there;
and moreover that other provinces be notified to issue like prohibitions.
His Majesty agrees to this.

7th month, *jên-wu* cyclic day, being the new moon. Wang Chên-ki
represents that in the Shou-yang *hien* city, and in other cities of
Shan Si, there are temples of the Triple Religion, and that the
most sacred sage of the past, Confucius, is to be found in one and
the same temple receiving the same worship as Buddha and Laotsz,
a state of affairs contrary to the canons of worship. Let Shên K‘i-hien
issue circular instructions to all jurisdictions under his rule to have
an immediate change made, and if any other provinces have similar
joint temples with common worship, let all viceroys and governors
concerned take identical steps to bring about a change for the better,
in order to exalt the orthodox teaching.

It will be seen that Father Hwang (or more probably his amanuensis, for he is now too old to copy out fair himself) says "Kiang Si" instead of "Ho Nan". This is owing to the ambiguous use of the word *Yü*, taken from an old name *Yü-chang*, a place once north, but later south of the River Yangtsze. Even M. Chavannes, in his masterly translation of Sz-ma Ts'ien's history, in alluding to the great battles of B.C. 500, often says "Kiang Si" instead of "Ho Nan", or possibly even "Hu Peh". *Yü-chang* seems to have been in its oldest sense a mountain near Yün-yang in modern Hu Peh, close to the Ho Nan frontier: later the full name was applied to Kiang Si; but the "Yü province" always means "Ho Nan". It results from all these considerations, not only that Professor Giles' "Nestorians" cannot be proved to be such, but also that there is specific evidence distinctly proving that they are not and cannot possibly be such. Even with regard to the priest K'i-sung, stated to have "invented" the Triple Faith in 1049, there is confirmatory evidence of his existence in the Great Encyclopedia (*P'ei-wên Yün-fu*), where it is stated that "K'i-sung, leading teacher of the Ming Faith during "the Sung dynasty, possessed a collection of writings styled the "*Sün-tsin Wên-tsih*". It is not clear to what the "Ming Faith" or "Bright Teaching" refers, but as another literary quotation in the same encyclopedia couples it with the *Ta-kioh*, a common Buddhist expression having apparently something to do with the Pratyêka Buddha, and also couples the whole (*Ta-kioh Ming-kiao*) with *Pan-joh Chêng-yüan* or "Prajñâ's true source" as being "harmless beliefs affected by the populace", it is plain that K'i-sung was a teacher of Buddhism in the first instance, whatever later novelties he may have introduced.

It is evident that Professor Giles, when in his *Introduction to the History of Chinese Pictorial Art* he describes a 16th century picture of Confucius, Laotsz, and Buddha as being a T'ang dynasty picture of Christ and two Nestorians, has, to use an old expression of his own dating 18 years back, found a huge mare's nest, and has solemnly laid an egg in it.

P. S. Since the above lines were written, the native librarian of the Shanghai Jesuits' Chinese library has discovered and sent to me the accompanying sketch from a Taoist work, published according to Wylie in 1640, called the 神仙通鑑. Here Mr Giles' "Christ and two Nestorians" are plainly described as "Confucius, Buddha, and Lao-tsz".

DAS ARABISCHE ALPHABET NACH DEM
T'ien-fang tse-mu chieh-yi

A. FORKE.

———❧———

Es ist bekannt, dass die chinesischen Muhammedaner sich bis
zu einem gewissen Grade auch mit dem Arabischen, der heiligen
Sprache des Koran, beschäftigen. Die Mollahs wenigstens können
meistens den Koran im Original lesen. Über die Hülfsmittel, welche
ihnen zum Studium des Arabischen zur Verfügung stehen, wissen
wir bis jetzt sehr wenig. Durch die Güte des Herrn Lic. H. HACK-
MANN in London ist mir ein Büchlein zugänglich gemacht worden,
welches dieser auf seiner Reise durch Westchina in *Talifu* erhalten
hat. Wie der Titel 天方字母解義 besagt, ist es eine Einführung in die arabische Schrift.

Verfasser ist ein gewisser *Liu Chih (Chich Lien)* 劉智(介廉)
aus Nanking, welcher sich einen 天方學人, einen Arabisten
nennt. Das Werk stammt aus dem Jahre 1710 n. Chr., das mir
vorliegende Heft ist ein Nachdruck aus dem Jahre 1894. Est ist
sehr eigenartig, dürfte aber bei europäischen Arabisten wenig Anklang
finden, denn anstatt eine sachliche und nüchterne Darstellung der
arabischen Schrift zu geben, lässt der Verfasser sie philosophisch
durch durch eine Art Evolution entstehen ähnlich wie Hegel die
Welt mit seiner dialektischen Methode entwickelt, nur dass *Liu Chih*

dabei auf die chinesische Naturphilosophie zurückgreift. Seine Aus-
führungen sind ohne jeden wissenschaftlichen Werth, reine Ausge-
burten einer zügellosen Phantasie, die an die wilden Spekulationen
mancher unserer älteren Philosophen und Sprachforscher erinnern.
Man wundert sich, wie der menschliche Geist so auf Abwege ge-
rathen kann.

Was den vorliegenden Fall noch verschlimmert, ist, dass *Liu
Chih* seiner Theorie zu Liebe eigens eine alte Schrift erfindet, die
er für das alte arabische Alphabet ausgiebt, indem er jedem modernen
Buchstaben den angeblich alten gegenüberstellt. Weiter kann man
es in der wissenschaftlichen Skrupellosigkeit kaum bringen.

Hören wir, wie *Liu Chih* nicht nur die Buchstaben, sondern
alle Worte entanden denkt. Er macht zuerst einen grossen schwarzen
Punkt und schreibt dazu:

"Dieser eine Punkt ist der Ursprung aller Zeichen. Alle Schriftzeichen sind aus diesem einen Punkte hervorgegangen und durch
Evolution entstanden."

Darauf folgt ein Kreis etwa von der Grösse des Punktes und
um ihn symmetrisch gruppirt eine Anzahl der sogenannten alten
Zeichen. Dazu heisst es:

"Dieser Kreis ist das Urelement aller Zeichen. Alle gehen von
diesem einen Kreise aus, indem dieser sich in zwei Hälften theilt,
woraus durch manigfache Kombination die Zeichen entstehen." —

此一點乃萬字之根原也凡字皆由此一點而
出而變化生焉＊＊此一圜乃萬字之本質也凡
字皆從此一圜剖而爲兩半而錯宗之也．

Der ganze Process erinnert uns an das Urprincip 太極 und
seine Spaltung in *Yin* und *Yang*. Die alten Buchstaben entstehen
aus Halbkreisen unter Zuhülfenahme von diakritischen Punkten und
Strichen.

Es wird nun das Alphabet in der üblichen Reihenfolge aufgeführt. Die erste Reihe enthält die alten Zeichen, die zweite die modernen, in der dritten habe ich die Ausprache nach dem von mir in der *T'oung-pao*, Série II Vol. VIII S. 1 fg. angewandten Transkriptionssysteme hinzugefügt.

ا	ب	ت	ث	ج	ح	خ
a	*b*	*t*	*th*	*jh*	*'h*	*hh*

د	ذ	ر	ز	س	ش	ص	ض
d	*dh*	*r*	*z*	*s*	*ch*	*ṣ*	*ḍ*

ط	ظ	ع	غ	ف	ق	ك	ل	م
ṭ	*ẓ*	*'*	*gh*	*f*	*q*	*k*	*l*	*m*

ن	و	ه	ي
n	*w*	*h*	*y*

Hierzu kommen noch die Hülfszeichen:

Aus der Umschreibung der arabischen Buchstaben mit chinesischen Zeichen lässt sich die Aussprache nicht in allen Fällen mit Sicherheit bestimmen. Die chinesischen Laute reichen nicht aus, um damit alle arabischen wiederzugeben, und ausserdem wissen wir nicht genau, in welchem Dialekte sie zu lesen sind. Der Verfasser soll aus Nanking stammen, aber Chinesen nennen als ihre Heimat meist den Familienstammsitz ihrer Vorfahren, den sie selbst oft nie gesehen haben und dessen Dialekt sie nicht mehr sprechen. *Liu Chih* umschreibt die einzelnen Laute, wie folgt:

1) ا = 額立甫 *Alif.*

2) ﺏ = 巴 物 *Ba.* Das fehlende *b* wird hier durch nicht aspirirtes *p* ersetzt. 物 ist hier und im Folgenden wohl nur gebraucht, um das Hamza zu markiren. Im Nanking-Dialekt und andern südlichen Dialekten lautet 物 *uh*, 5. Ton. Im Arabischen schreibt man den Buchstaben: ﺅ.

3) ﺕ = 他 物 *Ta.* Das aspirirte *'t* ist hier gebraucht, um den harten *t* Laut auszudrücken.

4) ﺙ = 些 物 *Tha.* Ein *th* lässt sich auf Chinesisch nicht wiedergeben. 些 = *sieh* lässt es zweifelhaft, ob der Buchstabe auf arabische Art als *th* oder auf persische als scharfes *s* zu sprechen ist. Das letztere ist das wahrscheinlicher, da die Chinesen schwerlich im Stande sein werden ein *th* zu sprechen.

5) ﺝ = 知目(又音貞) *Jhīm.* Das Chinesische hat in den meisten Dialekten kein weiches *jh*, desshalb muss das harte *ch* aushelfen. Auch 貞 = *chên* oder *chêng* ist ein Notbehelf, denn das finale *m* ist durch *n* bez. *ng* ersetzt.

6) ﺡ = 矦物 *'Ha.* Der Laut *'ha* kommt in den meisten Dialekten kaum vor, daher ist er durch *'hou* ersetzt.

7) ﺥ = 哈物 *Kha.* Das Zeichen 哈 ist für diesen starken Gaumenlaut sehr gut gewählt, denn es wird sowohl *'ha* wie auch *ka*

gelesen. Als besonderes Charakteristikon ist noch hinzugefügt 嘮
音 Gaumenlaut.

8) د = 爹勒(打勒) *Dâl*. Für *d* steht *t*.

9) ذ = 咱勒 *Dhâl*. Durch den Zusatz 輕出 »leicht auszusprechen" soll wohl angedeutet werden, dass die Aussprache weicher
sein muss als das chinesische *ts*. Der *dh* Laut ist unbekannt.

10) ر = 拉物 *Râ*. Der fehlende *r* Laut wird immer durch *l*
ersetzt. Es ist, wie der Zusatz besagt, ein Hauch verbunden mit
Vibriren der Zungenspitze: 用舌尖彈舌呼. Eine andere
Umschreibung ist 孌 = *lo*.

11) ز = 咱物 *Zâ*. Die Umschreibung ist fast dieselbe wie bei
N° 9 ذ, aber es findet sich die Direktive 重音 schwerer Laut.
Dass er wirklich *ts* auszusprechen sei, ist wohl nicht anzunehmen,
es soll wohl nur bedeuten, dass *z* ein härterer Laut ist als *dh*.

12) س = 西音 *Sîn*, oder = 心.

13) ش = 施音 *Shîn*, oder = 身 in einigen Dialekten *shin*
gesprochen.

14) ص = 索德(沙) *Ṣâd*. Der dumpfe *a* Laut ist durch *o*
wiedergegeben. Auch 沙 lautet dialektisch *so*.

15) ض = 若德 *Ḍâd*. Est ist nicht sehr wahrscheinlich, dass
dieser Laut *Jâd* zu lesen ist, ich vermuthe vielmehr eine dialekti-
sche Ausprache *Zâd* (若 = zo kommt vor) so dass dann die Aussprache mit der persischen für dieses Zeichen = *ẓâd* identisch wäre.

16) ط = 宅物 *Ṭâ*. Man beachte, dass 宅 = *t'o* aspirirt, und
dass das dumpfe *a* durch *o* ersetzt ist.

17) ظ = 咨物 *Ẓâ*. Vergl. N°ˢ 9 und 11.

18) ع = 而哀音 *'Ain*.

19) غ = 哀音 *Ghain*.

20) ف = 法物 *Fâ*. Auch die Umschreibung 花 wird hinzu-
fügt, welches in Canton, Kiangsi und Hunan *fa* gesprochen wird.

21) ق = 噶福 *Qâf*. 噶 ist nicht aspirirt.

22) ڪ = 喀福 *Kâf*. 喀 ist aspirirt.

23) ل = 拉目 *Lâm*.

24) م = 米目 *Mîm*. Eine andere Transkription ist 民, wobei wieder das finale *m* nicht stimmt.

25) ن = 努尼 *Nûn*.

26) و = 洼物 *Wâw*.

27) ه = 陣物 *Hǒ*. Das Zeichen 陣 findet sich in den Wörterbüchern nicht und soll 希耶 *hieh* lauten. Um den Laut hervorzubringen, soll man den Mund öffnen und ausathmen, auch ist der Laut summend: 虛呼張口又音哈.

28) ي = 呀物 *Yâ*.

29) ~ = 默德 *Medda*.

30) ء = 罕則 *Hamza*.

31) ـ = 式實底德 *Teshdîd*.

32) ه = 哲尊 *Jhezma*.

Nach dem so der Lautwerth der einzelnen Buchstaben angegeben ist, folgt die phantastische philosophische Ableitung:

"Zuerst gab es nur einen Punkt. Dieser Punkt ist die wahre Substanz. Aus ihrer Bewegung entsteht der Kreis, die vollkommene Substanz. ا geht aus der Evolution und der vollkommenen Entfaltung des Kreises hervor und setzt sich fort. ب ist des Produkt der Veränderung des ا, wobei die Materie vorhanden, die Idee noch verborgen bleibt. ت ist die Manifestation des ا, indem die Form da ist, die Materie aber verborgen bleibt. Mit ث tritt ا in die Erscheinung, nicht nur die Form, sondern auch die Idee wird sichtbar. ح entsteht aus dem ا. Materie und Idee durchdringen sich in der vollkommensten Weise und vereinigen sich. Die unendliche Zahl der Wandlungen nimmt damit ihren Anfang. ح ist die Materie. Der Wille des Himmels waltet überall. Das All befindet sich im Urzustand. خ bedeutet die Dinge. Alle haben ihre eigene, wahre Natur und ihr

Urprinzip. Die Formen der tausendfältigen Schöpfungen erreichen hiermit ihren Abschluss" 初惟一點點實體也動則為 團○妙體也丨者○之化妙用而流行也ㄴ者 丨之變氣著而理隱也ㄴ者丨之明形著而氣 隱也ㄴ者丨之著象著而理見也乙者丨之成 理氣渾同色妙同然之會也萬化之理至此而 條乙氣也天命流行統體一太極也ㄜ物也各 正性命各一太極也萬造之形至此而止.

Ich masse mir nicht an, zu verstehen, was der Verfasser mit diesen hochtönenden Phrasen sagen will, und bezweifele, ob er selbst sehr klare Vorstellungen damit verbunden hat. Was haben Buchstaben mit der Weltschöpfung zu thun?

Die ersten Buchstaben, welche angeblich alle aus dem Alif entstanden sind, sollen also auf irgend eine Weise die verschiedenen Schöpfungsperiodeu, bei denen die Materie, die Form und die Idee zusammenwirken, symbolisiren. Die folgendeu Buchstaben bezeichnen die Formen der Dinge:

د ist das Herz (Geist), ذ das Wesen (Charakter), ر das Wissen, ز die Gestalt, س der Himmel, ش die Erde, ص männlich, ض weiblich, ط die Vögel, welche Himmel, Erde und Luft zum Leben nöthig haben, ظ die Thiere, welche nur die Erde und die Luft benöthigen, ع die Metalle, welche aus der Vereinigung von Erde und Wasser entstehen, غ die Gesteine, welche aus Erde und Feuer hervorgehen, ف Pflanzen und Bäume, aus dem Zusammenwirken von Himmel, Erde, Wasser und Feuer entstanden, ق Berge, ل Flusse, ك Cerealien, م Früchte, ن das menschliche Leben, و der Tod, ه, im Texte ة geschrieben, kehrt wieder zum Kreise ○, von dem alles ausgiog, zurück. ى ist das Ich. Alle Wandlungen kehren zum Ich zurück. Ausser Mir giebt es keine Dinge mehr, desshalb giebt es nach dem ى auch keine weiteren Buchstaben mehr!

Die Beispiele, welche der Verfasser zu den einzelnen Buchstaben aus dem Arabischen und Persischen giebt, sind so gewählt, dass sie theilweise den in dem philosophischen Schema entwickelten Begriffen entsprechen, z.B. دليل dalīl = führen, dil p. = Herz, ذات dhāt, Substanz, Natur, رأي ray Ansicht, سمو sumūw boch sein, سماء samāʾ Himmel, طير ṭayr Vögel, عين ʿain, Gold, Silber, ثمر mīwe p., Frucht.

Liu Chih weiss noch viele andere, schöne Dinge über einzelne Buchstaben und diakritische Punkte zu berichten z.B. dass bei س drei Punkte unterhalb ständen (in der alten Schrift, auch die Turkestaner schreiben oft so, vergl. SHAW, Turki Language p. 251), weil س den Himmel bedeute und die 3 Punkte die unter dem Himmel befindliche Sonne, Mond und Sterne, dass man dagegen ش mit drei Punkten oberhalb schreibe, weil ش die Erde sei . und die 3 Punkte die Metalle, Pflanzen und lebenden Wesen auf ihr[1]). Wir wollen unserem Autor nicht auf allen seinen Irrungen folgen, ich möchte zum Schluss nur noch zwei charakteristische Wort-erklärungen erwähnen, welche sich gegen Ende der Abhandlung finden, die Erklärung der für einen Muhammedaner wichtigsten Worte Allah und Muhammed:

"*Allāhu* = Ao-lo-hu 奧樂乎 ist der erhabene Name des wahren Herrn. Er besteht aus 5 Strichen und 3 Lauten, und wird gebildet aus zwei *lā* لا, die umgekehrt miteinander verbunden und denen *hu* ه angefügt ist. (Das bedeutet wohl die Zusammensetzung al-la,

---

1) [Die Spekulation des Liu Chih über die drei Punkte über und unter dem *sin* wirkt um so erheiternder, als diese drei Punkte nicht zum Wesen der Buchstaben gehören, son-dern spätere Unterscheidungszeichen des reinen س sind, das wie die andern nordarabischen Schriftzeichen dem nabatäischen Schriftsystem entlehnt ist. In diesem ist das Arche typon des س Vertreter des Lautes š (*sch*). Da aber im Nordarabischen aramäischem š bald š bald s entspricht, wurde hier س für beides verwandt; nun gab man dem س = š zur Unterscheidung drei Punkte oben, س ohne Punkte war s, ähnlich wie man د und ذ unterschied. Das Streben nach Deutlichkeit führte dazu, zuweilen den durch ihre Punktlosigkeit genügend gekennzeichneten Schriftzeichen noch eine Merkmal unten beizugeben. So entstanden د, ر, س. Doch verfuhr man bei Setzung dieser Zeichen nicht pedantisch; so zeigt die von mir in Orient. Litt. Zeitung IX (1906) publizierte Inschrift von 230 ungenügend durchgeführte Ihmāl-Bezeichnung, s. a. a. O. Sp. 79 f.   M. Hartmann.]

wozu dann noch *hu* tritt.) *Lā* hat den Sinn von »nicht haben",
»nicht", »nicht sein". *Lā* einzeln gebraucht hat stets die Bedeutung
einer Negation نفى oder Ausschliessung, in der Verdoppelung dagegen ist es eine Bekräftigung الثبات und bedeutet, dass etwas sicher
vorhanden ist, wie man sagt 無非, 無不, 非不 und 不無.
Hu : bedeutet *er* d.h. der Herr. *Ao-lo-hu* ist daher gerade so, als
wenn man sagt: »Es ist nicht nicht der Herr", »Es ist sicherlich der
Herr", »Ganz entschieden ist es der Herr", »Unter allen Umständen
ist es der Herr".

Der eine Name hat viele Bedeutungen und es ist schwer, ihn
mit einem Worte zu erklären. Thut man es, so sagt man »der Herr".

»Eine andere Erklärung ist, dass *Allāhu* das Vorhandensein des
Guten طيبة bedeutet. *Allāhu* ist eine verkürzte Schreibweise für
lā 'ilāh, und *hu* bedeutet *Allah* (*lā 'ilāh* heisst »es giebt keinen Gott"
und *hu* = *er*. Das Ganze soll wohl bedeuten »Es giebt keinen (andern)
Gott, sondern nur ihn" d.h. Allah)".

Alle diese Erklärungen sind falsch. *Allāhu* ist nur eine Kontraktion
aus dem Artikel *al* und *'ilāhu* = Gott, also الاله الله = اللّٰه = der Gott.

"Muhammed محمّد 穆罕默德 ist der Name unseres Propheten
聖人. Er besteht aus 4 Strichen (Buchstaben) und 4 Lauten und
ist ursprünglich aus م *m*, ح *'h*, م *m* und د *d* zusammengesetzt (die
Vokale werden nicht geschrieben). Dafür giebt es drei verschiedene
Erklärungen, die eine betrifft die Form der Schriftzeichen, die andere
die Wortbedeutung und die dritte den Sinn".

"Der Schriftform nach ist Muhammed der Mensch in seiner
höchste Vollendung 人極之樣子. م gleicht dem Kopfe, ح den
beiden Armen, das zweite م dem Leibe und د den beiden Beinen.

Wir erhalten so das Bild: 𠑹 ."

»Der Bedeutung nach ist Muhammed der von der ganzen Welt
Gepriesene, das vollkommenste Wesen der Welt, das auf Erden

verehrt wird. Von dem erhabenen Gotte bis zu den niedrigsten
Geschöpfen preisen und loben alle seine Tugend und rühmen seine
Herrlichkeit".

(Diese Erklärung ist die alleiu richtige. Muhammed ist Part.
passivi von *hamida* II, loben.)

»Was den Sinn anbetrifft, so ist ‎م‎ die Frucht, der Kern, ‎ح‎ die
Substanz und ‎د‎ das Herz. Die Schöpfung geht wie das Wachsthum
eines Baumes vor sich. Muhammed ist ihr Same und zugleich ihre
Frucht. Bevor Himmel und Erde da waren, war er der Same und
der Urgrund tausendfältiger Entwickelungen. Nach der Erschaffung
von Himmel und Erde war er die Frucht, der letzte und vollkommenste in der Reihe der zehntausend Weisen. Dessbalb kommen iu
dem einen Worte zwei ‎م‎ vor. ‎ح‎, die zwischen beiden ‎م‎ befindliche
Substanz, ruht zwischen der anfänglichen und der späteren Ent-
wickelung der Welt. Nachdem diese Entwickelungen zu Ende geführt, trat Muhammed ins Leben. Der Lebensträger ist das Herz,
dessbalb ist ‎د‎ hinten angefügt".

»Nach einer Ansicht ist das erste ‎م‎ die erste Substanz اول جوهر,
das zweite die zweite Substanz دوّم جوهر, u. z. ist die erste die Welt
des Geistes, علم ارواح, die zweite die Körperwelt علم اجسام. In beiden Schöpfungsperioden hat jedenfalls Gott seiner Gestalt Erhaben-
heit verliehen اجل الله صورر "‎.

Beim Lesen des *T'ien-fang tse-mu chieh-yi* gewinnt man den
Eindruck, dass es dem Verfasser weniger um eine Einführung in
die arabische Schrift als um eine Verherrlichung derselben und
dadurch indirekt auch des Islam zu thun ist. Nach seiner Darstellung müsste man annehmen, dass die Lehren des Yiking und
die Naturphilosophie der Sung Zeit in Kürze im arabischen Alphabet
enthalten wären. Die einzelnen Buchstaben spielen ganz die Rolle
der Hexagramme des Yiking. Über den Ursprung der arabischen
Schrift erfahren wir in der Einleitung, dass in der Urzeit in einem

klaren Fluss vor dem Palaste des in China residirenden Welten-
herrschers ein Stein mit 28 Buchstaben gefunden wurde, was uns
an den Plan des Gelben Flusses und das Buch des Lo erinnert.
Der Kaiser liess sie durch seine Gelehrten erklären. Aus diesem
Alphabet entwickelte sich die Schrift, die ursprünglich in der ganzen
Welt dieselbe war. Später änderte sich in den verschiedenen Ländern,
in China, Indien und Rom sowohl Aussprache wie Schreibweise, die
Urquelle aller dadurch entstandenen Schriftarten ist aber das Arabische.

verehrt wird. Von dem erhabenen Gotte bis zu den
Geschöpfen preisen und loben alle seine Tugend und
Herrlichkeit".

(Diese Erklärung ist die allein richtige. M'
passivi von *themata* II. loben.)

»Was den Sinn anbetrifft, so ist • die
Substanz und ﻭ das Herz. Die Schöpfun‹
eines Baumes vor sich. Muhammed is‹
Frucht. Bevor Himmel und Erde ﺩ
der Urgrund tausendfältiger Ent‹
von Himmel und Erde war e‹
menste in der Reihe der ze‹
dem einen Worte zwei ﻉ
Substanz, ruht zwiscʰ
wickelung der Wel‹
führt, trat Muha
desshalb ist ﻭ

»Nach ei
das zweite
des Geiste
den Schi
heit ver

Be
Eindr
die
dad
st‹
di

Auch da befinden wir uns auf religiösem Gebiete. Denn was in das Chinesische aus dem Arabischen eingedrungen ist, verdankt seine Aufnahme der bedeutenden Zahl der chinesischen Muslime (etwa 20 Millionen), die sämtlich das Chinesische als Muttersprache sprechen, aber durch die Vorschriften ihrer Religion gezwungen sind, sich mit deren beiden Hauptquellen, dem Koran und der Tradition, bekannt zu machen, und in ihren Gebeten beständig arabische Wörter und Formeln zu gebrauchen. Man sollte meinen, dass die Uniformierung, die man als ein Kennzeichen des sunnitischen Islams ansprechen darf, eine Einheitlichkeit in der Wiedergabe des Arabischen durch chinesische Zeichen herbeigeführt hätte, wenigstens in so allgemein gebrauchten und wichtigen Namen wie Allāh und Muḥammad. Das ist aber nicht der Fall, wie sogleich gezeigt werden wird. Ist nun die Regellosigkeit und Willkür eine völlige? Das ist von vornherein unwahrscheinlich, denn wenn gerade in China in diesen Dingen die Tendenz herrscht, dass jeder »ein Narr auf eigene Faust" sein will, so ist die Nötigung, ein Gemeinsames zu finden, um sich mitteilen zu können, so gross, dass es immer Zusammenschlüsse zu Gruppen gegeben haben muss. Es fragt sich nur, wie gross wir uns diese Gruppen zu denken haben, wie sie entstanden sind, wie sie sich durchsetzten und sich gegen einander stellten. So unbedeutend ein so Äusserliches wie die Wahl von Zeichen für Darstellung von Lauten zunächst zu sein scheint, wir werden bei sorgfältiger Kombination dadurch zu Schlüssen auf Zusammenhänge kommen.

Bei den ersten Schritten auf diesem Forschungsgebiet werden wir uns freilich ganz besonders vor Generalisierungen und weit ausgreifenden Folgerungen hüten müssen. Es gilt hier zunächst, *Tatsachen* geduldig zusammenzutragen. Einige wenige solcher gebe ich hier vergleichend nach der Arbeit Forkes: »*Das Arabische Alphabet nach dem T'ien-fang tse-mu chieh-yi"* (hier S. 693, bez. *Liu*)

uud einem in meinem Besitze befindlichen Katechismus, der die
Hauptdogmen arabisch oder persisch mit chinesischer Übersetzung
giebt (bez. *Kat*).

Allahu: *Liu* 奧樂乎 *ao¹ lo¹ hu¹* — *Kat* 桉拉胡 *an¹ la¹
hu²*; man möchte annehmen, dass *Liu* einem Kreise angehört, der
1. die Verdopplung des *l* nicht beachtet, 2. die Färbung des *a* vor-
nimmt, wahrscheinlich unter rückwirkender Vokalharmonie. Der
Kreis des Katechismus ist korrekt: *anla* ist, bei dem Fehlen von *al*,
ein geeigneter Hinweis auf die Verdopplung; *la* ist besser als *lo*.

Muḥammad: *Liu* 穆罕默德 *mu¹ han² mo¹ tê²* — *Kat*
穆罕埋伐 *mu¹ han² mai² tai¹*; hier ist bei beiden Umschriften
die Verdopplung *amm* durch die Gruppe *anm* dargestellt; das *tê* (*tö*)
gegenüber dem *tai* dürfte zu dem *lo* gegen *la* zu stellen sein: auch
hier die Neigung zur dunklen Färbung. Seltsam ist eine dritte
Umschrift des Namens, die HIRTH in der »R"-Arbeit (s. oben) S.
216 Anm. 2 aus dem *Chao-ju-kua* (schrieb um 1250) giebt; es ist
die Rede von Mekka als dem Geburtsort des »Buddha Muḥammad"
佛麻霞勿 *fo¹ ma² hsia² wu¹*. Wie soll *ma hsia wu* das arab.
Muḥammad darstellen? »*In a number of identifications of names
imported to China by sea, I had found the reading of characters in
one of the southern dialects the only key to their being understood;
a word like Ma-hsia-wu, for instance, it would be difficult to recognise
when read in a northern dialect; whereas its sound in the Canton
dialect, Má-há-mal, will readily suggest the name ,Mahommed'* ". Hier
lässt die Vergleichung uns folgende Erwägungen anstellen: 1. Die
Formen *Lius* und des *Katechismus* lauten cantonesisch Muk-hon-
mêk-têk und Muk-hon-mai-toi; wir dürfen annehmen, dass sie in
der nordchinesischen Aussprache den Gegenwert von *muḥammad*
darstellen und dass *Liu* und der *Katechismus* dem nordchinesischen
Islam angehören. Für den *Katechismus* wird das dadurch bestätigt,
dass er aus Tientsin stammt (Näheres in einem Sonder-Artikel). *Liu*

»soll aus Nanking stammen, aber Chinesen nennen als ihre Heimat meist den Familienstammsitz ihrer Vorfahren, den sie selbst oft nie gesehen haben und dessen Dialekt sie nicht mehr sprechen" (Forke S. 693). Das führt uns weiter. Man stellt die Frage oft: »woher kam der Islam nach China?" Die Fragestellung ist schief. Denn der Islam dringt in ein Land von allen den Seiten ein, die eine Einfallpforte bieten. Das Meer ist das unbeschränkte Tor, nur dürfen wir mit einiger Sicherheit sagen, dass die seefahrenden Muslime, die vom Persischen Golf herkamen, sich auf die südlichen Teile Chinas beschränkten; ferner: diese südlichen Teile boten im Westen, wo das dem Islam verschlossen ·gebliebene Tibet angrenzt, dem Islam keinen Zugang. Im Norden konnte, da Muslime die Häfen nicht besuchten, der Islam nur zu Lande kommen, und da fand er eine Strasse, wie er sie besser sich nicht wünschen konnte: die Natur hat da keine Schwierigkeiten für den Mutigen und die politischen Verhältnisse des Reiches der Mitte waren häufig so, dass die grundsätzliche Abschliessung sich nicht durchführen liess. Trieb das Reich Expansion, so konnte es das Eindringen fremder Elemente nicht hindern. Trieb es Selbstbeschränkung und Defensiv-Politik, so unterlag es nicht selten den Fremden; am gewaltigsten war der Einbruch, den die Mongolen machten; waren doch die Dschingisiden (Yüan-Dynastie) Herren des Reiches 1280 – 1368, und die liessen jeden nach seiner façon selig werden und übten eine weitgehende Toleranz, wie gegen die Christen, so auch gegen die Muslime.

Ähnlich wie hier wird sich allgemein eine sprachliche (bezw. graphische) Differenziertheit in den islamischen Denkmälern der chinesischen Litteratur ergeben, entsprechend eben den beiden Hauptgebieten des Islams im Reiche.

Bei der Frage: »wie weit konnten Versuche wie der Lius, das arabische Alphabet darzustellen, auf die Umschrift von Namen und Gattungswörtern Einfluss haben?", ist festzuhalten, dass der wesent-

CORRESPONDANCE.

Voyage de M. CHAVANNES en Chine [1]).

Je suis parti de Si-ngan fou le 6 Septembre 1907 et me suis d'abord rendu à *Hien-yang* 咸陽, au nord de la rivière *Wei* 渭; puis, allant vers le Nord-Est, j'ai été visiter la tombe de *Wou San-sseu* 武三思, neveu de la fameuse impératrice *Wou*, de la dynastie *T'ang*. Me dirigeant ensuite droit vers l'Ouest, je suis arrivé le 8 Septembre à *K'ien tch'eou* 乾州 où se trouve la sépulture de l'empereur *T'ang Kao-tsong*; c'est là que fut gravée, sous la dynastie *Kin*, l'inscription du *lang-kiun* Salikan qui est un spécimen d'une variété particulière de l'écriture joutchen; j'ai pu en prendre l'estampage.

K'ien tcheou a été, du côté de l'ouest, le point extrême de mon voyage. Revenant alors vers l'Est, j'ai passé par *Li-ts'iuan* 醴泉 et j'ai été voir la fameuse sépulture *Tchao* 昭陵 de l'empereur *T'ang T'ai-tsong*; j'y ai photographié les six chevaux en bas relief qui sont un des monuments les plus importants de l'art des *T'ang*.

A *P'ou-tch'eng* 蒲城, j'ai visité les sépultures des empereurs *Jouei tsong* et *Hien tsong* de la dynastie *T'ang*.

A partie de *P'ou-tch'eng*, le voyage a été très difficile jusqu'à *Han-tch'eng* 韓城, ou, plus exactement jusqu' à *Tche-tch'ouan* 芝川, à 20 li au Sud de *Han-tch'eng*, près de la rive droite du

---

1) Cf. *Toung Pao*, Oct., 1907, p. 561. — Note envoyée à M. Henri Cordier.

Houang ho; dans toute cette région, nous avons traversé un pays où les terrasses de loess sont coupées de ravins profonds et abrupts que nos chars ont eu toutes les peines du monde à franchir.

Han-tch'eng 韓城 nous a vivement intéressés par le Temple funéraire de *Sseu-ma Ts'ien* et par le célèbre défilé de *Long-men* où le *Houang ho* se resserre dans un étroit passage entre les montagnes pour s'étaler ensuite en une nappe immense.

Après avoir traversé le *Houang ho* à *Tche-tch'ouan* 芝川, ce qui nous a pris une journée entière, nous nous sommes dirigés sur *T'ai-yuan fou* 太原府 où nous sommes arrivés le 5 Octobre, trente jours après notre départ de *Si-ngan fou*.

A *T'ai-yuan fou*, je me suis séparé de mon compagnon de voyage M. Alexéief, qui est rentré à Peking par la nouvelle ligne de chemin de fer se raccordant à *Che-kia tchouang* 石家莊 avec la ligne Péking-Hank'eou.

Je suis parti de T'ai-yuan fou le 11 Octobre en me dirigeant vers le nord: je me suis rendu d'abord dans le massif du *Wou-T'ai chan* 五臺山 où sont les Temples consacrés au culte de Mañjuçrī. Puis, je suis allé à *Ta-t'ong fou* 大同府 où j'ai fait une étude complète des bas-reliefs de *Yun-kang* qui, bien que fortement restaurés, fournissent encore par endroits quelques bons spécimens de l'art des *Wei* septentrionaux au cinquième siècle de notre ère.

Je suis parti de *Ta-t'ong fou* le 28 Octobre et suis revenu, par *Siuan-houa fou* 宣化, à Peking où je suis arrivé le 4 Novembre 1907.

MÉLANGES.

L'ACCORD RUSSO-JAPONAIS.

TEXTE DU TRAITÉ.

Saint-Pétersbourg, 14 août. — Voici le texte de la convention russo-japonaise signée le 30 juillet à Saint-Pétersbourg :

Le Gouvernement de Sa Majesté le Tsar de toutes les Russies et le Gouvernement de Sa Majesté l'Empereur du Japon, animés d'un désir de fortifier les relations pacifiques, amicales et de voisins, qui ont été heureusement rétablies entre la Russie et le Japon, et d'écarter la possibilité de malentendus futurs entre les deux Empires, ont conclu les accords suivants :

Article premier. — Chacune des hautes parties contractantes s'engage à respecter l'intégrité territoriale actuelle de l'autre, de même que tous les droits résultant pour l'une ou l'autre des hautes parties contractantes des traités en vigueur, accords ou conventions appliqués à présent entre les hautes parties contractantes et la Chine, et dont les textes ont été échangés entre les puissances contractantes, ceci dans la mesure où ces droits ne sont pas incompatibles avec le principe de l'égalité de traitement énoncé dans le traité signé à Portsmouth le 5 septembre 1905 et dans les conventions spéciales conclues entre la Russie et le Japon.

Art. 2. — Les deux hautes parties contractantes reconnaissent l'indépendance et l'intégrité territoriale de l'empire de Chine, de même que le principe du traitement égal en ce qui concerne le commerce et l'industrie pour toutes les nations dans ledit empire. Elles s'engagent également à soutenir le maintien du *statu quo* et le respect de ce principe par tous les moyens pacifiques à leur disposition. — Signé ISVOLSKI et MOTONO. (Reuter).

BIBLIOGRAPHIE.

LIVRES NOUVEAUX.

Depuis 1901, il n'avait rien paru de l'ouvrage monumental que M. le Dr. J. J. M. de GROOT consacre au Système religieux de la Chine (*The Religious System of China*); nous venons de recevoir le Vol. V de l'ouvrage qui est le second du Livre II consacré à *l'Ame et au Culte des Ancêtres*; il renferme la deuxième partie traitant de la Démonologie et la troisième partie traitant de la Sorcellerie. Nous reviendrons dans un compte-rendu sur ce livre qui fait autant d'honneur à la science qu'à la persévérance de l'éminent professeur de l'Université de Leyde.

Nous avons annoncé (Mars 1907, p. 139) la publication du deuxième fascicule des *Annales de l'Observatoire astronomique de Zô-sè* (*Chine*). Le premier fascicule 1901—1904 vient de paraître. L'*Introduction* comprend une Notice et une Description. Chap. I. Position géographique de l'Observatoire. — Triangulation. — Position géographique de Changhai. App. Latitude et longitude par mesures astronomiques. — II. Plaques photographiques posées en 1902, 1903 et 1904. — III. Observations do petites planètes et de comètes. — IV. Observations solaires pendant les quatre derniers mois de 1904. Il y a en outre onze planches; le premier volume est ainsi complet.

On a tiré du *Bulletin annuel de l'Observatoire de Zi-ka-wei* le *Bulletin sismologique pour l'année* 1906 *et Tableaux-résumés des années* 1904, 1905 et 1906.

La deuxième partie du Vol. I de *Research in China*, publié par la Carnegie Institution de Washington, renferme un *Syllabary of Chinese Sounds* par le Dr. Friedrich HIRTH dont il vient d'être fait un tirage à part. "The subjoined Syllabary is *mutatis mutandis* identical with the "Tabelle für die Laute des Chinesischen im Mandarin-Dialecte", submitted by me to the Far-Eastern Section of the XIII International Congress of Orientalists held at Hamburg in September, 1902".

Nous avions signalé (*T'oung Pao*, Oct. 1903, pp. 352—3) le *Recueil des Traités conclus par la France en Extrême-Orient* de 1684 à 1902 publié par M. L. de REINACH, ancien Administrateur des services civils de l'Indo-Chine; M. de Reinach vient de continuer cet utile recueil par un nouveau volume qui comprend les traités jusqu'en 1907. (Paris, Ernest Leroux).

M. le Général de BEYLIÉ a fait un tirage à part de l'article qu'il avait donné dans la *Revue archéologique* (Paris, Ernest Leroux, in-8, pp. 33, 4 pl.) sur les fouilles qu'il avait entreprises en Birmanie, au mois de janvier 1907, sur l'emplacement de l'ancienne ville de Prome, ancienne colonie hindoue, qui s'appela Çrikshetra, Pissanumyo, la ville de Vichnou, Rsimyo, la ville de l'Ermite, enfin, en langage talaing, Prome, la ville de Brahma. Une des planches représente l'écriture encore inconnue de Pagan.

PUBLICATIONS PÉRIODIQUES.

Journal of the North-China Branch of the Royal Asiatic Society. — [Cf. *T'oung Pao*, Octobre 1906, p. 544]. — Vol. XXXVIII, 1907. — *Currency in China.* By H. B. MORSE. [Cf. *T'oung Pao*, Déc. 1906, p. 726]. — *Witchcraft in the Chinese Penal Code.* By E. T. WILLIAMS. — *Contribution to the Nomenclature of Chinese Plants.* By the late Dr. Ernst FABER (*Classification of the List of Plants.* By D. MACGREGOR; *Alphabetical List of Plants; List of Plants for which the English equivalent is not known*). — *The Two Zodiacs (Solar and Lunar), their Origin and Connections. A Study in the Earliest Dawn of Civilisation.* By Thos. W. KINGS-MILL. — *Notes and Queries.* — *Literary Notes.* — *A Classified List of the Articles printed in the Journal of the North-China Branch of the Royal Asiatic Society from 1892 to 1907.* — *Recent Books on China and the Far East.* — *Proceedings.* — *List of Members.*

CHRONIQUE.

———·••••·———

ANNAM.

Le nouveau roi d'Annam.

Le *Courrier saigonnais* vient d'apporter des détails sur l'abdication du roi d'Annam Than Taï, et l'avènement de son quatrième fils Duy Tan.

On se souvient que le roi Than Taï avait montré depuis longtemps des signes d'aliénation mentale avec délire homicide. On avait dû, à plusieurs reprises, l'interner dans son palais. Pour mettre un terme à une situation qui n'avait déjà que trop duré, on a obtenu son abdication, et le 4 septembre dernier le conseil de régence a porté en ces termes cet événement à la connaissance des mandarins:

Sa Majesté l'Empereur d'Annam a ordonné, vingt-sixième jour, ce qui suit: . Malgré notre légère vertu, nous avons pu conserver la grande charge pendant dix-neuf ans. Par suite des occupations du royaume qui nous ont rendu malade, nous sommes aujourd'hui incapable de continuer à régner. D'accord avec M. le gouverneur général, le cinquième prince est désigné pour nous succéder, afin de nous permettre de nous retirer, nous soigner.

Le nouveau roi Duy Tan est âgé de huit ans. Le lendemain 5 septembre eurent lieu les cérémonies rituelles de son intronisation en présence de M. Beau, gouverneur général, assisté de M. Lévecque, résident supérieur. A cinq heures du soir, ces deux fonctionnaires rendirent visite au nouveau roi. Ils étaient attendus par les membres du co-mat (conseil du royaume) qui leur firent cortège jusqu'à la salle du trône, puis s'étagèrent sur les marches de celui-ci. Le petit roi, tenant à la main une tablette de jade, lut un discours où il remerciait le gouvernement français de ses bienfaits et de son appui.

Le gouverneur général répondit par des vœux de long règne pour le roi et de prospérité pour l'Annam; puis, au nom du gouvernement de la République, il déclara le reconnaître sur le trône et l'y conduisit accompagné du résident supérieur.

La cérémonie terminée le roi accompagna le gouverneur général jusqu'à la sortie de la salle du trône.

Le lendemain 6 septembre, Sa Majesté Duy Tan, accompagnée des membres du conseil de la régence et des hauts mandarins de la cour, rendit visite au gouverneur général.

A un nouveau compliment du roi, M. Beau répondit en ces termes:

La France continuera à prêter à l'Empire d'Annam son puissant concours pour écarter tous les périls de guerre. C'est grâce à elle que pendant le cours du règne précédent les frontières de l'empire ont été reculées soit au nord, soit à l'ouest, jusqu'à des limites qui n'avaient pas été atteintes sous les règnes les plus glorieux. La France a en outre ouvert de riches marchés extérieurs aux produits du pays, elle a d'abord offert son propre marché devenu chaque jour plus important et elle a abaissé en faveur de l'Annam les taxes douanières qui frappent les produits des autres pays; elle a pu tant par des traités avec les pays limitrophes que par les lignes de navigation subventionnées qu'elle entretient en Extrême-Orient, augmenter dans des proportions considérables le commerce du pays.

Ce sont' là des avantages que bien des pays peuvent envier à l'Annam, et il n'est personne, j'en suis convaincu, qui ne rende hautement justice à la façon dont la France a rempli la charge qu'elle avait assumée en signant le traité du 6 juin 1884 qui lui confiait les relations extérieures. A l'intérieur, elle assure au pays d'Annam, depuis de longues années, le bénéfice inappréciable d'une tranquillité absolue; grâce à cette paix bienfaisante, les plaines se couvrent de moissons, la montagne elle-même se laisse exploiter, les villages deviennent florissants, des villes naissent et partout apparaissent des signes de prospérité. Des administrateurs et fonctionnaires de tout ordre, des professeurs, des ingénieurs sont venus, comme ceux qu'appela jadis l'empereur Gialong, apporter à ce pays le concours de leur science; mais ils n'entendent pas en garder pour eux le secret et tous leurs efforts tendent à la diffusion des connaissances qu'ils possèdent pour que la tâche du protectorat puisse s'accomplir. Il faut que les mandarins apportent, de leur côté, le concours le plus dévoué.

ASIE CENTRALE.

Sous le titre de *Marco Polo's Route to China*, le *Times* (*Weekly Edition*, Oct. 18, 1907) donne de nouveaux renseignements sur le voyage du Dr. M. Aurel STEIN:

Further communications have been received from Dr. M. A. Stein concerning the progress of his official expedition in Central Asia. They are dated from An-shi, in the north-west of the Chinese province of Kan-su, June 18. After despatching from Abdal a caravan to Kashgar with most of the archæological "finds" brought away from the ancient sites north and south of Lop-nor, Dr. Stein started in the last week of February towards the oasis of Sha-chou, better known by its old name of Tun-huang, on the westernmost border of the

Chinese province of Kan-su. The route taken through the intervening desert
may claim special historical interest. It was the same which Marco Polo had
followed, and by which six centuries earlier Hsüan-tsang, the great Buddhist
pilgrim, had made his way back to China from Lou-lan, the present Charklik.
Ever since the second century B. C., when the Chinese first extended their influence into Turkestan, this desolate track, close on 350 miles in length, had
been an important caravan road during successive periods of their supremacy
in the Tarim Basin. Yet for centuries past it had been almost completely
forgotten. Rediscovered some 25 years ago, it is just coming rapidly into favour
again with traders from Khotan and Kashgar, probably as a result of the
commercial tide attending the increased prosperity of the oasis in the south of
the great Turkestan desert. It was interesting to note that a large part of
the goods which those enterprising pioneers import by this ancient road to
Cathay consists of English fabrics brought all the way from Kashmir on pack
animals. Marco Polo's description of the route was found thoroughly accurate
in all its topographical details. The ground traversed proved of considerable
and varied geographical interest, more than one-third of the route skirting the
shores of a vast salt-covered lake, indicating the extent of the Lop-nor marshes
at a period perhaps not very remote. Beyond, the detailed survey carried along
the route by surveyor Rai Ram Singh showed clearly that the well-marked
depressions between the slopes of the Kuruk-tagh and the Altyn-tagh, in which
the expedition moved, had once served for the passage of the waters of the
Su le-ho and Tun-huang rivers down to Lop-nor.

It was soon after emerging from this great depression at a point still five
long marches from the edge of the Tun-huang oasis that the expedition came
upon remains of ruined watch towers and an ancient wall or *agger* connecting
them A variety of archæological indications convinced Dr. Stein that they
belonged to an ancient system of frontier defence corresponding to the extant
"Great Wall" on the Kan-su border. Dr. Stein returned in the second half of
March. By moving first to the north of the oasis and subsequently striking
the ancient *Limes* by a new route through the desert west of Tun-huang he
succeeded in accurately surveying its line right through for a distance of some
140 miles and exploring the ruins of its watch stations, sectional headquarters,
magazines, &c. From the Chinese records, mostly on wood or bamboo, which
the excavation of almost every ruin yielded in plenty, he was soon able to
make certain that this line was constructed at the close of the second century
B.C., under the Emperor Wu-ti, who commenced Chinese expansion into Central
Asia. It appears to have remained regularly garrisoned down to the middle of
the second century A.D. Dated documents are particularly numerous from 98
B.C. to about 25 A.D., the time when a period of internal and external troubles
came to an end with the advent of the second Han dynasty. There can be no
doubt that the main purpose of the *Limes* was to guard the territory south

of the Su-le-ho river, which was indispensable as a base and a passage for the Chinese military forces, political missions, &c., sent to extend and consolidate Chinese influence in the Tarim Basin and further west. The enemy whose attacks had to be warded off were the Hsiong-nu, the ancestors of those Huns who some centuries later threatened Rome and Byzantium. In the west he traced the fortified *Limes* to its very end, where after a great bend to the south-west its flank rested secure on extensive salt marshes and equally impassable mountain-like ranges of drift sand. Eastwards Dr. Stein could follow its line to the Oasis of An-shi, from where it is likely to have extended to the present Kia-yū-kuan gate of the Great Wall. Various causes have kept these ruins in remarkable preservation; the hundreds of inscribed pieces of wood, bamboo, silk, and the mass of miscellaneous antiques have survived almost uninjured even where covered only by the thinnest layer of gravel or *débris*. Sometimes a mere scraping of the surface sufficed to lay bare files of records thrown out before the time of Christ from the office of some military commander on to a rubbish heap in which even the most perishable remains—straw, clothing, &c.—looked perfectly fresh.

The Chinese documents, of which close on 2,000 were recovered, refer to matters of military administration, often giving exact details as to the strength, movements, &c., of the various corps distributed along the border, arrangements about their supplies, equipment, &c. Others are private letters addressed to officers, full of quaint actualities, &c., or official reports. Together with the remains of quarters, furniture, arms, &c., excavated they will amply suffice to restore a picture of the life once led along this most desolate of borders. One of the best preserved ruins is that of an imposing magazine forming a solid block of halls nearly 500ft. long. Apart from the Chinese records, Dr. Stein recovered very interesting relics of the traffic once passing along the line guarded by the *Limes*, in the form of silk pieces inscribed with Indian Brahmi and Kharoshthi, and in a number of letters found carefully fastened, containing writing in an early Aramaic script, but possibly Iranian language. Most of these turned up along with Chinese records of the time of Christ. Can they, Dr. Stein asks, have been left behind by early traders from Persia or Western Turkestan, coming for the silk of the distant *Seres*? These expeditions kept the expedition busy well into May. Desiccation within historical times has left quite as distinct traces in the Tunhuang region as throughout the southern part of the Tarim Basin. One could scarcely wish for a more accurate gauge by which to estimate the extent of the physical change that has thus taken place in this part of Asia within exact chronological limits than this border line drawn through the desert by Chinese engineers in the closing years of the second century B.C. The ground it traverses has remained wholly untouched by the manifold and often complex factors connected with human activity in the shape of irrigation, &c., which affect inhabited areas; and there is plenty of evidence to show that those who laid down the line, selected the position for watch-stations, &c., had been guided by a sharp eye for all surface features and their practical advantages.

The expedition suffered a good deal from the daily gales and the extremes of the desert climate. Against the icy blasts continuing well into April the stoutest furs were no adequate protection. On April 1 Dr. Stein still registered a *minimum* temperature of 7deg. below zero Fahrenheit. Before the month was ended the heat and glare had become very trying, and whenever the winds ceased clouds of mosquitoes and other insects would come forth from the marshes near which the expedition had to camp for the sake of water to torment man and beast. Scorpions also abounded. About the archæological labours which have kept Dr. Stein fully occupied since at the old sites to the south of the oasis the briefest reference must suffice for the present. At the Buddhist cave temples known as the "Halls of the Thousand Buddhas" they revealed a great series of fine frescoes and stucco sculptures going back mainly to the 8th-10th centuries of our era. Together with abundant other remains, they attest the highly flourishing condition which Buddhist art and studies imported from India, both through Central Asian and Tibetan channels, had from an early date attained here on purely Chinese soil. The materials collected are so ample and varied that they will require prolonged labour on the part of several specialists. Every-where about the oasis he was able to observe the far-reaching effects which the devastation and loss of population attending the last great Mahomedan rebellion have had on the cultivated area. Taking into account the prevailing physical conditions, it appears improbable that the lands then abandoned to the desert on the outskirts of the oasis will ever fully be recovered for human occupation. Again and again Dr. Stein came upon such ruins of recent date which drift sand is steadily invading. There is more than one "old site" in formation here which might well be earmarked for the archæologist, say, of 4,000 A.D.

At the time of writing Dr. Stein was starting along the foot of the mountains towards Su-chou, from where he hoped, if time and local conditions permit, to effect surveys, both along the Great Wall north of Kan-su and in the Nanshan range southwards, during the summer and early autumn.

CHINE.

La *North-China Branch of the Royal Asiatic Society* a célébré son jubilé à Chang-haï, le 16 octobre 1907. Outre un discours d'ouverture par le Président Sir Pelham WARREN, trois lectures ont dû être faites: par Mr. H. B. MORSE, *Our Contributors*; par le Très Rév. Evêque MOULE, *Some Features of the Development of China during the past forty years*; par Mr. Thos. W. KINGS-MILL, *Contributions to our knowledge of China from Western sources*.

FRANCE.

M. Beau, gouverneur général de l'Indo-Chine, par un arrêté publié au *Journal officiel* de la colonie le 7 octobre, vient de mettre à la disposition du ministère de l'instruction publique une somme de 6,000 fr. par an qui sera affectée à l'entretien d'une chaire d'histoire et de philosophie indo-chinoises au Collège de France.

Le titulaire de la chaire d'histoire et de philosophie indo-chinoises au Collège de France sera chargé, en même temps et sans rémunération supplémentaire, des fonctions de représentant de l'Ecole française d'Extrême-Orient à Paris. M. Louis Finot, ancien directeur de cette École est désigné pour occuper cette nouvelle chaire.

TIBET.

Nous relevons dans le *Times Weekly Edition*, Oct. 11, 1907, les renseignements suivants sur le voyage du Dr. Sven Hedin au Tibet. [Cf. *T'oung Pao*, Mars 1907, p. 147.]

(*From a Correspondent.*) By a somewhat ironical though undesigned coincidence, a few days before the Anglo-Russian Convention, with its annexure agreeing that for the next three years at least Tibet should remain closed to scientific expeditions, news was received at Simla of the further travels of Dr. Sven Hedin, who, it will be recalled, was refused permission to cross from India into Tibet, and therefore entered from the north-west. Detailed particulars of the Swedish explorer's journey up to the time of his reaching Shigatse, in February, were given in this journal on April 9 last, and the present report, dated July 25, relates to his march from that centre to Tok-chen on the Mansarowar Lake. The results, he says, have been richer than in the first portion of the tour, for he has been almost the whole time in inhabited country. These results include 203 sheets of maps, 410 specimens of rock in connexion with geological profiles, 700 panoramas, a meteorological journal entered three times daily, detailed measurements of the volume of water at every river crossed, a collection of plants, and a great number of sketches. The contributions made to the physical geography and hydrography of Tibet include the measurement of one large lake, Amtchok-Tso, the measurement of the heights of many peaks and passes, and the correction of existing maps in a number of important particulars. The route of Major Ryder and Captain Rawling between Shigatse and Mansarowar was avoided as much as possible, and of the 84 days spent on the march only two and a half was on the Tasam, the high road they followed. At seven points he crossed their route, and wherever he came in contact with their map he was filled with admiration for the excellent work they had done. He regards their triangulation as the very best ever carried

out in Tibet. Following the northern bank of the Tsan-po (Brahmaputra), and
then the Ragha-Tsanpo, Dr. Hedin crossed the gigantic mountain range which
is a watershed between the Brahmaputra and the self-contained lakes in the
heart of Tibet. Crossing by the Chang-lung-podla, Dr. Hedin camped at the
eastern foot of Targu-ganpi, one of the most magnificent snow mountains of
Tibet, and like Kailas (or Gang-rimotche) regarded as holy by the people. He
was in sight of Dangra-yum-tso when 50 mounted men stopped him, and told
him he could go wherever he liked, only not to the holy lake. Consequently
he travelled to the south-west, to the source of the Ragha-Tsanpo. He found
that the map of the region was nothing like the reality. Nain Singh's Mun-tso
is situated not south but west of Dangra-yum-tso, but four days south-south-
west of the last there is a large lake, Shuru-tso. He was not able to cross
and measure this lake, as the ice was just breaking up. To the south-west of
the lake was a high snow range, a ramification from the head range. This
last he crossed and reached Amtchok-tso which he sounded all over. He also
measured Dok-chu, the greatest of all the tributaries above Shigatse, and My-
chu, a tributary from the northern high range to the Ragha-Tsanpo, and its
north-east tributary Buchu. He was able, in fact, to get a clear idea of the
situation and power of all the different rivers in that part of Tibet. Dr. Hedin
reports with deep regret the death, from apoplexy, of his caravan *bashi*,
Mohammed Tsa, who had similarly served many prominent explorers during
the last quarter of a century, "and no living man", writes Dr. Hedin, "had
travelled so much in Central Asia as he". The death occurred at Saka-dzong,
whither Dr. Hedin had sent the head caravan in advance, under Mohammed Tsa,
and on the evening of his master's arrival there. From Saka-dzong the explorer
went by the northern track much used by brigands to Tradum, and thence,
after a long diversion southwards, to Tuksum, and Shamsang. Sending on the
main caravan to Tok Chen, he went up the Kub five short marches, to where
it comes out in three branches to three different glaciers of very considerable
size. Enormous morains built up by the three glaciers cover the country all
round, and the present front and lateral morains are still gigantic. Dr. Hedin
announces that he has been met all over the country with the greatest
hospitality and kindness, alike from Tibetan officials and nomads. He attributes
the friendly relations they try to keep with Europeans largely to the excellent
understanding and relations Sir Francis YOUNGHUSBAND established at Lhasa in
1904. He found Sir Francis spoken of with great respect and admiration.

INDEX ALPHABÉTIQUE.

A.

out in Tibet. Following the northern bank of the Tsar
then the Ragha-Tsanpo, Dr. Hedin crossed the gig
is a watershed between the Brahmaputra an
heart of Tibet. Crossing by the Chang-lu
eastern foot of Targu-ganpi, one of the
Tibet, and like Kailas (or Gang-rimotc¹
was in sight of Dangra-yum-tso whe
him he could go wherever he lik
he travelled to the south-west.
that the map of the region w
is situated not south but w
west of the last there i
and measure this lake, o
the lake was a high
last he crossed and
measured Dok-chu, t'
chu, a tributary f
north-east tribut
situation and po
reports with
Mohammed T
the last q
travelled
whither I
and on
went b
after a
main
it c
sive
ro

D.

E.

F.

G.

H.

I.

J.

K.

L.

R.

S.

T.

Lightning Source UK Ltd.
Milton Keynes UK
UKHW021610051118
331792UK00010B/2170/P